营业商法学系列

商事主体论

民事主体进入营业领域的转换形式

肖海军 / 著

法律出版社
LAW PRESS · CHINA
北京

图书在版编目(CIP)数据

商事主体论：民事主体进入营业领域的转换形式 / 肖海军著. -- 北京：法律出版社，2023
ISBN 978-7-5197-7622-0

Ⅰ. ①商… Ⅱ. ①肖… Ⅲ. ①商法-研究-中国
Ⅳ. ①D923.994

中国国家版本馆 CIP 数据核字(2023)第 035195 号

商事主体论
——民事主体进入营业领域的转换形式
SHANGSHI ZHUTI LUN
—MINSHI ZHUTI JINRU YINGYE LINGYU DE ZHUANHUAN XINGSHI

肖海军 著

责任编辑 郑怡萍
装帧设计 鲍龙卉

出版发行 法律出版社
编辑统筹 法律教育出版分社
责任校对 王 丰 郭艳萍
责任印制 刘晓伟
经　　销 新华书店

开本 710 毫米×1000 毫米 1/16
印张 32 **字数** 609 千
版本 2023 年 4 月第 1 版
印次 2023 年 4 月第 1 次印刷
印刷 北京建宏印刷有限公司

地址：北京市丰台区莲花池西里 7 号(100073)
网址：www.lawpress.com.cn
投稿邮箱：info@lawpress.com.cn
举报盗版邮箱：jbwq@lawpress.com.cn
销售电话：010-83938349
客服电话：010-83938350
咨询电话：010-63939796

书号：ISBN 978-7-5197-7622-0
定价：98.00 元

凡购买本社图书，如有印装错误，我社负责退换。电话：010-83938349

作 者 简 介

肖海军 男，湖南双峰人，1965 年生。湘潭大学历史学学士（1986），武汉大学民商法学硕士（1999），湖南大学经济法学博士（2007），英国诺丁汉大学法学院访问学者（2007 - 2008），国家社会科学基金重大招标项目总课题主持人与首席专家；2009 年 12 月入选教育部"新世纪优秀人才支持计划"。现为湖南大学二级教授、博士生导师、法学院学术委员会主任；兼任中国商法学研究会常务理事、湖南省民商法研究会副会长、湖南大学商事法与投资法研究中心主任、湖南大学法学院民商事法律科学研究中心主任。主要从事民商法学、经济法学、法理学的教研工作。2001 年以来，出版《营业权论》、《营业准入制度研究》、《商法学》、《商会法律制度研究》、《企业法原论》、《国有股权代表人制度研究》、《公用事业垄断经营法律规制研究》等学术著作多部；主持和完成国家社会科学基金重大项目、重点项目、一般项目及省部级科研课题多项；在《中国法学》等期刊上发表法学论文 100 余篇。原创性地提出营业权理论并把其引入到民商法、经济法、法理学领域。《营业权论》一书于 2009 年 8 月获司法部"第三届全国法学教材与科研成果奖"。

总　　序

一、本系列之选题原由

民众幸福、社会进步和国家富强，作为法律和制度关注的永恒主题，它们相互联系、彼此影响和不断博弈，从来就是衡量执政者成就感和制度优越性的重要指标，这一切的实现均有赖于民生问题的解决。近代以来，从业选择自由和营业机会平等被视为民生领域革命最为重要的成果。就业和营业也是当今社会民生问题的两大主题。就业的充分和营业的发达作为最大的民生问题，更是体现经济发展、彰显社会和谐、展示国家富强的核心因子，商法就是以促进、调整、规范、保护、救济营业为基本功能的法律。西方近代民力之张扬和国力之勃兴，无不以营业之普及和财富之累积为基本前提。自15世纪以降，重商主义、自由贸易观支撑下的西方列强，以确保国民营业自由、鼓励民间投资创业、促进民营企业发展为通往民富国强的基本国策，因之，就有了商法在近代西方的繁荣、发达和完善；1776年亚当·斯密在《国富论》一书中更是论证了经济自由、营业自由、竞争自由为经济发展的逻辑起点和国家走向富强的价值基础。

对国人来说，商法纯粹为舶来之物。自近代以来，"自强"和"求富"作为国人关注的时代主题，无数仁人志士以及学界政坛、工商实业、行武教育等领域的杰出代表，因时而宜，振臂疾呼，其所倡所立之"民主救国""改良救国""学术救国""实业救国""军事救国""教育救国"等救国、强国、富国主张，对一个半世纪以来我国的国策、政令和立法可谓影响深远，而"工商兴国""实业救国"就是其中最具代表性的"富国"主张。考察中国和西方近代的社会转型、国运兴衰的历史就会发现，国家对民间营业所持的一贯性禁止或限制政策，是导致中国民间营业发展不充分和营业方式长期落后、造成中国近代积贫积弱的主要经济性和制度性原因。民间的经商、投资、开矿、办厂，在古代封建社会因被视为末业而颇受限制和屡遭禁止；直至近代，法律公开承认营业并预设制度鼓励之、促进之并保障之，则已经是迟至20世纪初以后的事；1904年，在晚清修律大背景下出台的《钦定大清商律》《公司注册试办章程》等形式意义上的商法规范，才使商法成为中华法律规范体系的组成部分。即便如此，由于诸多不用论证的原因，营业自由观念并没有成为我们这个文明古国普遍的核心价值观念，确保国民营业、鼓励投资创业、促进民企发展也未被吸纳为基本的经济国策。在此政策制度环境下，商事立法的严重滞后和商法研究的明显不足就成为既然事实。尽管自20世纪90年代以来，我国商事立法日新月异，商法研究也不断推陈出新，但因对商法之本质和功能理解的欠缺，对商事立法价值选择的错位，无论是商法理论研究，抑或商事立法或商事裁判，均存在一些源头性的知识缺陷和常识性的概念误区。

如从权利的视角来分析，自由营业本应为国民(民事主体)一项基本的权利。如从动态的角度来透视，市场竞争的过程实质就是一个营业机会分配、资本财富创造和增量利益分配的过程，而其中营业机会的分配则是一切市场交易和营业竞争的起点。市场竞争犹如体育比赛，起点的公平和规则的信守是确保竞赛公平和结果正义的必要条件。对所有决定投资和参与竞争的民事主体而言，营业初始机会的平等化和无差异分配，才是确保他们进行自由选择、平等竞争、公平交易和合理分配的基本前提；也只有存在实质意义上的营业机会平等，才有真正意义上的分配正义、经济发展和社会和谐，才可通过主体的自由投资、自由经营、自由交易，在平等竞争中形成健康、良好、公平、有序的经济结构和市场环境。

但在既有经济体制和市场背景下，国民(民事主体)正当的营业权益被不当限制或迭遭剥夺，与市场经济体制和商法追求的目的意义极不相符。如从国家宏观经济制度的价值取向和立法安排来分析，受传统国家本位主义营业观和部门既得利益影响，我国有不少立法文件对民间营业尚持限制、不信任甚至禁止态度，如对自然人进入某些营业领域或选择投资形式就有许多限制或禁止性规定。行政执法特别是行政决定、行政许可或行政审批中，也不时出现对一般民事主体的营业进入机会作不合理限制和对营业权益任意剥夺等情形。至于因地方保护主义形成的地区性行政垄断和市场封锁，对生产要素在国内的自由配置和全国统一大市场的形成，尤其对外地资本、人才、技术的自由进入或退出，已事实上形成巨大的制度壁垒。更由于营业机会的平等享有长期未被视为一种独立的权利而载入《宪法》和国家基本法，亦即未被宣示为法定权利，故即使出现民事主体营业机会被不合理限制或不当剥夺等情形，因立法的空缺和规范的模糊，营业权益被不当限制或迭遭剥夺的民事主体也不能寻求有效的法律救济。再就市场竞争的微观态势来看，投资者进入营业领域以后，其营业机会、投资利益、经营权利、财产归属、交易所得等营业权益，还有可能不断受到其他投资者、经营者、合作者等民事主体的阻挠、侵占或损害。这些阻挠、侵占或损害，有些是属于纯粹营业机会方面的，有些是属于经营权能方面的，有些是属于投资利益分配方面的，有些则是涉及营业的转让、租赁、特许等营业变更事项，还有些则涉及国家对营业与财产的征收和国有化等。因之，投资者进入营业领域去寻找最大化商机的同时，其营业权益也存在被同业或异业竞争者、相对交易人、营业合作者以不同方式侵害的可能性。鉴于前列议题尚没有在现行民商事立法或司法上受到足够重视和有效应对,是以从学理上关注之、思考之、研究之、阐释之、建言之,乃研习商法学人之应然职责与时代使命焉!

二、本系列之研究意义

无疑,上述这种状况如再延续而得不到有效解决,所直接损害的是民间资本投资和营业的积极性,其结果会严重影响社会分配的公平、经济增长的持续和国家竞争优势的形成。可以这样说,营业初始机会的平等分配、动态商机的自由选择、营业微观权利的切实保护,对保障国民(民事主体)最基本的营业权能和市场利益、提高投资者的积极性、推进经济分配正义和社会走向和谐,具有初始、基础意义。基于此,以营业为视角来重新定位、解释、提炼、建构商法,揭示商法的内在本质,从经济宏观政策和法律微观制度两个层面来研究营业机会的平等分配和营业权利的有效保护,借以反思我国现行的宏观经济制度和微观商事制度的源头性缺陷,以期从制度形成原由和立法整体构架上矫正长期以来我国经济政策制定和商事制度安排中的价值错位,论证我国真正走向民富国强并维持其核心竞争力之法律安排的应然态度和实然路径,对我国深化市场经济体制的改革,还原社会主义市场经济的本来面貌,以机会平等、营业自由、市场公平、分配合理来实现人们普遍期望的经济正义与社会和谐,无疑具有重大的理论创新价值和社会现实意义。

三、本系列之主要内容

本系列以营业为切点,以著者系统论述的营业权理论为分析工具,以已初步完成的营业权系列研究为基础,本着营业"原于自由,始于投资,形于经营,成于交易"这一事实逻辑,溯商法之源,循商法之实,穷商法之理,探商法之律。在大私法领域与大营业视角,通过重新定位、解释、提炼、建构商法,以期建立由著者所提"营业商法学"之基本理论构架和部门法理体系,最终成果包括《商法本体论》《商事主体论》《商事权利论》《商事登记论》《商事代理论》《商事责任论》六本系列论著。

目　　录

上编　本体论

中编　形态论

下编 立法论

上编　本体论

□商事主体的身份定位

□商事主体的二重结构

□商事主体的资格取得

□商事主体的法律人格

□商事主体的营业能力

第一章　商事主体的身份定位

研究和界定商事主体，首先遇到一个不能回避的问题，就是商事主体究竟是独立于民事主体的另类存在，还是商事主体乃民事主体进入营业领域的特殊身份转换或具体表现形式，这需要从历史演变、角色定位、类型划分等不同视域，作全方位阐释。

第一节　商事主体的历史演变

一、商事主体历史变迁的基本轨迹：从中世纪阶层商人到现代企业商人

商事主体是研究商法不可缺少、更不可回避的基本概念与基础范畴。从社会与经济发展史上，商事主体（为论述对称的需要，又称商主体或商人，下同）并不是一个一成不变的社会存在和概念范畴，它本身经历了从中世纪阶层商人→近代商事主体→现代企业的历史演变过程。

中世纪及以前的商事主体，是一个资格取得、身份特殊、经营特权、课税义务、司法管辖、法律适用、社会地位与一般民事主体彼此隔离、相互独立的特殊阶层。作为"职业商人阶级"[1]和"集体性团体"，[2]他们受城市自治政府与商事法院管辖，并适用商人法、共同法、城市法。

至近代，资产阶级革命打破了封建国家对营业的管制和商人对商会行会组织的依附关系。以平等、自由、互利为核心价值理念建立起来的新制度体系，使商事主体与民事主体走向混同，营业成为所有民事主体可自由选择的权利，商人与一般民事主体在权利义务、司法管辖、法律适用上的实质性差异或已不复存在，或在逐步消除，"反映了商业界作为单独的一个社会阶层的地位的丧失，他们已与从事商业

[1] [美]哈罗德·J.伯尔曼：《法律与革命——西方法律传统的形成》，中国大百科全书出版社 1993 年版，第 406～433 页。

[2] [美]M.E.泰格、[美]M.R.利维：《法律与资本主义的兴起》，纪琨译，刘锋校，学林出版社 1996 年版，第 107～110 页。

交易的一般公众融为一体”。[3]

在现代市场经济条件下，商事主体发生了根本性变革，结构也由以传统自然人商人为核心的商主体结构过渡并演化为以现代企业商人为核心的商主体结构，商法带有浓厚的企业法色彩。[4]

商事主体本身的历史变迁表明，作为社会独立阶层的商人已是中世纪社会图像的老照片，在现代市场经济社会，商事主体最主要的形式是企业。

二、传统商事主体：商人是一个具有特殊社会地位的阶层

（一）中世纪及以前的社会图景：作为社会阶层的商人

1. 商人因社会分工而出现

商人主体的出现和商人职业的产生，源于商业的交换及营业的产生，因此，凡是有社会分工和供求差异的存在，就必然产生互通有无的商业和贸易，必然诞生从事商业或贸易的职业商人。在恩格斯看来，随着人类社会三次社会大分工（农牧业从自然采猎中分离→农业与手工业的分工→商业从农业、手工业中的独立）的完成，以交换为职业的商业与商人的出现，恰恰是人类社会由野蛮时代跨入文明时代的标志，即人类“走到文明时代的门槛”，首先“是由分工方面的一个新的进步开始的”，这一新的进步就是基于三次社会分工基础上的交换的出现。因为“在野蛮时代低级阶段，人们只是直接为了自身的消费而生产；间或发生的交换行为也是个别的，只限于偶然的剩余物”；其次“在野蛮时代高级阶段，又进一步发生了农业和手工业之间的分工，于是劳动产品中日益增加的一部分是直接为了交换而生产的，这就把单个生产者之间的交换提升为社会的生活必需”；而“文明时代巩固并加强了所有这些已经发生的各次分工，特别是通过加剧城市和乡村的对立而使之巩固和加强，此外它又加上了一个第三次的、它所特有的、有决定意义的重要分工：他创造了一个不再从事生产而只从事产品交换的阶级——商人。”[5]

2. 古代近东商人

古代近东地区作为“旧世界的心脏”和亚洲、非洲、欧洲交汇的枢纽，比较早出现了商业与贸易，公元前3000～前2000年，来自古埃及、古苏美尔城邦、古巴比伦、古亚述、古希伯来的商人，以近东、爱琴海、东地中海陆上城市与海港商埠为中心，彼此“交换商业上的货物”；[6]圣经《旧约全书》中记载，因古希伯来人居海边并有海

---

〔3〕［英］施米托夫：《国际贸易法文选》，赵秀文译，中国大百科全书出版社1993年版，第113页。

〔4〕参见肖海军：《民法典编纂中商事主体立法定位的路径选择》，载《中国法学》2016年第4期。

〔5〕《马克思恩格斯选集》（第4卷），人民出版社2012年版，第181～182页。

〔6〕［美］海斯、［美］穆恩、［美］韦兰：《世界史》（上），中央民族学院研究室译，生活·读书·新知三联书店1975年版，第83页、第44～45页。

口、海港与商埠，远道而来与古希伯来人进行交易的就有迦巴勒、波斯、路德、他施、雅完、土巴、米设、底但、驼迦玛、亚兰、犹太和以色列、大马色、威但、亚拉伯、示巴和拉玛、哈兰、希腊等不同地区的商人或客商；[7] 古巴比伦甚至还把商人划分为塔木卡（大商人）和沙马鲁（小商人），其中塔木卡可经营高利贷、贩卖奴隶、长途贩运等业务，沙马鲁则主要从事零售或塔木卡的代理。[8] 这个时期的商人因有专门的分工，逐渐形成诸如买卖商、银贷（高利贷）商、受托商、寄托（保管）商、代理商、运送商、承揽商、租赁商、旅店服务商等专业商人的雏形。[9]

3. 古希腊商人

在古希腊半岛，地处欧洲最南端与近东隔爱琴海相通，特殊的山地、临海使其不适宜农耕、牧业，但却可借舟楫之便发展手工业、商业与对外贸易，以卫城为中心、以市区与乡郊为影响圈形成的城邦，构成了古希腊半岛最基本的社会组织单位，它既是相对独立的国家，又是单一的商业市场。[10] 希罗多德的《历史》对此有详细的记载，如波凯亚人为抵御波斯人的侵略和奴役，趁休战一天的空隙，把"他们的妇女和小孩，以及他们的全部财物器具"搬上"那只五十桡的大船"，出海逃到歧奥斯岛，并准备购置一些小岛屿，歧奥斯岛人因"害怕波凯亚人会在那里设立市场，从而本国的商人便被排斥到当地的海上贸易之外"，故拒绝他们居住；无奈之下，波凯亚人只得转而去库尔诺斯，并建立了新的阿拉里亚城邦。[11] 因此，在雅典、斯巴达、科林斯、米利都、麦加腊等城邦国家，都有相对独立的市场，工商业均相当发达。[12] 特别是雅典，自梭伦改革（公元前594年）颁布一系列促进工商业发展、以法律手段保护工商业者的政策之后，工商业获得全面发展，如历史学家色诺芬所言，在雅典等大城市里，出现"每一个人都能找到许多买者，只从事一种手艺就足以维持生活"的工商业繁荣景象；[13] 出现如金银兑换、船舶借贷、房屋租赁、土地买卖、海商等新兴工商业行业。古希腊城邦的商人大致可分为有城邦公民资格的公民商人、来自外邦或域外的外邦商人、以奴隶为生产主体的奴隶商人等几大群体。[14]

---

〔7〕 参见中国基督教协会编印：《新旧约全书》，南京爱德印刷有限公司1991年版，第943～944页、第1005～1006页。

〔8〕 参见于殿利、郑殿华：《巴比伦古文化探研》，江西人民出版社1998年版，第230～237页。

〔9〕 参见何勤华、魏琼主编：《西方商法史》，北京大学出版社2007年版，第34～77页。

〔10〕 参见顾准：《顾准文集》，中国社会科学出版社1982年版，第6页。

〔11〕 参见［古希腊］希罗多德：《历史》（上册），王以铸译，商务印书馆2005年版，第82～83页。

〔12〕 参见朱寰主编：《世界上古中世纪史》，北京大学出版社1990年版，第117页。

〔13〕 参见［古希腊］色诺芬：《居鲁士教育》第8卷，第2章。转引自［德］卡尔·马克思：《资本论》（第1卷），中共中央编译局译，人民出版社2004年版，第424页。

〔14〕 参见何勤华、魏琼主编：《西方商法史》，北京大学出版社2007年版，第99～119页。

4. 古罗马商人

在古罗马，因有稳定发展的农牧业、普遍活跃的奴隶贸易、国家自由贸易政策、辽阔统一的疆域、跨越欧亚非三大洲并以地中海相通的不同民族文化和物质需要差异、完善而发达的交通网络与海上运输，为国内居民之间、不同地区之间的商业往来以及跨行省、跨区域之间跨境贸易，创造了基础条件。在此情形下，罗马有着古代最为发达与完善的小商品经济，特别是境内商品交易、信贷业务、奴隶买卖和对外贸易，远远比希腊普及、发达，如很早就形成局限于罗马公民之间的集市（Nundinae，每周一次的集中交易会）、商品交易会（Mercatus，定期举行的大型国际性商品交易会）、特殊商品交易场所等多种商品集中交易方式。[15] 此外，罗马帝国时期，在一套行政效率很高的中央集权官僚体制与一支强大常备军的支持下，又反过来"使普天之下都享受和平与繁荣"，而"普遍的和平促使城市繁荣发展，从而把帝国变成了一个由最繁华的城市组成的机体，其中尤以希腊、伊奥尼亚（小亚细亚）和埃及的城市为著"，这些城市虽有大有小、"有富庶豪侈的，也有贫穷简朴的"，但"有一个共同之处，那就是，它们都竭尽全力改善城市的生活，使之尽可能方便、舒适"，这种不断追求城市功能的齐全与完善的努力，又不断地创造着新的需求和更多商机，最终使多数城市成为"大而富庶的工商业城镇"、"大海或大河航道的中心"或"往来频繁的商队的重要聚会中心"。[16] 发达的工商业和众多的工商业城市、商埠港口，也由此催生了罗马法这一"商品生产者社会的第一个世界性法律"[17] 以及受罗马法确认、保护的商人阶层。

罗马共和早期的《十二铜表法》、东罗马帝国晚期的《查士丁尼民法大全》（又称《民法大全》），均对商人的地位与形式有明确的规定。罗马商人阶层主要包括自然人商人与商人社团（团体）两大类。（1）自然人商人。自然人商人为有自由权的自然人，受罗马市民法与万民法的区分调整，自然人商人又包括有罗马公民资格的平民、无罗马公民资格的外邦人以及附属于家长的家庭（以家长名义经营）经营体。（2）商人社团。在古罗马法中，较早就有所谓的团体（Collegium，Corpus，Corporatio，Societas）存在，[18] 而商人社团主要为商人自治性团体与以契约结成的商业合伙，其中，商人自治性团体包括如商人协会、手工业者协会、船主协会、奴隶业主协会，它们大多受经营大宗贸易的大商人控制。而合伙"则是指二人以互约出资，经

〔15〕 参见［德］特奥多尔·蒙森：《罗马史》（第1卷），李稼年译，商务印书馆2004年版，第176～185页。

〔16〕 参见［美］M. 罗斯托夫采夫：《罗马帝国社会经济史》（上册），马雍、厉以宁译，商务印书馆1985年版，第193页、第202～204页。

〔17〕 《马克思恩格斯选集》（第4卷），中共中央编译局译，人民出版社2012年版，第259页。

〔18〕 参见［意］彼德罗·彭梵得：《罗马法教科书》，黄风译，中国政法大学出版社2005年版，第39页。

营合法事业,共同分配损益的契约";[19]商业合伙是商人"为了经营某种特定业务,如买卖奴隶、油、酒或小麦等""特别商定分配损益的比例"而缔结的契约,这种由"人们所组织的合伙,或者包括双方的全部财产",具有某种"共同体"的性质;[20]罗马的商业合伙"产生于'家子'的早期宗亲共同体",后来又出现了"农艺合伙"(Politio)、"劳作合伙"(Operarum)、"物合伙"(Rerum)、"商业合伙"(Societas Quaestuariae)、"混合合伙"(Mixtae)等多种基于合意或契约而结成合伙形式,[21]但这种合伙尚不属于严格现代团体或主体意义的合伙或法人,因此,在《法学阶梯》里,合伙被编在第三编"合同之债"的语境和法条框架下,而非在第一编"人法"中,并认为合伙属"合意之债""合意契约"的范畴。[22]

5. 中世纪城市商人

从公元476年西罗马帝国灭亡到拜占庭东罗马帝国偏居东隅、从5~8世纪的阿拉伯、伊斯兰教的入侵直至13世纪奥斯曼帝国的崛起并于1453年攻下君士坦丁堡,这一千年间,除10~12世纪偶尔有过短暂的和平和有利于工商业发展的环境外,欧洲特别是西欧、南欧绝大部分地区,都笼罩在战乱与动荡之中,整个欧陆在这一时期被称为"黑暗的中世纪"。原兴起并繁荣于罗马帝国境内的商业活动特别是跨境贸易因之停滞,大多数工商业城市走向衰落,商人阶层因没有谋生之道而几近消逝。[23] 随着伊斯兰教的入侵,"一场全球性大灾难的不可抗拒的力量将世界秩序抛出了历史的轨道",它"快速推进摧毁了古代世界",地中海由"罗马湖"在很大程度上变成了"穆斯林湖","古代世界聚集起来的地中海共同体完结了","这个曾把共同体的各个地区联合在一起的亲密似家庭的海洋",却因战乱的频繁、民族的分离、文化的差异、宗教的冲突,"变成各个地区之间的障碍";自此,欧洲的东部与西部、南边与北边被隔开,直接导致5~9世纪欧洲工商业整体性的大衰退。[24] 在此情形下,欧洲的工商业因先后被东方阿拉伯帝国、奥斯曼帝国所隔开或阻挠,被迫沿着地中海临海城市向中欧、西欧等欧洲内陆(欧洲南面陆上商路)与处于相对平静的波罗的海、北海等北欧、西欧岸边(欧洲北面海上商路)两个方向发展。受此大格局的影响与制约,从10世纪到11世纪,逐步形成意大利威尼斯、米兰、比萨、热那亚、那不勒斯、阿马尔菲等城市,12世纪则逐步出现法国马赛与西班牙巴塞罗那、维多那等欧洲南部新兴的沿海城市与商埠港口。与此同时,至10世纪,一条连接冰

---

〔19〕 参见周枏:《罗马法原论》(下册),商务印书馆1994年版,第742页。

〔20〕 参见[古罗马]查士丁尼:《法学总论——法学阶梯》,张企泰译,商务印书馆1989年版,第179页。

〔21〕 参见[意]彼德罗·彭梵得:《罗马法教科书》,黄风译,中国政法大学出版社2005年版,第290页。

〔22〕 参见徐国栋:《优士丁尼〈法学阶梯〉评注》,北京大学出版社2011年版,第440~444页。

〔23〕 参见何勤华、魏琼主编:《西方商法史》,北京大学出版社2007年版,第232~236页。

〔24〕 参见[比]亨利·皮雷纳:《中世纪的城市》,陈国樑译,商务印书馆2006年版,第15~16页。

岛、爱尔兰、英格兰、佛兰德尔等不同陆地，贯通波罗的海、北海、芬兰湾延伸至俄罗斯，连接欧洲众多内陆河流的波罗的海、北海海上商圈也已具雏形，涌现了诸如佛兰德尔、伦敦、科隆、美因兹、列日、吕贝克、于伊、迪南等新兴海港城市。随后，以1230年吕贝克与科隆订立友好自由贸易协定为标志，波罗的海沿岸新兴城市迅速加入，北海诸港商埠随即跟进，终于形成中世纪最具影响力的"汉萨同盟"。"汉萨同盟不仅遍布于整个北德地区，还将其势力扩展到佛兰德、英国、丹麦、斯堪的纳维亚半岛、波罗的海沿岸的条顿骑士团国家——普鲁士、库尔兰、立窝尼亚和爱沙尼亚甚至远达俄国和芬兰"，其"活动具有国际性"。〔25〕 由此可见，中世纪的欧洲工商业，具有典型的城市工商业、海港贸易业等鲜明特征，在11～15世纪，欧洲大概诞生了新兴的工商业城市约5000个，除经营跨域海运、内河水运、陆上贩运、贸易业的纯粹商人外，手工业者占了部分城镇居民约4/5，他们主要为工匠或手艺人，大多来自11世纪农业生产力迅速增长所造成的过剩农业人口或从封建领主庄园里逃亡出来的农奴。〔26〕

与罗马时代城市中民间事务、老百姓生活行为须"由行政长官在市政府里审批后成为合法"的行政管理模式以及中世纪欧洲封建领主庄园里那种"人人各就各位，定居在自己的土地上，停止了流动的生活"不同，自12世纪开始，这种基于手工业者、商人、从外邦避难和封建庄园逃离出来等自由人为主体组成的中世纪新兴工商业城市，居民有了更多的自由、自主、自治空间，"这里的市民自订税负，自选行政长官，自行审判和惩罚，并召开大会商讨自己的事务"，总言之，"他们自我管理，自为主宰"。〔27〕 自然，商人自治、城市自治也就成为中世纪城市的最大特质。而且，与古代城市的政治与军事功能不同，中世纪"城市和城镇最重要的功能是手工业和商业贸易"，手工业作为城市的立身之本，逐渐由家庭生产制过渡到作坊生产制，并最终转型到工厂生产制；而以授权店铺、特许市场、特权集市、各种服务行业、由商人组织与市民选举产生的自治政府，又构成城市商业的基本内容，而这一切均受制于手工业行会、商人公会及主导下的城市政府。〔28〕 此外，在这些工商业城市中，除手工业者外，商人又分为批发商人（大商人）与零售商人（小商人），在批发商聚集比较多

---

〔25〕 参见［美］詹姆斯·W. 汤普逊：《中世纪晚期欧洲经济社会史》，徐家玲译，商务印书馆1992年版，第198页。

〔26〕 参见［美］哈罗德·J. 伯尔曼：《法律与革命——西方法律传统的形成》，中国大百科全书出版社1993年版，第436～438页。

〔27〕 参见［法］基佐：《欧洲文明史》，程洪逵、沅芷译，商务印书馆2005年版，第130～148页。

〔28〕 参见［英］诺尔曼·庞兹：《中世纪城市》，刘景华、孙继静译，商务印书馆2015年版，第108～122页。

的地方，则存在专业的规模市场；而在零售商比较发达的地方，有定期举行的市集。[29] 另外，中世纪商人作为古代商人向近代商人转型的节点与过渡，也使商人的地位、资格、特权和形态（如合伙、船舶共有、康孟达）等方面，均发生了一系列深刻的变化。

随着工商业的逐渐恢复与新兴城市的兴起，以工商为业、寄身于新兴城市的商人阶层，特别是制造业的兴起及商人阶层成员中制造商、学徒商、农奴商、外地商的加入，彻底改变了商人阶层的组成结构与利益追求。从15世纪开始，商人以不同于古代世界的面貌和身份，登上新的历史舞台，并扮演着改造旧世界的角色，最终款款走向近代。

6. 古代中国商人

在古代中国，商民这一概念虽在商、周两代早就有之，但真正把商民、商人作为一个独特、分立的社会阶层，则是在《管子》关于"士农工商四民者，国之石民也，不可使杂处"这一古代著名"士农工商"四民理论的提出。[30] 虽然后来关于四民序列尚存在"士商工农"或"农士工商"等不同说法，如《春秋谷梁传》所载"古者有四民：有士民，有商民，有农民，有工民"，为"士商工农"序列；[31] 而《荀子》则曰"农农、士士、工工、商商"，即所谓"农士工商"之礼序；[32] 但是，"士农工商"之影响最为广泛，商民、商人也就成为与士人（官员及知识阶层）、农民、工匠（手工业者及匠籍编民）相对应的一个末位阶层，社会地位居于士、农、工之后。不仅如此，古代中国商人与前述古代近东、欧洲商人不同，不但社会地位比较低，而且远未形成一个完全独立的社会阶层，他们始终是统治阶级控制、限制、利用、盘剥的对象，受国家直接管治的影响，手工业者、商人的自治空间很少，工商业中自治化程度极低。

（二）作为社会阶层商人的基本特征

中世纪及以前的商事主体，一般习惯性地统称为商人，具有如下主要特征。

1. 商人资格取得的特殊性

古代商人特别是中世纪商人的从业或经商资格，一般须由国王、封建领主或行会组织、商人公会特许才可获得，特别是到了中世纪，例如，从事手工业生产须经有工场主组成的手工行会组织许可；经营特定行业、领域或地区的商业，就应取得商人公会的同意或批准。又如，12～13世纪以后，西欧"经国王批准的、在特定时间和

---

〔29〕 参见［美］汤普逊：《中世纪经济社会史》（下册），耿淡如译，商务印书馆1963年版，第161～207页。

〔30〕（春秋）管仲等：《管子·小匡》。

〔31〕《春秋谷梁传·成公元年》。

〔32〕（战国）荀况：《荀子·王制》。

地点举行的正式的市场起来”的商业特许制被普遍化,[33] 国王的特许令对商人资格的赋予具有典型意义,诸如东印度公司之类的殖民性商事公司,均为这一时期特许的产物。

2. 商人经营权利的特别性

商人享有比较广泛的特权,这种特权具体表现为从事某一行业的专营权或在商业领域中的特权,这种特权是非商人所不能享有的。商人的经营特权,实质为手工业者或商人,一旦通过行会、商会、国王、封建主的许可或特许,取得开业或经商的资格,则手工业者享有经营的专利权,商人则取得商业市场上的贸易垄断权。特别“在中世纪时代,市场权利是一项封建权利”,[34] 更成为封建国王或领主肆意攫取工商业利益的一种工具。例如,行会组织在其萌芽和产生时,“就是组织起来的自由商人或手艺人团体,以保护他们摆脱不自由的竞争和同等团体的竞争”,但“随着行会逐渐富裕和强大,它们在形式上和实质上都更贵族化了”,贵族化的行会,通过改组行会权力机构,篡改行会的规章,控制城镇政府;一旦大权在握之后,“行会首先关切的是建立工商业垄断,根据地方市场的需要而限制工商业、排除竞争”,并且“为达此目的,行会一方面拒绝给予那些不承认这些规章的人以公民权,另一方面征收寓禁关税以限制进口”,行会就这样公然地维护既得作坊手工业主的专营权利和特殊利益。[35] 再如,“汉萨同盟”也成为既得成员城市利益的维护者与商业专利的保护者,其“目标是维护城市秩序,支持贵族寡头的市政府”,作为“旧寡头政治的坚定捍卫者”,“对正在兴起的工匠阶级,同盟表现出明显的敌意”,以至于“汉萨成员始终极为小心地戒备着竞争,并使用一切手段,尽可能保护独占的和专有的商业控制权”,[36] 特别到了晚期,汉萨同盟几乎成为海上既得商业利益与对外贸易垄断的代名词,这些商业特权也仅仅只有加盟的部分城市及受其约束的少数垄断商人才能专有。

3. 商人捐纳义务的特殊性

商人捐纳义务的特殊性即商人对国家或封建主负有特定义务。如在资产民主革命之前的法国,商人作为社会第三等级,负有向国家缴纳繁重税负、捐纳的义务,但却无平等的选举权或被选举权。

---

〔33〕 参见徐浩:《中世纪西欧工商业研究》,生活·读书·新知三联书店、生活书店出版有限公司 2018 年版,第 147 页。

〔34〕 参见[美]汤普逊:《中世纪经济社会史》(下册),耿淡如译,商务印书馆 1963 年版,第 184 页。

〔35〕 参见[美]詹姆斯·W. 汤普逊:《中世纪晚期欧洲经济社会史》,徐家玲译,商务印书馆 1992 年版,第 539 页、第 541 页、第 543 页。

〔36〕 参见[美]詹姆斯·W. 汤普逊:《中世纪晚期欧洲经济社会史》,徐家玲译,商务印书馆 1992 年版,第 220 页、第 222 页。

4. 商人法律适用的特殊性

商人法律适用的特殊性主要体现在：首先，商人在法律适用上，只适用商人法、城市法等，而不适用民法、教会法等。其次，商人之间的纠纷应由商事法院、商事仲裁机构专属管辖，普通法院、教会法院、社区法院不得管辖。最后，商人与非商人发生纠纷，一般商人应由商事法院、商事仲裁机构进行专属管辖，并适用商人法；而非商人则由世俗法院、教会法院、社区法院管辖，并适用民法、教会法或社区法等。

（三）作为社会阶层商人的存在形式

1. 自然人个体商人

古代自然人商人有大商人与小商人之分，其中，大商人一般为外商，通常经营批发、大宗贸易或海上运输等；小商人一般为城市市民或本地商人，通常经营手工业、商业零售等业务。在中国古代，按经营有无定所，分商人为行商与坐商，行商为流动商人，无固定经营场所；坐商则为店铺商人，有固定经营场所，一般采用前店后厂（场）模式。此外，古代中国按照政府管理许可与商人获得准入资格的关系，商人还可分为官商与民商，官商即官府商人，大多从事专卖专营等官作、垄断业务；民商又可分为市籍（战国、秦、汉）、领贴（唐）、市易商（宋）、榷场商（宋）、官引商（宋）、路引商（元）、店历商（明）、牙行商（明）、领贴给照商（明）、铺户商（明）、匠籍户商（明）、户照商（清）、行商（清）等众多类型，其共同特点为均须获得政府的特别许可或严格登记。

2. 家庭经营体

在古代，工商业经营的主要形式除自然人外，更多是以家庭共同体名义进行，因此，家庭除作为以血缘关系构成的自组织体外，在相对长时期特别是在古代扮演着生产者、经营者的角色与功能。在古代近东、欧洲特别是在中世纪欧洲，手工业、商业尤其是早期的手工作坊，与其说是以自然人名义进行，不如说是以家庭或家族共同体形式经营。在古代中国，典型的男耕女织型家庭，本身就兼具农业生产者与手工业制作者的双重职能，至于纯粹以买卖、贸易为职业的商人，前述的前店后厂（场）模式，也大多是以家庭经营形式进行的。

3. 萌芽状态的企业

手工业、商业以组织化的企业形式经营，其实在古时就有之。最古老的企业雏形，一般公推合伙。例如，公元前18世纪《汉穆拉比法典》第99条就有关于合伙的规定，即“倘自由民以银与自由民合伙，则彼等应在神前均分其利益”；[37]又如，前述古罗马存在或出现的各种“商业合伙”等。除商业合伙外，古代商人在经营过程中，还出现或尝试过各种工商业经营形式，这些经营形式介入财产体与经营主体之

〔37〕参见［英］爱德华滋：《汉穆拉比法典》，沈大銈译，曾尔恕勘校，中国政法大学出版社2005年版，第39页。

间,具有某些近代企业的特征。其情形包括:第一,合伙借贷。如古希腊就出现了一艘来自马赛的船,船主赫真西斯特拉特“既是船主又是所有者”,“他不用自己的钱购买谷物,而是以通常的方式通过中间人向另一个人狄蒙借钱,但是狄蒙不是自己筹集这笔钱,而是和其他几个人一起联合,他们的名字不知道,也被称为合伙人”,即以船主或中间人名义进行联合借贷或共同抵押。[38] 第二,共同基金。如古希腊的色诺芬就曾提议,政府应设立基于商人捐献(如捐十麦纳者可从公共船舶经营收入中获得相当于1/5 本金的利息)的共同基金,以建设港口房屋或店铺,购置公共船只,供零售商人与运输商货之用。[39] 第三,中世纪手工工场。作为一种手工业生产方式,中世纪西欧、南欧完成了从古代手工业作坊制向工厂制工场的转型。工场作为“建立在工匠(craftsmen,artisan)专业化和商业化基础上的制造业或加工业的基本生产经营单位,它们伴随生产和销售的不同而经历了各种变化”,并先后表现为庄园工场(由依附于国王、贵族、领主或修道院的奴隶或奴仆式工匠进行的、满足领主消费需要而不以销售为目的的自给自足型手工业生产经营或组织形式)、工匠工场(由享有人身自由的城乡个体手工业者为生产主体、以满足市场交换需要、分工专业化的“零售手工业”经营或组织形式)、家内制工场(由作坊主或商人控制或雇佣手工业工匠、由手工业行会或商人协会控制产销过程、业主与工匠形成新型劳动雇佣关系的类似于“家庭”型手工业生产经营或组织形式)等多种形式。[40] 第四,步入近代公司门槛的早期企业。例如,公元13 世纪、14 世纪以后,为规避“教会禁止放债生利”的委托经营、合伙或合资借贷等大量出现,各种带有集资、合股、委托经营性质的商业组织开始出现;又如,13 世纪特别是15 世纪以后,在航海、海外贸易、保险、大规模长途贩运等行业中广泛应用的财产共有制、风险分散制等,从较早的船舶共有,并最终形成以康孟达为雏形的、带有股份制性质和有限责任特征的公司组织。[41]

三、近代商事主体:商事主体与民事主体的混同

(一)近代商事主体与民事主体走向混同的历史契机

中世纪商人在步入近代的历史进程中,受以下多种因素的影响,逐渐褪去作为

[38] See Demosthenes, XXXⅡ,7. Translated by Murry A., Harvard University Press, 1936. 转引自何勤华、魏琼主编:《西方商法史》,北京大学出版社2007 年版,第132 页。

[39] 参见[古希腊]色诺芬:《经济论·雅典的收入》,张伯健、陆大年译,商务印书馆1981 年版,第69~70 页。

[40] 参见徐浩:《中世纪西欧工商业研究》,生活·读书·新知三联书店、生活书店出版有限公司2018 年版,第277~308 页。

[41] 参见[美]詹姆斯·W. 汤普逊:《中世纪晚期欧洲经济社会史》,徐家玲译,商务印书馆1992 年版,第596~631 页。

特权阶层的社会身份，在商人革命、资本革命、产业革命和工业革命的多重历史契机中，走向平民化。

1. 制造业、包买商的兴起改变了中世纪商人的阶层结构。从某种意义上讲，商人从中世纪作为一个特殊的社会阶层，跨入近代作为一个平权阶层的先锋、中坚，是因制造业的兴起，以及由此形成的制造商、追求商业进入或独立开业自由的行会学徒等新兴手工业者、追求更广泛贸易自由的批发商或贸易商人等新兴工商业者的崛起及结盟，特别是制造业者的兴起。这是因为，“相对于进口货物贸易的制造业，则须有较高技术水准，也须有更受社会保障的商务制度”；但是，在封建生活环境下，“商人乃社会的弃儿”，那个维护封建等级、特权、“各种受习惯力量支持的命令”所形成的法律体制，对新兴商人阶层而言，总体上是“敌对和异己的”，因为他们需要不断地扩大“活动领域”，不断地“要创建一些商业机构——市镇、港市和港口、货栈、银行、制造厂”等自由营业的要求和愿望，越来越“同封建领主的经济和政治利益发生直接冲突”。在此情形下，“随着商人的人数增多和力量增加，这阶级具有法律意识的人就谋求证明在平衡的封建体制之内，贸易有其正当地位”；然而，商人最后发现，他们的诉求与封建当权者的法律、习惯根本就不具有相容性和妥协性，“直到资产阶级政治和经济结社的大多数方式遭到禁止，冲突日益加剧和扩大，一直到资产阶级逐渐发现封建法律体制再也不可能屈从于他的意愿”，“为谋求法规能与比较自由的贸易相一致而进行斗争”，就成为他们被迫而唯一的选择，其中，在对营业自由的抗争过程中以及革命成功后的新立法活动中，通过制定包括“在契约、所有权和诉讼程序等方面”的法律，“把商人活动的自由认同于自然法和自然理性”，就成为商人阶层主导的法律意识和资产阶级掌权后的必然之举。[42]

与制造业兴起的同时，约14世纪，一种农村、城镇家庭手工业者与市场之间的中介商人——包买商应运出现。包买商制在德国被译作“订货制”，即“包买商先把原料交给工匠，工匠则在加工后领取工资”，“然后把产品转化为商品”；这种“包买制的发展使行会（意大利的行会或西班牙的行会）处境艰难，使商人生财有道；商人为缓慢的生产过程提供资金，并通过销售和出口产品获取利润”。[43] 由于包买商兼具中介商与代理商的多重职能，对手工业生产与销售市场有比较全面的了解，打通了生产与销售两大环节，故一出现就首先受到纺织行业中农村家庭手工业者的青睐，并随即扩大到五金、印刷等行业，在工业特别是制造业中起着首要作用，在商业上获得巨大成功。到15世纪，西欧如意大利、法国、英国、佛兰德、普鲁士等国家或

---

〔42〕 参见［美］M. E. 泰格、［美］M. R. 利维：《法律与资本主义的兴起》，纪琨译，刘锋校，学林出版社1996年版，第4～7页。

〔43〕 参见［法］费尔南·布罗代尔：《地中海与菲利普二世时代的地中海世界》（第1卷），唐家龙、曾培歌等译，商务印书馆2017年版，第620页。

地区都盛行包买商制度。不仅如此,包买商由于对市场熟悉,资本实力雄厚,由最早充当手工业者与市场销售的中间人,逐渐通过投资入股并最终控制各种家庭手工业者,在这里,发生如下三种过渡:"第一,商人(包买商,作者注,下同)直接成为工业家";"第二,商人把小老板变成自己的中间人,或者也直接向独立生产者购买;他在名义上使这种生产者独立,并且使他的生产方式保持不变";"第三,工业家成为商人,并直接为商业进行大规模生产";但是,通过投资的不断注入,"商人成了工业家,或者不如说,他让那些手工业性质的小工业,特别是农村小工业为他劳动"。〔44〕而随着包买商的不断扩大,其兼具销售商、代理商与工场制造商等多重角色,"他们不只是从织工手里收买呢绒以便在市场上或庙会上出卖的商人,而且还开设作坊,亲自经营",他们已经成为"近代词义的制造商"。〔45〕包买商这一由纯粹中间商人,通过入股投资,"变成了分散型手工业工场的投资者、组织与经营者",他们"已经不是普通的商人",而是打破封建行会控制、在更广泛的市场中追求投资自由、契约自由和最大化利润的新型商人,具有典型的近代资本主义性质。〔46〕

2. 对营业自由的抗争使商人阶层很自然地充当了社会革命、政治革命的急先锋。恩格斯曾经论及,近代资产阶级革命兴起与产业革命的转型,其根本动力源于商人对自由贸易、手工业者对自由订约的追求与诉请;而且,随着15世纪海上新航道的开辟、作坊手工业被工场手工业取代,对以贸易自由、市场自由、开业自由、契约自由为主要内容的营业自由的抗争,就直接促成商人或资产阶级由经济革命走向政治革命、由营业权利之争转向政权治权之争的利益动能。这是因为,首先,"大规模的贸易,特别是国际贸易,尤其是世界贸易,要求有自由的、在行动上不受限制的商品占有者,他们作为商品占有者是有平等权利的,他们根据对他们所有人来说都是平等的、至少在当地是平等的权利进行交换";其次,"从手工业向工场手工业转变的前提是,有一定数量的自由工人(所谓自由,一方面是他们摆脱了行会的束缚,另一方面是他们失去了自己使用自己劳动力所必需的资料),他们可以和厂主订立契约出租他们的劳动力,因而作为缔约的一方是和厂主权利平等的"。但是,当新兴的手工业者、海上贸易者"在经济关系要求自由和平等权利的地方,政治制度却每一步都以行会束缚和各种特权同它对抗",具体表现为"地方特权、差别关税以及各种各样的特别法令,不仅在贸易方面打击外国人或殖民地居民,而且还时常打击本国的各类国民;行会特权处处和时时都一再阻挡着工场手工业发展的道路"。正因如此,对新兴资产阶级和商人阶层而言,"无论在哪里,道路都不是自由通行的,

〔44〕 参见[德]卡尔·马克思:《资本论》(第3卷),人民出版社2004年版,第374~375页。

〔45〕 参见[法]保尔·芒图:《十八世纪产业革命——英国近代大工业初期的概况》,杨人楩等译,商务印书馆1983年版,第17页。

〔46〕 参见厉以宁:《资本主义的起源——比较经济史研究》,商务印书馆2003年版,第174~186页。

对资产阶级竞争者来说机会都不是平等的，而自由通行和机会平等是首要的和愈益迫切的要求”。[47] 足见，对营业自由的追求与抗争，是贯穿新兴资产阶级与商人阶层由经济自由革命走向政治民主革命的一条主线；而政治革命在商业领域带来的一系列平权成果，却也使社会普通成员一体享受，最终促成一般民事主体进入营业领域之意志自由和机会平等在法律上的落实。

3. 以合伙、公司为代表的股份制企业为近代中世纪商人转型提供了社会组织条件。商业社团虽早在古罗马就有之，诸如由富有的骑士阶层为开矿、采盐、承包公共捐税而组建的金矿社、银矿社、采盐社、包税社等，就具有一定的集资结社、按股分成、对外代理等股份制性质，[48] 这种包卖、包税性质的商社因有股份委托的内容，也被经济史家视为股份制的滥觞。

从拉丁词源与词义上看，现代企业（公司）源于委托经营（commendare）和商业社团（societas）两词，蕴含基于投资者委托（commendare）而衍生的经营共同体（societas）之意。通论认为，至11世纪，随着海上运输、对外贸易中的货主或船主自担风险、集中委托管理或经营、按货物或运输份额分享所得商业利润的需要，康孟达（commeda）之联合经营形式得以出现；而较早涉及康孟达的商业习惯法典，如《西哥特法典》（The Visigothic Code），就有关于“委托管理”（commendare）或“使用借贷”（commodare）的规定，内容从财产委托到贸易贷款。后来康孟达作为合伙的一种新形式，被广泛适用于海上合伙、共同基金和陆上合伙，并逐渐分离出坐地合伙人（实际出资人、有限合伙人）和行商合伙人（代表经营者、普通合伙人）。所谓行商合伙人，就是其名字被经常使用并“被写在营业招牌上高高悬挂起来的那个人”，因“大规模的商业贸易也为自身创造了一个非物质的营业招牌”，即“各普通合伙人共同的名称”——合伙企业，它具有社团（societas）共同体的性质，并由起初共同的“店铺”过渡到后来共同的“公司名称”，即“以共同的名字（合伙的字号，作者注）为共同的企业利益而签署的契约”开始出现并逐步增多，“当‘合伙企业’赢得独立存在的地位之时，‘以合伙的名义’签署契约也就发展成为‘使用公司的名字’签署契约——不再包含所有合伙人名字的合伙企业”开始大量涌现并成形。[49] 因此，从11世纪晚期开始，在意大利、英格兰和欧洲其他地方兴起这一新的康孟达商业经营方式，“虽然合伙只是根据协议建立的，但它构成了一种可以拥有财产、订立契约、起诉和应诉的法人”，但是“合伙人被授权以合伙的名义联合行事，因而他们对合伙

---

〔47〕 参见《马克思恩格斯选集》（第3卷），人民出版社2012年版，第482～483页。

〔48〕 参见［意］彼德罗·彭梵得：《罗马法教科书》，黄风译，中国政法大学出版社2005年版，第40～41页。

〔49〕 参见［德］马克斯·韦伯：《中世纪商业合伙史》，陶永新译，东方出版中心2010年版，第15页、第28～32页、第68～70页。

的债务负连带责任”，在某种意义上讲，“合伙人也一同构成一种社团，即构成一种自治体、一种社会共同体，这种自治体或共同体的人格是超验的和内在的，也就是说，它既不同于其成员的人格，又与之相联系”，可以说，“12 世纪商业合伙的形式，即康美达，与近代商业公司的形式十分相像”。[50]

公司制正式定型的时间为 15 世纪。从 14 世纪、15 世纪开始，在德国南部、奥地利和捷克境内等欧洲一些采矿业中，出现有农奴、城市破产欠债的小手工业者聚集组成的合作社团，他们共同采矿、分享矿品所得；后来因商人资本入股控制了矿业的经营，“原来由合伙的劳动者构成的矿业组合，几乎到处都变成了靠雇佣工人开采的股份公司”。[51] 15 世纪至 16 世纪初，地理大发现和新航路的开辟，使各种特许贸易公司开始大行其道，自 1554 年英国特许成立第一个以入股形式进行海外贸易的“莫斯科公司”以后，诸如西班牙公司（1557 年）、伊士特兰公司（1579 年）、黎凡特公司（1581 年）、维吉尼亚公司（1584 年）、几内亚公司（1588 年）、东印度公司（1600 年）、马萨诸塞公司（1628 年）、哈德逊海湾公司（1670 年）、非洲公司（1672 年）等特许海外贸易公司相继成立；之后，这种特许公司也发展到内陆城市，如在意大利等地出现的“大商业公司”中，入股者既有商人、平民，也有贵族、教授、廷臣。[52] 1602 年荷兰也成立了特许的荷属东印度公司，并首次发行股票，筹资 650 万荷兰盾，召开了持股 5000 盾以上的大股东会议，选举 60 名大股东组成的董事会，至 1613 年还成立了最早的股票交易所，股份制公司与证券交易正式登场。[53] 1694 年英格兰银行作为世界首家股份银行在英国成立，股份制企业向金融业扩展。

以合伙、公司为代表的股份制企业出现并定型，褪去了中世纪及之前商人的自然人身份或家庭色彩，商事主体开始进入企业主与企业并行的新时代。

4. 第一次工业革命为工业资本家与工厂企业家登上近代舞台中心创造了社会经济基础。以工业飞梭（1733 年）、纺织机（1765 年）等“工业工作机器”的使用开始，以瓦特改制型蒸汽机（1785 年）投入规模生产并销售为标志，以蒸汽机作为动力源在汽船（美国的富尔顿，1807 年）、机车（英国史蒂芬逊，1814 年）等领域推广为表征的第一次工业革命，直接催生了诸如钢铁冶炼、机械制造、铁路运输、轮船制造、远

---

〔50〕 参见［美］哈罗德·J. 伯尔曼：《法律与革命——西方法律传统的形成》，中国大百科全书出版社 1993 年版，第 431 页。

〔51〕 参见［德］卡尔·马克思：《资本论》（第 3 卷），人民出版社 2004 年版，第 1024 页。

〔52〕 参见［英］约翰·米克勒斯维特、［英］阿德里安·伍尔德里奇：《公司的历史》，夏荷立译，安徽人民出版社 2012 年版，第 16～36 页。

〔53〕 参见于纪渭：《股份制经济学概论》，复旦大学出版社 1991 年版，第 15～19 页。

洋运输等新兴产业和传统产业的机械化。[54] 工业革命极大地提高了生产力,巩固了以制造商为主体的新兴资产阶级在工业国的统治地位;它释放了技术创新,开拓了市场,进一步强化了新兴制造商与商人集团对自由经营、自由竞争和自由贸易的诉求。[55] 第一次工业革命也引发了社会大变革,工业化最终"改变了整个人类社会,产生了经济和社会组织的新方式";"改变了工作的性质和意义",它使中世纪出现的工厂制度进一步定型化、规模化、专业化,"遵守时间、工厂制度、有规律的工作时间、固定的节假日和大规模的以工作为基础的组织,以及所有权、管理权和劳动的分离,都由此产生";"工业革命不仅被天才的创造力推动,而且被资本推动","资本创造了对产品的需求,资本投入到商业和工业当中,改变了人们对于工作和生活的看法"。[56] 工业化彻底改变了自然人、家庭在人类社会生产、生活中的基础地位,一种打破血缘、地缘关系,按照生产、分工的需要,把人、财、物组织起来的工厂制度,代替了传统作坊制或工场制的家庭手工业或商业组织模式,从而为以资本合资形式、以内部严格分工管理为代表性的股份制近代企业的兴起与推广,创造了社会经济基础。

5. 欧陆国家或地区民法典、商法典的并行立法加速了商事主体的世俗化进程。与中世纪商法是商人的法律(商人法)不同的是,近代有关商法的规定,不但大量地由商法典作专门规定,而且部分地由民法典进行具公因式的宣示或罗列,商法也褪去了更多属人法的身份特征,更多地彰显私法领域的平权色彩,终由"商人法"转型为"商事法"。[57]

一方面,营业已再不是国家、官府和商人阶层的特权,而是所有国民作为普通民事主体人人可享有的自由权利。18 世纪产业革命前后,随着自由贸易和新兴制造业的兴起,行会、商会、特许令的颁发所导致的商人特权阶层的出现和少数商人对营业的垄断,已受到商界和产业界的广泛批评和抨击,如针对当时的商业垄断,法国里昂市的商人代表就认为"所有的专营公司对扩展贸易弊大于利,而对于国家来说,贸易掌握在全体臣民的手中比被少数人独占更加有利";[58] 对营业自由的抗争直接导致了资产阶级革命,而革命最为直接的成果是"帮助创造了一个崭新的、

---

〔54〕 参见[英]罗伯特·艾伦:《近代英国工业革命揭秘》,毛立坤译,浙江大学出版社 2012 年版,第 430 ~ 437 页。

〔55〕 参见王荣堂、姜德昌主编:《世界近代史》,吉林人民出版社 1984 年版,第 139 ~ 152 页。

〔56〕 参见[英]罗杰·奥斯本:《钢铁、蒸汽与资本——工业革命的起源》,曹磊译,电子工业出版社 2016 年版,第 1 ~ 2 页、第 260 页、第 288 页。

〔57〕 参见谢怀栻:《外国民商法精要》,法律出版社 2002 年版,第 223 页。

〔58〕 参见[法]费尔南·布罗代尔:《十五至十八世纪的物质文明、经济和资本主义》(第 2 卷),顾良、施康强译,商务印书馆 2017 年版,第 546 页。

全国的、统一的市场这种制度上的先决条件——这种市场不仅使货物能够在地区间以更自由方式与更低廉的成本来交易,而且使土地、人民与观念也发生了改变";"他们对于这些旧制度的推翻意味着一种新影响与建立他们自己之社会的新机会"。[59] 这种新影响和新机会就是从业自由和营业自由作为国民的基本权利和自由,被载入宪法、民法典、商法典等法律文本,成为法定权利,如1791年《法国宪法》第一篇第1条规定"一切公民,除德行上和才能上的差别外,都得无差别地担任各种职业和职务";[60] 营业已是宪法确认的普通民事主体人人可享有的自由权利。

另一方面,从18世纪开始的产业革命、商品经济、营业交易、资本市场已深刻影响社会的秩序构建和人们的日常生活。由于"个人的所有与活动的自由"这一原则的确立,商人与非商人(如农民)之间的商业、贸易和营业垄断壁垒被打破,"以市场为中心而形成交换的契约关系,逐渐浸透于全体当事人的全部生活中"。[61] 由此,民事主体进入营业领域转换为商事主体已无法律、制度上的壁垒。

(二)近代商事主体的主要特征

1. 民事主体自由进入营业领域成为可能

由于契约自由、营业自由等立法价值观和私法基本原则的确立,特别是营业自由作为基本人权载入宪法或编入民法典、商法典,营业不再是行会手工业者或商人公会节制下商人的专有特权,而是一般民事主体人人可享有或行使的平等权利;它使普通民事主体自由地进入商业领域从事营业活动成为可能,民事主体转变为商事主体有了合法的权利依据和制度基础。

2. 商事主体与民事主体法律适用标准的一体化

《法国商法典》最具划时代意义之举,是整部商法以商行为为中心贯穿始终,其商法总则部分第109条,列举了如公司、商品交易、证券经纪、居间、行纪、水路运输、汇票、支票、本票、海商、破产等一系列商行为;不仅如此,该条还规定,无论是商人,还是非商人(普通民事主体),只要实施前述所列商行为,则应一律适用商法。[62]《法国商法典》之后,无论是选择民商合一的国家或地区,还是采用民商分立法例的国家或地区,本着普通法与特别法的法律适用规则,商行为适用商法几乎成为商事

〔59〕 参见[意]契波拉:《欧洲经济史·工业革命篇》,夏伯嘉译,台北,远流出版事业股份有限公司1989年版,第219~220页。转引自何勤华、魏琼主编:《西方商法史》,北京大学出版社2007年版,第282页。

〔60〕 参见姜士林、陈玮主编:《世界宪法大全》(上卷),中国广播电视出版社1989年版,第763页。

〔61〕 参见[日]我妻荣:《债权在近代法中的优越地位》,王书江、张雷译,中国大百科全书出版社1999年版,第182~185页。

〔62〕 参见[日]大隅健一郎:《商法总则》,有斐阁1978年版,第9页。

立法和商法效力的基本原则。对商行为采用一体适用商法的统一标准，实际上打破了商人作为特殊阶层只适用商法的法律壁垒。

3. 商事主体与民事主体权利义务的无差异化

营业之特权既已打破，对商人而言，自然再无特殊地位可言，自然也不存在特殊的义务和例外的捐纳。对普通民事主体而言，营业既然已不属少数人所专有的特权，则只要自己愿意，就可通过处分自己的财产作为原始投资，抓住平等的商机，进入营业领域以实现自己的财富梦想。特别在营业领域，以生产要素贡献为本位的初始分配原则，以营业所得税、流转税建立起来的经营利润分配机制和增量利益调整机制，使任何参加营业活动的主体之收入与税负走向合理性、公平化；而在非营业的民事领域，个人超额累进所得税、财产（土地、房产、车船等）税、遗产税等无差异比例征收，有效地实现了收入、所得、财富、利益在所有民事主体之间进行再平衡分配，最终使商事主体与普通民事主体对国家所负的义务走向无差异化。

4. 私法纠纷解决程序与管辖的统一化

在大陆法系，如法国，除海事法院、劳动法院等少数法院仍然保持其本身的专业性管辖外，绝大多数商事法院、城市法院、社区法院、领主法院、教会法院被裁撤或合并到以统一行政区划建立起来的普通法院，商事法院与普通法院走向统一。[63]在英美法系，如英国，进入16世纪以后，王室普通法院开始改变过去封闭、保守的司法习惯，转而以比较积极、开放态度大量吸纳商法原则，创设了如"违约赔偿之诉"（action of assumpsit）、"非法占用他人财物补偿之诉"（action of trover）等新型诉讼形式，把许多原属商人法院管辖的商事案件揽入普通法院管辖之下，并使公共集会法院、封建领主法院、季审法院、城市法院等其他混乱的多元司法力量渐次退出历史舞台。[64] 民事管辖与商事管辖的统一，促使商事纠纷司法程序逐步走向世俗化与民事化。除此之外，产生于中世纪、由商会控制、专属受理商人之间纠纷的商事仲裁也通过改革，把管辖与受案范围扩大到除婚姻、继承、收养等纯粹人身关系纠纷之外的所有私法领域，商事仲裁也实现了世俗化与民事化，商事仲裁与民事仲裁也基本统一。私法纠纷解决方式与程序管辖的统一，使商事主体与普通民事主体在法律待遇上趋于平等、一致。

（三）近代商事主体的主要形式

近代商事主体的主要形式，除传统的商自然人、家庭经营体外，还有企业。

1. 商自然人

自然人作为商事主体，不但在19世纪代表性的商法典中有规定，而且在代表性

---

〔63〕　参见曾涛、梁成意：《法国法院组织体系探微》，载《法国研究》2002年第2期。

〔64〕　参见程汉大：《中世纪英国法院制度的演变》，载《中西法律传统》2009年第7期。

的民法典中也有规定。例如,在法国,《法国民法典》规定“民事权利的行使不以按照宪法取得并保持的公民资格为条件”,“所有法国人都享有民事权利”;[65] 1970年第70-643号法律修改《法国民法典》第9条第1款为“任何人均享有其私生活受到尊重的权利”。[66] 另外,《法国商法典》对自然人“从事商活动”也有明确规定。[67] 在德国,除《德国民法典》对自然人的一般民事权利能力有明确规定外,[68]《德国商法典》中有关“经营营业的人”,无疑也包括自然人。[69] 在日本,《日本民法典》对自然人营业的许可有明确规定,如第6条规定“被许可从事一种或数种营业的未成年人,关于其营业,与成年人有同一能力”,“于前款情形,未成年人有尚不胜任其营业的事实时,其法定代理人可以依亲属编的规定,撤销其许可,或予以限制”;[70]《日本商法典》对未成年人营业及登记、未成年人成为无限责任股东的许可、未成年人营业的监护与代理等也有明确规定。[71] 这些均说明,在19世纪比较有代表性和影响力的民法典和商法典里,对自然人作为从商资格与营业主体均有明确的规定。至于英美法系国家或地区,自然人经商不仅在实践中十分普遍,而且是法律允许的,只是个体经营者并不能导致独立法人的有限责任法律后果而已。[72]

2. 家庭或家族经营体

尽管自从1673年法国颁布《陆上商事条例》,确立自然人、公司等个体、社团作为商事主体的主流形式,家庭特别是中世纪以家庭经营为主要形式的手工业、农业、商业,逐渐走向自然人个体经营和合伙、公司的组织经营,家庭的经营形式与主体地位也悄然退出了社会经济和营业领域的舞台;但是,基于自然人的自组织血缘共同体,家庭在营业中仍然发挥着一定的作用和功能。虽然无论是民法典,还是商法典,并无关于家庭经营形式或家庭经营体主体地位的明确规定,但从民法典有关婚姻或家庭财产关系的描述或规定中,还是可窥见家庭或家族在营业中的踪影或痕迹。例如,《法国民法典》第215条规定,“即使妻经营商业,或不在共有财产制下,或采用分别财产制,未经夫的许可,亦不得进行诉讼”;第220条规定,“妻为商人时,有关其业务事项,未经夫的许可,亦得负担义务;且在此情形,如夫妻间有共有财产时,夫对于上述义务同样负责”,“如妻仅就夫的商业作商品的零售经营时,不

---

〔65〕 参见《拿破仑民法典》,李浩培、吴传颐、孙鸣岗译,商务印书馆1979年版,第2页。

〔66〕 参见《法国民法典》,罗结珍译,中国法制出版社1999年版,第3页。

〔67〕 参见《法国商法典》,金邦贵译,中国法制出版社2000年版,第1页。

〔68〕 参见《德国民法典》,杜景林、卢谌译,中国政法大学出版社1999年版,第3~4页。

〔69〕 参见《德国商法典》,杜景林、卢谌译,中国政法大学出版社2000年版,第3~4页。

〔70〕 参见《日本民法典》,王书江译,中国人民公安大学出版社1999年版,第3页。

〔71〕 参见《日本商法典》,王书江、殷建平译,中国法制出版社2000年版,第3~4页。

〔72〕 参见[美]斯蒂芬·加奇:《商法》,屈广清、陈小云译,中国政法大学出版社2004年版,第3~4页、第187~188页。

得视为商人”；只有“妻独立经营时，始得成为商人”。[73]《法国民法典》这种赋予丈夫或主人在家庭中的特别权利，无疑与古罗马法中的家长权有明显的继承关系。此外，在1801年所起草的《法国商法典（草案）》第一卷“商事交易”中，就有第四编关于“（夫妻）财产分有制”的编章和规定。1807年《法国商法典》中的商事总则第一编之第2～7条对于未成年人、夫妻一方从事商业的规定及第四编“（夫妻）财产分有制”，显然把家庭经营体也列入商人中心主义的射程范围内；[74]其中，第4条关于“妻不得夫之许诺，不得为商人”，丈夫在家庭经营体具有主导地位，也能看出家庭经营体在当时仍然受到立法者的重视；此条直到1982年第82－596号法律修改为“商人的配偶，仅在其本人从事与其夫（妻）的商事活动相独立的商事活动时，才视为商人”，[75]但规定仍然没有褪去家庭经营体的色彩。又如，《德国民法典》第1431条、第1456条第1～2款关于夫妻一方独立营业的规定，即如“管理共同财产的夫妻一方，已允许另一方独立营业的，对于在经营中实施的法律行为和诉讼，无须替同意。涉及营业的单方法律行为，应向进行营业的夫妻一方进行”；若“管理共同财产的夫妻一方，明知另一方营业，并且其未对此提出异议的，视同允许”；另外，第1442条、第1464条关于“特有财产和营业的债务”规定等，均涉及家庭经营问题。[76]再如，《日本民法典》第4条、第5条、第6条关于未成年自然人营业的许可、监护、代理等规定，第760～762条关于夫妻法定财产的规定，第823条关于“子女除非经行使亲权人许可，不得经营职业”等规定，[77]均带有家庭营业的痕迹与体现连带债务关系。

3. 企业

企业作为商事主体是近代最显著的特征。早期的企业主要为合伙企业，至15世纪公司特别是股份公司开始登场并定型，例如，1673年的《法国陆上商事条例》首次规定有普通公司和两合公司，并赋予无限公司以法律地位。[78]1804年的《法国民法典》第三编第九章，对合伙作了专门规定，并把合伙分为包括合伙（全部财产的合伙，即普通合伙）与特别合伙（特定财产的合伙或结成特定企业进行的经营）两大类；[79]《法国商法典》第三编“公司”对合股公司（无限公司）、两合公司、有限责任公

〔73〕参见《拿破仑民法典》，李浩培、吴传颐、孙鸣岗译，商务印书馆1979年版，第16页、第28～29页。

〔74〕参见聂卫锋：《〈法国商法典〉总则述评——历史与当下》，载《比较法研究》2012年第3期。

〔75〕参见《法国商法典》，金邦贵译，中国法制出版社2000年版，第1页。

〔76〕参见《德国民法典》，杜景林、卢谌译，中国政法大学出版社1999年版，第321～333页。

〔77〕参见《日本民法典》，王书江译，中国人民公安大学出版社1999年版，第3页、第132～133页、第145页。

〔78〕参见郑祝君：《从西方公司制的变迁看公司的本质特征和基本功能——兼论我国企业公司化改造中的国有独资公司问题》，载《法商研究》1995年第4期。

〔79〕参见《拿破仑民法典》，李浩培、吴传颐、孙鸣岗译，商务印书馆1979年版，第255～261页。

司、股份公司有明确规定。[80] 又如,在德国,《德国民法典》在第一编第一章“人”第二节“法人”目下,对“以经济上的营利为目的”的营利社团之权利能力,作了原则性规定;[81] 在《德国商法典》第二编,作出关于“无限公司、两合公司和隐名合伙”的规定;[82] 此外,《德国有限责任公司法》(1892 年)、《股份法》(1965 年)还对有限责任公司、股份公司进行了更为具体的规定;[83] 而且,在德国,商业合伙实际上包括普通合伙、有限合伙、隐名合伙等多种类型。[84] 再如,在日本,除《日本民法典》第一编总则第二章法人第 35 条对“以营利为目的”的营利法人和“依照商事公司设立条件设立”的公司法人有原则性规定外,[85]《日本商法典》第二编公司对无限公司、两合公司、股份公司有明确列举和规定;第 535 ~ 542 条对“当事人相约,一方为他方营业出资,并分配其营业盈余”的隐名合伙,也有具体规定。[86]

在英国,自 1720 年南海公司泡沫案爆发、泡沫法被废止后,公司主要有皇家特许公司、议会特准公司和协议契约公司等三类。1825 年以后,英国先后通过了 1844 年股份公司法、1855 年有限责任法、1856 年股份公司法、1862 年公司法、1908 年公司法和 1929 年公司法,特别是 1908 年以后的公司法,引入了私人公司与公众公司的概念,奠定了英国近代公司的基本类型。[87] 英国的注册公司分为无限责任公司、有限责任公司、保证有限责任公司、股份有限责任公司等几种,其中股份有限责任公司又分为私人公司(private company)与公众公司(public company)。[88] 此外,1890 年《合伙法》对各种商业合伙有比较原则性规定。在美国,企业型商事主体有公司型企业与非公司企业两大类,其中公司型企业一般被划分为公开公司(Open Corporation)与封闭公司(Close Corporation);[89] 而非公司企业则包括独资企业、普通合伙、有限合伙、有限责任公司、有限责任合伙、有限责任有限合伙等多种形式。[90]

---

〔80〕 参见《法国商法典》,金邦贵译,中国法制出版社 2000 年版,第 27 页、第 93 页。

〔81〕 参见《德国民法典》,杜景林、卢谌译,中国政法大学出版社 1999 年版,第 321 ~ 333 页。

〔82〕 参见《德国商法典》,杜景林、卢谌译,中国政法大学出版社 2000 年版,第 45 ~ 68 页。

〔83〕 参见杜景林:《〈德国商法典〉中的商人》,载《德国研究》2011 年第 1 期。

〔84〕 参见卢谌:《〈德国商法典〉:解构抑或重构》,载《德国研究》2014 年第 2 期。

〔85〕 参见《日本民法典》,王书江译,中国人民公安大学出版社 1999 年版,第 8 ~ 9 页。

〔86〕 参见《日本商法典》,王书江、殷建平译,中国法制出版社 2000 年版,第 12 页、第 159 ~ 160 页。

〔87〕 参见葛伟军:《英国公司法要义》,法律出版社 2014 年版,第 7 ~ 10 页。

〔88〕 参见[美]斯蒂芬·加奇:《商法》,屈广清、陈小云译,中国政法大学出版社 2004 年版,第 189 ~ 191 页。

〔89〕 参见苏号朋主编:《美国商法:制度、判例与问题》,中国法制出版社 2000 年版,第 313 ~ 315 页。

〔90〕 参见宋永新:《美国非公司型企业法》,社会科学文献出版社 2000 年版,第 22 ~ 26 页。

四、当代商事主体：从自然人商人过渡到企业商人

（一）当代商事主体嬗变的社会、经济基础

1. 现代民族国家的形成使世界进入新的大国竞争时代

19世纪中叶，随着德国、意大利的统一和沙皇俄国的农奴制改革，欧洲近代民族国家版图正式定型，德国、意大利、俄罗斯等新兴民族国家，与法国、西班牙、葡萄牙等老牌殖民帝国，以及气势正盛的英帝国，形成新的欧洲列强。不仅如此，经过独立战争、西进运动、南北战争洗礼的美国，正在悄悄崛起；而东方的日本在对短暂被侵略历史进行反思后，迅速脱亚入欧，明治维新使其步上富国强兵、西化扩张的道路，进而遥遥领先于亚洲其他国家。19世纪末至20世纪初，世界进入新兴崛起帝国与老牌殖民帝国的经济竞争、军事争霸、市场瓜分时期。在此情形下，各国为取得竞争优势，不仅在经济政策、国家立法上大力鼓励、扶持国内大企业的发展，这直接助推了大企业在各国的发展和壮大；而且，国家利用公权的优势，集中国家资源和力量，直接参与营业，导致国家营业、政府投资这一新型营业形式的出现并发展。国家作为新的商事主体，彻底改变了传统商事主体的性质、形式和结构。

2. 第二次工业革命助推大企业的发展

19世纪中叶，在多数国家尚未完成第一次工业革命的情况下，由于新一轮科学理论（电学、化学、热力学等）和工程技术（发电机、电灯、电话、电报、化学合成技术、石油冶炼、内燃机、汽车、飞机等）的诞生，引发了新一轮工业革命，即第二次工业革命。[91] 以1866年德国人西门子制成发电机为发端，到19世纪70年代商用发电机的问世，美国人贝尔发明电话、爱迪生发明电灯，19世纪90年代意大利人马可尼试验无线电报取得成功，电机、电灯、电车、电影放映机相继问世，电动机器开始代替蒸汽机器，人类进入了“电气时代”和自动化时代。[92] 例如，随着化学合成工业、石油冶炼技术的产生和发展，人类开启了无机的化学工业时代；再如，因内燃机、航空发动机的发明直接催生了内燃机制造、汽车制造、飞机制造、公路运输、航空运输的发展，人类跨入汽车、航空时代。总之，以电气化、自动化、化工合成化、内燃机化为基本特点的第二次工业革命，[93] 电气、石油、化工、汽车、飞机、公路运输、航空运输等一系列新兴工业部门异军突起，使钢铁、煤炭、机械加工等传统工业部门得以快速壮大。[94] 由于电气、石油、化工、汽车、航空等新兴工业部门属资本密集与技术密集

---

〔91〕 参见王扬：《第二次科技革命的内容、特点及意义》，载《学习月刊》1998年第3期。

〔92〕 参见［德］H. 麦斯纳：《自动化和第二次工业革命》，果青译，载《世界经济文汇》1958年第4期。

〔93〕 参见周友光：《“第二次工业革命”浅论》，载《武汉大学学报（社会科学版）》1985年第5期；陈雄：《论第二次工业革命的特点》，载《郑州大学学报（哲学社会科学版）》1987年第5期。

〔94〕 参见阎康年：《三次技术革命和两次产业革命的历史经验》，载《世界历史》1985年第4期。

型产业，在获得一定技术突破后，其产业化、商用化需要巨额的原始资本投入方可完成，这就为如股份制企业的进一步发展和规范，奠定了产业基础。

3. 世界统一市场促进跨国公司的崛起

早在19世纪中叶，马克思、恩格斯就在《共产党宣言》中指出，“大工业建立了由美洲的发现所准备好的世界市场”，而“世界市场使商业、航海业和陆路交通得到了巨大的发展”，其结果是“由于开拓了世界市场，使一切国家的生产和消费都成为世界性的了”。[95] 第二次工业革命完成后，新兴技术的不断创新和新兴工业的不断出现，新产品的生产力和市场的扩张力比起19世纪中叶，无论在量还是在质上更是前进到一个新的阶段。至20世纪初，世界市场几乎已被新兴发达国家所瓜分和占领，在欧美诸列强主导下的工业全球化进程中，全世界都被纳入一个统一大市场。它不仅进一步为各国营业的开展提供了广阔的市场，同时也更进一步激化了营业准入门槛和市场竞争程度，少数资本雄厚、掌握新技术、内部治理有效、经营管理得当、市场定位精准的大企业或大公司，在世界性的市场竞争中赢得先机，占据了优势地位，进而把业务、产品或服务触角深入世界各地，产生如业务、工厂、机构、人员遍及世界各地的跨国公司或国际巨头，他们直接控制了世界市场，掌握了国际营业中绝大部分资源，攫取了商业利润的大头。

4. 市场垄断使企业走向集团化、集中化

第二次工业革命无论是技术的复杂程度，还是不同产业以及产业内部的分工细化程度，均远远超过了第一次工业革命。技术越复杂，分工越精细，就越需要统一的标准和集中的管理，掌握原创、核心技术或生产终端优势产品的大企业、大公司，就实质性地拥有技术、产品、服务、市场标准的话语权或制定权，这种开始主要发生在机器制造工业内部，后来以渐进方式拓展到相关产业或市场，最后渗透到全产业链的上、中、下游乃至整体市场，进而形成以掌握原创、核心技术或生产终端优势产品的大企业、大公司为中心的企业集团或关联企业联合体，市场也由分散竞争走向产业集中，并形成垄断。第二次工业革命的这种渐进式的冲击和世界市场的变化，最终使资本主义从自由竞争阶段过渡到垄断阶段。正如列宁所指出的那样，“集中发展到一定阶段，可以说就自然而言走到垄断”，“这种从竞争到垄断的转变，不说是最新资本主义中最重要的现象，也是最重要的现象之一”。[96] 市场垄断的形成，为大企业、大公司和企业集团、集团企业、关联企业联合体控制国内市场或全球资源创造了条件。

---

〔95〕 参见《马克思恩格斯选集》(第1卷)，人民出版社2012年版，第401～404页。

〔96〕 参见《列宁选集》(第2卷)，人民出版社2012年版，第585页。

5. 企业制度更为成熟、企业形态更为丰富

19 世纪中叶以后,企业也随着大工业的发展不断演变,传统的业主制企业、合伙企业、合作社企业,因投资主体的单一或人数极少,融资能力受到严重限制,而无限责任、连带责任也给投资者带来极高的商业风险,因此,这些企业只能适用于中小企业,其产业行业也局限于手工业加工、农业种植、小型制造或商业零售等。而无论是第一次工业革命中的钢铁、煤炭、机械加工,还是第二次工业革命中新兴的电气、石油、化工、汽车、航空等产业,巨额资本的需求使股份制公司,特别是在证券市场公开上市向社会融资的公众公司、上市公司,在所有公司类型中得到最快的发展,企业发展也因股份公司的发展而进入新的阶段。

(1)企业类型更为多样。就一般企业而言,如业主制企业、合伙企业等非公司企业;无限公司、两合公司、股份公司等公司企业。特别是 19 世纪中叶,有限责任公司因克服了股份公司机构庞大、股权分散、多数股东无法参与和无限公司风险责任太大等制度性缺陷,适应于中小企业的创业发展,得到投资者的青睐,被不少国家立法所确认,如 1892 年《德国有限责任公司法》,1938 年《日本有限公司法》,1966 年《法国商事公司法》第一编第三章"有限责任公司"的规定等。就特殊企业而言,1917 年苏俄十月革命后建立的社会主义政权,按照生产资料所有制形式对企业进行新的划分,其中由国家投资并经营管理的全民所有制企业或国营企业、由集体农庄或其他集体单位(包括国营企业)投资并经营的集体企业或集体所有制企业、由劳动者或集体合作投资或生产的合作社企业等,均为社会主义性质的企业,此种企业分类法在 20 世纪 20 ~ 80 年代,成为社会主义国家中主流的企业分类方式。

(2)企业主与企业的逐渐分离、独立使企业主体资格、法律人格、债务责任更为独立。企业主与企业的关系由早期、近代式的家族企业逐渐转型、过渡到法人企业。相对而言,19 世纪中叶到 20 世纪初,绝大部分新兴的大型跨国企业,如英国的巴克莱银行财团等,德国的西门子公司、蒂森公司、弗利克公司、克虏伯公司、奔驰公司等,法国的洛希尔集团等,美国的杜邦公司、梅隆公司、洛克菲勒公司、福特公司等,日本的三井会社、三菱会社、住友会社、安田会社等,均是以该公司创始人和最大股东的名字或亲属的名字命名,而且在相当长的时期里,这些公司保持着家族式管理或控制,直到 1978 年汽车奇才艾柯克因为与董事长亨利·福特意见不合,被福特公司解除 CEO 之职,引发福特公司经营危机,福特公司随即进行改组,家族企业转型为现代公司法人企业的历程,才算告一段落。[97]

(3)由人合型企业走向资合型企业。早期、传统的企业,其市场信用、履约能力

---

〔97〕 参见[美]李·艾科卡、[美]威廉·诺瓦克:《艾科卡自传》,陆建民、王建军译,上海人民出版社 1986 年版,第 24 ~ 35 页。

与偿债担保，是建立在主要自然人投资者、经营者或交易者个人的信用、能力或财产状况即自然人信用的基础上，企业与企业的投资者、具体经营者或代理交易者的信用、能力、担保连带捆绑在一起，特别是主要投资者或经营者的市场信用、履约能力、财产担保，对企业的信用、能力、担保具有基础性的支撑作用。[98] 但是，在现代企业中，绝大多数企业的信用、能力、担保是建立在企业本身的资本、治理和信用基础上，其信用、能力、担保已与其投资者特别是主要投资者的信用、能力、担保基本脱钩，尤其是股份制企业，对外的市场信用、履约能力与偿债担保以其雄厚的资本、优质的资产、精致的产品、良好的服务、有效的治理和规范的管理作为基础，[99] 资合企业或资本企业已成为组织型商事主体中的主流。其四，企业内部产权明晰、治理规范。由于股权与公司法人财产权之间的法律界限分明，涉及企业方面的国家立法更为完善，企业内部对治理机构的分工、决策管理的程序更为规范。

（二）当代商事主体的明显特征

经济市场化、市场国际化、贸易全球化是当今营业的基本特征。在现代市场经济条件下，当代商事主体也发生了根本性的变革，其结构也由以传统的自然人商人为核心的商主体结构过渡并演化为以现代的企业商人为核心的商主体结构。这一变化具体表现在以下几个方面：

1. 企业由财产集合体、经营集合体走向法律主体并具独立人格。企业与企业主（出资人）从最初的合一逐渐因企业经营稳定、持续而走向分离，企业由企业主的财产经营体、权利客体演化为享有独立人格的主体，[100] 企业特别如公司企业从企业主这一自然人人格中独立出来，成为享有独立人格的商事主体，公司类企业主体人格已完全独立。

2. 企业成为人们从事营业选择的重要组织平台和经营形式。企业作为契合各种生产要素的契约性商事组织，因大大地降低了交易成本和管理成本，而成为人们从事营业选择的重要组织平台和经营形式。首先，企业在现代化的大规模工业生产、矿山冶炼、交通运输、电信电力、化学化工、机械制造、能源开发、重大项目、大型公共工程等行业中得到普遍的应用。正如马克思所言，“假如必须等待积累使某些单个资本增长到能够修筑铁路的程度，那么恐怕直到今天世界上还没有铁路。但是，集中通过股份公司转瞬之间就把这件事完成了”；[101] 正是因为有了股份制，才使

〔98〕 参见胡奕明：《人合观与资合观下的有限责任制和合伙制之比较》，载《中国注册会计师》2004 年第 9 期。

〔99〕 参见赵旭东：《从资本信用到资产信用》，载《法学研究》2003 年第 5 期。

〔100〕 参见叶林：《企业的商法意义及“企业进入商法”的新趋势》，载《中国法学》2012 年第 4 期。

〔101〕 参见［德］卡尔·马克思：《资本论》（第 1 卷），人民出版社 2004 年版，第 724 页。

"生产规模惊人地扩大了,个别资本不可能建立的企业出现了"。[102] 其次,传统不认为或不具有营利性质的农业、林业、牧业、渔业、教育、科技、文化、卫生、艺术、体育、婚丧、养老、公用事业等行业,由于大量采用企业形式进行经营或管理,也被普遍地营业化、企业化或公司化。最后,传统自然人、家庭经营也逐步向企业化经营转型或过渡,或通过企业化经营形式有效地规避或化解风险。如个人独资企业、家族式合伙企业、家族式有限责任公司、自然人一人公司等带有明显自然人、家庭或家族经营特征的企业形式,使传统自然人、家庭经营形式发生革命性的转型。

3. 企业已成为市场经济中最重要、最有影响的商事主体。由于企业营业规模的不断扩大,企业的市场影响力和主体地位开始被法律所认可。早在1899年,德国学者海德曼就预见到,企业"已慢慢地占据了研究者头脑中原先企业主的位置。一个崭新的权利人顺时而生,也许会成为重新构造私法体系的主导概念"。[103] 企业已成为现代市场经济中最为重要、最具影响力的商事主体,并成为当今经济社会的基本细胞。

4. 企业立法使商法进入企业商法时代。企业立法已成为商事主体法的重要组成部分,并贯穿商法的每一子部门法和单行特别法,商法也因之带有浓厚的企业法色彩。例如,公司法的组织法特征,证券法为企业融资的功能,商业银行法、票据法服务于企业融资、支付、结算的职能,保险法化解企业经营风险的制度设计,承包、租赁、信托、托管等企业具体经营的模式选择,破产法为企业清算、退出提供法定程序等,公用事业、商业银行、证券交易、商业保险、信托投资、期货买卖、物流仓储、航空运输、海商海事等行业经营普遍性的企业化或公司化,使企业法的相关理念与制度安排完全融入现代商法的各子部门法和单行特别法,故将企业法置于商法之中比较符合企业的本质,[104] 更顺应营业的现代潮流。

5. 企业制度已成为国家立法关注的重点。鉴于企业的地位与作用,传统"商人自治"的领域日益受到国家的干预,企业制度已成为国家立法关注的重点。如公司章程法定必要记载条款的强行性规定,企业内部治理结构形式的法定化,公司股东会与董事会决议的司法干预,公用事业、商业银行、证券交易、商业保险、信托投资、期货买卖、物流仓储、航空运输、海商海事等行业组织形式的公司化、经营事项的行政许可化、内部治理的规范化、营业信息的公开化、对外责任的严格化,司法与行政解散企业的启动与实施,债权人会议与破产清偿,商业银行的接管等,均体现了商事立法价值的变化。

---

〔102〕 参见[德]卡尔·马克思:《资本论》(第3卷),人民出版社2004年版,第494页。

〔103〕 转引自[德]托马斯·赖塞尔:《企业和法人》,赵亮译,载易继明主编:《私法》第1辑第1卷,北京大学出版社2001年版,第99页。

〔104〕 参见陈醇:《经济法与商法的区别》,载《浙江师范大学学报(社会科学版)》2007年第2期。

(三)当代商事主体的主要形式

当代商事主体除延续之前的自然人商人、家庭或家族经营体仍然发挥着一定作用外,企业作为组织型商事主体,其地位更为显要,作用更居主导,形式更为多样。另外,作为国家干预市场和社会主义公有制经济的实现载体,国家作为商事主体也以不同于之前的面貌或形式出现。

1. 公司型企业与集团企业

在当代商主体结构中,组织类企业商主体已居于主导地位,并呈现如下一些新的特点:首先,公司企业已成为企业中的主流形式。在公司制企业中,股份有限公司虽然数量较少,却是控制或掌握各国、世界经济命脉和主要资源的主导型企业。其次,由单一企业走向联合企业。典型如母子公司、总分公司形成的集团型企业;由相互持股或交叉持股形成的关联型企业集团;由产业供应链结成的利益关系型企业联合体;由产品、品牌的销售或许可生产形成的产品或品牌企业联合体;基于合同合作形成的协作型企业联合体;由政府牵头组建的其他企业集团或企业联合体等。最后,跨国企业主导全球市场。在经济全球化与世界市场一体化作用下,每一行业、产业或部门中最具影响力的几大跨国公司或跨国企业集团,基本控制了世界的工业原料、主要能源、核心技术和销售市场;在国际市场上,许多重要部门和行业已经形成了非常明显的寡头垄断市场结构,并导致市场集中度的持续上升。[105]

2. 国家

国家作为商主体出现,是当代商事主体结构的重大变化,它主要表现为:首先,国家以营业性投资主体的形式出现。[106] 如在国有独资企业、国有控股公司中,国家就是以国家出资人即国家股东的身份出现,国家作为国有独资企业、国有控股公司的唯一或最大股东,与其他一般股东一样,也是为了追求国家营业性投资利润的最大化。[107] 其次,国家以直接经营者的身份出现。例如,典型的传统的国营企业;[108] 又如,各国的中央银行、财政部门之经营货币汇率、国债发行的特殊职能与市场操作行为等,国家或政府也是以具体经营者的角色出现。最后,国家以市场交易者的身份出现。典型如政府采购、政府担保,就是国家以市场交易者的身份出现;又如,在我国,政府少数垄断专营行业,如现行的烟草管理局、[109] 2014 年以前的盐务局或

---

〔105〕 参见杜传忠:《20 世纪 90 年代以来西方国家工业集中度上升的原因及趋势》,载《世界经济》2002 年第 5 期。

〔106〕 参见肖海军:《国有股权代表人制度研究》,中国检察出版社 2015 年版,第 198 ~ 265 页。

〔107〕 参见刘学灵:《论国家所有权人与投资主体间的法律关系》,载《政治与法律》1997 年第 6 期。

〔108〕 参见王金存:《从世界经济发展看国营企业地位和作用的变化》,载《世界经济》1993 年第 7 期。

〔109〕 参见李剑:《烟草业需要反垄断法吗?》,载《当代法学》2013 年第 5 期。

盐务管理局,[110]就是具体、集中的专卖商品中介交易者。

五、网络商事主体:从实体商人走向虚拟商人

(一)网络商事主体嬗变的技术支撑条件与社会经济基础

1. 计算机、互联网、移动通信、人工智能为营业的数字化、虚拟化创造了技术条件

计算机是20世纪最先进的科学技术发明之一。1946年2月,由约翰·冯·诺依曼设计、美国军方定制的世界第一台电子计算机诞生,是直接引发第三次工业革命(以电子计算机、原子能、空间、生物工程的发明和应用为主要标志,涉及信息、新能源、新材料、生物、空间和海洋等诸多领域的信息控制与技术革新)、[111]第四次工业革命(以移动网络、人工智能、智能机器人、虚拟场景、量子信息、可控核聚变、清洁能源以及生物神经等的发明和应用为主要标的智能化技术革命)[112]的标志性技术事件。而无论是第三次工业革命中的信息化、互联网时代,还是第四次工业革命的数字化、智能化时代,完全改变人类生活、生产方式与营业、交易生态的,是基于计算机技术所创造的信息可即时获得,使古典经济学中的"完全信息"与大规模使用"大数据信息"成为可能。如有学者认为,如果说始于20世纪60年代的第三次工业革命可称为"计算机革命、数字革命",则"催生这场革命的是半导体技术、大型计算机(20世纪60年代)、个人计算机(20世纪七八十年代)和互联网(20世纪90年代)的发展",第四次工业革命"是在数字革命的基础上发展起来的"。[113] 正是借助于计算机技术、云计算和互联网技术,使传统商业的直接性、实在性更具有"不符合直觉"的新特征。[114] 新技术、新经济、新环境的这种信息化、数字化、互联化、移动化、即时化、智能化特征,使营业形式、商事交易、商事主体、商法法源跨越实体时代,进入网络商法虚拟时代,[115]从而使私有领域的网络化与网络私有主体的权力化成为新时代商法不可回避的问题。[116]

2. 新的全球化进程为营业的无国界化提出了新的挑战

1947年10月在日内瓦签署的《关税与贸易总协定》(GATT),其主旨在于各成

---

〔110〕 参见宋华:《中国盐税、盐专卖制度的历史演变及财政意义》,载《时代金融》2014年第17期。

〔111〕 参见[美]阿尔温·托夫勒:《第三次浪潮》,黄明坚译,中信出版社2018年版,第138页以下。

〔112〕 参见王喜文:《2015年——第四次工业革命元年》,载《中国计算机报》2015年2月2日,第3版。

〔113〕 参见[德]克劳斯·施瓦布:《第四次工业革命——转型的力量》,李青译,中信出版社2016年版,第4页。

〔114〕 参见[美]杰里米·里夫金:《第三次工业革命》,张体伟、孙豫宁译,中信出版社2012年版,第93页。

〔115〕 参见齐爱民、刘颖主编:《网络法研究》,法律出版社2003年版,第27页。

〔116〕 参见于志刚主编:《网络法学》,中国政法大学出版社2019年版,第166~193页。

员国之间“通过削减关税和其他贸易壁垒,消除国际贸易中的差别待遇,促进国际贸易自由化,以充分利用世界资源,扩大商品的生产与流通”。[117] 1994 年 4 月在关税与贸易总协定基础上签署的关贸总协定乌拉圭回合部长会议《马拉喀什宣言》,决定成立更具全球性的世界贸易组织(WTO),WTO 之成立,立意在于“以更加公平开放的多边贸易体制来为其人民谋福利”,使各国“在货物、货币和金融等领域争取更全面的合作”;[118]“希望通过大幅度消减关税和其他贸易壁垒以及在国际贸易关系上消除歧视待遇的互惠互利安排”,以期实现在普遍范围内“提高生活水平、保证充分就业、保证实际收入和有效需求的大幅稳定增长以及扩大货物和服务的生产和贸易为目的”。[119] 在 GATT 和 WTO 等多边贸易体制的推动下,营业国际化、经济全球化、贸易自由化、分工洲际化得到进一步强化。21 世纪以来,欧盟、亚太经合组织、东南亚联盟、北美自由贸易区等区域经济一体化组织,在促进世界市场一体化进程中,作用更为明显。

进入 21 世纪 10 年代以后,在世界市场互联互通与全球资源优化配置过程中,逐渐形成了一体化的产业链、供应链和价值链等“三链”体系,进一步推动全球资源、金融、生产、服务、贸易的一体化进程,形成同一产品由“一国生产变成多国生产”的新格局;而新的“三链”体系又迫切需要“零关税、零壁垒、零补贴”作制度性保障。自 2018 年美国、欧盟和日本先后就“三零”问题达成共识,“零关税、零壁垒、零补贴”等“三零”规则也就成为最新的国际经贸规则。[120] 在前述信息、网络、智能技术的支撑下,“三零”规则框架下的自由贸易一体化进程也在加快,不同国家或地区的营业实现了真正的无国界化,世界市场步入“扁平化”。[121]

3. 网商主体立法受到各国的重视和青睐

各国为赢得营业信息化、数字化、智能化的先机,纷纷出台有关促进网商主体发展的法案。“如果说土地是农业时代的原材料,钢铁是工业时代的原材料,那么数据就是信息时代的原材料”,故“谁掌握了数据谁就踏进了信息时代”。[122] 基于此,早在 1996 年 6 月联合国国际贸易法委员会就通过《电子商业示范法》,2001 年 3 月又通过《电子签名示范法》;之后,各国为取得网络经济、智能时代的竞争优势,竞

---

〔117〕 参见国务院法制局法规编纂室编:《关税与贸易总协定及其主要协议汇编》,中国物价出版社 1992 年版,第 1 页。

〔118〕 参见乌拉圭回合部长级会议:《马拉喀什宣言》,载《世界贸易组织规则》,新华出版社 1999 年版,第 1426 页。

〔119〕 参见杜厚文主编:《世界贸易组织规则与中国战略全书》(下),新华出版社 1999 年版,第 1428 页。

〔120〕 参见王晓红等:《对“三零”国际经贸规则的认识》,载《国际贸易》2019 年第 6 期。

〔121〕 参见[美]托马斯·弗里德曼:《世界是平的》,何帆等译,湖南科技出版社 2006 年版,第 7 页。

〔122〕 参见[美]亚力克·罗斯:《新一轮产业革命》,浮木译社译,中信出版社 2016 年版,第 167 页、第 172 页。

相制定促进电商、网商、智商发展的政策与法律，典型的如《美国数字签名和电子认证法》(1998年)、《美国统一电子交易法》(1999年)，《英国电子商务规则(EC指令)》(2002年)、《英国2003年通信法》、《英国数字经济法案》(2009年)，欧盟的《关于信息社会服务尤其是内部市场电子商务的法律问题的指令(第2000/31/EC号指令)》，《德国电信媒体法》(2007年)，《澳大利亚电子交易法》(1999年)，《日本电子签名与认证服务法》(2000年)，《韩国电子商务基本法》(1999年)、《韩国电子商务框架法》(2002年)、《韩国电子贸易简化法》(2005年)、《韩国电子金融交易法》(2006年)，《新加坡电子交易法》(1998年)等。我国电子商务、网络交易方面的立法，也紧随发达市场经济国家或地区，自2004年以来，全国人大常委会先后通过《电子签名法》《网络安全法》《电子商务法》等法律。

营业的信息化、数字化、智能化及新型电商、网商、智商业态，特别是人工智能、VR(虚拟现实技术)、AR(增强现实技术)、无人机、人脸识别、无人驾驶、智能机器人等新型智能型“知商”的出现，表明人类社会已告别传统的实体型网商时代，进入虚拟型智能知商时代。[123] 它们不仅对传统商事主体的存在形态是一种前所未有的革命，还对涉及传统商事登记的立法理念与相关制度构成巨大的挑战。[124] 因此，如何对网络经营主体进行商事登记和市场监管，是网商时代市场监管部门、商事登记机构需要重点考量的问题；[125] 特别是为了实现易辨识、可溯源、能追责之交易安全目的，无论是个人网店，还是第三方平台，均应纳入网商时代的商事登记管理范畴。[126]

(二)网络商事主体的显著特征

新时期营业的信息化、数字化、网络化、移动化、智能化及新型电商、网商、智商业态，使营商环境发生如下深刻的变化：(1)营业场所和环境已由传统实物有限空间向虚拟无限空间转变；(2)营业财产、要素、资源已完全实现数据化；(3)代码、程序、密钥成为当事人之间的法律和新的交易技术规则；(4)各种网络平台和交流社区已形成新的营业生态、市场并形成新的治理秩序；(5)网络热度、点击率、关注度、收视率等数据流量成为营业持续的支撑条件并决定营业的效益；(6)网商与用户身份的多元化导致经营模式和商事主体的多元化。空间虚拟无限、数据产生价值、流量决定成败、代码就是法律、平台形成生态、用户身份多元，已成为网商时代的显著

---

〔123〕 参见谢旭辉：《从网商时代到知商时代》，载《企业管理》2017年第12期。

〔124〕 参见程志欣：《网络经营主体商事登记制度研究》，暨南大学2015年硕士学位论文，第1页。

〔125〕 参见全国工商系统网络市场监管专家型人才培训班第三课题组：《网络经营主体商事登记研究》，载《中国工商报》2014年3月4日，第3版。

〔126〕 参见赵旭东：《电子商务主体注册登记之辩》，载《清华法学》2017年第4期。

特征。正因这一系列变化,网络时代的商事主体呈现如下明显特征:

1. 存在形式的电子化

无论是传统的商事主体,还是新型商事主体,均以电子方式的外在形式存在,典型的就是商事主体以具体的互联网注册域名、移动平台有效号码、网上社区账号、受各种智能网络控制的智能终端等电子形式显现出来。在电商、网商、智商时代,互联网上的注册域名、各种移动通信平台上的有效账号、各种网络社区的网名、人物交互与物物相联的各种智能终端,实际上就是商事主体的外在存在形式,网络时代的投资、经营、交易绝大多数是在以电子注册形式的域名、账号、网名、终端之间进行的,商事主体绝大多数情形下,是以电商、网商、微商(如微信、脸书、推特和各种社区等网络社区经营者)、智商等电子型新式商人身份或面目出现。

2. 信息载体的数字化

传统商事主体的信息公开和载体分为两个部分或环节:一是商事登记簿的登记、注册、验证、发证所记载或固定的有关商事主体姓名(名称)或字号、注册资本、章程或协议、内设机构、营业事务执行人或法定代表人、经营事项或主业范围、营业住所等相关登记外观营业信息;二是商事主体实际经营中的财产实物、营业场地、店厂规模、产品或服务展示、前台营业员或末端代理人的经营素养或服务态度等实际外在营业信息。但在信息、数字、网络、移动、智能时代,这一切均是通过互联网络、移动网络、物联网络、智能网络的各种电子数据表现出来,除各种网络、电商、社区、终端所公示的商家、产品或服务等数据信息外,点击率、关注度、收视率、好评率等流量数据对特定经营者具有至关重要的影响力。在某种意义上讲,网络时代的商事主体实际上就是网络数据的复合体,以各种电子数据表现出来的数字化营业信息,让赢得、掌握或控制数据的企业或商家可取得明显的竞争优势。2018 年 12 月,国家市场监管总局公布《电子营业执照管理办法(试行)》(国市监注〔2018〕249 号),明确规定“电子营业执照与纸质营业执照具有同等法律效力,是市场主体取得主体资格的合法凭证”。商事主体登记信息的电子化、网络化、数字化和智能化进程在我国明显加快。

3. 营业情景的虚拟化

在商事主体的具体经营过程中,由传统的实体店铺、厂址、住所和具体前台营业员、末端代理人构成的有形、直观、实在的实体店场景,逐渐地被网上的电子数据、模拟场景、预设程序、数码密钥所构成的无形、网上、间接、虚拟等网络店场景所取代。电子商务、网络营销具有传统实体经营、现场销售无法比拟的广阔市场、即时便捷等明显优势,对传统营销渠道与方式是一次重大的变革。对于传统经营者而言,为赢得生存和竞争优势,实行网络渠道与实体渠道并存经营、共同发展,通过“触网”新设、加开自己的网店；[127]对于新式网商而言，为扩大市场和持续经营，涉足线下实体店铺或以实体店铺作支撑，[128]已成为网络时代各商家的主流选择。营业情景的虚拟化包括供需主体的虚拟、交易对象的虚拟、交易标的的虚拟、交易场景的虚拟、交易过程的虚拟、交易手段的虚拟和交易履约的虚拟，即所有营业活动，均可在电子数据信息和互联互通的网络虚拟环境中进行或完成。

4. 交易过程的智能化

基于超级计算机、移动网络、即时通信、人机交互、物物联通、生物神经等高新技术，网络时代正在朝着智能化时代迈进。在智能化时代，不仅传统型自然人和组织型商事主体必须依托虚拟的互联互通、即时迅捷网络，才能在网络营业环境中生存和发展，而且整个营业的过程均可通过智能化的网络系统来完成。除此之外，在人机交互、物物联通、生物神经等人工智能技术的支撑下，每一具有深度学习、独立思考、创新功能的智能机器终端，就如同传统的自然人、社会组织一样，成为一个个可发出供给或需求信息的虚拟主体。并且，这种由智能机器发令、主导的营业交易，更在一个高度智能化的网络系统中进行，营业交易在此情形下，已部分或完全脱离人类的想象、控制或约束，自动地完成。

（三）网络商事主体的主要形式

相对于传统商事主体，网商时代的商事主体包括如下几种主要形式：(1)传统实体型商事主体的电子化、数字化、网络化和移动化。(2)新型虚拟网络商事主体。(3)备受争议的各种人工智能终端——智能机器人。关于电商、网商、智商的类型界定、历史演变、表现形态和对商法的影响，后文形态论中将作详论，在此不再赘述。

第二节　商事主体的意义厘定

一、传统民商二元论下商事主体界定的解释困惑

（一）传统民商二元论关于商事主体的概念与界定

商事主体，在称谓上即为中世纪的商人，[129]在学理上有“商主体”“商人”“商事

〔127〕 参见牛全保、邹英杰：《网店与实体店的渠道冲突探索》，载《管理学刊》2012 年第 2 期。

〔128〕 参见石海娥：《实体店 VS 网店》，载《光彩》2012 年第 9 期。

〔129〕 参见谢怀栻：《外国民商法精要》，程啸增订，法律出版社 2014 年版，第 245 页。

关系主体”“商事法律关系主体”“经营者”“商行为实施者”等多种称呼与叫法,[130]在传统民商法视域下,商事主体被界定为与民事主体对应存在的两种主体类型。

在传统商法的既定概念体系与理论框架中,商事主体,或称商主体,一般被认为是指以自己的名义从事商事活动的个人或组织;但其定义的界定和内涵的理解,立法例和学理上均存在分歧。在大陆法系的法概念与法范畴中,因立法例的不同,呈现民商分离与民商合一的重大差异,在奉行民商分离立法例的国家或地区,民法学关于民事主体的概念、范畴、定义、分类与商法学关于商事主体的概念、范畴、定义、分类,几乎是两个完全不同的话语世界和制度体系。在传统公私、民商二元主体理论与立法框架中,商事主体与民事主体之间的关系定位,如图 1－1 所示:

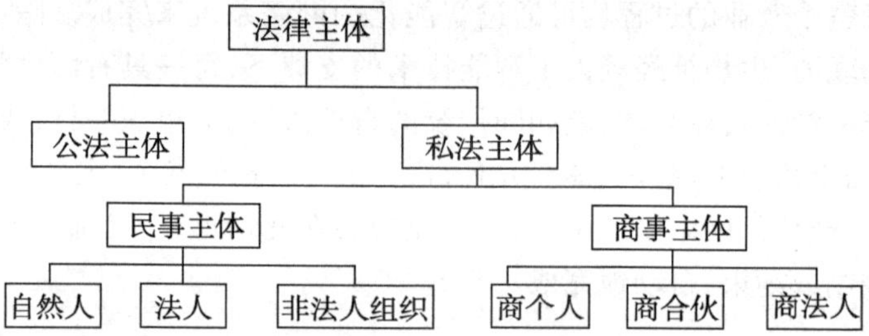

图 1－1　传统公私、民商二元主体理论与立法框架中民、商主体之间的关系

1. 传统民商二元论下商事主体的立法定位

在采用民商分立体例的国家或地区,商人的特殊地位和独立身份被立法一再强调或放大,并使之成为支撑整个商法或商法典的概念基石。正如德国学者所言:“《德国商法典》的制定者以‘商人’的概念作为出发点,是因为他们持有一种十分陈旧的观点,即一个社会中的不同职业构成了相互独立的身份集团,而每一个集团都有其专门的法律。”[131]施米托夫也指出:“商法应编撰为单独法典的思想,归根结底建立在商人构成单独一个社会阶层的概念的基础上。”[132]例如,《法国商法典》第一编“商人”所认定的“商人”为“从事商活动并以其作为经常性职业者”;[133]又如,《德国商法典》本来对商事主体采用主观主义的列举方式,但 1998 年《商法改革法》颁行之后,《德国商法典》第一编“商人身份”新创设了一个“经营营业的人”之统一

[130] 参见赵万一主编:《商法》,中国人民大学出版社 2003 年版,第 23 页;邹海林主编:《中国商法的发展研究》,中国社会科学出版社 2008 年版,第 67 页。

[131] [德]罗伯特·霍恩、[德]海茵·科茨、[德]汉森林·G. 莱塞:《德国民商法导论》,楚建译,谢怀栻校,中国大百科全书出版社 1996 年版,第 232 页。

[132] [英]施米托夫:《国际贸易法文选》,赵秀文译,郭寿康校,中国大百科全书出版社 1993 年版,第 113 页。

[133] 《法国商法典》,金邦贵译,中国法制出版社 2000 年版,第 1 页。

商人概念;[134] 再如,《日本商法典》第一编“总则”也构建了以“以自己名义实施商行为”这一商人范畴。[135]

在民商分立的国家或地区,民法典与商法典已固化着民事主体与商事主体的概念、范畴、定义、分类,学者的思考、定义、分析、讨论也是基于民事主体与商事主体的二元构架,把商事主体定义为独立于民事主体的另类主体范畴或私法类型。例如,在法国,除《法国民法典》第一编“人法”、第三编第九章“民事合伙(公司)”对民事主体有基本规定外,《法国商法典》还对商事主体有更为具体的规定,如第1条所宣示的那样,实施商事行为、“从事商活动并以其作为经常职业者”,即为“商人”。[136] 也就是说,只要完成“商事行为”,便可以成为商人了;但实际上,在法国,要成为商人,必须具备经商的特别条件,并取得商人的资格。[137] 又如,在德国,除《德国民法典》总则编第一章“人”对自然人、法人等民事主体有原则性规定外(其中第21条、第22条就有关于“非营利社团”与“营利社团”的具体划分和原则性规定),[138]《德国商法典》规定,“商人是指经营营业的人”;[139] 在学理上,“一个营业必须满足商营业的特定前提,才能通过其经营建立商人的身份”,“这种基于商营业产生的商人,与《商法典》第6条规定的商事组织(公司,要式商人,笔者注)相对应,后者仅由于其法律形式,不论是否经营商营业都是商人”,[140] 说明在德国立法与学界的观念与话语体系里,商人特别是公司类商事组织,是完全不同于民事主体的另类主体范畴。再如,在日本,《日本民法典》第一编总则第一章“人”和第二章“法人”(其中第34条、第35条就有关于“公益法人”与“营利法人”的不同划分和原则性规定)等民事主体作出规定外,[141]《日本商法典》更明确规定“商人”乃“以自己名义,以实施商行为为业者”,并对商事主体有完整的列举与规定;[142] 在学理上,“商人者,谓以自己名义而以为商行为为业者”,[143]“凡与商业有关系之人皆可称之为商业之主体”,[144] 几乎成为学界对商人定义的通说。而其他民商分立体例的国家或地

[134] 参见《德国商法典》,杜景林、卢谌译,法律出版社2010年版,第3页。

[135] 参见《日本商法典》,王书江、殷建平译,中国法制出版社2000年版,第3页。

[136] 参见《法国商法典》,金邦贵译,中国法制出版社2000年版,第1页。

[137] 参见[法]伊夫·居荣:《法国商法》,罗结珍、赵海峰译,法律出版社2004年版,第34~35页。

[138] 参见《德国民法典》,杜景林、卢谌译,中国政法大学出版社1999年版,第4~5页。

[139] 参见《德国商法典》,杜景林、卢谌译,中国政法大学出版社2000年版,第3页。

[140] 参见[德] C. W. 卡纳里斯:《德国商法》,杨继译,法律出版社2006年版,第39页。

[141] 参见《日本民法典》,王书江译,中国人民公安大学出版社1999年版,第8~9页。

[142] 参见《日本商法典》,王书江、殷建平译,中国法制出版社2000年版,第3页。

[143] 参见[日]近藤光男:《日本商法总则·商行为法》,梁爽译,法律出版社2016年版,第14页。

[144] 参见[日]志田钾太郎、熊元揩编译:《商法总则》,何佳馨点校,上海人民出版社2013年版,第90页。

区,或采用法国体例,或比照德国立法技术,或受日本影响,也基本大同小异。

此外,在晚近欧陆民商法典的统一化进程中,经营者与消费者作为对应的新型民事主体,如《欧洲示范民法典草案》第1-1-105条关于“消费者”和“经营者”的规定。[145] 这一突破传统民事主体与商事主体的分类,也被引入欧陆部分国家的民法典。例如,《德国民法典》第14条规定,“经营者是指在缔结法律行为时,在从事其营利活动或独立的职业活动中实施行为的自然人或法人或有权利能力的合伙”,它实际上包括两类,一类为在缔结法律行为时,从事营利活动中实施行为的自然人或法人或有权利能力的合伙,如商人(个体商人、有限责任公司、股份公司、普通商事合伙、有限商事合伙)、手工业者、作为经营营利事业者的农场主等;另一类为在缔结法律行为时,从事独立职业活动中实施行为的自然人或法人或有权利能力的合伙,如自由职业者(自己开业的医生、律师、会计师、税务顾问等),它们即使不是《德国商法典》意义的商人或未经登记于商业登记簿,也是民法意义的经营者,远比《德国商法典》上的商人范围要广泛。[146]

而在选择民商合一的欧陆国家或地区,虽在立法上民法典具有统辖私法主体的功能与效力,但实际上,无论在立法上,还是在学理上,民事主体与商事主体仍然是按照二元主体标准进行分离规定或阐述。典型的如瑞士,在《瑞士民法典》第一编“人法”第二章“法人”的一般性规定第52条、第59条,仍然保留有关“以经济为目的”或“以盈利为目的”、在“商事登记簿上登记”的公司、合伙、合作社等“特殊目的”商法人的原则和例外规定;[147] 与此同时,《瑞士民法典》第五编“债务法”中,第三分编“公司与合作社”又对无限公司、两合公司、股份有限公司、股份两合公司、有限责任公司、合作社作了具体规定,[148] 其商事主体的情形与分类,与民商分立国家或地区的商法典对商事主体的分类并无差异。在意大利,1944年以后的《意大利民法典》虽然采用完全的民商合一体例,商事主体的相关规定被完全吸收、合并在第一编“人与家庭”和第五编“劳动”;但是,第二章“法人”第13条关于“公司和合伙”的单独列举,第五编“劳动”第五章“公司”、第六章“合作社和相互保险社”、第八章“企业”的规定及具体公司、企业的划分类型,也是沿用传统商事主体的分类标准。[149] 在荷兰,1947年实行民商合一以来,1970年、1976年先后生效的《荷兰民法典》第一编“人法”、第二编“法人”,实际上吸收了原1838年《荷兰商法典》有关商

---

[145] 参见欧洲民法典研究组、欧洲现行私法研究组编著:《欧洲示范民法典草案:欧洲私法的原则、定义和示范规则》,高圣平译,中国人民大学出版社2012年版,第149页。

[146] 参见陈卫佐译注:《德国民法典》,法律出版社2015年版,第8~9页。

[147] 参见《瑞士民法典》,殷生根、王燕译,中国政法大学出版社1999年版,第18~19页。

[148] 参见《瑞士债法典》,吴兆祥等译,法律出版社2002年版,第167~271页。

[149] 参见《意大利民法典》,费安玲等译,中国政法大学出版社2004年版,第13页、第485~700页。

事主体的规定，其中第二编“法人”中的总则第 3 条及其他分章，对合作社、互助保险社、股份公司、有限责任公司所作的规定，实则是对原《荷兰商法典》有关商事主体规定的移植和汇编。[150] 又如，2002 年 1 月以来的《巴西新民法典》，第一编“人”第二部分“法人”第 44 条关于“社团、合伙（公司）、财团、宗教组织、政党”等私法法人的分类，第 53 条关于“数人以非经济目的联合起来的”社团法人，第二编“企业法”关于普通合伙、无限公司、普通两合公司、有限责任公司、股份公司、两合股份公司、合作社等典型传统商事主体的规定，[151] 实质就是移植 1850 年《巴西商法典》相关内容，也是对 1944 年以来《意大利民法典》有关商事主体规定与立法体例的借鉴。[152] 另外，《泰国民商法典》比较接近于《瑞士民法典》的体例，有关商事主体的规定完全融入法典第三编“典型合同”第二十二章“合伙和公司”之中，其中第 1013 条关于“普通合伙、有限合伙、有限公司”的分类，第 1015 条关于合伙或公司按照法律规定登记后，“成为不同于组成合伙或公司的合伙人或股东的法人”的规定，实则也属于典型的商事主体类型。[153]

至于英美法系国家或地区，虽并无大陆法系国家或地区严格意义的民商之分，但商人、商主体之概念，仍然与一般私法主体区别开来。

2. 传统民商二元论下商事主体的学理分歧

学理上，无论是传统民法还是传统商法，其基本的理论前提为，商事主体是一个独立于民事主体存在的主体体系。就民法学界而言，商事主体往往被定义为民事主体的特殊形式；而商法学界，商事主体则被定义为独立于民事主体之外的职业群体。总体而言，既有理论与立法方案均是把民事主体与商事主体视为两类不同的主体，各自根据不同部门法或自己的理解对其进行分类。

我国虽在立法例上受民商合一理论与学说影响，但学界对商事主体的定义与界定，仍有巨大分歧。就商法学界而言，多数是从民事主体的对应视角来定义商事主体，代表性观点如下：

（1）商事法律关系主体说。该说从主观主义、法律关系主体的角度揭示商人的本质特征，认为商事主体即商事法律关系主体，是指依法参与商事法律关系，能够以自己的名义从事商行为，享有权利和承担义务的人，包括个人或组织。典型的表述为“商事主体，也称商事法律关系主体、商主体，是指依照商法的规定具有商事权利能力和商事行为能力，能够以自己的名义独立从事商事行为，在商事法律关系中

---

〔150〕 参见《荷兰民法典》，王卫国主译，中国政法大学出版社 2006 年版，第 1 ~ 5 页。

〔151〕 参见《巴西新民法典》，齐云译，中国法制出版社 2009 年版，第 10 ~ 12 页、第 135 ~ 178 页。

〔152〕 参见徐国栋：《从〈巴西民法汇编〉到〈新巴西民法典〉》，载《华东政法大学学报》2009 年第 3 期。

〔153〕 《泰王国民商法典》，周喜梅译，中国法制出版社 2013 年版，第 178 页。

享有权利和承担义务的个人或组织”；[154] 有学者认为商事主体是经济学上经济人在法学上的具体表现，是指具有商事权利能力，依法独立享有商事权利和承担商事义务的个人或组织；[155] 有学者表述为“商事主体即传统商法中的所谓的商人，从商事法上讲，是指享有商事经营法律人格，以自己的名义实施商行为职业，在商事法律关系中享受和承担经营性商事权利和义务的人”；[156] 有学者认为，商主体即商事法律关系主体，是指“依照商事法规定参加商事活动，享有权利、承担义务的人”，广义的商事法律关系主体包括商人、消费者、劳动者，而狭义的商事法律关系主体为商人；[157] 马工程教材版《商法学》也认为，“商事主体，也称商事法律关系主体、商主体，是指依照商法的规定具有商事权利能力和商事行为能力，能够以自己的名义独立从事商事行为，在商事法律关系中享有权利和承担义务的个人或组织”[158] 等。

（2）商行为主体说。从客观主义、商行为的角度揭示商人的行为特征，典型的表述即为“商事主体是指以自己的名义从事商行为或商事行为，在商法上享有权利和承担义务的人”；有学者认为，“商人是指以自己的名义实施商行为并以其为经常职业或营业的公民或组织”；[159] 有学者认为，“商事主体，又称商人，是指以自己的名义实施商行为并能够独立享有和承担民事权利义务的人”；[160] 有学者认为，商事主体是依商事法规定参加商事活动、享有权利并承担义务的人；[161] 有学者认为，商人是指“以自己的名义实施某种商行为并以此为习惯性职业的人”；[162] 有学者认为，商人的概念随时代变化而变化，即由商人法时代的等级论——法国法时代的法定特殊民事主体身份论——现代法中的从事货物交易业务的具有专门知识和技能的人；[163] 或者认为，商主体或商事主体，既为“市场主体”，又称“商人”，即为“从事商业营业的主体”，通俗地说，“是指在市场中交易的组织或个人”；[164] 有学者认为，

---

〔154〕 参见范健主编：《商法》，高等教育出版社、北京大学出版社 2007 年版，第 31 页；覃有土主编：《商法学》，高等教育出版社 2004 年版，第 40 页；赵中孚主编：《商法总论》，中国人民大学出版社 2007 年版，第 144 页；赵旭东主编：《商法学》，高等教育出版社 2015 年版，第 15 页。

〔155〕 参见赵万一：《商法基本问题研究》，法律出版社 2002 年版，第 283～289 页。

〔156〕 参见樊涛：《中国商法总论》，法律出版社 2016 年版，第 29 页。

〔157〕 参见童列春：《商法学基础理论建构》，法律出版社 2008 年版，第 197 页、第 213 页；童列春：《商法基础理论体系研究》，法律出版社 2014 年版，第 84 页。

〔158〕 《商法学》编写组编：《商法学》，高等教育出版社 2019 年版，第 44 页。

〔159〕 参见雷兴虎：《商事主体法基本问题研究》，中国检察出版社 2007 年版，第 4 页。

〔160〕 参见施天涛：《商法学》，法律出版社 2006 年版，第 49 页。

〔161〕 参见王保树主编：《中国商事法》，人民法院出版社 2001 年版，第 40 页。

〔162〕 参见张民安：《商法总则制度研究》，法律出版社 2007 年版，第 103 页。

〔163〕 参见徐学鹿：《商法总论》，人民法院出版社 1999 年版，第 187～188 页。

〔164〕 参见徐学鹿、梁鹏：《商法总论》，中国人民大学出版社 2009 年版，第 4 页、第 296 页。

"商事主体是指以自己的名义从事商事行为，在商法上享有权利和承担义务的人"；[165]有学者认为，商事主体即法律为了对从事营利性活动所加资格限制而在民事能力的基础上由商法赋予的商事能力或资格，能够以自己的名义从事营业性商行为，独立享有商法上权利并承担商法上义务的组织或个人。[166] 也有学者认为，"商主体即为经营者，而所谓经营者乃经营行为的实施人，企业则为持续地从事经营活动的作为组织体的经营者"[167]等。

（3）法定主体说。该说认为，商事主体是由商法确定依法定程序登记注册的营业主体。比较典型的表述为，"商人是指依照商法规定，取得营业资格的人"，"换言之，商人是指参加商事法律关系，并以商为业者"；[168]有学者认为，商事主体以持续地从事某种商事经营行为为基本条件，凡以特定的商行为作为其经常性营业的个人或组织，都可经过法定程序注册成为商事主体。[169] 有学者认为"从社会职能讲，商人的职能主要是媒介商品交换"，即"通过自身的买卖活动，使商品从生产领域不断循环和流通"，"商人概念更是商人阶层在法律上最集中的专门用语"；[170]有学者认为，"商人是依法登记的适宜从事营利性营业活动的人"，或者说"商人为非自然人"；[171]有学者认为，"商人应是以一定的组织形式，从事营业活动、拥有独立财产、经注册登记，并以自己的名义实施商业交易为职业的组织或个人"[172]等。

上述诸观点，均看到了商事主体的职业性、独立性特征，从而把之与一般民事主体区分开来。

不仅如此，在民法学者看来，在大私法主体的大背景下，商事主体虽然被认为是包含于民法中的人或民事主体等概念之中，或者认为商事主体只不过是民事主体的特殊形式。但是，在对民事主体的深入讨论和具体分类中，商事主体又往往作为一般民事主体的参照、对立、例外形象而存在，如在讨论自然人时，就回避不了个体工商户、农村承包经营户、个人独资企业等自然人营业形式的定位、定性与分

[165] 参见徐强胜：《商法导论》，法律出版社2013年版，第178页。

[166] 参见林嘉主编：《外国民商法》，中国人民大学出版社2000年版，第174页。

[167] 参见王建文：《中国商法的理论重构与立法构想》，中国人民大学出版社2018年版，第93～97页。

[168] 参见王保树：《商法总论》，清华大学出版社2007年版，第91页。

[169] 参见董安生等编著：《中国商法总论》，吉林大学出版社1994年版，第85页。

[170] 参见任先行：《商法原论》（下），知识产权出版社2015年版，第687页。

[171] 参见张保红：《商法新论》，知识产权出版社2014年版，第88页。

[172] 参见周林彬、官欣荣：《我国商法总则理论与实践的再思考——法律适用的视角》，法律出版社2015年版，第254～255页。

类。[173] 而在讨论法人时，特别是有关法人的分类，无论是关于企业法人与事业法人的基本分类，[174]或者关于社团法人的公益法人（非营利法人）与营利法人、企业法人与非企业法人的分类，[175]还是关于营利法人、公益法人或中间法人的分类，[176]企业法人、营利法人总是被定义为与一般民事主体对应的商事主体范畴。尽管也有极个别学者，在论及民事主体与商事主体之间共性与个性时，认为"商事主体应脱胎于民事主体，既具有民事主体的共性，更为重要的是具有不同于一般民事主体的独特品性"，它们两者属"包含关系"，但是，"商事主体作为相对独立于民事主体的法律主体而存在，不仅符合历史发展的规律，也是商事主体的现实写照"，[177]也是在民商二元论框架和视角下进行的。

3. 我国现行立法文本中的商事主体

在我国既有立法文本和特定语境里，虽在国家层面的政策性文件、立法文本、裁判文书中，只有民事主体的称呼，并无商事主体的踪影和表述，如1986年《民法通则》和2020年《民法典》总则编中，均只有个体工商户、农村承包经营户、个人独资企业、个人合伙或合伙企业、企业法人或营利法人等相当于商事主体之民事主体下级分类，而无商事主体的明确概念或定义；[178]但并不排除政策制定、立法议案、民商事审判中，大量民商二元论主体的思维定式和认知惯性。特别是1999年以来，随着我国市场经济制度建设和商事立法的不断完善，商事主体这一法律术语首先在地方性法规开始被引入。其中，明确引入商事主体定义并对商事主体称谓——商人进行定义的，是1999年《深圳经济特区商事条例》（2004年修订），该条例第5条把商人界定为"经依法登记，以营利为目的、用自己的名义从事商行为且作为经常性

〔173〕 参见梁慧星：《民法总论》，法律出版社2011年版，第94～95页；王利明：《民法总则研究》，中国人民大学出版社2003年版，第323～326页；龙卫球：《民法总论》，中国法制出版社2002年版，第312～313页；朱育庆：《民法总论》，北京大学出版社2013年版，第463～468页。

〔174〕 参见佟柔主编：《中国民法》，法律出版社1990年版，第97～100页。

〔175〕 参见胡长清：《中国民法总论》，中国政法大学出版社1997年版，第125～140页；郑玉波：《民法总则》，中国政法大学出版社2003年版，第165～169页；王利明：《民法总则研究》，中国人民大学出版社2003年版，第385～394页；魏振瀛主编：《民法》（第4版），北京大学出版社2010年版，第77～82页；梁慧星：《民法总论》，法律出版社2011年版，第123～125页；许中缘、屈茂辉：《民法总则研究》，中国人民大学出版社2012年版，第230～231页。

〔176〕 参见梅仲协：《民法要义》，中国政法大学出版社1998年版，第71～74页；史尚宽：《民法总则》，中国政法大学出版社2000年版，第143～144页；王泽鉴：《民法总则》，中国政法大学出版社2001年版，第153页；龙卫球：《民法总论》，中国法制出版社2002年版，第337～338页；朱育庆：《民法总论》，北京大学出版社2013年版，第420～421页。

〔177〕 参见许中缘：《商法的独特品性与我国民法典编纂》（上），人民出版社2017年版，第217页、第220页。

〔178〕 参见《民法通则》第26～35条、第41～49条、第51～53条；《民法典》第54～56条、第76～86条、第102条。

职业的自然人、法人和其他经济组织”，并把其分为“有限责任商人”（包括各种有限责任公司及其分支机构、非公司企业法人及其分支机构）和“无限责任商人”（包括非法人企业及其分支机构、合伙组织及其分支机构、个体工商户和其他经济组织）等两类；2012 年《深圳经济特区商事登记若干规定》第 3 条也有类似的规定。随后，《珠海经济特区商事登记条例》（2012 年）第 3 条、《厦门经济特区商事登记条例》（2013 年）第 3 条、《广东省商事登记条例》（2015 年）第 2 条、《中国（海南）自由贸易试验区商事登记管理条例》（2019 年）第 3 条等地方性法规中，也竞相仿行深圳，分别或以商人，或以商事主体称之，并对其作出明确界定。值得注意的是，2020 年 6 月 15 日国家市场监管总局在其官网上公布《商事主体登记管理条例（草案）》[以下简称《条例（草案）》]，该条例第 4 条第 1 款规定，“本条例所称商事主体，是指经登记机关依法登记，以营利为目的从事经营活动的自然人、企业法人及其他经济组织”。这是迄今为止，国家级规范文本正式出现商事主体称谓，并对其有明确定义。2021 年 7 月国务院公布的《市场主体登记管理条例》第 2 条，把《条例（草案）》中的“商事主体”改为“市场主体”，并定义为“在中华人民共和国境内以营利为目的从事经营活动的下列自然人、法人及非法人组织”，其范围与类型包括：（1）公司、非公司企业法人及其分支机构；（2）个人独资企业、合伙企业及其分支机构；（3）农民专业合作社（联合社）及其分支机构；（4）个体工商户；（5）外国公司分支机构；（6）法律、行政法规规定的其他市场主体。

可见，无论是大陆法系国家或地区的民商分立或民商合一，还是英美法系立法规定与学理表述，既有商事主体的定义及界定，均是在与民事主体对应的二元主体结构体系或视角来讨论的。

（二）传统商事主体概念的固有内涵和基本特征

在传统主体理论与结构框架中，“商人是社会的一个特殊阶层的成员，支配商人及其行为的法律应被视为该阶层的特别法”。[179] 既然把商事主体界定为民事主体的对应主体概念或范畴，其固有内涵和基本特征，各种学说或观点不管表述如何，比较一致的地方，不外乎以下几个方面：

1. 商事主体具有独立的人格。商事主体是市场交易中的独立参与者，是具体商事关系中权利的享有者和义务的承担者，是具有民事权利能力和民事行为能力的市场主体，能独立承担民事责任。

2. 商事主体是以从事营业活动为职业的民事主体。在市场经济中，参与市场交易可能分为两类，一类是以实现特定消费为目的而参与的消费性交易，经济学上通

---

〔179〕［英］施米托夫：《国际贸易法文选》，赵秀文译，中国大百科全书出版社 1993 年版，第 57 页。

常定义为用户和消费者；另一类则是以营利即追求财富增值为目的而进行的营业性交易，其中商事主体就属于营业交易主体，这是商事主体与一般民事主体的根本区别。首先，商事主体资格的取得应遵循法定原则。其次，商事主体必须从事以营利为目的的营业活动。最后，商事主体应以从事营业活动为其经常职业。

3. 商事主体应是以自己的名义经营商业事项的人。商事主体是商事关系中实质的权利主体和义务主体，它与商辅助人不同，商辅助人是利用商事主体名义辅助商事主体本人以实现营业的人；商辅助人不实质地享有商事权利和承担商事义务，对商事行为结果不承担直接法律责任，而商事主体则是商事交易中的直接参与者和责任人。

（三）传统商事主体概念的外延与判断标准

在如何界定商事主体，即如何把商事主体与一般民事主体区分开来，目前学理上不外乎参照既有的民商分立三种比较有代表性的立法范例，总结出如下三种典型的区分民商二元主体的标准体系：（1）客观意义标准，又叫实质主义标准，即从商事主体从事的行为性质入手来界定商主体的范围，它以《法国商法典》为代表。（2）主观主义标准又叫形式主义标准，即从法律对商事主体规定的形式和类型入手界定商事主体的范围，它以《德国商法典》为代表。（3）折中主义标准，即或以商事主体从事营业行为的性质，或以商事主体的法定形式来界定商事主体的范围，它以《日本商法典》为代表。在具体商事主体的认定标准，国内有学者认为应从商事能力、营利性活动、商事登记、商事关系参加者等四要件入手。[180] 有学者认为，应从行为和营业活动要件、职业要件、产权要件、组织要件、经营方式要件、注册要件等六个方面予以认定。[181]

受前述理论与观念的影响，通论认为，商事主体是指以持续地从事营业活动为基本条件，以特定的营业事项为其经常性职业，并经法定工商登记注册的自然人或企业，其界定标准应以商事主体的基本特征为依据，可从多个方面入手。

1. 主体资格的法定性

所谓主体资格的法定性即商事主体之资格与一般民事主体资格不同，应依法取得。民事主体资格是依主体的产生，特别是自然人，依出生就当然取得民事主体资格。而商事主体资格的取得须由民事主体依法定条件和法定程序取得。它具体表现为：（1）商法上规定的商事主体。法律规定应予登记注册的商事主体，须经登记注册方可取得商事主体资格。如个人独资企业、合伙企业、公司企业以及个体工商户等，在此种情况下，法律对商事主体的类型、性质、责任形式以及资格取得的条

---

〔180〕 参见王果纯：《商主体若干问题研讨》，载《求索》2001年第3期。

〔181〕 参见任先行、周林彬：《比较商法导论》，北京大学出版社2000年版，第217页。

件、程序、方式都作出了具体规定，此类商事主体须依商事登记法取得主体资格。（2）适用商法的商事主体。所谓适用商法的商事主体是指根据营业自由原则，民事主体特别是自然人从事营业活动但不属于商法上确定的商事主体类型，可根据其营业行为的商事性而适用商法的有关规定，而成为商事主体。如自然人从事证券买卖，临时摊贩等未经登记注册或无须登记的商品买卖或商品性服务活动，应视为适用商法的商事主体。

2. 行为目的的营利性

行为目的营利性即商事主体的行为之直接目的和原始动机为通过营业、交易而获得利润，以实现财富的增值。如以学校为例，虽有收费项目或所谓办班创收行为，但学校之目的事业是培养人才，它的终极目的不是为营利，其办班或招生的各项费用是为弥补办学过程中所需教育费用的不足，因此，学校不是商事主体。但是，如以学校为投资对象并从学校的规模办学中获得教育投资回报，则此一教育投资人则应视为商事主体。如果学校作为出资人，投资高新技术项目进行市场营运，则学校以及学校出资或与人合资、合作设立的实体则应为商事主体。可见，判断某一主体（自然人或社会组织）是否为商事主体，其行为目的是否为具有营利性是主要的界定标准。

3. 行为性质的职业性

行为性质的职业性即商事主体所从事或选择的目的事业应属于市场交易的范畴，具有商业性。或从事商品的生产与交换，如商品的生产、加工、承揽、销售等；或从事商品性服务，如仓储、运输、代理、金融中介服务、保险服务、科技服务等，商事主体的行为之性质应带有鲜明的商业上的职业特征。以高科技研究机构为例，如以其专门从事某一领域的专业研究为其目的事业，则显然不具有商业上的职业特征；但如接受他人委托，以研究开发应用于工业或商业上产品或特定技术工艺、流程为目的的事业，则带有明显的商业职业特征，应视为商事主体。

4. 行为状态的持续性

行为状态的持续性包括两层含义：（1）商事主体应选择特定的目的事业作为固定的经营事项或主营业事项，如某电器制造公司其主营业事项应为电子产品的制造或开发，其营业事项应具有相对的确定性。（2）商事主体所选择的特定主营业事项及经营活动应在一定期限内具有持续状态，其经营应具有相对稳定性。商事行为状态的持续性是商事主体营业被人识别，建立稳定的商事关系的一个不可或缺的条件。

（四）传统民商二元论视角下商事主体定义的根本缺陷

既然在传统民商二元主体理论体系与逻辑构架中，商事主体被认定为区分于、独立于民事主体的另类私法主体,那是否就可解释如下问题:其一,商事主体是否真正为不同于民事主体的另类主体呢?其二,商事主体是否真的能独立于民事主体而具体地存在呢?其三,商事主体是否如立法规定或学理论述的那样,与民事主体有那么清晰的泾渭分明界限吗?其四,传统商事主体概念是否把一切营业主体、营业行为实施者都囊括进来?笔者认为,既有民商主体二元论,并不能圆满地、自洽地、合乎逻辑地回答或解决前述疑问。

1. 二元主体论不能解释民事主体与商事主体的实然关系

在大私法领域,甚至可以说在所有的社会关系与法律关系背景下,作为主体的人及人之组合、集合,最原始、最初级、最基础、最基本的身份是民事主体,作为生物并具有自然生命的人,只要独立地存在并延续着自然生命,其最原始的身份就是自然人,自然人也是人类社会最基本的构成元素,没有人,也就没有人类社会。人,首先是生物人、自然人,其次才是社会真正的主体。而且,基于人最基本的生存、生活、生产需要,即人要生存就需要衣、食、住、行;人要生活,就需要婚丧娶嫁、人口繁衍、社会交往、生产消费;人要生产,就得有物质资料、劳动工具、劳动对象、物品交换等,而这一切又均是通过民事行为并在人与人之间结成一定的民事关系得以进行、完成或实现的。因此,作为生物人、自然人来到这个世界上的第一个主体身份,应是社会生活、私法领域中的民事主体。但是,在人类历史上,并不是每一个自然人在获得独立生命后,就自动地、当然地获得了民事主体资格、身份或地位,如古罗马法中,就只有自由人才具有民事主体资格,而不自由的奴隶,虽从生物学上说也是自然人,但他并不是主体,而只是另一享有自由资格的奴隶主之财产权利的标的,奴隶只具有生物意义的自然人属性,但并不具有法律意义上的民事主体资格、身份和地位,其地位仅相当于财产,不是权利主体,而是权利标的。所有自然人成为应然的、实在的民事主体身份的,只是随着近代资产阶级革命和产业革命、特别是1926年的《废除奴隶制及奴隶贩卖之国际公约》(《禁奴公约》)和1956年《废止奴隶制、奴隶贩卖及类似奴隶制的制度与习俗补充公约》(《废奴补充公约》)之后的事情。

但是,在人类社会的活动与进程中,单一自然人的力量与效益毕竟十分有限,人之所以能胜过万物,至人的出现才创造人类社会的历史,在于人能通过结社以组织、团体的力量发挥单一自然人所不具备的集体力量,如荀子在《王制》中所言,人"力不若牛,走不若马,而牛马为用,何也?曰:人能群,彼不能群也";[182] 如用经典著作论述,就是马克思在《关于费尔巴哈的提纲》所提"人的本质不是单个人所固有的抽象物,在其现实性上,它是一切社会关系的总和"。[183] 因此,自然人之后,就有

〔182〕 参见《荀子·王制》。

〔183〕 参见《马克思恩格斯选集》(第1卷),人民出版社2012年版,第135页。

了自然人集合或契合的社会组织。在人类历史上，最初级的社会类组织或自组织形式，就是基于自然人婚姻、血缘而组成的家庭以及更大规模的家族，自然在人类历史的相当长时期，家庭或家族既是社会最基本的社会单位，也是最基本的生产单位，特别是在渔猎经济、农耕社会，她承担社会最基础的生活、生产职能，自然也就成为民间社会、私法领域最基本、最主要的主体类型。中国古代立法之所以把户视为最基本的调整对象，所谓"率土黔庶，皆有籍焉"，〔184〕例如，《唐律·户婚律》《大明律·户律》《大清律·户律》等。又如，古罗马人法中的家长权，所有"合法婚姻关系中出生的子女"，都处于"家长权（父权）"的"权力之下"，〔185〕家长具有全权代理所有家庭成员的资格和权利，家庭也有准主体的地位。

不仅如此，除家庭外，对人类社会生产经营、改造世界产生更大作用和显著功效是突破婚姻、血缘关系之外，人们通过契约行为结成的各种社团或财团组织，如古代的家族宗祠、宗教团体、合伙经营体、各种商事社团等。由于这些组织参与社会交往、民间交易的场景越来越多，频率越来越繁，情形也逐渐稳定、持续，原本偶尔性、一次性、临时性的契约关系，也因渐次稳定、持续而演变为选择性、反复性、长期性的组织关系，这些家族宗祠、宗教团体、合伙经营体、各种商事社团也由契约财产关系，上升为组织体内部与外部关系，组织也实质性地获得了主体的身份、资格、权利与地位。如果说古罗马法只具有实质意义的团体现象、尚无完整意义的组织法或法人法理论，则《德国民法典》总则编以"法人"专章正式确认社会组织的私人主体地位与民事独立人格，宣告了组织类民事主体与自然人民事主体具有同等的法律意义。而在推动社会组织成为实体实质意义并具有法律表征意义的私法主体与独立人格居功至伟的，恰恰不是我们传统意义上的家族宗祠、宗教团体，因为这些均可通过扩大自然人的责任范围或通过连带责任制度，在自然人民事主体制度的框架内予以解决；而是如合伙经营体、各种商事社团的大量出现、稳定经营、长期存续，使以商事交易为代表的各种民间交易出现前所未有的稳定与持续，社会组织的主体功能与拟人地位才被社会正视、世俗承认、法律认可。

至于当代，虽受最先采用民商分立国家或地区的影响，近代以来民事主体与商事主体是以两套完全不同的语言、概念、范畴体系在展开，而如果我们再把商事主体还原到现实的生活场景和营业活动中，则会发现，无论商事主体的外在形式与责任范围如何变化，商事主体的原生形态、基础载体均不外乎自然人与社会组织两种情形，特殊情形下还有国家的影子。也就是说，商事主体无论形式如何多样，名称怎么变化，也不会超出自然人（包括家庭）、社会组织（国家可视为社会组织的高级形

〔184〕（唐）长孙无忌：《唐律疏议》，刘俊文点校，法律出版社1999年版，第252页。
〔185〕参见［古罗马］查士丁尼：《法学总论——法学阶梯》，张企泰译，商务印书馆1989年版，第19页。

式)两种典型形态;而社会组织又根据其独立性程度,可分为法人组织与非法人组织两大类。足见,商事主体只是一种自然人、社会组织(法人组织与非法人组织)类民事主体的具体形式而已,在现实生活与营业活动中,商事主体与民事主体根本就不是一种分离、分立关系,而恰恰是一种抽象与具体、一般与特殊、上位与下位、原生与派生的关系。

2. 二元主体论曲解了不同历史时期阶层商人与世俗市民的关系

民商二元主体论固然与古代、中世纪职业商人、特权商人、阶层商人的出现或存在有关,即使如古代、中世纪的商人,也并不是一个完全隔绝于世俗阶层、普通民众、一般市民的独立主体,仅仅只是职业、特权有异于一般类民事主体的特殊类民事主体。这是因为:

(1)从历史上看,营业最原始、初级的主体形态是自然人或家庭,这和一般民事主体并无二致;后来出现超越血缘、地域的合伙或公司等企业组织,只能说明与一般民事活动一样,营业既可以自然人及家庭的形式进行,也可以社会组织的形式进行。从性质、地位、身份、资格上,从事一般民事活动的宗教团体或拥有特定财产的家族共同体的组织类民事主体属性,与从事营业活动的合伙、公司等商事组织的组织类民事主体属性,并无本质上的区别。

(2)在历史上,因为社会分工与职业分途,有职业上的商人;中世纪有居于社会特殊阶层地位的特权商人,但无论如何,他们仍然只是大私法主体中的一部分而已,而不是私法主体之外的另类。无论是职业上的商人,还是中世纪具有一定特殊阶层色彩、身份的商人、商人社团,均无法纯粹独立于大私法领域,而成为抽象于民事主体自然人、法人或非法人组织之外的具体主体,而恰恰是自然人、社会组织经法律上抽象为民事主体或人之后在营业领域的具体化、特殊化而已。

(3)近代之前的商人之所以被看成是一个独立于一般民事主体之外的类型化存在,在于其司法管辖与法律适用,与居于一般、普通地位的民众存在不同的法律待遇,但他们与普通民事主体一样,均属于世俗阶层、民间社会的主体形式。他们之所以拥有特殊的经营资格、具有某些商业特权、享有不同的法律待遇,不是因为他们在自然人或社会组织等方面的自然属性与构造成分有什么特殊性,而在于他们所处的职业、领域、场景,与一般私法中的日常生活、消费关系,具有很大的不同。如果套用一般生活规则或民间习惯,就难以处理好这些带有营业性质与特点的特殊职业、领域、场景关系,这和今天商事关系作为一种特殊的民事关系,并无差异;同样,与当时的封建领主、宗教团体等特殊类主体一样,他们虽然拥有更为特殊的地位,享有更为特别的权力,但如脱去他(它)们身上特权、宗教外衣,也不外乎自然人、社会组织这一原生态主体形式。

(4)在民事主体的历史演变和理论成型过程中,是营业行为特别是组织型营业形式，使社会组织的主体功能与人格地位被人们所发现、被社会所承认，最后才被法律所认可。特别是中世纪后期，西欧和地中海沿岸商业城市、海上贸易、远洋运输中兴起的企业与公司组织，使商事组织的力量、地位和影响已远远超出自组织的家庭、家庭经营体作坊、城镇或村社社团财团等一般类社会组织，也恰恰是商事社团的出现和崛起，才使社会组织作为民事主体，获得与自然人民事主体同样主体地位或法律人格有了现实基础。因此，现代民法中的法人、非法人组织主体理论的滥觞，由传统罗马法中抽象的人、主体，走向近代在抽象的人之下的自然人、法人二元民事主体建构，乃至于当代抽象私法主体之下的自然人、法人、非法人组织的三元民事主体的架构，恰恰不是一般类民事组织，而是特殊类民事组织——各种商业社团推进的结果。这一点，对我国20世纪80年代有关民事主体理论与立法的讨论，特别是关于社会主义全民所有制企业、集体所有制企业的法律地位，企业法人制度的建立是从讨论和界定"经济组织的法律地位"，即企业的"权利主体性"开始的，[186]具有惊人的相似之处。

足见，从民、商事主体的历史演变与发展进程来看，古代带社会分工性质的职业商人、中世纪具有商业特权的阶层商人，并非脱离或独立于民事主体之外另类存在，而只是与一般民事主体所处特殊职业、领域、场景有关，因而享有特殊权利、承担特殊义务的特殊类民事主体而已。

3. 二元主体论无法解释商事主体的自然属性与组织形式

尽管有学者认识到，商事法律关系的主体并非商事主体或商人，如有学者就认为，商事法律关系的主体即商事主体可分为"以营利为目的从事商行为者"（包括取得营业资格的商人与从事商行为的非商人）与"非从事商行为参加商事法律关系者"；[187]也有学者认为，现代商事关系实际上存在商人与非商人两类参与者，他们都是商事法律关系的主体，享有商事权利，承担商事义务和责任，因此，在保留商人概念的基础上，还应承认实际参与商事关系的非商人之商事主体地位。[188] 这种讨论或认识，虽在一定程度上突破了传统商事主体概念中固守的主体、行为或职业标准，但仍然是从民事主体对应的视角来定义商事主体；而如从商事主体的自然属性来观察，则显然不能得到这样的结论。这是因为，既有观点与学说在讨论商事主体时，一般认为商事主体能脱离民事主体的自然属性（自然人、社会组织）、基础功能（权利义务归属者）、基本形式（自然人、法人组织、非法人组织）而独立存在。但是，如把商事主体还原到实际的私法事实层面，果真如此吗？

（1）从商事主体的自然属性来看。商事主体也不外乎自然人、家庭、企业、国家

---

[186] 参见谢怀栻：《民法总则讲要》，北京大学出版社2007年版，第96～103页。

[187] 参见王保树：《商法总论》，清华大学出版社2007年版，第95～96页。

[188] 参见施天涛：《商人概念的继受与商主体的二元结构》，载《政法论坛》2018年第3期。

等形式，其中家庭不能脱离自然人而独立存在，一般归类于自然人范畴；而企业属于社会组织的范畴，国家可看成是社会组织的高级形式，是组织化程度最高、最规范的社会组织。商事主体的这些自然特征，与抽象意义的民事主体以自然人及家庭、社会组织、国家相比，并无特别之处；而恰恰与抽象意义的民事主体一样，商事主体只能以自然人或家庭、社会组织、国家等抽象私法主体的身份出现。可见，商事主体不能脱离民事主体的自然属性，而独立存在。

（2）从商事主体的基础功能而言。从主体制度创设的意义来看，哲学上，主体是与客体相对应的范畴与现象。法学上，主体通常是从法律关系的视角下才有意义，而在法律关系中，法主体或法律关系主体又是与法客体、法律关系客体对应的法概念、法范畴。因此，从商事主体创设的意义与功能来说，无非要解决在商事法律关系中针对特定客体的权利享有或义务承担等问题，即解决商事法律关系中民事权利、义务、责任的归属者或承担者问题；与一般民事主体比较，它们只是具体民事权利、义务、责任等内容上具有差异性，而具体归属者或承担者的主体地位与法律人格，并无实质性不同。可见，从主体制度的意义与功能来讲，商事主体与民事主体一样，仅仅只是解决民事权利、义务、责任的具体归属与承担问题。

（3）从商事主体的基本形式考察。尽管从立法、学理上，商事主体可划分为不同的形式或类型，例如，商个人（自然人）、商合伙、商法人；又如，企业、国家，企业中的法人企业或非法人企业，法人企业中的公司型企业或非公司型企业等。但从终极意义与抽象层面来看，无论标准如何确定，也无论各种形式如何变化，商事主体的原生、基础形式，只能是自然人、法人（国家或国家机关一般视为特殊形式的法人组织）、非法人组织等三种基础形式，而这恰恰又是民事主体抽象出来的私法主体一般形式。不难看出，商事主体的原生、基础形式是民事主体，应是民事主体在商事法律关系中的具体表现，而恰恰不是超越民事主体之外的另类主体。

通过以上分析，从民商二元主体论的角度，无法对商事主体的自然属性进行符合法理逻辑、主体意义与制度功能的自洽性解释。

4. 二元主体论混淆了商事主体的主体形式与经营形式、责任形式之间的关系

在民商二元论主体理论框架中，商事主体的主体形式和特殊分类，常常被作为其主张商事主体独立的支撑性证据或理由。如有学者虽认可商事主体为民事主体进入营业领域的角色转换观点，但又认为民法总则与公司法之间，有些术语或措辞的表述存在较大差异，在法律适用和法律解释上也存在很大的不同，因之，仍然主张商事主体应当独立于民事主体。[189] 也有学者认为，虽然商人与非商人并存于同

〔189〕 参见葛伟军：《民法典编纂视野下民事主体与商事主体的衔接》，载《上海财经大学学报》2017 年第 4 期。

一法律关系之中,但如以实施商行为、以实施商行为为职业、以自己名义实施商行为等"三要素标准"来进行识别,商人与非商人的区分还是相当明显的。[190] 显然,这些具有一定突破的代表性观点,尚然如此;而那些坚持经典民商二元主体论者,则不用赘述。之所以会如此矛盾,源于立法和学理上,一方面,混淆了民事主体一般性分类与商事主体特殊性分类之间的关系;另一方面,混淆了商事主体的主体形式与经营形式、主体形式与责任形式之间的属性与区别。

从民法立法和学理上,目前对民事主体分类,在自然人方面并不存在差异,但对非自然人的社会组织分类,大陆法系与英美法系则存在比较大的差异。大陆法系传统学理上的法人理论又存在法国广义法人与德国狭义法人之别,在法国,一切社会组织均视为法律上的主体,即法人,法人包括公司、隐名合伙等由"二人或数人依据一项契约约定将其财产或技艺用于共同事业,以期分享利润或者获取由此可得之经济利益"或者依照"一人的意思表示"而设立的经济组织,[191] 只是社会组织在民事主体的一种意义转换和法律拟制。相应地,德国法上的法人,则须具备严格、苛刻的法定条件或程序,故社会组织中只有一部分具备条件、经法定程序认定的,才具有法人资格;而那些不具备条件、或未经法定程序认定的社会组织,则依照《德国民法典》第54条规定,为无权利能力社团。[192] 我国民事主体分类、法人分类理论明显受德国法影响,长期以来只承认自然人、法人两类民事主体,不具备法人资格的组织,长期不承认其独立主体资格和权利能力。[193] 尽管2017年《民法总则》引入非法人组织这一概念并在法例上予以确认,但是,无论在学理上,还是在立法上,我国民法中关于民事主体的分类,仍然存在值得检讨和反思的地方。仅举法人分类来说,1986年的《民法通则》分为企业法人(全民所有制企业、集体所有制企业及在中国领域内设立的中外合资经营企业、中外合作经营企业和外资企业等)与非企业法人(机关、事业单位和社会团体法人);[194]《民法总则》把其分为营利法人、非营利法人、特殊法人三类,而在营利法人分类中,仅第76条第2款以"营利法人包括有限责任公司、股份有限公司和其他企业法人等"含混词汇作了比较模糊、笼统的规定,并无清晰的分类。在学理上,法人一般被分为公法人与私法人;私法人又按照组成

[190] 参见施天涛:《商人概念的继受与商主体的二元结构》,载《政法论坛》2018年第3期。

[191] 参见《法国民法典》,罗结珍译,北京大学出版社2010年版,第423~424页。

[192] 参见[德]迪特尔·梅迪库斯:《德国民法总论》,邵建东译,法律出版社2001年版,第816~820页、第852~854页;[德]卡尔·拉伦茨:《德国民法通论》(上册),王晓晔等译,法律出版社2003年版,第235~247页。

[193] 参见张新宝:《从〈民法通则〉到〈民法总则〉:基于功能主义的法人分类》,载《比较法研究》2017年第4期;张力:《法人功能性分类与结构性分类的兼容解释》,载《中国法学》2019年第2期。

[194] 参见《民法通则》第41条、第50条。

要素,分为社团法人与财团法人;而社团法人则又分为营利性社团法人与非营利性社团法人,其中与商事主体有关的则只有营利性社团法人。当然,仅仅从既有立法或学理上对民事主体的分类上,商事主体也只是民事主体的特殊类型与形式,而不是独立于民事主体的另类主体。但是,就是因为既有法人的分类没有打通民事主体与商事主体之间的关系,如我国《民法典》总则编中的营利法人与非营利法人、学理上的营利性社团法人与非营利性社团法人等,就没有处理好民事主体、法人与商事主体、企业、公司之间的关系,而比较恰当的分类,则应是在营利法人与非营利法人、学理上的营利性社团法人与非营利性社团法人之下,再细化对法人的分类。例如,营利法人或营利性社团法人,就可再分为公司型企业法人与非公司型企业法人,公司型企业法人还可分为无限责任公司、有限责任公司、两合公司、股份有限公司、股份两合公司等,非公司型企业法人也可分为国有独资企业(全民所有制企业)、集体所有制企业、合作社企业、股份合作企业和其他法人型企业等。如此,学者所言的立法或学理上有关民事主体与商事主体的分类标准不统一、表现形式并不完全一致,就不明自清了。足见,从民事主体的一般分类上看,商事主体仅仅只是民事主体的特殊、具体形式而已。

如再从商事主体的分类标准与经营形式、责任形式来看,商事主体的分类首先涉及自然属性的分类,即自然人商人、组织类商人两大类,其中组织类商人主要形式有企业和国家,国家只在特殊的投资法律关系中才充当投资主体,因此,组织类商事主体的主要形式就是企业。而企业又可按照是否具有独立法人资格,分为法人型企业与非法人型企业,其中法人型企业即企业法人,就是立法或学理上的营利法人或营利性社团法人,又可按前述标准分为公司型企业法人与非公司型企业法人;而非法人企业,即属于我国《民法典》总则第四章"非法人组织"的范畴,属于第102条第2款所列举"非法人组织包括个人独资企业、合伙企业、不具有法人资格的专业服务机构等"的具体形式。足见,所涉公司中的无限公司、有限公司、两合公司的划分,非法人企业中个人独资企业、合伙企业、非法人其他组织的划分,只是对商事主体进行总体类型划分的基础上,根据出资形式、经营方式、责任范围所作的进一步细分,这些并不改变商事主体的自然属性、主体意义与制度功能,所影响仅仅只是特定出资人、经营体、交易者的权利义务、债权债务范围。它跟商事主体是否为独立主体、分类是否与民事主体完全独立、是否可独立于民事主体的抽象主体形式之外而另类存在,完全是不同的两个问题。

综上所述,商事主体的细化划分、具体形式、经营方式、责任范围并不是商事主体独立于民事主体的依据,民事主体的一般分类和特殊分类均说明商事主体仅仅只是民事主体的特殊、具体、细分形式。更何况,在商事主体与民事主体的实态存在形式中,企业、企业法人、营利法人并非与商事主体构成对应关系;同样非企业组织、非企业法人、非营利法人等也并非就仅对应于一般民事主体,或者说他(它)们与商事主体毫无关联,典型的如非营利组织或法人作为投资主体设立企业时,究竟应界定为一般民事主体,还是应归类于商事主体,既有立法与学理自然也无足够的解释力,当然也就无法给出清晰的答案。

5. 二元主体论并不能把一切营业主体或营业行为实施者囊括进来

在既有民商二元主体立法或理论构架中,常常以营业性、职业性、持续性、组织性等条件具备与否,作为区分民商事主体的标准,因而在此标准的筛选或甄别下,诸如农户经营者、纯粹的个人股东、国债或企业债券的购买者、银行等金融机构理财产品的购买者、偶尔或临时的经营者、兼职经营者、零担摊贩经营者、小规模农家乐经营者、家庭旅馆业或房屋出租者等,因为不具备商事主体某些形式上的条件,一般被排斥在传统商事主体的范围之外。众所周知,股东与公司的二层主体构架,是当今商事主体真正区别于一般、普通情形民事主体存在形式的最大特点,但在传统商事主体分类的构架中,只有公司才是商事主体,或者说只有公司才是传统商人的范畴,作为公司的出资人——股东则常常被忽略或被排除在商人概念或范围之外。之所以如此,是因为在传统、既有的民商二元主体理论与立法构架中,只有与民事主体对应、独立存在的商事主体概念、范畴和分类,却并没有对商事主体本身的特征、形式、结构进行真正实在意义的分析和研究。刚性的认定条件和判断标准不仅不符合实在情形下民商交融的客观现实,导致传统商事主体的定义存在与民事主体难以兼容的不合逻辑性,事实上还把部分真正营利性出资者、经营者、交易者排除在商事主体的概念、范畴和范围之外。

至于以传统企业与非企业、营利与非营利等作为区分民商主体的分类标准,更不符合事实层面上商事主体的具体状况。如在实际营业中,恰恰是被定义为非营利法人或特别法人的所谓一般民事主体,因为大量或高频率地以营业性投资主体的角色或身份出现,已构成对传统民商二元主体立法与理论的巨大挑战。

基于以上分析,完全可以得出如下结论:传统、既有的民商二元主体论,不能真正揭示民商主体之间的内在法理与逻辑关系,自然需要在营业的视角下作彻底反思和重新定位。

二、营业自由观视角下商事主体的重新解读

笔者认为,商事主体,或称商主体、商人,系指以自己的名义进入营业领域(商事领域)、从事营业活动并能够独立享有民事权利和承担民事义务的人。这里的人就是民法中抽象意义的人,即民事主体。也就是说,所谓的商事主体,实际上就是处分自己的财产进入营业领域、从事以营利为目的之营业活动的民事主体,是民事主体进入营业领域转换为投资主体、经营主体、交易主体的具体转化形式而已。易言

之,商事主体并非独立于民事主体的另类主体形式,而仅仅只是民事主体进入营业领域后的一种角色、身份、地位、形式与功能的转换而已。[195] 为阐述方便,以下讨论如从民事主体的对应视角,则称商事主体;如在商行为、市民等其他场合,则商事主体、商主体或商人并称之,所指均为同义。

由于传统、既有民商法理论,对民事主体进入营业领域转换为商事主体的原因事实行为——营业性投资行为,则未予足够重视。因之,从一般民事主体到民事主体之特殊形式——商事主体之角色的转换、形式的变换、性质的界定、资格的获得、能力的变化等,尚缺乏具有逻辑自证和符合实际的解释。基于此,下面的论证将由此而展开。

(一)表象后的真实:商事主体之表与民事主体之里

从表象看,商事主体虽然经常性地出现或存在于与民事主体对应的各种概念、范畴和语境中;但如从实质层面的法概念与法范畴角度进行深究则会发现,无论是民事主体,还是商事主体,仅仅只是民商法学理与法律规范对从事民商事活动的人或人之集合的概称。

1. 法主体是法律对人与社会组织进行抽象的概称。要回答上述问题,就有必要首先弄清楚实际社会活动存在的主体与法律上的主体之间的关系。所谓实际社会活动中存在的主体,即社会活动的参与者,系指存在于现实社会之中、参与社会活动(生活消费、生产经营、社会交往)的人(生物个体)或人的集合(社会组织)。作为主体意义的人或人的集合,处在不同的社会关系,就有不同的身份、地位,对其进行研究的不同学科或学说也就有各自对应的概念或称呼。例如,同样是人或人的集合,在政治学的语境里,就有人民与敌人、统治者与被统治者的概念或分类。法律上的主体,即参与受法律调整的社会关系、享有权利(权力)或承担义务(责任)的生物个体或社会组织。就生物个体意义上的人而言,其法律上最基础的称谓为私法意义上的自然人,即有生命的个体。这是因为人作为生物个体来到人世间就必然要解决衣、食、住、行等日常社会问题,就必须要参与生活消费、生产经营、社会交往等各种社会活动;而这些活动首先一定是满足其生存、生活等民生事项,也就是法律意义上的民事活动。自然,作为生命个体,他(她)来到世界所获得的第一个社会主体身份,就是民事权利与义务关系中的主体,即民事主体身份。“依据角色理论,同一主体,由于受不同法律的规制,因而其角色可能会有所不同。例如,市场主体,在经济学上是指企业和消费者,或者是可以转化为企业和消费者的其他主体,这些市场主体可以成为民法上的民事主体,也可以成为商法上的商事主体、行政法上的

---

〔195〕 参见肖海军:《民法典编纂中商事主体立法定位的路径选择》,载《中国法学》2016 年第 4 期。

行政相对人、诉讼法上的诉讼主体，等等。”[196]同样，私法概念上的自然人，如在表征该自然人与特定国家国籍归属关系或公法关系的语境中，其对应的法律称谓和概念则为公民或国民。又如，作为人之集合或契合的社会组织，自人类社会产生以来，就始终作为社会活动和法律关系的主体而事实上存在。虽然古罗马法和我国古代均有关于组织、团体或社团作为权利主体或义务主体的规定或现象，只是从19世纪末《德国民法典》创设法人制度以来，方赋予具有独立权利能力、行为能力和责任能力的社会组织以法律上独立的人格，社会组织的主体地位与法律人格才被立法所确认和世俗社会普遍接受，并因之在私法上被划分为法人社团与无权利能力社团、法人组织和非法人组织等不同类型。但是，不管是法人社团或法人组织，还是无权利能力社团或非法人组织，其作为法律关系的主体在参与法律活动时，与前述自然人一样，在不同法律关系和不同法律语境中，同样有其不同的法律称谓和对应的学理概念，如宪法上的国家机关、行政法上的行政主体、诉讼法上的司法机关、商法上的公司、经济法上的企业、国际法上的居民等。足见，不同部门法领域、法律关系或学理语境上对主体的不同身份、称谓及对应的概念，仅仅只是揭示了其不同法律关系中的特殊角色和在不同法律关系环境中的差异化社会功能而已。

2. 民事主体仅仅只是民法学理与民法规范对从事民事活动的人或人之集合的概称。通论认为，民事主体即参与民事活动、享有民事权利和承担民事义务（责任）的人或人之集合，其对应的法律概念为自然人或社会组织。其中，社会组织按其法律人格的有无可划分为法人类社会组织和非法人类社会组织，当代私法理论与立法积淀的充分尊重所建立的这种“自然人+组织”的主体构造，由于兼顾了分类体系的对称性、周延性和开放性的统一，[197]无论是大陆法系还是英美法系，无论是学理层面还是规范层面，这是目前能够形成的最大共识。尽管学理和立法上对法人组织与非法人组织的分类存在分歧，但不管怎样，所谓的民事主体不过是民法理论或立法文本对表现为具体的自然人、法人组织和非法人组织等主体的一种学理抽象与法律概称，正如卡尔·拉伦茨所言，私人上的人，只不过是社会学、伦理学上的“人”在“私法领域的移植”和抽象而已，[198]如不还原为具体的自然人、法人组织和非法人组织等原生形式，纯粹、抽象意义的人或民事主体根本就不存在。

3. 商事主体与民事主体一样，也是人们借助于商法概念对具体同质主体的概括和抽象。虽然近代以前和近代以降制定商法典的国家或地区，有商人或商事主体

---

〔196〕 张守文：《经济法原理》，北京大学出版社2013年版，第125页。

〔197〕 参见汪青松：《主体制度民商合一的中国路径》，载《法学研究》2016年第2期。

〔198〕 参见［德］卡尔·拉伦茨：《德国民法通论》（上册），王晓晔等译，法律出版社2003年版，第48页。

这一特殊主体概念的存在,但是,通观古代商业交易习惯、中世纪商人法或近代以来的商法典法条,不难看出,商人也好,商(事)主体也好,其实只是学理和立法对参与营业活动(商事活动,下同)、享有商事权利、承担商事义务(责任)的人或人之集合在法律上的概括和抽象,且均是通过商个人(自然人商人)、商合伙(合伙企业)、商法人(公司和非公司型企业法人)这些具体主体形式存在、表现着,并为人们所感知、识别,纯粹、抽象的商人或商事主体在现实社会的生活、生产、交往中,实际上是找不到的。因之,在德国法学家古斯塔夫·博莫尔看来,民法中所描述的"人像","乃根植于启蒙时代、尽可能地自由且平等、既理性又利己的抽象的个人,是兼容市民及商人的感受力的经济人";[199] 而在另一德国法学家拉德布鲁赫的笔下,商法规范的主体,则是"以个人主义的典型商人为形象,根据商人纯粹追逐利润和自私自利的特性而刻画的"职业人。[200] 足见,商事主体与民事主体一样,只不过是从部门商法学理或商法规范的角度,对参与营业活动、享有商事权利、承担商事义务(责任)之具体、同质、表现形态多样的主体的概括和抽象。

(二)营业视角:商事主体乃民事主体进入营业领域后的身份、角色、地位、功能转换形式

从营业视角来考察,就会发现,商事主体并非独立或对应于民事主体的独立类型或另类存在,只不过是民事主体进入营业领域后身份、角色、地位和功能的特殊转换形式而已。如前文所述,商事主体,系指以自己的名义进入营业领域、从事营业活动、并能够独立享有民事权利和承担民事义务的人(自然人或社会组织),是民事主体进入营业领域的特殊称谓。[201]

由于商事主体与民事主体的具体形式具有同源性(源于同一实态主体)、同质性(同属于私法主体)甚至同一性(同一主体的不同身份),即均以具体的自然人、法人或非法人组织等形式出现。在一定意义上讲,所谓的商事主体,只不过是以自己的名义处分财产进入营业领域、从事营业活动的民事主体。在大私法领域、大营业视角下,商事主体与民事主体之间的事实逻辑关系如图1-2所示:

---

〔199〕 Gustav Boehmer. *Einfuhrung in das Burgerliche Recht*, 2. Aufl., 1965, S. 83. 转引自[日]星野英一:《私法中的人》,王闯译,载梁慧星主编:《民商法论丛》第8卷,法律出版社1997年版,第154页。

〔200〕 参见[德]拉德布鲁赫:《法学导论》,米健、朱林译,中国大百科全书出版社1997年版,第72页。

〔201〕 肖海军主编:《商法学》,湖南大学出版社2004年版,第45页。

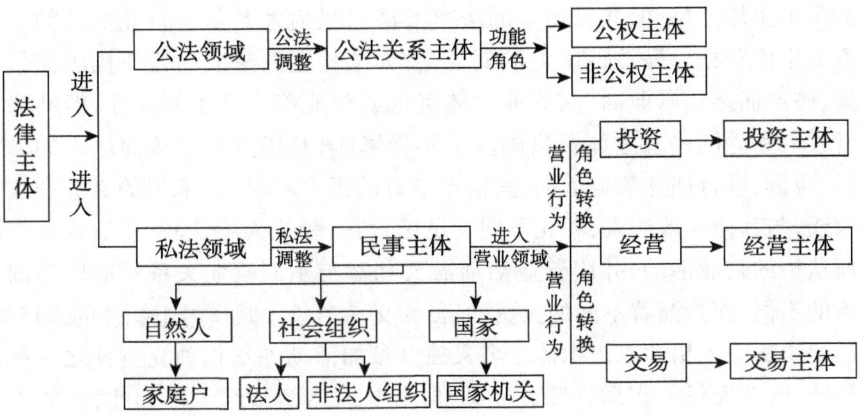

图1－2　大私法领域、大营业视角下民、商主体之间的关系

1. 商事主体在进入营业领域之前均为普通民事主体。营业为民事主体以营利为目的而从事的投资、经营和交易活动，只是在民事主体处分其财产进入营业领域之后，并在具体的营业活动中作为投资者、经营者、交易者等主体身份出现时，具体的自然人、法人或非法人组织的主体属性才开始发生实质性变化，才被商法学理和商法规范概称或抽象为商事主体。这说明，在进入营业领域之前，商事主体的原生形式和初始身份为自然人、法人或非法人组织，易言之，商事主体在进入营业领域之前，其身份就是一般或普通民事主体。

2. 商事主体仅仅只是民事主体进入营业领域之后的身份、角色转换。在某种意义上讲，民事主体在进入营业领域以后，所发生的变化只是因参与具体的商事法律关系，而具有了与具体营业活动、商事法律关系相对应的身份、角色、地位或称呼，并因之对应特定的商事权利与义务而已，但其存在形态、人格特征和具体责任形式并无实质的变化。就自然人而言，当他作为商个人的身份出现时，仅仅只是表征该特定自然人个体作为投资、经营或交易的主体，但该自然人个体的生物属性、独立的自然人人格和在营业活动中所应承担的独立、完全、无限民事责任，与其作为民事主体在一般民事活动中所表现出来的个体的生物属性、独立的自然人人格和所应承担的独立、完全、无限民事责任，并无二致。就公司和其他非公司型企业法人而言，虽然其登记成立之始就作为商事主体而存在，给人的表象似乎一开始就是非民事主体。但是，从公司等企业法人登记成立的诸行为过程和营业执照的颁发等程序性控制来看，商法人在登记成立时所获取的第一个资格也应是独立的组织人格，即法人人格，第二个才因其营业登记或者营业执照的颁发而获得营业主体资格，取得独立从事营业的能力。也就是说，商法人所获得原本意义上、最具基础性的主体资格，首先应是其独立的民事主体资格，其次是独立的法律人格（非法人组织只有独立的民事主体资格,但并无独立的法律人格),最后才是从事营业活动的经营主体或商事主体资格。最具说服力的例证是:如某特定商法人的营业执照被吊销或因清算、破产而终止营业时,其营业主体资格或营业能力已不复存在,但其法人资格或者说其独立的民事主体资格则丝毫不受影响,其仍然可以该商法人的名义独立起诉、应诉,进行债务清偿活动,其应当享有的民事权利、应承担的义务和应负的民事责任,与其他一般法人,并无不同。足见,与一般法人相比较,商法人所不同的是其所从事的营业活动,并因营业活动需要和参与不同营业关系所对应的商事法律关系的不同,而扮演着不同的投资、经营和交易角色。其作为组织体的人格属性、独立的组织法律人格和以组织体之名义独立参加活动并承担独立责任之一般法人的法律特征,并无任何实质性变化。同样,非法人型商事组织也如此,在此不再赘述。

至于传统民商理论上的非营利组织,无论民法或商法,均一致性地把其排斥在商事主体的范畴或可能性之外。其实,如从"民商共域一体"的大私法领域与"原于自由,始于投资,形于经营,成于交易"的大营业视角来看,传统营利组织与非营利组织、企业与非企业组织,与实态意义上的商事主体或民事主体,并非构成彼此的对应关系,特别是非营利组织(法人)或非企业组织(法人),虽因其组织属性不追求以营利为目的,且"不向出资人、设立人或者会员分配所取得利润";[202]但并不意味着其不可从事经营活动,特别是为了实现其所有或管领财产或资产的最大化,通过获取更多财富或价值更好地实现其"公益目的或者其他非营利目的",如大学、医院设立企业,社保基金购买政府债券等,在进行营利性投资或设立企业的情形下,作为营利性投资主体或企业出资人时,无疑应认定为商事主体。只因在传统民商二元理论中,均没有把营利性投资活动视为营业行为或商事活动而已。足见,商事主体原本就是民事主体进入营业领域之后的身份切换与角色转换。

3. 商事主体实则是民事主体在营业领域发挥着另一特定社会功能。易言之,当人们在称呼商事主体的时候,并非真有独立于民事主体的商事主体另类存在,而是此时一般意义上的民事主体为追求营利目的,以实现财富累积最大化为目标,在从事着商事活动、实施营业行为,扮演着投资者、经营者、交易者的各种角色,履行着生产、经营的各种社会供给功能。而该主体既可能仍然还是同一主体,也可能是通过投资衍生出另一新设主体(如企业),只是其步入的领域(营业领域)、所处的场景(市场交易)、扮演的角色(投资者、经营者、交易者)、发挥的社会功能(社会供给,即生产与经营),与其作为一般民事主体所在的领域(非营业领域)、场景(日常生活)、扮演的角色(民间一般的交往者、消费者)、发挥的功能(社会需求,即消费)有所区

---

〔202〕 参见《民法典》第87条第1款。

别而已。就如同某一特定演员，他（她）要在不同的影剧扮演不同的角色，但无论扮演何种角色，与原本意义的他（她）之主体属性仍无丝毫影响一样。同样一个自然人，如进入营业领域，他（她）就是商事主体；进入教育领域，他（她）就是教育法上的主体（教师或受教育者）；进入行政法领域，他（她）就是行政法上的主体（行政执法人员或管理相对人）等。同理，法人和非法人组织，也如同自然人一样，其进入营业领域之后，变化的只是所处的领域、场景、扮演的角色、发挥的功能，而其组织属性、法律人格、责任形式并无任何变化，特别如非营利组织（法人）或非企业组织（法人）。正因如此，有学者认为，“我们通常称某自然人或法人为商主体时，并不是说它具有特殊法律关系主体资格，而是说具有商业行为资格”，[203]这种解释虽然没有完全、透彻解释商事主体与民事主体的关系，但离真理只有一步之遥。

4. 商事主体只是进入营业领域的民事主体要享有更特殊的权利、履行更严格的义务。民事主体进入营业领域之后，因其参与特定的商事关系，而转换为特殊的商事主体。但由于商事关系与一般民事关系具有特殊性，这种特殊性又集中表现为权利的特殊性和义务的特殊性。正因领域、情形、场景、关系、环境的变化，“商主体作为特殊的民事主体，与处于一般财产关系与人身关系中的一般民事主体还是具有明显的区别的”，“基于民事主体的性质与标准而对民事主体的权利义务的制度设计的要求，固然应当同样适用于商主体，及在赋予其正常的权利的同时不应使其负担过重的法律义务”；但是，“基于商主体所必然具有的特殊的素质，为衡平同一法律关系中不同素养的参加者的利益，又应当赋予其高于一般民事主体的义务”，即商主体应“承担较高的法律义务，也必然会享有一般民事主体所不能享有的利益”。[204] 也就是说，既然营业领域是特定的商事领域，民事主体进入此一领域后，就必然要受此特殊领域的法律或契约约束，其在享有比较广泛、优厚的权利和得到比较可观的利润、最大的收益的同时，也必须付出必要的对价（如法定或约定的投资）、承受较高的风险、承担应尽的特殊义务和法定或约定责任。

（三）事实逻辑：民、商主体是一种抽象与具体、一般与特殊、上位与下位的关系

从事实逻辑层面来看，民事主体与商事主体的关系，是一种不能否认的抽象与具体、一般与特殊、上位与下位的实然事实和内在逻辑关系。

1. 商事主体与民事主体是特殊与一般、具体与抽象的关系。民事主体是一般意义上、更为抽象的概念，商事主体是特殊意义上、更为具体的概念。如前所述，法律一般意义上的主体则为抽象意义上的人或人之集合，而民法意义上的主体则为比

〔203〕 参见龙卫球：《民法总论》，中国法制出版社2002年版，第312页。

〔204〕 参见范健主编：《商法》，高等教育出版社、北京大学出版社2007年版，第31页。

较具体的自然人、法人和非法人组织。通论认为,民事关系与商事关系都为私人关系,均属私法调整范畴。但相对于一般民事关系而言,商事关系又有其特殊性、具体性和专业性,从而决定民事主体与商事主体的关系就是一种一般与特殊、抽象与具体的关系。民法中有关自然人、法人和非法人组织等民事主体的概念、范畴和类型,显然具有一般性、抽象性。而其进入营业领域受商事特别法调整的商个人(如个体工商户、家庭经营户、自然人股东、自然人合伙人、个人独资企业投资者等)、商法人(如公司型企业法人与非公司型企业法人、非营利法人或非企业法人投资者等)和非法人商事组织(如合伙企业、个人独资企业、其他非法人商事组织等),则是一个更特殊、更具体的概念、范畴和类型。有学者认为,“商事主体是指以营利为目的的从事商业经营的特殊民事主体”,其具体范围与类型包括“从事商业经营的个人、个体工商户、合伙、公司、企业、合作社等自然人、法人和非法人组织”,[205]此种认识和定义,已基本接近于商事主体的本质与内涵。

2. 商事主体与民事主体是下位与上位的关系。民事主体是上位概念,商事主体是下位概念。商事主体与民事主体虽然同为私法主体上的概念、范畴和类型,但相对于民事主体而言,商事主体是一个更明显的下位概念、范畴和类型。无论是传统大陆法人有关自然人的定义和法人的分类,还是英美法系对私法领域的主体一般不加区分,抑或我国从《民法通则》到《民法典》总则编关于法人的分类,均可以看出,诸如商自然人、企业法人或营利法人、商合伙或合伙企业等商事主体的概念、范畴和类型,其对应的上位概念、范畴和类型则是自然人、法人、非法人组织。很显然,商事主体与民事主体的关系就是一个下位概念、范畴、类型与上位概念、范畴、类型的关系。无疑,有关商事主体的定义、界分、立法、制度,也应以自然人、法人、非法人组织这些民事主体的上位概念、范畴和类型为基本前提,进行具有逻辑性、对应性、体系性的规划、设计和安排。

基于以上分析,可以得出一个十分简单的结论,即商事主体是民事主体进入营业领域后的一种角色转换或特殊称谓。以下的分析和论述,均从此一视角、概念或范畴作逻辑展开。

第三节　商事主体的基本类型

关于商事主体的分类,法、德、日等代表性商法典与传统学理有比较固定的分类。在法国,《法国商法典》虽未对商事主体进行分类,但根据第 L123－1 条对“应

---

[205]　参见于海涌编著:《中国民法典草案建议稿》,法律出版社 2016 年版,第 21 页。

当进行注册登记的人"的列举,商事主体则包括商自然人、具有法人资格的民事公司和共同经济利益联合组织、商事公司、具有工商性质的法国公立机构、其他营利性法人等;[206] 在学理上,一般把商事主体划分为自然人商人与公司(包括民事公司、合名公司、股份有限公司、有限责任公司、隐名合伙、经济利益联合组织等)。[207] 在德国,《德国商法典》把商人划分为必然商人(第1条)、自由登记商人(第2～3条,包括农业、林业企业)、小商人(第4条)、应登记商人(第5条,注册商人)、要式商人(第6条,法定商人)和其他商人(第7条);[208] 但是,1998年德国《商法改革法》颁行之后,废除了原有的"法定商人""注册商人"分类;[209] 在学理,一般把商人分类为依商营业产生的商人、要式商人、拟制商人等,[210] 或者划分为商自然人、商事合伙或公司。[211] 在日本,《日本商法典》把商人分为固定商人(第4条第1款、第501条、第502条)、形式商人、拟制商人(第4条第2款)、小商人(第8条)、其他商人等;[212] 在学理上,一般依照法律把商人划分为固有商人、拟制商人、小商人,[213] 但也有把商人分为自然人与法人、大商人与小商人等。[214] 这些分类,均反映19世纪以前贸易商法时代的商人特点,已不能适应制造业、资本金融、现代服务业、网络智能交易时代的商事主体新特点和新发展。因此,突破传统民商二元与商事主体分类的桎梏,在大私法领域与大营业视野下,按照多元标准对商事主体进行分类十分必要。

一、传统民商二元理论与制度框架中多重标准下商事主体的分类

(一)以商事主体组织形式与人格属性为标准的分类

以组织形式与人格属性为标准,商事主体通常被划分为商个人、商合伙和商法人三种类型。

1. 商个人,指以营利为目的、从事营业活动的自然人。它包括商自然人、个体工商户、个人独资企业等。

---

[206] 参见《法国商法典》,罗结珍译,北京大学出版社2015年版,第20页。

[207] 参见[法]伊夫·居荣:《法国商法》,罗结珍、赵海峰译,法律出版社2004年版,第33页、第87页以下。

[208] 参见《德国商法典》,杜景林、卢谌译,法律出版社2010年版,第3～4页。

[209] 参见[德]卡斯滕·施密特:《德国商法改革法》,王彦明、涂长风译,载《法制与社会发展》1999年第6期。

[210] 参见[德] C. W. 卡纳里斯:《德国商法》,杨继译,法律出版社2006年版,第39页以下。

[211] 参见[德]罗伯特·霍恩、[德]海茵·科茨、[德]汉森林·G. 莱塞:《德国民商法导论》,楚建译,中国大百科全书出版社1996年版,第232页。

[212] 参见《日本商法典》,王书江、殷建平译,中国法制出版社2000年版,第3～4页、第153～154页。

[213] 参见[日]近藤光男:《日本商法总则·商行为法》,梁爽译,法律出版社2016年版,第14～17页。

[214] 参见[日]松波仁一郎:《日本商法论》秦瑞玠、郑钊译,中国政法大学出版社2005年版,第26～29页。

2. 商合伙,指2个以上投资人(合伙人)基于合伙协议的安排,共同投资、共同经营、共享收益、共担风险,投资人(合伙人)对合伙债务承担连带责任的商事组织。如合伙企业等。

3. 商法人,指依法定条件和程序设立,以营利为目的、具有法人资格的商事组织。

(二)以商事主体内部组织机构是否健全为标准的分类

在有单独商法典的国家里,有根据商人之内部组织是否健全对商人进行分类。例如,《德国商法典》把商人分为完全商人与不完全商人,其中,完全商人是指组织机构比较健全的大、中企业;不完全商人则指小企业或手工业主,一般没有严格的内部机构方面的规定。又如,《日本商法典》有大商人与小商人之分。大商人又叫完全商人,即组织机构健全,履行法律关于商业登记、商号或商业账簿的规定;小商人为公司以外,资金不足2000日元的商人。

(三)以商事主体资格取得方式为标准的分类

在有商法典的大陆法系国家,有以商人资格取得方式为标准对商事主体进行分类。例如,《日本商法典》把商人划分为固有商人、拟制商人。固有商人是以从事绝对商行为和营业商行为为职业的商人,其资格之取得不以登记注册为条件;拟制商人则为那些虽经注册登记的商人,但尚未构成完全商人的商人,在日本拟制商人包括依店铺或其他类似设施而出卖物品为业者,或经营矿业者及社团公司等。又如,《德国商法典》规定了法定商人、注册商人和任意商人。法定商人即以法律规定的商行为为职业的商人,此类商事主体,无论是否进行了登记,均具有商事主体资格,如从事商业买卖、有价证券买卖、加工制造、运输、民间经纪业务等业务的商人;注册商人即不是以法律规定的商行为为职业,但须登记注册且须拥有企业、有商号和商业账簿,以商业方式进行经营的商人,如娱乐活动场所等;任意商人即指既不是以法律规定的商行为为职业,又不是必须进行登记注册的商人,是否登记完全由其自己决定,如从事包装、装配、洗刷等商人。

(四)以商事主体是否具备特定形式为标准的分类

在传统学理上,以商事主体是否具备特定形式为标准,一般将商事主体划分为形式商人或非形式商人。形式商人又叫要式商人,即商事主体资格之获得和存在必须具有法律规定的条件,如合伙或公司;非形式商人,又叫非要式商人,即商事主体资格之获得或存在不必具有法定条件且不以法定形式存在为必要,如商个人。

(五)以商事主体在商事交易中的功能为标准的分类

以商事主体在营业活动中的具体功能为标准,可将商事主体划分为商人本人和商业辅助人。商人本人即以商事主体自己的名义从事营业活动且对商事活动之后果承担法律责任的商事主体;商业辅助人,又叫商业使用人,是基于委任合同或雇佣合同关系而以商人本人之名义辅助其进行营业的人,包括经理人、代办人、职员、劳务人员等。

需要指出的是,在传统商事主体的分类标准中,按营业名义还可以把商事主体划分为名义商人与表见商人;按营业角色可以把商事主体划分为当事人商人与商中间人等。其中,名义商人为以自己名义从事营业之主体;而表见商人即虽不具有商人资格,但却以商人之面目出现并与第三人发生商事交易的人。例如,当事人商人为在营业中享有实体性商事权利或承担实体性商事义务的主体;而商中间人,包括代理商、居间商和行纪商等,则为促进、撮合、代理商人营业的主体。笔者认为,商辅助人、表见商人实质属于商事主体代理人的范畴,不应归于商事主体的类型,应适用商事代理的有关制度和规则;至于商中间人,他们虽有独立的主体身份,也仅仅只是以中间类业务为主业的商事主体类型,属于后文所论商事主体的职业或业务存在形态范畴。

二、我国现行立法文本中关于商事主体的基本规定

(一)我国现行立法文本关于商事主体的具体划分

我国现行涉及商事主体规定与分类的立法文本,有《民法典》总则编、各种企业法和工商登记方面的行政法规、部门规章。如《民法典》总则编关于自然人中的个体工商户与农村承包家庭户、法人中营利法人和集体经济组织等特别法人、非法人组织中的个人独资企业与合伙企业等规定。其他如《个体工商户条例》、《个人独资企业法》、《合伙企业法》、《公司法》、《农民专业合作社法》、《农村土地承包法》、《外商投资法》和其他各种企业法等所规定的个体工商户、企业、公司、合作社等,均属于商事主体的范畴。但是,上述法律、行政法规和其他规范性文件,对商事主体并无明确的划分标准和系统分类,因此,现有共识的某些分类,实际上也是学者从学理的角度所作的划分。

如按人格属性的不同,商事主体可划分自然人型商事主体、法人型商事主体、非法人组织型商事主体,前者如个体工商户,中者如公司和其他法人型企业,后者如个人独资企业法、合伙企业等。按照商事主体登记形式的不同,可把商事主体划分为企业商事主体与非企业商事主体,其中,企业商事主体系以企业形式登记、取得企业营业执照的商事主体,如个人独资企业、合伙企业、公司企业、全民所有制企业、集体所有制企业、中外合资经营企业、中外合作经营企业、外资企业等;非企业商事主体即不进行营业登记,或须经营业登记但不登记为企业的商事主体,如《民法典》总则编第二章第四节规定的农村承包经营户、个体工商户等。

(二)我国现行立法关于商事主体规定的基本特点

1. 商事主体与民事主体无严格区分。我国是一个在立法上采取事实上民商合一的国家,在有关商事主体和民事主体的划分上,法律上未作具体规定。具体表现为:(1)原《民法通则》、《民法典》总则编上关于自然人(个体工商户、农村承包经营户)、合伙和法人等制度与商事特别法中的商个人、商合伙、商法人的规定,只体现了一般法与特别法的关系,而无本质上的区别。(2)民事主体与商事主体事实上具有相通性。亦即,民事主体在营业领域从事营利性活动即为商事主体,而商事主体如退出营业领域,在日常生活中则又是以民事主体的身份出现。(3)就同一主体而言,其民事活动与商事活动的界限是不清晰的。如个体工商户、合伙组织的商事活动与民事活动在事实上就难以区分。由于我国立法对商事主体和民事主体划分不加以严格区分,这一方面对于投资、经营、交易自由提供了制度基础,但同时由于特定营业领域如房地产、证券、期货市场等对商事主体资格的泛化,又给交易安全带来隐患,这是今后我国商事主体立法必须要予以解决的。

2. 投资主体没有纳入商事主体的范畴。受大陆法系代表性民法典与商法典的影响,囿于传统民商二元主体的理论与观念,无论是我国民事基本法,还是商事特别法,均没有注意到投资行为对营业的初始性、基础性地位与功能,无论是《民法典》总则编,还是既有商事特别法,在有关自然人业主、合伙人、股东、社员的主体身份定位和法律资格确认上,出现一致性的空缺,其商事主体资格在法律上得不到认可。但值得欣慰的是,《民法典》总则编第 125 条关于“民事主体依法享有股权和其他投资性权利”的规定,是一个巨大的历史进步,它没有如 2007 年的《物权法》那样,把以股权为代表的投资性权利列入物权范畴,说明我国立法已经认识到投资主体与投资性权利的独立价值和重要地位。

3. 责任本位的商事主体与所有本位的商事主体并存。责任本位的商事主体即以商事主体的人格属性、财产责任形式及范围为标准划分的商事主体,如商个人(个体工商户、个人独资企业)的无限责任、合伙企业的连带责任、公司企业或法人企业的有限责任,它们分别为《个人独资企业法》《合伙企业法》《公司法》所规定,是我国现代企业制度和商事主体制度最为重要的分类依据。但是,由于我国现行市场主体结构是从传统计划体制调整、转型过渡而来,在计划体制所有制本位观念主导下的所有制本位企业,如《私营企业暂行条例》规定的个体私有企业,《城填集体所有制企业条例》《乡村集体所有制企业条例》《乡镇企业法》规定的集体所有制企业,《全民所有制工业企业法》《企业国有资产法》规定的国有企业及混合所有制企业等,带有明显的身份属性,而原有法律并未因新法颁行而被废除,依然具有法律效力,因此,就造成现行责任本位的商事主体与所有本位的商事主体并存的局面。新旧两种不同理念创制出来的这两种本位的商事主体法和商事主体类型，无疑不利于商事主体营业机会的平等享有和公平竞争。

4. 商事主体本人与商业辅助人之法律地位不甚明确。在我国，由于传统计划体制和国有企业内部管理的弊端，长期以来国有企业和国有企业经营者的法律地位比较模糊，它集中表现为：(1)在国有资产的授权经营体制中，国有企业既是国家出资人设立的企业，又是国家授权经营的受托主体，这样国有资产经营者与国有企业经营者(国有企业领导人如法定代表人等)之间的法律关系就必然模糊不清。(2)商事代理制度对企业职务代理制度缺乏明确规定，导致企业法定代表人与企业代理人之间制度定位的混乱，使企业法定代表人的职权与职责难以明晰。商事主体本人与商业辅助人之间这种模糊不清的法律关系，造成我国商事主体特别是法人企业类商事主体内部人控制现象十分普遍。因此，明晰商事主体与商业辅助人之间的法律地位，廓清其法律关系，是我国商事主体立法中应予解决的又一难题。

需要特别强调的是，我国现行民事主体与商事主体的立法分类，总体上仍是按照民商二元构架的理论建立起来的，它既不符合民事主体与商事主体的事实逻辑，也不能适应商事主体的实际存在状态与未来发展需要。仅以法人分类为例，我国原《民法通则》以"企业法人"与"非企业法人"之职能或功能构架为法人分类的基础，明显就与现实营业中商事主体之实态形式不符。对此，在《民法典》起草和制定过程中，有学者从"职能主义"和"结构主义"的不同法人分类模式比较视角出发，认为原《民法通则》采"职能主义"法人分类模式，将法人分为企业法人和非企业法人，无法为法人制度立法提供有效支架，建议《民法典》应回归"结构主义"法人分类模式，并以"社团"或"财团"为主轴来设计民法中的法人分类与制度规则。[215] 有学者认为，《民法典》的法人制度应采"解析性类型化"方法而非"叙述性类型化"方法，而营利法人与非营利法人、企业法人与非企业法人的基本类型模式因无法满足法人概念周延性、确定性和实质性区别标准，故应建立经由重新认识的"社团法人"与"财团法人"基本类型模式。[216] 2017 年 3 月通过的《民法总则》，实质仍然沿袭了原《民法通则》的"职能"或"功能"主义思路，只不过是把原有的"企业法人"与"非企业法人"二元架构，修改为"营利法人""非营利法人"与介入两者之间的"特别法人"之三元架构而已，但基础、核心的分类标准仍无本质上的变化。对此分类的看法，学界虽不一致，如有学者认为《民法典》总则编虽欠缺关于"公法人—私法人"的元分类，也未将"营利—非营利"区分模式贯彻到底，但首次以基本法律的形式明确了"营利—非营利"的法人区分标准，确立了商事/商法的核心范畴，这是原《民法总

〔215〕 参见蔡立东：《法人分类模式的立法选择》，载《法律科学(西北政法大学学报)》2012 年第 1 期。

〔216〕 参见罗昆：《我国民法典法人基本类型模式选择》，载《法学研究》2016 年第 4 期。

则》对商法的最大贡献。[217] 有学者认为,《民法典》中的法人分类,属于以营利与非营利法人之分为主要表现形式的功能性分类,与以社团与财团法人之分为主要表现形式的结构性分类相互兼容,形成独特的"功能—结构"复合体系。[218] 也有学者认为,"以追逐利润为目的"和"将利润分配给出资人"为"营利"概念之基本要素,这一概念是贯穿中国法人法的一条主线,以此为标准,《民法典》区分了营利与非营利法人,并将法人性质与其组织形式捆绑,采用特定的组织形式意味着只能从事特定性质的行为,法人"身份"直接决定了其"能力";此举旨在遵从公法上的法人区分登记管理体制,维持了公私法体系的融贯性,却束缚了营利法人的权利能力与社会活力,在私法上的体系效应不佳。[219] 但这些看法、主张或观点,总体上仍然是从民商二元理论的角度出发,并没有看到此一分类,难以实现对商事主体的一般性调整或统辖性规范意义,特别是不能对非营利组织(法人)、特别法人或国家能否成为商事主体以及转换为商事主体的情形、条件等予以明确,明显不具有适用性和解释力。

三、大私法领域与大营业视野下商事主体的实态分类

在传统所有关于商事主体的划分上,一般只注意到诸如合伙、公司的商事主体资格与地位,却往往忽略或否定作为合伙企业、公司出资人的合伙人、股东的商事主体资格与地位,这是因为在传统商事主体划分理论与标准中,只注意到营业中的经营与交易等环节,而对促使营业发轫的原始投资行为没有给予足够的重视与关注,忽略了投资行为背后的投资主体之资格与地位。笔者认为,从"原于自由,始于投资,形于经营,成于交易"的大营业视角下,按照营业实质表现为投资、经营、交易三个阶段、三种形态、三大流程,而不同属性或形式的商事主体在其中所扮演的角色、作用、地位又存在比较明显的差异,这种按照商事主体在不同营业形态中扮演的角色为标准的分类,更能反映商事主体在动态营业中的实质地位与实然关系,更能反映民事主体进入营业领域之后转换为商事主体的全貌。在此基础上,再按照组织形式、人格属性、是否登记、职业形态对商事主体进行其他分类,就比较符合商事主体在实际营业中的事实逻辑。

(一)以商事主体在不同营业形态中扮演的角色为标准的分类

以商事主体在不同营业形态中扮演的角色为标准,可把商事主体即营业主体,

---

〔217〕 参见蒋大兴:《〈民法总则〉的商法意义——以法人类型区分及规范构造为中心》,载《比较法研究》2017 年第 4 期。

〔218〕 参见张力:《法人功能性分类与结构性分类的兼容解释》,载《中国法学》2019 年第 2 期。

〔219〕 参见宋亚辉:《营利概念与中国法人法的体系效应》,载《中国社会科学》2020 年第 6 期。

划分为投资主体、经营主体与交易主体。

1. 投资主体，即为处分自己占有、支配、管领的财产或权利进入营业领域、投入各种经营体或企业、追求投资回报最大化的民事主体。典型的投资主体包括个体工商户的自然人、个人独资企业的业主、合伙人、股东、社员等一般投资主体和前述国家、政党、非营利组织、集体等特殊投资主体。

2. 经营主体，即为对进入营业领域的营业财产、资本、资产进行经营、管理、生产、营运，使之形成各种满足市场需要的待销产品或特定服务的民事主体。典型的经管主体包括个体工商户、家庭户、各种企业等。

3. 交易主体，即为从事把已形成待销产品或特定服务，作为商品或商业服务推销到市场，直接与消费者或相对人达成各种营业交易的民事主体。在通常情形下，交易主体与经营主体是合一的，但由于社会分工的惯性，某一类商事主体，如代理商、居间商、行纪商、经销商、运输商、仓储保管商、电商、网商等，其主要营业角色确实就是把其他经营主体生产的产品或提供的服务，以各种方式在市场推销上，其纯粹交易的角色、地位与职能十分明显。

（二）以商事主体所享营业权能为标准的分类

以商事主体所享有的营业权能是否受限为标准，可把商事主体划分为营业全能型商事主体和营业受限型商事主体。

1. 营业全能型商事主体。即可进入营业领域从事法律不禁止的所有营利性投资、经营与交易活动，进而可成为投资主体、经营主体与交易主体的商事主体类型。有行为能力的普通自然人和企业类商事主体即为此类。

2. 营业受限型商事主体。即虽可进入营业领域从事法律不禁止的营业活动，但囿于其特定功能属性、法律地位或行为能力，其营业权能只能限定或止步于营利性投资阶段、环节或形态的商事主体类型，如无行为能力的自然人、担任公职或行使公权的自然人、非营利组织、国家或国家机关等主体，就只能成为营业性投资主体，而不可或不能成为营业性经营主体或交易主体。

（三）以商事主体的组织形式为标准的分类

按照商事主体是否以组织体形式出现，可分为自然人个体、家庭、社会组织与国家等形式。

1. 自然人个体。即纯粹以自然人个体名义从事营业活动的投资者、经营者或交易者。

2. 家庭。即以家庭成员或家庭共同体名义从事营业活动的投资者、经营者或交易者。

3. 社会组织。即以社会组织名义从事营业活动的投资者、经营者或交易者。社会组织按构成要素可分为社团组织与财团组织;按人格属性,又可分为法人组织和非法人组织;按功能属性,既包括营利或企业组织,也包括非营利或非企业组织。笔者认为,在制造业、资本金融、现代服务业、网络智能交易时代,按照商事主体之内部组织是否健全,可划分为企业商人与非企业商人。一般而言,企业商人有明显的组织属性,设置比较完善的内部治理、决策、管理、代理或监督机构;而非企业商人,则表现为自然人或家庭户,没有明显的组织属性,也无严格的内部机构设置。不仅如此,非营利组织(法人)在特定情形下,也可成为商事主体,如作为营业性投资主体角色或身份出现等。

4. 国家。即以国家名义从事营业活动的投资者、经营者或交易者。如国家出资企业中的国家出资人(国家或政府);国家专卖或专营情形下的国家交易者身份等。

(四)以商事主体的人格属性为标准的分类

按照商事主体的人格属性之不同,可分为自然人类商事主体、法人类商事主体、非法人组织类商事主体。

1. 自然人类商事主体,又称商自然人或商个人,即该商事主体在法律上只具有自然人人格或依附于自然人人格,而无独立的组织或团体人格。如前述自然人个体或家庭经营体(户),均属此类。

2. 法人类商事主体,又称商法人,即在法律上具有独立组织或团体人格之社会组织类商事主体。传统民商二元论中的企业法人或营利性社团法人,固然属于法人类商事主体。但非社团类、非营利类法人,在诸如营业性投资情形下,也可成为投资主体类的商事主体。因此,在大营业视角下,法人类商事主体不应以传统民商理论中的企业法人或营利社团法人为限,财团类、非营利社团法人在特定情形下,只要进入营业领域,均可转换为商事主体。

3. 非法人组织类商事主体,又称非法人型商事主体,即在法律上既不具有独立的组织或团体人格,也不完全依附于自然人人格,但却可以社会组织体名义从事营业活动的商事主体。同样,在大营业视角下,非法人组织类商事主体不应以传统民商理论中的非法人型企业或非法人型营利社团组织为限,非法人型的财团类、非营利社团组织在特定情形下,只要进入营业领域,如在营业性投资阶段或环节,均可转换为商事主体。当然,在非法人组织类商事主体中,商合伙、合伙类商事组织或合伙企业是最具典型的形式。

(五)以商事主体的法定形式为标准的分类

笔者认为,在制造业、资本金融、现代服务业、网络智能交易时代,依照商事主体资格取得方式的不同,可把商人划分为登记(注册)商人与非登记(注册)商人两类。

1. 登记(注册)商人,指以办理商事登记(注册)并领取营业执照的商人,在我国如个体工商户、企业等。

2. 非登记(注册)商人,即不要办理商事登记(注册)或法律规定免于商事登记(注册)、没有营业执照的商人,典型为小规模的自然人商人、家庭经营户、投资类商事主体等。关于无照经营的合法性与法律地位问题,长期以来,我国执行严格的强制登记主义,凡未经登记注册、领取营业执照,均在禁止之列,在此情形下,就只有登记(注册)商人,而无非登记(注册)商人之说。但是,国务院2003年《无照经营查处取缔办法》(2011年修订)第21条和2017年的《无证无照经营查处办法》第3条、第11~14条均有关于"不属于无照经营行为"或"不属于无证无照经营"的例外规定;再者,2017年9月原国家工商总局印发的《关于贯彻落实〈无证无照经营查处办法〉的通知》(工商个字〔2017〕169号),对"无证经营""无照经营""无证无照经营"有更详细的指导意见。这说明,在我国未办理商事登记(注册)的商人是实际存在的。至于投资主体类商事主体,根本就不需要办理登记或注册。

(六)以商事主体的职业形态为标准的分类

按照商事主体的职业特征和经营事项,可将商事主体划分为买卖商、贸易商、投资商、制造商、加工承揽商、销售商、供应商、租赁商、运输商、仓储保管商、餐饮服务商、证券商、银行商、保险商、代理商、行纪商、居间商、信托商、电商、网商、智能机器商等。

在大私法领域与大营业视野下商事主体的实态分类,实则为民事主体进入营业领域后转换或衍生的具体形式,它们共同构成商事主体的基本结构。具体内容,后文在形态论中再作详论。

第二章 商事主体的二重结构

民事主体进入营业领域转换为商事主体,其表现形式中最显著性的特征,是基于营业中投资、经营、交易的分工、分离、分立,而表现为投资主体、经营主体、交易主体之间的分工、分离、分立现象。其中,尤以投资主体与经营主体之间所形成的二重(层)结构最具典型性和代表性。

第一节 商事主体二重结构的制度逻辑

一、实态营业过程中投资与经营、投资主体与经营主体的分离现象

(一)从营业自由权角度来透视民事主体转换为商事主体的过程

从应然权利的范畴来分析,任何民事主体均有进入营业领域、从事营业性投资或经营性活动的权利,此一原权利即为笔者所提出的营业权或营业自由权。[1] 因此,从民事主体潜在的权能和权利实现的可能性来看,任何民事主体均可以而且有可能进入营业领域,开展营业活动,进而为具体营业行为。但是,民事主体实现营业权利取决于两个基本条件:一是民事主体意欲从事营业之内在的自治意思;二是营业是否具备或满足了法律或政策设定的营业准入条件。首先,只有当特定民事主体决意处分财产和权利而进入营业领域,把其所有或管领的财产或财产权利进行营业性投资,民事主体具有应然性质的营业自由权才会转换为现实的营业权能。也就是说,民事主体只有基于投资决策或营业决策,决定进入营业领域并进行了实质性的营业性投资,才可转换成为商法意义上的商事主体。其次,在法律或政策对营业进入设定了严格的准入条件和许可程序的情形下,由于法律或政策对特定民事主体为营业行为的限制或禁止,某些营业权利受到法律、政策特殊限制或禁止的特定民事主体之营业性投资行为,还须满足营业准入制度设定、需要排除的限制或

---

〔1〕 参见肖海军:《论营业自由》,载范健主编:《商事法律报告》第1辑,中信出版社2004年版,第56~59页;肖海军:《营业权论》,法律出版社2007年版,第41页。

禁止性条件。不仅如此，基于营业行为的私人性与社会性、目的的私益性和影响或结果的公益性之双重属性，为避免营业权利的滥用，缓和营业利益与公共安全、竞争秩序与公共秩序、营业利益与公共利益、内部最大化与外部负效应之间的冲突，某些特殊主体或营业领域之经营资格的获得（营业主体方面或营业事务方面）在完成营业登记之后，还必须履行开业的无害性前置审查、取得营业行政许可程序，民事主体的营业自由权才可转换为实际的营业能力。

（二）营业自由视角下投资行为与经营行为的适度分离

不难看出，从实然权利的范畴来看，民事主体应然的营业权利，是通过营业性投资和具体的经营、交易活动来实现的。况且，基于营业的专业性、技术性和职业性等特征，营业性投资主体不一定直接从事经营，或者在某些情况下，囿于某些特定民事主体本身的法律性质和特殊的法律地位，不宜（如公立学校可以作为营业性投资主体，但就不宜直接从事营业性事务的经营）或不能（如某些国家机关的公务人员可以购买股票、债券或基金券，对上市公司等经营主体进行投资，但基于公共管理或公共服务的职能，却不能以其名义或由其直接兼业进行经营）直接以其名义从事经营性活动，而在大多数情况下，具体的经营活动是由以企业为主导形式的营业组织通过营业代表或营业代理行为来实施的。民事主体转换为商事主体，是以营业性投资主体和从事经营、交易活动的经营主体（包含交易主体）两种典型的形式表现出来。而且，由于营业性投资行为与具体的经营行为既存在重叠（如在个体型营业活动中，个体投资者既为投资主体又为经营主体），又存在分离（如在公司型组织营业活动中，股东为投资主体，而公司则为经营主体），因此，笔者认为，传统商法语境意义上的商事主体，在现代市场经济社会里则表现为投资主体和经营主体这一二重结构。其中，投资主体是指为追求营利性投资效益最大化而以独资、合伙和参股等方式，处分其财产或财产权利作为营业资本而进入营业领域的民事主体；而经营主体则系指取得营业资格、具有营业能力，能以其独立的名义开展营业活动、进行营业交易的民事主体。尽管在多数情形下，营业中经营主体与交易主体也是分立或分离的，但由于营业中经营主体与交易主体是经常重叠的，为简约起见，本章所论经营主体，实际上包括了营业中的交易主体。以下详述之。

1. 从宪法上公民（国民）的营业自由到私法上民事主体的营业自由

自近代民主革命、产业革命以来，营业自由作为基本人权，或载入宪法，[2]或为民法典或商法典奉为基本价值或立法原则，自由营业作为国民的基本人权，在世界绝大多数国家或地区早已深入人心。从宪法意义上讲，营业自由权首先是该国国

---

〔2〕 参见肖海军：《论营业权入宪——比较宪法视野下的营业权》，载《法律科学（西北政法学院学报）》2005 年第 2 期。

民(法律上为公民或居民)在求生存、图发展、谋幸福等民生领域里最基本的权利。同时,财产的独立与财富的持有,也是维护个体主体独立、人格尊严、生命自立与经济自由的前提性条件,更是预防或抵御国家暴政、专断独裁的社会条件与经济基础。从某种意义上讲,营业自由权是一项具有对抗专营、垄断、特权、集权的个体性、民间性、社会性权利或权力。就国家宪法总体、初始、顶层、全局的机会、资源、利益分配而言,营业自由权具有公民权、生存权、发展权、经济权、社会权等宪法权利、公法权利的属性。就私法领域中民间利益、个体权利的原始性、基础性、平等性、公正性配置而言,营业自由权更是一项最具初级性、基础性、根本性的民事权利。因此,人人享有以自己的名义处分自己的财产进入营业领域、从事营利性活动的自由,是营业自由权最核心的内容。

从主体范围而言,在特定国家或地区里,营业自由首先是作为民事主体的自然人之营业自由,而不管该自然人是否具有该国的国籍,因此,如从主体范围讲,私法领域中民事主体的营业自由权要比宪法、公法意义上公民或国民的营业自由权范围更为广泛,它事实上包括无国籍的自然人,也享有除应当由该国公民或国民专享的某些特别权利之外的一切营业自由权利;而在全球经济一体化和国际贸易自由化的推动下,特别是 GATT、WTO 等世界经贸组织和国际区域性经济组织的推动下,国民待遇原则作为国际投资、贸易中最基本的准则,使他国国民在东道本国可享有与该东道国本国国民同等的营业自由权利与待遇,其主体范围与宪法、公法中公民的范围无疑要广泛得多。不仅如此,在私法、民间、社会领域,自然人在享有并行使营业自由权、通过投资行为进入营业领域之后,除选择自然人独资自行经营外,更多的会选择合伙、合资、合作等方式,与其他生产要素所有者联合经营,就必然要设立诸如合伙企业、公司企业、合作社企业和其他形式的企业。此时企业作为自然人营业性投资行为的衍生产物,通过商事登记的企业设立注册,就获得了独立的主体资格,其中法人型企业还获得独立于最原始出资人之自然人人格的组织人格,即法人人格。作为主体的企业,虽原本只是自然人营业性投资的衍生物,甚至在更多情形下只是自然人投资主体的营业平台或营利工具,但该特殊主体一旦横空出世,就必然也要作为出资人、经营者、交易者的身份、角色出现。因此,也就应当与自然人一样,享有进入营业领域、选择营业事项、管理营业事务、缔结营业契约等自然人应当享有的一系列营业自由权利。可见,就私法领域而言,营业自由的主体不仅有自然人,更有社会组织,而社会组织尽管并不排除非企业组织可为之,但又更多以企业的形式出现。可以这样讲,作为民事主体的营业自由,无疑包括自然人与社会组织的营业自由。

2. 营业自由中的投资自由和经营自由

如前文所述,由于营业的形式与过程包括投资、经营、交易等三种典型形态、阶段或环节,故民事主体的营业自由,自然也就包括投资自由、经营自由、交易自由三种形态或三大部分。其中投资自由包括:(1)民事主体可选择投资于营业领域的自由,也可选择不进行营业性投资的自由;(2)在投资方式的选择上,民事主体可选择独资、合伙、合资、合作和其他形式的投资形式;(3)在作出营业性投资决定或选择适当的投资方式后,民事主体仍然可自主选择后续的增资、减资、转让出资、置换出资、处分出资、放弃出资等决定;(4)对因出资而产生的资本权利,民事主体可选择行使或不行使、放弃或不放弃、处分或不处分,如选择行使,可自主决定对资本权的行使方式;(5)其他与投资相关的自由与权利。同样,经营自由也具有丰富的内容,但最核心的是经营方式选择自由、内部治理决策自由、生产管理决定自由等。至于交易自由,虽然内涵更为丰富,甚至有学者把整个营业过程或一切商事活动都界定为商事交易或市场交易,[3]但最基础的部分是选择交易标的、交易对象、交易方式的自由。

虽然营业自由可具体表现为投资自由、经营自由、交易自由三种形态、三种方式、三种行为或三大阶段,且它们之间有一定的相对独立性,但从单一营业的动态过程和整体营业的宏观情状来看,更具独立性的是投资自由和投资行为。相对而言,经营与交易虽也具相对独立性,但它们之间的关联性要更强,这是因为,经营的成果(产品或服务)需要交易来完成,没有交易或交易不成功,经营的成果就没有实质的营业意义;而对交易而言,没有经营的成果,交易就无对象和目标,交易的价值也无法体现出来。因此,在通常情况下,经营与交易是联系在一起的,但相对而言,经营要居于更为中心的地位,发挥更为重要的作用,在一定意义上又制约着交易,为论述方便,下文在分析经营与交易、经营自由与交易自由时,则以经营、经营自由概称之。

足见,在营业自由的各项权能中,具有更大独立性的是投资自由、经营自由、交易自由,又鉴于经营自由与交易自由的关联性,可以经营自由集中代表之,故在实际营业权能行使过程中,民事主体的营业自由主要表现为投资自由与经营自由。

3. 营业机会的普遍平等分配与营业权利的特殊衡平限制

尽管营业自由权是民事主体最基本的应然权利,从营业自由权的应然性、基础性、原始性和固有性来分析,民事主体在享有和行使营业自由权时应当没有实质的差异,追求营业初始机会在民事主体之间的平等分配,应是政策、法律进行营业准入制度安排时必须达到的最低价值底线。而对所有民事主体而言,由于营业自由又集中表现为投资自由和经营自由;但对不同的民事主体而言,在实际行使投资自

〔3〕 参见徐学鹿、梁鹏:《商法总论》,中国人民大学出版社2009年版,第28~30页;任先行:《商法原论》(上),知识产权出版社2015年版,第30~35页。

由和经营自由等营业权能时，又会因个人禀性、能力限制、主体属性、利益冲突、法律约束、情势使然等诸多因素，进而使其投资自由或经营自由出现因情形、阶段、属性、类型等特别差异而受到部分或全部限制的各种可能。事实上，在营业的实际开展中，某些具有特定身份或有特定社会职能的民事主体，如作为经营主体（某种情况下作为投资主体也是法律禁止的），或者其自身行为能力受限不符合独立实施的法律要求，或者与其既有身份发生冲突，或者与他人利益形成矛盾，或者会严重危害国家或公共利益，或者会产生事实上的严重不公平等。因此，政策、法律就有必要对某些不能或不宜进入营业领域、或者不能或不宜直接行使经营或交易权能的主体，设定必要、明确的限制或禁止性条件。一旦某些具体的民事主体具有政策、法律所规定的限制或禁止性条件，或者进入营业领域的权能，或者投资自由的权能，或者经营自由或交易自由方面的权能，就有可能受到限制或禁止。营业自由中部分机会性权能就会因政策、法律的障碍，不能由该特定民事主体亲自、直接行使，或者只能创造条件、借助于其他商事制度的设计，由其他主体来间接享受或行使。

4. 投资自由与经营自由权利的分离行使与法律限制的差异性

不难看出，虽然对所有的民事主体而言，人人都有营利性投资、经营和交易的选择自由与行为自由，但因前述不同情形而产生营业准入制度的限制或禁止，使某些特殊民事主体的自由营业权能会因自身因素或法律约束而止于营业中的某一形态、阶段或环节。其中在多数情况下，某类特殊主体的营业权利会受制或停留于营业性投资阶段，这几乎成为营业过程中的必然现象或必要环节。如对无行为能力或限制行为能力的自然人而言，在享有资本权益或作为投资主体的情形下，因自身行为能力的限制或障碍，无法再进一步涉入经营阶段，以自己的能力去享有或行使经营权能；对被宣告为禁治产或认定为所负债务较大的自然人而言，也是如此。对国家机关、党政机关及其工作人员，不但一般的经营活动受到法律限制或禁止，而且只可成为与直接、实质经营活动完全隔离情形下的资本权受益者或投资主体；而非营利组织虽可成为商业存储、证券买卖、企业中投资主体，但是非营利组织的属性决定它们不能直接从事营利性经营活动；至于被限制或剥夺人身自由的自然人，虽可以成为一切情形的资本权受益者或投资主体，但无法独立、直接、自行参与经营。上述情形均属于因主体情形和法律限制的差异性，导致部分民事主体的营业自由权能受限或停滞于营业性投资状态、阶段或环节，无力、无法、无权再继续前行，在此情形下，就必然产生部分主体的投资自由权能与经营自由权能、投资行为与经营行为的部分、适度分离行使问题。

二、营业权能受限下投资与经营、投资主体与经营主体分离的具体情形

政策、法律有关营业的限制性或禁止性规定很多，包括限制某些民事主体成为

投资主体、经营主体、交易主体等各种情形。

(一)无行为能力或限制行为能力的自然人虽不能本人经营但可成为投资主体

无行为能力或限制行为能力的自然人,其民事行为的实施、权利的享有与义务的履行,须由其监护人或法定代理人代为作为,这是各国民法的基本规定。营业属于特殊民事行为,最关键之处在于要处分自己的财产或财产权利,作为营业的初始投资与原始资本。而处分财产或财产权利,又涉及自然人最核心的权利,对无行为能力或限制行为能力的自然人而言,此种权利如不能由本人来行使,法律在一般情形下是禁止或限制其营业资格或营业能力的;或者即使某种特殊情形下可为之,也必须借助于监护人或法定代理人来代为实施。

正因如此,不同国家或地区的民法典、商法典或商事特别法,均对无行为能力或限制行为能力的自然人之从商资格和营业行为有明确的限制性规定。例如,在法国,未成年人实施商业营业投资、公司出资等行为,须经父母等法定管理人的同意并经监护法官的允许,《法国民法典》第389条规定,父母在一般情形下作为未成年人的法定管理人,"在所有民事行为中,法定管理人均代理未成年人,但法律或者习惯允许未成年人本人实施的民事行为除外";而且,"即使父母双方意见一致,非经监护法官的允许,仍不得通过双方自愿协商的形式出卖属于未成年人的不动产或商业营业资产或者将其用于对公司的出资,也不得以未成年人的名义缔结借贷或者代替其抛弃某项权利"。〔4〕又如,在德国,未成年人营业须经法定代理人同意并经家庭法院批准,《德国民法典》第112条规定,"法定代理人经家庭法院批准,授权未成年人独立经营营业的,就营业的经营所引起的法律行为而言,未成年人有完全行为能力。法定代理人须为之得到家庭法院的批准的法律行为除外",且"该项受权只能经家庭法院批准,由法定代理人收回"。〔5〕在日本,对未成年人营业有更为明确的限制,《日本民法典》第6条即为关于未成年人营业许可的限制性规定。〔6〕虽然日本学界在2017年《日本民法典》修正案讨论中,建议把其移至第11条未成年人"可单独实施的法律行为"第2款,〔7〕但2017年6月公布的日本议会通过的《日本民法典》仍然沿袭了前述规定,即"被许可从事一种或者几种营业的未成年人,就其营业与成年人有相同的行为能力";"在前款情形中,未成年人如有不堪

---

〔4〕参见《法国民法典》,罗结珍译,北京大学出版社2010年版,第130~131页。

〔5〕参见陈卫佐译注:《德国民法典》,法律出版社2015年版,第39~40页。

〔6〕参见渠涛编译:《最新日本民法》,法律出版社2006年版,第4~5页。

〔7〕参见[日]加藤雅信:《日本民法典修正案Ⅰ:第一编总则》,朱晔、张挺译,北京大学出版社2017年版,第11页、第257页。

营业重负的事由，其法定代理人可依第四编'亲属'的规定，撤销该许可或者对该许可进行限制"。[8]《日本商法典》原第6条还有关于"被许可成为公司无限责任股东的未成年人，就其基于股东资格的行为，视为有能力人"；[9]但现行《日本商法典》只保留第5条关于"未成年人进行前条营业时，必须办理登记"等规定；日本法院也以判例确认，未经法定代理人许可，未成年人不得实施营业。[10]

就我国而言，清末变法修律以来，有关未成年人营业的限制性规定，也被移植到我国近代有关民商事的法律文本中，如1903年清末《钦定大清商律》中的《商人通例》第2条就有"凡男子自十六岁成丁后方可为商(按年月计算足十六岁)"。[11]1915年3月中华民国北京政府颁发的《商人通例》第5～7条规定："年龄未满二十岁者，及心神伤失，或耗弱人；聋人、哑人、盲人，及浪费人；诸无能力者，得由父母、祖父母遗嘱所指定，或亲族会议所选定之法定代理人，代营商业。"此种营业既包括自营商业，也包括于公司负担无限责任，并应呈报注册。[12] 1937年6月中华民国南京政府制定的《商业登记法》第6条规定，"限制行为能力人，经法定代理人之允许独立营业或无限责任股东者，应向主管官署声请登记"；"法定代理人，如发现前项行为有不胜任情形撤销其允许或加以限制者，应将其事由声请主管官署登记"。[13]

根据我国《民法典》总则编的规定，不满8周岁的未成年人、不能辨认自己行为的成年人为无民事行为能力人，由其法定代理人代理实施民事法律行为；8周岁以上的未成年人、不能完全辨认自己行为的成年人为限制民事行为能力人，实施民事法律行为由其法定代理人代理或者经其法定代理人同意、追认，但是可以独立实施纯获利益的民事法律行为或者与其年龄、智力、精神健康状况相适应的民事法律行为。[14] 除此之外，我国商事特别法等其他法律对无行为能力或限制行为能力的自然人营业也有限制性规定。例如，《个体工商户条例》第2条第1款规定："有经营能力的公民，依照本条例规定经工商行政管理部门登记，从事工商业经营的，为个体工商户。"这说明，自然人登记为个体工商户，必须具有经营能力，而经营能力是一种特殊的民事行为能力，无行为能力或限制行为能力的自然人，当然不能申请登

---

〔8〕 参见《日本民法典》，刘士国、牟宪魁、杨瑞贺译，中国法制出版社2018年版，第4页。

〔9〕 参见《日本商法典》，王书江、殷建平译，中国法制出版社2000年版，第4页。

〔10〕 参见刘成杰译注：《最新日本商法译注》，中国政法大学出版社2012年版，第16页。

〔11〕 参见工商行政管理史料编写组编：《工商行政管理史料》(上卷)，中国工商出版社2008年版，第102页。

〔12〕 参见工商行政管理史料编写组编：《工商行政管理史料》(上卷)，中国工商出版社2008年版，第189页。

〔13〕 参见工商行政管理史料编写组编：《工商行政管理史料》(上卷)，中国工商出版社2008年版，第251页。

〔14〕 参见《民法典》第17～24条。

记。又如,《个人独资企业法》第 16 条规定,“法律、行政法规禁止从事营利性活动的人,不得作为投资人申请设立个人独资企业”,虽未明确禁止的类型与范围,但如结合《民法典》总则编的有关规定,则无行为能力或限制行为能力的自然人当然不能作为个人独资企业的投资人。再如,《合伙企业法》第 14 条第 1 款第 1 项规定,设立合伙企业时,“合伙人为自然人的,应当具有完全民事行为能力”。这说明,我国立法对无行为能力或限制行为能力的自然人从事营业活动,特别是登记为个体工商户,或者出资设立个人独资企业、合伙企业,有明确的限制或禁止性规定。此外,一般情形下,无行为能力或限制行为能力的自然人也不能成为公司设立的发起人。[15]

从民事行为能力的角度看,无行为能力或限制行为能力的自然人直接从事经营活动的能力虽受到限制甚至禁止,但这并不能限制或禁止无行为能力或限制行为能力的自然人在某些特殊情况下,可以成为投资主体。最典型的例子,即无行为能力或限制行为能力的自然人,通过继承取得个人独资企业中自然人投资人地位、合伙企业的合伙份额、公司的股权或股份比例等,在此情形下,该无行为能力或限制行为能力的自然人虽无经营能力,却为当然的投资主体。在自然人为投资主体却不具备经营能力的情形下,就只能通过监护制度派生的法定代理,或者通过创设一种新的商事制度构架,来解决无行为能力或限制行为能力类自然人投资主体的经营问题。

(二)被宣告为禁治产或丧失清偿能力的自然人特定情形下仍可成为投资主体

禁治产人制度属于自然人民事行为能力制度的组成部分,核心内容系对那些因特殊原因而意思能力有欠缺的人,基于利害关系人的申请并经法院裁定宣告被禁止管理或处分自己或家庭财产的一项自然人能力限制制度。[16] 某些自然人因为个人原因,例如,因为酗酒、赌博、肆意浪费等,被宣告为禁止处分财产的人;又如,某些自然人因为所负个人债务较大、社会信誉的丧失,无法筹集到个人需要的财产或资本。营业与一般民事活动不一样,需要原始资本的投入,这些投入就需要对属自己所有、支配或管领的财产或财产权利进行法律上的实质处分,而如果该自然人被宣告为禁治产人,就丧失了独立处分财产或权利的资格和能力;如所负个人债务较大,就没有可处分的财产或权利,其营业性投资就难以实施,作为营业性投资主体乃至经营主体的能力也就必然受到限制或被法律所禁止。如荷兰法律规定,丧失

〔15〕 参见石少侠主编:《公司法教程》(修订本),中国政法大学出版社 1999 年版,第 69 页。

〔16〕 参见李建华:《我国民法应建立禁治产人制度——对完善自然人民事行为能力制度的思考》,载《吉林大学社会科学学报》1999 年第 6 期。

清偿能力或所负巨额债务未予清偿的自然人，不能再行登记企业。

我国目前尚无关于自然人禁治产制度之规定，对是否要引入该项制度，有学者认为，应设立成年人限制行为能力制度与监护登记制度予以解决，不必保留已成为废止趋势的禁治产制度。[17] 有学者则认为，在我国原《民法通则》、原《民法总则》既有完全民事行为能力、限制民事行为能力和无民事行为能力之自然人能力三级划分标准的制度框架下，无法涵盖诸如阿尔茨海默病患者、吸毒成瘾者、精神病患者以及长期酗酒成癖者等心神耗弱者的民事能力判断，建议引入禁治产人制度，区分禁治产人与准禁治产人。[18]

虽然如此，在实行或保留有禁治产、个人所负债务较大能力受限制例的国家或地区，被宣告为禁治产人或认定为个人所负债务较大的自然人，其处分个人或家庭财产、权利的资格和能力必然要受法律的限制甚至禁止，其进入营业领域及进行经营的资格和能力也当然受到法律的限制甚至禁止。即便如此，在被宣告禁治产人或认定为个人所负债务较大的某自然人，如通过继承、受赠获得个人独资企业的业主投资权益、合伙企业的合伙份额、公司企业一定比例的股权或股份等，则作为该类企业的投资主体之资格、地位与权利，并不因被宣告为禁治产人或认定为个人所负债务较大而丧失。在此情形下，或者通过民事监护、保佐等特殊制度安排，或者通过诸如企业委托经营、经理人等制度创设，把被宣告禁治产人或认定为个人所负债务较大的某些自然人的投资主体资格、地位、权利，与具体经营者的主体资格、地位、权利分离开来，才能比较圆满地解决该制度的设计初衷和运行目的。

（三）禁止国家公职人员参与经营但并不妨碍其成为特殊情形下的投资者

通论认为，营业属于追逐私利的私法行为，而国家机关、党政机关、司法机关等公权机关，所履行的职能为国家、政党、政府的公共职能。近代资产阶级革命以来逐渐形成的国家政治与市场经济分途运行的原则，要求国家政治、国家机关、党政行为应以追求或实现公共利益、社会利益、国家利益为基本目的，并应使设置或运行的所有公共权力机关或机构，以维护公共利益、社会利益、国家利益为最高目标和中心任务。特别是现代法治、民主原则，更要求国家、国家机关和其他具有公权力背景的党政机关及工作人员，必须在行使职权、履行职责中以维护公共利益、社会利益、国家利益为基本的行为准则。正因国家、国家机关及国家机关公职人员性质、地位、行为、职责的公共性、公权性、公益性，决定了国家、国家机关及国家机关公职人

---

〔17〕 参见李霞：《论禁治产人与无行为能力人的当代私法命运》，载《法律科学（西北政法大学学报）》2008 年第 5 期。

〔18〕 参见王继风：《〈民法总则〉实施背景下的禁治产人制度研究》，载《学习论坛》2019 年第 3 期。

员与具有私人性、私权性、私益性的民间营业，总体上存在角色、目标、任务、利益上的矛盾与冲突，因此，当今世界上绝大多数国家或地区的宪法或法律均禁止国家、国家机关及国家机关公职人员直接从事经营等营利性活动。

既然在国家机关或其他公共团体（政党等）内担任一定公职或履行特定公共管理职责的自然人，即具有特殊身份与地位的公职人员，其基本职责是代表国家或公共团体履行公共管理义务，而营业行为又属追求个体利益的私人行为，两者的价值取向和行为规则完全不同，如任由公职人员从事营业性活动，必然会使公务行为和营业行为难以兼顾，故在公职人员未辞去特定公职的情况下，对其营业行为应予以禁止。

关于国家机关、党政机关工作人员不准从事营业性活动的规定，我国自 1982 年以来，由中共中央、国务院发布过多个政策性文件和部门规章，典型如 1982 年 4 月国务院发布《关于制止企业职工从事不正当经济活动牟取额外收入问题的通知》，1984 年 12 月中共中央、国务院联合发布的《关于严禁党政机关和党政干部经商、办企业的决定》，1985 年 5 月中共中央、国务院发布的《关于禁止领导干部的子女、配偶经商的决定》，1986 年 2 月中共中央、国务院发布的《关于进一步制止党政机关和党政干部经商、办企业的规定》，1988 年 10 月中共中央办公厅、国务院办公厅联合发布《关于县以上党和国家机关退（离）休干部经商办企业问题的若干规定》（中办发〔1988〕11 号），2001 年 2 月中共中央纪委发布《关于省、地两级党委、政府主要领导干部配偶、子女个人经商办企业的具体规定（试行）》（中纪发〔2001〕2 号），2001 年 4 月中共中央办公厅、国务院办公厅联合印发《关于党政机关工作人员个人证券投资行为若干规定》（中办发〔2001〕10 号）、2005 年 8 月国务院办公厅《关于坚决整顿关闭不具备安全生产条件和非法煤矿的紧急通知》（国办发明电〔2005〕21 号）等，且其禁止的主体范围自 20 世纪 80 年代以来一直在不断调整之中。

1997 年以来，中共中央还先后印发了《中国共产党党员领导干部廉洁从政若干准则（试行）》（中发〔1997〕9 号）、《中国共产党党员领导干部廉洁从政若干准则》（中发〔2010〕3 号）、《中国共产党廉洁自律准则》（2015 年修订）、《中国共产党纪律处分条例》（2018 年修订）等党内规范、准则；中央纪委也先后下发了《〈中国共产党党员领导干部廉洁从政若干准则（试行）〉实施办法》（中纪发〔1997〕5 号）、《〈中国共产党党员领导干部廉洁从政若干准则〉实施办法》（中纪发〔2011〕19 号）等政策性文件。其中，中共中央 2010 年 2 月发布的《中国共产党党员领导干部廉洁从政若干准则》（中发〔2010〕3 号）第 2 ~ 15 条、2004 年 4 月中共中央办公厅印发《关于党政领导干部辞职从事经营活动有关问题的意见》（中办发〔2004〕13 号）第 2 ~ 3 条，对禁止党员领导干部“私自从事营利性活动”和“党政领导干部辞职从事经营活动”有更为明确、具体的规定。

除党和国家的政策性文件外,我国法律、行政法规对国家机关、党政机关工作人员从事营利性活动也有明确的规定。例如,《个人独资企业法》第16条就明确规定,“法律、行政法规禁止从事营利性活动的人,不得作为投资人申请设立个人独资企业”,此中的“法律、行政法规禁止从事营利性活动的人”,当然包括国家、党政机关的工作人员。又如,《公务员法》(2005年)第53条第14项规定,公务员不得“从事或者参与营利性活动,在企业或者其他营利性组织中兼任职务”。再如,《公务员法》(2018年修订)第59条第16项规定,公务员不得“违反有关规定从事或者参与营利性活动,在企业或者其他营利性组织中兼任职务”,其规定越来越具体、明确。

从前述规定来看,国家机关、党政机关及其配偶、子女,不得从事或直接从事营利性、经营性活动,这些营利性、经营性活动既包括投资活动,也包括具体的经营管理行为。由于在个体工商户、个人独资企业、合伙企业、有限责任公司的经营过程中,于通常情形下,投资主体会直接参与具体的经营管理,因此,如要禁止国家机关、党政机关及其配偶、子女直接从事营利性、经营性活动,就首先应禁止他们成为个体工商户、个人独资企业、合伙企业、有限责任公司的直接出资人。因此,从既有政策性文件、法律、行政法规的基本规定来看,国家机关、党政机关及其配偶、子女只在如下几种特殊情形下,方可成为投资主体:(1)出任公职后持有或者买卖不具有控股权或控制权的股份有限公司的股份或上市公司的股票、证券投资基金;(2)出任公职后因财产继承而成为个体工商户、个人独资企业、合伙企业、有限责任公司的直接出资人;(3)出任公职前已是个体工商户、个人独资企业、合伙企业、有限责任公司的直接出资人。

国家机关、党政机关及其配偶、子女如在上述特定情形下,成为一定范围内的投资主体,但因政策、法律、行政法规的规定,他们又不能直接参与具体的经营管理活动,则其出资或持股所在经营体或企业的经营管理活动,就必须由相对独立于出资人或持股主体的另一主体来行使。自然,此时作为出资人的国家公职人员与作为经营主体的企业之间的适度分离就有必要。

(四)非营利组织从事营业活动的限制

非营利组织不能直接从事营利性活动,这既是非营利组织的组织属性所决定的,也是社会组织分类、社会组织中公益行为与私益行为合理分途的基本要求。世界发达市场经济国家对非营利组织直接从事营利性活动均有特别限制或禁止性规定。[19] 一般而言,非营利组织营利性活动限制或禁止的主体范围,包括公立学校、非营利医院、公共演出团体、慈善基金会、宗教团体等直接投资营业领域或开展营

〔19〕 参见金锦萍、葛云松主编:《外国非营利组织法译汇》,北京大学出版社2006年版,第2页以下。

业活动的限制。1986 年 2 月，中共中央、国务院《关于进一步制止党政机关和党政干部经商、办企业的规定》（中发〔1986〕6 号）第 8 条规定，工会、共青团、妇联、文联、科协和各种协会、学会等群众组织，以及这些组织的干部和职工，一般情况下一律不准经商、办企业。这些组织如有特殊情况，需要办非商业性企业的，必须报经国务院或省、自治区、直辖市人民政府批准。

在我国，非营利组织在不同法律、行政法规或其他规范文本中，存在非营利组织、非政府组织、社会组织、民间组织、社会团体、基金会、民办非企业组织、社会服务机构等不同称谓。如原《民法通则》第 50 条中的"事业单位和社会团体法人"；《民法典》第 87 条、第 102 条中的"非营利法人""不具有法人资格的专业服务机构等"非法人非营利组织。

在我国，国务院三大非营利组织条例，如《社会团体登记管理条例》第 2 条、第 4 条，《基金会管理条例》第 2 条、第 5 条，《民办非企业单位登记管理暂行条例》第 2 条、第 5 条等，分别规定社会团体、基金会、民办非企业单位不得从事营利性经营活动。

除上述规定外，其他法律、行政法规、部门规章和有关政策性文件对此也有规定。例如，我国《合伙企业法》第 3 条规定，公益性的事业单位、社会团体不得成为普通合伙人；《境外非政府组织境内活动管理法》第 5 条第 2 款规定，境外非政府组织在中国境内不得从事或者资助营利性活动、政治活动，不得非法从事或者资助宗教活动；国务院办公厅转发科技部等部门《关于非营利性科研机构管理的若干意见（试行）》（国办发〔2000〕78 号）第 2 条规定，非营利性科研机构以推进科技进步为宗旨，不以营利为目的，主要从事社会公益为主的科学研究、技术咨询与服务活动；原文化部《社会组织管理暂行办法》（文办发〔2013〕25 号）第 2 条、第 26 条规定，文化类社会组织不得从事营利性经营活动；国家体育总局《境外非政府组织在境内开展体育活动管理办法》（体规字〔2018〕8 号）第 14 条第 2 项规定，境外非政府组织在境内不得从事或者资助营利性活动、政治活动。中共中央办公厅、国务院办公厅《关于改革社会组织管理制度促进社会组织健康有序发展的意见》（2016 年）第 6 条第 2 项更强调，要加强对社会组织的税务检查，对违法违规开展营利性经营活动的，依法取消税收优惠资格，通报有关部门依法处罚该社会组织和主要责任人。

我国法律、行政法规、部门规章和政策性文件上述一系列规定，均在限制或禁止非营利组织的营利性活动。但是，为了使非营利组织更好地筹集资金，从事社会公益活动或为社会提供公共服务，法律限制或禁止非营利组织的营利性活动，一般只是限制或禁止非营利组织以其所得财产或经营收入用于进行内部分配或支付给发起人的投资回报，但一般不限制或禁止非营利组织的经营活动；甚至为更好地使其资金能保值、增值，也不限制或禁止其作为营利性投资主体，通过诸如购买股票或债券，以获取更大收益来推动非营利组织公益、公共目标的实现。也就是说，非营利组织并非不能开展经营活动，只是从事经营活动赚取的利润不能进行分配而已；非营利组织的经营行为包括相关经营活动和不相关经营活动两种情形，相关经营活动与非营利组织的宗旨一致，法律对其不应加以过多管制；而不相关经营活动与营利组织的经营行为极为相似，法律对其经营方式、经营领域、业务比例等方面应有一定的限制。[20] 比较不同国家或地区对待非营利组织经营活动的基本态度，主要包括：(1)只限制或禁止非营利组织从事直接营利性经营活动，但并不限制或禁止其通过营运使非营利资金保值、增值；(2)只限制或禁止非营利组织从事直接营利性经营，但并不限制或禁止非营利组织进行营利性投资活动或成为营利性投资主体；(3)只限制或禁止非营利组织把营利性经营所得用于内部成员或设立人的分配，但并不限制或禁止非营利组织从事营利性经营。其中，在多数情形下，非营利组织把其所有、支配或管领的资金或财产作为商业投资，通过存入商业银行，或者购买国债、股票、基金等证券，或者直接发起成立企业或入股公司等方式，在此情形下，该非营利组织更多是以一种出资人或投资主体的身份、资格和地位出现。非营利组织作为社会资本的投资主体，[21] 其投资策略，或者将其所支配或管领的资金或财产，通过风险投资作为非营利组织的自创收入渠道，以解决非营利组织资金短缺已成为不少非营利组织的经营思路；[22] 或者通过非营利性组织与企业的合作，寻求更好的投资组合；[23] 或者通过多种经营手段提高经营效益。[24] 这样，一方面，可通过资金或财产的市场化营运，筹措更多的公益或公共基金；另一方面，非营利组织仅仅作为投资主体分享收益或利润，不直接从事营利性经营活动，可保持其组织的非营利属性。

在以各种社会资本的投资主体身份、资格、地位出现的过程中，非营利组织作为社会企业的重要出资人，已成为社会瞩目的事实。非营利组织投资或参与社会企业，正逐渐成为公益慈善事业和社会工作领域的新亮点；[25] 在充分考虑并保障股东对公司享有份额的经济价值前提下，非营利组织完全可利用公司作为发展社会企业的组织载体，开展可持续的经营性公益活动，进而给传统公益事业带来新鲜活

---

〔20〕 参见吕来明、刘娜：《非营利组织经营活动的法律调整》，载《环球法律评论》2005 年第 6 期。

〔21〕 参见李宜钊：《投资社会资本》，载《海南大学学报（人文社会科学版）》2010 年第 2 期。

〔22〕 参见李虹、李彦萍：《运用风险投资化解非营利组织资金困境的可行性研究》，载《财会月刊》2008 年第 23 期。

〔23〕 参见何宁、丁伟国：《非营利组织与企业投资合作的实证分析》，载《学术交流》2012 年第 12 期。

〔24〕 参见舒文芳、孙伟：《非营利组织经营活动管理探究》，载《中国社会组织》2013 年第 8 期。

〔25〕 参见朱健刚：《社会企业在当代中国的阶段定位与价值取向》，载《社会科学辑刊》2018 年第 2 期。

力,促进民间公益事业的更大发展;[26]公司型社会企业的产生与发展,如英国的社区利益公司、美国的共益公司等,为非营利组织投资提供经验范例。[27] 故随着社会企业的发展,非营利组织作为社会企业的发起人或主要投资主体的情形越来越多,也日趋成熟。[28]

足见,非营利组织虽不可直接从事营利性活动,法律所限制或禁止的只是以经营所得或收入用于内部分配,但并不影响其作为营利性投资主体身份、资格、地位出现的可能性;如非营利组织在商业存储、证券买卖、企业中,作为营利性投资主体的身份、资格、地位出现,限于非营利组织的属性和主业约束,就必须通过一定的商业架构和法律制度,在非营利组织与具体经营者之间建立起一种适度角色隔离或风险防范机制。

(五)国家机关或政治组织之营利性经营活动或营业性投资行为的限制

如前所述,国家机关(立法、行政、司法、军事等机关)或政党组织、政治团体、社会团体为公权机关或准公权机关,基本职能是为公众服务,各国均以宪法或法律对其直接从事营业性活动进行严格的限制或禁止。

禁止党政机关进行营业性活动,是自20世纪80年代中期以来我国的既定、一贯政策,如1984年10月中共中央《关于经济体制改革的决定》第6条就提出"实行政企职责分开,正确发挥政府机构管理经济的职能"的改革设想。1984年12月中共中央、国务院联合发布的《关于严禁党政机关和党政干部经商、办企业的决定》(中发〔1984〕27号)第1条第1款规定,党政机关不得使用公款(包括行政经费、党团费、老干部特需经费等)、贷款以及在职干部自筹资金,自办企业或与群众合办企业,不得在经济利益上与群众兴办的企业挂在一起。1986年2月中共中央、国务院发布的《关于进一步制止党政机关和党政干部经商、办企业的规定》(中发〔1986〕6号)第1条中更明确规定,党政机关,包括各级党委机关和国家权力机关、行政机关、审判机关、检察机关以及隶属这些机关编制序列的事业单位,一律不准经商、办企业。1992年6月中共中央办公厅、国务院办公厅《关于党政机关兴办经济实体和党政机关干部从事经营活动问题的通知》(中办发〔1992〕5号)第1条再次明确县及县以上党政机关(包括党委机关、国家权力机关、行政机关、审判机关、检察机关),要坚决执行中共中央、国务院历来的规定,不准经商、办企业;所兴办的各类经济实体,必须与党政机关在财务、名称、人事等方面彻底脱钩。1998年7月中共中

---

〔26〕 参见薛夷风:《社会企业对我国传统公司观念的挑战——再论公司的营利性》,载《当代法学》2011年第3期。

〔27〕 参见姚瑶:《公司型社会企业的中国化:法律定位与监管逻辑》,载《河北法学》2019年第7期。

〔28〕 参见沙勇:《中国社会企业研究》,中央编译出版社2013年版,第136页。

央办公厅、国务院办公厅联合发布《关于军队武警部队政法机关不再从事经商活动的通知》,规定军队、武警部队和政法机关不再从事经商活动。1999年4月原国家工商行政管理局、原中国人民解放军总后勤部联合发布的《关于严禁利用军队、武警部队名义从事经营活动的通知》(工商企字〔1999〕第88号)第1、2条明确规定,各类企业,包括军队、武警部队移交和保留企业,其名称中一律不准带有军队、武警部队番号、代号和"国防""八一"等特定含义字样;企业商品(服务)商标,一律不得冒用军队、武警部队、国防、八一等特定字样和军旗、军(警)徽等标志。

禁止国家机关或政治组织进行营利性经营活动或营业性投资行为,是为了防止营业中的公权私用,在破坏营商环境的同时,又腐化了国家机关或政治组织的组织机能。但是,国家所有权和国有经济的存在,又使在特殊情形下,国家或政府必须成为特殊的投资者,典型就是国有企业。国有企业的原始投资者为国家(政府),转投资者为具有法人资格的国有企业。〔29〕 例如,根据《企业国有资产法》第1~6条、第11~15条的规定,在国家出资企业(包括国有独资企业、国有独资公司,以及国有资本控股公司、国有资本参股公司)中,国务院和地方人民政府依照法律、行政法规的规定,分别代表国家对国家出资企业履行出资人职责,享有出资人权益。

足见,禁止国家机关或政治组织从事营利性活动,主要包括如下内容:(1)禁止国家机关或政治组织利用公权力并以国家机关或政治组织的名义直接从事任何营利性或非营利性经营活动。(2)基于合伙经营的共同性与债务责任的连带性,禁止国家机关或政治组织成为合伙企业的普通合伙人。(3)国家机关或政治组织只有在特定情形下,可以通过公开市场买卖(如商业存储、证券买卖)或持有国有企业的资本份额等方式,成为国有资产的出资人。

在国家机关或政治组织成为特殊情形下的投资主体后,为了解决国有投资主体的资本权益与国家公权机关不能直接经营这一矛盾,就必须创设一种投资主体与经营主体的分离机制。

(六)其他营业权能受限的主体之投资权利的行使

典型的营业权能受限主体如人身自由受到限制或剥夺的人。营业属于独立、自由、公开、互动的民事行为,营业行为的主体首要是必须有意思自治与行为自由。对自然人而言,营业行为须以人身自由为先决条件。在学理上,狭义上的人身自由,仅是指身体活动自由,包括积极作为的自由和消极不作为的自由;广义的人身自由还包括居住和迁徙自由、出入境自由等。〔30〕 从民法意义上讲,自然人的人身自由权

---

〔29〕 参见肖海军:《国有股权代表人制度研究》,中国检察出版社2015年版,第198~201页。

〔30〕 参见汪进元:《人身自由的构成与限制》,载《华东政法大学学报》2011年第2期。

包括身体行动自由与精神活动自由。[31] 虽然如此，但丧失了人身自由或人身自由受到限制的自然人，究竟是其权利能力被限，还是其行为能力受限，学界有不同看法，如有学者就认为，人身自由受限制者由于处于一个相对封闭的环境中，无法如自由状态时那样及时、便捷、直接、完全地了解和获取进行民事活动所需的各种信息，对认识的辨识能力大打折扣，致使其意思能力下降，行为能力存在瑕疵，应认定为不完全行为能力人。[32] 笔者认为，人身自由受到限制的自然人，影响的不是其意思能力和意志能力，并非丧失或限制其行为能力；而是其行使权利的资格与条件等可能性要件在某些方面受到法律、公力的强制性限制或剥夺，属于资格、权能方面的限制，应属于权利能力限制的范畴。例如，人身自由受到限制的未婚成年自然人，其婚姻自由权就受到限制，就不能如一般成年自然人一样自由结婚；又如，被剥夺了人身自由的自然人，就不能如其他享有人身自由的自然人一样，可自由从事经营活动。

关于被限制或剥夺人身自由的自然人是否可营业，我国有规范文本作出较为具体的规定。例如，1986年11月最高人民法院、最高人民检察院等联合发布的《关于被判处管制、剥夺政治权利和宣告缓刑、假释的犯罪分子能否外出经商等问题的通知》[〔86〕高检会(3)字第2号]第1、2条规定，对被管制、假释的犯罪分子，不能外出经商。又如，1988年7月最高人民检察院、公安部、司法部《关于不允许暂予监外执行的罪犯外出经商问题的通知》(〔88〕高检会[研]字第11号)第1条也明确规定，对暂予监外执行的罪犯，不允许离开所在住地域外出经商。

尽管被限制或剥夺人身自由的自然人不能外出经商，主要是基于他们没有身体行动自由，而对其独立从事经营活动的限制或禁止，但这种身体行动自由的限制或禁止，并不能完全覆盖该自然人其他民事权利的限制或禁止。其中，某被限制或剥夺人身自由的自然人，如先前因投资、经营或交易形成的既有资本权益未被裁定没收或剥夺，则该项权益仍属于他所有或支配。同理，继受取得的股权等投资性权益，也应如此案作同样处理。足见，被限制或剥夺人身自由的自然人，所丧失的只是其独立从事经营活动的资格和权能，并不必然丧失原始或继受取得的资本权益和投资主体资格。

然而，对被限制或剥夺人身自由的自然人，虽然在某些情形下仍然享有资本权益、保有投资主体的资格，但毕竟不能实际行使这些权能，更不能自行参与经营。在此情境下，就有必要以一定的商事制度构架，实现被限制或剥夺人身自由的自然人

---

〔31〕 参见冉克平：《论人格权法中的人身自由权》，载《法学》2012年第3期。

〔32〕 参见陈诚、黄晓辉：《论人身自由受限制者的行为能力和权利》，载《福建师范大学学报（哲学社会科学版）》2007年第2期。

之投资主体与具体从事经营管理活动的经营主体之间的有效分离。

三、商事主体二重结构产生的必然性与制度基础

(一)商事主体二重结构产生的必然性:营业准入制度阻却与传统商事代理局限

商事主体之二重结构——投资主体与经营主体适度分离产生的必然性,主要表现如下:一是基于营业准入制度对某些特殊民事主体成为经营主体的限制或禁止而使其营业权利止于营业性投资阶段;二是传统的商事代理机制与制度构架已不能适用日益专业化的社会化大生产。

1. 因营业准入制度的限制或禁止致某些特殊民事主体的营业权利止于营业性投资阶段,使投资主体与经营主体的适度分离成为必要。基于前述营业自由权利普遍享有与营业实际权能法律受限所产生的营业权利享有或行使的个体性差异等不同情形,在政策性文件或法律对具有能力瑕疵、特定身份、地位或担任特定职业、职务的自然人,以及不宜从事营业性活动的国家机关、公共团体、非营利性组织之营业性投资行为或经营活动有明确限制或禁止的条件下,上述所列限制或禁止范围内的相关主体,如其营业性资本权益或投资行为未被限制或禁止,但作为经营主体资格被限制或禁止,则这些特殊的民事主体之营业权利就只能限制在营业性投资阶段,只能享有出资人权利,具体的经营活动则只能通过创设一种特殊的商业制度构架或经营法律机制,由具体营运出资资金或投资财产的其他主体(经营主体)来实施。在此情形下,投资主体与经营主体、投资权利与经营权利、投资行为与经营行为,在形式和实质上的适度分离与独立行使,就十分必要。

2. 传统商事代理机制与制度构架已不能适应日益专业化的社会化大生产。在营业的实施与扩张过程中,除投资人自行经营模式的亲力亲为外,在多数情况下,营业是通过商事代理来实现的。在传统以自然人与家庭营业的主导模式下,商事代理的主要形式有法定代理、委托代理、指定代理几大类,而指定代理实际上属于法定代理的范畴。

就法定代理而言,它只适用于完全无民事行为能力人或限制民事行为能力人,一般是由行为能力瑕疵的自然人之监护人或保佐人来充任;监护人或保佐人的范围须基于婚姻关系或血缘关系,被选择主体的范围是法定的、有限的。更何况营业中的经营事务,相对于投资而言,属于更为专业的商事活动,需要有敏锐的市场认知判断力、较强的组织协调力、高效的管理控制力和善于变通的交易亲和力,而全部或部分具备这些能力,并不是由监护人或保佐人充任的每一位法定代理人所能胜任的。因此,在传统法定代理人的选任范围与制度框架内,并不能圆满解决因自然人行为能力瑕疵而产生的实际、持续、有效经营问题。

就委托代理而言,传统委托代理主要有基于雇佣或聘用关系而产生的经理代理、劳务代理或店员代理,经理代理如中国古代的掌柜、店长,西方的工场长、经理等;劳务代理是营业中由具体的劳工、签约受托人所实施的具体营业代理行为,如受货代理、销售代理、收付款代理、运输代理等;店员代理是具体经营者的终端柜台营业员代表经营者所实施的营业代理行为。虽然经理代理、劳务代理或店员代理基于信息对称条件下委托人对受托人的了解信任和有效控制,在传统手工业、商业贸易等营业类型中,委托代理能够基本解决投资与经营兼容等问题。但在制造业、金融业、新型服务业、电子商务、网络交易、人工智能商务等专业性、大规模、远程化甚至间接、虚拟场景的营业关系与交易环境中,无论是经营的专业化手段,还是交易的类型与方式,或者参与主体的多元关系及复杂程度,均是具有职业性、小规模、近程化和直接、真实场景下的传统手工业、商业贸易型营业无法比拟的,在此情形下,多数居投资主体地位的出资人,处于专业、能力、信息不对称弱势地位,自然难以简单地通过传统基于了解信任基础上的委托代理来解决实际、持续、有效经营问题;如因选任代理人不慎,就可能给其带来巨大的道德、商业风险。

足见,传统商事代理机制并不能完全解决某些经营资格、权能或能力受限的出资人之实际、持续、有效经营问题。

(二)商事主体二重结构产生的制度基础:现代企业制度与新型经营形式

商事主体二重结构产生的制度基础,一为组织型营业的兴起与普及,使投资主体与经营主体的适度分离成为可能;二为新型经营形式的出现,使投资主体与经营主体的适度分离成为常态。

1. 企业等组织型营业形式的兴起与普及使商事主体二重结构的产生成为可能并走向必然

任何营业活动均是由特定主体来实施的,这种以自己之名义独立开展自主经营活动、进行自治性管理并开展营业交易的民事主体,即为经营主体,即传统商法理论意义上的商事主体。经营主体按其社会属性可以划分为个体型经营主体和组织型经营主体两类,其中个体型经营主体的法律形式可以是自然人个体,也可以是自然人的家庭;而组织型经营主体的法律形式则有合伙、公司和非公司型营利性法人等多种类型。中世纪及以前的经营主体,一般称为商人,是一个具有特殊社会地位的阶层。近代资产阶级革命打破了封建国家对资本主义商品经济的管制和商人对行会组织的依附关系,以独立、自由、平等、互利为核心价值理念建立起来的新制度体系,使经营主体与民事主体走向混同。在现代市场经济条件下,商事主体的结构更发生了根本性变革,即由传统以自然人商人为核心的经营主体结构过渡并演化为以企业商人为核心的经营主体结构。[33]

经营主体需要什么样的形式，不决定于经营主体自身的构成，更非决定于仅对经营主体形式予以确认、且后于其产生的法律如何规定，而决定于实际的营业和交易的需要。从人类社会发展和经济变迁的历史来看，营业大致先后经历了个体型营业（包括家庭营业）、组织型营业（以公司企业为主导形式）和国家营业（以国有企业经营为主要形式）等不同形式，中世纪以前，准确地讲是在十五六世纪以前，在人类社会经济生活中，以自然人个体或单一家庭为代表形式的个体型营业占了主导地位。因此，中世纪及以前的经营主体之所以称为商人，是因为在绝大多数情况下，商人就是指从事营业活动的自然人（或其依附的家庭）。十五六世纪后，以合伙、公司为代表的组织型营业形式的发展，导致以公司为代表的现代企业经营主体的产生。企业作为契合各种生产要素的契约性营业组织，因具有强大的融资功能并大大地降低了交易成本和管理成本，而成为人们从事营业普遍选择的组织载体，企业本身特别如公司企业从企业主这一自然人人格中独立出来，成为享有独立人格的法人。[34] 由于企业营业规模的不断扩大，企业事实上已成为市场经济中最为重要、最有影响的商主体。19 世纪以来，经济的一体化、市场的国际化、投资的跨国化、贸易的全球化使企业营业规模不断扩大，企业已成为当今经济社会中的主导力量。

企业不同传统自然人个体与家庭的地方，在于企业是一种契约型组织，是一种基于生产要素所有者、投入者、经营者、管理者之间缔结多重契约关系而形成的关系性契约组织体。[35] 这种组织体对各生产要素所有者、投入者、经营者、管理者的权利分配与义务归属进行了有效的制度安排，提供了一整套能解决经营决策、生产管理、对外交易问题的成熟治理构架与管理机制。通过企业的内部、常设、代理机构，依据法律或企业章程、协议等规范文本和特别约定，能比较有效地解决专业性、大规模、远程化甚至间接、虚拟场景等各种复杂营业关系与交易环境中的经营问题。特别是在以公司为代表的现代企业经营过程中，在投资者多元情形下，真正参与企业内部经营管理的出资人仅为少数，企业在多数情况下，是通过出资人权力机构选举或聘用产生董事会或经理机构，通过内部授权经营中的授权与行权、行权与控权的制度架构，有效地解决出资人的资本权与企业的经营权分离行使问题。

现代企业特别是公司型企业的出现、演变与相关制度的定型、成熟，对某些经营资格、权能或能力受限的出资人而言，完全可借助于企业相对独立的主体地位、授权经营的制度架构、永续存在的稳定关系，在不需要亲自参与企业经营管理的情

〔33〕 参见范健、王建文：《商法论》，高等教育出版社 2003 年版，第 372 ~ 381 页。

〔34〕 参见叶林：《企业的商法意义及“企业进入商法”的新趋势》，载《中国法学》2012 年第 4 期。

〔35〕 参见［美］麦克尼尔：《新社会契约论》，雷喜宁等译，中国政法大学出版社 1994 年版，第 8 ~ 15 页。

形下，能如期实现投资收益与利润最大化的同时，而又不影响作为经营主体的企业之经营管理权和对外交易权的独立、有效行使。如此，部分民事主体因营业权能受限或停滞于营业性投资阶段，所引发的部分主体之投资权能与经营权能、投资行为与经营行为的适度分离行使问题，才有真正、彻底、有效的制度性解决方案。

2. 新型经营形式的出现，使投资主体与经营主体的适度分离成为营业中的常态

由于经营在营业中居于中心地位，故在营业的历史演变中，以经营形式的变革、变化与发展为主要对象，可考察和透视营业变迁的主流。在传统的营业形式中，基于自然人个体与家庭经营的主流形式，经营方式更多是以自行经营（投资人亲自经营）与委托经营（由前述的法定代理或委托代理等形式）两种典型形式进行。但是，晚近以来，随着企业出现，特别是经营的专业性与管理的复杂性，诸如承包、租赁、信托、托管等新型的经营方式及成型的制度形式相继出现，而这些新型的经营方式，如在承包经营中，在保证出资人固定、比例回报的前提下，承包经营者可获得最大限度的经营自主权和经营利益；在租赁经营中，固定或浮动租金可确保原始投资主体的资本收益，同时又能实现租赁经营者的经营目的；在信托经营中，在能确保委托人、受益人等资本权益享有者利益的同时，通过营业信托财产的独立性与信托投资经营者的专业化经营，可有效实现营业财产的原始所有、资本受益、受托经营等多方权利的独立行使、分离运行和共利多赢；在托管经营的架构中，原始出资人、出资人缔约形成的企业或财产组合，通过授权或打包由管理人全权独立、挂名（以管理人名义）经营，借助于专业化管理能力、良好营销手段与知名品牌效应，可实现委托人自行经营远远达不到的最大效益，委托人原始出资形成的投资权益与管理人基于受托而独立享有的经营管理权利，在这里实现了良性互动和有效分离。可见，正因诸如承包、租赁、信托、托管等新型经营方式及制度化，恰恰在维持出资人的资本最大权益与营业资产的独立经营方面，实现了有效的权利平衡与互利多赢。如此一来，不仅前述部分民事主体因营业性权能受限或停滞于营业性投资阶段的实际、持续、有效经营问题可以圆满解决；而且使投资主体与经营主体之间投资权能与经营权能、投资行为与经营行为的部分、适度分离行使，几乎成为现代营业中的一种常态。

综上所述，在营业准入制度的安排下，某些特殊民事主体成为经营主体受到法律或政策明确的限制或禁止，从而使其营业权利不得不止步于营业性投资阶段，投资主体与经营主体的分离则为社会和谐和公共安全所必需。由于以公司企业为代表的组织型营业形式的兴起和普及，现代企业的产权结构和人格制度就为投资主体与经营主体的分离提供了制度上的可能性；而承包、租赁、信托、托管等新型的经营方式及成型的制度形式，又使投资主体与经营主体的适度分离成为营业中的常态。因之，商事主体呈现明显的投资主体与经营主体适度分离的二重（层）结构。

第二节 商事主体二重结构的具体表现

一、投资主体与经营主体的重叠、合一与分离

应该承认,在早期营业中,商事主体的主要形式为自然人个体和家庭,在个体营业和家庭经营中,投资主体与经营主体是合一的,投资主体在一般情况下就是经营主体。在现代市场经济社会里,营业活动的开展和营业行为的实施,使投资主体和经营主体呈现既合一又分离的状态。

(一)传统自然人商人中投资主体与经营主体的重叠

在传统自然人商事主体的实态营业与制度构架中,其经营形式不外乎两种:自然人个体经营和家庭经营。无论是自然人的个体营业,还是自然人依托的家庭营业;也不管自然人或家庭营业所选择的是古代行商形式,还是以开店、办厂的坐商形式,在整体的营业过程中,该自然人个体、依托的家庭或参与的家庭成员,既需要原始资本(必要的财产、一定的流动资金、固定的场地、不可缺少的劳动投入等)的投入,又需要个体、家庭及家庭成员的自行生产、服务、管理、营运等经营,更需要通过一定途径、方式、手段把经营的产品或服务推销给特定的消费者或交易相对人。在此情形下,营业中的投资、经营、交易等三个主体、三种形态、三个环节是高度统一的,因此,该自然人个体、依托的家庭或参与的家庭成员,既是原始的投资主体,也是事实上的经营主体,投资主体与经营主体在自然人商事主体上,是高度合一与重叠的。

(二)早期企业中投资主体与经营主体由合一逐步走向分离

1.早期企业中投资主体与经营主体的长期合一

在人类营业的历史进程中,纯粹自然人个体经营的情形,虽在人类社会的早期和营业的初始阶段是普遍的、经常的,但就整个人类社会历史与营业的扩大发展趋势而言,毕竟是暂时的、个别的。这是因为,营业的效益与经营的规模、交易的数量呈正比例,在通常情况下,经营的规模、交易的数量越大,效益与利润会越高,而当经营的规模、交易的数量超出自然人个体或家庭成员控制的范围,组织型营业方式就成为必要,由自然人商人走向团体商人也就成为历史必然。早期的企业就是因营业的规模、数量、种类、专业、领域的需要,在自然人个体或家庭难以胜任的情形下,团体性经营得以应运而生,也就是所谓的早期或雏形的企业。

早期或雏形企业的基本形式有如下几种:(1)业主型独资企业。亦即,纯粹由某一自然人投资设立并经营的企业,例如,在中国古代一般以店、号、铺、社、行、厂、

馆、栈、堂、肆等形式出现的经营体,[36]但它们只具近代企业的外在形式,内部治理结构与相关管理制度与现代企业不可同义,只可算作企业雏形;又如,古亚述、古巴比伦、古希腊、古罗马的手工业作坊、商业店铺等。(2)家族企业。由家庭经营体转型为家族企业的情形有二:一为家庭经营体经营规模的扩大,典型如因为异地经营的需要,开设分店或分号。如在我国古代,家族企业式的手工作坊,早在唐、宋就已出现,至明清日盛,并形成一定的手工品牌效应,如北京勾栏胡同的何氏布、前门桥的陈氏首饰、双塔寺的李氏冠帽、东江米苍的党家鞋、大栅栏的宋家靴、帝王庙街的刁家丸药等,就曾名噪一时。[37] 二为家庭经营体因为分家、遗产继承或财产分割的需要,在保持家族经营外在形式的前提下,家族经营体逐渐转型为早期的企业。例如,古罗马"家父权"与"夫权"之下的家庭经营体,[38]韦伯描述的中世纪佛罗伦萨家族共同经营体[39]等,均具有早期企业的某些特征。(3)合伙企业。由最早的临时性合伙到协议型合伙再演变为具组织属性的合伙经营体,转型为合伙企业。如前述古巴比伦的合伙经营,古罗马的家庭共产合伙、特业合伙、单业合伙、所得合伙、田赋合伙、隐名合伙等,[40]中世纪早期家族之外基于工匠合伙形成的家户共同体、基于劳务合伙形成的劳动共同体、直到贸易合伙和逐渐独立于合伙人的组织型合伙企业。[41] (4)官营企业。典型的如中国古代官营机构、近代的官办企业。

上述这些不同形式的早期企业,虽然具有近代、现代企业的某些组织性或团体性特质,但与近代、现代企业的主体、权利、治理、责任相较,仍然具有比较模糊、混淆、合一、重叠等明显的共同性特征:(1)就主体之间的关系而言,其出资人、设立者、基本成员既是企业的投资主体,又是企业的经营主体,在企业的各种主体性法律关系中,投资主体与经营主体基本是合一、重叠的,两者之间并无清晰的区别和分离。(2)就权利的构成而言,投资者的资本权益与企业的经营权利,两者并未有明显的划分与隔离,往往是成员的投资权利与企业整体性的经营权利混在一起,企业中的资本所有权与经营管理权还没有分开,企业投资、决策与管理的诸行为与权利是基本合一的。[42] (3)就企业的内部治理而言,企业管理中的授权、决策、管理并无层级区别、职能划分、权利(力)分配,企业并无独立的权力机关、决策机关、代

---

[36] 参见金长峰:《中国古代企业设立制度沿革刍议》,载《中国工商管理研究》2013 年第 8 期。

[37] 参见刘平青:《论早期中国家族企业的成长与特色》,载《广东社会科学》2002 年第 5 期。

[38] 参见[意]彼德罗·彭梵得:《罗马法教科书》,黄风译,中国政法大学出版社 2005 年版,第 88 ~ 92 页。

[39] 参见[德]马克斯·韦伯:《经济与社会》(上),林荣远译,商务印书馆 1997 年版,第 421 ~ 424 页。

[40] 参见周枏:《罗马法原论》,商务印书馆 1994 年版,第 786 ~ 796 页。

[41] 参见[德]马克斯·韦伯:《中世纪商业合伙史》,陶永斯译,东方出版中心 2010 年版,第 38 页以下。

[42] 参见唐未兵:《早期企业制度与现代企业制度的产权比较分析——兼论我国国有企业改革的方向》,载《湖湘论坛》1994 年第 5 期。

理机关、监督机关等明确分工，企业的内部治理与管理仍然是诸权混淆、合一、重叠。(4)就企业内外责任而言，早期企业成员之间，成员与企业之间，成员、企业与外部债权人、债务人之间，并无独立、清晰的责任界限，无限责任、连带责任、共同责任把企业成员、企业、企业外部第三人的债权债务捆绑在一起，不同主体之间的责任缺乏独立性，界限十分模糊。

2. 近代企业中投资主体与经营主体的逐步分离

尽管如此，在早期企业的不断转型、演变和发展过程中，随着企业组织越来越稳定持续，作为经营体的企业之组织属性越来越强，进而作为组织体的主体属性也不断得到强化，经营体企业的主体因稳定、持续也逐渐走向独立，企业的主体性具有了与成员（出资人）的主体性不同的法律意义，并最终完成了企业主体、权利、治理、责任与成员（出资人）主体、权利、行为、责任之间的区别、隔离、分工、分离，出资人作为投资主体与企业作为经营主体之间的二层主体、权利、行为、责任结构得以形成。

其实，投资主体与经营主体的适度分离现象，早在罗马时期的个别商社或营业团体就已出现，罗马时期的包税商就扮演着一定的投资者角色。罗马帝国时期就出现了一种通过替政府战争筹资而向公众发行权证以履行政府合同的商社组织，权证的购买者与持有人，就相当于出资人，负责筹资并与政府签订合同的商社，即相当于具体的经营者，两者之间有适度的区分。[43] 在罗马帝国“大部沿海城市中都可找到的”商业公司或商业团体中，“它们的经营和资本雄厚的商社相勾结着，而那些被禁止经商的罗马元老往往是这些公司的匿名股东”，其中“大伽图就是投资于这类企业的一个人”，[44] 这说明匿名的罗马元老、投资的大伽图是不直接参与商社经营的，他们只充当投资主体、按约分红的角色。

以早期合伙转型为近代合伙企业为例，马克斯·韦伯在研究中世纪合伙发展历史中，就发现在中世纪后期特别是佛罗伦萨的家族共同体中，传统的“连带责任和财产保持集中”的原则开始发生变化，“大的家族共同体中整个经济生活的各种制度，周期性地通过契约加以规定”，使“原先对‘零用钱’的规定与商业的组织融为一体”，基于分家、继承而形成的家庭成员的个人份额，“持续演变为资本主义的获益”，并“成为一种分离出来的、在一个‘企业’内部从事的‘职业’，企业通过特殊的社会化，日益从家庭共同体的行为中分离出来，使原有的家庭、工场和账房的三位一体瓦解了”，在此情形下，“人们必然不得不把商业财富与各个股东的私人财产区

---

〔43〕 参见[美]丹尼尔·A. 雷恩：《管理思想的演变》，孙耀君译，中国社会科学出版社1986年版，第21页。

〔44〕 参见[美]汤普逊：《中世纪经济社会史》(上册)，耿淡如译，商务印书馆1961年版，第2页。

分开了”，“同样，商业的职员与家庭中个人的奴仆也分开了”；而其中最重要的是“商业本身的债务与各个参加者私人的家庭债务不得不分开，股东的连带责任仅限于前者，人们从商业债务中可以看出来，它们是以‘公司’即商业企业的公司名义缔结的”。[45] 由于以合伙、企业签订契约的情况、机会、频率越来越普遍、经常，无论是海上合伙，还是陆上合伙，均出现合伙企业“共同的名字取代了共同的‘店铺’”，这种“大规模的商业贸易也为自身创造了一个非物质的营业招牌”，并成为“各普通合伙人共同的名字”；当合伙企业赢得独立存在的地位之时，“以合伙的名义”签署的契约与以合伙人名义签署的契约，就具有了区别的、独立的意义，[46]合伙人的主体、权利、行为、责任与合伙企业的主体、权利、行为、责任得以区分开来并分离行使。

布罗代尔在描述中世纪商事组织从家族商行到无限公司到两合公司再到股份公司的发展和演变过程中，也很清楚地揭示了两合公司与以家族企业为本色的无限公司之间某些明显不同和实质性差异，认为人们设立两合公司的主要目的是试图解决“如何区分无限责任和有限责任这个难题”，即“用以区分企业经营人的责任和满足于提供资金、只愿对这笔投资负责的投资人的责任”。也就是说，两合公司实现了负责经营管理、承担无限责任的出资人与不负责经营管理、仅以出资额为限承担有限责任的出资人之间的适度分离。16 世纪以后，“两合制在欧洲各地发展，逐渐替代建立在家庭基础上的商行”和部分无限公司；而“两合制的兴旺其实只是因为它在解决新困难的同时，能够适应经营业务的多样化，并且满足日益频繁的远距离组合的需要”。[47] 这说明，两合公司已经比较成功地实现了投资主体与经营主体的相对独立与适度分离。

此外，伯尔曼在论述中世纪合伙演变史时也发现，在早期的康孟达和海上合伙中，“从事航行的合伙人提供三分之一资金，不从事航行的合伙人提供三分之二资金，双方平分利润”，“不从事航行的合伙人不一定是不参与经营的合伙人”，一方面，“一个康美达的从事航行的合伙人经常又是另一个互惠的康美达的不从事航行的出资人”；另一方面，在许许多多的情况下还存在“出资人的合伙人是寡妇和孤儿、教士和修女、政府官员和公证人员、工匠或者其他没有商业经验的人”，而且，“投资者可以通过把他们的钱分散在几个共同的康美达中而不是完全投入一个康美达中以减少风险”。[48] 可见，在这些康孟达或海上合伙中，只作为投资人但不参

---

〔45〕 参见［德］马克斯·韦伯：《经济与社会》（上），林荣远译，商务印书馆 1997 年版，第 425 ~ 426 页。

〔46〕 参见［德］马克斯·韦伯：《中世纪商业合伙史》，陶永斯译，东方出版中心 2010 年版，第 68 ~ 70 页。

〔47〕 参见［法］费尔南·布罗代尔：《十五至十八世纪的物质文明、经济和资本主义》（第 2 卷），顾良、施康强译，商务印书馆 2017 年版，第 524 ~ 525 页。

〔48〕 参见［美］哈罗德·J. 伯尔曼：《法律与革命——西方法律传统的形成》（第 1 卷），法律出版社 2008 年版，第 346 ~ 347 页。

与航行、经营的合伙人，和从事航行、经营的合伙人甚至类似近代股份公司的合伙体，已有适度的独立与分离。

再以官营企业为例，在晚清官办的新式大机器企业中，作为出资人的政府，直接干预、经营着企业，特别是直接干预企业的经营管理甚至直接决定企业的人事任免；[49] 在江南制造总局、汉阳铁厂，由早期的清廷特许和封疆大吏李鸿章、张之洞主持创办、经营，衙门式治理结构、工头制管理使出资人的“股权”与企业的“债权”混淆不分；[50] 相对于官办企业，官督商办企业虽与政府、出资人有一定的切割，企业的管理层有一定的自主权和相对的独立性；[51] 但“官督”行为仍然时刻影响企业的治理与经营，晚清政府通过对企业经营项目审批权、人事任免权和账目稽查权的控制，使企业产权关系和法人地位一直模糊不清。[52] 在官督商办企业的后期，因为筹资需要而向社会招股，就有了以招商局为代表的中国近代早期股份制企业。在早期股份制企业中，有了略显雏形的“官权”与“股权”等出资人权利的分类和合伙治理结构，出现了一些早期的企业制度安排，“官权”下的经营主体与“股权”下的投资主体有了适度的区别与分离。[53] 而在民办的江苏大生纱厂里，该企业虽然一开始就存在“非大股东”控制企业、“非职业”经理阶层治理、“非盈余”支付“股息”等早期企业投资主体与经营主体合一、混淆等现象，[54] 但在企业的后续发展中，随着股东会、董事会制度的建立与运行，特别是“官利”制度的实行，股东与公司的关系开始逐渐清晰，[55] 出资人的股权与公司的经营权之间的关系逐渐得以厘清。

通过以上分析，不难看出，对以独资、家族、合伙、官营为代表的早期企业而言，它们共同有早期投资主体与经营主体的混同、合一、重叠，逐渐因为企业的独立、主体地位的取得，而走向投资主体与经营主体区别、分离、独立。

（三）现代企业与新型经营形式中投资主体与经营主体基本处于分离状态

在以公司企业为主导形式，以个人独资企业、合伙企业、合作社企业为补充形式的现代企业主体与制度构架中，投资主体与经营主体基本处于分离状态。如在个人独资企业中，存在单一业主（自然人投资主体）与个人独资企业（具体的对外冠

---

〔49〕 参见朱荫贵：《早期中国企业经营管理中的官商关系》，载《清华管理评论》2015 年第 Z2 期。

〔50〕 参见张忠民：《汉阳铁厂早期（1890—1896）的企业制度特征》，载《湖北大学学报（哲学社会科学版）》2017 年第 4 期。

〔51〕 参见侯中军：《试论江南制造局与近代中国早期的企业社会责任》，载《广东社会科学》2016 年第 2 期。

〔52〕 参见胡勇华：《论“官督”对近代早期工业企业治理的影响》，载《武汉大学学报（人文科学版）》2004 年第 1 期。

〔53〕 参见刘清平、燕红忠：《试论近代早期企业制度模式的选择》，载《社会科学战线》2012 年第 11 期。

〔54〕 参见张忠民：《晚清大生纱厂的早期企业制度特征》，载《清史研究》2016 年第 3 期。

〔55〕 参见朱荫贵：《从大生纱厂看中国早期股份制企业的特点》，载《中国经济史研究》2001 年第 3 期。

名经营主体）之二重（层）主体结构；在合伙企业中，存在合伙人（普通合伙人或有限合伙人等多元投资主体）与合伙企业（具体的对外冠名经营主体）之二重（层）主体结构；在合作社企业中，存在社员（劳动者、出资人、集体等多元投资主体）与合作社企业（具体的对外冠名经营主体）之二重（层）主体结构；在公司企业中，存在股东（自然人、法人、非法人组织、国家等多元投资主体）与公司（具体的对外冠名经营主体）之二重（层）主体结构。

除此之外，在新型经营形式所创设的制度架构中，原始投资主体与具体经营主体之间的主体资格、权利属性、行为方式、责任范围也是区分、分离的，呈现典型的二重（层）结构。如在承包经营方式中，就存在作为发包人（原始投资主体）与承包经营者（承包经营主体）之二重（层）主体结构；在租赁经营方式中，就存在作为出租人（原始投资主体）与租赁经营者（租赁经营主体）之二重（层）主体结构；在信托经营方式中，就存在作为委托人（原始投资主体）、受益人（原始投资受益主体）与信托经营者（信托投资公司、基金管理人等经营主体）之二重（层）主体结构；在托管经营方式中，就存在作为委托人（原始投资主体或原始投资主体契合设立的企业）与托管经营者（挂牌经营主体）之二重（层）主体结构。

（四）不同企业形式中投资主体与经营主体分离状态呈现很大的差异性

虽然在现代企业的立法安排、法律关系、权利分配、治理结构和责任归属等制度构架中，作为投资主体的出资人与作为经营主体的企业，总体上呈现明显的投资主体与经营主体适度分离的二重（层）结构，但由于不同企业的主体地位、人格独立、权利分配、内部治理、责任范围存在比较大的差异，因此，不同企业形式之间，投资主体与经营主体的实际分离状态也就呈现很大的个别特征和明显差异。兹分述如下：

1. 在个人独资企业中投资主体与经营主体既合一又分离

在个人独资企业的制度框架内，作为投资主体的个人投资者、单一业主与作为经营主体的个人独资企业在大多数情况下是混同、合一和重叠的，单一业主与个人独资企业之间的主体、人格、权利、行为、责任没有严格的法律区分和明显分离。个人投资者、单一业主既是个人独资企业的唯一投资主体，也是掌握、控制个人独资企业经营权、决策权、管理权、处分权、代理权的经营主体；甚至在一般情形下，个人独资企业不仅是该自然人投资者、业主的营利平台和逐利工具，更是其控制、管理的对象，个人独资企业所属的全部财产，也只是该单一业主财产的一部分而已。

但是，在某些特殊情况下，单一业主与个人独资企业又存在适度的分离。(1)主体的自然属性。作为个体、单一投资者的自然人与作为对外冠名经营主体的个人独资企业，在严格法律意义上仍然还是不同的两个主体，前者单一业主作为投资主体，所表现的是该主体的自然人属性；后者个人独资企业作为经营主体，本质上属于社会组织的范畴，基于单一自然人投资者的投资行为、设立行为、登记行为、雇佣行为、委托行为等契合的营业组织，表现出明显的社会组织属性，两者在主体的自然属性上完全不同。(2)行为的彼此独立。尽管在个人独资企业的经营过程中，以自然人投资者或以个人独资企业名义进行的营业可能同时发生，且法律后果均归属于该自然人投资主体，但自然人以自己的名义所从事的一般民事行为（如婚姻、继承、作为一般消费者的买卖行为等），与该自然人投资者和其他个人独资企业代理人以个人独资企业名义所从事的经营活动，两者是彼此独立的，在此情形下，该自然人投资者的投资主体身份与个人独资企业的经营主体身份是分离的。(3)债务的相对隔离。在个人独资企业存续并营业期间，当既存在单一自然人投资者个人债务，如购房、购车、个人消费和其他满足该自然人个人或家庭生活需要，或该单一自然人投资者存在个人独资企业之外的其他投资性或经营性债务等；又存在个人独资企业债务，即所谓同时存在出资人个人债务与企业债务这双重债务的情形。为维持企业经营的稳定与持续，就有必要遵循营业维持、企业维持规则，适用债务的双重优先清偿原则，即原则上出资人个人债务应以个人的其他财产（个人独资企业之外的财产）优先予以清偿，企业债务应优先以企业财产予以清偿，但如出资人愿以个人其他财产先行清偿企业债务者，则在所不限。[56] 之所以适用双重优先清偿，是因为存续和营业中的企业是一个合同网络集合体与多元利益共同体，涉及诸如供货商、运输商、销售商、经理人、劳动者、政府（税收）及其他利益相关者等多元主体的利益，出现前述双重债务情形后，如不严格区分出资人个人债务与企业债务，就有可能因出资人个人债务的清偿纠纷任意波及企业的财产与经营，进而发生诸如对企业查封、扣押、冻结等强制措施，或者强制执行企业的经营财产，如此企业的经营将无以为继，其结果就必然影响与企业相关的多元主体的利益，就有可能引发以该企业为中心的连带债务清偿危机。足见，在出现双重债务的情形下，引入双重优先清偿原则，可在出资人个人与企业之间建立起有限的债务风险隔离墙，一定程度控制因出资人个人或家庭成员债务清偿风险，引发企业经营危机，其价值取向与利益考量具有正义性、公平性和合理性，因而是十分有效的。很明显，在适用双重优先清偿原则处理出资人个人债务与企业债务双重债务时，[57] 自然人投资者与个人独资企业就被视为两个不同的主体，此时作为投资主体之单一业主的身份、地位、债权、债务，与作为经营主体之个人独资企业的身份、地位、债权、债务，无疑是分

---

〔56〕 参见肖海军主编：《商法学》，法律出版社2009年版，第67页。

〔57〕 参见梁上上：《个人独资企业的几个法律问题》，载《浙江大学学报（人文社会科学版）》2002年第3期。

离的、相对独立的。

2. 在合伙企业中投资主体与经营主体有合一、有分离

在合伙企业的制度框架与经营形式中,作为投资主体的合伙人与作为经营主体的合伙企业之间,在主体、权利、行为、责任等方面,既存在混同、合一、重叠等情形,也存在区分、分离、独立等例外,既有合一、也有分离。在通常情况下,特别是在合伙事务代理与合伙清算期间,合伙人与合伙企业这两大主体的身份、权利、行为、责任是混同、合一、重叠的。(1)在合伙营业、存续期间,基于合伙事务执行的共同性,任意普通合伙人均有权代理合伙企业,为营业行为,所生债务即为合伙企业债务;在合伙事务执行中,作为投资主体的合伙人与作为经营主体的合伙企业之行为、债务是混同、合一、重叠的。(2)在合伙债务的清算清偿上,基于合伙财产的共有性与合伙债务的连带性,合伙企业的债务从一定意义上讲,即为合伙人的个人债务,在合伙企业财产不足以清偿债务的情形下,全体普通合伙人对合伙债务应负连带无限清偿责任。在合伙解散、合伙清算中,显然不能把合伙人与合伙企业看成是完全独立的两个主体,作为投资主体的合伙人与作为经营主体的合伙企业的财产、债务,又是混同、合一、重叠的。

但是,相对于个人独资企业而言,合伙企业与合伙人之间有了更多的独立性。因此,在许多情形下,作为投资主体的合伙人与作为经营主体的合伙企业之间,在主体、权利、行为、责任等方面又是区分、分离、独立的。(1)一般情形,即在合伙企业存续、营业期间,合伙企业具有相对独立的主体地位与法律人格,合伙人与合伙企业之间的主体、权利、行为、责任是基本分离的,典型的为合伙人之财产、债务与合伙企业之财产、债务的彼此相对独立。例如,我国《合伙企业法》第41~42条所确定的合伙企业与合伙人个人之债权债务人关系的处理原则,就包括合伙人个人之债权人不能对合伙企业行使抵销权、合伙人个人之债权人不得行使合伙代位权、只有在合伙人无其他个人财产可供清偿或执行的情况下才产生合伙份额的处理问题等基本规则,这些均说明,在合伙企业存续、营业期间,合伙人的财产、债务与合伙企业的财产、债务,是分离的、独立的。(2)双重债务情形,即在合伙企业存续、营业期间,当同时存在合伙人个人债务和合伙企业债务的情形,则应按照前述的双重优先清偿原则,原则上合伙人个人债务应优先以合伙人个人之其他财产(合伙企业以外的财产)予以清偿,合伙企业债务应优先以合伙企业的财产予以清偿,但合伙人优先以个人之其他财产清偿合伙企业债务则在所不限。[58] 很明显,在适用双重优先清偿原则处理合伙人债务与合伙企业债务时,合伙人与合伙企业之间的财产、债务无疑是分离的、独立的。(3)有限合伙情形,即在有限合伙企业里,有限合伙人仅以

〔58〕 参见肖海军主编:《商法学》,法律出版社2009年版,第80页。

其实际或认缴的出资额为限，对合伙企业承担有限出资责任，对合伙企业的债务不承担任何清偿义务和责任；而通过合伙协议、有限合伙证书等公示形式所确认的有限合伙人身份，能以合理信赖标准使有限合伙人免于承担合伙债务的连带责任。〔59〕不仅如此，有限合伙人因不参与合伙企业的经营与管理，即使可以参加合伙人会议，对合伙人会议所决议事项，一般情形下也无表决权。可见，在有限合伙企业的制度架构中，有限合伙人与合伙企业之间的主体、权利、行为、责任是基本分离和独立的。

3. 在公司企业（法人型企业）中投资主体与经营主体个别合一和普遍分离

在以公司企业为主要形式的法人组织型经营主体主导营业的情形下，投资主体（典型的如股东、国家出资人、集体出资人、合作社社员）不直接从事或不以投资主体之名义直接从事经营活动、进行营业交易则为常态，具体的营业行为和营业交易是由以公司和非公司型营利法人等组织型经营主体之名义进行组织和实施的。在公司或非公司型法人企业的制度架构中，作为投资主体的股东、国家出资人、集体出资人、社员，与作为经营主体的公司、国家出资企业、集体或乡镇企业、合作社企业是分离的，这种分离又是以出资人与企业的人格、行为（意思）、权利、财产、责任的分离和独立为主要内容或典型形式，具体又表现为股东与公司、国家出资人与国家出资企业、集体（包括村民、市民）与集体所有制企业或乡镇企业、社员与合作社企业之间的主体、人格、行为（意思）、权利、财产、责任的分离和独立。足见，在公司企业（法人型企业）制度结构中，投资主体与经营主体是普遍分离的。不仅如此，在现代市场经济条件下，由于以公司企业为主要形式的组织型营业形式的普遍性和组织型商事主体的主导性，进而又是营业性投资的主导力量，因而作为商事主体的企业，在企业转投资法律关系中，又是重要的投资主体。特别是在股权分散、公司控制权演变进而导致财产与经营、所有权与控制权发生分离的情形下，形成“不仅是有差别而且经常是相互对立的两个集团，一边是所有权，另一边是控制权——控制权已越来越脱离所有权而向前发展并最终掌握在经营者（一个可永远保有其地位的经营者）自己手中”；“事实上，与所有权相分离的经济力量的集中，已经造就了一些经济帝国，并且将这些帝国交到一种新型的专制主义手中，其中，‘所有者’被置于提供某种手段的位置，而这些新帝国的王子则凭借这种手段来行使其权力。”〔60〕

但是，公司企业（法人型企业）主体的组织性与人格的拟制性，决定其主体、行为（意思）、权利、财产、责任，与出资人又具有关联性，在某种特殊情形下甚至具有

---

〔59〕　参见李有星：《论有限合伙人身份识别法律制度》，载《甘肃政法学院学报》2007年第2期。

〔60〕　参见［美］阿道夫·A.伯利、［美］加德纳·C.米恩斯：《现代公司与私有财产》，甘华鸣等译，商务印书馆2005年版，第135页。

连带性。因之,在投资主体与经营主体存在和表现一般、普遍分离的基本前提下,也不能忽视在个别、特殊情形下的混同、合一、重叠现象。(1)无限公司。无限公司与普通合伙具有相似性,不同的是无限公司一般具有独立法人人格,而合伙企业在多数国家或地区,并不承认其有独立法人人格。鉴于无限股东与无限公司之间,在财产、权利、行为(意思)、债务等诸方面具有共同性或连带性,因此,虽然在无限公司存续、营业期间,无限股东(一个或多个)与无限公司之间仍然是相互分离、独立的两个主体;但在无限公司解散或清算中,无限股东应对无限公司的债务负无限连带责任,此时,作为投资主体的无限股东与作为经营主体的无限公司之财产、债务,则无明显的界限与分离。(2)一人公司。一人公司虽就投资主体的属性,可分自然人一人公司、法人一人公司(法人独资公司)、国有独资公司,但一人公司因只有一个股东,对传统公司的社团性构成挑战,更因其只有一人股东,使具组织、团体属性的一人公司,难以组建诸如股东会、董事会、监事会等健全的公司内部治理、决策、执行、监督机构,难以避免一人股东意思、财产与一人公司意思、财产之间的混同、合一与重叠。因此,如无证据证明一人股东的意思、财产与一人公司的意思、财产之间的明晰区分、相互独立、分离运行,则法律一般推定一人股东与一人公司为一个主体,应责令一人股东对一人公司之债务承担连带责任。实际上,当法律推定一人股东与一人公司为一个主体的时候,作为投资主体的一人股东与作为经营主体的一人公司之主体、人格、权利、行为(意思)、财产、责任,是混同、合一、重叠的。我国《公司法》第 63 条选择混同、合一理论,规定"一人有限责任公司的股东不能证明公司财产独立于股东自己的财产的,应当对公司债务承担连带责任",立意也在于此。(3)大股东控制。由于公司内部治理机制和表决办法是建立在资本本位、资本民主、资本多数决的基础上,在大股东占有绝对或相对控股的情形下,大股东的个人意思通过其控制下的股东(大)会、董事会会议,就有可能转变为公司机关的意思,进而成为公司的意思。故在大股东控制公司治理机关的情形下,公司因意思丧失自主性和独立性,其行为、责任也必然丧失独立性,在此情形下,如公司、其他股东或公司债权人利益受损,则大股东应负赔偿责任。在大股东承担赔偿责任时,如适用公司人格否认,追究民事责任,则此时该大股东与公司之间的主体、人格、权利、行为(意思)、财产、责任则是混同的、合一的;而其他股东与公司之间的分离、独立关系,则不受影响。(4)滥用法人人格。严格来看,滥用公司人格,不限于股东,包括有实质影响力的实际出资人或实际控制人,公司虽为营业组织,具有为出资人实现营利最大化的平台功能与工具意义,但公司一经登记又是一独立的营业主体,具有独立的民事主体地位和法人人格,与自然人一样,是一个独立的人,其主体、人格、名称、权利、行为(意思)、财产、责任,与作为出资人的股东,是完全独立、分离的。如股东、实际出资人、实际控制人或其他主体,滥用公司人格,使公司主体形骸化、人格工具化,必然导致公司意思丧失独立性,其财产、主体、人格也相应丧失独立性。此时,如以公司名义致他人损害,或者公司不能清偿债权人债务,则法律不应考虑滥用人与公司主体、人格的独立性,否认该公司法人人格,责令不法、滥用行为人负连带赔偿或清偿责任。在此情形下,如股东是滥用公司人格的行为人,则作为投资主体的股东与作为经营主体的公司之主体、人格、名称、权利、行为(意思)、财产、责任,应视为混同、合一与重叠的。除此之外,具有一定人合性、股东人数极少的有限责任公司,在股东自行经营并直接控制公司、导致股东与公司财产债务混同的情况下,也可能出现股东与公司之间主体、人格、名称、权利、行为(意思)、财产、责任的合一与重叠,在此不再赘述。

综上所述,总体而言,民事主体处分财产或权利进入营业领域之后,其主体结构则比较鲜明地表现为投资主体与经营主体之间适度分离的二重(层)结构。虽然传统自然人商人之投资主体与经营主体表现为合一与重叠,即使到现今,如个人独资企业中投资主体与营业主体表现为既合一又分离,在合伙企业中投资主体与经营主体既有合一也有分离,公司企业(法人型企业)中投资主体与经营主体存在个别合一和普遍分离;但是,自企业作为组织型营业主体产生以来,早期企业的投资主体与经营主体由合一逐步走向分离,在现代企业制度与新型经营方式支撑下,投资主体与经营主体基本处于分离状态,而不同企业形式之投资主体与经营主体分离状态所呈现出来的差异性,并不能改变投资主体与经营主体之间分离运行、二重(层)结构的主流格局和基本趋势。

二、现代企业中二重(层)主体结构的具体考察

(一)现代企业中二重(层)主体结构的一般分析

如前所述,最初的企业本为自然人投资主体投资、契合、结社的衍生产物,在相当长时间里,企业只是自然人商人的营业平台和财产集合体,“企业”在西方法律中被视为法律客体,并从“客体性企业”逐渐向“主体性企业”演变与转型。[61] 在学理上,企业甚至在德国被视为“法律交易的标的物”;[62] 而在日本学界,企业长期也被定义为“客观意义上的营业”,作为营业组织的企业,被视为“商人以进行营利活动为目的所拥有的财产”。[63] 直到20世纪初,“企业”才从“企业主”的附属、客体地位中独立出来,获得主体性地位。在法国,“企业”一词被广泛使用,“一方面用来指

〔61〕 参见叶林:《企业的商法意义及“企业进入商法”的新趋势》,载《中国法学》2012年第4期。

〔62〕 参见[德] C. W. 卡纳里斯:《德国商法》,杨继译,法律出版社2006年版,第225页以下。

〔63〕 参见[日]近藤光男:《日本商法总则 · 商行为法》,梁爽译,法律出版社2016年版,第74页、第77页。

作为自然人的商人以及公司，另一方面也用来指所有的生产单位，不论这些生产单位的性质如何，是商业企业、工业企业、手工业企业，还是农业企业、自由职业，都可以称为‘企业’”，企业一般被归入商务或商事组织，并按照企业的规模大小划分为个体企业、中小企业（有限责任公司）与大型企业（股份有限公司）；[64]在德国，《德国商法典》中对商人的分类、商事登记中的企业登记簿，[65]《德国股份法》关于关联企业的规定，[66]《德国企业参与决定法》第1条有关股份有限公司、股份两合公司、有限责任公司、矿业组合、经济合作社等所涉企业的列举；[67]《日本商法典》虽并不使用“企业”一词，但企业作为营业组织，实际上包括个人企业、隐名合伙、合伙、合名公司、合资公司、股份公司等多种形式；[68]而《意大利民法典》、《巴西民法典》、《泰国民商法典》、我国《澳门特别行政区商法典》等，均以企业概称组织类商事主体；至于英美法系国家或地区，也广泛地使用“企业”一词。可见，时至今日，企业已由财产集合体、营业平台转型为法律主体，并且是最重要的民事主体；它已不是所有权的客体，[69]而恰恰相反，企业所占有、支配、管领的财产或权利，才是企业所有权、经营权、管理权的客体。

作为投资行为的衍生主体，企业不但与原始出资人形成投资主体与经营主体的二重（层）主体结构，而且企业作为独立的商事主体，又可以其占有、支配、管领的财产或权利进行投资，以独资、合伙、合资、合作等形式，转投资设立下属企业或入股其他企业，进而形成以企业为投资主体与转投资企业之间新的投资主体与经营主体之二重（层）主体结构。故以现代企业的产生、转投资、多级投资扩张为例，可更清楚地发现商事主体中投资主体与经营主体的二重（层）主体结构特征。

（二）原投资视域下企业的原始投资主体

原投资即民事主体在发起、创设企业过程中的初始投资行为。从时序上看，原投资行为先于企业的设立、成立；从法律原因事实来看，企业是出资人投资行为的契合结果；从法律关系来看，出资人在企业发起、设立、登记之前就已存在。足见，作为投资主体的出资人，与待发起、设立、登记进而取得主体或法人资格的企业之间

---

〔64〕　参见［法］伊夫·居荣：《法国商法》，罗结珍、赵海峰译，法律出版社2004年版，第33页、第87～88页、第616～618页。

〔65〕　参见《德国商法典》，杜景林、卢谌译，法律出版社2010年版，第3～16页。

〔66〕　参见《德国商事公司法》，胡晓静、杨代雄译，法律出版社2014年版，第205页以下。

〔67〕　参见《德国股份法、德国有限责任公司法、德国公司改组法、德国参与决定法》，杜景林、卢谌译，中国政法大学出版社2000年版，第329页。

〔68〕　参见［日］国谷知史：《浅论日中两国企业法与公司法的关系》，杨素娟译，载李黎明主编：《中日企业法律制度比较》，法律出版社1998年版，第48～51页。

〔69〕　参见孙宪忠：《“企业是国家所有权的客体”质疑》，载《中国社会科学院研究生院学报》1986年第5期。

是独立的。

既然企业是民事主体通过初始投资行为结社、设立、派生的衍生主体，如从发起、创设企业的原始投资主体（出资人）的角度分析，可更清晰地发现企业产生的原由、路径、过程及衍生的各种关系，能更具体地了解原投资关系下作为投资主体的出资人与作为经营主体的企业之间的分离关系与二重（层）结构。作为企业的投资主体，可分为如下两种情形：

1. 一般投资主体。一般情形下，各种企业的出资人即为投资主体。从法律属性来讲，既包括自然人，也包括法人组织，还包括非法人组织。如从不同企业的视角来看，不同企业的投资主体可分别还原为：个人独资企业的出资人为自然人个人或单一业主；合伙企业的出资人为合伙人；公司企业的出资人为股东；合作社企业的出资人为社员。

2. 特殊投资主体。在特定情形下，国家、政党、非营利性组织、集体等也可成为特殊企业的投资主体。如国家（一般通过政府或政府授权的履行国家出资人职能的机构）是国家出资企业（包括国有独资企业、国有独资公司、国有控股公司和国有参股公司）的出资人；政党也可成为特殊情形下企业的出资人，只是宪法和法律对其有明确的限制；非营利组织也可成为某种特定情形下企业（一般为上市公司、证券投资基金、银行商业储蓄、社会企业和其他具有稳定保值增值收益的企业）的出资人；集体（包括村民小组、行政村、乡镇、城市街道办或居委会等）为集体所有制企业（城镇集体所有制企业、乡村集体所有制企业、乡镇企业等）的出资人。

（三）作为经营主体的企业

作为投资主体的出资人发起、设立的衍生主体，企业经登记、注册确认后，则成为独立的经营主体；如从商事主体二重（层）结构的对应视角，则可表述为：（1）自然人企业主与个人独资企业。（2）合伙人与合伙企业。（3）股东与公司。（4）社员与合作社企业。（5）特殊投资主体（国家、政府、非营利性组织、集体等）与特殊企业。

（四）转投资视野下作为投资主体的企业

企业经登记、注册确认为商事主体后，出资人原投资所构成的财产总和即为企业的原始财产，亦即企业的资本，企业对该财产及相关权利具有占有、支配、管领的权利。作为该财产的权利主体，企业可将其作为出资，以独资、合伙、合资、合作等形式，转而发起、设立新的企业或参股其他企业。企业这种以出资人出资形成的企业原始财产或企业在经营过程中增值财产或权利再行投资的行为，即为企业转投资行为。在企业实施转投资行为后，企业则成为新设下属企业或参股企业的出资人，作为转投资主体的企业与作为另一经营主体的新设下属企业或参股企业，又构成新的投资主体与经营主体二重（层）结构。其中，企业作为转投资主体主要包括如下情形：

1. 基于企业平行投资而形成的集团企业结构。作为转投资主体的企业，把其占有、支配、管领的财产或权利，以独资、合伙、合资、合作等形式，分别发起、设立多个新的企业或参股多个其他企业，即企业同时设立或参股 A、B、C 等一系列具有平行性质的控股或参股企业，企业与众下属企业或参股企业之间形成以原企业为核心的企业集团。一般而言，除非法律有特别规定，企业转投资的对象可以是独资企业、合伙企业、公司企业或合作社企业；其中，现行法中只有《合伙企业法》第 3 条对合伙企业的普通合伙人有特别限制性规定，即“国有独资公司、国有企业、上市公司”不得成为普通合伙人。因此，就一般企业而言，只要不属于“国有独资公司、国有企业、上市公司”的范畴，就可以成为包括普通合伙人在内的任何企业的出资人，只是企业在作出转投资决定时，需要严格遵守法律的规定或企业内部的决策程序而已。〔70〕

2. 基于企业垂直投资而形成的母子公司（企业）结构。企业基于前述平行性转投资的基础上，再以一级下属企业或参股企业（子企业或子公司）为转投资主体，发起、设立多个新的二级企业或参股多个其他二级企业（孙企业或孙公司）；然后继续以该二级企业发起、设立多个新的三级企业或参股多个其他三级企业（曾孙企业或曾孙公司）。如此，还可继续无穷地转投资下去，进而形成以原企业为控股母体，以资本的控制与参与为纽带，由母企业（公司）、子企业（公司）、孙企业（公司）、曾孙企业（公司）等多层级企业（公司）构成的母子公司集团企业结构。

正是企业通过平行、垂直这种转投资方式，使企业能迅速扩大经营，壮大规模，进而显著提高市场竞争力。同时，通过企业的转投资行为与平行企业集团、垂直母子公司的关系，更能显现投资主体与经营主体二重（层）结构的普遍存在和运行常态。

〔70〕　参见朱慈蕴：《公司作为普通合伙人投资合伙企业引发的法律思考》，载《现代法学》2008 年第 5 期。

第三章　商事主体的资格取得

民事主体进入营业领域转换为具体形式的商事主体后，其主体资格、角色、身份、地位、关系应如何确定或识别，这涉及资格的取得与认定问题，包括资格取得的法律意义与具体方式。

第一节　商事主体资格取得的法律意义

一、商事主体资格取得的意义厘定

（一）商事主体资格取得的特定蕴意

商事主体的资格取得，系指民事主体进入营业领域之际转换为商事主体角色、取得营业资格、进而具有从事营业活动或实施营业行为的权能等一系列必要条件、法律行为、法律程序和形成的法律关系之总称。质言之，即民事主体取得营业资格，转换为商事主体角色、身份、地位、功能的法律行为与法定程序之概称，其核心问题是一般民事主体向特殊商事主体角色、身份、地位、功能的切换程序与确认过程。

关于商事主体的资格取得，学界对此虽有一定探讨，但更多是在传统民商二元论视角下进行的，且认识均比较模糊。如有学者虽认为“营业是商人本质要素之一”，并以主观意义营业为认定商事主体的标准，〔1〕但民事主体是如何通过营业取得商事主体资格的，则无后文。有学者只从营业、组织、职业等标准上讨论商事主体的认定，〔2〕但对商事主体资格的取得并没有给出答案；更多学者则从商人与非商人的角度，关注实施商行为、以实施商行为为职业、以自己名义实施商行为之传统商人识别的三要素标准。〔3〕由于传统、既有文献均是从民商二元主体论角度进行切入，所论商事主体的资格取得，因依标准与法例不同而难以形成共识；且因对商事

---

〔1〕参见袁健洋：《商人本质要素：主观意义营业——兼论商主体制度的法律建构》，载《长江大学学报（社科版）》2016 年第 2 期。

〔2〕参见徐强胜：《商法导论》，法律出版社 2013 年版，第 180 ~ 183 页。

〔3〕参见施天涛：《商人概念的继受与商主体的二元结构》，载《政法论坛》2018 年第 3 期。

主体界定的错位，尚有不少常识性的误读，代表性观点有：(1)准入资格论。该论认为资格取得即为资格准入，商人资格的取得、丧失即为商人的“准入、退出”。[4] (2)营业资格论。该论认为，所谓商人资格，系指“在营业上享有权利、承担义务的资格”，即“本质上，就是商人的营业资格”。[5] (3)法律人格论。该论认为，商主体资格取得所要解决的是商主体何时起开始具备法律人格。[6] (4)主体资格与营业资格分离论。该论认为，商事主体资格中的主体资格与营业资格是分离的；[7]其中，商主体营业资格的维度确定体现在法律文本上便是营业执照。[8] (5)特殊主体论。该论认为商人是特殊民事主体，其主体地位的取得与丧失、人格差异、义务承担、法律价值目标等方面都有别于其他民事主体。[9]

笔者认为，商事主体本质只是一般民事主体进入营业领域的角色、身份、地位、功能转换而已，商事主体仅仅只是民事主体在营业领域中的特殊表现形式或具体角色称谓，从私法上的主体地位、表现形式、具体类型、人格属性来看，商事主体与原本意义上的私法主体并无不同；换言之，商事主体的原生形态均为自然人、法人或非法人组织，原本就具有私法主体资格问题。[10] 商事主体资格取得所要解决的问题，已不是其私法上的主体资格问题，因为私法上的主体资格与法律地位问题，《民法典》已通过自然人、法人或非法人组织等主体性制度构架得到了比较完全、彻底和圆满的宣示与解决。商事主体资格取得所要解决的核心问题，就是作为一般私法主体的普通民事主体进入营业领域之后，如何实现因实施营业行为和参与营业关系而发生角色、身份、地位、功能的有效转换。足见，商事主体资格取得并非要创设或塑造一个与民事主体另类的商事主体或商人资格，自然人或社会组织的主体资格在进入营业领域之前就已成为既然的基本事实；而是在民法已解决自然人、社会组织(法人组织或非法人组织)的主体问题或主体资格之后，民事主体进入营业领域的角色、身份、地位、功能的转换问题，也就是民事主体的营业资格问题。质言之，商事主体资格取得，即基于法律的明确规定或一定的程序机制以确认民事主体的营业资格；如经确认或被识别，则该民事主体因取得营业资格而具有商事主体的

---

[4] 参见郭瑶：《论商人资格的取得与丧失》，载《西部法学评论》2008年第4期。

[5] 参见王保树：《商法总论》，清华大学出版社2007年版，第101页。

[6] 参见桓明馨：《论商主体资格的取得》，黑龙江大学2020年硕士学位论文，第1页。

[7] 参见顾功耘：《商主体营业资格应与主体资格相分离》，载《扬州大学学报(人文社会科学版)》2011年第2期。

[8] 参见顾功耘、胡改蓉：《营业自由与国家干预交织下商主体营业资格之维度分析》，载《政治与法律》2011年第11期。

[9] 参见范健、丁凤玲：《中国商人制度与民事主体立法——写在〈民法总则〉创立时的思考》，载《南京大学学报(哲学人文社会科学)》2017年第3期。

[10] 参见刘朗泉：《中国商事法》，商务印书馆2011年版，第17~19页。

身份与地位;如该民事主体未取得营业资格,则不具有商事主体的身份与地位。

(二)商事主体的资格取得与商事主体的营业能力

商事主体的资格取得与后文所论商事主体的营业能力,有密切的联系。一般而言,取得商事主体资格即营业资格的民事主体,就应具有一般或特殊的营业能力。这是因为,在通常情况下,取得商事主体资格的民事主体,就具有相应的营业能力;而判断商事主体是否为商事主体,一般也是把是否具有营业能力作为重要的考量因素。正因如此,有学者认为,"自然人的商人资格应从有能力实施商行为开始",[11]或者干脆把商人的资格等同于"商事能力"。[12]

应该说,商事主体的资格取得与商事主体的营业能力有许多制度性重叠的地方,如就自然人商事主体资格的取得和营业能力的获得而言,均存在自由取得、登记取得方式;特别是对组织类民事主体而言,因组织类的主体资格、营业资格(包括一般营业权能)、法律人格在现代制度架构中均借助于登记才能确认,虽然登记并不具有创设组织、主体的制度功能,但由于组织类民事主体之商事主体资格的取得与一般营业能力的获得方式及程序,存在高度一致甚至重叠的地方,故学界在讨论商事主体的资格取得与商事主体的营业能力时,就难免把两者混为一谈。

但如细加考察,则会发现,商事主体的资格取得与商事主体的营业能力在基本内涵、对应范畴、解决问题、制度功能等诸如方面,并非完全等同,它们之间存在如下显著区别:(1)基本内涵不同。商事主体的资格取得更多系指从民事主体向商事主体角色、身份、地位、功能的转换上,所要解决的问题是民事主体究竟应具备什么的条件、通过一种什么的机制、履行哪些法定程序、实施哪些法律行为,才能完成从一般民事主体角色、身份、地位、功能,向商事主体角色、身份、地位、功能的实质性转换。如一个生活在一般消费领域的自然人,究竟应具备什么条件、通过一种什么机制、履行哪些法定程序、实施哪些法律行为,才能完成从一般民事主体向诸如股东、个体工商户、经营者、个体摊贩、证券投资者等特定商事主体角色、身份、地位、功能的实质性转换。而商事主体的营业能力则系指民事主体转换为商事主体之后的具体营业权能范围。如作为民事主体的自然人进入营业领域后,可从事哪些领域、部门、行业、事项的营业活动或实施哪些营业行为。(2)解决问题不同。商事主体的资格取得所要解决的主要问题是一般民事主体如何实现从角色、身份、地位、功能上转换为商事主体问题。如自然人如何转换为商自然人、商个人,组织类民事主体如何转换为商事主体,非营利组织如何转换为商事主体等问题。而商事主体的营业能力所解决的中心问题是商事主体的营业权能问题。例如,商自然人、商合伙、商

---

〔11〕 参见王保树:《商法总论》,清华大学出版社2007年版,第101页。

〔12〕 参见刘宏渭:《商法总则基本问题研究》,华中科技大学出版社2013年版,第96~97页。

法人具体可行使的营业权能,也就是可从事哪些领域、部门、行业、事项的营业活动或实施哪些营业行为。(3)核心内容不同。商事主体资格取得的核心内容是民事主体营业资格的取得,取得营业资格就意味着民事主体已转换为商事主体。例如,自然人通过投资入股公司成为公司的出资人,自然人通过投资行为所取得的特定股东角色、身份、地位、功能,就实现了一般民事主体资格的自然人向商事主体资格的商自然人(股东)的转换。而商事主体营业能力的核心内容是营业权能的边界或范围问题,它包括已取得商事主体资格的主体从事营业活动或实施营业行为的可能范围和法律边界。如自然人登记为个体工商户后,所从事的营业领域、部门、行业、事项的可能范围和法律边界。(4)时间节点不同。商事主体资格取得的时间节点为民事主体进入营业领域转换为商事主体之际,所实施的法律行为、经历的法定程序、形成的法律关系往往是民事主体正式转换为商事主体角色、身份、地位、功能之前。如自然人直接投资购买银行理财产品,成为银行理财产品的投资人,而该投资取得行为,则发生在该自然人由一般民事主体正式转换为商事主体(投资人)之前。而商事主体营业能力的时间节点则为民事主体已正式转换为商事主体之后。如组织类民事主体经登记注册,正式宣告成立后,领取营业执照,就具有一般营业能力。(5)表征形式不同。商事主体资格取得的外观表征形式是有表征意义的具体条件、行为、程序或法律文书。如前所述的自然人投资、营业登记、营业执照等。而商事主体营业能力的表征形式则为法律的明确规定或特定要式法律行为的完成,法律对营业的特别限制或禁止,就是营业能力的范围和边界。如对特定已注册成立的公司而言,从事如金融等特定领域、部门、行业、事项的经营权能,就必须符合法律的特别规定和履行必要的行政许可程序等。(6)获得方式不同。商事主体资格取得的主要方式有自由取得和登记取得。如自然人基于投资行为的取得,即为自由取得;组织类民事主体基于登记的取得,则为登记取得。而商事主体营业能力的取得方式,则可分为一般营业能力和特殊营业能力,一般营业能力的取得方式与商事主体资格的取得方式,没有实质性差异;但特殊营业能力的取得方式,则有明显不同。(7)关系状态不同。商事主体资格取得中所形成的法律关系,为以民事主体名义所发生的法律关系。如作为民事主体的自然人、公司发起人、出资人在投资、公司设立、出资入股中所形成的法律关系,它包括投资法律关系、商事登记法律关系等。而商事主体营业能力中所形成的法律关系,则是以已转换为商事主体之名义而发生的法律关系。如商自然人、合伙企业、公司依据法律规定而形成的法律关系,如商事登记法律关系、营业行政许可关系等。

二、商事主体资格取得的制度功能

由于商事主体资格取得只是集中解决民事主体进入营业领域之际的营业资格

确认和角色身份转换问题，它与后文所述商事主体的人格属性、营业能力相比，具有如下独特的制度功能：

1. 资格确认。商事主体资格取得首先要解决的核心问题，就是民事主体进入营业领域之际的营业资格问题，因为只有解决或者获得了营业资格这一基础性问题，民事主体接下来参与的营业活动和实施的营业能力才具有正当性、合法性，进而才具有效性。因此，商事主体资格取得的首要功能是确认民事主体的营业资格，有了营业资格，该民事主体就可名正言顺地开展之后的一切法律所允许或不禁止的营业性投资、经营、交易活动。例如，自然人通过投资入股获得公司股东资格后，其投资主体资格就获得确认，其后续的参与公司治理、担任公司职务、获取公司红利、提起涉及自身或公司利益有关的公司诉讼，也就是顺理成章的事情了。

2. 身份转换。"商法并不是将商人作为具有特殊身份的群体予以保护，而是着眼于商人资格"；商事主体资格"并非天赋商人资格，而是强调营业资格依法取得，营业资格是商人资格的核心，不具有营业资格者，即不具有商人资格，而不具有商人资格的组织和个人不能成为商人"。[13] 商事主体资格的取得，完成了由民事主体身份向商事主体身份的转换，就意味着原自然人、法人或非法人组织之一般、普通民事主体身份通过特定行为或法定机制，转换为特定、特殊的商事主体身份。如非营利组织经登记获得营业执照，其一般民事主体身份就转换为新的特定商事主体身份。

3. 角色定位。商事主体资格的取得使一般、普通民事主体在营业活动中，以新的特定、特殊商事主体的角色出现，原抽象意义上的自然人、法人或非法人组织，在实态的营业活动中，则定位为营业性投资主体、经营主体、交易主体等具体角色。例如，自然人购买了资本证券，其身份就定位为资本证券的投资主体，就享有公众投资者的权利，并承担相应义务和投资风险。

4. 能力判断。一般而言，商事主体资格的取得，也就意味着进入营业领域的民事主体获得了一般营业能力，可从事法律、行政法规不限制或禁止的营业事项。如企业经登记注册成立后，就实际取得一般营业能力，可从事法律不限制或禁止且无须行政许可的任何领域的营业事项。

5. 营业识别。虽然有学者质疑以"商事能力"作为商事主体资格确认之标准，但以"营业之经营"作为商主体资格取得的实质要件，并具体化为商号之使用、商事账簿之设置和经理权之授予等三大表现形式，说明商事主体资格的取得，确实具有

---

〔13〕 参见王保树：《商法总论》，清华大学出版社2007年版，第92页。

营业的识别功能。[14] 商事主体资格的取得也是传统商人与非商人识别的重要分水岭，传统民商法二元理论、立法之所以纠缠于商人与非商人的识别和判断，一方面在于把商事主体看作独立于民事主体的另类存在；另一方面在于商事主体的法律适用。而实际的民事、商事活动，并非理论和立法概括得那样纯粹，民事活动（行为）与商事活动（行为）、民事主体与商事主体往往是身份、角色、关系的经常性互换，特别是对同一民事主体而言，从一般生活消费领域进入生产交换领域，并非如学理或立法那样有明确设定的界限；同一民事主体往往在一般生活领域的身份是普通民事主体，但踏入营业领域后，就切换为商事主体。如同一自然人只要实施营业性投资、经营或完成了商事登记，就取得了营业资格，进而也就具有营业的识别性。

6. 关系特定。商事主体资格的取得，就意味着具一般、普通民事主体角色、身份的自然人、法人或非法人组织加入新的营业关系，并按照营业的特性和本质，享有特定的权利和利益，承担特定的义务和商业风险。无疑，取得商事主体资格之后，在具体的营业关系中，该已转换为商事主体资格的民事主体，就应按照新的营业关系来配置商事权利与义务、利益与责任，而不应再依据一般、普通民事关系来配置商事权利与义务、利益与责任。易言之，取得商事主体资格之后，既可能因角色、身份的转换而获得最大化的营业利益和投资回报，也有可能因决策失误或经营不善而承受或血本无归、或家破财散的巨大商业风险。诚然，我们也不能反过来依照一般、普通民事责任规则来处理取得商事主体资格之后的商事纠纷或利益纠葛。

总之，商事主体资格取得所要解决的问题，不是私法中的主体资格问题，而是私法中的营业资格问题。但由于民事主体按照自然属性，事实上又分为自然人和社会组织两大类，因而对自然人和社会组织而言，其商事主体资格取得所要解决的问题也存在一定的差异性。对自然人类民事主体而言，其商事主体资格取得主要表现为原有主体的角色、身份转化。而对组织类民事主体而言，又分为非企业类和企业类，其中，非企业类民事主体包括我国《民法典》所列法人中的非营利法人和特别法人、非法人组织中的非营利组织等，由于它们在商事主体资格取得之前，其私法主体问题已经解决，自然其商事主体资格取得所要解决的中心问题，是通过营业登记取得营业资格；而企业类民事主体，即我国《民法典》所列法人中的营利法人和非法人组织中的非法人经济组织，由于它们的商事主体资格取得需要通过民事登记或商事登记解决私法主体资格确认问题，然后通过营业执照的颁发，落实营业资格的确认问题。在主体登记（或者法人登记）与营业登记实行分离的国家或地区，

〔14〕 参见刘凯湘、赵心泽：《论商主体资格之取得要件及其表现形式》，载《广东社会科学》2014 年第 2 期。

企业类组织在私法上的主体资格与营业资格的分阶段确认是比较清楚的。由于我国实行的是主体资格、法人资格、营业资格集合于商事登记一身的统一模式，因此，商事登记中企业设立登记的完成，就意味着企业类组织既取得了私人主体资格，又取得了营业资格。自然人、非企业类组织和企业类组织之间所存在的自身功能和制度设计方面的差异，直接导致它们之间商事主体资格取得方式的明显差异。

第二节　商事主体资格取得的主要方式

一、商事主体资格取得方式的总体情形

（一）商事主体资格何以取得

与一般民事活动的私人性、无条件性、隐秘性或非公开性不同，营业带有明显的社会性、财产性、对世性和公开性，一方面，营业须有一定财产基础或必要条件，如营业财产和商号商标；[15]另一方面，营业者必须是公开的，只有公开并亮明自己的特殊身份，才能招揽生意、展拓业务、扩大市场。而营业的公开，不仅是营利最大化的需要，更是"保障交易安全"的需要。这是因为，营业的公开，一则在于确认自己的营业意思、宣告自己的主体身份，更在于通过公示自己的营业信息，告知或提示交易相对人和社会公众。因之，商事主体不同于民事主体，其资格不能自然而然地取得或确认，[16]而必须借助于一定的方式、行为、机制或程序，对世进行公示。足见，商事主体资格的取得方式，实质就是特定民事主体的营业意思、身份、信息以何种方式、行为、机制、程序作对世宣示的公开方式。无论是基于民事主体的自由投资或经营；还是商事登记机关颁发的营业执照，[17]或公示的营业信息；[18]或者是行政机关发放的许可证书或行政批文，其实质都是一种营业公开的手段，并产生营业对世公示的法律效力和积极效果。质言之，商事主体资格取得方式即为特定民事主体表征其营业意思、身份、信息的对世公示方式。

（二）商事主体资格取得方式的制度范例

关于商事主体资格的取得方式，以法国、德国、日本为代表奉行民商分立法例

---

〔15〕 参见王保树：《商法总论》，清华大学出版社2007年版，第94～95页。

〔16〕 樊涛：《中国商法总论》，法律出版社2016年版，第45～47页。

〔17〕 参见陈英：《商事登记与营业执照法律关系之检讨——以商事能力为视角》，载《甘肃政法学院学报》2009年第4期。

〔18〕 参见范学伟：《商主体营业能力研究》，华中师范大学2013年硕士学位论文，第3～10页。

的大陆法系国家或地区，虽比较重视商人身份的识别，但也表现出明显的差异性。例如在法国，理论和立法均要求成为商人除必须具备与(本人)人身相关的条件和与所从事活动有关的条件外，商人身份的取得，可因某人已明确表示从事某种商事活动并实际实施商行为开始，也可因商事登记的确认或推定开始。〔19〕 在德国，商人营业资格的取得则分为依实际从事营业的固有商人(自然人从事营业者)、依组织登记而产生的要式商人(如公司)、依商号登记而产生的拟制商人等不同情形。〔20〕在日本，有学者认为自然人的商人资格取得，应以营业意思的特别表白行为为必要条件，如店铺开设、销售广告等；〔21〕也有学者认为应以主观营利实现、营业意思客观认识、营业准备行为为识别标准，该说得到日本最高裁判所判例的支持。〔22〕 而以瑞、意、荷为代表选择民商合一法例的大陆法系国家或地区，商事主体作为民事主体的特殊形式，除商事登记或企业登记外，并无关于商事主体资格的特别取得制度。至于英美法系国家或地区，因无严格的商人资格取得问题，一般依判例法或制定法(合伙法、公司法)实施营业或进行了合伙、公司登记，均可推定当事人具有营业资格。〔23〕

我国现行立法，并无商事主体资格取得方式的概念和相关制度，学理上对此也无深入、具体的讨论，部分论著虽涉及此一议题，但出于对商事主体资格的片面理解，在涉及商事主体资格取得方式的分析中，更多限于主体资格而非营业资格的取得。如有学者认为，商人资格的开始可因某人已明确表示从事某种商事活动并实际实施商行为开始，也可因商事登记的确认或者推定开始；〔24〕也有学者认为，商人资格即市场主体资格的取得，实质属于市场准入的范畴，其法律形式是“商业登记”；〔25〕多数学者认为，商事主体的身份或资格是“经商业登记而取得”。〔26〕

(三)商事主体资格取得方式的历史脉络

笔者认为，对民事主体而言，自由营业本为其正当、应然的权利，民事主体是否营业，选择什么时候以何种方式营业，应由其自主决策和自由选择，故自古以来，无论中外，民事主体进入营业领域取得商事主体资格，均以自由选择方式为主，其中

---

〔19〕 参见[法]伊夫·居荣：《法国商法》，罗结珍、赵海峰译，法律出版社2004年版，第34~68页。

〔20〕 参见[德] C. W. 卡纳里斯：《德国商法》，杨继译，法律出版社2006年版，第39~68页。

〔21〕 参见[日]佐藤幸治：《デイリー六法》，东京三省堂2007年版，第956页。

〔22〕 参见[日]近藤光男：《日本商法总则·商行为法》，梁爽译，法律出版社2016年版，第17~20页。

〔23〕 参见[美]斯蒂芬·加奇：《商法》，屈广清、陈小云译，中国政法大学出版社2004年版，第3~4页、第187页以下。

〔24〕 参见张民安：《商法总则制度研究》，法律出版社2007年版，第108~112页。

〔25〕 参见徐学鹿、梁鹏：《商法总论》，中国人民大学出版社2009年版，第318页。

〔26〕 参见赵旭东主编：《商法学》，高等教育出版社2018年版，第15页；范健主编：《商法学》，高等教育出版社2019年版，第45页。

从社会世俗和形式要件上讲，则又以诸如开业庆典或类似的仪式行为，宣示营业的开始，进而取得商事主体资格，从而获得相对人、社会和国家的认可。因此，自由取得是民事主体营业资格或商事主体资格取得最原始、最初级、最基础的方式之一。但是，自中世纪商会、行会兴起开始，传统自由经商、自由营业的理念和制度，被同业商会或行会下的商业、手工业管制或许可所代替，经商、营生、贸易须经同业商会或行会许可，则成为相对于自由选择的另类商事主体资格取得方式。17 世纪以降，随着商业革命、产业革命、人权运动和宪制运动的兴起，以经商、贸易、开店、设厂、雇工自由为中心的营业自由，作为经济人权的核心内容，由朴素理念上升为社会运动，继而冲破具有垄断、管治、控制特征的同业商会或行会许可制。至 19 世纪初，一种新的放任自由或国家出面的商业特许、注册登记制，取代了中世纪的同业商会或行会许可制。至此，人类历史上有关商事主体资格取得的几种具代表性的方式，即自由、许可、特许、登记取得方式均已出现；其中，就当代而言，除个别国家或地区在特殊时期尚保留有许可、特许制外，当今占主导地位的商事主体资格取得方式为自由选择和商事登记。其中，就一般类商事主体而言，既有自由选择方式，也有登记注册方式；对企业类商事主体而言，主要为登记注册取得方式。

我国商事主体资格的取得方式，以 1903 年清末《钦定大清商律》为时节点，之前一般情形下的营业，国家奉行不干预的严格市场管理制度；而涉及专卖品、矿业等特殊类营业，则实行国家垄断下的“榷”“引”许可制度。之后，商事登记制度引入中国，并渐成商事主体资格取得的主要方式。1949 年以来，我国在营业领域长期奉行严格的行政许可制，一切形式的营业均须取得行政审批或许可，方可进行。直至 1993 年 12 月《公司法》的通过，部分有限责任公司和合伙企业、个人独资企业、个体工商户，只需办理开业登记即可取得营业资格，但绝大部分公司、相当部分的非公司企业和其他主体的营业，仍然需要办理行政审批与许可。2005 年 10 月《公司法》的修订，除法律、行政法规规定需要办理设立审批或许可外，绝大部分公司的营业只需办理设立或开业登记即可；商事登记成为我国主要的商事主体资格取得方式。2013 年 12 月《公司法》的修订和随后于 2014 年开始推进“先照后证”的商事登记制度改革，商事登记成为我国主导的商事主体资格取得方式。

以下按照历史演进脉络，对商事主体资格的各种取得方式分别述之。

二、商事主体资格的自由取得

商事主体资格的自由取得，是基于民事主体应然的营业权利，无须通过营业行政许可，也不必进行营业登记，就可以自主地通过从事营业活动、实施营业行为或进行营业交易，直接转换为商事主体的营业资格取得方式。商事主体资格的自由取得方式包括两个层面。

(一)商事主体资格自由取得的适用情形

1. 营业自由准入的制度环境

在自由主义的营业准入制度范式下,国家或社会公权力对营业事务不进行任何干预,营业作为纯粹的私人行为可自由进入或退出。在此制度环境下,民事主体完全可凭自己的意志,自由决定进入营业领域,取得营业资格,转换为商事主体。

2. 豁免许可或登记的例外情形

在准则主义或许可主义的营业准入制度范式下,某种小规模的营业或特种营业,不需要取得营业行政许可或不需要办理营业登记。在欧洲,例如,在法国,诸如农业等传统产业是否需要登记,则由农户自己决定,实际上为强制登记的豁免范围。[27] 又如,在德国,虽经1998年改革,《德国商法典》废除第4条关于小商人的概念和制度,[28]但依然保留了当然商人(第1条,可免予登记的商人)、任意商人(第2~3条,即自由登记商人,包括小营业的任意商人和农林业任意商人)的概念,而任意商人是否登记,则取决于当事人的决定。[29] 再如,《西班牙商法典》第19条第1款规定,"不得强制独资商人在商业登记中心登记,但海事公司除外";只是规定"未在商业登记中心登记的独资商人无权要求商业登记中心将其记入任何文书,亦无权通过商业登记中心获取相关法律文件";[30]很明显,独资商人属于强制登记的豁免对象。此外,《意大利民法典》第2202条也规定,"小企业主不必在企业登记簿登记"。[31] 在亚洲,例如,《日本商法典》第7条规定,有关商事登记的规定"不适用于小商人(商人中,法务省中规定的其营业中所使用的财产价值总额不超过法务省相关省令所规定之金额者)"。[32] 关于小规模商人营业额的金额标准,1938年日本商法修改时确定为500日元,但是随着日元的贬值,2005年《商法施行规则》所规定的数额限值为50万日元;营业财产在50万日元以上为完全商人,以下则为小商人。[33] 又如,《韩国商法典》第9条规定"本法中有关经理、商号、商业账簿及商业登记的规定,不适用于小商人"。[34] 在豁免登记或许可例外情形下,商事主体资格也可选择自由取得方式。

---

〔27〕 参见[法]伊夫·居荣:《法国商法》(第1卷),罗结珍、赵海峰译,法律出版社2004年版,第52~59页。

〔28〕 参见[德]C. W. 卡纳里斯:《德国商法》,杨继译,法律出版社2006年版,第46~58页。

〔29〕 参见《德国商法典》,杜景林、卢谌译,法律出版社2010年版,第1~4页。

〔30〕 参见《西班牙商法典》,潘灯、高远译,中国政法大学出版社2009年版,第8页。

〔31〕 参见《意大利民法典(2004年)》,费安玲等译,中国政法大学出版社2004年版,第514页。

〔32〕 参见刘成杰译注:《日本最新商法典译注》,中国政法大学出版社2012年版,第13~73页。

〔33〕 参见[日]近藤光男:《日本商法总则·商行为法》,梁爽译,法律出版社2016年版,第17页。

〔34〕 参见《韩国商法》,吴日焕译,中国政法大学出版社1999年版,第4页。

（二）商事主体资格自由取得的适用对象

商事主体资格的自由取得，主要适用如下主体：

1. 纯粹的营业性投资者

如自然人投资证券市场、购买银行理财产品、出资入股企业、个人的营利性借贷等，均属于营业性投资行为，只要特定自然人事实上实施了营业性投资行为，就当然取得股东、资本证券持有人、理财产品持有人等以投资主体为具体形式的商事主体资格。同样，如政府、学校、医院、体育、文化、基金会等政府或非营利组织，在法律允许或不禁止的情形下，投资资本证券或其他理财产品，自营业性投资行为实施之时，就实际取得投资主体资格。

2. 免于许可或登记的经营者

无论是严格的许可取得主义，还是登记取得主义，均不可囊括所有特别是小规模类的营业形式和营业主体。因之，不管是立法上，还是法律与制度的实际执行中，都事实上给予部分、特定营业形式或主体以一定的生存空间，特别是小商人或小规模经营者。即使如曾经奉行严格许可取得主义的我国，也给部分小规模营业形式或主体以一定的例外，如国务院2003年3月发布的《无照经营查处取缔办法》第21条，就规定农民在集市贸易或地方人民政府指定区域内销售自产的农副产品，可以不进行工商登记。从营业的发展演变形态上讲，营业往往是遵循从自由营业到规制营业、从临时营业到持续营业、从零星营业到规模营业、从小规模营业到超大规模营业这一路径不断发展、提升，如我国义乌小商品市场，最早就是由无照无证的农民商人自由经营、交易逐渐积累、探索、发展起来的。[35] 即使奉行普遍登记取得主义的今天，也非所有营业形态或主体均须登记，如国务院2017年8月颁发的《无证无照经营查处办法》第3条规定："下列经营活动，不属于无证无照经营：（一）在县级以上地方人民政府指定的场所和时间，销售农副产品、日常生活用品，或者个人利用自己的技能从事依法无须取得许可的便民劳务活动；（二）依照法律、行政法规、国务院决定的规定，从事无须取得许可或者办理注册登记的经营活动。"至于存在明确豁免许可或登记制的国家或地区，只要属于法定豁免许可或登记范围的营业，就无须取得许可或办理登记，特定主体只要参与营业活动或实施营业行为，就实际取得营业资格，进而转换为商事主体。

一般而言，在免于许可或登记的情形下，以下营业性经营者或交易者，其商事主体资格适用自由取得方式：（1）小规模个体工商业经营者，典型如个体手工业作

---

〔35〕 参见何泷泉：《农民商人与义乌小商品市场》，载《浙江社会科学》1994年第2期。

坊、店铺。(2)个体流动经营者,如具有我国特色的个体摊贩、流动商贩等。[36](3)家庭经营户,如具有我国特定政策与法律双重意义的农村承包经营户、农林牧渔经营者、家庭农场等。[37]

三、商事主体资格的许可取得

(一)商事主体资格许可取得的适用情形

商事主体资格许可取得,是指民事主体须经特定的许可程序,方可取得营业资格的商事主体资格取得方式。商事主体资格许可取得方式源于中世纪的同业商会或行会许可制。近代法国等少数大陆法系国家或地区曾经实行过商事主体资格的行政许可制。20 世纪,以苏联、中国为代表的社会主义国家,曾奉行严格的行政许可主义,所有从事营业活动的主体均须获得行政审批或行政许可。按照许可权源的不同,商事主体资格许可取得可分如下两类:(1)行业许可。系由具行业准入性质的同业商会或行业协会为本行业进入者所进行的营业许可,中世纪欧洲的同业商会、行会许可制,即为此类。(2)行政许可。即由政府特定行政机关对营业申请者进行审查,并对符合条件者颁发营业许可证或企业设立许可证,近代法国、苏联和我国 2013 年之前的营业行政许可制,即为此类。商事主体资格许可取得主要包括如下两种情形:

1. 普遍许可主义

所有民事主体申请营业或设立企业,均须一体向许可部门或机关申请许可,只有获得许可令或许可证,申请者方可营业或设立企业。中世纪的同业商会、行会许可制,苏联的经营审批制,我国 1993 年以前的经营许可与企业设立审批制,均为此种情形。

2. 例外许可主义

只有部分特定主体营业、设立特定企业需要履行许可或审批程序,其他一般主体营业、设立一般企业无须许可或审批。如我国在 1993 年至 2005 年,根据《公司法》的规定,只有部分有限责任公司和所有股份有限公司的设立,需要履行行政审批程序,其中股份有限公司设立的审批权限在国务院或省级人民政府。

目前,除极少数国家或地区,仍然保留某些特殊主体或设立特殊类企业的行政许可或审批程序外,民事主体进入营业领域或设立一般类企业,无须取得行政许可

---

〔36〕 参见王雷:《流动商贩的商事主体资格研究——兼论商事主体类型化分析中的一个盲点》,载《朝阳法律评论》2010 年第 6 期。

〔37〕 参见贺茜:《家庭农场商事主体资格的建构》,载《西北农林科技大学学报(社会科学版)》2019 年第 2 期。

或审批。例外许可主义的商事主体资格许可取得方式,已成世界主流。例如,我国2005年《公司法》修订案第6条第2款规定,法律、行政法规规定设立公司必须报经批准的,应当在公司登记前依法办理批准手续。

(二)商事主体资格许可取得的适用对象

商事主体资格的许可取得方式虽仍存在,但仅限于法律规定的例外情形。

1. 特殊类主体申请营业者

对某类民事主体从事营业活动或实施营业行为须履行特定的许可或审批程序。一般而言,下列特殊类主体申请从事经营者,应取得特别许可或审批:(1)国家机关、非营利组织和其他不宜从事营业的组织;(2)国家公务员或履行公职的人员;(3)外国人或无国籍人。其中第一类、第二类仅限制其直接成为经营主体或交易主体,但法律允许他们作为投资主体资格的情形不在此列;第三类主体中的外国人与无国籍人,随着国民待遇原则的普遍适用,现在限制也越来越少。

2. 设立特殊类企业

金融、通信、军工、基础设施、公用事业等涉及公共秩序、国家安全、社会公益的某些领域,各国一般均不允许由自然人直接投资经营,甚至也不允许任意设立企业自由投资经营;因此,如设立经营这些特定领域的企业,就须取得行政许可或审批。[38] 2014年以前,我国设立从事特殊事项经营的企业或公司,须取得行政许可或审批手续。2014年以后,实行严格意义上的登记准则主义,所有企业设立登记均实行"先照后证",原设立登记之先的前置行政许可或审批程序,全部移至企业设立登记之后。故在我国设立特殊类企业,已不再适用商事主体资格的许可取得方式;相应地,企业取得营业执照之后,再申请营业许可证书或批文,属于特殊营业能力取得范畴。

四、商事主体资格的特许取得

(一)商事主体资格特许取得的适用情形

商事主体资格特许取得即由国家最高代表机关或权力机关通过颁发特别许可令状或法案,授予某特殊主体以商事主体资格或准许设立特殊企业的商事主体资格取得方式。商事主体资格特许取得与后文所论特许经营不同,特许经营为特定领域、部门、行业、事项经营资格或权能的特别取得方式,是融公开招标竞争与特别行政许可于一体的经营权授予和确认制度,属商事主体特殊营业能力取得的范畴;商事主体资格特许取得与一般意义的商事特许经营也不相同,商事特许经营是基

---

〔38〕 参见娄耀雄:《论我国电信企业入门资格的行政许可》,载《行政法学研究》2009年第4期。

于商号、商标、商业秘密等商事权利的附条件让渡或授权,而在特许人与使用人之间形成的标准化契约关系。[39]

商事主体资格特许取得始于古罗马时期,定型于中世纪晚期的西欧,盛行于16世纪大航海贸易时代。其中,以早期的荷兰、英国、法国、西班牙、葡萄牙、俄国等最为典型。例如,早期的荷属东印度公司、英属东印度公司、法属东印度公司等海外殖民公司,均为国王特许设立的公司。[40] 商事主体资格特许取得也存在普遍特许和例外特许两种情形,其中,普遍特许只在16～18世纪欧洲中世纪晚期在特许海外公司的设立上适用,至18世纪末,即被自由、许可、登记等所取代;故现在保留下来的特许均为例外主义,只有极少数国家或地区对某些特殊类公司的设立实行特许,如成立于1922年的英国BBC,1927年获得皇家特许状,就属典型意义的特许公司。[41]

(二)商事主体资格特许取得的适用对象

无论是历史上,还是现实中,商事主体资格适用特许取得的范围并不多见,且适用对象大多为各种特别类公司,针对特定类主体申请营业者极为少见。特许公司是西方封建国家推行"重商政策"和"海外殖民"中的急先锋;[42] 具有国家主导、特许法人和垄断特权等主要特征,它的基本前提是国家公权力与营业垄断的合谋,在某种意义上,是中世纪晚期的特有现象。[43] 至现代,商事主体资格的特许取得方式因不符合营业自由和竞争公平,而被各国普遍摒弃。

五、商事主体资格的登记取得

(一)商事主体资格登记取得的适用情形

1. 商事主体资格登记取得的缘起与功能

商事主体资格登记取得是指特定民事主体或拟设立的企业类民事主体具备法定条件,并经法定程序完成开业登记或设立登记等商事登记后,即取得营业资格的商事主体资格取得方式。商事主体资格登记取得是目前商事主体资格的主导取得方式。

---

〔39〕 参见余爱冬:《特许经营商事法律制度研究》,法律出版社2010年版,第19～28页。

〔40〕 参见虞政平:《论早期特许公司——现代股份公司之渊源》,载《政法论坛》2000年第5期。

〔41〕 参见王军:《比较视野下的英国特许公司——以四个特许公司为中心的考察》,载《学习与探索》2011年第5期。

〔42〕 参见何顺果:《特许公司》,载《世界历史》2007年第1期。

〔43〕 参见胡明:《现代企业的国家工具理论——基于16至17世纪西欧特许公司的实证研究》,载《中国政法大学学报》2014年第2期。

商事登记作为一项主体资格和营业资格取得制度，源于古罗马时代，古罗马法律规定商店必须悬挂招牌，以公示其营业状态，实际上就是商事登记的滥觞。中世纪，在意大利及地中海沿岸的商业城市，以商人行会自律的行规形式表现的商事登记规则逐步健全，商人行会对商事主体资格的取得和身份的保留有决定性的权力，商人的名称、营业牌照、经营项目、商业使用人及学徒等事项，还须按一定程序登记于行会成员的簿册中。近代以来，商事登记习惯则相继被各国商事成文法所采纳，如法国1673年的《陆上商事条例》等都不同程度地吸纳了中世纪商人登记规则的部分内容。[44] 现代意义上的商事登记始于1861年《德国普通商法典》，该法典在第一编中对于商人资格和能力的取得、商事登记机关（地方法院）、商事登记事项、商事登记程序、商事登记簿、商业名称等内容均有详细、具体的规定。1897年《德国商法典》经系统修改，此法所创制的商事登记制度成为后世各国商事登记法的典范。[45]

现代意义的商事登记制度在我国始于清末官商解禁时期的特许制度，1903年颁布的《钦定大清商律》和1909年脱稿的《大清商律草案》均有关于商事登记的规定。1937年，南京国民政府制定《商业登记法》。1949年以后，1950年原政务院颁布的《私营企业暂行条例》，1951年原财经委发布的《关于公营企业和公私合营企业应进行登记的指示》、1963年国务院发布的《工商企业登记管理试行办法》等，逐步建立起新的企业登记制度。1979年以后，随着我国改革开放政策的实行，我国相继颁发了《中外合资经营企业登记管理办法》（1980年）、《工商企业登记管理条例》（1982年）、《公司登记管理暂行规定》（1985年）等多个工商登记法规。1988年国务院又颁布《企业法人登记管理条例》及其施行细则，废止上述三个法规，以企业法人登记取代工商企业登记。1993年我国《公司法》制定以后，商事登记开始步入企业分类登记制度的新阶段。

从本质意义上讲，现代意义的商事登记，与古代民间通过营业庆典、开业仪式、店堂告示、交易邀约等特定要式行为，向世人确认、公示进而宣示营业，并无本质上的不同。不同的是，传统的营业宣示是民间的，信息传播范围和公示告知效力比较有限；而现代意义的商事登记则通常由国家公权力机关（如德国、韩国等国的地方法院；法国的地方法院和最高行政机关；美国、英国、日本等国的行政机关）或准公权力机关（如荷兰的地方商会）主持，信息传播范围和公示告知效力无疑是传统民间营业宣示制度难以企及的。但无论如何，商事登记的制度功能并非营业行政许可，而只是对营业申请人和企业设立人申请营业、设立企业的意思、事实予以确认、

---

〔44〕 参见张民安：《法国商事登记制度研究》，载《商事法论集》2006年第2期。
〔45〕 参见范健：《德国商法：传统框架与新规则》，法律出版社2003年版，第224～226页。

宣告、公示而已，并非具有创设法律主体、授予营业资格的功能。[46] 更何况，商事登记按内容和对象包括设立（开业）登记、变更登记、注销登记等，而事实上只有开业登记或设立登记与商事主体资格的取得方式有关。因此，就实质功能而言，商事登记仅仅只起到对营业申请者和经出资发起设立企业之商事主体资格的确认、宣告、公示效应，并因经现代国家公权力或准公权力机关行为、公信力作为担保和背书，而具有推定真实的公信力和对抗力。

2. 商事主体资格登记取得的制度范例

关于民事主体从事营业活动或实施营业行为，是否一定或必须办理商事登记，世界上尚存在强制登记主义与任意登记主义两大立法与制度例。[47]

（1）强制主义商事登记立法原则与制度模式。强制主义登记原则，又称强制登记主义，即法律规定从事营业的主体均负有商事登记的强制性义务，未经登记，不得营业；未经登记而事实上营业者，以非法营业或无证（照）营业视之。此一原则要求营业的主体须进行强制登记，登记注册乃营业当事人之法定的强制性义务，由此对应产生法律强制要求营业当事人履行登记、注册义务的强制商事登记制度范式。在实行强制登记主义立法例与制度例的国家或地区，商事登记是营业当事人必须履行的法定、强制性义务；从事营业之前得申请商事登记，业经登记、注册并公告后，方可取得主体资格或营业资格，才可正式营业；非经登记，不得营业，否则即为非法营业，国家和主管机关有权予以取缔或勒令停业。一般认为，大陆法系多数国家或地区商事登记制度属于强制登记主义立法与制度范式。

（2）任意主义商事登记立法原则与制度模式。任意主义登记原则，又称任意登记主义，或者自由选择登记主义，则指商事登记并非营业当事人的法定、强制性义务，是否申请商事登记，应由营业当事人自由选择；未经登记，当事人也可营业，甚至可以设立如公司等企业组织进行营业，只是因没有登记，不能产生在登记机关注册的法律效果而已。但因法律规定，未经登记，其营业事项不可对抗第三人。由于登记与不登记所产生的公信力和对抗法律效果存在巨大差异，立法的目的并非强制营业当事人进行登记，而是引导投资者、经营者、交易者尽可能地选择登记，因为不登记可能产生对营业当事人很不利的法律后果，如债务上的合同责任与连带责任。基于法律规定的引导，绝大多数选择或决意营业的民事主体会自觉地办理登记。一般而言，英美法系多数国家或地区所奉行的为任意登记主义。相对于大陆法系国家或地区，英美法系国家或地区由于没有严格的商事登记概念和独立的商事登

〔46〕 参见肖海军：《论公司设立登记撤销制度——以〈公司法〉第 199 条的适用展开》，载《中国法学》2011 年第 2 期。

〔47〕 参见肖海军：《我国商事登记豁免制度的构建》，载《法学》2018 年第 4 期。

记制度,其登记规范一般融合并附属于有关社团登记、公司登记和其他营业登记之中,是否申报或进行商事登记完全取决当事人的需要。以英国、美国为例,商事组织包括个体经营者、合伙和注册公司,其中只有公司要求注册,个体经营者、合伙是否登记或注册,法律无明文规定。如果公司设立人选择注册公司,则该公司就是法人或拟制的人,注册的意义在于对世公示该公司作为法人已被有效确认,进而为其出资成员提供有限责任的法律保护。而没有注册,则不产生此等法律效果。至于个体经营者、合伙,则完全通过判例来认定其债务责任,未经注册的任何个体经营者、合伙,均不可能导致独立法人的法律效果。

3. 我国商事主体资格登记取得的适用情形

商事登记除前述强制主义与任意主义两大制例外,根据商事登记的前置性条件不同,即申请商事登记之前是否需要履行必要的法律程序或要式行为,商事登记的具体立法与制度范例又可分为自由主义、特许主义、许可主义与准则主义四种典型模式。严格来说,在自由主义的商事主体资格取得制度范式下,商事主体资格取得则无须经过开业或设立登记,因此,商事登记只存在许可主义或登记主义的商事主体资格取得制度范式下。其中,在许可主义的商事主体资格取得制度范式下,部分商事主体资格的取得还需要取得营业行政许可,它集中表现为商事登记的行政许可前置程序。〔48〕 在许可主义或登记主义的商事主体资格取得制度范式下,已经营业开业或企业设立登记的民事主体就依法取得了营业资格。〔49〕

我国是一个实行典型、完全、严格、绝对的强制登记主义国家,例如,我国《公司法》第210条规定,未依法登记为公司或分公司,而以公司或分公司的名义从事经营的,"由公司登记机关责令改正或者予以取缔"。又如,《合伙企业法》第95条、《个人独资企业法》第37条、《个体工商户条例》,国务院《市场主体登记管理条例》第3条、《企业法人登记管理条例》第3条第2款、《公司登记管理条例》第3条第2款、《合伙企业登记管理办法》第3条、《农民专业合作社登记管理条例》第3条及国家市场监督管理总局《个人独资企业登记管理办法》《个体工商户登记管理办法》第2条等登记管理性规范,均有同样或类似的规定。上述规定,均是严格强制主义登记原则和制度的集中体现,因而未经登记不得营业。非经登记的营业则属非法经营、无证经营、无照经营的范畴,应属查处、取缔、关闭、捣毁的对象,这几乎成为我国立法和制度中的一种习惯性规范,并成为人们习以为常的一种思维定式。

未经登记属非法或无证营业、对非登记的营业持一概的事前禁止和事后否认

〔48〕 参见胡加荣:《西方企业登记立法对我们的启示》,载《中国工商管理研究》2004年第12期。

〔49〕 参见蒋大兴:《公司法的展开与评判——方法·判例·制度》,法律出版社2001年版,第373～376页;王远明、唐英:《公司登记效力探讨》,载《中国法学》2003年第2期。

态度，有深刻的观念传统、思想基础和政制背景，因此，短时期内完全摒弃此一制度模式而改采任意登记主义，不仅不现实，在人们的观念、传统制度性惯性、商事司法审判尚存在诸多问题的情况下，如贸然选择任意登记主义原则，还会造成社会混乱。但是，我们也必须正视该制的明显弊端，且该弊端备受业界和民间诟病，故在商事登记改革中，应逐步而有选择地引入任意登记主义的某些做法。而当务之急所要做的就是在总体坚持既有强制主义登记原则与制度模式的前提下，适度引入任意主义的某些合理因素，创设并构建商事登记豁免制度。

在引入商事登记豁免制度之后，除属法定豁免登记的特定民事主体或经营形式外，其他民事主体申请营业者或以设立企业形式进行营业者均须经开业登记或设立登记，进而取得商事主体资格，其商事主体资格方可在法律上得到确认。

需要特别指出的是，从营业自由的角度来看，自由从事营业是每一民事主体的当然权利；从权利的角度，未经登记均可从事营业。只是因为现代国家公权力的介入，商事登记才成为必要，特别是在我国奉行强制登记主义立法与制度范式下，登记更显重要。自然，未经登记可以营业，只是不能产生如开业登记和设立登记那样预期的法律效力和积极效果，这一点无论是选择强制登记主义，还是采用任意登记主义的国家或地区，基本是一致的。如企业未经设立登记就以企业名义营业者，因该企业作为组织体之主体资格乃至营业资格均未经法律确认，自然不能产生企业营业的法律效力和积极效果，该营业中所生债务应由事实营业当事人而非由企业来承担。足见，开业登记与设立登记对申请营业者或以设立企业形式进行营业者而言，并非可有可无的制度或程序。基于此，在未来商事登记的制度定位上，应促使政府从行政干预者逐渐向公共服务者转型，改变既有商事登记的行政许可和管治思路，通过统一商事登记程序，设立根据主体自愿申请登记、未经登记的出资人或经营者不能获得有限责任保护的商事主体确认机制和对抗效力法则，[50]应是我国将来商事主体资格取得和商事登记制度改革的基本方向。

（二）商事主体资格登记取得的适用对象

商事主体资格登记取得的适用对象，因立法与制度例具体要求和规定不同，在不同法系、国家或地区存在一定的差异。

在奉行任意登记主义的英美法系国家或地区，法律对营业开业或企业设立并无强制性规定，全凭营业当事人的自愿和自由。但是，由于未经设立登记的公司不能产生公司确认的法律效力和积极效果，这对公司发起人、公司股东和公司高管影响极大，因为只要没有完成设立登记，公司的主体地位、营业资格、法律人格，就不能

---

〔50〕　参见季奎明：《商主体资格形成机制的革新》，载《中国法学》2019年第3期。

在法律上得到确认。尽管在实际营业中当事人仍可以公司名义为开展营业活动或为营业行为，但由此产生的营业债务，则应按照合同规则而非公司规则处理，这无疑会给公司发起人、公司股东和公司高管带来极大的商业风险。因此，在任意登记主义制例下，绝大多数公司是会很自觉地履行登记的，实际上奉行任意登记主义制例的国家或地区，有关商事登记也主要适用于企业登记，特别是公司登记，非企业的个体、家庭经营，登记与否没有太多的法律意义。

相对而言，在采用强制登记主义的绝大部分大陆法系国家或地区，由于商事登记具有强制性，所以在理论和立法上，商事登记应适用于所有拟进入营业领域的民事主体。但又因部分国家或地区存在对小商人或小规模商人的豁免登记制度，故实际上商事主体资格登记取得的主要适用对象为不属于豁免登记范围的营业申请者或企业类营业者。

我国实行的是强制登记主义制例，也无明确的商事登记豁免制度，但根据《民法典》《个体工商户条例》《无证无照经营查处办法》等规范性文件的规定，以下营业者是可以不需要办理开业或营业登记的：(1)无固定经营场所的摊贩经营者；(2)家庭农、林、渔、牧业经营者；(3)家庭手工业经营者；(4)利用自有房屋的小规模民宿经营者；(5)个体投资者；(6)临时性贩卖者或经营者；(7)小规模网商；(8)每月销售额未达我国营业税起征点的经营者。[51] 在此前提下，我国目前适用商事主体资格登记取得的营业进入者主要包括如下三大类型：

1. 从事个体经营的自然人

如根据《民法典》《个体工商户条例》《个体工商户登记管理办法》等规范性文件的规定，自然人从事工商业经营，经个人申请，可依法登记为个体工商户；登记为个体工商户后，既可以个人经营，也可以家庭经营。自然人经申请登记为个体工商户，并非新主体的创设，就如同自然人出生、死亡、结婚、失踪、收养等身份登记一样，它仅具有确认效力，而不具有主体或资格创设效力。[52] 该自然人还是原来的自然人，所变化的仅仅只是该自然人的角色、身份、地位、功能和关系。因此，个体工商户的登记并非主体创立或设立登记，它属于自然人的开业登记范畴。经此开业登记为个体工商户的自然人个人或家庭户，则在营业领域或经营活动中，取得营业资格，并由一般民事主体转换为商事主体。

2. 从事营业活动的非企业组织

从社会功能和组织属性而言，政府组织、非营利组织和其他不具有营利目的性

[51] 参见肖海军：《我国商事登记豁免制度的构建》，载《法学》2018 年第 4 期。

[52] 参见冯翔：《论商事登记对商主体资格的确认效力》，载王保树主编：《中国商法年刊》2015 年卷，法律出版社 2015 年版，第 370 ~ 375 页。

的组织,从社会分工角度讲,本不具有营业的必要性,法律和制度对其营业权能也给予某种程度的限制。但在某些特殊情况下,如我国《民法典》总则编所列非营利法人中的社会服务机构法人和特别法人中的集体经济组织、合作经济组织,本身就实际从事着具营利性的营业活动。除此之外,部分学校、医院、文化、体育组织等,为解决经费不足问题,也需要开展一些经营性活动。至于如律师事务所、会计师事务所、公证、鉴定等社会中介机构,虽然法律并未把其定性为营利机构或企业组织,但它们实际上也大多从事有偿的营利性活动。总之,在我国过去、当前和今后相当长的时期里,非企业组织从事营业活动,应是一种不容忽视或否认的客观存在,大量非企业营业存在的事实导致营业领域"灰色地带"的出现,这既不利于营业准入和市场竞争的公平,也不利于市场秩序和公共秩序的净化,更不利于税负均衡和收入分配的公平。因此,尽早把非企业组织营业纳入商事登记的范畴,实具必要性和紧迫性。

把非企业组织纳入商事登记的范畴和适用对象,意味着非企业组织从事经营活动或实施营业行为应当办理商事登记。虽然如此,由于非企业组织在办理商事登记之前,其主体资格甚至法人资格,已得到法律或类似于民政登记的其他登记所确认,因此,非企业组织办理商事登记,实质上应属开业登记性质,不属于设立登记的范畴。2021 年前,我国《企业法人登记管理条例》第五章虽有"开业登记"的规定,但实质它属于企业法人设立登记的范畴;只有第九章"事业单位、科技性的社会团体从事经营活动的登记管理"中的相关规定,属于真正意义的开业登记属性。基于此,笔者建议,在我国拟立的统一商事登记法中,应明确规定开业登记,使之适用于个体工商户和非企业的营业登记。依开业登记制例,如非企业组织经申请办理了开业登记,则该非企业组织在营业领域或经营活动中取得营业资格,并由一般民事主体转换为商事主体。

3. 企业

企业是当今社会最主要的营业组织,但基于企业的组织性与团体性,必然存在组织的主体资格认定和营业资格确认等双重问题,某些企业组织还存在独立法人资格的确定问题。由于企业与组织登记制度目前尚存在分离主义和统一主义的不同制例,[53] 而两者对组织体企业的设立而言具有重大差异。在对主体资格认定和营业资格确认持分类程序、分离处理的分离主义国家或地区,发起设立企业,应进行主体资格或法人资格登记,而后再凭主体资格或法人资格证书到商事登记机关办理营业登记。该商事登记实质就相当于开业登记的范畴,企业经营业登记取得营业资格,就确认为法律上的营业主体,该企业的商事主体资格也被法律所认可,

〔53〕 参见蒋大兴:《公司法的展开与评判——方法·判例·制度》,法律出版社 2001 年版,第 373～376 页。

进而被社会所认可。而在对主体资格认定和营业资格确认采统一程序、合并处理的统一主义国家或地区,企业的主体资格、营业资格甚至法人资格,则是通过具有功能多样性和程序一体性的企业设立登记来一并解决。在统一主义登记制例下,只要完成了企业设立登记,领取企业营业执照或企业法人营业执照,该企业就实质取得私法上的主体资格和营业领域的营业资格,法人型企业还取得独立法人资格,企业之商事主体资格得到法律上的确认,进而得到社会的认可。

尽管企业之主体资格与营业资格的分离主义比统一主义更具优势,也是我国商事登记制度今后的改革方向,〔54〕但在我国现行企业主体资格和营业资格的确认机制上,实行典型的统一主义制例模式,〔55〕任何企业须经设立登记,才可以企业名义进行营业。非经登记,不得以企业名义营业。足见,商事主体资格登记取得,适用于我国境内一切形式的企业类组织。

---

〔54〕 参见陆晓瑜:《论商事登记中的商主体资格与营业资格》,载《湖北警官学院学报》2014 年第 9 期。

〔55〕 参见刘沛佩:《从准统一到分离:商事主体资格的回归路径》,载《中国工商管理研究》2009 年第 6 期。

第四章　商事主体的法律人格

主体、人格、能力是私法主体中的基本范畴，也是一组被学界、业界长期混淆甚至误读的法学概念，特别是关于商事主体的法律人格，本义内涵是什么，究竟承载何种制度功能，商事主体是否具有独立于一般民事主体的独立人格，这些均是研究商事主体不可忽略和回避的基础问题。

第一节　商事主体人格的制度蕴含

一、人格的意义厘定与制度功能

（一）人格理论的代表性观点与评析

商事主体的人格所要讨论或解决的问题，是民事主体进入营业领域之后的人格属性问题，其实质就是民事主体转换为商事主体之后的人格属性与人格形态问题；而要准确界定商事主体的人格，就必须认识并厘定人格究竟是一个什么样的概念或范畴。在法学上，人格是一个经常被提及且在一定意义上被泛化的法范畴。但对人格的界定与内涵，学界却远未形成共识，不同学者基于不同的视角、语境、制度背景，有不同的定义和解读，归纳起来，有如下几种代表性的观点。

1. 权利主体资格说认为，人格与主体属同义异表，人格即为权利主体资格之称谓。如有学者认为，人格中的“人”为民事权利主体，“格”则指民事权利主体的资格，故“人格者，民事权利主体资格之称谓也”；〔1〕有学者从法人人格的定义出发，认为人格属于法律赋予自然人或团体组织以“享有民事权利的主体资格”；〔2〕还有学者认为，民法中的人被缩限为法律关系的权利主体，而权利能力乃“人为人”的实证法表达，从而实现了对人格的某个方面功能的替代。〔3〕

---

〔1〕 参见江平主编：《法人制度论》，中国政法大学出版社 1994 年版，第 1 页。

〔2〕 参见杨立新：《人身权法论》，人民法院出版社 2002 年版，第 384 页。

〔3〕 参见曹险峰：《论德国民法中的人、人格与人格权——兼论我国民法典的应然市场》，载《法制与社会发展》2006 年第 4 期。

2. 民事权利能力说认为,近现代民法的个人人格,只不过是在伦理基础之上的法律技术产物,罗马法将“身份”作为生物人与法律人的连接点,形成“界定适格者并使其成为法律主体”的人格塑造技术;法国法将自然法上的“理性”作为实定法中的人的依据;德国法则在人的伦理属性基础上建立起“权利能力”的概念,实现了法律人的依据由伦理到实定法规则的转变。〔4〕 故人格即民事主体的权利能力;反过来,民事主体的权利能力,即为民法上的人之人格。例如,黑格尔就认为“人格一般包含着权利能力,并且构成抽象的从而是形式的法的概念、和这种法的其本身也是抽象的基础”,所以法的命令是“成为一个人,并尊敬他人为人”。〔5〕 我国学界也普遍性地认为,人格与权利能力同义,如有学者认为,“民事权利能力,就是公民享有民事权利,负担民事义务的资格”,故“具有权利能力即具有法律上的人格”,“权利能力”是“成为民事权利主体的前提条件”;〔6〕它是民事主体参加民事法律关系,取得民事权利、承担民事义务的法律依据,也是自然人、法人享有民事主体资格的标志。〔7〕 有学者认为,民法以“人作为人格者”的理念,而“权利能力又称人格”,权利能力概念的出现,“使个人得从阶级身份的限制获得解放,由此技术性的规定体现其伦理价值而与人格权相连接,即无人不具有权利能力而为人格者,人因出生即当然享有人格权”;〔8〕或者认为人格在本质上即为权利能力,系指法律赋予自然人或法人“作为民事法律关系主体的资格”。〔9〕 还有学者认为,“法律意义上的人格以权利能力之享有为标志,换言之,享有权利能力也就意味着具有私法主体地位”。〔10〕

3. 人格权标的说通常是从人格权的视角来看待或讨论人格,并把人格定位为“人格权的客体”。〔11〕 德国学者通常是从“权利主体”与一般人格权的意义上来讨论“人格”问题,人格被视为“权利主体”“权利能力”视角下的“人格权标的”;〔12〕日本也有学者认为,名誉、姓名、肖像、隐私等具有人格属性的人格利益,是人格权的保护对象。〔13〕 人格也常常作为我国国内人格权论著所指向的客体,如有学者认为“人

〔4〕 参见马俊驹、张翔:《论民法个人人格构造中的伦理与技术》,载《法律科学》2005 年第 2 期。

〔5〕 [德]黑格尔:《法哲学原理》,范扬、张企泰译,商务印书馆 1961 年版,第 46 页。

〔6〕 参见佟柔主编:《民法原理》,法律出版社 1986 年版,第 52 页。

〔7〕 参见佟柔主编:《中国民法》,法律出版社 1990 年版,第 67 ~ 70 页、第 103 ~ 104 页。

〔8〕 参见王泽鉴:《人格权法》,北京大学出版社 2013 年版,第 41 ~ 43 页。

〔9〕 参见杨振山主编:《中国民法教程》,中国政法大学出版社 1995 年版,第 59 页、第 78 页。

〔10〕 参见朱庆育:《民法总论》,北京大学出版社 2013 年版,第 370 页。

〔11〕 参见张红:《人格权总论》,北京大学出版社 2012 年版,第 188 ~ 189 页。

〔12〕 参见[德]迪特尔·梅迪库斯:《德国民法总论》,邵建东译,法律出版社 2001 年版,第 800 ~ 811 页;[德]卡尔·拉伦茨:《德国民法通论》(上册),王晓晔等译,法律出版社 2003 年版,第 165 ~ 174 页。

〔13〕 参见[日]五十岚清:《人格权法》,[日]铃木贤、葛敏译,北京大学出版社 2009 年版,第 1 ~ 15 页。

格权的客体为人格”，且主要表现为“具有伦理价值的人格”；[14] 有学者认为，人格权“是以权利者的人格的利益为客体（保护对象）的民事权利”，人格包括人身和其他人格利益（精神上、心理上作为独立人格者而存在的利益）等。[15]

4. 混成说是从多角度界定人格，人格因而被赋予多层含义。如有学者认为人格是法律上一个抽象的概念，具有多重意义，第一种含义为“私法上的权利义务所归属之主体，亦称法律人格，与权利能力一语有别：法律人格，乃权利义务之主体；权利能力，乃能够作为权利义务主体之资格的可能性”；第二种含义为“民事权利能力”；第三种含义则指“权利能力、行为能力、自由、名誉、姓名权等之总和”；第四种含义系指“人格”，即“一种受法律保护的利益，包括自然人的生命、身体、健康、自由、尊严、名誉等”。[16] 有学者认为，人格存在多层、多重法律意义，人格的第一种含义是从抽象平等意义上来理解，即人格系指“一种抽象与平等的法律地位，它是权利取得的基本资格”；人格的第二种含义是从民事主体的角度来理解，即人格是指“具有独立民事主体地位的个人或组织，主要包括自然人和法人”；人格的第三种含义是从人格权的客体角度来理解，即人格是“一种应受法律保护的利益”，它包括人格尊严、人身自由等人格利益。[17] 也有学者认为，民法上的人格应是“具有客观的意志能力和自我发展能力”“具有产生客观意志能力的物质基础”“具有体现自我个性的多种社会存在”之综合，凡具有这些要素的人或组织就具有民法上完满的人格。[18]

不难看出，学界对民事主体的人格并无统一认识和准确定义，某些讨论甚至是模糊和混乱的。之所以如此，一则，在于不同学者在讨论人格时，分析视角、参考标准、制度背景、特殊语境和对应坐标存在明显不同，在讨论基点与逻辑构架存在如此重大差异的前提下，显然无法廓清人格的真正意义与确定内涵。二则，绝大多数学者并没有认识到主体、人格、权利能力等概念或范畴之间的差异，对它们作严格区分，不是在主体资格与主体人格之间画等号，就是把主体人格与权利能力相混同；或者狭义地把人格界定为人格权的客体，从而难以彰显人格在私法中的基础意义和特殊功能。足见，要准确界定人格，就必须考察人格的缘起源流与真正意义。

（二）罗马法上人格减损制度与人格制度在现代民法的本源意义

虽然学界与业界对人格的界定存在较大分歧，但比较一致的看法是人格制度缘起于古罗马的人格减损（又称减等）制度。人格、人格权制度是罗马法中带有鲜

---

〔14〕 参见姚秋英：《人格权法研究》，中国政法大学出版社 2012 年版，第 12～16 页。

〔15〕 参见谢怀栻：《民法总则讲要》，北京大学出版社 2007 年版，第 58～60 页。

〔16〕 参见梁慧星：《民法总论》，法律出版社 2011 年版，第 91 页。

〔17〕 参见王利明：《人格权法研究》，中国人民大学出版社 2012 年版，第 5～7 页。

〔18〕 参见刘召成：《准人格研究》，法律出版社 2012 年版，第 81～88 页。

明文化特征、具有根本性的一项制度。[19] 在古罗马，生物意义上的人，分为“自由人与奴隶”，即“一切人不是自由人就是奴隶”，奴隶只是“违反自然权利沦为他人财产之一部”。[20] 既然不是主体，自然也就没有人格。就人格只专属自由人而言，没有主体资格，就根本谈不上人格。

对自由人而言，人格按其身份资格和权利范围可划分为自由人、罗马公民、家庭成员等三种身份，并分别对应自由权、公民权、家族权等具体人格、身份等特定权利。[21] 其中自由权包括自由迁徙居住、自由择业谋生等；[22] 公民权又称市民权，包括参政权、诉讼权、财产权、婚姻权等；家族权，即在家族组织关系中各成员所处的地位和享有的权利，包括他权人（家长权、夫权、买主权）和自权人等。[23]

如某自由人因违法而受到相应惩罚，就会产生人格减等的法律效果，而这种对应的惩罚与人格减等共分小等、中等、大等三级，人格小减等即违反家族法或因其他原因，丧失原有的家族权；人格中减等，为违反罗马公法而被剥夺罗马公民的身份或资格，丧失参政权、诉讼权、财产权、婚姻权等一系列市民权；人格大减等，为因犯罪、负债、降服国外等原因被剥夺自由、成为奴隶，丧失自由权。[24] 人格大减等属于人格被消灭，该主体已无人格，从而不再属于主体范畴。

此外，在古罗马，并非所有自由人均具有独立的人格，如非罗马的拉丁人或外国人就并不拥有完全的罗马市民人格；家族中除家长之外的家属，其行为和财产受家长支配，并无自由处分权，也无完整的家族主体人格。

可见，从古罗马关于人格分类与人格减等的有关规定来看，人格制度至少具有如下内容和特点：(1)主体的存在是人格拥有的前提，如不是主体的奴隶，就根本没有人格；经人格大减等而被剥夺自由的人，也无人格。(2)人格与特定身份密切相关。即某特定主体因具有自由人、罗马市民、家族成员等不同身份，而享有不同的法律地位和权利范围，这说明人格是一种特定的身份。(3)人格完整与否，与主体的法律身份与地位有关。即“有关人的法律的另一种区分是：有些人受自己权力的支配，另有一些人受他人权力的支配。关于后者，有些处于家长的权力下，有些处于主人的权力下”；其中，“奴隶处于主人的权力之下，这种权力渊源于万民法”；“在我们

〔19〕 参见杨师群：《论罗马法“人格”与秦汉律“名籍”问题》，载《华东政法学院学报》2000年第4期。

〔20〕 参见［古罗马］查士丁尼：《法学总论——法学阶梯》，商务印书馆1989年版，第12页。

〔21〕 参见［意］彼德罗·彭梵得：《罗马法教科书》，黄风译，中国政法大学出版社2005年版，第32~38页。

〔22〕 参见［美］罗斯托夫采夫：《罗马帝国社会经济史》（下册），马雍、厉以宁译，商务印书馆1985年版，第705页。

〔23〕 参见周枏：《罗马法原论》（上册），商务印书馆1994年版，第106~118页。

〔24〕 参见费安玲主编：《罗马私法学》，中国政法大学出版社2009年版，第51~53页。

合法婚姻关系中出生的子女,都处在我们的权力之下”。[25] 也就是说,只有拥有自由权、市民权、家族权等全部人格权时,该自由人才享有完整的人格,如不拥有完整人格权的家属,相对于拥有家长权的家长而言,就没有完全的独立性和独立权,所涉人身、财产、权利均处于家长的监督与支配之下,也就没有独立的人格。可见,古罗马人格制度是从属于人法、主体,以表征主体特定身份地位、权利范围的特定制度。

但是,在中世纪罗马法的复兴与近代民法的转型过程中,传统罗马法中人格制度的原有内涵和制度功能却被丢失。由于《法国民法典》只以追求抽象的平等、自由为主旨,[26] 作为人法的前提——主体和主体的核心——人格,却未能在《法国民法典》中展示其应有的地位,人格不恰当地被主体、法律主体或主体资格所取代。至《德国民法典》创造权利能力概念取代人格后,主体、人格与权利能力相混淆,人格的原有内涵和特定功能被彻底丢失。[27] 只是随着近年主体性人格要素、人格权、法人人格否认制度的引入,人们对人格概念的思考探讨和传统回归才被唤起。

可见,人格是特定社会的准入条件,自从生物人与法律人适度分离(如奴隶只是生物人而非法律人)后,且在法律文明早期人格的“适格判断”标准又受血缘、地域、财产等身份要素的影响,进而导致身份性人格的不平等性。近代法律人格以个人伦理属性为适格标准,人格作为抽象法律地位平等性的概念基础,加之《德国民法典》引入的“权利能力”概念使法律人格的适格条件与权利能力产生对接,人格理论也就与权利能力出现混同。[28]

人格在现代的本源意义,乃缘起于英美法中揭开公司面纱(公司法人人格否认)。既然揭开公司的面纱或否认公司的人格,能产生公司债权人直索公司股东、违法行为人的法律效果,那这公司的面纱或人格究竟是什么东西、表征公司什么制度、在法律上有何意义?显然,根据公司法人人格的制度功能,反推人格的特定内涵和原本意义,我们不难发现,现代公司人格制度与古罗马自由人的人格制度,均具有表征主体身份、地位的特殊功能,只不过古罗马的人格是表征不同身份自由人的权利范围,而公司人格制度中的人格所表征的是公司与股东之间独立关系的特殊身份、地位而已。足见,从人格的源流与演变,直至现代公司人格、法人人格否认制

---

〔25〕 参见[古罗马]查士丁尼:《法学总论——法学阶梯》,商务印书馆 1989 年版,第 17 ~ 19 页。

〔26〕 参见[法]雅克 · 盖斯旦、[法]吉勒 · 古博:《法国民法总论》,陈鹏等译,法律出版社 2004 年版,第 92 ~ 101 页。

〔27〕 参见徐国栋:《寻找丢失的人格——从罗马、德国、拉丁法族国家、前苏联、俄罗斯到中国》,载《法律科学》2004 年第 6 期。

〔28〕 参见马俊驹:《人与人格分离技术的形成、发展与变迁——兼论德国民法中的权利能力》,载《现代法学》2006 年第 4 期。

度的出现，人格已成为表征主体独立性的特定法概念与法范畴，它是基于主体、关乎权利能力，但又与主体、权利能力具有完全不同功能的独立概念与特定范畴。特别是20世纪以来，抽象人格作为近代私法塑造的人的形象，逐渐通过特别法由抽象人走向具体人，再从原子化人、生物人走向团体化人、社会组织人；[29]人格不再是原子化人、生物人、自然人的特定身份与地位标志，而是所有参与民事活动的主体（自然人和自然人结社组成的社会组织）的独立身份与地位标签。

（三）主体、人格、权利能力的概念位序与相互关系

上述关于人格的争议与分歧之所以出现，并时有交锋，究其原由，盖因学者没有严格区分民事主体（私法主体，下同）、独立人格、权利能力这三大私法概念与范畴之间的不同法律内涵和相互关系，混淆了主体、人格、能力之间的不同表征意义和制度功能，特别是把主体与人格、人格与能力作同义或同质的表述。如有学者认为，从人格即为权利能力之含义而言，"由于只要具备民事权利能力，就可以成为民法上的人，因而民事权利能力、人格、民法上的人、主体等概念基本上可以表达相近的意思"；[30]有学者虽然意识到主体是最为核心的概念，认识到主体、人格、权利能力等概念存在混用现象，但在处理主体与人格之关系问题上，仍然本末倒置地认为人格为自然人和团体成为民法主体之要件，为主体之前提；[31]至于把"人格"范畴混淆、等同于主体，或认为"人格"包含"主体资格""主体""主体特质""主体性要素"等四种含义。[32]则比比皆是。正是由于传统、既有民法学理没有严格区分主体、人格、能力的不同法律内涵与制度功能，致使学界、业界有关民事主体框架一直在自然人、法人二元结构之间纠缠不休，而没有独立人格的合伙等非法人组织被长期地、当然地不认定为民事主体，甚至出现援用《德国民法典》第54条规定提出无权利能力社团或无权利能力组织这一无法自圆其说的概念与范畴。

笔者认为，主体、人格、能力是三对具有不同表征意义、对应标座、制度功能和上下位序的法律概念和法学范畴。

1.表征意义不同：（1）主体是表征法律关系参与者、法律行为实施者、权利与义务承担者的法概念与法范畴。正如拉德布鲁赫所言，"权利要求一个权利主体"，"现今所有的人都有资格成为权利主体（只可作为权利客体的人——奴隶，如今已

---

〔29〕　参见朱晓喆：《社会法中的人》，载《法学》2002年第8期。

〔30〕　参见王利明：《人格权法研究》，中国人民大学出版社2018年版，第6页。

〔31〕　参见顾长河、张婧：《主体人格与客体人格之概念辨析——以人格、主体、权利能力等概念分析为基础》，载《西南政法大学学报》2012年第1期。

〔32〕　参见崔拴林：《私法中的"人格"范畴含义辨析》，载《法律科学（西北政法大学学报）》2008年第4期。

不复存在),但不仅是个别的,而且还有社团,即由多人结合而成团体”。[33] 亦即,“权利主体,是指民法上规范权利的归属者”;“权利主体或者说法律关系主体,在民法上,以具有主体资格为前提和维持。任何生活中的实体,要成为权利主体,必须在民法上被赋予承受法律关系的资格。唯具有主体资格者,才可以成为权利主体或法律关系的主体”。[34] (2)人格是表征特定主体有无独立身份、地位、意思、行为、权利、义务、责任的法概念与法范畴。这一点对自然人而言,由于近代民法通过引入“主体”范畴,使“私人人格从家族性、社会性人格转型成为个体性人格,实现了法律人格之平等设计与论证”。[35] 但是,对团体性的社会组织而言,就存在著名的拉德布鲁赫之问,即对多人组织的团体而言,“人们设法将它们作为‘法人’与人或自然人相对独立,它使一个由来已久的法哲学争议至今悬而未决:即这种法人的人格是否根据法律而产生、‘拟制’或先已存在,它们是否只有法律上或法律前的现实,它们是否仅相对于法律存在或不依法律存在?进一步说,此处便产生一个问题,即如果法律的确严格地将团体的权利和其成员的权利区分开来,那么团体的利益是否要完全地融在其成员的利益之中,而且,这种法律是否也因不过是技术上的理由而区分。”“出于类似的理由,一个买卖人因此而分裂为私人和商号,并进而通过其业务的不同途径,完全就像是通过不同人的独立业务而分别立账;或者是成员所有利益支付之后,是否仍有一些不可分配的利益盈余,而其承受者只有团体本身才能够加以考虑,也就是说,团体的这种独立权利是否也可用来保护独立的团体利益?”[36] 质言之,对团体而言,人格所表征的主要系指该团体类主体的独立性身份与独立法律地位。(3)权利能力则是表征主体参与民事活动后享有权利、承担义务基本范围与可能边界的法概念与法范畴。

2. 对应坐标不同:(1)主体是与客体对应的法概念与法范畴,所对应的法律概念和关系标座是客体。(2)人格所反映的是不同主体之间的独立性关系,其对应的法律概念和关系标座是与影响特定主体独立身份、地位关系的其他相关主体。例如,影响公司身份、地位独立性的对应主体,就一般公司而言是大股东、控制股东,就国有独资、控股等特殊公司而言则为国家股股东——政府;又如,影响胎儿独立性的存在,无疑是孕育他(她)的母体。(3)权利能力属于能力概念与范畴,其对应的法律概念和关系标座是行为能力。

3. 制度功能不同:(1)主体的制度功能在于确定权利义务的归属者。主体或主体独立所强调的是特定主体在与其他主体缔结、发生各种法律关系时,其法律身

[33] [德]拉德布鲁赫:《法学导论》,米健、朱林译,中国大百科全书出版社1997年版,第63页。

[34] 龙卫球:《民法总论》,中国法制出版社2002年版,第164~165页。

[35] 参见许中缘、屈茂辉:《民法总则原理》,中国人民大学出版社2012年版,第194页。

[36] [德]拉德布鲁赫:《法学导论》,米健、朱林译,中国大百科全书出版社1997年版,第63页。

份、财产利益和法律责任的合法性、有效性,如合伙组织在与其他商事主体发生业务往来时,无疑就是一个合法、有效的主体。因此,组织类民事主体的独立性所表征的法律意义是该组织在社会活动中法律关系的对称性、法律地位形式上的平等性、彼此在利益上的互利性和实施法律行为的有效性,其目的在于保障交易有效、安全和公平,促进交易效率。(2)人格的制度功能在于表征主体的独立性。人格或人格独立所关注的是该民事主体在缔结法律关系、实施法律行为和承担法律责任时,是否实质上是一个法律上独立的人,可自主地、自由地而不受他人控制、决定或牵连地表示自己的意思和实施法律行为,并以该组织体的财产去独立承担(除非有合同约定或存在法定否认人格的情形,而无须他人承担、他人也没有义务承担)法律责任(主要为债务清偿责任)。如有法人资格的公司就是一个独立的人,在破产宣告清算后,债务清偿则以其独立、现有的全部财产为限承担有限清偿责任,不足部分就免除了。可见,组织类民事主体人格独立所引申的法人性,所要宣示的是该组织体在社会关系中,特别是在有关财产给付的债务关系中法律身份的拟人化、所表示实质意思的自主性、财产归属的独立性和债务责任的有限性,其原始目的和主要的制度功能是锁定组织类民事主体发起人、设立人及其成员的民事责任或商业风险,界定该组织类民事主体的民事责任特别是债务的清偿责任,借以提醒交易相对人和利害关系人,以审视该组织类民事主体是否具有实质的意思能力和履约能力,从而防范商业风险,明确责任归属,维护交易安全。(3)权利能力在于指引主体行使权利与承担义务的基本方向。权利能力即私法主体的权利空间与活动边界,凡属权利能力范围内的事务,主体为之则合法、有效,此为权利;如需为之或应为之,则为义务。权利能力范围犹如指引路标,约束着主体民事活动的范围与边界。[37]

4.上下位序不同:主体是原生的、第一位序法概念与法范畴。在古罗马,权利能力(capacita giuridica)和人格(personalita)均须以人(persona)这一主体的存在为先决前提。[38] 其中,最具本源意义的主体概念,位阶要先于人格或权利能力,也就是说,应先有主体的存在,才可派生出人格或权利能力问题。主体的存在是人格、能力存在的必要前提和基础条件,其位序是最基础的、第一位的;而人格、能力则为主体的派生概念和范畴,功能均为表征主体某一法律意义的下位概念或范畴,其位序是派生的、从属的、第二位的。其中,人格所表征的是主体法律地位上有无独立性,而权利能力表征的是主体在参与民事活动中所享有权利或承担义务的可能范围和大致边界。可见,对民事主体而言,首要的问题是主体的存在与身份的确认,只有确认

---

〔37〕 参见肖海军:《民法典编纂中非法人组织主体定位的技术进路》,载《法学》2016年第5期。

〔38〕 参见[意]彼德罗·彭梵得:《罗马法教科书》,黄风译,中国政法大学出版社2005年版,第23~24页、第404页。

特定自然人或社会组织的主体身份与资格之后,讨论或界定该主体的人格或权利能力,才有实质意义。特别是对于如合伙、非法人企业或经济组织是否可以为民事主体,考察的核心和重点在于其是否相对于权利客体而独立存在,即是否可以作为法律关系参与者、法律行为实施者、权利与义务承担者的资格与身份而存在,如可则应予认定并在法律上作出确定,如其不能则亦否之。易言之,识别和认定某一自然人或社会组织是否可为民事主体,并非以有无独立人格或独立的民事能力为基本前提,恰恰相反,关键点是要看其是否可以作为民事法律关系参与者、法律行为实施者、权利与义务承担者的资格或身份存在,与其是否有独立人格、独立权利能力无任何关联性。

不难看出,主体、人格、权利能力三者之间存在明显的差异性,而这些差异性,又是我们讨论主体人格及人格制度内涵的基本前提。

(四)人格与权利能力关系的正本清源

在讨论人格时,最具争议性的问题,莫过于传统理论与既有学理对人格与权利能力的混同。

在立法例上,由于《法国民法典》在人法中以追求个体抽象的"自由""平等"为主旨,[39]其宣示的"民事权利的行使不以按照宪法取得并保持的公民资格为条件"和"所有法国人都享有民事权利"的"民事权利"平等原则,[40]并未对主体的人格与民事权利加以合理区分。而自《德国民法典》创设"权利能力"制度,并于第54条提出"无权利能力社团"这一概念之后,主体由显性走向隐化,人格被权利能力所取代,主体、人格、权利能力之间的界限被模糊化,特别是人格与权利能力,几乎就是一个被普遍、广泛使用的等同概念与范畴。虽然作为民法典后学者的日本、1949年前的中国,并没有延续"无权利能力社团"这一概念,而是以"非法人"称之,如日本称之为"非法人社团和非法人财团",1949年前的中国则称之为"非法人团体"。很显然,"非法人团体"是从有无独立人格的角度对社会组织所作的区分,而"无权利能力社团"则是从权利能力的有无对社会组织所作的认定,这说明"非法人团体"与"无权利能力社团"概念之间确实存在一定差异。

在我国民事立法中,虽在理论上存在同义说和异义说,但长期以来,主体资格、法律人格与权利能力之间的关系是相对含混的。例如,原《民法通则》第9条、第36条有关自然人、法人权利能力的规定,就与自然人、法人的主体资格、法律人格等制度严重混同和重合;《民法典》总则编第13条、第57条也基本沿袭了,原《民法通

---

〔39〕 参见[法]雅克·盖斯旦、[法]吉勒·古博:《法国民法总论》,陈鹏等译,法律出版社2004年版,第92~101页。

〔40〕 参见《拿破仑民法典》,李浩培、吴传颐、孙鸣岗译,商务印书馆1979年版,第2页。

则》的相关规定。受此影响，其他涉及主体立法的法律、行政法规、司法解释也延续此一思维混同、重合的惯性。在学理上，人们一般也不把主体、人格、权利能力等概念、制度加以区分，甚至认为三者为实质上的同一个问题，特别是有关人格与权利能力的关系，代表性学说与观点一般认为具有同质性。例如，有学者认为"民法上的权利能力和人格均是对人的平等地位在同一层面上的抽象表述，是名二而实一的关系"。[41] 有学者认为，团体之"人格"只是人为拟制的且无社会政治性、无伦理性的法律人格，故其仅为团体在"私法上的主体资格"或"财产权主体资格"。[42] 有学者认为，人格为罗马法上区分自然人身份的概念，而权利能力则为《德国民法典》上区分法人团体与非法人团体之概念，从两者的基本制度功能而言，人格与权利能力可互换；而民事主体没有身份性，其意义在于控制和归属，这三个概念都属于一种法律技术工具，我国民法理论及立法中应当放弃人格和权利能力概念，由民事主体取代。[43] 甚至还有学者认为"人格"属于公法概念与范畴，是宪法赋予人的一般性、平等性法律地位。[44] 更有学者认为"权利能力者，亦即人格之别称，享受权利负担义务之能力也"；[45] 或者认为，"权利能力又称人格"。[46] 在此一理论前提下，无独立人格的非法人组织，通常被认为不具有权利能力，甚至不属于主体的范畴。例如，合伙组织在我国民法理论与立法中，其主体地位就长期得不到确认，直至2017年《民法总则》第102条引入非法人组织概念。只有极个别学者认识到人格与权利能力之间的差异，如有学者认为"人格学说并不能等同于现代民法中的权利能力学说，虽然二者有密切关系"，但"人格和权利能力不是一个概念，虽然在自然人的人格和权利能力上，其概念已经近乎重叠，但在法人概念中却远非如此"。[47] 有学者认为，汉语法学虽然常将法律上的"人格"与"权利能力"等同视之，不过，就概念的源流而言，"人格"与"权利能力"遵循着颇为不同的演化脉络，即"人格"更具伦理性，而"权利能力"更具技术性。[48] 也有学者认为，承认非法人团体之形式上的"主体"地位，不等于承认其独立人格，不等于承认其权利能力、行为能力和责任能力，即非法人团体为不具有团体人格但具有"形式上的民事主体资格"的组织。[49] 还

---

〔41〕 参见梅夏鹰：《民事权利能力、人格与人格权》，载《法律科学（西北政法学院学报）》1999年第1期。

〔42〕 参见尹田：《论法人人格权》，载《法学研究》2004年第4期。

〔43〕 参见付翠英：《人格·权利能力·民事主体辨思——我国民法典的选择》，载《法学》2006年第8期。

〔44〕 参见尹田：《民事主体理论与立法研究》，法律出版社2003年版，第131页。

〔45〕 参见梅仲协：《民法要义》，中国政法大学出版社1998年版，第53页。

〔46〕 参见王泽鉴：《人格权法》，北京大学出版社2013年版，第41页。

〔47〕 参见江平主编：《法人制度论》，中国政法大学出版社1994年版，第3页。

〔48〕 参见朱庆育：《民法总论》，北京大学出版社2013年版，第391页。

〔49〕 参见尹田：《论非法人团体的法律地位》，载《现代法学》2003年第5期。

有学者认为人格应为主体资格，权利能力为主体享有权利的资格与范围。[50]

笔者认为，学界、立法上之所以存在无独立人格则无权利能力、非法人组织无权利能力或者不能以自己的名义独立参与民事活动的观点，在于混淆了民事主体人格与民事主体权利能力之间、进而混淆了民事主体人格独立性与民事主体权利能力独立性之间的重大差异。法律人格是权利义务归属于民事主体的标志，其存在基础、法律地位、产生顺序、蕴含理念均显现出不同于权利能力的特点。[51] 在法理上，民事主体的独立人格与权利能力是主体序位之下完全不同的两个概念、两种制度，其巨大的差异表现在如下几个方面：

1. 对民事主体表征的法律意义与制度功能不同。人格虽有多重含义，其作为主体之独立人格的第一重意义为"私法上的权利义务所归属之主体"，即"法律人格，乃权利义务之主体"。[52] 故独立人格制度所表征的是该民事主体在法律身份、地位上的独立性，也就是说该自然人、社会组织是否可以作为法律上独立的人而存在，是否能在任何情况下以自己的名义独立参与民事活动、为民事行为，且以自己的财产独立承担民事责任。例如，古罗马，处家属地位的自然人相对于家长而言，就无独立、完整人格；又如，相对于合伙人而言，合伙企业就无独立的团体人格。而权利能力所表征的是法律允许某一民事主体在参与民事活动过程中所享有的权利和应履行的义务之大致范围和可能及于的法律边界。

2. 在民事主体制度中的位序不同。如前所述，人格、权利能力虽同为先前存在的主体所派生，但相对而言，人格制度因其揭示民事主体法律身份、地位的独立性，在整个民事主体制度中具有原始性、前提性、基础性，是民事主体独立地参与民事活动、独立地为民事行为、独立地承担民事责任的前提和基础性条件，也是民事主体享有独立权利能力的前提和基础。而权利能力所反映的是民事主体具体享有权利和承担义务的基本范围，在一定意义上讲，是为了实现民事主体人格的一种具体制度，是民事主体人格的具体化，具有次生性、二位性、条件性。

3. 核心内容不同。人格之要素尽管有不同看法，且其内容随着社会变迁在不断地变化之中，如有认为包含人格尊严、人身自由和人格平等；[53] 有学者认为，如从民事主体角度看，人格的内容包括主体的独立性，即"意志独立、行为独立、财产独立、责任独立"；从人格权的客体看，则包括"人格独立、人格自由、人格尊严"等；[54] 有

---

〔50〕 参见张善斌：《权利能力论》，中国社会科学出版社 2016 年版，第 196～219 页。

〔51〕 参见叶欣：《私法上自然人法律人格之解析》，载《武汉大学学报（哲学社会科学版）》2011 年第 6 期。

〔52〕 参见梁慧星：《民法总论》，法律出版社 2011 年版，第 91 页。

〔53〕 参见王利明：《人格权法研究》，中国人民大学出版社 2018 年版，第 38～39 页。

〔54〕 参见杨立新：《人格权法》，法律出版社 2015 年版，第 30～32 页。

学者认为包含人格独立、人格平等、人格尊严。[55] 但人格独立、人格自由、人格平等是所有学者公认的人格最具核心的内容和因子，[56] 也就是说，对民事主体而言，独立、自由、平等是成就其独立人格的基本要素和构成条件。其中，(1)独立是人格有无的前提。胎儿、连体人等虽属于民事主体范畴无疑，但因为不具有独立性，即不具有法律上独立人格的基础条件，这也是为什么胎儿、连体人之法律地位与权利能力存有争议的根本原因。例如，关于胎儿，因尚未与母体分离、独立，对其法律地位与权利能力，有学者认为，胎儿是一种人类生命，但又不是人，属于准法律人格者，即非完全法律人格者亦非完全无法律人格者，其不具有现行法规定的民事权利能力；[57] 有学者认为，由于胎儿已经具有了生命、身体、健康这些人格要素，成为一种不完满的人格存在，属于准人格，在某些法律关系中具有了部分权利能力；[58] 有学者从民法需要强化对出生前生命体保护的原则出发，认为应该承认胎儿具有限制权利能力，即在若干领域具有权利能力。[59] 又如，关于连体人的法律地位，就因连体人彼此身体不能独立，而引发连体人主体存在"非人说""一人说""二人说""混合人说"等不同观点和争议。[60] (2)自由是人格成就的必要条件。没有意思、意志、行为的自由，仅有身体、身份或形式上的独立，其人格也是残缺或不完全的，这也是为什么古代、近代社会奴隶不是主体意义上的人，而只是客体意义上的物，以及家属相对于家长无自由处分财产权之根本原因，更是法人组织的机关如被某一自然人或机构进行不当或恶意控制，其人格就应予以否认的基本事由。(3)平等是抽象人格的外在特征和保障条件。主体唯有在法律地位上平等，其人格才具有实质意义，没有法律地位上的平等，主体的人格就毫无实际意义。故对民事主体的人格而言，独立、自由、平等是其核心要素和构成因子。而权利能力的具体内容是权利和义务的边界，即民事主体在法律所允许或可能的范围内所应当享有的权利和需要承担的义务。按此思路，具有主体资格的胎儿、连体人因没有独立性，自然没有独立、完整人格，即胎儿、连体人作为主体，虽无独立、完整人格，但并不影响其主体资格的法律地位，只是无独立、完整权利能力而已，并非完全没有权利能力。对具有主体资格但不具有独立人格的非法人组织，并不因其不具独立人格而不拥有权利能力，只是其权

[55] 参见王小能、赵英敏：《论人格权的民法保护》，载《中外法学》2000年第5期。

[56] 参见马俊驹、刘卉：《论法律人格内涵的变迁和人格权的发展——从民法中的人出发》，载《法学评论》2002年第1期。

[57] 参见张莉：《胎儿的准人格地位及其人格利益保护》，载《政法论坛》2007年第4期。

[58] 参见刘召成：《胎儿的准人格构成》，载《法学家》2011年第6期。

[59] 参见杨代雄：《出生前生命体的民法保护——以"限制权利能力"的基点》，载《东方法学》2013年第3期。

[60] 参见杨立新、张莉：《连体人的法律人格及其权利冲突协调》，载《法学研究》2005年第5期。

利能力不独立或受到限制而已。可见,以之分析关于胎儿、连体人、非法人组织的法律地位、人格属性、权利能力,无疑要更具解释力些。

4. 表现形式不同。私法意义上的人是伦理人与具体人的高度抽象,是抽象的人,即"狭义民法典反映的人像,始终是无色无味,不笑不愠"。[61] 也就是说,私法上的人是基于"法权形式平等与自由的市民","它不知道农场主、手工业者和工场主、企业主,而只知道完完全全的法律主体,只是'人'",且"视这种人为绝对自由的人"。[62] 因此,"抽象是一般法律人格的最本质特征"。[63] 由于人格的表现形式是身份的独立、行为(意思与意志的结合)的自由和地位的平等,中心要素是民事主体的独立法律地位,表现出来的制度或价值具有明显的抽象性、概括性和普遍性,其关键性词汇为独立、自由、平等等抽象意义的法概念与法范畴。黑格尔就认为"人格的要义在于,我作为这个人,在一切方面(在内部任性、冲动和情欲方面,以及在直接外部的定在方面)都完全是被规定了的和有限的,毕竟我全然是纯自我相关系;因此我是在有限性中知道自己是某种无限的、普遍的、自由的东西"。[64] 马克思在《黑格尔法哲学批判》一文中,针对黑格尔的"人格表示概念本身,人同时包含着概念的现实性,而且概念只有具备这样的规定,才是观念,才是真理"观点,也进一步认为"人格脱离了人,当然就是一个抽象,但人也只有在自己的类存在中,只有作为人们,才是人格的现实的观念"。[65] 可见,"人格"作为表征"私法上的权利和义务所归属之主体"地位的独立性,其"并非指人的整体,而是指脱离了人的整体的人在法律舞台上所扮演的地位和角色",故"私法中的人就是作为被抽象掉了各种能力和财力等的抽象的个人而存在"。[66] 正因如此,日本2017年民法大修改时,就有学者建议应按照"纯粹私人间的法律关系,即平等当事人之间法律关系的纯化"之原则构造私法上纯粹意义上的"人",而对诸如"商人、消费者、事业者"不作具体规定,由消费者合同法、商法等特别法予以规定。[67] 相对而言,权利能力因其内容必

---

〔61〕 参见苏永钦:《无色无味的民法人》,载李富成主编:《北大法治之路论坛》,法律出版社2002年版,第79页。

〔62〕 参见[德]拉德布鲁赫:《法学导论》,米健、朱林译,中国大百科全书出版社1997年版,第66页。

〔63〕 参见曹新朋、夏传胜:《抽象人格论与我国民事主体制度》,载《法商研究(中南政法学院学报)》2000年第4期。

〔64〕 参见[德]黑格尔:《法哲学原理》,范扬、张企泰译,商务印书馆1961年版,第45页。

〔65〕 参见《马克思恩格斯全集》(第3卷),人民出版社2002年版,第36页。

〔66〕 See Gustav Boehmer, Einfuhrung in das Burgerliche Recht, 2. Aufl., 1965, S. 83. 转引自[日]星野英一:《私法中的人》,王闯译,载梁慧星主编:《民商法论丛》第8卷,法律出版社1997年版,第155页、第160页、第167页。

〔67〕 参见[日]加藤雅信:《日本民法典修正案Ⅰ:第一编总则》,朱晔、张挺译,北京大学出版社2017年版,第217~218页。

须为具体的权利或义务,则是诸如生命权、健康权、名誉权、所有权、债权、知识产权、身份权、亲权和法定义务、合同义务、侵权责任等一个更为具体的法概念和法范畴。

5. 平等性差异不同。正如康德在论述抽象人的时候所言,任何“人”,作为“有理性”的主体,“都自在地作为目的而实存着,他不单纯是这个或那个意志所随意使用的工具”。[68] 也就是说,人是主体、存在或目的,而非客体、对象或工具,这一点,任何主体之间不存在差异性。对具有独立人格的主体而言,无论是自然人,还是法人,抑或自然人、法人的不同情形,只要具有法律上的独立人格,其法律地位就是平等的。易言之,民法平等价值与平等原则的全部内核在于民事主体法律地位的平等,即所谓真正意义上的人格平等,因此,对所有民事主体而言,人格平等没有任何差异。但是,对不同民事主体而言,其权利能力则具有明显差异性。例如,对作为生物体的自然人所享有的在生命、人身、名誉、肖像、亲属、身份等方面的权利能力,作为组织体的法人就不能也无法享有。又如,我国《民法典》第 1047 条规定“结婚年龄,男不得早于二十二周岁,女不得早于二十周岁”,也表明同样是自然人,婚姻方面的权利能力就存在差异。可见,不同属性的民事主体,尽管人格平等,但权利能力可能存在明显的差异,而不具有法人资格的组织体与具有法律人格的组织体、自然人之间,在权利能力方面的独立性和具体性差异则更大。

6. 可否限制不同。由于人格所表征的是主体法律地位的独立性,对具有独立人格的民事主体而言,其人格只可剥夺(如自然人被执行死刑)、否认(司法实践中的公司法人人格否认)或注销(如法人办理注销登记等),而不可限制、放弃或转让。相对而言,民事主体的权利能力则可限制。例如,自然人的结婚权利能力等人格性权利能力,我国《民法典》就作出了男子不早于 22 周岁、女子不早于 20 周岁的规定,实则属于限制自然人的结婚权利能力。又如,对公法人,其营业方面的权利能力就必须受到法律的各种限制。再如,被剥夺公权(如政治权利)的自然人,其公权领域的权利能力就受到限制。足见,权利能力因主体属性、社会需要和法律规定而受到限制是必要、可能的,有学者认为民事权利能力不存在受限制问题,民事权利能力与人格权的有机结合,体现民法对民事主体形式上和实质上平等的兼顾,是人格平等原则发展的逻辑阶段,[69] 这一观点是值得商榷的。

7. 救济方式不同。人格的救济是侵权法救济方式,损害、否认、限制主体人格属于侵权行为的范畴,应适用侵权法的原则与规则予以救济。而权利能力的救济方式,则取决于权利能力所涉及的具体领域和权利形式,它既可适用合同法救济,也可适用侵权法救济。

---

〔68〕 参见[德]康德:《道德形而上学原理》,苗力田译,上海人民出版社 2002 年版,第 46 页。

〔69〕 参见梅夏鹰:《民事权利能力、人格与人格权》,载《法律科学(西北政法学院学报)》1999 年第 1 期。

总之,通过前述多个角度的考察和分析,笔者认为,私法上的人格是表征主体身份、资格、地位独立性的特定概念与范畴;在一定意义上讲,人格系指主体的独立性。易言之,有独立人格的主体,就说明该主体具有独立的法律身份、资格、地位;反之,没有独立人格的主体,则该主体就无独立的法律身份、资格、地位。

(五)私法中主体与人格理论的历史嬗变与立法建构

基于主体、人格、权利能力的区分理论与视野,在私法领域,并非所有的人、社会组织、其他私人活动的参与者,自古以来就具有私法主体资格或地位;至于法律上的独立人格,自罗马市民法以来,自然人之间、社会组织之间、其他准主体之间所存在的巨大差异更为明显。

1. 从自由人到自然人

(1)近代以前,自然人中只有部分自由人具有私法主体资格或独立人格。如在罗马市民法中,只有自由人具有主体资格、享有主体权利;但即使是自由人,也并非都具有完整的人格。首先,在罗马市民法理论中,就把自然人分为自由人与奴隶("一切人不是自由人就是奴隶")、罗马人和非罗马人、家长权人和家属(子女等)等。其中,自由人才是具有主体资格、享有主体权利的人;而"奴隶是根据万民法的制度,一人违反自然人权利沦为他人财产之一部",他不是主体,是自由人的权利客体。[70] 其次,并非所有自由人均具有独立的人格和完整的权利能力。如在罗马市民法中,具有完整人格的人须具有自由权、市民权、家族权,如因违法而被裁定人格减等或令名减少,则为人格不完全之人。[71] 最后,并非所有私法主体均具有全部的权利能力。如非罗马的外国人、受他人权力支配的人、处家长权力控制或支配之下的子女,虽属私法主体的范畴,但并不具有完整的权利能力。[72] 至于社会组织,古代罗马市民法中虽然有之,但总体而言,并没有发展出现代一样完整的社团或法人理论与立法。[73] 在漫长的中世纪,由于人与人之间具有一定的依附性,部分被依附于土地(农民)、封建庄园(农奴)、宗教神权(教民)、商会行会(商民)、手工作坊(学徒、帮工)的自由人虽具有私法上的主体身份,但并不享有完全的自由权和民事权利,是法律人格或权利能力不完整的人;[74]而殖民时期大规模的贩奴贸易,更使部分本有人身自由的非洲人或土著人沦为没有主体地位的交易标的和贸易对象。在

---

〔70〕 参见[古罗马]查士丁尼:《法学总论——法学阶梯》,张企泰译,商务印书馆1989年版,第12页。

〔71〕 参见陈朝壁:《罗马法原理》,法律出版社2006年版,第36~62页。

〔72〕 参见[意]彼得罗·彭梵得:《罗马法教科书》,黄风译,中国政法大学出版社2005年版,第86~105页。

〔73〕 参见周枏:《罗马法原论》(上册),商务印书馆1994年版,第290~291页。

〔74〕 参见[英]保罗·维诺格拉多夫:《中世纪欧洲的罗马法》,钟云龙译,中国政法大学出版社2010年版,第9页;何勤华、魏琼主编:《西方民法史》,北京大学出版社2006年版,第147~150页。

中国古代，除总体上通过户籍制度把人户划分民户、军户、匠户等不同等级外，就是户内籍民还存在家主与家奴、家长与家属、族老与族民、户主与家佣之间的巨大差别；即使到了民国时代的1915年《户口调查规则》，户籍仍被分为普通户、船户、寺庙户、公共户等类型，不同户籍与籍民享有着不同的资格与权利。[75]

(2)近代以来，所有自然人均享有私法主体资格并具有独立法律人格。如前所述，近代以来，经过宗教改革、废奴运动、人权革命，自然人分别从宗教神权、奴隶业主、各种特权(家庭、家族、商会、行会、作坊)彻底解放出来，为享有完全独立、自由、平等的法律人，不但所有自然人为私法上的主体，而且除特定情形(如连体人)外，在法律上均具有独立的人格。

2. 从自然人到社会人

(1)从公司组织到《德国民法典》的法人制度。自15世纪至17世纪，随着合伙、企业、股份公司的成熟和发展，公司逐渐成为投资、经营、交易的主导性形式。不仅如此，非企业类的社会组织(社团、财团)也大量地以组织的名义参与民事活动。至于国家这一超社会组织，随着现代国家主权理论的发展，也已实质地被私法主体化。但在近代以前的私法理论和公法理论中，社会组织并未被视为主体，而更多地被视为自然人或特定自然人群的活动形式或目的工具，例如，在《法国民法典》中，并无社会组织、准社会组织、超社会组织的影子。又如，企业长期处于企业主的阴影和客体之下，[76]在德国更多被视为企业主的财产或物权的特殊形式；[77]在日本，企业长期被视为客观上的营业，甚至被定位为营业转让的客体。[78] 至于非企业组织，也一直被认为是发起人、组织者、负责人的附属。《法国商法典》虽早已赋予公司等以商人的地位，但直至《德国民法典》创制法人理论，并通过建立公法人与私法人、社团法人与财团法人的构架，[79]解决了部分社会组织的主体资格和法律人格问题。尽管关于社会组织的法人论，学界与业界仍存在实在说、拟制说、否定说等不同理论，但社会组织的私法主体与法律人格问题从此得到法律上的确认。

(2)非法人组织的私法主体资格长期不被确认。《德国民法典》虽通过创造和引入法人理论与制度，解决了部分具有独立性的社会组织之私法主体资格或法律人格问题；但该法第54条关于“无权利能力的社团，适用关于合伙的规定”在大陆法系长期引发争议。不具有法人资格或地位的社会组织，究竟是否应归于私法主

---

〔75〕 参见姚秀兰：《论中国户籍制度的演变与改革》，载《法学》2004年第5期。

〔76〕 参见叶林：《企业的商法意义及“企业进入商法”的新趋势》，载《中国法学》2012年第4期。

〔77〕 参见[德]迪特尔·施瓦布：《民法导论》，郑冲译，法律出版社2004年版，第246～151页；[德]C. W. 卡纳里斯：《德国商法》，杨继译，法律出版社2006年版，第11～26页。

〔78〕 参见[日]近藤光男：《日本商法总则·商行为法》，梁爽译，法律出版社2016年版，第77页。

〔79〕 参见《德国民法典》，杜景林、卢谌译，中国政法大学出版社1999年版，第4～19页。

体,在大陆法系一直存在法国式的广义法人论、德国式的狭义法人论、苏俄式的严格法人论。在广义法人论里,虽所有社会组织均为法人,但毕竟混淆了主体与人格之间的制度功能与相互关系。而在狭义法人论、严格法人论下,非法人组织因不具有法人资格,在传统自然人与法人二元私法主体的理论与立法构架下,其主体资格也长期不被理论认可和立法确认,典型如个人独资企业、合伙企业和其他非法人型营利组织等。

(3)从法人组织到非法人组织。鉴于非法人组织本身的活泼性、存在形式的多元性和民事活动参与度的经常性,是否确认包括非法人组织在内的所有社会组织的私法主体资格,一直是私法理论与立法中的一个重要争点。这个问题之所以存在分歧,症结就在于传统私法理论并没有严格区分主体、人格、权利能力之间的内涵、地位、功能差异,对没有独立人格的社会组织,所涉的只是权利能力与民事责任的独立性,但并不影响其作为民事活动参与者之主体资格。故自《葡萄牙民法典》在"人编"首次对"无法人格之社团及特别委员会"作出规定后,[80]非法人社会组织的私法主体资格问题才得到立法的正式确认。2017 年我国《民法总则》第四章,更以"非法人组织"专章对其作出规定,非法人组织的私法主体得到更明确的确认与定位。

3. 从人本位主体到非人本位主体

20 世纪中叶以来,随着环境生态、新型业态、人工生殖、智能机器等新理念、新业态、新方法、新技术的发展,不仅改变了民事活动的基本理念和行为模式,更对传统以人(自然人、社会人)为本位的主体理论与立法框架构成严峻挑战。例如,基于环境生态新理念所提出的生命主体论或动物主体论;[81]基于人工生殖新技术而产生的人工胚胎、受精卵子、未出生胎儿等准主体与准人格论;[82]基于人工智能或自主式智能机器人背景的机器人主体或准人格论;[83]等等。这些新型主体论观点与理论,确实构成了对传统以人(自然人、社会人)为本位之主体与人格理论、立法的巨大挑战。2017 年 9 月,俄罗斯国家杜马对首部机器人法草案"格里申法案"进行审议,该法案首次以"准主体"对智能机器人进行全新定位,并主张将其纳入《俄罗斯民法典》的民事主体部分,开创了人类有关非人主体立法的先河。[84]这说明,新

---

〔80〕 参见《葡萄牙民法典》,唐晓晴等译,北京大学出版社 2009 年版,第 37~38 页。

〔81〕 参见崔拴林:《私法主体范围扩张背景下的动物主体论批判》,载《当代法学》2012 年第 4 期。

〔82〕 参见刘召成:《胎儿的准人格构成》,载《法学家》2011 年第 6 期;朱晓喆:《人工胚胎法律问题的比较研究》,载《华东政法大学学报》2015 年第 5 期。

〔83〕 参见周详:《智能机器人"权利主体论"之提倡》,载《法学》2019 年第 10 期。

〔84〕 参见张建文:《格里申法案的贡献与局限——俄罗斯首部机器人法草案述评》,载《华东政法大学学报》2018 年第 2 期。

理念、新业态、新方法、新技术对传统私法主体与人格理论、立法的影响与挑战，确实是前所未有的。

以上理论是解读与阐释商事主体人格的前提与基础。

二、商事主体人格的基本内涵与法律特征

（一）商事主体人格的意义厘定

关于商事主体的人格，国内有学者从民法人格权的惯性思维出发，认为商事主体的人格属于商事人格权的客体范畴，即“包含经济利益内涵在内的、具有商业价值的特定人格利益”；〔85〕也有学者从人格即民事权利能力的观点出发，套用民事权利能力学说，试图将商事主体人格构建为包括完全人格、限制人格及无人格的体系；〔86〕还有学者从民事主体的抽象人格对应视角，认为商事主体的人格属于具体人格的范畴。〔87〕笔者认为，民事主体进入营业领域之后，所转换的并非人格属性，而仅仅只是转换为商事主体的特定身份和角色，其人格、人格属性、人格独立与否，与原生形态的民事主体并无任何实质性变化。质言之，商事主体人格，实质指转换为商事主体之原生形式的民事主体的人格。依据前文对人格的定义与界定不难发现，所谓商事主体的人格是指商事主体依法（程序）享有或取得的独立于其他商事主体并同时独立于其出资者或内部机构成员的法律身份、资格和地位。质言之，商事主体的人格，所反映的是商事主体的独立性或独立地位；而这一独立性或独立地位，又集中表现为如下几个层面：

1. 商事主体之间的身份独立

这集中反映为此商事主体与彼商事主体的独立。如前所述，主体独立与人格独立并非同一意义，主体独立所反映的是主体与客体之间的关系。对商事主体而言，则表现为商事主体相对于营业领域、营业事项、营业财产等方面的独立，商事主体是营业领域、营业事项、营业财产方面权利的归属者和义务的承担者；而商事主体的人格独立，则反映不同商事主体之间身份、资格、地位的独立性，如李姓商自然人与张姓商自然人、A企业与B企业、A公司与B公司之间的身份、资格、地位的彼此独立、互不隶属。商事主体之间的独立，是营业交易得以进行的前提和基础，没有主体之间的独立，交易要么没有必要，要么存在效力问题。在一般情形下，商事主体之间的独立应无太大的问题，这是民事主体进入营业领域转换为商事主体后，其背后独立的利益追求所使然。但对我国而言，特别是在传统计划、管制经济走向市场、

〔85〕参见程合红：《商事人格权论》，中国人民大学出版社2002年版，第13页。

〔86〕参见崔旺来：《商主体人格范畴论》，载《甘肃政法学院学报》2002年第4期。

〔87〕参见范健、王建文：《商法基础理论专题研究》，高等教育出版社2005年版，第164～165页。

自治经济过程中,不同国有企业(包括全民所有制企业和国有独资公司等)之间身份、资格、地位的独立,与之前笼统的国营企业生产单位有本质的不同,且有重大的理论与实践意义。作为独立法人的国有企业之间,它们有自己独立的人格、财产、意思、利益、责任;而传统的国营企业生产单位之间,人格、财产、意思、利益、责任并不具有明显的独立性,它们之间更多是企业之上、企业之外的政府及主管部门的计划管制。这就是在我国经济体制改革和商法制度的构建过程中,首先必须解决不同国有企业之间独立性问题的根本原因。

2. 商事主体与其出资人的彼此独立

与民事主体的人格与财产并不具有必要性、关联性不同,商事主体之所以成为商事主体,是到营业领域来逐利的,具有鲜明的营利最大化目的性,而前提性条件是必须有财产或资金的投入,投入财产与资金的主体即为投资主体。虽然在部分情况下,如商自然人、家庭经营户等,投资主体自行经营和交易,投资主体、经营主体、交易主体在某一商事主体中高度合一、重叠。但是,在前文所述的多数情形下,投资主体与经营主体的身份在不同商事主体之间是分离、分立的,尤其对具有社会团体性、组织性的企业类商事主体而言,其背后无不存在一个或多个投资主体,而不同企业与其投资主体即出资人之间是否存在真正的独立性,则决定该企业是否具有独立的法律人格。如个人独资企业、合伙企业,因企业与居出资人地位的企业主、合伙人难以完全独立,因此,这类企业就无独立人格,应归属于非法人型企业;相应地,由于公司企业、合作社企业、其他企业法人等与居出资人地位的股东、社员、其他出资人(国家或政府、集体)之间具有独立性,这类企业就有独立的法人人格,就属于法人型企业。在我国,作为企业人格的独立,需要重点解决的问题包括:(1)在国家(政府)直接投资情形下,国家(政府)出资人或履行国家(政府)出资人职责的机构与国家出资企业(国有独资企业、国有独资公司、国有控股公司、国有参股公司)之间的独立性;(2)在企业成为转投资主体的情形下,转投资主体与转投资企业、母企业与子企业、母公司与子公司之间的独立性;(3)在企业集团或集团企业内部,集团核心企业与成员企业、集团内成员企业之间的独立性。

3. 商事主体与其内部机构成员的相互独立

与一般民事主体表示意思、实施行为的自言自语、亲力亲为不同,除极少数商自然人或小规模商人外,绝大部分商事主体为拓展业务需要,需要雇请职员、管理者,因而组织性就成为商事主体的重要特征。特别是对企业类商事主体而言,其经营活动和交易行为的实施,均须通过内设机构或成员的具体决议行为、代理行为,才可使企业的意思、目的得以实施或实现,因此,以企业为代表的商事主体与其内部机构成员之间是否独立,就成为影响商事主体法律人格独立性的重要考量因素和制度环节。例如,对公司而言,股东、董事、监事、经理均属公司内部机构股东

(大)会、董事会、监事会、经理机构的成员,所谓的独立不是指公司与股东、董事、监事、经理之间的完全独立,而是指公司和未履行公司职务或从事与公司业务不相关活动的股东、董事、监事、经理个人身份、资格、地位、意思、行为、权利、责任之间的独立。例如,股东、董事、监事、经理的个人购房、买车行为,就不属于公司职务行为,与公司业务无关,股东、董事、监事、经理未履行公司职务或从事与公司业务不相关活动时,不可以公司名义,也不可动用公司财产或资金,如果能做到这一点,公司与公司内部机构成员的股东、董事、监事、经理个人之间就存在独立性,则此时公司人格与纯粹的股东、董事、监事、经理个人人格之间就是独立的。可见,公司人格否认,所否认的并非公司的主体资格,而是否认公司与股东之间法律地位的独立性。

总之,商事主体的人格,实质仍然属于民事主体人格的范畴。这是因为商事主体仅仅只是民事主体进入营业领域的角色与功能转换形式,只是民事主体在不同营业环节或领域中充当投资主体、经营主体、交易主体的角色而已,其本身的主体地位、人格属性并无任何变化。因此,商事主体的人格,一言以蔽之,就是指特定商事主体的独立性法律地位。

当然,由于在权利主体、权利能力、人格利益等概念中,自然人的人格与社会组织的法人人格尚存有重大的差异,前者的人格是实在、现实的人格;而后者的人格则具有明显的法律拟制性。如有学者就认为,自然人的法律人格在形式上是法律逻辑结构的必然产物,在实质上是法律对人的基本看法的表达;[88] 但团体人格是用作区分团体有无民法上独立财产主体地位的纯法律技术工具,既无社会政治性,也无伦理性,无疑专属自然人人格所具有的伦理性要素,不能以同等含义适用于团体人格。[89] 尽管如此,但从人格表征主体独立性法律地位的制度功能上,自然人人格与社会组织的法人人格并无本质差异。

(二)商事主体人格的法律特征

由于商事主体仅为民事主体进入营业领域的身份、角色、功能转换形式,并非另行产生的一类新主体,故商事主体独立人格的特质并非体现在商自然人上,而更多体现在以公司为代表的企业团体性人格上,以下以公司人格的独立为例,集中讨论商事主体人格的法律特征。

1. 商事主体独立人格以身份独立、意思自由、地位平等为一般表征

以公司为例,人格中的身份独立,是指公司名义、身份不仅独立于其他公司主体,更重要的是独立于组成公司法人的成员之人格,公司是区别于内部成员的另一法律实体,公司一经成立,即成为独立的法人,与股东、发起人具有不同的法律人格。

---

〔88〕 参见尹田:《论自然人的法律人格与权利能力》,载《法制与社会发展》2002 年第 1 期。

〔89〕 参见尹田:《论法人人格权》,载《法学研究》2004 年第 4 期。

公司有自己独立的名称;有自己独立的财产;可独立参加营业活动;并以其独立财产独立承担民事责任。公司还可在与他人发生纠纷时独立地参与民事诉讼。公司的独立人格不因其成员的死亡、退出、破产、解散而受影响,仍可独立而永续地存续。

人格中的意思自由,是特指公司的意思(行为或决议)是由公司机关或代表(理)人依据公司治理或代理规则、程序独立形成或作出的,它与其他公司、公司出资人、公司内部成员的个人意思(行为或决议)是明显区分和完全独立的;特别是在公司意思形成与表示过程中,没有受到其他公司、公司出资人、公司内部成员意思的干扰、操纵、控制而归于混同。

人格中的地位平等,是指公司具有与其他民事主体平等的法律人格,它包括:(1)公司与其他商主体、公司出资人、公司内部成员具有平等的民事主体资格。(2)凡公司均具有平等的法律人格,不论该公司为有限责任公司还是股份有限公司,不论是“小公司”还是“大公司”,无权利能力大小、行政级别之分,其法律地位均是平等的。

2. 商事主体独立人格集中表现为财产独立

财产独立是支撑商事主体独立人格的核心条件。如在公司财产构架中,至少存在如下明显的分离:(1)公司财产与股东个人财产相分离。(2)公司财产与股东的股份或股权相分离。(3)公司财产与公司机关成员的个人财产相分离。(4)公司财产与公司雇员或其他职员的个人财产相分离。公司财产虽然最初来自股东的投资,但股东把财产投入公司后,公司即对由股东投资形成的公司财产享有独立的占有权、支配权、管领权和处分权,股东成员享有的是股权。公司以独立的财产对外从事民事活动,进行营业交易,并以财产为基础,承担独立的民事责任和其他法律责任。商事主体拥有独立财产是商事主体独立人格区别于其他非法人社团的重要标志之一。

3. 商事主体独立人格表明该商事主体具有独立的权利能力和行为能力

如前所述,主体人格的独立是主体权利能力独立的前提与基础,这一点对商事主体独立人格也是适用的。如公司作为独立的法律主体,其独立人格决定了它必须享有不同于股东和机关成员的权利能力和行为能力。公司的权利能力是指公司具有能够享有权利、承担义务的资格;公司行为能力是指公司以自己的意思表示取得权利、承担义务的能力。公司行为能力的范围、内容与公司权利能力的范围、内容是基本一致的;但在特殊情形下,也存在不一致的地方。

4. 商事主体独立人格意味着能独立承担民事责任

以公司独立人格为例,公司的责任制度是公司独立人格的核心内容,由此决定各种公司从设立、运营到解散、注销的一系列权利能力和行为能力的区别。在公司人格制度的发展历程中,伴随公司成员的责任从无限到有限,公司的责任也从非独立发展到独立，进而使公司法人的独立人格制度得以最终完善。公司的独立责任包含如下四层含义：(1)公司以所拥有的财产对其债权人债务承担独立清偿责任。(2)公司对其债权人承担的是直接清偿责任。(3)公司对其债权人承担的是有限清偿责任，即仅以其全部占有、支配、管领、处分的财产为限，承担清偿责任。(4)股东仅以其认缴或实缴的出资额为限对公司承担出资义务，对公司债务不承担任何清偿责任；当公司资不抵债时，由于公司人格独立的制度性阻断，公司债权人不能直接向公司股东追讨债务。正如英国学者所言，在一定意义上说，公司偿还其债务的责任是无限的，它必须偿还其所有的债务，直至资产全部满足其债务需求时为止。然而，公司成员的责任却可以是有限的。[90] 公司等商事主体是否有独立人格，应是以法律规定及登记程序为准。公司的独立人格只有在公司能承担独立责任时才具有完整性；对公司法人来说，其法人人格是实质意义的独立还是抽象意义上的独立，最终还要取决于它是否能独立承担责任。[91]

三、商事主体人格的制度功能

(一)商事主体人格制度功能的一般分析

就商事主体人格而言，家庭属于自然人人格的框架范畴，国家可参考照法人的基本理论和制度构架，具有实质意义的只有商自然人人格与企业人格两种情形。又由于商自然人的自然人人格属性并不因该自然人进入营业领域而发生任何变化，因此，讨论商事主体人格问题，聚焦点实际上主要为企业的人格问题。在某种意义上讲，讨论或分析商事主体的人格，就主要针对企业的法律人格，尤其是法人企业的独立团体、组织人格。

商事主体人格的独立，尤其是公司独立责任与其成员有限责任制度的确立，使公司制度成为社会经济发展的强有力杠杆。公司在资本迅速集中、资本有效控制、投资风险最少、利润实现最大等诸多方面发挥了其他法律主体所不能比拟的作用，大大地推动了社会经济的发展。正如美国学者巴特尔所指出的："有限责任公司是当代最伟大的发展，就连蒸汽机和电的发明都不如它来得重要。"[92] 公司通过发行股份，将大量分散的小资本积少成多，垒沙成塔，集合为公司的独立财产，从事任何单个资本都难以实现的经济目标。

(二)商事主体人格制度功能的具体表现

1. 集中交易主体、拟制主体人格进而显著地降低交易成本。以公司为例，在公

[90] 参见孔祥俊：《公司法要论》，人民法院出版社 1997 年版，第 175 页。

[91] 参见江平主编：《法人制度论》，中国政法大学出版社 1994 年版，第 28 页。

[92] See Tony Orhnial, *Limited Liability and the Corporation*, Croom Helm, 1982, p. 42.

司出现以前，社会生产是以个体和家庭为单元进行组织的，商品生产和交换也是以个体和家庭为单元进行的。在市场交易存在费用和成本的情况下，公司作为企业组织的功能就在于依靠企业内不同要素所有者之间的契约关系和服从企业家权威，通过公司这一外在拟制主体，把原属不同出资人之间、出资人与经营管理者之间、出资人与雇员之间、出资人与技术创造者之间、所有生产要素所有者与外部相对人之间的交易，集中由拟制的公司进行，由此代替依靠价格纽带形成的单个经济主体之间的市场交易关系，进而可以减少交易环节，降低"市场运行成本"。[93] 现代公司无论从规模还是从组织，均优于早期、传统的企业形式，特别是现代股份公司、企业集团的发展，其对市场价格机制的替代效应和交易费用的降低作用则更为明显。

2. 有效地明确债务责任范围、化解出资人的投资风险。人格是对主体独立性的表征与注解，有独立人格的主体，无疑就有独立的意思、行为、权利与责任。特别是就债务清偿而言，法人企业与非法人企业的清偿规则具有显著的差异，法人企业因有独立团体、组织人格，适用有限清偿规则；而非法人企业因无独立团体、组织人格，则适用无限或连带清偿规则。股东有限责任作为现代公司制度构建的"基石"，之所以能被人们所接受，在于有公司团体人格作支撑，因为"一旦团体法人的责任不仅独立而且与成员责任相分离，一旦成员享有盈利却不承担团体亏损债务时"，那么，我们就有理由相信，"此类团体的独立人格与其成员的有限责任又显然有着某种程度的关联性"。[94] 特别是近代股份有限公司、两合公司、有限责任公司的出现和定型，把有限股东的风险范围和债务责任锁定在出资额的最大范围内，出资人由传统的无限责任与连带责任，过渡到公司时代的有限责任，进而大大减轻公司出资人、设立人、经营者的投资风险和经营责任。

3. 便于现代企业（公司）制度的构建和治理机关的专业化。以公司为例，公司人格的独立性，决定公司应当有自己的独立意思和独立意志，而公司的独立意思和独立意志，又是通过公司的章程目的与机关决议来提供制度性保障的。公司章程锁定了公司的目的事业、基本制度、治理结构；机关决议又确保通过法定程序和表决机制形成的公司决议，能独立于单一股东与公司内部成员的意思或意志，形成反映公司利益进而体现全体股东利益的公司意思或意志。正是因公司的主体独立与人格拟制，才可确保公司名义、财产、利益、意思、权利、责任的独立性，在此基础上，借助于公司章程目的与机关决议的约束，股东可通过参与或选举其信赖的贤人或能人，组成内部治理机关与事务机关，对公司进行专业化经营和管理。我国《公司

〔93〕 参见［美］罗纳德·H. 科斯：《企业、市场与法律》，盛洪、陈郁译校，上海三联书店2014年版，第31～37页。

〔94〕 参见虞政平：《股东有限责任》，法律出版社2001年版，第9～14页、第36～37页。

法》第11条规定:“设立公司必须依法制定公司章程。公司章程对公司、股东、董事、监事、高级管理人员具有约束力。”公司章程是指对公司的内部事务以及股东和董事的权利和义务等作出明确、肯定和具体规定的契约性法律文件。在现代公司中,公司章程充分体现了公司的私法性、自治性和民主性,集中地反映了契约中的平等、自由精神。公司的股东通过民主协商制定出充分体现公司和股东自治诉求的合约性章程,目的就是通过这一股东共同意思表示一致的契约性文件,来约束公司的股东、董事、监事、经理和其他高级管理人员。足见,公司章程首先是公司股东合意的结果。

公司是由各种生产要素有机构成的经营体,这一有机构成的基础是公司章程和依据公司章程而订立的一系列确定企业生产要素所有者、投入者、经营者、管理者之间权利与义务的关系性契约。正是通过不同的关系性契约,各种生产要素才能有机地构成一个整体。通过一系列关系性契约的安排,确立了公司机体的两层权利与义务,第一层面即为公司生产要素的所有者与投入者之间的权利与义务关系,其中基础关系即为出资者之间、公司经营者与劳动者之间的平等契约关系;第二层面即公司(股东)与公司经营者(董事、经理)之间的委托代理关系,董事、经理通过公司内部制度性契约的安排,获得代表公司进行经营的权利,使公司作为独立的市场主体参与市场交易,从而大大地减少交易环节,降低交易费用。公司就是一系列契约安排的结果。

4. 使投资权利的转让成为可能,从而加速资本的循环和要素的配置。企业人格的本质属性是独立性,而在决定企业人格独立性的过程中,财产独立和意思独立又是最为核心的要素,其中财产独立是前提,意思独立是保障。公司人格的独立决定了股东的权利与公司权利之间的独立,公司独立的财产基础为股东的出资,股东一旦出资之后,公司人格的独立屏障同时也阻断了股东对该出资财产的直接占有、支配、管领或处分权,该出资财产的直接占有、支配、管领或处分权属于具有独立人格的公司。此时股东的权利已不再是出资时的原始财产,而是由出资财产转化的股份参与权与股份请求权,即股权。股权属资本权利,它不再对应出资的原始、具体财产,而只对应出资财产形成的股份或股权比例。可见,正因公司人格这一独立制度屏障(veil,即面纱)隔断,一方面,可免于公司债权人对股东的直索;另一方面,也为股东转让其股权创造了条件。这是因为,公司人格的维持,只与公司财产与意思的独立有关,只要公司在设立之后,其财产与意思维持了独立,该公司之独立人格就不受影响。但公司人格与股东组成、人数、身份无关,因为股东出资之后,转让的股权仅仅是一种已脱离公司出资财产、具有抽象价值的资本权利,它在公司成立之时就已与公司财产分离,故股东转让自己的股份或股权,且无论转移至谁,流转多少后手,与公司财产或意思的独立乃至公司人格独立无关联性。因此,公司主体的法人性、人格的独立性,恰恰为投资权利的转让创造了基础性的制度条件,从而有利于资本权利的流通,加速了资本的循环,促进生产要素在不同主体、行业、部门、领域、地区之间的有效配置。

第二节　商事主体人格的构成要素

一、商事主体人格构成要素的识别路径

(一)商事主体人格构成要素识别的法律意义

从本质上讲,民事主体进入营业领域转为商事主体之后,其主体资格、人格属性并没有实质性改变,如自然人进入营业领域,作为个体投资者或个体经营者,不因商事主体角色或功能的转换,而丧失或限制其原有独立的主体资格和法律人格。不仅如此,该个体投资者或个体经营者也并非在原自然人之外派生的新主体,个体投资者或个体经营者只是原自然人在营业领域的新角色,背后的原始主体仍然还是原来的自然人。同样,该个体投资者或个体经营者也非角色或功能转换而产生新的商事主体独立人格,其独立人格仍然还是原有的自然人人格。故对自然人商事主体而言,其人格实质就是原有民事主体法律地位的独立性,这一点并不因自然人转换为个体投资者或个体经营者而发生任何形式或实质上的变化。

同样,对于前述企业也一样,企业虽然初看起来一成立,就是一个营利组织,但其实企业注册成立之时,所获得的第一个身份、资格,是私法上的民事主体资格,只是当企业获得营业执照或特殊经营许可证时,该企业才获得后文所述的一般营业能力或特殊营业能力,企业此时才是以商事主体资格出现。因此,所谓企业的商事主体人格,其实也非企业成为商事主体的独立人格,而是在企业设立并成立之时,依照法律规定的条件并通过商事登记机关以特定法律程序确认时的状态,如登记簿册或证照文书,确认其为独立法人,则该企业就具有团体上的独立人格,该企业就是法律上独立的人;反之,如登记簿册或证照文书确认该企业为非法人企业,则该企业就不具有团体上的独立人格,该非法人企业组织虽可成为营业关系中的主体,但并非法律上独立的人,不能独立承担民事责任。推而论之,国家参与营业活动,也同样如此。

很明显,从民事主体转换为商事主体角度来看,商事主体其实并无独立于该民事主体原始身份、角色、资格之外另一独立人格的存在,所谓商事主体的人格或独立人格,其实是转换之前的民事主体之人格或独立人格,原生的民事主体人格或独立人格的属性与状态如何,转换为商事主体之后,其人格或独立人格的属性与状态并无任何实质性的变化。故就商事主体身份与角色确认、确立视角或环节而言,讨

论商事主体的人格、独立人格及其构成要素，并无实质意义。

之所以学者比较热衷于讨论甚至争议商事主体的人格问题，并致力于论证商事主体的人格要素或构成要素，在于传统、既有商法主体、人格理论存在如下常识性缺陷：(1)从主体上看，基于民商二元视角，总认为商事主体是独立于民事主体之外的另类主体，未认识到实态中它们之间其实只是一种身份、角色、功能的转换关系。(2)基于主体二元论，进一步认为商事主体有独立存在于民事主体之外的特殊人格或独立人格，从而创造出一套其实在现实生活和营业关系中根本不存在的商事主体人格概念体系与制度体系。(3)混淆了主体、人格、能力之间的关系，更混淆了法律人格、人格独立与人格权标的中的人格利益之重大差异，把人格不恰当地定义为主体资格，或限定为人格利益，而没有发现主体意义上的法律人格，仅指其独立性的法律地位。如有学者认为，商事法人人格与个人人格的法律目的是显然不同的，其中，个人人格既是手段更是目的；法人人格则仅具有法律手段意义，使法人成为独立于自然人个人的法律主体，且不受个人自然存亡客观条件和意思自由主观条件的制约，所维护的是一个得以永续存在的组织体，迎合了经济社会发展对企业维持的制度要求。〔95〕 此为典型的以法人主体资格取代人格独立的论述。

限于前述原由，传统、既有商事主体人格的讨论语境，尚仍然停留于近代之前中世纪商人的特定身份与社会阶层影像，全然不顾营业已成所有世俗化的民事主体人人可为、事实上也人人为之的客观现实。因之，如从与民事主体人格的独立性角度，来讨论商事主体人格的特性和构成要素，确无实质意义。虽然如此，既然有营业的进入，也就必然有营业的退出，当我们致力于关注商事主体人格的时候，其实质意义并不在于某一商事主体在营业中的人格属性或人格独立状态，而在于该商事主体如在营业交易中或退出营业领域之后，所产生的债务如何处理；也正是基于此，商事主体原生民事主体的人格属性与人格独立状态，才在如下情形下仍具有重要意义：

1. 对商自然人而言，如该自然人在经营中或退出营业领域，褪去商事主体身份或角色，其在营业中所生债务，应依照什么规则来处理。如果按照商自然人的人格与原生自然人的人格独立理论，则该商自然人应适用破产，进而按照有限清偿原则，豁免其不能清偿的营业债务。如果从商自然人人格实质就是该原生自然人的人格，则商自然人在营业中所生债务，并不因其褪去商事主体身份或角色而豁免，则不能适用有关破产的规则。从这一意义上讲，讨论商自然人的人格问题，仍有实质意义。

2. 对企业为代表社会组织（包括非营利组织）而言，讨论企业的人格独立性与

---

〔95〕 参见董学立：《法人人格与有限责任》，载《现代法学》2001年第5期。

人格构成要素,其实质意义集中表现在两个方面:(1)企业在经营中所生债务应如何清偿,特别是发生企业债务纠纷提起诉讼时,围绕企业债务的清偿义务人与诉讼当事人的范围界定与选择问题。(2)企业解散并经清算、注销后,退出营业领域或不复存在的企业在营业中所生债务,应如何清偿,围绕该企业债务的清偿义务人与诉讼当事人的范围界定与选择问题。这些均须在企业人格这一前提下,才可得到比较圆满或彻底的解决。同样,非营利组织转换商事主体时,也如此。

3. 对国家而言,国家参与营业活动,应如何承担责任,也与其法律人格有关。其情形与前述具有组织属性的企业情况类似,在此不再赘述。

足见,讨论商事主体人格的独立性及构成要素,主要的理论意义与制度价值在于界定商事主体在营业中因不同人格属性或独立状态情形下所生债务的清偿义务人范围和处理规则问题。

(二)商事主体人格识别因素的代表性观点与立法规定

1. 代表性观点及评价

关于商事主体人格独立识别的考量因素,学者几乎很少论及商自然人的人格问题,更多论著聚焦企业、法人或商法人的人格构成要素或条件问题,且存在一要素说、二要素说、三要素说、四要素说等不同观点。(1)一要素说。如有学者认为,"法人人格不等于法人责任的必然独立",而"法人责任的独立渊源于股东有限责任的形成";"商业公司发展起来的股东有限责任原则所要求的成员与公司责任相分离从而实现法人责任独立的思想,亦为公法人与财团所吸收,从而使这些法人之责任亦最终走向独立";因此,决定法人或公司人格独立的核心条件,应是出资人或股东有限责任的形成。〔96〕 有学者认为,公司等企业法人人格的取得与支撑,核心条件应是财产的独立。〔97〕 有学者认为,独立承担民事责任(独立责任能力)为法人的本质属性,只要法人拥有自己支配的财产就有资格和能力承担责任;所以,判断法人有独立责任能力的依据首先是独立财产,即有独立财产,则有独立人格,就有独立的责任能力。〔98〕 (2)二要素说。如有学者认为,"所有商主体均以财产独立与意思独立为其法律人格要素",其中财产独立是人格独立的主要条件,意思独立"乃公司法律人格之本质要素"。〔99〕 (3)三要素说。如有学者认为,公司等商事主体人格独立的认定标准或基本条件,应包括财产独立、团体意思、独立责任三个方面。〔100〕 也

---

〔96〕 参见虞政平:《股东有限责任》,法律出版社2001年版,第173~177页。

〔97〕 参见张力:《法人独立财产制研究:从历史考察到功能分析》,法律出版社2008年版,第84~120页。

〔98〕 参见徐洁:《论法人的独立人格及判断标准》,载《现代法学》2003年第1期。

〔99〕 参见范健、王建文:《商法总论》,法律出版社2011年版,第160~164页。

〔100〕 参见李庆:《论公司的法律人格》,载《现代法学》1998年第6期。

有学者认为，商事主体人格独立的认定标准或基本条件应包括财产独立、责任独立、出资人（股东）责任有限三个方面。[101] 还有学者从公司人格的独立角度，认为“只有当独立的法人资格、股东的有限责任和资本的合股权性及可转让性结合到一起，才孕育出现代公司法人人格制度”。[102] （4）四要素说。如有学者从法人成立要件的角度，认为法人人格应包括健全的组织、独立的财产、符合法定要求的成员与工作人员、设立行为合法等四个方面的条件。[103] 有学者认为，独立名称、独立意思、独立财产、独立责任是团体法人人格独立的核心条件。[104] 有学者认为，法人人格的确立只是自然人人格理论与制度在“没有有形肉体的权利群体”的技术化、非伦理化扩张，法人的构成要件是指成就法人最抽象、普遍的要件，应包括特定的宗旨和目的、自己的名称、组织机构、场所等几个方面。[105]

从以上不同观点看，诸如股东有限责任、法人独立责任能力等条件，实质是法人独立人格的必然结果，并非成就法人人格的实质性条件，能基本达成共识的主要为独立财产与独立意思，可认为，对法人特别是法人企业而言，独立财产与独立意思应是其具备独立人格的基本条件。

2. 立法文本的解读

在我国现行立法中，除《公司法》第20条第3款与第63条涉及公司人格否认的规定外，没有专门涉及商事主体人格的规定，其他与此相关的绝大多数为法人型企业或企业法人的设立条件之类的规定，如我国《公司法》第23条，《企业法人登记管理条例》第7条，《全民所有制工业企业法》第17条，《农民专业合作社法》第2条、第19条、第20条，《城镇集体所有制企业条例》第12条，《乡村集体所有制企业条例》第13条等规定。这些立法文本，除少数规定，如所谓的产品为社会所需要；有能源、原材料、交通运输的必要条件等条件，反映了计划经济时代的思维，绝大部分法律、行政法规规定法人企业的设立条件，都包括有企业名称、一定数量的出资人或成员、必要的财产或注册资本、章程、企业机构及负责人或法定代表人、必要的经营场所等；但这些条件，似乎与我国合伙企业、个人独资企业等非法人企业并无太明显的区别，如我国《合伙企业法》第14条、《个人独资企业法》第8条、《个体工商户条例》第8条等规定。可见，我国现行《公司法》和其他法人类企业法所规定的法人企业设立条件，并非全部属于商法人或企业法人独立人格的构成要件。

---

〔101〕 参见刘静、张震亮：《论公司法人人格否认制度》，载《社科纵横》1997年第2期。

〔102〕 参见朱慈蕴：《公司法人格否认法理研究》，法律出版社1998年版，第6页。

〔103〕 参见马俊驹：《法人制度通论》，武汉大学出版社1988年版，第82~87页。

〔104〕 参见宋才发：《法人主体资格认定的法律探讨》，载《华中师范大学学报（人文社会科学版）》1998年第4期。

〔105〕 参见蒋学跃：《法人制度法理研究》，法律出版社2007年版，第61~62页、第180~183页。

（三）商事主体人格识别的考量因素

自有法律以来，最初仅承认自然人才可有法律人格（在古罗马法时代奴隶和非罗马人都不能成为罗马法规定的法律人，他们不为法律主体，只能为法律客体），并不承认团体的法律人格。后来，随着社会的进化，不但自然人都具有法律人格，而且社会组织的团体性法律人格也得到承认。特别是19世纪德国社会结构和经济活动，已由传统农村向城市、农业向工商业转移，"作为《德国民法典》基础的人类形象"，已"不再是小手工业或工厂工人的人类形象，而是富有的企业家、农场主或政府官员的人类形象"，而"就是这样的一种人，即人们能够指望他们具有足够的业务能力和判断能力，在以契约自由、营业自由和竞争自由为基础而成立的市民营利团体中理智地活动并避免损失"。[106] 在现代各国法上，无不承认公司等企业类或组织类商主体具有法人的人格。

在考量商事主体的独立人格时，应分自然人商人与企业商人两种情形，国家商人可比照企业商人的相关制度。自然人商人的独立人格为自然人人格，这无论从理念上还是在立法上，在当今已不再存在任何疑义。因此，需要讨论的只是企业商人为代表的社会组织类商事主体之独立人格问题。自然，商事主体人格的构成要素，也主要系指企业商人的人格要素。笔者认为，支撑企业商人等社会组织类商事主体之人格独立的构成要素，主要应从两个方面来考量：(1)实质性要件。亦即，应包括名称、财产、意思三大核心实质要件，而独立承担责任只是独立人格的必然性结果要件，并非必要性实质要件。其中，独立名称是前提性、标志要件，独立财产是保障性要件，独立意思是实质性核心要件。(2)程序性要件。亦即，企业商人独立人格的获得，必须以登记注册并确认为企业法人为基本前提或形式要件。以下集中讨论企业商人的人格要素。

二、商事主体人格基本要素的具体分析

（一）标志要素：主体名称的独立标识

1. 商事主体名称具有主体识别功能

商事主体名称，又称商号或商业名称，系指商事主体在营业中使用、表明商事主体的特定身份或资格属性的专属名词或个性称谓；或者说商事主体名称，为商事主体依法申请登记、在营业中使用的、以表示自己个性特质的名称。[107] 商事主体名称包含如下几层含义：(1)为商事主体使用；(2)在营业中使用；(3)用以表明商事

---

〔106〕 参见［德］K. 茨威格特、［德］H. 克茨：《比较法总论》，潘汉典等译，法律出版社2003年版，第219页。

〔107〕 参见刘清波编著：《商事法》，台北，商务印书馆1986年版，第31页。

主体的特定身份或资格属性;(4)该名称具有专属性和个性化特征,不能与其他商事主体使用的名称相同或相似;(5)商事主体名称可以注册确认,也可不注册确认;(6)商事主体名称在营业中可派生出商号权或商业名称权,其保护如注册确认则适用申请在先原则;如经注册则适用注册优先保护原则;如未经注册则适用使用在先原则。

商事主体名称,具有多重制度性功能,但最首要、最基本的功能是主体识别功能。名称本意即为用以识别某一个体、群体(社会组织)或某类事物的专属名词,在哲学上,名称、语词是表达概念并反映事物范围和本质的思维形式,名称具有特定的指称功能。〔108〕在法律上,名称最基本的作用在于主体的代表、区分、识别。〔109〕具体到企业等商事主体而言,名称的主要功能在于一企业区别于他企业的外在标志;〔110〕由企业等名称延伸的商业标识之"基本功能是识别不同的商品生产者和服务者,表明商品的出处"。〔111〕正因如此,对商事主体来说,商号、商业名称的首要功能是主体识别功能,其次才是广告消费引导、商誉资产载体功能;〔112〕它主要在于"表彰商人的特定身份,使之获得商事主体的资格,满足其进行商事活动的需要",凡是"从事商事活动的商人,都需要特定的商号作为身标"。〔113〕企业作为商事主体最典型的代表,其名称更是企业以独立的主体资格从事生产经营活动的标志,它与企业所有者及企业所从事的生产经营活动有着密切的联系。〔114〕

主体的独立、人格的独立,须以名义、名称的独立为基本前提,所谓"名不正,则言不顺;言不顺,则事不成"。〔115〕没有名义、名称的独立,主体、人格的独立也就无从谈起。对自然人而言,如仅限于一般民事活动,则名称表现为一般意义的姓名;但自然人进入营业领域后,因可注册或使用特定的商业名称,这一商业名称,不仅表明了该自然人的商事主体身份,更表明该自然人商人与其他商事主体之间的区别。名称的独立对企业等组织类商事主体尤为重要,从一定意义上讲,没有独立名称的企业,就无企业的主体地位,更无企业的独立人格。足见,商事主体是否具有独立的人格,名称的独立是标志性、前提性、基础性条件。

---

〔108〕参见牟博:《关于名称的指称功能问题——"指谓"、"指称"与"固定指示"》,载《哲学研究》1995年第12期。

〔109〕参见杨立新:《人身权法论》,人民法院出版社2002年版,第511页。

〔110〕参见王利明:《人格权法研究》,中国人民大学出版社2018年版,第390~391页。

〔111〕参见王连峰:《商业标识立法体系化研究》,北京大学出版社2009年版,第20页。

〔112〕参见张洋:《商号法律制度研究》,中国政法大学出版社2016年版,第42~53页。

〔113〕参见梁上上、李国毫:《商号法律制度研究》,法律出版社2014年版,第58~59页。

〔114〕参见乔新生:《企业名称专用权的取得、变更和许可》,载《政治与法律》1991年第2期。

〔115〕《论语·子路》。

2. 法人企业名称独立的基本要求

企业名称独立，与属违法行为范畴的企业名称混同，[116] 并非对应概念，系指成就法人企业独立人格的标志性条件，对法人企业而言，名称独立应符合如下基本要求：

(1) 不同企业之间名称的独立性与可识别性。亦即，不同企业注册或使用的名称，应有实质意义的差异性，能让相对交易人或消费者从企业名称中分辨出不同的经营者或服务者。企业名称的独特性与可识别性决定了企业名称的专有性和排他性，即在同一行政区或地域内，不同企业之间的名称不能相同或相近似。这一规则要求，在同一行政区或地域内，新设立或注册的企业，不得使用与已注册登记的企业相同或相近似的名称。例如，我国《企业名称登记管理规定》第 4 ~ 17 条规定，企业只能登记一个企业名称，企业名称受法律保护；在同一企业登记机关，申请人拟定的企业名称中的字号不得与同行业或者不使用行业、经营特点表述的企业名称中的字号相同。又如，《企业法人登记管理条例》第 9 条、第 10 条规定，企业法人名称应当进行登记；企业法人只准使用一个名称；企业法人申请登记注册的名称由登记主管机关核定，经核准登记注册后在规定的范围内享有专用权。再如，《公司法》第 7 条、第 8 条，《公司登记管理条例》第 11 条、第 17 ~ 19 条规定，公司名称应当进行登记，并记载于公司登记簿册上，属营业执照应当载明的法定事项；公司只能使用一个名称，经登记机关核准登记的公司名称受法律保护。可见，我国立法文本对企业名称独立性、可识别性、专有性、排他性规定，是比较明确、具体的。

(2) 企业名称与出资人名称之间的独立性与可识别性。企业是由出资人发起、设立、结社的契约性组织，企业在法律上如要成就与出资人之间的独立人格，名称就必须从出资人的名称中独立出来，并与之有鲜明的差异性和可识别性，否则，一旦企业与出资人名称混同或混淆，就必然会影响其人格的独立性。早期的企业特别是无限公司（合名公司或合名会社），绝大部分就因企业与企业主之间名称的无差异性或无识别性而丧失独立性；甚至在早期的合伙体中，企业本身只是财产体，为出资人的权利客体，企业并无主体资格。[117] 只是随着以"索塞特"（Societas，即具社团性的企业）的名义形成的契约越来越多、企业店铺的"名字被悬挂起来"而不断使用、"使用公司的名字"签署契约越来越普遍时，"公司的共同的名字取代了共同的'店铺'"，[118] 企业特别是公司企业的主体地位、独立人格才被人们所认识，并为立法所确认。

[116] 参见洪海：《企业名称混同近似的四种类型及防范对策》，载《中国工商管理研究》2000 年第 8 期。

[117] 参见叶林：《企业的商法意义及"企业进入商法"的新趋势》，载《中国法学》2012 年第 4 期。

[118] 参见[德]马克斯·韦伯：《中世纪商业合伙史》，陶永新译，东方出版中心 2010 年版，第 68 ~ 70 页。

(3)母公司名称与子公司名称之间的独立性与可识别性。母子公司的关系,本为股东与公司的出资关系,母子公司之间如要维持人格的相互独立,就必须使子公司名称与母公司名称保持显著的差异性和可识别性,其中子公司虽然可以使用母公司的字号,但必须在地域范围、合资对象、业务类型、公司形式等方面,与母公司严格区分开来。

(4)集团企业名称与成员企业名称之间的独立性与可识别性。集体企业与成员企业之间,因情形的差异存在母子公司、关联交易、合同关系等不同类型,但无论属于哪种类型,集团企业与成员企业、成员企业与成员企业之间的名称,均应具有显著的差异性和可识别性。

(二)保障要素:主体财产的独立归属

1. 财产独立是支撑商事主体人格的保障性条件

在人格独立要素中,自然人与法人的最显著区别在于财产条件,自然人人格的独立只需人身独立且有前述姓名的可识别性,就能成就独立的人格;但对法人而言,财产独立尤其是法人财产与发起人、设立人、出资人或机构成员之间财产的独立,则是判断其人格独立的必要条件。这一点,对以财产处分为基本前提、追求财富最大化为主旨的商事主体尤其如此。在商事主体中,对商个人而言,由于居商事主体身份、角色的商个人之出资财产、经营财产、交易财产,与居民事主体身份、角色的自然人之个人全部财产和其他非营业财产,难以严格在法律上、财务上区分开来,因此,以个体工商户、家庭经营户、个人独资企业为具体形式的商个人,在该自然人人格之外并无另行独立的商个人人格或商事主体人格,只有原生形态的自然人人格。而对商法人即法人企业而言,财产独立不仅是成立的核心要件,还是营业的必要物质基础,更是人格独立的保障性条件。没有企业的独立财产或财产不独立,企业就不具备法人人格的基本条件。

2. 法人企业财产独立的认定与判断

由于财产独立对法人企业人格独立具有基础意义,故如何识别、认定、判断企业的财产独立,进而识别、认定、判断企业的法人资格与独立人格,则是尤其重要的法律技术环节。在法人企业中,又以公司企业最具有典型性,公司财产独立作为公司的法律人格要素,构成公司独立责任的依据与物质基础。[119] 自然,以公司财产独立的识别、认定、判断为例来论证法人企业的财产独立条件,无疑最具说服力。笔者认为,识别、认定、判断公司财产的独立,应包括以下几个层面:

(1)设立中公司资本与股东非出资财产的独立。公司资本,又称公司原始财产

---

〔119〕 参见王建文、范健:《论公司财产独立的价值及其法律维护——以公司资本制度的内在逻辑与变革取向为中心》,载《南京大学学报(哲学人文社会科学版)》2006年第5期。

或初始财产，源于股东出资财产的集合与契合，在一定意义上，公司资本本质就是股东出资构成的股本，其数额就等于股东出资财产的总和。公司资本具有集合性、契合性、原始性、基础性、概括性，基于股东出资财产与非出资财产的分离或独立，公司经注册登记成立后，公司资本不仅与股东其他非出资财产完全分离或独立，还因股东出资财产必须让渡于公司，公司资本与股东出资财产也完全分离或独立。如股东出资未到位（包括未到期）或股东出资后，又变相收回公司资本，则公司资本就缺乏独立性，公司人格独立的初始条件就不具备，在公司因出资原因而导致公司清偿债务不能时，为维持公司资本的独立性，就必须通过追究股东出资责任，以满足公司原始财产独立的要求，在这一意义上讲，适用资本加速到期，无疑具有正当性与必要性。

（2）权利形式中公司财产权与股东股权的独立。公司成立后，公司与股东在权利上具有差异性和独立性。在具体权利形式上，股东的权利是由出资财产与公司资本之比折算的股份或出资比例形成的股权，股权的权利对象为资本，属资本权的范畴，它已不及于股东原有和公司管领的具体财产；而公司的权利则为营业财产权，即以公司原始资本、营业中新增值的财产（有形财产与商号、商誉、商标、商业秘密、专利等无形财产）或其他财产性权益，是对具体的财产或抽象的资本（转投资中的股权）所享有的一系列权利，它与股东的股权，完全是性质、属性、内容、形式不同的两类权利。

（3）利益追求中公司利益与股东利益的独立。在公司成立之后，虽然公司利益与股东利益总体是一致的，但追求的利益仍有差异性和独立性，公司追求的是生产、经营、交易中成本的最小化和效益的最大化，利益目标是具体的；而股东追求的是投资、利润、收益、红利、分配的最大化，利益目标是抽象的。在公司成立之后，公司与股东之间的利益关系与利益目标不可混淆。

（4）经营过程中公司财务、账号与股东财务、账号的独立。亦即，在经营过程中，公司应建立起独立的财务会计制度，通过独立的银行账号，以公司名义进行独立的财务会计核算和财产资产处理，而且这种处理必须与股东个人的财产、财务、账号分离或独立。公司不可利用股东的财务会计核算或银行账号结算系统来转移或存储公司资金；股东也不可通过公司财务会计核算或银行账号结算系统，把公司的财产或资金转移或存储给自己或自己的关联公司；公司与股东更不可共用一套公司财务会计核算或银行账号结算系统。

（5）营业交易中公司债权债务与股东债权债务的独立。在公司营业交易中，公司的债权债务与股东的债权债务不能相互混淆，除股东自愿以个人财产或账户为公司清偿债务外，股东不得利用公司的财产或账户，为股东自己或自己的关联公司清偿债务或提供担保；股东不得以任何名义、理由、方式，随意动用或支取公司的财产或资金。

（三）核心要素：主体意思的独立表达

1. 意思独立是商事主体人格独立的核心条件

意思表示是主体行为的核心要素，主体的意思源于意识，定于意志，是意识与意志结合的产物，主体的意思能力即为主体的行为能力。一般而言，民事主体意思能力的有无决定其有无独立的行为能力。意思能力又与特定主体的意识能力、判断能力、控制能力有关，决定着主体的认识能力、选择能力、责任能力，而这些能力的具备又是与一定年龄、特定精神状况相关的。正因如此，根据意思能力的不同，民事主体中的自然人可分为无行为能力人、限制行为能力人和完全行为能力人，这说明意思能力对主体独立为民事行为具有决定意义。此外，意思表示也反映行为人的主观愿望和预期目的，这就要求主体所表达的意思必须是本人的意思、真实的意思，如是他人强加或影响下作出的不真实意思，就有可能违背主体为民事行为的意愿和初衷，达不到自己设立的预期目标，其结果就只能事与愿违。故若主体无意思能力或意思表示不真实，就有可能导致民事行为的无效或可撤销。[120] 足见，意思表示独立是决定主体行为独立性、有效性的核心要件。

意思表示同样是支撑商事主体人格独立的重要条件。无独立的意思，也就无独立行为，就会产生主体自己行为与责任混同或竞合，自然就会影响该主体的独立性和人格的独立性。对以商个人为表现形式的个体工商户、家庭经营户、个人独资企业而言，不管有无独立的商号或字号，在营业中均表现为商个人及营业代理人的意思与自然人意思的高度合一或重叠，无论是认识上、法律上，还是技术上，都难以区分商个人的意思与背后原生自然人意思之间的差异，正因商个人没有独立的意思，故商个人没有独立的商事主体人格，而只有独立的自然人人格。但以公司为代表的法人企业则不同，其意思独立主要是与出资人或背后的实际控制人之间的独立，而且，企业意思是否具有独立性，对企业是否为法人、法人企业是否维持人格的独立性更为关键。首先，它是出资人商事结社的衍生主体，出资人与企业本为两个不同的主体，为企业意思的独立奠定组织与主体基础；如企业能在营业中保持独立的意思，则能成就人格的独立性。其次，前述名称、财产的独立性，决定企业意思与出资人意思的独立，有名义身份和财产资本基础。最后，意思独立对保障企业财产独立与身份独立，具有核心的约束功能。没有意思的独立，或者说企业的意思被企业背后的出资人或实际控制人所操纵，则企业的财产、资本、利益随时都有可能通过出资人或实际控制人的违法、不当操纵，而转移或输送至出资人或实际控制人及

---

〔120〕 参见《民法典》第17～22条、第142～157条。

其控制的其他关联人处。如此,所谓的企业名义、财产独立就只能沦为虚置;企业就只能是徒具名义的空壳与形骸。企业就会被完全客体化、工具化,主体资格尚且存疑,更遑论独立人格? 足见,意思独立是支撑法人企业独立人格的核心条件。

2. 法人企业如何表示意思

以公司为例,从民事行为要素理论来看,公司对外为营业行为及所签商事合同,本质上属公司意思表示的范畴,但在既有关于公司人格的各种分析和解构中,除极个别学者有所论及外,[121] 鲜有从公司意思形成、形式、表示的内在逻辑关系,去讨论公司意思形成、表示形式与法律效力。

关于公司意思的形成机理,有学者认为,包括公司意思独立于其组成人员的意志、必须通过公司机关并借助于特定自然人来完成、由公司意思机关以决定的形式作出、最终通过公司代表人的行为体现出来等四个方面,也就是说,公司意思形成于公司意思决定机关,最终由公司代表人对外进行表达;[122] 也有学者注意到公司意思形成与意思表示的重大区别,并认为公司须先经意思形成,而后才可进行意思表示,并认为意思形成只具内部效力,而意思表示却具外部效力,[123] 这些均从一定意义上接近于公司意思的内在逻辑。但是,公司作为营利法人,与一般法人的意思形成与表达机制一样,并非所有的事务和事项,均须经公司机关决议形成;实际上大量公司的日常性、管理性、经营性、技术性事务或一般性事项,只需由公司法定代表人、委托代理人或其他获得授权的人以公司名义(有公司印签为表征)实施即可,即借助于公司代表代理表意机制即可完成,而毋须去启动公司机关决议表意机制。

(1)在公司代表代理意思机制下,涉及公司日常性、管理性、经营性、技术性事务或一般性事项,基于公司治理构架与授权流程,公司意思只需法定代表人或代理人在法定、章定、约定或其他特别授权的范围内,以公司名义表示意思即可,在形式上只需公司代表人或代理人签字、公司印章以及必要的证明代表人或代理人有权代表(理)的文书,即可形成公司的意思并完成公司意思特别是公司对外意思的表示,在此情形下,公司意思可通过公司代表人或代理人进行独立表达,无须公司机关通过决议行为作出。

(2)以机关决议形式形成的公司意思,既包括股东(大)会决议,也包括董事会决议;[124] 我国《公司法》第 37 条与第 99 条、第 46 条与第 108 条对公司意思表示机关决议机制的范围已有比较清晰的界定与划分,即凡第 37 条与第 99 条规定属于股东(大)会职权范围的公司重要事务或重大事项、第 46 条与第 108 条规定属于董事

---

[121] 参见李建伟:《公司非关联性商事担保的规范适用分析》,载《当代法学》2013 年第 3 期。

[122] 参见朱慈蕴:《公司法原论》,清华大学出版社 2011 年版,第 130 ~ 142 页。

[123] 参见陈醇:《意思形成与意思表示的区别:决议的独立性初探》,载《比较法研究》2008 年第 6 期。

[124] 参见钱玉林:《公司法实施问题研究》,法律出版社 2014 年版,第 107 ~ 114 页。

会职权范围的公司决策事务或重大事项，均应通过机关决议表意机制，以会议决议的方式形成公司意思。除此之外，我国《公司法》第 16 条明确规定公司对外担保应由股东（大）会或董事会决议，这意味着公司担保事务不可选择代表代理表意机制，而只可适用机关决议表意机制，它也属于“内部决策形成机制或者公司意思形成机制”的范畴。[125]

可见，对法人企业而言，只有涉及日常性、管理性、经营性、技术性事务或一般性事项可通过法定代表人或其他代理人的营业代理作出企业的营业意思；其他重要、重大营业事项，企业必须通过法定机关的特定决议来形成并表示意思。

3. 法人企业机关意思独立的认定与判断

既然机关决议形成的意思是法人企业表示营业意思的主导形式，那么如何确保机关决议的独立性，则尤为重要和关键。一般来讲，法人企业机关意思独立的认定与判断，应考量如下因素：

（1）必要成员。以公司为例，公司机关包括股东（大）会、董事会（下属经理机构）、监事会等，所谓机关或机构就必须有一定数量（一般为 3 人以上）的成员，这既是公司企业资合的必然要求，也是公司机关之所以成为机关而非特定自然人个体的基础条件所在。如就一人公司而言，就因一人股东与股东会高度合一、股东会机关的缺失，而导致一人公司与一人股东意思存在高度合一的可能性，我国《公司法》第 63 条之所以规定“一人有限责任公司的股东不能证明公司财产独立于股东自己的财产的，应当对公司债务承担连带责任”，其主旨在于一人公司意思与一人股东意思难以区分、不能独立的情况下，就只能通过一人公司举证证明其财产与一人股东财产之间存在独立性，以成就其独立人格；否则，一人公司就无独立人格。故对公司等法人企业而言，符合法律或章程要求的成员数量或意思机关，是确保机关意思独立的基本前提。

（2）职权机关。公司内部治理与经营是按照决策、管理、监督之不同职能来配置不同机关的职责，而不同机关因职能、职责有不同的内部分工和权力配置，只有法定或章定机关规定事权范围内的机关，才可对事权范围内的事务作出决定或决议，除公司股东（大）会作为公司的权力机关，有权对公司任何事项或事务作出决定或决议外，董事会不可越权对属股东（大）会、监事会事权范围内的事项或事务作出决定或决议；监事会也不可越权对属股东（大）会、董事会事权范围内的事项或事务作出决定或决议；至于公司经理机构，作为董事会的执行机构或事务性管理机关，只可执行股东（大）会、董事会的决定或决议，不可对属于股东（大）会、董事会、监事会事权范围内的事项或事务作出决定或决议。如公司内部机关越权作出决定或决

---

〔125〕 参见梁上上：《公司担保合同的相对人审查义务》，载《法学》2013 年第 3 期。

议,或由于公司大股东或背后的实际控制人操纵,使公司股东(大)会、董事会、监事会丧失应有的独立性,变为大股东或实际控制人的"传声筒"或"木偶",公司职权机关就有可能丧失独立性,其作出的决定或决议就已不再是代表全体股东意愿或意志的公司意思,而只是反映大股东或实际控制人的利益或意思,公司的意思实质就是大股东、实际控制人的意思,如此,该公司的意思独立性乃至其人格的独立性,就应予以否认。

(3)议决事项。公司意思的形成,有法定或章定的决议事权与事项权限。如前所述,公司带有根本性、原则性的重要、重大事项,应由公司机关决定,如前述《公司法》第37条与第99条规定属公司股东(大)会职权范围内的事项,第46条与第108条规定属于公司董事会的事项,就禁止公司法定代表人或经理机构,未经股东(大)会或董事会决定或决议,径行对外为意思表示。如公司法定代表人或经理机构违反法律或章程的规定,擅自对外以公司名义为意思表示,则该意思因不是法定或章定的公司意思机关作出,不应认定为公司意思。如因此给相对交易人造成资产损失,应否认公司人格,责令实际行为人承担连带清偿责任。

(4)法定程序。公司意思形成与一般自然人意思形成不同,除前述条件外,还须严格按照法定或章定的会议召集、通知、出席、召开、表决、记录、公示等程序,才可由法定或章定的公司意思机关作出合法、有效的决议。否则,如因大股东或实际控制人的影响、操纵或支配,公司意思机关违反法定或章定的程序所作出的决定或决议,且依据该决定或决议对外为营业行为,则该公司的营业意思仍然没有独立性;进而公司依据此一不独立、真实的营业意思产生债务,仍应适用公司人格否认,连带追究不当影响、控制或支配公司意思的大股东或实际控制人的民事责任。

总之,对以公司为代表的法人企业而言,独立的名称、财产、意思是成就独立人格的基本要件。依据此一构成要素,我们就不难对不同商事主体之人格属性进行认定。

三、不同商事主体人格属性的类型分析

(一)不同商事主体人格属性的一般分析

一般而言,商事主体按人格属性的不同和独立与否,可分为商个人、商合伙、商法人三种典型形式,其中,商个人具有独立的自然人人格,而不具备团体、组织人格。商合伙,即非法人型组织类商事主体的典型形式,虽表现出明显的组织性和团体性,但因财产、意思与作为出资人的合伙人并不能完全独立开来,合伙与类似合伙的其他非法人企业,并不具有独立的团体、组织人格,或者说只具相对独立的团体、组织人格,其人格仍然依附于合伙人或出资人的人格。至于商法人,则具有完全独立的团体、组织人格,即所谓的独立法人人格,它与出资人、内部机关成员的人格,具

有完全的独立性。以下以自然人、企业、国家为例,对其人格属性作分别论述。

（二）自然人商主体的人格属性

在私法领域,真正的人只有自然人,所有社会人、团体人均是以自然人为基本模型构建起来的。“只有个人才能真正拥有私人生活,或者说,个人在私法关系中具有终极地位,因而,民法观念中的人必然是以个人（自然人）作为规范模型。”[126]现代私法的实质正义要求使抽象伦理人格取代传统原始身份人格,并使自然人法律人格由抽象人格逐步分化出具体人格。[127]

近代自然人独立、自由、平等之抽象人格,历经如下四大社会运动与革命后才逐渐形成:(1)宗教革命。通过近代的宗教改革和新教运动,特别是近代政教分离、世俗政权的建立,使人从神的依附地位下解放出来,自然人获得独立于神、独立于自然的主体地位和法律人格,有了真正意义上的自然生命、伦理生命、社会生命和法律生命;获得了独立私法主体、法律人格的身份与地位,自然人因之也成为独立于“神”与“自然”之外唯一的法律人承载主体。[128] (2)废奴运动。近代各国的废奴运动,特别是各种国际组织的废奴公约,使奴役他人成为反人类罪,为各国法律所不容,古代社会里没有主体资格的奴隶已不复存在。奴隶制度的废止,实现了所有生物人在主体意义上的平等,以古罗马时代为代表的部分只有生命而不是主体的生物人之间主体不平等与身份人格时代,宣告终止,所有生物人从此皆为主体,皆有人格。(3)商业(产业)革命。自15世纪开始特别是17世纪以来,以迁徙自由、从业自由、财产自由、契约自由、雇佣自由、营业自由、贸易自由为主要内容的商业革命和产业革命,直至18世纪完成的工业革命,彻底打破了古代社会特别是中世纪有关财产、契约、营业在不同社会阶层之间的身份限制和特权标签,尤其是打破了特权商人之间、阶层商人与世俗平民之间的身份篱笆和法律限制,使财产、契约、营业成为私法世界中人人可享有的权利或自由。[129] (4)人权(民主)运动。以英国资产阶级革命、法国《人权宣言》和《法国民法典》为代表的思想启蒙、人权运动和民主革命,倡导人人生而平等,革命运动与立法主旨就是“要将个人从家庭的或经济的既定秩序中,从行业的或宗教的规制中解放出来”,因此,追求个体抽象的“自由”“平等”“政教分离”“个体独立于家庭”,就成为以《法国民法典》为代表的那个时代的

---

[126] 朱庆育:《民法总论》,北京大学出版社2013年版,第369页。

[127] 参见叶欣:《私法上自然人法律人格之解析》,载《武汉大学学报(哲学社会科学版)》2011年第6期。

[128] 参见刘云生:《民法与人性》,中国检察出版社2005年版,第206页。

[129] 参见肖海军:《营业权论》,法律出版社2007年版,第91～109页。

主要任务和重要特色;[130]抽象的人、个体的人,从家庭、行业、宗教、地域、经济等各种身份关系中解放出来,变为具体的人、独立的人、自由的人、平等的人。自此,自然人获得个体独立而非家族、行业、宗教、地域、经济(如商人)等特定身份的完整独立、自由、平等人格,最终使独立、自由、平等成为现代自然人人格的核心内容。除前述胎儿、连体人之独立人格尚有争议外,所有的自然人均具有独立、完整的人格,应无任何疑义。

自然人商主体不过是作为民事主体的自然人进入营业领域的角色与功能转换形式,故商自然人的人格与一般自然人人格相比,并无本质性区别。所不同的只是进入营业领域的自然人,无论是投资、经营,还是交易,必须要借助于一定的形式,如投资就有独资、合伙、合资、合作等不同形式;经营有个体、家庭、企业经营等不同形式。商自然人借助于上述形式,通过登记为个体工商户、家庭经营户、独资企业等形式,以扩大营业,故严格而言,个体工商户、家庭经营户、独资企业,均是自然人进入营业领域的具体转换形式,其人格属性,可作如下认定:

1. 未经登记的自然人。毫无疑问,该自然人在以商事主体身份、角色出现时,属于自然人个体形式,其主体为该自然人的个体人格,它与一般自然人人格没有任何实质性不同。

2. 个体工商户。个体工商户乃以自然人名义登记的、从事工商业经营的商户。个体工商户可以个人经营,也可以家庭经营;可以登记独立的字号、商号和其他商业名称;可以根据经营需要招用从业人员。[131] 特别是登记为家庭经营或独立商号,并有一定数量从业人员的个体工商户,已与个人独资企业无异,故有学者建议废止个体工商户,而代之以商个人或个人独资企业。[132] 尽管如此,在我国《民法典》总则编仍然保留有个体工商户的情况下,个体工商户的人格属性,可作如下分类处理:(1)纯粹以自然人个体名义登记并经营的个体工商户,不具有组织性,仍为纯粹的自然人人格。(2)登记为家庭经营或有独立商号并有一定数量从业人员的个体工商户,则具有一定的组织性,但该组织类的个体工商户,虽名为"户",但并不具有独立的团体、组织人格,个体工商户的团体性、组织性仍然依附于登记的自然人人格,仍属自然人人格的范畴;该个体工商户并非独立于登记自然人之外的另类主体,仅为该登记自然人的商事主体身份转换形式,有关财产或权利,仅仅是登记自然人在营业领域财产或权利的具体表现而已。

3. 家庭经营户。我国《民法典》总则编第55条、第56条明确规定有农村承包经

---

[130] 参见[法]雅克·盖斯旦、[法]吉勒·古博:《法国民法总论》,陈鹏等译,法律出版社2004年版,第92~93页。

[131] 参见《民法典》第54条;《个体工商户条例》第2条、第8条、第21条。

[132] 参见曹兴权:《民法典如何对待个体工商户》,载《环球法律评论》2016年第6期。

营户;《个体工商户条例》第2条第2款规定,个体工商户也可采取家庭经营形式。家庭经营虽是人类历史存在最悠久的一种经营方式,也是社会生活与生产、消费、营业最基本的单位或社会构成最基础的单元,但在法律地位上它只是一个亲属共同体和财产共同体,并不具有团体法上的独立主体资格。无论是古代罗马的"家长制",还是古代中国的"家户制","家长"与"户主"均拥有绝对、广泛的代表性或支配性权利,家庭的主体地位与法律人格实质隐附甚至淹没在"家长"与"户主"的主体与人格之下。近代以来,以单一自然人个体为中心的主体与人格理念、理论、立法、制度,使家庭共同体的地位被分离的自然人个体所取代,家庭是否为主体,地位十分模糊。即使在部分赋予家庭以主体地位的国家或地区,家庭也通常类比为合伙组织或非法人组织。至于我国,在既有民法和相关制度框架中,只有基于家庭成员之间的家庭关系,但无家庭成员基于婚姻血缘、共同居住的家庭共同体概念;虽然有家庭经营户的称谓,但其地位仍然属于自然人范畴。即使存在登记、有独立商号且有一定数量的从业人员的类组织或类企业型家庭经营户可视为商事主体,但"婚姻家庭系一种组织性的集体","成员间的关联尚不足据以认定其有独立的人格权",〔133〕故该家庭经营户也无独立的团体、组织人格,其人格仍然依附于特定家庭成员的自然人人格。

4.个人独资企业。由单一自然人独资设立的个人独资企业,虽然与个体工商户、家庭经营户相比,具有明显的团体性质,且与自然人一人公司无实质性区别;〔134〕但鉴于个人独资企业与单一业主的出资人,不具有独立性。因此,个人独资企业虽可以团体型、组织型主体资格进行营业,但并不具有团体、组织上的独立人格,其人格仍然依附于单一业主的自然人人格。

(三)企业商主体的人格属性

与自然人商主体相对应的另一类主体是社会组织,且该社会组织在营业领域的表现形式即为商事组织;由于商事组织,在多数情形下又是以企业形式出现,故商事组织的人格属性,也就是企业商主体的人格属性。而根据企业与出资人之间有无独立性以及有无团体人格的不同,企业又可分为法人企业与非法人企业。

1.法人企业的人格属性

法人企业,又称企业法人,为具有独立法人资格的企业形式,该类企业又可分为公司型法人企业与非公司型法人企业(包括全民所有制企业、集体所有制企业、合作社企业、股份合作企业等)。法人企业之所以具有独立法人资格,在于该企业

---

〔133〕　参见王泽鉴:《人格权法》,北京大学出版社2013年版,第59页。

〔134〕　参见李建伟:《个人独资企业法律制度的完善与商个人体系的重构》,载《政法论坛》2012年第5期。

与出资人、企业内部机构成员，在法律人格上具有独立性，该独立性才是支撑企业具有独立人格的核心条件。

法人企业的人格，实质就是商事组织的法人人格或团体人格。关于法人人格，大陆法系学理上一直存在法人实在说、拟制说、否认说等争议；英美法系则存在拟制说、否认说、特许说、契约说、秩序说等不同观点，[135]这方面的论著较多，笔者认为，法人在本质上属于社会组织类主体范畴，而社会组织又是自然人结社或设立的产物，具有明显的契合性；社会组织作为民事活动、法律关系的主体，又源于人们生活和社会交往的需要，是一种现实的、客观的存在；而出于行为效力、交易安全和社会稳定的需要，法律上赋予社会组织以主体资格甚至具有相对于自然人一样的独立人格，实乃生活、社会、法律所必要，因此，社会组织的主体化与人格化，也是一定理念、价值指导下的法律拟制产物。然而，社会组织主体与人格的独立性，毕竟是法律拟制的结果，如不具备法定条件或在运行中丧失实质条件，则也可通过法律救济机制予以否认。故法人实在说、法人拟制说、法人否认说并不能作绝对理解，作为法人独立人格，社会组织类主体的先前、实际存在是基本前提，法律上的拟制、确认或否认，都只不过是立法的技术性处理而已。

法人企业的独立人格，与前述商自然人人格相比，具有如下明显的特点：

(1)团体性。所谓"法人者，团体人格也"；[136]"法人不是以生命存在为特征的单独个人，而是具有一定宗旨为法律保障的某种社会组织体"。[137]法人企业的人格是一种团体性人格，而非自然人意义的自然生命人格。

(2)拟制性。法人与法人企业作为一种法律制度，是法律比照自然人人格，拟制该企业具有独立的主体资格和独立的法律地位一种具体制度形式，即"法律赋予一定社会组织以民事主体的资格，从而使具有法人资格的社会组织，享有特定的权利能力和行为能力，能够以自己的名义参加一定的民事法律关系，并成为这些民事法律关系主体的制度"。[138]正如黑格尔所认为的那样，"一个所谓的法人，即社会团体、乡区组织、家庭，不管它本身如何具体，它所包含的人格只是在它本身中是抽象的环节，人格在法人中达不到自己存在的真理性"。对此，马克思也承认，"法人、社会团体等等都被称作抽象的东西，也就是说，正是一些类形式被称作抽象的东西，现实的人借助这些类形式实现他的现实内容，使自己客体化，抛弃'人本身'的抽象。"[139]故"法人是一种法律制度，属于上层建筑范畴，是一定社会经济基础的反

---

[135] 参见朱慈蕴：《公司法人格否认法理研究》，法律出版社1998年版，第18～37页。

[136] 参见江平主编：《法人制度论》，中国政法大学出版社1994年版，第1页。

[137] 参见佟柔主编：《民法原理》，法律出版社1986年版，第61页。

[138] 马俊驹：《法人制度通论》，武汉大学出版社1988年版，第1页。

[139] 《马克思恩格斯全集》(第3卷)，人民出版社2002年版，第36～37页。

映”，是国家“对那些具备独立进行民事活动条件的社会组织，所赋予的一种法律形式”。[140] 更有学者认为，法人是民事领域中的无形主体，之所以享有主体地位或具有独立人格，完全是法律拟制的结果。[141]

(3)法定性。即法人企业须具备法律规定的条件，并应由法定程序予以认定。例如，我国《民法典》、《公司法》和其他企业法，均规定法人、营利法人、企业法人设立的一般条件；又如，《证券法》《商业银行法》《保险法》《证券投资基金法》等商事特别法，还规定特殊企业法人或公司设立的基本条件。法人企业一般应经登记注册，方可取得法人资格。

(4)可否认性。自然人人格具有不可否认性，但法人人格则可依据一定条件予以否认或剥夺。法人企业之所以具有团体人格，在于有独立团体意志支撑下，产生团体的独立财产与利益，并因之可承担独立的责任。团体人格的本质在于团体意志的独立，即只有当每个人的意志形成共同意志，而共同意志又抽象为“单一团体意志”时，该团体才可能具有独立人格。[142] 如该团体意志因其他主体(出资人、成员、控制人)的影响或控制而丧失独立性和共同性，则该团体的独立性乃至团体人格的独立性也不复存在。故一旦法人企业被其出资人或内部人恶意控制而丧失意思、意志、行为、财产的独立性时，该法人企业的人格即法律地位的独立性，就应予以否认。

2. 非法人企业的人格属性

非法人企业，本质上属于非法人组织范畴，所谓非法人组织系指不具有独立法人资格或未履行法人登记程序而成立、以该组织体名义开展民事活动的各种组织之概称。此类组织，《德国民法典》第 54 条称之为“无权利能力社团”；[143]《日本民法典》第 35 条称其为“非法人社团”和“非法人财团”；[144] 英美法系国家或地区立法上有时称其为“非法人社团”或“非法人团体”。在我国，法律或学理上或称其为“非法人团体”；[145] 或称其为“其他组织”“其他单位”“非法人组织”“非法人社团”等。

非法人企业，就其法律地位而言，只不过是对不具有独立法律人格的组织类商事主体之概称，与具有独立人格的法人企业相比较，所欠缺的只是法律人格的独立性，并因法律人格的非独立性，使其不具有完全独立的权利能力，而不是完全没有

〔140〕 马俊驹：《法人制度通论》，武汉大学出版社 1988 年版，第 39 页。

〔141〕 参见李锡鹤：《论法人是无形主体》，载《法学》2000 年第 7 期。

〔142〕 参见李锡鹤：《论法人的本质》，载《法学》1994 年第 2 期。

〔143〕 参见陈卫佐译注：《德国民法典》，法律出版社 2015 年版，第 19 页。

〔144〕 参见渠涛编译：《最新日本民法》，法律出版社 2006 年版，第 309 页；2017 年《日本民法典》大修后，该条被删除，参见《日本民法典》，刘士国等译，中国法制出版社 2018 年版，第 11 页。

〔145〕 参见王泽鉴：《民法总则》，中国政法大学出版社 2001 年版，第 194 页。

权利能力。易言之,非法人企业虽然没有法律上独立的组织或团体人格,但并不影响其作为相对独立的商事主体资格或身份,更不意味着完全没有民事权利能力,作为社会组织体,可以企业自己的名义参与民事活动,享有权利和承担义务;只是在财产不能独立、完全承担清偿责任的情形下,才因非法人企业不具有独立组织或团体人格,出于保护信赖第三人的利益的考虑,按照无限责任或连带清偿规则,向其出资人进行追索而已。[146] 足见,非法人企业虽然不具有独立的组织或团体人格,其法律人格依附于特定的自然人、出资人、设立人或内部机构成员,进而影响或制约其财产、意思、责任的独立性,但并不影响其民事主体乃至商事主体的身份、资格与地位,更不影响其具有相对独立的权利能力。

(四)国家商主体的人格属性

国家在特定情形下作为商主体身份或角色,一般以具体的国家机关名义出现,在多数国家或地区,国家或国家机关被拟制为公法人或机关法人,作为特别法人,国家商主体的人格属性,同国家作为一般民事主体的人格属性并无不同,即具有拟制的组织或团体人格。关于国家商主体的人格属性与法律定位,后文将作细论。

第三节 商事主体人格的法律规制

一、商事主体人格的确立

(一)商事主体人格确立的基本方式

如前所述,商事主体仅为民事主体在营业领域的身份、角色、地位、关系、功能转换形式,民事主体通过营业性投资、经营、交易进入营业领域转换为商事主体之后,所变化的只是在特定营业关系中的身份、角色、地位、关系和功能,其主体资格、自然特征、组织形式、人格属性并无实质性变化,同样存在主体、人格、权利能力的实质性差异。因此,商事主体人格的确立方式,实质上与民事主体人格的确立方式,并无二致,大体包括出生、登记、特许等三种基本方式。

1. 自然人商事主体:出生取得自然人人格

如自然人进入营业领域之后转变的商自然人,所变化的只是该自然人在特定营业性投资、经营、交易关系的特定投资者、经营者、交易者之商事主体身份、角色、地位、关系、功能,即所谓的商自然人,仍然还是自然人,其人格仍然属于自然人主体

---

[146] 参见肖海军:《民法典编纂中非法人组织主体定位的技术进路》,载《法学》2016 年第 5 期。

的人格。尽管他(她)可以注册登记一个与自然人不同的商号或字号,甚至该商号及店铺、工厂也具有某些组织性、团体性特征,但由于前述构成要素的制约,商自然人主导的商号、商铺、作坊、工厂因财产或意思无独立性,甚至仅仅只是自然人营业财产、商事权利的对象与标的,[147]并无独立的组织性、团体性人格,故商自然人实质只有原生形式的自然人人格,而无另行的、独立于商自然人之外的团体性或组织性商事主体人格。而自然人人格的确立,是由自然人出生这一法律事件决定的,而非自然人决定进入、实际进入或登记进入营业领域之具体法律行为决定的。因此,对商自然人而言,其真正的独立人格乃该自然人进入营业领域之前就已具有的自然人人格,他(她)的主体资格、法律人格是由出生这一法律事件决定,并由法律予以规定或确认的。

2. 社会组织类商事主体:登记确定法人人格

严格的社会组织类商事主体应包括登记与未登记两种情形,但因未登记类并不产生登记社团的法律效果,且应一律视为非法人组织,不存在独立的组织或团体人格问题。[148] 故此处只讨论登记型的社会组织类商事主体的人格确立问题。社会组织类商事主体包括两种情况:(1)登记之时即为以营利为目的的企业,包括法人企业与非法人企业。(2)登记时为非营组织,也包括非营利法人与非法人非营利组织,之后再作为投资主体等进入营业领域。如大学以科研成果入股某公司,该大学即为公司股东,该大学虽不直接参与经营,但因入股之投资行为,而在该公司法律关系中转换为股东形式的商事主体。对于第一种情形,法人企业或企业法人,传统、既有理论已有比较多的关注,但对第二种情形,学界、业界往往忽略甚至否认非营利组织的商事主体资格。

如前文所述,由于在涉及企业类组织的主体资格、营业资格、法人资格的取得与确认上,我国实行严格的统一主义制例模式,即企业设立登记是融企业主体资格认定、营业资格确认、法人资格拟制于一体的法定程序。就企业登记而言,商事登记实质上具有民事主体资格、商事主体资格、团体法律人格三重资格的确认功能:(1)民事主体资格的确认。企业为出资人结社并经发起人、设立人设立的衍生组织体,此一组织体自登记成立日起,就获得相对独立于出资人、发起人、设立人的主体资格,它是主体,而不是出资人、发起人、设立人的财产或权利客体,故企业登记注册行为首先是对企业作为组织类民事主体资格的确认。(2)商事主体资格的确认。企业的设立与成立,与一般组织体不同,具有鲜明的营利目的性,而作为组织体的营业,就须通过营业宣示、营业登记、营业执照等营业公示行为,向相对交易人和全

[147] 参见姜燕、王琳琳:《自然人人格财产性解读》,载《当代法学》2008 年第 2 期。

[148] 参见肖海军:《非法人组织在民法典中的主体定位及其实现》,载《法商研究》2016 年第 2 期。

体社会进行适当告知，其中以营业登记注册为实质内容、以营业执照发放为外在形式的商事登记，实质是认定企业的商事主体资格，确认其营业能力，企业之商事主体资格也由此确认。(3)团体法律人格的确认。企业在登记时，如具备支撑前述独立团体法人的构成要素和必要条件，商事登记簿册就确认为独立法人，并另行颁发独立的法人资格证书或显示为企业法人或公司的营业执照。换言之，如取得企业法人或公司营业执照的企业，即为法人企业，则其独立的团体人格，获得登记确认；而只取得一般营业执照，没有取得法人资格证书或企业法人营业执照，则该企业的团体或组织法律人格，未被登记确认，该企业即为非法人企业。可见，就企业而言，是否确认为独立团体人格，应依登记而定。

对于非营利组织而言，在绝大多数情形上是以营业性投资主体身份、角色进入营业领域的，只是在极少数情形下，经登记可直接从事营利性经营活动。但是，即使是经登记从事营利性经营活动，在登记之前，该非营利组织的主体地位、人格属性，在该非营利组织的社团登记、事业单位登记等非商事登记中就已确认，而并非通过投资或商事登记时才得以确认或改变的。因此，非营利组织的主体资格乃至团体法律人格的状态，是由非营利组织成立登记时所确认或确立的，如其成立登记时确认为非营利法人，则具有独立的团体或组织人格；如成立登记时确认为非法人非营利组织，则该非营利组织为非法人组织，无独立的团体或组织人格。

可见，不管是企业、营利组织类商事主体，还是非企业、非营利组织类商事主体，其独立的团体或组织人格均确立于成立登记。

3. 国家商事主体：特许取得法人资格

国家(政府)作为商事主体，主要发生在营业性投资领域，只有极端或个别情形，发生在营利性经营(如国有国营)、交易(如国家专卖)环节。但是，实际上国家(政府)作为商事主体，也非国家或政府作为一个整体进行的，其具体的营业行为，是通过特定的国家机关或政府机构、并通过具体的自然人组织实施的，因此，一定意义上讲，特定的国家机关或政府机构(如国资委、财政部)才是实施国家商行为的实际主体，传统大陆法系称之为公法人，我国原《民法通则》称之为机关法人，《民法典》总则编把其归类于特别法人的范畴，是否具有独立的团体或组织人格，则须由法律作特别规定，并依照特许设立或审批程序予以确认。

(二)商事登记与商事主体人格确立的关系

基于前面的论述，不难发现，商事主体与商事主体人格的确立虽有一定的关系，但并非对应关系，更非所有商事主体人格确立或确认的方式。一方面，自然人人格的自然、法定、先前存在，使具有自然人人格的商事主体与商事登记并无实质关系；另一方面，组织类商事主体的团体或组织人格，即法人人格，是通过法人登记来确立或确认的，并不必然一定要通过商事登记来确立或确认。[149] 基于此，商事登记与商事主体人格确立的关系，大致可分为如下几种情况：

1. 商事登记与自然人类商事主体的自然人人格确立无关。商个人的商事登记只与自然人转换为商事主体身份、角色、功能有关；但与自然人人格的确立或确认毫无关系。

2. 商事登记与非营利组织类商事主体的团体或组织人格确立与否无关。非营利组织的商事登记，也只与该非营利组织的商事主体身份、角色、功能的转换有关，同样与该非营利组织先前的团体、组织人格确立与否，没有对应关系。

3. 商事登记与企业类商事主体的团体或组织人格确立具有对应关系。在商事登记中，如登记簿册、法人资格证书或营业执照确认该企业组织成立之时，具有独立的法人资格，则该企业为法人企业，具有独立的团体或组织人格；否则，为非法人企业，无独立的团体或组织人格。可见，有学者认为合伙登记具有合伙商事人格的设权效力，[150] 是值得商榷的。

4. 商事登记与国家机关类商事主体的团体或组织人格确立无对应关系。这主要表现为国家（政府）通过国家机关，无论是作为营业性投资主体身份或角色出现，还是作为政商合一的经营主体出现，其团体或组织人格独立与否在商事登记之先就已经确立或确认，商事登记仅仅只起到营业的宣示、确认、公示作用，并无人格创设或确立之功能。

（三）我国现行商事主体人格确立制度的缺陷与改进

1. 我国现行商事主体人格确立制度的缺陷

我国现行立法中，无论是民法一般法，还是商事特别法，均无明确关于商事主体人格确立制度的规定，涉及商事主体人格制度内容的，主要出现在有关企业注销时的债务清偿或公司人格否认中，且尚存在如下问题：（1）在立法词义、技术处理上，主体、人格、权利能力的表述尚存在模糊和混同。无论是民法中主体制度，还是商法中的个体工商户、企业制度，均没有严格区分主体资格、法律人格和权利能力之间的不同制度功能。（2）把商事主体与民事主体孤立地、绝对地割裂开来，离开民事主体的人格形态来单独讨论或规定商事主体的人格问题。典型如商个人的商事主体资格与自然人人格，被不恰当地描述为商个人独立于原自然人的独立人格；企业也如此，似乎企业就是完全独立于一般民事主体的另类商事主体，没有从私法

---

〔149〕 参见李凤章：《让事实超越规范——关于法人登记与人格认定的若干思考》，载《学术论坛》2006 年第 6 期。

〔150〕 参见罗海山、陈肖楠：《论合伙商事人格登记制度》，载《华北电力大学学报（社会科学版）》2011 年第 6 期。

主体身份审视，企业应首先获得一般私法主体资格，然后才会被确认为具有商事主体资格。(3)没有从法律技术层面合理地区分商事主体的主体资格与独立人格。如法人型企业的商事登记中，我国选择统一主义模式，把企业主体资格、法人资格与营业资格三种资格的确立或确认，混为一证，一张企业法人营业执照，本应具备的主体资格、法人资格、营业资格的确立或确认功能被模糊处理了。

2. 我国现行商事主体人格确立制度的改进

针对前述情形，笔者认为，在我国既有《民法典》规定和商事主体特别法的修改过程中，对商事主体人格的处理上，应作如下改进：(1)把商事主体的主体资格、法律人格、权利能力作区分处理。(2)在上下位、一般与特殊、普通与营业等关系视角，处理民事主体与商事主体的人格属性，把商事主体的人格属性、特征、形态，还原到原生民事主体的人格属性、特征、形态，借以反映商事主体人格的本质、实在属性。(3)在商事登记特别有关企业登记中，应选择分离主义的立法范式，把目前的企业法人营业执照分为法人资格证书与企业营业执照两个证照，使之分别表征法人企业的法人人格与营业资格。[151]

二、商事主体人格的否认

基于前述人格特定的蕴意、内涵与功能，人格否认中所否认的人格，实则为特定主体的独立性。严格来说，商事主体人格否认，所否认的仅是法人企业的团体、组织人格，而非否认商个人的自然人人格，这是因为商个人的自然人人格，具有不可否认、限制的自然属性，除非自然人因自然死亡或非自然死亡致主体丧失，进而人格消灭。但对法人企业则不同，其主体资格乃至法律人格均具有法律上的拟制性，也就具有法律上的可否定性。此外，非法人企业因没有独立的团体、组织人格，也不存在否认其独立团体、组织人格问题。故商事主体的人格否认，是特指组织类商事主体中法人企业之团体、组织人格的否认，其中最具有代表性的是公司人格否认。

(一)公司人格的制度缺陷

如前所述，公司人格制度最具实质性的问题，是公司主体地位、团体人格的独立性问题。也就是说，公司就是一个独立于股东(出资人)的“人”，在公司财产、利益、责任的设计中，通过公司内部的分配制度，使公司经营中产生的效益和利润，能以股利分配的形式正当、合法、有效地输送至股东，故公司与股东具有关联性。但是，一旦公司在经营中产生债务，基于公司人格的独立性，延伸至公司债务清偿责任的独立性，且此一独立债务责任是公司的独立责任，与另一独立主体股东毫无关

---

〔151〕 参见肖海军：《论商主体的营业能力——以投资主体与专业主体的二重结构为视角》，载《法学评论》2011年第5期。

系,从而避免公司债权人对股东的直索。可见,公司人格的独立性,实质性价值并非在于成就公司成为独立的主体或独立的人格,而在于通过貌似团体或组织人格的独立,公司债务责任的独立达到锁定作为出资人的股东之投资风险与经营责任之真正制度性目的。质言之,对股东有利时,公司效益与股东收益有关,公司人格独立是相对的;而对股东不利时,公司债务则与股东无关,公司人格独立是绝对的,这就是公司人格的资本逻辑。

足见,公司人格独立与否的制度设计,完全是视资本的需要而定。正是由于公司人格独立背后的资本逻辑和所表现出来的核心制度功能(锁定股东的投资与经营风险范围),才导致公司人格独立性与公司主体工具化之间的矛盾,进而产生股东投资风险的锁定与转移到公司外部债权人、公司人格被谋求法外利益的不当行为人滥用这两大显著的弊端。很显然,公司人格独立有其先天性的内在缺陷,而恰恰这一缺陷如被不当行为人加以滥用或恶用,则会使公司人格乃至公司制度产生严重的负面效应,甚至严重危害交易安全、社会公益。

(二)对公司人格制度缺陷的立法修正

针对公司人格特别是公司人格被股东等不当行为人滥用的制度性缺陷,法律上有两种代表性的应对方式:(1)法律上根本否认公司法人人格。亦即,不承认公司有独立人格,取消公司人格的独立,所有公司或法人企业均按合伙规则处理公司所生债务。(2)个案中的公司人格否认。即在个案中,对股东等不当行为人滥用公司人格独立,严重损害债权人或社会公益者,在该个案裁判中,不承认该公司的独立人格,责令不当行为人对公司债权人承担连带清偿责任。就目前而言,在法律上根本否认公司法人人格基本不可取,它会严重影响甚至挫伤投资人的积极性;比较可行的是个案中的公司人格否认。

(三)公司人格否认的一般理论

1. 公司人格否认的法律界定

大陆法系的"公司人格否认制度"(disregard of corporate personality,日本),又称"股东直索责任制度"(德国),在英美法系则称"刺破公司的面纱"(piercing the corporation' s veil,英国)或"揭开公司面纱"(lifting the veil of the corporation,美国),[152]系指为阻止公司独立法人人格被滥用,保护公司债权人利益及社会公共利益,在特定、具体的法律关系(个案)中,对滥用公司人格从事不当行为致公司债权人利益或社会公共利益受损时,法院应不考虑公司独立人格,即否认或不承认公司与股东等不当行为人的独立性地位,而责令不当行为人(股东、董事、实际控制人或

〔152〕 参见高旭军:《论"公司人格否认制度"中之"法人人格否认"》,载《比较法研究》2012年第6期。

其他不当行为人）向债权人或受害人直接承担责任，以实现公平、正义目标之要求而设置的一种特定法律制度或临时救济措施。

公司人格否认的法理基础在于：（1）公司人格的独立性与股东的有限责任；（2）法人人格的拟制性、局限性和可否认性；（3）诚实信用与信赖利益的保护；（4）权利的正当行使与禁止权利滥用；（5）利益与责任相统一的公平正义原则；（6）交易安全的维持与相对人利益的保护；（7）营业的社会性与公司的社会责任。[153]

2. 公司人格否认的法律特征

公司人格否认是一项司法适用原则，本质上属于民事侵权责任（债权侵权）的范畴，它只适用于特定个案。[154] 公司人格否认与公司资本充实责任、撤销公司登记、吊销公司营业执照、怠于公司清算责任等制度存在明显的功能区分，具有如下主要特征：

（1）公司人格否认是以公司已具有法律上的法人资格为前提的。公司人格否认是针对已经取得公司独立法人资格且该独立人格及股东有限责任又被滥用之情形的公司而设置。若某公司不具独立之法人资格，也就不存在适用公司人格否认问题。例如，设立中的公司，就本无独立人格，如因设立失败或设立中止所生债务，就应按照设立中公司的债务清偿规则处理，不属于公司人格否认范畴；又如，我国《公司法》第210条规定，未依法登记为有限责任公司或股份有限公司，而冒用有限责任公司或股份有限公司名义的，责令改正或者予以取缔，就不属于公司人格的否认。

（2）公司人格否认是在具体法律关系针对特定个案中公司独立人格的否认。其效力仅及于该特定个案，不涉及该公司的其他法律关系，且不影响该公司作为一个独立主体合法、继续的存在，它不同于法人人格的取缔或法人人格的剥夺。在公司人格取缔或剥夺的情况下，公司整体人格消灭，效力则及于公司参与的所有法律关系，如公司设立登记撤销或设立无效宣告等。[155]

（3）公司人格否认的后果是由不当行为人（股东、董事或经理）直接承担公司债务的清偿责任。法人人格否认理论的要害是否定股东有限责任，[156] 公司人格否认实质上就是通过否认公司的独立人格，突破股东承担有限责任的界限，进而要求股东对公司承担无限连带责任。其最终目的在于防止股东滥用公司独立人格，以诈

---

〔153〕 参见朱慈蕴：《公司法人格否认法理与公司的社会责任》，载《法学研究》1998年第5期。

〔154〕 参见金剑锋：《公司人格否认理论及其在我国的实践》，载《中国法学》2005年第2期。

〔155〕 参见肖海军：《论公司设立登记撤销制度——以〈公司法〉第199条的适用展开》，载《中国法学》2011年第2期。

〔156〕 参见孟勤国、张素华：《公司法人人格否认理论与股东有限责任》，载《中国法学》2004年第3期。

欺、过度控制、巧取豪夺等不法行为牟取私利,使公司人格独立的不合目的性滥用得到有效地矫正。

3. 公司人格否认的法理依据

人格否认的法理基础是主体人格的独立性,当某主体被他主体不当控制或支配,则该主体已实质演变并降格为他主体的牟利或不法工具,进而成为他主体规避义务、减免责任的法律面纱或制度屏障,从而丧失法律上拟制的人格独立性。如在英美法系,学理上就有代理说、企业整体说(同一体说)、工具说、另一自我说等代表性观点。司法上,英国法院认为"公司是横亘在股东与债权人之间的一具面纱";美国法院认为"只有在子公司是母公司的'工具'、'摆设'、'木偶'、'代理机构'、'一个部门'或者'另一个自我'等情况下才能适用这一原则"。在大陆法系,德国存在分离说、控制说、一体说等不同主张;日本则有人格形骸化论、人格混同论等学说。[157]

(四)公司人格否认的构成要件

1. 公司人格否认构成要件的认定

关于公司人格否认的构成要件,英美法系与大陆法系国家或地区的法律、裁判存在比较大的差异。[158] 学理上则有三情形论、五要素论等不同主张,其中三情形论者认为,公司人格否认具备不作为义务的规避、作为义务的规避、和解协议的扩张等三种情形中任何一种,就可在个案中否认公司人格;[159] 相对而言,五要素论则对公司人格否认的构成条件有比较全面的分析和论证,其核心要件包括主体(股东等)、滥用行为、损害事实、因果关系、过错等五个方面。[160] 我国《公司法》第20条第3款规定,"公司股东滥用公司法人独立地位和股东有限责任,逃避债务,严重损害公司债权人利益的,应当对公司债务承担连带责任";第63条规定,"一人有限责任公司的股东不能证明公司财产独立于股东自己的财产的,应当对公司债务承担连带责任"。根据文义解释,一般认为,否认公司法人人格应满足以下四个要件:(1)公司设立有效,已取得独立人格。(2)公司股东存在滥用公司法人独立地位和股东有限责任的不当行为。(3)不当行为人(主要为股东)的目的是利用公司进行利益输送(获得不正当利益或逃避债务)。(4)客观结果上严重损害了公司债权人的利益。笔者认为,适用公司人格否认,应包括如下具体构成要件:

---

[157] 参见朱慈蕴:《公司法人格否认法理研究》,法律出版社1998年版,第123~131页。

[158] 参见朱慈蕴:《公司法人格否认法理研究》,法律出版社1998年版,第79~94页。

[159] 参见朱慈蕴:《论公司法人格否认法理的适用要件》,载《中国法学》1998年第5期;石少侠:《公司人格否认制度的司法适用》,载《当代法学》2006年第5期。

[160] 参见朱慈蕴:《公司法人格否认制度理论与实践》,人民法院出版社2009年版,第56~72页。

(1)股东对公司具有明显或实质上的控制力。亦即,只有对公司具影响力、控制力或支配力的股东或实际控制人,可以其股权或股份优势形成对公司机关意思的影响、支配或控制,才有滥用公司人格的条件,一般中、小股东是很难以影响或左右公司决策或经营的。因此,公司人格否认,一般是针对股权或股份集中的封闭型公司大股东或控制股东。

(2)具控制力的股东存在对公司恶意控制、滥用公司人格的行为和情形。其情形包括虚拟股东(专指传统多元股东公司);人格混同行为(股东、任职、人员、业务、财产、资产、财务等混同);实施规避法定或约定义务的行为(如恶意逃债、避税等);利用公司名义从事不法行为(如黄、赌、毒等);其他不正当控制行为。

(3)具控制力股东与公司或关联公司之间存在利益输送关系及事实,包括输送正利益(法外利益)和负利益(逃债、避税等)。大股东特别是控制股东之所以要滥用公司独立人格,就在于把公司客体化和工具化,通过支配或控制公司意思、决策、事务机关,作出对己有利、对公司有害,进而也损害债权人利益的各种决定、决议或行为,其本质就是借助公司这一主体、人格形式,公开地或隐秘地为自己输送利益,或减轻、免除自己应当承担的义务或责任。

(4)具控制力股东滥用控制力行为给债权人、社会公共利益造成严重损失(一般表现为债务清偿不能)。如虽有大股东或控制股东的滥用公司人格行为,但并未给公司债权人或社会公共利益造成损失,或者说虽然给公司债权人或社会公共利益造成损失,但公司以独立的财产已给予有效的清偿或赔偿,则应尊重公司内部的自治原则,不应轻易否认该公司人格。

(5)债权人等利益受损主要是公司向具控制力股东的利益输送所致。公司不能清偿债权人债务的原因很多,法院或仲裁机构在适用公司人格否认时,应区分债权人提起的普通债务纠纷与公司人格否认债务纠纷,只有当债权人举证证明公司不能清偿债务是因为具控制力的股东滥用公司人格行为所致,法院或仲裁机构才可适用公司人格否认。

2. 关于"严重损害债权人利益"的认定

我国《公司法》第20条第3款中,"严重损害公司债权人利益"如何认定,笔者认为可从如下几个方面予以考量:(1)债权人的到期债务不能得到公司的及时清偿。(2)公司出现无产可算和无产可破。(3)因股东等恶意控制或人格滥用,公司违法、不当经营给债权人、社会公共利益带来巨大的经济损失。(4)因公害事件构成大规模侵权,公司财产根本无力清偿。(5)其他严重损害债权人利益的情形等。

(五)滥用公司人格行为的主要情形

关于认定滥用公司人格行为的适用情形,美国学者罗伯特·汤普森曾主持一项关于“揭开公司面纱”的实证分析，统计、归纳、总结的法院裁判理由达85个之多，其中主要理由包括资本显著不足、缺乏公司手续、股东与公司人格或业务混同、虚假陈述、股东控制、混淆或缺乏实质分离、利用公司逃避契约义务、利用公司规避公司法定义务等。[161] 我国学者总结美国各州法院“揭开公司面纱”的主要考量因素有资本显著不足、没有遵守公司的各种形式要件、公司被完全控制或支配、一个商业体被过度地分拆为很多公司、公司与股东的资产混同、公司与股东的银行账户或会计记录没有分开、没有定期举行股东或董事会议、利用公司从事欺诈或不法行为等。[162] 关于我国公司法人格否认的裁判情形，有学者总结出混同（包括财产混同、营业混同、人员混同等）、资本显著不足、欺诈或不当行为、过度控制等几种。[163] 一般认为，凡出现如下实质性影响公司人格独立性的情形，致债权人利益受损，法院应认定为滥用公司人格行为：

1. 公司人格工具化和人格形骸化行为

该情形为股东完全控制公司，公司沦为股东利益的牟取工具或输送通道，公司已徒具形式，公司主体地位已被客体化，法律人格形骸化，形成实质上的公司即股东、股东即公司的局面或情状。其情形主要包括：(1)虚拟股东与一人公司。(2)空壳公司。(3)脱壳经营（公司营业、资金体外运行）。(4)“挂靠关系”公司，即名为挂靠公司，实为股东独立经营。(5)母子一体公司。

2. 公司人格混同行为

公司人格混同，又称法人人格混同，是指股东所施加的影响或控制使构成公司独立人格属性的支撑元素与股东之间存在难以界定和区分的行为，从而导致股东与公司之间人事交叉、业务相同、资产不分等实质一体化状态，进而使与该公司交易的第三人无法分清或难以辨认究竟是与股东还是与公司进行交易。人格混同行为集中表现为人员混同、业务混同、财产混同等三种比较典型情形，[164] 主要可分为如下两大类型：(1)股东与单一公司之间的人格混同行为。(2)集团成员公司的人格混同行为。它包括母子公司间的人格混同；公司相互投资、持股引起的人格混同；

---

[161] See Robert B. Thompson, *Piercing the Corporate Veil: An Empirical Study*, Comell Review, Vol.76: 1057, 1991.

[162] 参见黄辉：《现代公司法比较研究——国际经验及对中国的启示》，清华大学出版社2011年版，第113页。

[163] 参见黄辉：《中国公司法人格否认制度实证研究》，载《法学研究》2012年第1期。

[164] 参见高旭军：《我国公司人格否认制度适用研究：以与德国比较为视角》，法律出版社2014年版，第212～213页。

姐妹公司间的人格混同;等等。[165]

3. 公司注册资本显著不足

注册资本显著不足,又称公司资本显著不足,系指公司股东利用公司人格的独立地位,以较少、极少或与其经营主业极不对称的注册资本(开设时或变更后)而经营较大事业或高风险项目,在欠缺经营诚意的条件下,与相对第三人缔结不具有履约保障基础的合同或达成交易,进而以有限责任为法律屏障,把不具有正当性、合理性之交易风险以公司债务形式外化、转嫁给债权人的行为与状态。公司资本是公司信用、履约的基础,具有对公司债权人的最低担保功能;如果股东以公司形式经营而又不具备足额资本,就可认定股东有利用公司人格逃避债务责任的企图。[166]

4. 利用公司逃避法定义务、契约义务或其他债务

它包括如下情形:(1)利用公司规避法定义务。最典型的为规避纳税义务。[167]在美国,有关揭开公司面纱的诉案,部分是由国家作为税务债权人提起的。(2)利用公司逃避契约义务或其他债务。包括:第一,规避负有契约上特定的不作为义务,如负有竞业禁止义务股东,为回避这一义务而设立新公司的同业竞争行为。第二,股东通过抽逃资金或解散或宣告破产负有巨额债务的公司,从而设立另一公司以达到逃脱原来公司债务之不当目的。第三,利用公司对债权人进行欺诈以逃避合同义务。第四,其他利用公司人格逃避契约义务或其他债务的行为。

5. 利用公司从事违法行为

典型的不当行为人利用设立公司作掩护,从事法律、行政法规禁止或违反公序良俗的行为。

(六)公司人格否认的法律后果

除一般公司人格否认的各种情形外,公司人格否认还存在一人公司的人格否

[165] 参见最高人民法院:《指导案例 15 号:关联公司人格混同连带责任》;江苏省徐州市中级人民法院民事判决书,(2009)徐民二初字第 0065 号、江苏省高级人民法院民事判决书,(2011)苏商终字第 0107 号。

[166] 参见徐琼:《资本不足适用公司人格否认理论之质疑》,载《政治与法律》2006 年第 3 期;胡改蓉:《"资本显著不足"情形下公司法人格否认制度的适用》,载《法学评论》2015 年第 3 期。

[167] 参见侯作前:《公司法人格否认理论在税法中的适用》,载《法学家》2005 年第 4 期。

认、[168]母子公司的人格否认、[169]关联公司的人格否认、反向公司人格否认等特殊情形。[170] 公司人格否认的实质在于否认公司的团体人格和主体的独立性；也就是说，基于独立团体人格，横亘在公司与股东等不当行为人之间的独立责任与制度屏障被法律所否认，进而产生如下法律后果：(1)在特定、具体的法律关系中，公司的拟制法人人格与主体独立责任被法院否认。(2)在特定、具体的法律关系中，因公司人格被否认，债权人可对不当行为人(股东或董事)进行直索。

三、商事主体人格的消灭

(一)商事主体人格消灭的定义与原由

1. 商事主体人格消灭的界定

商事主体人格消灭，系指作为商事主体的法律人格因一定原因事实而不复存在的状态。商事主体人格消灭，对商事主体而言，所消灭的是该商事主体的独立人格，或者说所消灭的主要为商事主体的独立法律地位或独立法律人格，该商事主体作为法律上独立主体的人格已不复存在。在部分情形下，如自然人死亡、法人企业的注销等，甚至也消灭商事主体的主体资格。

商事主体人格消灭与商事主体消灭，虽然存在密切联系，但并非对应关系，对自然人类商事主体而言，自然人人格的消灭，当然也意味着主体的消灭；法人企业的注销，也意味着该企业的法人资格消灭，同时该企业的主体资格也随之消灭。但是，对部分商事主体而言，人格的消灭，并不意味着主体即行消灭，如法人企业被撤销登记，所消灭的仅仅只是该法人企业的法人资格，该法人企业视为没有成立的组织，应按照非法人组织对待，按照合伙规则对债权债务进行清算、了结。至于如家庭经营户，其个别自然人人格的丧失，并不必然导致整个家庭解体，该家庭仍然在特殊情形下，可作为商事主体出现。

商事主体人格消灭与前述的商事主体人格否认不同，人格否认主要针对以公司为代表的法人企业之法律人格的否认，但并没有全部否认或消灭该法人企业的法律人格，该法人企业在其他法律关系中的法律人格仍不受影响。商事主体人格消灭与后文讨论的营业能力消灭也不同，营业能力的消灭，仅仅只是商事主体营业

---

[168] 参见蒋大兴：《一人公司法人格否认之法律适用》，载《华东政法学院学报》2006年第6期；毛卫民：《一人公司"法人格滥用推定"制度的法理评析》，载《现代法学》2008年第3期；李建伟：《公司法人格否认规则在一人公司的适用》，载《求是学刊》2009年第2期。

[169] See Taylor v. Standard Gas & Electric Co., 306 U. S. 307 (1939)；朱慈蕴：《公司法人格否认法理在母子公司中的运用》，载《法律科学》1998年第5期。

[170] 参见陈林、贾宏斌：《反向刺破公司面纱——公司法人格否认规则的扩张适用》，载《人民司法》2010年第14期。

权能的消灭,但并不影响商事主体原有的人格属性与人格状态。

2. 商事主体人格消灭的原因事实

导致商事主体人格消灭的原因事实,主要可分如下两种情形:

(1)法律事件。如自然人死亡,不仅导致该自然人主体资格的消灭,也必然导致该自然人人格的消灭。

(2)法律行为。法律行为即能产生商事主体人格消灭法律效果的特定公法或私法行为。就既有法律制度的安排来讲,能产生消灭商事主体人格效果的法律行为主要包括:第一,刑罚中死刑的执行。对犯有严重刑事犯罪的自然人,适用死刑并执行,实质消灭了该自然人的生命与肉体,作为生物人的自然人已不复存在,该自然人的主体资格乃至自然人人格,也就不复存在。第二,宣告自然人死亡。宣告自然人死亡,可产生自然人自然死亡的同样法律效果,可在原自然人所在地产生消灭该自然人主体乃至人格的法律效果。第三,企业注销。企业注销行为属私法、公法混合行为,企业注销后,该企业作为主体乃至作为法人资格也不复存在,可产生消灭法人企业人格的法律效果。第四,撤销法人企业登记。商事登记机关对营业中违反法律、行政法规或公序良俗的企业,撤销其设立登记,意味着该法人企业自始就未成立,该企业的法人资格也不复存在。第五,宣告企业设立无效。法院在受理有关法人企业类侵权案时,因该企业经营存在明显法律、行政法规禁止性规定或违反公序良俗的营业,给社会公益造成重大危害,则可宣告该法人企业设立行为无效,进而产生该法人自始未成立的法律效果,如该判决生效,则该法人企业人格随之消灭。

(二)商事主体人格消灭的主要形式

商事主体人格消灭,按照人格消灭与主体资格之间的关系,可分为人格的绝对消灭和相对消灭两种基本形式。

1. 商事主体人格的绝对消灭。即该人格的消灭,是随主体的消灭而消灭,无论是该主体,还是该主体的人格,均已不复存在。如自然人死亡、自然人被判处刑罚剥夺生命、企业的注销,均产生既消灭该自然人或企业主体,也消灭该自然人或企业法律人格的法律后果。

2. 商事主体人格的相对消灭。即只消灭该商事主体的人格但并不一定消灭该商事主体的主体资格的人格消灭状态。例如,自然人商人的宣告死亡,就只在宣告地产生该自然人主体或人格消灭的法律效果,但该自然人并非绝对消灭,可能在宣告地之外仍然生存并参与营业活动。又如,撤销法人企业登记、宣告法人企业设立无效,只产生该法人企业未成立的法律效果,所消灭是该类企业的法人资格,即团体或组织人格,但该企业事实上仍然存在,虽然必须按照法律规定强制解散,但从解散到清算再到债权债务的了结，直至注销，仍然需要以企业或责任人名义参与清算、注销等法律关系，即企业仍可作为非法人组织的主体资格，存续一段时间。

（三）商事主体人格消灭的法律后果

1. 商事主体人格绝对消灭的法律后果：商事主体人格绝对消灭，既消灭了主体的人格，也消灭了主体自身。商事主体所遗留下来的财产，就只作为遗产或企业剩余财产予以处理。例如，商自然人死亡，即为人格绝对消灭，不得再以该商自然人名义开展营业活动，原以该商自然人名义形成的包括商号、商标、店铺、资质、财产和其他权益，均应以该自然人的遗产形式，按照遗产继承的规则予以处理。又如，企业注销后，如该法人企业尚有未了结的债权债务，则予以豁免；如企业债权债务已了结，但尚有财产，则为企业清算后的剩余财产，由出资人按照发起协议、章程或依照法律进行分配；如无人受领，则宣告为无主财产。

2. 商事主体人格相对消灭的法律后果：商事主体人格相对消灭，对商自然人而言，只消灭该自然人在宣告地的主体资格和法律人格，但如该自然人在宣告地外仍然存活并开展营业，则该自然人在他地仍然具有商事主体资格。至于撤销企业登记、宣告企业设立无效，只产生该类企业团体人格的消灭和强制解散的法律效果，该类企业应当按照非法人组织，以合伙规则进行清算和处理债权债务。

第五章　商事主体的营业能力

民事主体进入营业领域转换为商事主体之后，其营业权能究竟有什么明显的变化，既有学理与立法对此并未有妥当阐释和明确规定，而通过营业能力的理论与制度，则可得到有效破解。

第一节　商事主体营业能力的证成

一、既有商事主体能力理论的举要与评析

（一）学界有关商事主体能力学说的代表性观点

营业能力最早是日本学者对商事主体能力的一种描述；[1]在国内，绝大部分学者是以商事能力称之，较早提及营业能力一词的为蒋大兴、章琦的《从统一主义走向分离主义》和钱玉林的《商法的价值、功能及其定位》两文，蒋文中所提"法人营业执照的吊销当然不仅取消了企业的营业能力"和企业"未取得营业执照，则不具有营业能力，不能从事营业活动"，较早将吊销企业营业执照与企业营业能力关联起来；[2]钱文则只是转述日本学者上柳克郎先生关于"企业之所以成为商事主体的核心在于营业能力"的观点，[3]但该两文均未对营业能力作任何定义、界定或论述。笔者在《企业法原论》一书中，比较早地提出用"营业能力"这一法概念与法范畴，解释企业许可证、营业执照被吊销等营业行政处罚行为的私法效力。[4] 2006 年 9 月在兰州召开的中国法学会商法学研究会年会上，笔者提交的《论商主体的营业能

---

〔1〕 参见［日］松波仁一郎：《日本商法论》（总则编 · 会社编），秦瑞玠译，上海商务印书馆 1912 年版，第 30～32 页；［日］上柳克郎等：《商法总则 · 商行为法》，东京有斐阁 1993 年版，第 34 页。

〔2〕 参见蒋大兴、章琦：《从统一主义走向分离主义：企业登记效力立法改革研究》，载《南京大学法律评论》2000 年第 2 期。

〔3〕 参见钱玉林：《商法的价值、功能及其定位——兼与史际春、陈岳琴商榷》，载《中国法学》2001 年第 5 期。

〔4〕 参见肖海军：《企业法原论》，湖南大学出版社 2006 年版，第 122～124 页。

力》，再次对商事主体的营业能力作了比较系统的论述。[5] 自此，"营业能力"一词及观点逐渐被学界所接受、采用。[6]

关于营业能力或商事能力，大陆法系国家中法国、德国、日本的学者，有不同的定义和解读。在法国，营业能力有时是指商事行为能力，如对"尚未解除亲权的未成年人""已经解除亲权的未成年人""无能力的成年人""已婚妇女"之从商能力的限制，就属于商事行为能力的限制；但对诸如"无诚信的个人"、"不得兼职"（尤其不能兼任公职）、"外国商人"等所作的经商资格的限制，则属于营业权能或商事权利能力的限制。[7] 《德国商法典》第7条关于"公法上是否允许不成为适用《商法典》的前提条件"，即营业"要限制在成立的法律行为有效的前提下"；[8] 这些规定明显属于营业权能的限制，似乎更接近于营业权利能力的范畴。在日本，学者一般是从行为能力角度来定义营业能力、商事能力或商人能力，如有学者认为，营业能力是指"从事营业活动的能力"，营业能力的有无和范围的大小，应依民法有关行为能力的一般原则而定；[9] 有学者认为，所谓"商人之能力"，"在民法上为有行为能力者，则为一般有商行为之能力"；[10] 还有学者认为，营业能力是指"靠自己进行营业活动的能力"，与"营业的权利能力"相对应，营业的权利能力是"关于营业相关的权利义务能否成为归属主体作为问题"。[11]

国内学者关于营业能力或商事能力的界定、解释、论述，则表述各异，代表性观点有以下几种：

1. 民事能力说。该论认为，所谓商事主体的营业能力或商事能力，是一个伪命题，由于商事主体是民事主体的特殊形式，商事主体的能力，实际上属于民事主体的能力范畴。如有学者认为，商事能力以民事能力为基础，建立于民事能力之上，故商事能力"本质上属于民事能力"。[12] 有学者认为，商事能力只是民事主体所承载

---

[5] 参见肖海军：《论商主体的营业能力》，载《中国法学会商法学研究会2006年年会论文集》（2006年9月8~10日，甘肃·兰州），第629~643页；肖海军：《论商主体的营业能力——以投资主体与营业主体的二重结构为视角》，载《法学评论》2011年第5期。

[6] 参见王保树：《商法总论》，清华大学出版社2007年版，第92~95页；李平主编：《商法基本理论问题研究》，四川大学出版社2007年版，第325页；王跃龙：《"撤销公司登记"与"吊销营业执照"的适用辨析》，载《法学》2009年第6期；刘凯湘、赵心泽：《论商主体资格之取得要件及其表现形式》，载《广东社会科学》2014年第2期；李后龙：《民法典应有商事主体制度一席之地》，载《扬州大学学报（人文社会科学版）》2016年第2期。

[7] 参见[法]伊夫·居荣：《法国商法》，罗结珍、赵海峰译，法律出版社2004年版，第35~44页。

[8] 参见[德] C. W. 卡纳里斯：《德国商法》，杨继译，法律出版社2006年版，第34页。

[9] [日]上柳克郎等：《商法总则·商行为法》，东京有斐阁1993年版，第34页。

[10] [日]松波仁一郎：《日本商法论》，秦瑞玠、郑钊译，中国政法大学出版社2005年版，第24页。

[11] 参见[日]近藤光男：《日本商法总则·商行为法》，梁爽译，法律出版社2016年版，第75页。

[12] 参见王果纯：《商主体若干基本问题研讨》，载《湖南省政法管理干部学院学报》2000年第6期。

的伦理属性和自由,而无须依赖于外部法律的"拟制"或公共权力机关的"确认"。[13] 有学者认为,学界所提出的"商事能力",并不能看到它与权利能力和行为能力的本质区别,没有独立于"权利能力"和"行为能力"已经形成的范畴。[14]

2. 特殊民事能力说。该论认为,营业能力与商事能力是商事主体具有的一种特殊民事能力;它虽脱胎于民事能力,与民事能力有千丝万缕的联系,以民事能力作为前提,但又不同于民事能力,具有自己的特性。如有学者认为,"商事能力是一种附加于民事能力之上的能力,即具备商事能力者应以具备民事能力为前提,但具备一般民事能力并不天然具备商事能力"。[15] 有学者认为,商事能力是一种特殊的民事能力;[16] 这种"特殊性主要表现在能力的形成上,即商主体的形成一般须经过国家的特别授权程序,如履行工商登记"。[17] 也有学者认为,商主体不具有民事主体人身属性的权利,但民事主体在事实上也不具备一些商主体所要求的团体性(组织性)权利,公司一经登记就直接取得商主体地位,说明民事能力并非成为商主体的前提。[18] 有学者认为商事能力为从事商行为的资格,并从商能力的角度对未成年人、成年人、特殊自然人(与商人身份不兼容者、失权者和破产者)、夫妻配偶的商事能力进行了专门探讨,认为商事能力与民事能力有重大差异。[19] 还有学者认为,商事主体能力具有以法律授权前提、权利能力与行为能力具有一致性、不同商事主体能力具有差异性等特殊性。[20] 有学者认为,商事能力是与民事能力相对应的概念,民事能力主要涉及婚姻、家庭以及日常生活各个方面;商事能力则是关于商业买卖、证券、保险、海商、行纪、信托等营利行为的能力。[21]

3. 商事权利能力与行为能力说。该论基于民事权利能力与行为能力理论,认为商事能力由权利和义务构成,但商事能力与民事能力相比,具有自己特殊的内容和形式。如有学者认为,商事能力是指"商人从事营业的权利能力和行为能力";[22] 商事能力是指"商主体依法承受商事权利和商事义务的资格和能力",包括商事权

〔13〕 参见张翔:《伦理、理性与自由》,载《河北法学》2009 年第 5 期。

〔14〕 参见邹海林、张辉:《商法基础理论研究的新发展》,中国社会科学出版社 2013 年版,第 78 ~ 79 页。

〔15〕 参见李军:《论商主体及其立法》,载《延安大学学报(社会科学版)》2003 年第 2 期。

〔16〕 参见范建、王建文:《商法论》,高等教育出版社 2003 年版,第 281 ~ 283 页。

〔17〕 参见范建、王建文:《商法基础理论专题研究》,高等教育出版社 2005 年版,第 139 页。

〔18〕 参见李江敏:《商事权利能力问题研究》,载《山西大学学报(哲学社会科学版)》2006 年第 4 期。

〔19〕 参见张民安:《商法总则制度研究》,法律出版社 2007 年版,第 148 ~ 150 页。

〔20〕 参见徐强胜:《商法导论》,法律出版社 2013 年版,第 180 页。

〔21〕 参见陈英:《商事登记与营业执照法律关系之检讨——以商事能力为视角》,载《甘肃政法学院学报》2009 年第 4 期。

〔22〕 参见王保树:《商法总论》,清华大学出版社 2007 年版,第 91 页。

利能力与商事行为能力。[23] 有学者认为，商事能力系指商主体依法承受商事权利和商事义务的资格和能力，包括商事权利能力和商事行为能力。[24] 也有学者从商事权利能力与商事行为能力分别论述商事能力的内容。[25] 有学者认为，商事能力是指商主体独立从事营业，依法承受商事权利义务的资格和能力，包括商事权利能力和行为能力。[26]

4. 商事权利能力说。该论认为，商事能力或营业能力，属于商事主体的权能范围，应属于商事权利能力的范畴。如有学者认为，商主体营业能力问题反映了商事交易的目的、交易效率高低的原因、交易是否安全；不同的商主体拥有平等的商事权利能力，但所具有的营业能力却千差万别。[27] 有学者认为，商事主体基于自愿或根据法律规定获得营业资格进而成为营业主体，独立并自由地决定将其主业限定为特定的营业事项或某一营业范畴，并实施营业财产监管、外部交易、事务决策等为核心内容的经营行为，此类权能即被统称为“营业能力”。[28]

5. 商事行为能力说。该论认为，营业能力或商事能力本质上属于商事行为能力的范畴。如有学者认为，“以经营商业为常业者，其行为能力之有无及受限制与否，自应适用一般的民法上规定，固毫无疑义者也”。[29] 有学者认为，“从理论上讲，商事行为能力应以民事行为能力为基础”。[30] 有学者认为，营业能力又叫从事营业活动的能力，是商事主体为了一定的营利目的而运用全部有组织的财产进行活动的能力，内容包括拥有营业财产、拥有商号、完成商业登记。[31]

6. 商事主体资格与综合能力说。该论认为，商事能力确是商主体依法承受商事权利和商事义务的资格和能力；[32] 或者说，“商事能力是商主体在从事商事营业中所应具备的资格，商事能力包括商事权利能力、商事营业能力、商事责任能力”。[33] 即商事营业能力存在的目的是营业，与商主体是以营利为目的而设立不谋而合，有利于更好地调整商事关系，解决商事诉求。

---

〔23〕 参见叶林、黎建飞：《商法学原理与案例教程》，中国人民大学出版社 2006 年版，第 58 页。
〔24〕 参见赵中孚主编：《商法总论》，中国人民大学出版社 2009 年版，第 118 ~ 120 页。
〔25〕 参见陈本寒主编：《商法新论》，武汉大学出版社 2009 年版，第 67 ~ 74 页。
〔26〕 参见刘宏渭：《商法总则基本问题研究》，华中科技大学出版社 2013 年版，第 96 ~ 97 页。
〔27〕 参见范学伟：《商主体营业能力研究》，华中师范大学 2013 年硕士学位论文，第 3 ~ 10 页。
〔28〕 参见王颐君：《以营业能力为要件构建商主体资格》，载《太原城市职业技术学院学报》2019 年第 5 期。
〔29〕 参见刘朗泉：《中国商事法》，商务印书馆 2011 年版，第 53 页。
〔30〕 参见赵万一：《商法基本问题研究》，法律出版社 2002 年版，第 324 ~ 327 页。
〔31〕 参见张超伟：《论商事主体的营业能力》，载《知识经济》2014 年第 24 期。
〔32〕 参见樊涛：《商事能力制度初探》，载《法学杂志》2010 年第 4 期。
〔33〕 樊涛：《中国商法总论》，法律出版社 2016 年版，第 45 页。

(二)对学界有关商事主体能力理论的评析

总体而言,营业能力也好,商事能力也好,所表达的均为商事主体所具有的、不同于一般民事主体的能力特质,在这一点上,无论是民法学界所持的特殊民事能力说,还是商法学界所持的商事能力说,意见似乎没有太大的分歧。相对而言,无论是选择营业能力概念,还是采用商事能力表述,都没有本质意义上的差异。只是,如以"营业能力"概括之,似乎更能反映商事主体在特定营业领域的特别之处,比起泛商事意义的商事能力,更能显示商事主体能力上的明显差异性、可识别性、显著性和独特性,这也是笔者主张使用"营业能力"的原因。故"营业能力"也好,"商事能力"也好,只要定性恰当、界定准确、范围适当、边界清晰,都能反映商事主体能力上的特殊性。此外,商事主体既然是民事主体进入营业领域的身份、角色、地位、关系、功能之转换形式,这种主体身份、角色、地位、关系、功能的特殊性变化,自然与普通民事主体在资格与权能方面存在或发生一些变化,因此,商事主体的能力方面,能显示出相较于普通民事主体能力的特殊之处,也是客观存在的。前述诸种理论与观点,在此方面所表现出来的一致性,说明学界在此问题有基本的共识。足见,商事主体必须具备某种能力,且这种能力应当与普通民事主体有所区分,是前述不同学者观点能达成共识的地方。

存在差异的地方为两个方面,一是营业能力究竟与民事能力是一种什么样的关系;二是营业能力究竟是权利能力还是行为能力,或者兼具权利能力或行为能力,抑或权利能力、行为能力、责任能力三者皆有之。学者们有明显分歧。笔者认为,前述各种学说或观点,在定义、分析、论述或处理营业能力或商事能力时,尚存在如下局限:

1. 对营业能力定性的不当。营业能力更多专指商事主体在营业方面的资格与权能,是支撑民事主体转换为商事主体、进而支撑商事主体为营业行为的资格条件与权能基础,属于营业权能,或者更准确地讲,属于营业权利能力的范畴。但是,既有观点或理论,除极个别学说主要从权能或权利能力角度作论述外,绝大部分学说与观点不是把营业能力或商事能力定义为民事权利能力与行为能力,就是把其定义为特殊的民事权利能力和行为能力,没有真正认识到营业能力是在民事能力基础上的转换、升级和发展。

2. 对能力概念的混淆。(1)混淆了营业能力与民事能力的区别。对营业能力与民事能力之间关系缺乏正确的认识。既有学说或观点,要么是在民事能力的框架内来讨论营业能力或商事能力,要么则把营业能力或商事能力定义或定性为特殊的民事能力,或者独立于民事能力,而完全忽视了营业能力是在既有民事能力基础上一种新的转换与升级。也就是说,营业能力仅仅只是具有民事能力的民事主体进入营业领域后，转换为商事主体后在能力方面的变化与升级，它既属于泛义上民事能力的范畴，但又不同于一般或普通的民事能力，它是为满足营业需要而对商事主体的特殊性要求或限制。(2)混淆了营业能力与商事权利能力、商事行为能力的区别。民事主体进入营业领域后，一般性的权利能力与行为能力并无实质上的变化，特别是行为能力，如自然人不因其进入营业领域，其行为能力就发生任何变化，原不具有行为能力的自然人，在营业领域仍然不具有行为能力；但是，不具有行为能力的自然人，就一定不具有营业能力吗？例如，未成年股东虽然不具有经营能力或交易能力(属于行为能力的范畴)，但并不意味着无行为能力或限制行为能力的自然人不能成为投资主体(通过继承而取得股东的资格等)。又如，以企业为代表的组织类商事主体，既有学说与理论大多把企业视为天然的商事主体，似乎企业一产生就具有营业能力或商事能力，全然不顾企业本质上属于出资人结社的产物这一基础事实，企业作为社团或团体，首先取得的主体资格是民事主体资格，而非商事主体资格，只是当企业获得营业执照之时，它才获得商事主体资格，但此时企业的行为能力即作为组织体的行为能力，并没有发生任何变化，所变化的仅仅只是获得营业执照后从事营业资格、实施营业行为的权能。这说明营业能力或商事能力，并不能直接解释为特殊的权利能力和行为能力。

3. 对营业能力的功能定位不准。营业能力本质属于商事主体的营业权能范畴，是在民事能力的基础上，民事主体为营利、求发展的一种资格或权能，是民事主体向更具专业、复杂、风险的营业领域发展的一种权利上的可能性，这种可能性既包括作为原生主体身份——民事主体的基础性民事权利能力，更包括作为商事主体从事营业资格、实施营业行为的权利能力。相对而言，商事主体的行为能力并无任何变化，所变化的只是成为特定商事主体的资格和实施营业行为的营业权能。自然，前述多数学说和观点把营业能力或商事能力，更多地指向商事主体的行为能力，是没有准确定位商事主体营业能力的制度功能所致。

4. 对营业能力于商事主体的意义估计不足。营业能力究竟对商事主体意味着什么，应从营业自由的角度来考察，从营业自由的角度看，任何民事主体均有权进入营业领域，通过营业性投资、经营、交易，转换为商事主体，在这一意义上讲，民事主体的民事能力也就是商事主体的能力，营业能力也就是民事能力。虽然如此，营业领域与营业行为毕竟不同于一般日常生活领域和普通民事行为，它因逐利开始，首先，必须有财产的要求且须有财产的实质性投入；其次，该领域具有特定的专业性和一定的复杂性；再次，该领域具有不确定的预期和必然存在的各种商业风险；最后，更重要的是营业具有私人性与社会性、个体性与公共性的统一，营业在追逐私利最大化的时候，更多地会关系或影响相对人利益或社会公共利益。正因如此，进入营业领域、实施营业行为，就必须要设置比日常生活领域和普通民事行为更为具体的要求、更为苛刻的条件、更为规范的程序、更加透明的信息公示等制度性约束,而这些制度性约束,恰恰就是对民事主体一般性民事能力特别是民事权利能力的限制或约束。正是这些限制与约束,才为民事主体进入营业领域、实施营业行为进行了必要的主体、领域、行为、方式、程序、信息等方面的筛选和过滤,从而为民事主体进入营业领域实施投资、经营、交易,奠定了基本方向,划定了权利范围。足见,营业能力本质上应属于为商事主体提供权能依据和支撑能力的保障性制度范畴,应属于商事权利能力范围无疑。

通过以上分析,不难看出,虽然目前各种有关商事主体营业能力或商事能力的学说与观点,均看到其与民事能力的关联性、商事领域的特殊性,但并没有揭示营业能力属于民事主体具有进入营业领域转换为商事主体可能性的制度性功能,本质上应属于营业权能或权利能力的范畴。

二、商事主体营业能力的意义厘定

(一)商事主体营业能力的概念

笔者认为,商事主体的营业能力,即民事主体进入营业领域转换为商事主体之后,能以独立主体的名义从事所选定目的事业范围内营业活动,以具可能性的某种主体资格和基本权利范围为核心内容的正当性、合法性、有效性权能;[34] 质言之,商事主体的营业能力就是成就商事主体资格有效、权利正当、行为有效的基本权能。营业能力的实质性内容,一为某种主体资格;二为基本权利范围,它是为民事主体进行实质营业提供合法性资格与权利范围的支撑性依据;民事主体如无必要的营业能力或营业能力受到某些方面的限制,就无法进入特定的营业领域或取得必要的营业资格,进而转换为特定商事主体、实施具体的营业行为,就难以实现预期的营利目的。

(二)商事主体营业能力的基本内涵

从法义上讲,凡从事营业活动、取得商事主体资格之前提性条件,必须具有营业能力,无营业能力,则民事主体不能合法有效地转换为商事主体。即使特定主体擅自、强制或自认为转换为商事主体,这种转换也属无效,该商事主体资格在法律上不被认可,所实施的营业行为或所产生的经营成果,不能得到法律上的承认或保护,自然也就不能如期实现其设定的营利目的。

从营业自由视角考察,凡处分自己的财产进行营业性投资、进入营业领域的民

---

〔34〕 参见肖海军:《论商主体的营业能力——以投资主体与营业主体的二重结构为视角》,载《法学评论》2011年第5期。

事主体即为商事主体，商事主体最初级形式即为投资主体，然后才次第开展经营、交易，并分别以特定经营主体、交易主体形式出现。在营业中，不同阶段、业态、形式、环节的商事主体，营业能力是存在差异性的。就转换为投资主体的原生民事主体而言，其营业能力主要为投资权能，且因不同民事主体属性、身份、地位、形态的不同，其营业性投资的权能或权限又存在重大区别。例如，无行为能力的未成年人，因行为能力受限，就不能成为合伙企业的合伙人；又如，国家公务员，也不能成为个人独资企业、合伙企业、有限责任公司的出资人或股东。相对而言，经营主体、交易主体与投资主体虽同属商事主体的范畴，但与投资主体相比较，经营主体、交易主体的标志在于具备或获得了独立经营或交易的营业资格，可自主、直接从事营业性经营、交易活动，某些特定的投资主体（如国家机关及其公职人员）虽因营业性投资已进入了营业领域，但由于不具有经营或交易能力，不具备成为经营主体或交易主体的资格或权能，不能直接从事营业性经营或交易活动。

（三）商事主体营业能力的确定

商事主体的营业能力通过如下几种主要途径而确定：

1. 立法的明确规定。出于营业与商事的营利性、特殊性、专业性、复杂性和风险性，对哪些主体可进入营业领域、进入营业领域后转换为商事主体的营业权能范围，各国立法一般都有比较明确的规定，这些规定一般是采用积极的宣示与消极的限制两种方式，其中积极的宣示主要为营业自由；消极的限制一般为各种特别法对特定主体与行为的限制性或禁止性规定。一般而言，消极的限制性或禁止性规定更具有针对性。例如，我国《公务员法》第 59 条第 16 项规定，公务员不得“违反有关规定从事或者参与营利性活动，在企业或者其他营利性组织中兼任职务”。又如，《合伙企业法》第 3 条规定：“国有独资公司、国有企业、上市公司以及公益性的事业单位、社会团体不得成为普通合伙人”；第 14 条第 1 项规定，“合伙人为自然人的，应当具有完全民事行为能力”。再如，《公司法》第 148 条规定的公司高管竞业禁止的规定等。如法律、行政法规设置有限制性或禁止性规定，相关主体在特定情形下则无营业能力。

2. 商事登记与营业执照。商事登记或营业执照的发放，虽无主体资格的创设或营业能力的授予功能，但确实可起到确认特定主体商事主体资格，进而宣示该商事主体具有一般营业能力的效应。

3. 特殊营业许可证。同营业登记或营业执照发放一样，特殊营业许可证虽不具有创设特殊商事主体资格、授予商事主体特殊营业能力的功能。但由于营业行政许可之前提性条件在于国家法律或行政法规对营业的设限，且这种设限既有营业实体性权利方面的限制，也有程序性审查，而不管这种限制性规定究竟是着力于国家安全或公共利益的考量，还是其他目的；也不管这些限制性规定是否正当、合理，只要国家法律或行政法规有关于营业行政许可的规定，如未取得营业行政许可，相关商事主体就在营业行政许可范围内的领域或事项方面，没有营业的权能。也就是说，没有特殊营业许可证的支撑，商事主体就不具备特殊许可证范围内的营业能力，就不能取得特殊许可证领域、事项范围内的投资、经营、交易主体资格，当然也就不能实施该领域或事项的营业行为。足见，取得特殊营业许可证，就可确认相关商事主体的特殊营业能力。

4. 合伙协议与公司章程对营业目的事项的选择和约定。虽然合伙协议与公司章程对营业目的事项的选择和约定，并不是营业能力产生的依据或前提，但由于营业能力是通过主体资格、权能范围等核心内容确定的，其中权能范围又是通过商事主体对投资方式的约定、营业领域的选择、营业事项的确定和营业行为的实施等具体营业活动体现出来，如合伙企业、公司通过合伙协议、公司章程载明营业目的事项（主业），则对外确实能起到公示并确认该商事主体营业能力的效应。

5. 国家法律的明确禁止。营业一般系指正当、合法、有效的营业，同任何自由一样，营业自由也是有合法性边界的自由，如法律、行政法规或社会公序良俗对营业设置了公共秩序保留的禁止性条款，则任何主体在该禁止范围内均无营业能力。任何主体营业如违反法律、行政法规或社会公序良俗，均应推定其无营业能力，而裁定营业行为无效；进而让违法营业行为人承担不利后果。

三、商事主体营业能力的功能定位

（一）商事主体营业能力与商事主体人格的关系

营业能力总体属于商事权利能力范畴，并因营利性、专业性、复杂性、风险性等特质的制约，具有比民事权利能力更高级、更苛刻的要求。如前所述，人格与能力均属于商事主体的下位概念与范畴，它们对商事主体具有不同的制度意义。其中，人格主要用于表征商事主体法律地位的独立性；而营业能力主要用于表征商事主体在营业中的权利与义务范围。因此，营业能力的存在与否，不与商事主体是否有独立人格构成对应关系，而是以商事主体的先前存在或有无转换为商事主体可能性为基本前提；与之相对应，营业能力也不是决定商事主体人格独立性与否的条件，商事主体人格独立性的决定性要件是主体的名称、财产、意思等方面的独立性。

人格与能力之间虽有差异，但仍然存在密切的联系。首先，商事主体人格的独立性，决定商事主体营业能力的独立性。如非法人企业，虽作为主体有营业能力，但因不具有团体或组织上的独立人格，就没有团体或组织上的独立营业能力。其次，营业能力的某些要素，对成就商事主体人格的独立性，有一定的支撑意义。如商事登记中所公示的企业法人营业信息中，如能确定该商事主体有独立的营业能力，就能有效证明该商事主体人格的独立性。

(二)商事主体营业能力的制度功能

1. 转换为商事主体的权利可能性。有学者认为,营业能力"不是一般的民事能力,而是为了一定的营利目的,采用一定的营业形式,运用有组织的财产进行商业活动的能力。它不是偶尔的个别的进行交易的能力,而是反复地、不间断地、有计划地进行营业活动的商事能力";"基于权利能力平等的理念,所有民事主体都具备成为商人的基础,但要成为商人须具有营业能力",因此,"只有在具有营业能力即营业上的行为能力者才具有商人资格";相反,"具有权利能力和行为能力而无营业能力的民事主体,并不自然而然地成为商人",他们可能偶尔从事商行为,但没有能力以商为业。[35] 营业能力是民事主体进入营业领域转换为商事主体的前提条件和权利依据,没有营业的基本权能,民事主体就没有权利进入营业领域,也不可能转换为商事主体。如在20世纪80年代改革开放之前,我国政策、法律与行政法规对民间投资与营业总体设限、设禁的情形下,自然人个体根本就无营业的基本权能,自然也就无权处分财产进入营业领域,成为商事主体。故营业能力的先前存在,使民事主体转换为商事主体成了可能。

2. 解决商事主体的资格正当性。商事主体之所以能为社会接受并为法律承认,在于商事主体有营业能力提供支撑,有了营业能力之资格、权利的可能性,自然人、社会组织进入营业领域才因有权利依据,而具有正当性;通过投资、经营或交易所获得的商事主体资格,才有合法性基础。例如,自然人申请个体工商户登记,转换并获得商个人的商事主体资格、身份、角色,是因为自然人具有进入营业领域的基本权能;又如,企业作为出资人商事结社的衍生主体,之所以自登记之后就具有民事主体、营业主体乃至法人人格等资格,乃因法律所确认的出资人具有独资、合伙、合作、合资的选择权和基于合资而共同缔结商社(企业)的基本权能,而正是这一出资形式的选择权能与相约缔结商社的商事结社权能,才使企业商事主体在发起、设立、注册、登记、公示和营业方面,具有了充分的合法性基础。

3. 划定商事主体的权利义务范围。权利能力的基本制度功能在于确定主体在活动中的权利义务边界,营业能力的基本制度功能就在于为商事主体提供权能支撑基础,这一权能基础,实质也为商事主体在营业中划定了特定的权利与义务范围。由于营业具有明显的领域性、行业性、过程性、层级性以及因环节、位序而决定的阶段性等诸多特征,这就决定营业能力在不同主体和情形之间存在一定的差异性,营业能力的差异性,恰恰又成为不同主体以及不同主体在不同情形下具体营业

---

[35] 参见王保树:《商法总论》,清华大学出版社2007年版,第94~95页。

权利义务的范围与边界。例如,现代金融业一般不允许设立自然人独资商业银行或保险公司,实质上就限制了自然人主体独资进入金融行业的基本权能。又如,未取得特殊营业许可证的主体,其特殊营业能力就与已取得的主体存在明显差异。

4. 认定商事主体营业的有效性。行为的有效性源于行为目的的正当性与要素形式的合法性,这正是以营业资格与基本权能为核心内容的营业能力之功效所在。所谓能力即为规则,有能力才有资格享有权利,进而实施行为。[36] 商法对营业能力或商事能力制度之处理,“完全可谓之对交易之保护”,故“为了保障交易安全,商人不同于民事主体,他不能自然而然地产生,必须具备特别的条件,即商事能力,商事能力的核心为营业能力,营业能力的必备要素是具有营业财产,有自己的企业名称,依法设置商业账簿,必须进行登记”。[37] 正因商事主体有营业能力,才具权能依据,其选择的营业领域或事项,所实施的营业行为,才具有正当性、合法性基础,才有可能被法律确认为有效,进而提供切实的保护。

四、商事主体营业能力的基本要素

(一)可成为商事主体的民事主体范围

如无行为能力的未成年人因行为能力的限制,国家公务员因公职原因的限制,这类主体进入营业领域特别是营业中经营、交易环节的资格,就受到严格限制,其在经营、交易环节就无营业能力,就不能成为经营、交易环节中的商事主体,也就是说,丧失了在经营、交易环节中成为商事主体的基本权能或可能性。

(二)转换为商事主体后所享有的营业权利范围

虽然营业为所有民事主体的基本权利,但一则并非所有的民事主体均会实质性地行使该项权利,事实上行使该项权利、进入营业领域的民事主体仍然只是所有民事主体的一部分;二则民事主体进入营业领域转换为商事主体后,该商事主体并非可任意选择任何营业事项,实施任何营业行为。如某些营业事项因涉及国家安全、公共安全和社会公益,国家设定了营业行政许可,如未取得特别营业行政许可,一般商事主体就没有进入该特定营业领域的权限。因此,本着营业权能→营业资格→营业事项→营业行为这一实态营业运行逻辑,具体的营业权能包括如下具有内在联系的几个方面:(1)特定营业资格的取得,包括一般营业资格和特殊营业资格;(2)特定营业领域或事项的选择,包括营业领域的选择,营业事项的公示确认;(3)在所选择的特定营业领域实施与营业事项相关的营业行为。也就是说,对已转

---

〔36〕 参见[法]伊夫·居荣:《法国商法》,罗结珍、赵海峰译,法律出版社2004年版,第34页。

〔37〕 参见樊涛:《中国商法总论》,法律出版社2016年版,第45~47页。

换为商事主体的营业主体而言,其营业权能可分为一般营业权能和特殊营业权能,其营业资格也就相应地可分为一般营业资格和特殊营业资格,进而决定可选择的宏观营业领域与微观营业事项,然后才是实施具体的营业行为。

第二节　商事主体营业能力的取得

一、商事主体营业能力取得的特定内涵

(一)商事主体营业能力取得的定义

商事主体营业能力的取得,系指依照法律规定的条件、方式或程序,在取得特定商事主体身份或角色时,依法递次取得相应的营业能力之制度性安排和权能实态状况。营业能力虽是支撑商事主体资格、权利的基础条件和权能依据,但商事主体要取得事实上、实质上的营业能力,仍然需要具备法律规定的条件,并履行法律设定的必要程序。营业能力的取得,是法律上确认的期待营业能力转为现实营业能力的主要标志。只有当商事主体取得实质、实在、实态的营业能力,营业能力对商事主体的资格、权利、行为,才能产生真正的支撑功效。

(二)商事主体营业能力取得的内涵

从法律上抽象的营业能力,到不同主体具体的营业能力,需要具备一定条件和法定程序,其中,有两个环节是最主要也最重要的:(1)商事主体身份或角色的转换已经完成。这是因为主体的存在是能力存在的前提,没有从民事主体切换为商事主体这一前提条件,就无营业能力的取得与存在,而只有一般民事能力问题。(2)营业能力须借助一定的公示形式为相对人所知晓,如投资、登记、许可、特许等不同法定程序或公示形式。有学者甚至认为,营业能力必须公示(一般为商事登记),须有营业财产和自己的商号。[38]

(三)商事主体的一般营业能力与特殊营业能力

按照能力所内含的资格与权能类型,商事主体营业能力可分为一般营业能力与特殊营业能力。(1)一般营业能力。该能力系指商事主体的营业资格取得与营业权能范围,只需具备法定基本条件或履行一般登记确认程序,即可进入营业领域、从事法律不禁止的营业事项的营业资格与权能;一般营业能力是一种对所有自然人或企业类商事主体普遍适用、法律无特别限制的营业资格与权能;一般营业能

〔38〕 参见王保树:《商法总论》,清华大学出版社2007年版,第94~95页。

力主要是通过自由行使、登记确认两种方式取得的。(2)特殊营业能力。该能力系指商事主体进入特定营业领域、从事特定营业事项须取得特定的资质或履行特定许可程序之特殊营业资格与权能;特殊营业能力的取得一般基于法律的特别规定、特定限制和特殊程序对所有商事主体所作的预先限制,商事主体如需具备在该特定领域或从事特定事项的营业,则须具备法律规定的特别条件、资质,并履行必要的行政认证、许可、特许程序;特殊营业能力一般是通过资质认定、行政许可、特许招标等方式取得。

二、商事主体营业能力取得的法律意义

(一)商事主体的标志就是特定民事主体获得营业资格

商事主体即为有从事营业活动之资格与权能的特定民事主体,商事主体与民事主体虽同属私法主体的范畴,但与民事主体相比较,商事主体的标志在于具有营业能力,获得了营业资格,可以直接从事营业性投资、经营、交易活动。如同样属于自然人,某些特定民事主体,因为具有营业能力,通过营业性投资进入了营业领域,转换为投资主体,其身份、角色就发生实质性变化,就成为取得营业能力的商事主体,在营业领域就不再以普通民事主体身份或角色出现;但是,对具有某种不宜进入营业领域身份的某类自然人(如公务员和国家机关、党政机关的其他公职人员),因为绝大部分投资性营业权能和所有经营性、交易性营业权能被限制,他们无疑不具有完整的营业能力,自然不能如有一般自然人那样,自由地通过营业性投资或其他方式,取得营业资格,直接从事经营性活动。可见,没有完整营业能力、具特殊身份的自然人,因营业能力的欠缺,除成为股份有限公司、上市公司的股东等极个别情形外,难以转换为商事主体。

(二)取得营业能力之目的是使商事主体具有营业资格

无论是以自由方式还是通过营业登记或行政许可等方式取得营业能力,其目的意义不在于仅仅使特定民事主体或商事主体具备某种进入营业领域、选择营业事项、实施营业行为的抽象权能或法律上的可能性,而在于使特定民事主体或商事主体获得某种法律上的特定资格、身份或地位。营业能力为特定民事主体因自由或依法取得营业资格而成为营业主体(商事主体),得自由地、独立地选择特定营业领域或某一营业事项为主业,进行以营业事务决策、营业财产管理、营业外部交易为主要内容的营业活动之权能的概称;其内容包括商事主体营业意思的自治能力、营业事项的选择能力、营业事务的决策能力、营业财产的管理与营运能力、营业交易的参入与权利处分能力、对营业后果的责任能力等多个方面。主体之营业能力要转化为实在的、现实的营业能力,就必须以转换为特定商事主体(投资主体、经营

主体或交易主体)资格,才能完成。

(三)不同营业能力决定商事主体的营业资格类型

营业能力按主体所享有实际权能的范围和是否受法律限制的不同,可分为一般营业能力和特殊营业能力。一般营业能力即主体得自由地、独立地选择任何法律不禁止或限制的特定营业领域或某一营业事项为主业而进行营业之权能的概称。从应然权利的范畴来分析,任何转换为商事主体的民事主体均具有一般营业能力;但在商事主体的实然权能来分析,只有在自由主义的营业登记制度范式下,或法律、政策对商事主体之经营范围不作限制或禁止的情形下,才存在一般营业能力。特殊营业能力即商事主体基于法律的限制或禁止、经营业行政许可取得并经营业登记确定、只能在许可的特定营业领域或某一营业事项范围内进行营业之权能的概称,在许可主义的营业登记制度范式下,商事主体的营业能力大多为特殊营业能力。[39]

以企业的营业登记为例,企业营业登记实质上包括企业开业登记和营业事项登记。其中:(1)企业开业登记。企业开业登记即为企业成立登记与营业登记,是指企业在具备企业设立条件的情况下,由申请人申请取得法定的营业主体资格并具备独立从事生产经营能力的登记行为。企业开业登记实质上包括企业的主体资格登记和企业的营业资格登记两个方面。其中企业的主体资格登记是前提,主体资格登记亦即团体登记,是企业作为组织类主体进行的正式、有效、宣示性登记,属于主体确认登记的范畴;而企业的营业资格登记则是在企业取得主体资格之后,对其从事生产经营的能力所进行的确认和公示。对于企业的主体资格和营业能力的登记,如前所述,因有"统一主义"与"分离主义"立法与制例之分,[40]企业开业登记具有不同的法律意义。我国因采"统一主义"的法例与制例,故企业开业登记的完成,就具有确认企业主体资格与营业资格的双重法律意义;对法人企业而言,还具有确认法人资格的法律意义。(2)营业事项登记。从广义来讲,营业事项登记属于开业登记的范围,狭义的营业事项登记仅指对企业从事特定范围事项生产、经营之资格与能力的确认与公示,亦即,通常所谓的企业经营事项或目的事业项目的限制与范围的划定。仅就特殊类企业设立登记而言,营业登记集中体现了企业设立人对待企业经营业务的意愿,以及登记机关对企业从事特定范围内经营事项的审核和认定。因此,营业事项登记具有推定特殊类企业营业能力和认定企业行为效力的作用,在企业设立登记中同样意义重大。1999年《合同法》通过之前,企业经营范围对认定企业外签合同效力具有决定性意义。虽然现行企业设立的登记管理仅

〔39〕 参见肖海军:《企业法原论》,湖南大学出版社2006年版,第294页。
〔40〕 参见蒋大兴:《公司法的展开与评判——方法·判例·制度》,法律出版社2001年版,第342页。

把企业经营范围作为登记事项之一进行列举，并未对其法律意义进行特别提示。但从《公司法》、《证券法》、《商业银行法》、《保险法》、《信托法》以及其他企业法有关企业竞业禁止、分业经营、业务法定等规定来分析，企业营业事项登记对确认特殊类企业的营业资格和营业能力，对认定其营业行为的性质、效力和责任仍有重要意义。

企业的营业登记具有如下法律意义：(1)确认企业的营业主体资格。企业设立登记是企业设立登记机关通过对企业设立申请人及企业设立条件作出形式审查或实质审查之后，对企业主体资格所具备条件的认定，以及对企业法定营业主体资格进行确认的一种法律行为。企业经过设立登记就意味其法定营业主体资格已被确认，企业可以独立从事营业活动。(2)授予企业营业能力。在奉行企业主体资格登记与企业营业资格登记统一主义的企业设立登记制度范式下，企业设立登记在确认企业法定主体资格的同时，也授予企业从事经核定登记范围内或法律许可范围内营业的资格。在实行分离主义的制度模式下，依法成立的企业在进行营业登记之后，具有独立从事营业的各项权能，可以从事核准登记注册范围内或法律许可范围内的生产、经营活动。

同样，企业营业的变更登记因涉及企业内部构成要素的变化，也就直接影响到企业的营业能力。其情形包括：(1)扩充企业主体的营业能力。如企业合并、企业注册资本增加、企业经营事项与范围的扩大等企业变更事项，可以增强企业的履约能力，扩大企业的营业空间。(2)限定企业主体的营业能力。如企业分立、企业注册资本减少、企业经营事项与范围的缩小等企业变更事项，则可限制或削弱企业的履约能力，压缩企业的营业空间。

除通过营业登记确定一般营业能力外，营业行政许可的设立，实为对商事主体营业能力的法律限制，只有取得特定的营业行政许可证，才具备进入或从事许可证领域或事项范围内营业的资格或权能，故通过申请许可、取得特殊的营业能力，则具备特定领域、行业或事项的营业资格。

三、商事主体营业能力取得的主要方式

由于营业能力的制度功能是表征商事主体的权能范围，其逻辑序列与制度功能均从属于商事主体资格；也就是说，须先有前述的商事主体资格取得，在商事主体资格确定后，才有营业能力的取得与确认问题。不仅如此，营业能力又与商事主体伴随而生，自然前述商事主体资格的取得方式，在一定意义也是营业能力的取得方式，只不过所赋予的制度内涵和法律意义存在差异而已。商事主体营业能力的取得，有自由选择、职业资格认定、营业登记、营业许可和特许经营等几种典型的取得方式，其中一般营业能力主要是通过自由行使、登记确认等方式取得；特殊营业

能力则主要通过资质认定、行政许可、特许招标等方式取得。

此外，一般类商事主体与企业类商事主体，在营业能力取得方式上也存在差异。如企业主体的营业能力，与自然人类商事主体不同，几乎与企业主体同时产生。以下分述之。

（一）一般商事主体营业能力的取得方式

一般商事主体营业能力的取得方式有自由选择取得、营业登记取得、职业资格认定、行政许可取得等几种比较典型的方式。其中，自由选择取得、营业登记取得为一般类商事主体一般营业能力的取得方式；职业资格认定、行政许可取得为一般类商事主体特殊营业能力的取得方式。

1. 一般营业能力的自由选择取得

营业能力的自由选择取得是基于民事主体应然的营业自由权利，无须通过营业行政许可也不必进行营业登记，就可以凭主体自己的意愿自由地取得营业能力，进而自主地、直接地从事营业活动和进行营业交易。营业能力的自由取得方式一般只适用于自然人商事主体，且可分为如下几种情形：（1）自然人通过实施营业性投资行为，成为各种无须办理登记或许可情形下的投资主体。如自然人在公开证券市场上买卖股票；购买商业银行或其他金融机构的理财产品等。（2）在自由主义的营业准入制度范式下，国家或社会公权力对营业事务不进行任何干预，营业作为纯粹的私人行为可自由进入或退出，此时自然人的营业能力可通过自主选择的方式取得。（3）在准则主义或许可主义的营业准入制度范式下，某种小规模的营业或特种营业，不需要取得营业行政许可且也不需要办理营业登记。例如，《日本商法典》第 8 条小商人可以不进行商业登记之规定，[41]《德国商法典》关于可免予商业登记的“自由登记商人”之规定，[42] 我国《无证无照经营查处办法》第 3 条有关规定等，均属此类。

2. 一般营业能力的商事登记取得

通过商事登记取得营业资格，进而实际取得营业能力，是商事主体营业能力取得的最主要方式。关于商事登记对营业能力取得的意义，有学者认为，商事登记才是商事权利能力取得与消灭的唯一标准，而营业执照是商事行为能力中日常经营能力的证明；营业执照作为一种公示手段，其效力应当优先于商事登记。[43] 也有学

〔41〕 参见《日本商法典》，王书江、殷建平译，中国法制出版社 2000 年版，第 4 页；刘成杰译注：《日本最新商法典译注》，中国政法大学出版社 2012 年版，第 17～19 页。

〔42〕 参见《德国商法典》，杜景林、卢谌译，法律出版社 2010 年版，第 3 页。

〔43〕 参见陈英：《商事登记与营业执照法律关系之检讨——以商事能力为视角》，载《甘肃政法学院学报》2009 年第 4 期。

者认为,商事登记的意义在于公示商主体商事能力,而并非赋予,商主体营业能力不应因无登记而认为不存在。[44] 笔者认为,商事登记并非自然人取得营业能力的先决条件,从营业自由的角度看,自然人营业能力的取得,是其民事主体身份确认(独立出生)之时就应依据法律自由取得,自然人从事需要登记的营业事项,并非取得营业能力,而只是通过登记形式对营业能力进行确认与公示而已。但是,对社会组织类民事主体而言,其营业能力则需要登记才能确认,如我国原《企业法人登记管理条例》第 26 条、第 27 条关于事业单位、科技性的社会团体从事经营活动应办理营业登记等规定。

3. 特殊营业能力的资质认定取得

特殊营业能力的资质认定取得包括职业资格认定和执业资质等级两个方面或层面:

(1)职业资格认定。职业资格认定,即从业资格的取得,主要是指自然人的从业资格许可,即自然人如从事某些须具有一定专业性、技术性、标准性要求的营业,就须取得该营业领域或行业的特定从业资格,方可进入该营业领域进行营业。营业从业资格许可是营业的专业化、职业化、技术化、标准化的内在要求,也是营业最大化和营业风险有效控制所必需的。某些特殊行业具有相当的专业性和职业要求,特定自然人如未取得该营业领域的职业从业资格,就不得进入该领域从事营业活动。而在美国、英国等发达市场经济国家,自然人取得特定职业资格,就可独立开展该职业领域内的个体营业;在某种程度上讲,取得了特定职业资格的自然人,就意味着取得了特定行业的营业资格。目前,我国已在执业律师、会计师、执业医师、建筑师、资产评估师、保险代理人、保险公估人、精算师、证券从业人员等 10 多个领域推行了全国统一的营业从业资格认定或许可制度。[45] 只是我国目前的自然人职业资格还不能自动转换为特定行业的营业资格而已。

(2)执业资质等级。如法律对某些特定营业领域、行业、事项设定有特别的准入条件、资格等级等职业性、专业性、技术性、标准性要求时,商事主体要具备进入该领域或行业从事特定事项的营业,就须取得经特定职业资质认定机关确认的执业资质或执业资格等级,方可具备该特定领域、行业、事项的营业能力。如证券、建筑等特定行业,特定范围内的业务,须具备一定的执业资质或等级,方具有经营或投标的资格、权能。

---

〔44〕 参见范学伟:《商主体营业能力研究》,华中师范大学 2013 年硕士学位论文,第 3 ~ 10 页。

〔45〕 参见《国家职业资格目录》(2019 年版),载人力资源社会保障部官网,http://www.mohrss.gov.cn/SYrlzyhshbzb/SYgundongxinwen/201710/t20171024_280005.html。

4. 特殊营业能力的行政许可取得

对于某些特殊营业领域或事项，如需通过特别的行政许可证方式才可取得营业能力。行政许可事项的设立，一般而言是基于国家安全与公共利益的需要，针对营业本身具有私人性与社会性、个体性与公共性、内部性与外部性的双重属性，为预防或审查某些特定的营业，如食品、药品、金融、公用事业、军工、化工环境类等可能影响国家安全、公共秩序、卫生健康、生态环境、社会风尚的特殊领域或行业，国家通过设立行政许可的实质条件或特别程序，对进入该特殊领域或行业的进入者或经营者，实行特别性的无害性审查。从行政许可设置的目的意义与制度功能来看，行政许可是一种政府规制社会经济活动的事前调控机制，防止危险是其最主要、最基本的功能；从权利相对性的角度看，行政许可是对权利的限制，目的是防止权利的滥用侵害他人权利及公共利益。〔46〕无疑，当国家通过法律、行政法规等规范形式，在特定营业领域或行业设置有行政许可的实质条件或特殊程序时，如没有通过申请并取得特定营业行政许可，就无在该特定营业领域或行业投资、经营或交易的特别资格或权能。故申请并获取营业行政许可证，就成为商事主体取得许可证类特殊营业能力的法定条件与特殊程序。如营业涉及《行政许可法》第 12 条所列行政许可事项范围，则须取得特定营业行政许可。

营业行政许可，从其设立目的、制度功能和法律效果来看，属于对商事主体特殊营业能力的限制范畴；从营业自由的角度来分析，国家设立的营业行政许可事项越多，对商事主体特殊营业能力的限制范围就越广。特别是2013 年我国在中国（上海）自由贸易试验区对外商投资准入实施特别管理措施（负面清单）制度以来，新的负面清单管理模式作为与营业行政许可相对应的制度安排，因其彰显和奉行“法无禁止即自由”的法治理念，充分体现了私法自治精神；〔47〕即除国家设置行政审批或行政许可的领域或事项之外，其他营业领域或事项均是商事主体可自由决定进入的领域或可自主选择的事项。可见，负面清单的范围越多，营业行政许可的范围就越大，商事主体特殊营业能力受限就更为明显。因此，尽量减少营业行政许可事项的范围与种类，把不必要的营业行政许可范围变为商事主体可自由选择或行使的一般营业能力，是我国商事制度改革和营商环境优化的主要任务。从 2002 年开始，国务院和地方政府先后多批次取消的行政审批和行政许可达 3000 余项，〔48〕直至

〔46〕 参见刘东亮：《无害性审查：行政许可性质新说》，载《行政法学研究》2005 年第 2 期。

〔47〕 参见王利明：《负面清单管理模式与私法自治》，载《中国法学》2014 年第 5 期。

〔48〕 自国务院于 2002 年 11 月 1 日发布《关于取消第一批行政审批项目的决定》（国发〔2002〕24 号）起至 2017 年 1 月 12 日发布《关于第三批清理规范国务院部门行政审批中介服务事项的决定》（国发〔2017〕8 号）止，国务院先后 18 次发文，取消各种行政审批与行政许可事项3000 余项，目前尚保留的行政审批或许可事项为 500 项。参见《对确需保留的行政审批项目设定行政许可的决定》。

2016 年 8 月国务院发布《对确需保留的行政审批项目设定行政许可的决定》,尚保留并设定的行政许可共有 500 项,绝大部分属于影响国家安全、公共秩序、卫生健康、生态环境、社会风尚的特殊领域或行业。

在仍然设定有营业行政许可事项的领域或行业,商事主体要取得该许可范围内营业领域或事项的进入权或经营权,就须申请并取得特定行政许可,如我国《个体工商户条例》第 4 条第 2 款、第 11 条的规定。

(二)企业类商事主体营业能力的取得方式

企业本质上属于社会组织的范畴,其产生原于出资人的商事结社行为,是出资人发起、设立的契合性社团组织,并经登记获得国家法律或公权机关的确认。正因如此,企业类商事主体的营业能力获得方式,与自然人(出生、登记或行政许可)、家庭(比照自然人的相关制度)、国家(通过依设立的国家机关)营业能力的获得方式相比,具有一般情形必须登记、特殊情形必须行政许可或行政特许等方式,才可获得一般营业能力和特殊营业能力。

1. 企业一般营业能力的设立登记取得

企业作为社会组织的主体资格,虽自出资人所签设立契约约定的成立时间就已实际存在,也就是说,组织类主体始于企业出资人或发起人设立之时;但企业之主体资格如欲获得国家法律和公权机关的确认,并为交易相对人或社会公众所知晓,则须通过商事登记、注册、发证等系列法律行为或特定公示程序。如前所述,由于我国实行的是主体资格确认、营业资格确认与法人人格确认三者高度合一的统一主义商事登记模式,企业登记总体属于商事登记的特殊类型,企业商事登记,本应分离或分别颁发的主体资格证书、营业执照、法人资格证书,可能被统一的企业营业执照(没有法人资格的企业)或企业法人营业执照所取代。可见,通过企业登记,被登记、注册、给照、公示等各种具体形式确认成立的企业,实质上可取得前述的一般民事主体资格(组织类民事主体)、商事主体的营业资格(组织类商事主体)和独立法人人格(法人企业具有独立的团体或组织人格,非法人则无独立的团体或组织人格)。其中,企业登记的完成和营业执照的颁发,意味着由出资人结社设立的企业之主体资格获得国家法律的承认和公权机关的确认;未经登记的企业虽也可以企业主体名义进行营业,但并不产生登记企业的法律后果,其所生债务应依照合同法由具体签约行为人承担,而非依企业法由企业承担。经登记、注册、发证、公示后,特定企业类商事主体不仅由此获得组织类民事主体的身份、资格、地位;还因营业执照的颁发,而取得一般营业能力,即获得进入一般营业领域或选择一般营业事项、从事营业活动、实施营业行为的资格或权能。

2. 企业特殊营业能力的行政许可取得

营业行政许可对企业特殊营业能力的法律意义与制度功能，与前述一般商事主体的特殊营业能力取得基本相同。所不同的只是，由于企业设立的立法原则与价值取向的差异，企业登记尚存在自由主义、准则主义、许可主义、特许主义等不同制度模式，其中在自由主义、准则主义登记制度模式下，企业登记具有取得一般营业能力的效力；但是，在许可主义或特许主义登记制度模式下，因企业的设立或营业事项须在登记之前取得前置性的行政许可，而登记的完成，实际上意味着此时的企业已取得前述的一般营业能力，更重要的也已获得了前置性营业行政许可支撑的特殊营业能力。2013 年以前，我国大量的营业行政许可设置于商事登记之前，绝大部分企业的特殊营业能力虽自其取得营业行政许可之时，就已具有实质的特殊营业能力；但因此时企业尚未进行正式的登记、注册，其主体资格、营业资格、法人资格尚未获得国家法律承认与公权机关的确认，从形式上也无从认定企业是否有效成立存续、是否具有一般营业能力或特殊营业能力，在此情形下，企业一般营业能力与特殊营业能力的取得之界限，是很不清晰的。

2014 年以来，我国在商事登记领域推行"先照后证"的改革，即在关于企业主体资格、营业资格、法人资格的登记上，奉行完全、绝对的准则主义登记原则，凡具备条件并经合法、有效申请，则予以登记注册。对企业而言，则根据有无独立法人资格，分别颁发企业法人营业执照或企业营业执照，经登记注册并领取营业执照的企业，就具有一般营业能力。如法律、行政法规规定所从事的营业领域或营业事项设定有行政许可，则企业需要在办理企业登记之后另行申请特殊行政许可，取得特定审批机关或许可部门颁发的许可证后，始有许可证限制领域或事项内的特殊营业能力，方可进入许可证范围内的特定领域，选择所属意的特定营业事项，实施该许可证范围内的营业行为。可以说，2014 年以来我国商事登记制度所推行的"先照后证"改革，对区分企业一般营业能力与特殊营业能力的取得具有重要意义，总体符合营业能力的内在逻辑和基本规律。

3. 企业垄断性营业能力的特别许可取得

在营业中，某些领域涉及国家公共政策与民生普遍福利，如公用事业领域和其他特殊领域。公用事业领域属于影响国计民生的基础行业，也属于公共利益、公共安全范畴，甚至关涉国家利益和国家安全。到目前为止，在绝大部分公用事业领域，在我国仍然实行行政许可制度，凡进入该领域，无论是国家投资经营主体，还是外商、境内民间资本，均须取得政府或政府特定部门的行政许可，获得某一行业的经营许可证，方可投资或开业。不仅如此，按资源禀赋与市场竞争程度，公用事业领域又可分为自由竞争类和自然垄断类两大类。其中，自然垄断类公用事业因产品或服务供给媒介（如管网）的唯一性或有限性所制约，使该市场不存在竞争或只能存在寡头竞争。准入方式除须由国家通过行政许可或行政审批等方式来限定外，与自由竞争类公用事业的行政许可式准入控制不同，为了保证自然垄断类公用事业准入的公平、有序，就必须在行政许可的实施过程中，揉入其他一些保证准入过程中既能做到公开、公平，又能体现有效竞争的特殊程序和制度元素，且必须有法律或行政法规的明确规定。这些特殊公用事业领域，虽对每一商事主体来看，均有进入的基本权能，但又因专营性与自然垄断性，基本排斥了申请许可与有效竞争的可能，其投资准入与经营资格的取得方式，也就与自由竞争的营业领域、行业、事项存在很大的不同。其主要特点如：第一，专营行业与自然垄断类公用事业的投资、经营主体只能是企业，进而排除了自然人进入的任何可能性。第二，企业除须具备一般条件、取得一般资质外，还须具备特殊条件、取得特别资质。这样，又把不具备特殊条件、未取得特别资质的企业排除在该领域、行业或事项之外。第三，除须取得行政许可外，更须符合法律或行政法规规定的特别许可与竞争式缔约程序。如此，才可获得专营行业与自然垄断类公用事业的投资、经营主体资格，取得进入专营行业与自然垄断类公用事业领域的垄断性营业能力。

企业垄断性营业能力，是一种十分特别且具有垄断性进入、投资、经营权的营业能力，其取得方式又包括专营授予方式与特许经营方式等。

(1)专营授予取得方式。亦即，基于自然垄断类公用事业市场的唯一性和特殊重要性，由法律或行政法规明确把某一领域、某一行业、某一环节的自然垄断类公用事业授予一家或几家公用企业进行投资或经营的垄断性营业能力取得方式。例如，我国《邮政法》第51条把邮政普遍服务中的信件寄递业务，授予中国邮政集团公司专营。又如，我国《烟草专卖法》把烟草专卖权授予烟草专卖公司；《食盐专营办法》授予中国盐业公司为定点食盐生产或销售企业，并取得食盐生产、批发、销售的专营权等。此外，《对外合作开采陆上石油资源条例》第7条把与外国企业合作进行石油勘探、开发、生产的专营权，授予中国石油天然气集团公司、中国石油化工集团公司；《对外合作开采海洋石油资源条例》第6条把对外合作海区内进行石油勘探、开发、生产和销售的专营权，授予中国海洋石油总公司。专营授予方式具有明显的法定性、垄断性和排他性，基本排斥了法律或行政法规定以外的其他企业进入该领域、从事营业的权能，只有法律或行政法规授予的特定机构或企业，才具有特别的专营营业能力。

(2)特许经营取得方式。又称竞争性缔约式准入方式或特许权招标式准入方式，即在特定自然垄断性公用事业领域或交易市场，因其市场的有限性、营业的公共性和产品的同一性，法律和政策对进入特定自然垄断性公用事业领域的主体和要素除设定严格的准入条件和行政许可程序之外，还设定公开的竞争式订约程序，以确定特定主体进入特定公用事业领域或交易市场的垄断性营业能力取得方式，如我国《市政公用事业特许经营管理办法》第2条,《基础设施和公用事业特许经营管理办法》第2条、第3条等规定。特许经营取得方式的申请环节虽具有公开性、竞争性、公平性,但限于自然垄断性公用事业的非竞争性特性,最终取得自然垄断性公用事业特许经营权的企业,往往只有一家或极少数几家,结果仍然是垄断性和排他性的。也就是说,只有最终取得自然垄断性公用事业特许经营权的企业,才具有在特定自然垄断性公用事业领域、行业或事项上的特别营业能力。

第三节　商事主体营业能力的限制

一、商事主体营业能力限制的界定与原由

(一)商事主体营业能力限制的法律界定

1. 商事主体营业能力限制的定义

商事主体营业能力的限制系指基于法律规定或一定法定事实发生而使商事主体之特定营业资格、营业权能被部分限制、剥夺或丧失之营业权能事实状态。商事主体营业能力的限制,可作如下理解:(1)营业能力的限制,其依据是法律规定或一定法律事实的发生,既可基于法律规定的明确限制,也可基于商事主体违法、不当营业被特定机关作限制、剥夺或禁止。(2)营业能力的限制,所限制或剥夺的只是商事主体的营业权能,即从事特定营业领域、行业或事项投资、经营、交易的资格与权能受到法律或国家公权机关的限制、剥夺或禁止。(3)营业能力的限制,只是部分地对商事主体营业权能的特别限制、剥夺或禁止,而非全部或整体性的限制、剥夺或禁止,与后文所述的营业能力消灭有显著的差异。(4)营业能力的限制,是商事主体营业能力由法律上抽象的能力转为实在能力中一种营业权能的具体、事实状态,是一种可衡量与判断的营业能力。

2. 商事主体营业能力限制的类型

商事主体营业能力限制因原因事实、主体类型、具体情形的不同,在性质与范围等方面表现出明显的差异性。

(1)基于原因事实的营业能力限制。可分为基于法律规定的概括性限制与基于法定事实发生而进行的特别限制。其中,基于法律规定的概括性营业能力限制,主要有针对特定主体(如无行为能力自然人、公务员)、设置行政许可、自然垄断性公用事业等情形,对相关类型主体的营业能力所进行的概括性限制。而基于法定事实发生而进行的特别营业能力限制,主要适用于特定商事主体因违法、不当营业,而由特定公权机关对其特定营业资格或权能进行具体的限制、剥夺或禁止,如

后述的吊销许可证、停产整顿、宣布为某一市场领域的禁入者等营业行政处罚或行政强制措施，就部分地限制或剥夺了相关主体的营业能力。

(2)基于不同主体的营业能力限制。主要可分对自然人营业能力限制与企业营业能力限制。如对自然人，其营业能力限制就包括有特定自然人主体营业能力的限制、自然人营业领域的限制(如金融业、公用事业、特种行业等)等。企业营业能力的限制主要可分为法律上设置营业行政许可的概括性限制、因企业违法或不当营业导致的营业资格或营业权能限制等情形。

(3)基于不同环节的营业能力限制。由于营业可分为投资进入、经营管理、市场交易等三大典型形态、不同阶段和递进环节，而在不同形态、阶段、环节中，基于法律规定或法律事实的不同，其营业能力限制的具体情形也就存在明显的差异性。

(二)商事主体营业能力限制的主要原由

商事主体营业能力限制的原因事实包括：(1)基于法律、行政法规的明确规定。(2)一定法律事件的产生。如对个体型营业主体而言，其被宣告为无行为能力人或限制行为能力人，其经营、交易方面的营业能力当然被限制。(3)特殊法律关系的产生。如某自然人由于被吸纳为国家公职人员，其经营、交易方面的营业能力就被当然限制。(4)商事主体的违法或不当营业行为。(5)商事主体处于营业退出状态，如清算、破产等阶段。(6)其他法律规定的法律事实产生。法律之所以要设置营业能力限制制度，主要基于如下原由：

1.基于公共性目的

营业虽为所有民事主体的自由享有并行使的权利，但同任何自由权一样，营业自由也非绝对、无边界、无底线的自由，营业自由只有在法律框架的约束下，才有正当性、合法性，进而方具有效性。不仅如此，营业之私人性与社会性、个体性与公共性、内部性与外部性等双重属性，也决定营业的私人性、个体性、内部性与社会性、公共性、外部性不能发生冲突，不能以损害社会性、公共性、外部性利益而达到营业的私人性、个体性、内部性目的。例如，营业行政许可制度的设置，在一定程度上就是基于此一公共性目的。如从更泛义角度来分析，营业行政许可实则为基于国家安全、公共利益、卫生健康、生态环境等公共或公益目的，对可能影响公共利益、涉及许可证范围的营业领域或营业事项，对所有商事主体之特殊营业能力在法律上所作的概括性限制。又如，在分业经营的金融业行政许可制度背景下，商业银行的一般营业事项范围就受到限制，只能在其许可和登记的营业事项内从事法定的金融业经营活动。因此，对某些特殊类商事主体而言，因营业行政许可或营业登记而取得的特殊营业主体资格，其营业事项的自由选择权能本身就受到了限制，营业行政许可或营业登记制度就具有限制特定商事主体营业权能的功能。此外，营业行政处罚的设置在一定程度也是因为营业违背或损害了公共或公益目的。

2. 遏制违法、不当营业

合法、诚实、正当地营业，是营业受法律保护并能实现预期营利最大化目的之前提性条件。如营业违反法律、行政法规所设禁止性规定，或因营业而损害了国家、社会、公共、外部利益，特定商事主体的营业就无正当性和合法性，就会因违法或不当营业行为而被国家行政机关科以营业行政处罚，进而使其营业资格被剥夺或营业权能部分丧失。在我国，特定营业主体资格的取得，是商事主体开展营业的前提性条件，主体没有营业资格就不可步入营业领域的门槛。目前，又由于我国商事主体之特殊领域、行业或事项的营业资格，特别是企业之特殊营业资格与特殊营业能力的取得，尚需以前述行政许可为基本前提和程序要件，国家行政机关在认定或确认企业的特殊营业资格、划定企业许可证的营业范围、审查企业的特殊营业能力、执行企业的营业财产、吊销企业的营业执照等方面，享有以审查、批准、决定、许可、撤销、强制执行等一系列决定性权力，特别在有关营业行政处罚方面就更为明显。例如，我国有关企业设立、商事登记、行政处罚方面的法律或行政法规就规定，商事主体有违法或不当营业行为之情形，行政机关可科以下列营业行政处罚：(1) 营业资格的限制或剥夺，如暂扣或者吊销许可证、暂扣或者吊销营业执照等；(2) 部分营业权能的限制，如责令停产停业等；(3) 营业财产的强制执行或没收，如罚款；(4) 没收违法所得、没收非法财物，等等。原于违法、不当营业而施加的这一系列营业行政处罚，在本质上均与商事主体营业资格或权能的限制与剥夺有关。

3. 维护交易安全与社会秩序

交易安全、竞争公平、市场秩序，对营业当事人、国家、社会也尤其重要。营业不同于一般、普通民事行为，它必然涉及相对交易人的利益、社会公共利益和国家经济安全，如营业中出现能力欠缺、身份特殊的不适格主体，不仅会影响交易安全，更会损害竞争公平，进而破坏正常的市场秩序。故出于交易安全、竞争公平、市场秩序的考量，对某些能力欠缺、身份特殊的不适格主体之营业能力作出特别限制，尤显必要。例如，对无行为能力或限制行为能力的自然人之营业性经营、交易资格或权能的限制，主要就是为了确保交易安全。又如，对国家公务员之绝大部分营业能力的限制，更多是为了确保竞争公平，以防止国家公务员利用公共权力或公共资源，牟取不正当、不公平的营业利益，破坏营业领域的独立、自由、平等的竞争公平业态。

(三) 商事主体营业能力限制的制度功能

从前述商事主体营业能力限制的设立目的及原因事由来看，维护营业不与公共、公益目的相冲突，规范合法、正当营业，维护交易安全、竞争公平，应是其基本的制度功能。

二、商事主体营业能力限制的主体类型

由于商事主体可划分为个体型和组织型（主要为企业型）两大类型，以下分别探讨不同商事主体之营业能力被限制的具体情形。

（一）个体型商事主体营业能力的限制

对个体型商事主体而言，其营业能力一则依附于特定自然人的民事权利或行为能力；二则决定于特定自然人的特殊地位和职业身份；三则取决于个体型商事主体在开业登记或从业资格取得后之营业行为的正当性和合法性。在法国，对营业能力的限制包括两个方面：一为“旨在保护准备经商的人要求具备的条件”，如对“尚未解除亲权的未成年人”“已经解除亲权的未成年人”“无能力的成年人”“已婚妇女”之从商能力的限制，就属于商事行为能力的限制；二为“旨在保护整体利益而要求具备的条件”，如对诸如“无诚信的个人”“与商务活动有关的犯罪（盗窃罪、滥用他人信任罪、诈骗罪等）而被判处三个月以上无缓刑的人”“不得兼职（尤其不能兼任公职）的人”“外国商人”等所作的经商资格的限制，则又属于营业权能或商事权利能力的限制。〔49〕 就前面所述的营业资格与营业能力取得制度来分析，根据个体型商事主体的具体情况，导致个体型商事主体营业能力被限制的情形主要有：

1. 法定情形下行为能力欠缺的自然人。营业能力虽属于营业权能的范畴，但有学者仍认为，正因营业能力属于行为能力范畴，故未成年人、成年被监护人、被保佐人营业能力应受限制。〔50〕 而从权能来看，因行为能力受限，相应地自然人独立从事营业活动的资格与权能也受到一定的限制；故如自然人为无行为能力或限制行为能力人，或被宣告为无行为能力人或限制行为能力，这类行为能力欠缺的自然人，虽可通过继受取得或原始取得的方式，成为营业性投资主体，但不能直接参与经营或交易而成为经营主体或交易主体，其从事直接营业性经营、交易的资格与能力当然应受到限制。

2. 家庭中某些家庭成员独立的营业能力被限。在近代早期，如法国，已结婚的妻子在营业能力方面就曾经受到一定的限制。〔51〕 在中国近代早期，商法中也部分移植同时代西方或日本的成文商法相关制度，有关于已结婚的妻子之商事能力受

---

〔49〕 参见［法］伊夫·居荣：《法国商法》（第1卷），罗结珍、赵海峰译，法律出版社2004年版，第35～44页。

〔50〕 参见［日］近藤光男：《日本商法总则·商行为法》，梁爽译，法律出版社2016年版，第75～76页。

〔51〕 参见张民安：《法国商事法律制度中夫妻商事能力和商事责任研究》，载《浙江工商大学学报》2007年第5期。

限的规定,[52] 如《钦定大清商律》中的《商人通例》第4条就规定“已嫁妇人必须有本夫允准字据”,且遵例“呈报商部,方可为商”。[53] 当然,部分家庭成员营业能力被限制之制度与情形,在当今已不复存在。

3. 某些权能被司法限制的自然人。商法一般禁止无从商能力的未成年人和无从商能力的成年人(精神、犯罪、破产、禁治产人等)这两类自然人成为商人。[54] 自然,如作为个体型营业主体的自然人被宣告为禁治产人、被保佐人,或者被裁定为所负债务较大、丧失清偿能力或严重失信人,该自然人则因丧失必要的独立财产处分能力或债务清偿能力,而成为营业中的不适格主体,其独立的营业性经营或交易等部分营业能力,被有效的司法裁判所限制。

4. 具有某种特殊身份或职位而不宜从事营业的自然人。“近世之文明国,无一不采营业自由之制度,于为商人不要何等特别之资格,惟官吏则因特别理由而不得为商人,刑余之人则因他之理由而不得为商人,绝无因于人之社会上的地位、男女、老幼、内外等而区别。”[55] 而具有某种特殊身份或职位的自然人,例如,国家、党政、公权机关的工作人员,出于营业私权与国家公权的职能区分,为防止这些人滥用公权牟取营业私益,其独立的营业性经营、交易权能与绝大部分营业投资权能(只可作为公开市场上的投资主体),均应受到法律的严格限制;又如,作为个体型商事主体的自然人成为国家公职人员,其相关营业能力也应随之被限制,该自然人应即时退出营业领域,原有营业或营业财产应进行必要的处理或转让。

5. 作为个体型商事主体的自然人之特定行业的从业资格失效、丧失或被吊销。如个体工商户因违法、不当营业,而被吊销特定行业的许可证或执业证;个体型商事主体因不法或不当营业行为而被国家行政机关科以可产生营业能力限制法律效果的其他营业行政处罚,如因某自然人违反交通法规、驾驶执照被吊销,其独立从事以驾驶执照为前提条件的运输营业资格与能力,就必然受到限制,等等。

6. 外国籍或无国籍自然人营业能力的特别限制。外国人与无国籍自然人,虽在营业权利上享有与本国国民的同等待遇,但一国出于国家安全、公共安全、经济安全、国防安全的考量,往往会在某些特定领域、敏感行业、个别事项上,设定营业准入的国别限制。不具备本国国民资格的外国人与无国籍自然人,在这些特定领域、敏感行业、个别事项的营业能力,无疑要受到限制。如在法国,外国人在某些营业领域

---

〔52〕 参见张晓飞:《中国近代法上妻子的商事能力立法的法文化分析》,载《法律科学(西北政法大学学报)》2016年第6期。

〔53〕 参见工商行政管理史料编写组编:《工商行政管理史料》(上卷),中国工商出版社2008年版,第102页。

〔54〕 参见张民安:《商法总则制度研究》,法律出版社2007年版,第149~150页。

〔55〕 [日]松波仁一郎:《日本商法论》,秦瑞玠、郑钊译,中国政法大学出版社2005年版,第24页。

或事项，就不能享有与本国公民同样的权利。[56]

7. 其他法律规定的事实发生。如作为个体型营业主体的自然人因刑事犯罪而被剥夺人身自由，就不能独立从事营业性经营或交易活动。当然，被判处刑罚的自然人所限制的，只是其独立、自行经营或交易方面的营业能力，但原有的投资主体（如股东或合伙人）资格或权能并未被剥夺或丧失。

（二）企业型商事主体营业能力的限制

企业营业能力限制，为依法成立的企业在存续期内基于法律规定或因不法营业行为，而由国家特定机关依法对其营业资格或权能予以限制，或对部分营业活动予以限制或禁止的企业权能限制状态。企业营业能力限制在我国目前有营业行政许可的限制、暂扣营业执照、吊销企业生产许可证、宣布为某一市场领域的禁入者、停产整顿等几种情况。在理论和实务上，企业营业能力限制是一个很容易与企业终止、企业人格消灭、企业主体消灭混同的概念，因为企业营业能力限制有时会导致企业终止、主体消灭、人格消灭这一法律后果。具体内容，见下文细述。

三、商事主体营业能力限制的具体情形

（一）营业进入环节中商事主体营业能力的概括性限制

1. 营业进入的合目的性限制

营业自由的边界是法律的限制与禁止，并不得损害国家利益、公共利益与他人利益，即任何营业均不得违反法律、行政法规的禁止性规定，违反社会公序良俗。基于此，我国《公司法》第 5 条第 1 款、《合伙企业法》第 7 条、《个人独资企业法》第 4 条第 1 款、《个体工商户条例》第 5 条第 2 款几乎一致性地规定，“从事经营活动，必须遵守法律、行政法规，遵守社会公德、商业道德，诚实守信”，“遵守诚实信用原则，不得损害社会公共利益”，“接受政府和社会公众的监督，承担社会责任”；《民法典》第 86 条也有同质、类似的规定。营业的合目的性限制，意在昭示或提示，任何商事主体均无从事违反法律、行政法规禁止性规定或违反社会公序良俗营业资格或权能。营业能力的合目的性限制，是一种法律上的概括性、抽象性限制，它是对一切商事主体的营业能力所作的平等性、一体性限制与约束。

2. 特殊主体准入方面的营业能力限制

如前述对特定自然人个体营业能力限制的情形：（1）无行为能力或限制行为能力的自然人某些营业权能的限制。（2）被宣告为禁治产或被保佐人的自然人部分

---

〔56〕 参见［法］伊夫·居荣：《法国商法》（第 1 卷），罗结珍、赵海峰译，法律出版社 2004 年版，第 42 ~ 44 页。

营业能力的限制。(3)公务员等国家公权机关任职的自然人之绝大部分营业能力的限制。(4)被判处刑罚、剥夺人身自由的自然人之独立、自行营业性经营或交易能力的限制。(5)外国籍或无国籍的自然人在东道国某些特定领域、敏感行业、个别事项上营业能力的特别限制。(6)其他营业能力受限的自然人等。

3. 营业行政许可普遍地对商事主体特殊营业能力的限制

如前所述,营业行政许可是商事主体获得特殊营业能力的法定条件与必经程序。自然,对某些法律或行政法规设立行政许可的营业领域、行业或事项,对一般商事主体而言,则普遍性地限制了其特殊营业能力。凡未取得特定营业行政许可或许可证,则商事主体在该营业领域、行业或事项的营业能力,必然受到限制。

4. 其他营业准入方面的营业能力限制

例如,对某些欲从事特殊营业的行为人,还须事先取得法律规定的特殊资格,尤其是在与公众利益密切相关的领域,相关法律对取得商事能力和从业资格作出特别限制。[57] 又如,有学者认为,可基于设立目的不同(如目的事业范围、经营范围)、营业种类不同(营业规模、组织形态、责任形式)、基于维护社会公序良俗、基于公共政策需要(如公用企业等),对商事主体的商事权能进行必要限制。[58]

(二)营业经营环节中商事主体营业能力限制的具体情形

无论是个体类、自然人型商事主体,还是组织类、企业型商事主体,在进入营业领域,取得营业资格,进行实质性投资、经营或交易中,其营业活动不但应符合法定的合目的性要求,而且在特定领域、行业、事项营业中应严格依照法律或许可的规定,依法、正当、诚实营业,如商事主体在具体的投资、经营或交易中,出现违法营业、不当营业、欺诈营业,负有营业监管职能的相关公权机关,就可依照法律、行政法规的规定,给予暂扣营业执照、吊销企业许可证、吊销特殊职业资质、责令停产整顿、宣布为某一领域的市场禁入者等特定营业行政处罚。2021 年 1 月通过新的《行政处罚法》修订案的第 9 条在原第 8 条所列 7 种行政处罚种类的基础上,将行政处罚种类调整为 6 种,其中暂扣许可证件、降低资质等级、吊销许可证件;限制开展生产经营活动、责令停产停业、责令关闭、限制从业等行政处罚类型,均属营业行政处罚的范畴。前述一系列营业行政处罚,不但能产生行政法上的特定公法效应,而且在多数情况下,又能产生限制、剥夺商事主体的部分或特定营业权能的私法效果。易言之,某些营业行政处罚,除可直接产生行政法律责任效果外,还能产生限制特定商

---

〔57〕 参见刘宏渭:《营业自由的实现路径》,载王保树主编:《中国商法年刊》(2010 卷),法律出版社 2011 年版,第 48 ~ 49 页。

〔58〕 参见陈本寒主编:《商法新论》,武汉大学出版社 2009 年版,第 71 ~ 73 页。

事主体营业能力的法律效果。[59] 以下分述之。

1. 暂扣营业执照

我国虽无暂扣营业执照的具体规定与适用条件，但《行政处罚法》(2017 年修正)第 8 条第 1 款第 5 项有关于“暂扣或者吊销执照”和《行政处罚法》(2021 年修订)第 9 条第 1 款第 3 项有关于“暂扣许可证件”的规定；国务院《行政执法机关移送涉嫌犯罪案件的规定》(2001 年修正)第 11 条第 2 款也有“暂扣或者吊销执照”的规定，有关“暂扣执照”的对象，似应包括“营业执照”在内的所有执照。另外，我国《公司登记管理条例》(2016 年修订)第 60 条规定“公司登记机关对需要认定的营业执照，可以临时扣留，扣留期限不得超过 10 天”；《企业法人登记管理条例》(2019 年修正)第 29 条也有关于扣缴企业法人营业执照的处罚。足见，“暂扣营业执照”虽作为具体营业行政处罚并不常见，但仍有明确、具体的法律、行政法规依据。

关于“暂扣营业执照”的私法效力及对被罚相对人的能力影响，国内学者几乎没有论及，只有极个别学者在讨论公司行政解散权时才有所提及。[60] 由于营业执照是绝大部分商事主体合法、有效营业的前提性条件，一旦发生前述违法情形，登记机关对特定商事主体施以“暂扣营业执照”或“扣缴营业执照”的行政处罚，则该特定商事主体在“营业执照”被“暂扣”或“扣缴”期间，不得从事营业活动，否则也视为“无证经营”，可按照《无证无照经营查处办法》的相关规定予以处罚。但是，“暂扣营业执照”或“扣缴营业执照”与“吊销营业执照”不同，它仅仅只是在一定期限内暂时性、短期性限制或剥夺商事主体的营业权能，而非完全、绝对、永久性地禁止商事主体的营业，在“营业执照”的“暂扣”或“扣缴”事由消除或期限届满，商事主体仍然可获得“营业执照”，从事合法、正当营业。足见，暂扣营业执照，仅仅只是限制了商事主体特定情形或期间的营业能力；只是如“营业执照”的“暂扣”期限届满经查明存在足以“吊销营业执照”的情节，或“扣缴”事由没有消除，登记机关认为足以作出“吊销营业执照”的行政处罚，才发生该商事主体营业能力的消灭问题，并因营业能力被消灭，而进入强制清算程序。

2. 吊销许可证

如前所述，营业许可证是商事主体获得特殊营业能力的法定条件和在特定领域、行业、事项合法营业的依据。根据《行政许可法》第 11 ~ 13 条的规定，凡营业涉及国家安全、公共安全、公共利益、社会秩序、经济宏观调控、生态环境保护等领域、

---

〔59〕 参见肖海军：《企业法原论》，湖南大学出版社 2006 年版，第 122 ~ 124 页；肖海军：《论商主体的营业能力——以投资主体与营业主体的二重结构为视角》，载《法学评论》2011 年第 5 期。

〔60〕 参见李建伟：《论公司行政解散权的存废》，载《环球法律评论》2013 年第 5 期。

行业或事项,法律、行政法规均可设定行政许可。具体来讲,就法律层面而言,诸如《公司法》《证券法》《证券投资基金法》《商业银行法》《保险法》《海商法》《电子商务法》等商事特别法;《铁路法》《公路法》《电力法》《煤炭法》《邮政法》《民用航空法》等公用事业经营法;《消防法》《食品安全法》《药品管理法》《环境保护法》等特别管制法等,均规定有特定营业行政许可制度。从国务院行政法规层面来看,诸如《食盐专营办法》《城市供水条例》《电信条例》等公用事业领域管理条例;《工业产品生产许可证管理条例》《危险废物经营许可证管理办法》《安全生产许可证条例》等专用许可证管理规定等,均规定有具体的营业许可制度。至于国务院部门规章类的营业行政许性规定就更多,代表性的许可证规范如《工业产品生产许可证管理条例》、《安全生产许可证条例》、《危险废物经营许可证管理办法》、国务院《关于调整工业产品生产许可证管理目录加强事中事后监管的决定》(国发〔2019〕19号)等。足见,取得许可证是合法从事特定领域、行业、事项营业的法定条件和必经程序。

而吊销许可证则为依法取得营业行政许可的自然人或企业,在其经营中或存续期间因违反行业管理、金融外汇、公共卫生、技术监督、环境保护、劳动保护等法律、行政法规中的强制性规范,而被相关行政职能管理部门宣布对其颁发的特殊营业事项许可证无效的行政撤销行为,如吊销安全生产许可证、生产许可证、卫生许可证、金融业务许可证、排污许可证、其他特定行业经营许可证等。吊销许可证是对企业等商事主体从事一定领域、行业、事项范围内生产、经营资格的限制或禁止,在不重新获得特定许可证的前提下,该商事主体不得从事许可证范围内的生产和经营。但是,吊销许可证,仅仅只是限制或禁止特定主体从事许可证范围内的生产与经营的权能,对其已经生产或经营的成果进行销售或交易的权能并未限制或剥夺;不仅如此,该商事主体在许可证范围之外的一般营业能力并无限制或剥夺。因此,吊销许可证实质上是限制了特定商事主体的营业能力,并非消灭特定商事主体的主体资格,甚至也不必然地使特定商事主体丧失营业资格,并不当然产生企业终止、商事主体消灭等法律后果。

以企业为例,吊销许可证所产生的私法后果为:(1)被吊销了许可证的企业等特定商事主体虽不得从事被撤销的许可证范围内的营业,但依然可以从事其他未被撤销的许可证范围内的以及其他法律不禁止的营业活动。(2)特定商事主体的许可证被吊销后,其生产或经营的合格产品或服务,仍可销售给社会或消费者,吊销许可证仅仅只是限制或剥夺其生产、经营环节的部分权能,但并未一概地限制或剥夺其营业性交易环节的所有资格或权能。(3)特定商事主体在其许可证被吊销之后,可通过为一定行为重新获得被吊销的许可证,从而恢复从事特定许可证范围内营业的能力。(4)即或吊销许可证使企业等特定商事主体无法继续经营而致其营业停止，从而不得不使企业终止，企业也必须经过清算程序才能办理注销登记。可见，吊销许可证只是限制或取消了企业等特定商事主体从事特定许可证范围内营业的能力，并不必然导致企业终止、商事主体消灭状态的出现，只有因吊销许可证导致企业营业的停止，才可成为企业终止事由之一。

3. 责令停产停业或停产、停业、停工、停建整顿

责令停产停业或停产、停业、停工、停建整顿是指依法成立的企业等商事主体在其生产、经营中或存续期内因违反消防、安全、卫生、劳动、环境保护等法律、行政法规，其生产与经营对国家安全、公共安全、社会公益或环境生态造成严重的负面影响，由有关行政机关（政府或政府主管机关）依法责令该特定商事主体暂停生产、经营、施工、建设等营业活动并予以整顿、改正的行政处罚行为。例如，国务院安全生产部门对违反劳动、生产安全的企业作出停产整顿的决定，政府对环境污染严重的企业作出停产整改的决定等。[61]

关于责令停产停业或停产、停业、停工、停建整顿等营业行政处罚，除《行政处罚法》（2021 年）第 9 条第 4 项有关于"责令停产停业、责令关闭"的规定外，其他商事特别法以及涉及消防、安全、卫生、劳动、环境保护的法律均有明确、具体的规定，但该类规定在不同法律中的称谓则有所不同，归纳起来有如下几种：（1）责令"停产停业"，如《放射性污染防治法》第 53 条、第 55 条、第 57 条，《安全生产法》第 65 条、第 70 条[62]，《种子法》第 86 条，《反恐怖主义法》第 93 条，《消防法》第 58 条规定等。（2）责令"停产停业整顿"，如《特种设备安全法》第 85～86 条、第 95 条，《疫苗管理法》第 80～85 条，《药品管理法》第 117 条规定等。（3）责令"停业整顿"，如《价格法》第 39～40 条，《反洗钱法》第 32 条，《银行业监督管理法》第 45～46 条，《消费者权益保护法》第 56 条，《证券法》第 143 条，《证券投资基金法》第 26 条，《保险法》第 160 条、第 166 条、第 168 条，《邮政法》第 72～76 条，《商业银行法》第 74～77 条，《水污染防治法》第 92 条，《招标投标法》第 58 条，《电子商务法》第 80 条、第 83 条，《产品质量法》第 56 条，《节约能源法》第 71～72 条，《网络安全法》第 61～68 条，《旅游法》第 95～101 条，《城乡规划法》第 62 条，《建筑法》第七章规定等。（4）责令"停产整顿"，如《乡镇企业法》第 37 条，《矿山安全法》第 40 条、第 44 条，《核安全法》第 77 条、第 79 条，《劳动法》第 92 条等。（5）责令"限制生产、停产整

---

〔61〕 参见胡燕飞：《关于"责令停产停业整顿"问题的思考》，载《湖北公安高等专科学校学报》1998 年第 4 期。

〔62〕 参见吴宗之等：《强化安全生产停产停业行政措施的立法研究》，载《中国安全生产科学技术》2014 年第 S1 期。

治”或“停工、停建整顿”，如《环境保护法》第60条，[63]《环境影响评价法》第31条，《固体废物污染环境防治法》第八章，《海洋环境保护法》第73条、第80~83条，《环境噪声污染防治法》第48条、第52~53条，《大气污染防治法》第七章，《动物防疫法》第105~106条规定[64]等。

责令停产停业或停产停业整顿是对商事主体违法、不当生产、经营中的一种行政处罚，其私法上的效力在于对商事主体营业行为的一种限制，它在一般情况下不涉及商事主体主体资格、营业资格、法律人格的消灭，与企业终止、人格消灭、主体消灭的区别更为显著。(1)责令停产停业或停产停业整顿主要是限制商事主体有负面影响或具有社会危害性的主营业行为，但对未限制或禁止的主营业行为之外的其他营业行为没有任何影响，如因环境污染而被责令停产整改的企业不能开车生产，但并不影响其对产品的销售以及其他非环境污染产品的生产。(2)被责令停产停业或停产停业整顿的商事主体通过整顿、改正，如果符合安全生产、达标生产的要求则可以申请原行政处罚机关许可，从而恢复被限制的营业能力，如《消防法》第58条第2款规定。[65] (3)被责令停产整顿、整改的商事主体如在规定期限内未整改或整改未能达到标准，则应依法吊销其许可证，禁止该商事主体从事许可证范围内的营业，如《安全生产法》第113条规定。对企业类商事主体而言，如吊销许可证足以导致企业终止，则企业应在吊销许可证后及时进行清算，并办理注销登记。可见，责令企业停产整顿、整改一般不会导致企业终止，甚至也不当然消灭该企业的营业资格，只有当停产整顿、整改的企业在规定期限内未整改或整改后未能达标，则会因吊销营业许可证而成为企业终止的原由之一。至于自然人类商事主体，因停产停业或停产停业整顿，进而导致其营业许可证被吊销，也只是消灭该许可证范围内的特殊营业能力，其仍然具备一般营业能力；即使导致其营业执照被吊销，也只是消灭营业能力，该自然人的主体资格、法律人格，并不受到任何影响。

概言之，责令停产停业或停产停业整顿等营业行政处罚，所产生的私法后果是限制了违法、不当营业的商事主体在特定生产、经营环节的全部或部分营业能力。

4. 特殊职业资质证书被降级或被吊销

特殊职业资质证书被降级或被吊销，系指在特殊职业类营业中具有违法、不当经营情节的商事主体，其从事该特殊职业的资质证书被认定或颁发机关处以降级或吊销的行政或准行政处罚。

关于特殊职业资质证书被降级或被吊销，我国除《行政处罚法》(2021年)第9

[63]　参见邓爱萍：《关于环保部门责令停产停业等处罚措施是否具有可执行性的探讨》，载《山东审判》2007年第6期。

[64]　参见韩建业等：《责令停产停业在动物卫生行政处罚中的适用》，载《吉林农业》2014年第14期。

[65]　参见李佑标：《消防法中的责令停产停业研究》，载《武警学院学报》2002年第1期。

条第3项有关于"降低资质等级"的规定外，商事特别法与部分涉及特殊类职业的法律也有明确、具体的规定，如《食品安全法》第137条、第138条，《证券法》第182～214条，《证券投资基金法》第十四章，《保险法》第171条，《建筑法》第七章，《注册会计师法》第39条，《注册建筑师条例》第五章规定等。此外，《道路交通安全法》《民用航空法》《海商法》等商事特别法及行政法规，对诸如职业驾驶员、飞行员、海员、船员、计算机程序员、职业医师、资产评估师等特殊职业类资质证书被降级或被吊销，也有具体规定。虽有学者认为，职业、执业、从业资质的认定与许可，赋予取得资质者独占经营的优势地位，不可避免地造成市场准入障碍，培植出垄断势力；[66]但从营业的职业性、专业性、技术性、复杂性的角度，某些特殊类领域、行业、事项，设置初始性、基础性和必要性的准入条件与门槛，是比较可行的做法，它不仅有利于营业的效率，更可确保交易的安全。

特殊职业资质证书是商事主体取得从事职业资质类领域、行业、事项特殊营业能力的法定条件与必要程序，在某种意义上，特殊职业资质证书是确认或认定特定自然人或企业以具体资格、权能甚至行为能力的外部标表形式。[67] 自然，一旦特殊职业资质证书被降级或被吊销，就意味着商事主体从事特定职业的资格、权能被降格或被剥夺，它属于商事主体在经营环节中因违法、不当营业，其特殊营业能力被限制的情形。这是因为：(1)特殊职业资质证书被降级或被吊销的商事主体，在未恢复或取得原有特定或级别职业资质证书之前，其从事特殊类职业的资格与权能受到限制或禁止，即丧失了特殊职业领域、行业或事项的营业能力。(2)特殊职业资质证书被降级或被吊销的商事主体，虽不再具有特殊类职业领域、行业或事项的营业能力，但并未丧失一般领域、行业或事项的营业能力和其他未被降级或被吊销的特殊职业资质所确认或认定的特殊营业能力。(3)特殊职业资质证书被降级或被吊销的商事主体，在一定条件成就或履行必要程序的前提下，其被降级或被吊销的特殊职业资质证书可以得到恢复，进而重新获得特殊职业资质证书所确认或认定的特殊营业能力。(4)特殊职业资质证书被降级或被吊销的某些商事主体，如因此而被迫解散(企业)或退出(自然人)特殊营业领域、行业或事项，也是企业强制解散或营业能力丧失的原因事实，与企业终止、主体消灭、人格丧失，并不构成对应关系。

5. 被宣布为市场禁入者

被宣布为市场禁入者是依法成立的企业和其他商事主体在经营中或存续期

---

〔66〕 参见李书荣：《从业资质许可制度的若干法律批判》，上海交通大学2009年硕士学位论文，第14～15页。

〔67〕 参见任江：《职业资质权的实践发现与理论建构——兼谈新兴权利的发现与生成》，载《河南大学学报(社会科学版)》2016年第4期。

内，因违反特定市场交易规则、破坏市场交易秩序，而被具有相应职权的市场监管机关依法作出的禁止其从事某一特定类型业务的营业之行政处罚行为。例如，《行政处罚法》（2021 年）第 9 条第 4 项关于"限制从业"的规定；又如，《证券法》有关于证券公司因违反证券交易规则、操纵证券市场而被国务院证券监督管理机关宣布为证券市场禁入者的规定；再如，《会计法》有关于会计师事务所因违规开展会计、审计业务被财政监督管理部门宣布为会计、审计业务市场禁入者的规定等。

我国市场禁入制度最早是从证券业的市场禁入制度试点开始的，1996 年中国证券监督管理委员会公布《证券期货监督管理信息公开指南（试行）》，正式提出"市场禁入"；1996 年 3 月 5 日，中国证监会下发《关于各期货交易所建立"市场禁止进入制度"的通知》（证监发字〔1996〕35 号），明确在期货市场试行"市场禁止进入制度"，即各期货交易所、期货经纪机构对被宣布为"市场禁入者"的机构和个人，3 年内不得接受其从事期货交易的制度。1997 年 3 月 3 日中国证监会发布《证券市场禁入暂行规定》（证监〔1997〕7 号），把市场禁入制度扩大适用于整个证券市场。〔68〕2005 年《证券法》修订时，第 233 条正式固化和完善了有关证券市场禁入制度。〔69〕虽然就证券市场禁入制度本身而言，尚存在法律性质界定不明、行为约束缺失刚性、制度设计比较粗糙等一系列问题；〔70〕但毕竟证券市场禁入制度的引入，开创了我国市场禁入宣告制度的先河，并逐渐扩展、适用到其他领域，其积极意义是值得肯定的。

我国现行市场禁入制度主要包括资本金融、会计审计、食品药品、交通运输、环保生态等几个领域，具体情形如下：（1）资本、金融领域，资本、金融市场领域是我国实行市场禁入制度最早也最全面、系统的特定营业领域，如《证券法》第 221 条、《保险法》第 177 条、《商业银行法》第 89 条第 1 款规定等。（2）会计、审计领域，如《会计法》第 43 条、第 44 条规定等。（3）食品、药品领域，如《食品安全法》第 138 条第 2 款，《药品管理法》第 116 条、第 122～126 条、第 141 条第 2 款、第 142 条第 1 款规定等。（4）交通、运输领域，如《道路交通安全法》第 91 条、第 101 条第 2 款规定等。（5）环境、生态领域，如《环境影响评价法》第 32 条规定等。

关于市场禁入的私法属性及对相对人主体的法律效力，学界鲜有深入探讨。笔者认为，被宣布为市场禁入者，系为限制或禁止违法、不当经营的特定商事主体从事某一领域营业的资格，是对特定商事主体一定经营范围与特殊营业能力的限定。市场禁入并非如个别学者所认为那样，限制违法行为人的职业自由选择权，更

〔68〕 参见周卫昕：《中国证监会〈证券市场禁入制度暂行规定〉的缺陷评析》，载《法学》1998 年第 4 期。

〔69〕 参见《证券法》第 221 条。

〔70〕 参见黄辉、李海龙：《强化监管背景下的中国证券市场禁入制度研究》，载《比较法研究》2018 年第 1 期。

非限制在宪法保障的劳动权中自由权辐射范畴的公民基本权利。[71] 这是因为,特定商事主体取得先前的特定从业资格或特殊营业能力,正是民事主体从业自由、营业自由的体现;但因该特定主体滥用从业自由、营业自由,违反了特定市场领域、行业、事项的基本规则和交易秩序,法律就应对具主观恶性和行为危害性的不适格经营者、交易者,作出限制或禁止其在该市场领域经营、交易的必要处罚措施,该处罚的结果只是使违法行为人从事特定领域、行业、事项营业的资格与权能的丧失,但并不影响它们对其他市场领域的从业、营业选择权。因此,市场禁入宣告制度并非对公民基本权利的限制,更非对民事主体从业自由、营业自由的限制,而恰恰是在尊重、维护公民基本权利和民事主体从业自由、营业自由的前提下,对违法、不当营业的特定商事主体之特殊营业能力的限制。

市场禁入对营业能力的限制包括定期的限制、禁止与永久的限制、禁止两种,其中定期限制是在一定期限内限制特定商事主体进入某一市场;永久限制,即终身限制,则为永久性终身禁止特定商事主体进入某一营业领域、行业或事项,使该特定商事主体完全丧失在某一特定营业领域的进入资格与经营权能。

宣布某一特定商事主体为市场禁入者,并非消灭某特定商事主体,特别是企业的法律人格、主体资格,甚至也不当然消灭该特定商事主体的营业资格或营业能力,它只是限制了企业等特定商事主体在某一市场或交易领域的营业能力,使其作为这一特定市场领域的营业主体资格不合法。因之,宣布特定商事主体为市场禁入者,应为对该特定商事主体特殊营业能力的限制。(1)被宣告为市场禁入者的特定商事主体,只是丧失了在该特定市场禁入领域的进入、经营、交易资格和权能,但其市场禁入范围之外的其他营业领域、行业或事项的进入、经营、交易资格和权能并未丧失,该特定商事主体仍具有从事禁入范围之外的一般营业能力或其他特殊营业能力。(2)在有期限的市场禁入令中,企业等特定商事主体在特定市场领域的营业、交易能力,于禁入期限过后可以自动恢复。(3)在永久性的市场禁入令中,企业等特定商事主体完全丧失了在该特定营业领域的特殊营业能力和经营、交易资格,但在未禁止进入的营业领域,企业等特定商事主体之营业能力和经营、交易资格并未丧失。(4)即使特定商事主体因永久性市场禁入,使其主业难以为继,导致该特定商事主体强制解散(如企业)或退出该领域(如自然人),也不影响该特定商事主体的主体资格与法律人格;对企业类商事主体而言,也仅仅只是导致企业强制解散事由之一,而并非企业终止、主体消灭、人格丧失本身。足见,某特定商事主体被宣布为市场禁入者,只是限制了该特定商事主体的特殊营业能力,与该特定商事

---

〔71〕 参见沈福俊、许海建:《证券市场禁入制度合法性考察及其控制路径》,载《上海财经大学学报》2019 年第 5 期。

主体主体资格、法律人格的丧失,并不构成对应关系,甚至也不影响该特定商事主体的一般营业能力。

6. 其他情形

例如,《行政处罚法》第 9 条第 4 项关于"限制开展生产经营活动"的规定;又如,公职人员经商限制,经理人不得兼任其他营利事业的经理人且不得自营或为他人经营同类业务等,均为对商事主体行为能力的限制。其中,竞业禁止主要发生在经营环节,我国《公司法》第 148 条第 1 款第 5 项和《合伙企业法》第 32 条均有关于竞业禁止的规定。竞业禁止规则,实质是限制特定身份的主体,不得从事与利害关系人具有竞争关系的业务之资格与权能,所限制的是特定范围内主体从事某类业务的能力,应属营业能力限制的范畴。

(三)营业退出环节中商事主体营业能力限制的具体情形

营业退出主要表现为企业的解散清算和破产清算期间,企业不得从事与清算无关的营业活动,其营业活动、营业权能受到清算、破产实体法和程序法的严格限制。

1. 企业一般清算期间营业能力的限制

企业的解散与清算,是企业退出营业领域的法定必经程序。虽然企业的解散存在任意解散和强制解散不同情形,但无论是基于企业出资人或内部决议启动的任意解散,还是基于行政处罚、司法判决等原因导致的强制解散,企业均应停止其正式的营业,进入以清理财产、清偿债权债务为主要任务的清算阶段,除应当履行原已生效的合同,或清算债权债务需要所进行的必要拍卖、变卖之外,企业不可在清算期间从事与清算无关的其他任何营业活动。我国《公司法》第 186 条第 3 款、《合伙企业法》第 88 条第 3 款、《个人独资企业法》第 30 条均规定,公司、合伙企业、个人独资企业在清算期间,均"不得开展与清算无关的经营活动"。足见,在清算期间,与清算无关的企业营业能力,被法律限制或禁止。之所以作此限制,在于清算程序作为企业的营业退出程序,标志着该企业在清算之后行将注销,该主体将不复存在,如在此期间仍由企业开展与清算无关的营业活动,则其所订合同将因随后的注销行为、主体消灭而难以履行,在清算期间所从事的与清算无关的营业活动、所订与清算无关的各种合同,就属于不具有履行目的或可能性的营业欺诈或交易陷阱,结果自然有损交易安全,危害市场秩序。故在清算期间对与清算无关的企业营业能力作特别限制,实属交易安全与市场秩序所必需。

2,企业破产清算期间营业能力的限制

企业破产程序是由法院干预下的公平清理债权债务、确保债权人和债务人的合法权益得到一体平等保护的强制性司法程序。企业破产的立法主旨存在英美法系救济债务人与大陆法系保护债权人两种制度模式，并因破产中清算与和解、重整的关系，而衍生出破产混合立法（破产清算与破产和解、破产重整合并在一部法律里作分别规定）与破产分离立法（破产清算与破产和解、破产重整分别立法，破产法只调整破产清算关系，破产和解、破产重整由单独的公司更生法、司法重整法等另行规定）两种体例。[72] 我国《企业破产法》奉行的是保护债权人与救济债务人并重的立法主旨，立法体例上选择的是破产清算与破产和解、破产重整混合立法。根据《企业破产法》第7条的规定，破产程序既可由债权人提起，也可由债务人提起；在提起破产程序时，既可直接提起破产清算（内含破产和解、破产重整），也可独立提起破产重整。但是，无论破产程序是由债权人提起，还是由债务人提起；也不管是直接提起破产清算，还是独立提起破产重整，该破产申请一经法院受理，债务人企业则进入破产程序，并产生各种强制性法律效力；且该破产程序中的一系列强制性法律效力，对债务人企业的营业资格与经营权能又会产生实质性影响。

根据我国《企业破产法》的相关规定，结合破产法的一般原理和世界绝大多数国家或地区破产程序安排的一般性特征，进入破产程序后，对债务人企业的营业资格与经营权能所产生的实质性影响包括如下几个方面：(1)债务人企业控制权、管理权、经营权的转移。即该企业的控制权、管理权、经营权转移至法院与清算管理人，原企业及企业内部治理机关、法定代表人、负责人或企业的董事、监事、高级管理人员等，则丧失对该企业的控制权、管理权、经营权。[73] (2)债务人企业的所有财产、营业活动，将由法院指定的破产管理人，并根据债权人会议的决定，所有债务人企业的债权债务不得进行任何个别清偿或诉讼，均应在法院的主导、债权人会议的表决下由破产管理人统一代表进行管理或处分。[74] (3)破产申请受理后，所有债务人企业财产的处分、合同的履行，均应视债权债务清偿的需要而由破产管理人代表实施，非经债权人会议表决、法院批准、破产管理人执行，债务人企业不得从事任何与破产清算有关的财产处分行为和营业活动。[75] (4)债务人企业的财产，应在债权人会议表决、法院批准、破产管理人执行这一程序机制下，除有担保的债权可行使别除权外，在优先清偿破产费用和共益债务后，依法按照劳动债权、国家债权、普通破产债权的顺序清偿，在清算完成后如有剩余财产，再按照出资比例进行分配。(5)即使在破产程序中，启动破产和解、破产重整，虽然管理人应当向债务人移交财产和营业事务，但债务人企业仍须在破产管理人的监督下，依照和解协议、重

---

[72] 参见肖海军：《企业法原论》，湖南大学出版社2006年版，第508～509页。

[73] 参见王卫国：《论重整企业的营业授权制度》，载《比较法研究》1998年第1期；崔文玉：《危机企业治理的法律对策研究》，载《政治与法律》2014年第2期。

[74] 参见韩长印：《论破产程序中的财产处分规则》，载《政治与法律》2011年第12期。

[75] 参见韦忠语：《破产财产经营论》，载《法商研究》2016年第2期。

整计划进行执行或重整;[76]不仅如此,在和解协议不能执行或不履行、重整计划难以实现的情况下,法院仍应裁定终结破产和解、破产重整程序,进入破产清算程序。[77] 可见,企业一旦进入破产程序,企业的营业权能受到破产实体法和破产程序法等多重限制,故破产清算程序实为对企业类商事主体退出营业环节之营业能力的特别限制。

四、商事主体营业能力限制的法律后果

商事主体营业能力限制,所产生的法律后果是多方面的,归纳起来,主要表现如下:(1)营业权能受限。如被吊销营业许可证的商事主体,不可再从事许可证领域、行业、事项的营业,其许可证范围内的营业权能就受到明显的限制。(2)特定资格丧失。如前述特定职业资质的降级或吊销,就使该商事主体因不具备特定经营资质,而丧失在该特定职业领域、行业、事项内的经营资格或主体资格的可能性。(3)营业行为禁止。典型的如前述被宣告为特定市场禁入者的商事主体,就被禁止进入特定营业领域、行业或从事特定营业事项经营、交易的资格与权能,也就意味着对该类营业行为的禁止。(4)受限行为无效。如前述行为能力欠缺的自然人,就不得直接从事营业性经营或交易行为,如该自然人直接而非通过代理实施了营业性经营或交易行为,则该营业行为应认定为无效。(5)解散清算事由。某些特殊营业能力的限制,如前述营业许可证吊销、责令停产停业、职业资质的吊销、宣布为特定市场禁入者等,如因此导致企业类商事主体主业无以为继,企业不得不因此而强制解散,则特殊营业能力限制,亦成为该企业强制解散的法定事由。足见,商事主体营业能力限制,所产生的法律后果是多元的,它既有直接的,也有间接的。

第四节 商事主体营业能力的消灭

一、商事主体营业能力消灭的界定与原由

(一)商事主体营业能力消灭的界定与内涵

商事主体营业能力消灭是因一定的法律事件或法律行为的发生,导致商事主体营业能力完全丧失的法律事实与法律关系状态。商事主体营业能力消灭属于能

---

〔76〕 参见许胜锋:《重整中债务人自行管理制度价值及风险的实用性研究》,载《中国政法大学学报》2017 年第 3 期。

〔77〕 参见《企业破产法》第 2 条、第 16 ~ 18 条、第 25 ~ 26 条、第 69 条、第 113 条。

力消灭或丧失的范畴,与能力限制相比,其内涵包括如下几个方面:(1)营业能力消灭系商事主体之营业权能完全丧失的法律事实与法律关系状态,该商事主体已不再具有营业资格或享有营业权能。(2)营业能力消灭之后,商事主体因营业资格和营业权能的完全丧失,或因主体不复存在而不能再行营业,如主体仍然存在则应全面退出营业领域。(3)营业能力消灭原于一定的法律事实,它既包括如自然人死亡等法律事件;也包括如企业注销、营业执照吊销等法律行为,并因特定法律事实的产生,而导致特定商事主体营业能力的消灭。(4)营业能力消灭因原因事实的不同,可分为相对消灭与绝对消灭,其中相对消灭是以主体的存在为前提条件,营业能力消灭之后该商事主体因丧失营业资格与营业权能,须退出营业领域;而绝对消灭则以主体的消灭为基本条件,因主体不存在,营业能力当然丧失或消灭的法律事实与关系状态。

(二)商事主体营业能力消灭的原因事实与主要情形

引发或导致商事主体营业能力消灭的原因事实,包括两个方面:一为法律事件;二为法律行为。以下分述之。

1. 法律事件

法律事件作为不以人的意志为转移的客观事实,能导致商事主体营业能力消灭的,主要为自然人的自然死亡。由于主体的存在是人格、能力、权利存在的前提性、必要性条件,[78]在主体不复存在的情形下,由主体派生并附属于主体制度的能力,包括营业能力,也就不复存在而归于消灭。自然人的自然死亡,属于不以人的意志为转移的法律事实,它的直接法律后果是导致商自然人或商个人营业能力的消灭。

2. 法律行为

法律行为作为一定主体基于一定意思、意志所实施的外部动作,能导致商事主体营业能力消灭的,主要包括自然人被判处死刑并执行或被法院宣告死亡、企业注销、企业被责令关闭、企业被撤销、吊销营业执照等几种类型。

(1)自然人被判处死刑并执行或被法院宣告死亡。自然人被判处死刑并执行属于国家司法机关的刑罚行为,其直接结果是剥夺自然人的生命,并在事实上和法律上消灭该自然人主体,该自然人作为主体已不复存在;如该自然人在被剥夺自由或生命前具有商事主体资格或身份,则该公法意义上被判处死刑并执行行为,当然也产生消灭该自然人营业能力的法律效力与私法效果。另外,自然人被宣告死亡为利害关系人申请与法院审理宣判结合的司法行为,也属于法律行为的范畴。自

---

〔78〕 参见尹田:《论自然人的法律人格与权利能力》,载《法制与社会发展》2002 年第 1 期。

然人被宣告死亡能在特定自然人被宣告地产生同自然死亡的同样法律效力和法律效果,意味着在被宣告地,该自然人已经死亡,如该自然人在被宣告死亡前登记为个体工商户或通过投资成为营业性投资主体,则该自然人之营业能力也当然随之消灭。

(2)企业注销。企业注销是通过特定能代表或代理企业之申请人的申请,由企业登记注册机关予以审查、核准,确认正式注销该企业,使企业终止而不复存在的行政确认行为。我国《公司法》第188条、《合伙企业法》第90条、《个人独资企业法》第32条、《农民专业合作社法》第49条均规定,公司、企业、合作社在发生各种解散事由后,应即行进行清算,清算终结后清算组、清算义务人和企业法定代表人,应向企业登记机关办理注销登记;《公司登记管理条例》第44条、《企业法人登记管理条例》第21条、《合伙企业登记管理办法》第24条、《个人独资企业登记管理办法》第21条、《农民专业合作社登记管理条例》第25条第3款规定,企业办理注销登记时,应收缴企业法人营业执照或企业营业执照、企业法人营业执照或企业营业执照副本,收缴公章,并将注销登记情况告知其开户银行,在国家企业信用信息网上进行公告。经企业登记机关注销登记,该公司、企业、合作社即行终止。企业被注销后,该企业作为主体资格就不复存在。如因企业不当注销,也只产生不当注销的债务清偿责任问题;[79]但因该企业作为法律主体已不再存在,自然就不存在包括营业能力在内的企业能力问题。

(3)吊销营业执照。吊销营业执照,是商事登记机关依法对实施违法或不当营业的商事主体所作出、收缴并注销或宣告营业执照无效的一种行政处罚行为。2021年以前,我国《行政处罚法》第8条第5项明确把"吊销营业执照"列为行政处罚的大类之一;2021年《行政处罚法》修订案第9条第3项只有"吊销许可证件"的规定,虽不再明确规定有"吊销营业执照",但从《行政许可法》与《行政处罚法》的一致性、衔接性原则或规定来看,很显然,"吊销营业执照"被视为"吊销许可证件"的重要类型之一。不仅如此,我国法律、行政法规尚有大量关于"吊销营业执照"的行政处罚规定。由于营业执照是绝大部分商事主体取得一般营业能力的形式要件与法律依据,一旦营业执照被吊销,则不仅一般营业能力即行丧失,其特殊营业能力也就失去基础性法律支撑条件,此时该自然人或企业类商事主体,就丧失基本的营业资格或营业权能,不能再行营业,必须退出(如自然人)或解散(如企业),并应当依法进行清算,清算程序结束并办理营业注销(如自然人、非营利组织)或企业注销登记。如为自然人或非营利组织,则该自然人或非营利组织应即行退出营业领域,不得再从事营业活动;如为企业,则因强制解散事由出现,即应启动企业清算程序。但

〔79〕 参见曹志才:《企业法人被不当注销后的民事责任承担》,载《法学》2006年第3期。

无论是自然人的营业注销登记,还是因营业执照被吊销而强制解散企业、启动企业清算程序,皆不意味着消灭该自然人商人、非营利组织或企业的自然人或组织体本身之主体资格甚至法律人格,所影响的仅仅只是该特定商事主体的营业能力,导致其营业能力的消灭或完全丧失。因此,吊销营业执照,系为相对消灭商事主体之营业能力的法律行为。

其他如企业被责令关闭、被撤销等,也能导致企业营业能力的消灭,具体分析见下文。

(三)商事主体营业能力消灭的主要类型

1. 营业能力的绝对消灭与相对消灭

以商事主体存续的关系为判断标准,营业能力消灭可分为绝对消灭与相对消灭两大类。其中,营业能力的绝对消灭系指在商事主体本身或主体资格消灭的情形下,所产生的该商事主体营业能力的完全消灭状态。如前所述,自然人被判处死刑并执行、自然人自然死亡或宣告死亡、企业被撤销、企业的注销,均是商事主体营业能力的绝对消灭情形。而营业能力的相对消灭,仅指商事主体营业能力的消灭,但该商事主体的主体资格、法律人格并不因之消灭,该主体所丧失的只是营业资格、营业权能方面的能力,但作民事主体或独立人格,其民事权利能力、民事权利并未受影响,如吊销营业执照、企业被责令关闭等。

2. 营业能力的任意消灭与强制消灭

在营业能力的绝对消灭中,自然人的自然死亡为不以当事人的意志为转移的法律事件,属于法律规定的营业能力强制消灭情形;而自然人宣告死亡,则原于利害关系人的申请,属于任意事由,为自然人营业能力的任意消灭。例如,同样属于企业注销的绝对消灭中,因企业注销既可基于企业出资人的决定、协议或企业合并、分立、歇业、解散等企业内部任意情形,也可基于行政强制(如企业被吊销营业执照、责令关闭或被撤销)或司法强制(如公司司法解散、企业破产宣告等)而产生的强制解散所导致的企业注销等强制消灭情形。

又如,下文中讨论的吊销营业执照,虽属营业能力的相对消灭情形,但因基于行政处罚等强制原由,也应属于营业能力的强制消灭范畴。

3. 营业能力的私法消灭与公法消灭

以导致营业能力消灭事由的法律属性,可把营业能力消灭区分为私法事由的营业能力消灭和公法强制的营业能力消灭。如前述自然人因病死亡、意外死亡或宣告死亡,基于当事人的企业任意事由解散而启动的注销,基于公司解散之诉和破产申请之诉而启动公司注销等,原因事实均为私法意义上的事件或行为,均属商事主体营业能力的私法消灭;而诸如自然人被判处死刑并执行、个体工商户营业执照被吊销或企业被吊销营业执照、责令关闭或者被撤销等行政处罚或行政强制，导致的企业等主体营业能力相对消灭或绝对消灭，其直接法律效力虽是公法意义的刑事或行政法律效力，但在私法上却产生强制消灭该商事主体自然生命、法律生命，进而消灭该主体的营业能力或直接剥夺该主体的营业能力等私法上的法律效果，应为营业能力的公法消灭。

（四）商事主体营业能力消灭的制度功能

1. 主体退出

商事主体丧失营业能力，如该主体仍然存在，则应即行退出营业领域，退出市场交易。例如，个体工商户营业执照被吊销，则该自然人个体就应退出营业领域，只能作为普通民事主体参与日常交易，不能再作为商事主体的身份或角色出现，参与、从事营业活动；又如，非营利组织如因营业执照被吊销，也应即行退出营业、市场领域，不得再从事营业性经营或交易活动。至于企业注销，更是企业退出营业、市场的重要方式。

2. 市场出清

商事主体营业能力消灭的原因事实和主要情形虽具有多样性和复杂性，但就营业能力的任意消灭而言，绝大部分商事主体特别是企业之所以选择解散企业、注销企业，是因企业经营不当、难以为继或无法实现预期最大化目标；至于营业能力的强制消灭而言，主要原因事实是商事主体存在违法、不当营业情形，营业能力的强制消灭，恰恰是因违法、不当营业而导致其成为不适格营业者。故在法律上赋予营业当事人任意决定或国家公法机关职权强制，确认消灭这些主体的营业能力，有利于把相当一部分不适格的商事主体逐出营业、市场领域，从而净化市场、优化环境，特别是对僵尸企业的清理，可更好地维护交易安全和实现营业效益。

3. 营业惩罚

在营业能力消灭中，引发、导致商事主体营业能力强制消灭原因，为营业当事人的违法、不当经营或交易行为，如自然人、非营利性组织的违法营业导致营业执照被吊销；因违法经营导致企业被吊销营业执照、责令关闭或者被撤销等，均为违法营业所致。营业能力的强制消灭虽属营业行政处罚所产生的私法效果，但正是这一效果，使原具营业资格或营业权能的商事主体不能再行营业，或退出营业、市场领域（自然人、非营利性组织），或被迫强制解散、清算并进而注销，营业权能的彻底丧失与营业活动的完全终止，不仅导致其营业登记时所预设的营利最大化目标难以实现，更会因营业行政处罚而使违法、不当行为人须承受一系列不利的公法、私法后果和责任。因此，无论是从利益获得还是从社会声誉，均为得不偿失。故营业能力的强制消灭，具有对违法、不当营业的必要、明显惩罚功能。

二、商事主体营业能力的相对消灭

营业能力的相对消灭，系指在不影响商事主体之主体资格或法律人格的基础或前提下，商事主体营业能力消灭的法律关系或事实状态。引发营业能力相对消灭的原因事实与主要情形包括吊销营业执照、企业被责令关闭等。

（一）吊销营业执照

1. 吊销营业执照的属性之争

吊销营业执照是指商事登记主管机关（企业登记管理机关）对违反法律、行政法规从事经营的商事主体依法收回并注销营业执照、宣布其不能再从事营业活动的行政处罚行为。吊销营业执照，为商事登记机关对违法、不当经营者或交易者的行政处罚，所产生的直接公法效力和行政法律效果，应无太多的争议；但该行政处罚对被罚相对主体究竟产生何种法律效力或私法效果，业界、学界则存有较大分歧。

在业界，由于既有立法的模糊、粗疏与空白，吊销营业执照常常被商事登记机关、司法审判机关混淆为主体消灭。例如，1999 年 6 月 29 日原国家工商行政管理局《关于企业登记管理若干问题的执行意见》（工商企字〔1999〕第 173 号，现已失效）第 10 条，就认为“企业被吊销营业执照的，其法人资格或经营资格终止”。又如，1999 年 11 月 29 日原国家工商行政管理局企业注册局《关于企业被吊销营业执照前主体资格是否存续等有关问题的答复》（企指字〔1999〕3 号）中，只涉及“在吊销营业执照前，企业的法人资格或经营资格仍然存续”，但企业在吊销营业执照后的主体资格、经营资格状态则语焉不详。再如，2002 年 5 月 8 日原国家工商行政管理总局《关于企业法人被吊销营业执照后法人资格问题的答复》（工商企字〔2002〕第 106 号，现已失效）仍然认为“企业法人营业执照被登记主管机关吊销，企业法人资格随之消亡”；该答复甚至还混淆了吊销营业执照和注销登记之间的差异与关系，认为“吊销营业执照、注销登记是企业法人资格消亡的两种方式，两者的法律后果均导致企业法人资格消亡”。

至于最高人民法院、最高人民检察院的相关司法解释，在吊销营业执照法律属性与法律效力的认定上，也含混不清。例如，2000 年 1 月 29 日最高人民法院经济审判庭《关于人民法院不宜以一方当事人公司营业执照被吊销，已丧失民事诉讼主体资格为由，裁定驳回起诉问题的复函》（法经〔2000〕23 号函）就认为“企业法人营业执照被吊销后，应当由其开办单位（包括股东）或者企业组织清算组依法进行清算，停止清算范围外的活动。清算期间，企业民事诉讼主体资格依然存在”，只认定被吊销营业执照的企业之诉讼主体资格，其实体法上的主体资格则无说明；而同日最高人民法院在《关于企业法人营业执照被吊销后，其民事诉讼地位如何确定的复函》（法经〔2000〕24号函）中却认为“企业法人被吊销营业执照后至被注销登记前，该企业法人仍应视为存续，可以自己的名义进行诉讼活动”。此外，2002年7月9日最高人民检察院《关于涉嫌犯罪单位被撤销、注销、吊销营业执照或者宣告破产的应如何进行追诉问题的批复》（高检发释字〔2002〕4号）认为“涉嫌犯罪的单位被撤销、注销、吊销营业执照或者宣告破产的，应当根据刑法关于单位犯罪的相关规定，对实施犯罪行为的该单位直接负责的主管人员和其他直接责任人员追究刑事责任，对该单位不再追诉”，明显混淆了企业被吊销营业执照与被撤销、注销或者宣告破产等之间的关系。

在学界，对吊销营业执照的私法属性与私法效力，可谓众说纷纭，归纳起来有以下几种代表性学说与观点：(1)诉讼主体资格说。该论认为公司法人营业执照被吊销后至公司注销前，属于公司法人资格延续的特殊阶段，只有公司清算组才有资格处理公司的债权、债务和未尽事务，公司主体资格已不复存在，公司清算组才具有临时诉讼主体资格；〔80〕因此，法人营业执照被吊销后只有诉讼上的主体地位，而无实体上的主体地位。〔81〕(2)行为能力无关说。该说认为营业执照是国家机关从管理职能的角度对市场主体及其市场行为的一种监管，本质上为公法行为；而行为能力作为私法主体的内在能力，自法人登记时产生，与营业执照的颁发与吊销无关。〔82〕(3)企业行为能力剥夺说。该论认为企业法人营业执照被吊销后只能为清算行为，并由清算组来负责，这时该企业法人就如同无民事行为能力的自然人，其全部民事权利能力都由相当于“法定代理人”的清算组来行使，企业本身已不能从事任何行为，故企业法人被吊销营业执照后至注销前之民事行为能力已被全部剥夺。〔83〕(4)企业（公司）人格减等说。该论认为企业（公司）营业执照被吊销、歇业、破产、解散等事由不会立即引起公司法人人格归于消灭，仅仅只会导致企业（公司）的法律人格发生变化，即企业（公司）法人人格减等、企业（公司）部分法律人格被剥夺，令其丧失作为营业主体的资格；且法人人格减等后的企业（公司）可以通过人格减等回复制度以恢复原先完整的法律人格。〔84〕(5)企业（公司）终止说。该论认为

〔80〕参见王志生：《公司被吊销营业执照后诉讼主体资格问题探讨》，载《现代财经》2002年第1期。

〔81〕参见毛建国：《被吊销营业执照法人诉讼地位问题的再思考》，载《河北法学》2003年第5期。

〔82〕参见马东、张来安：《论法人登记制度之性质与功能——法人登记、营业执照及行为能力之关系辩》，载《山东审判》2013年第6期。

〔83〕参见张新福：《企业法人被吊销营业执照后的民事能力探析》，山东大学2005年硕士学位论文，第18～20页。

〔84〕参见金震华：《论公司法人人格减等》，载《华东政法学院学报》2003年第2期。

企业(公司)营业执照被吊销所产生的直接法律效力即为该企业(公司)的终止。[85] (6)企业(公司)退市说。该论认为,吊销企业(公司)营业执照,意味着该企业(公司)被登记机关勒令强制退市。[86] (7)法人资格丧失说。该论认为企业法人被吊销营业执照后,不仅丧失经营资格,同时丧失法人资格。[87] (8)经营资格丧失说。该论认为吊销营业执照只是取消了企业进行营业活动的资格,但不能直接取消其法人资格,法人应当在清算完成后才可办理注销手续,企业注销后法人资格才能够终止;[88]或者认为公司营业执照只是公司经营资格的证明,而不是公司法人资格的证明,吊销营业执照不导致公司终止,只是引起公司清算。[89] (9)营业能力、经营资格、主体资格同时丧失说。该论认为企业营业执照被赋予企业人格和经营资格的双重效力,企业法人营业执照被吊销后,不仅该企业的营业能力丧失殆尽,企业法人资格进而主体资格也随之消灭。[90] (10)企业(公司)人格否认说。该论认为导致公司被吊销营业执照的原因中,不乏公司股东故意利用公司独立人格、股东有限责任和公司营业执照以达到非法目的等情形,从交易安全和保护公司债权人利益角度,在营业执照被吊销情形下,应否认该公司人格。[91]

上述业界、学界对吊销营业执照的不同看法与观点,基本上都只局限于企业或企业法人的营业执照被吊销,很少涉及以自然人、家庭名义登记为个体工商户之营业执照被吊销的情形;而在企业或企业法人执照被吊销这一问题上,又混淆了非法人营业执照与企业法人营业执照之间的差异,一概地认为企业营业执照被吊销后其法人资格也被消灭。姑且不说其观点是否妥当,单就合伙企业、个人独资企业等非法人企业而言,本身就不具备法人资格,此类企业营业执照被吊销,又何来其法人资格也丧失或消灭之理?不仅如此,前述业界、学界各种关于吊销营业执照私法属性与私法效力的观点与看法,并没有严格分清商事登记与营业执照之间的不同功能,囿于我国商事登记中主体登记、营业登记、法人登记的混同主义与统一模式,往往把营业执照混淆或等同于商事登记本身,没有看到商事登记对自然人商事主体而言所具有的营业确认、开业宣告、信息公示等功能;而对组织类商事主体的企

〔85〕 参见李燕:《对我国公司终止的有关法律规定的反思》,载《政法论坛》2004 年第 2 期。

〔86〕 参见蒋大兴:《公司如何死亡?》,载《法学评论》2005 年第 2 期。

〔87〕 参见孙效敏:《论吊销营业执照的法律后果》,载《现代法学》2004 年第 4 期。

〔88〕 参见刘铭凯、李兰花:《企业法人营业执照被吊销后的法律问题探讨》,载《河北法学》2004 年第 6 期。

〔89〕 参见朱晓喆、孙珉:《吊销公司营业执照与清算义务人之侵权责任——对有关公司法实务经验的检讨》,载《上海财经大学学报》2008 年第 6 期。

〔90〕 参见李平主编:《商法基本理论问题研究》,四川大学出版社 2007 年版,第 325 页。

〔91〕 参见李克武、刘凤:《公司被吊销营业执照与公司人格否认之适用》,载《华中师范大学学报(人文社会科学版)》2005 年第 6 期。

业而言,商事登记还意味着作为结社组织的企业之主体资格、营业资格的确认、宣告、公示,特别对法人型企业而言,商事登记还具有组织类主体法人人格的确认、宣告、公示功能等。[92] 但是,单就营业执照而言,本身并不兼具主体资格、营业资格、法人资格确认、宣告、公示的全部功能,而仅具营业资格或营业能力的确认、宣告、公示功能,即使如企业法人营业执照,也只对具有组织体属性的企业之营业资格、法人资格的确认、宣告、公示功能,确认、宣告、公示企业的主体资格在商事登记中的注册环节就已完成。况且,即使是吊销企业法人的营业执照,也只是吊销该执照中的营业资格与权能部分,并未否认该营业执照中确认、宣告、公示企业中具有独立组织人格即法人人格的法律效力。

因此,无论是对自然人而言,还是对企业而言,或者对法人型企业而言,吊销营业执照,仅仅只是剥夺了该商事主体的营业资格或营业权能,与剥夺、消灭商事主体的主体资格、法律人格并不构成对应关系。就自然人而言,如表现为个体工商户的营业执照被吊销,只是说明该自然人之营业资格被剥夺;但该自然人仍然存在、生命仍在延续,作为民事主体、自然人人格不因营业执照被吊销也被当然、对应剥夺。同样,就企业而言,如营业执照被吊销,也仅仅只是剥夺其营业上的资格和权能,在企业没有注销之前,一般企业作为民事主体、法人企业作为独立法人之主体资格、地位、权能,也不被当然、对应剥夺。以之分析前述不同观点与学说则不难发现,业界公权机关的各种解释,实质混淆了吊销营业执照与企业注销、实体主体与诉讼主体之间的关系。而学者各种学说中诉讼主体资格说片面夸大了营业执照负载的制度功能;行为能力无关说认为吊销营业执照与商事主体的能力无关,不符合事实逻辑;企业行为能力剥夺说,企业(公司)终止说,企业(公司)退市说,法人资格丧失说以及营业能力、经营资格、主体资格同时丧失说等观点,均混淆了商事登记与营业执照、吊销营业执照与企业注销之间的不同功能;企业(公司)人格减等说、企业(公司)人格否认说在论及企业法人营业执照被吊销时,也混淆了营业执照吊销与企业法人人格否认、丧失之间的关系;只有经营资格丧失说具有一定的妥当性,但毕竟未从营业能力消灭的视角进行解释,也不具有逻辑的自洽性。足见,只有从营业能力的消灭视角,吊销营业执照的私法属性与私法效力,才可得到比较妥当的解释。

2. 吊销营业执照仅仅只是消灭了特定商事主体的营业能力

笔者认为,吊销营业执照的私法意义在于公权机关以行政处罚形式强制剥夺、消灭特定商事主体的营业能力,私法属性为导致商事主体营业能力消灭法定事由之一法律行为中的公权行为,私法效力即营业执照被吊销的特定商事主体之营业

---

〔92〕 关于商事登记的制度功能,见笔者在本系列著作之四《商事登记论》的相关论述。

上的资格或权能完全丧失；但吊销营业执照仅仅只是消灭特定商事主体的营业能力，并非消灭商事主体的主体资格或法律人格，它属于引发商事主体营业能力相对消灭的法定事由，属商事主体营业能力相对消灭的情形。[93] 这是因为：

(1)吊销营业执照导致特定商事主体因不具有营业上的资格或权能而不可再行营业。我国《民法典》、商事特别法和相关营业、市场管理法规，均规定被吊销营业执照的商事主体(包括自然人或企业等)不得再行营业；如再以该商事主体名义营业，则属于无照经营的范畴，有关主管机关有权依照《无证无照经营查处办法》予以查处。这说明，营业执照被吊销的商事主体，已完全丧失营业的资格与权能。

(2)吊销营业执照只是消灭特定商事主体的营业能力，并未影响其主体资格或法律人格。对自然人商事主体而言，很显然，吊销营业执照仅仅只是意味着该自然人在重新申请并取得营业执照之前，不可再行从事营业活动。虽然如此，但该自然人作为民事主体从事普通民事活动的权能以及作为自然人应具备的独立人格，并不因营业执照被吊销而受影响。

根据《企业法人登记管理条例》第 26 条、第 27 条的规定，事业单位、科技性的社会团体经登记从事经营活动，如在经营中有违法、不当营业情节而被登记机关吊销营业执照，则该事业单位、科技性的社会团体虽即行丧失营业资格和营业能力；但因该事业单位、科技性的社会团体之组织主体资格与团体法律人格，或者是由法律规定的程序设立，或者由民政部门社团登记确认，其主体资格与团体人格并非由商事登记、营业执照所确认，自然吊销事业单位、科技性类社会团体的营业执照，仅仅只是消灭其营业能力，对其主体资格、法律人格并不产生任何实质性影响。

就企业类商事主体而言，吊销企业营业执照的直接法律效力是剥夺该企业的营业权能并终止其营业资格，使企业丧失了继续营业的可能，故企业营业执照被吊销后，已不具备营业能力，如继续从事营业活动，则属无照经营、非法营业。但丧失营业资格的企业，其主体资格并未当然丧失。[94] 企业只有在办理注销登记之后，该企业之主体资格才归于消灭。很显然，以企业为例，其营业执照被吊销并不导致企业的主体资格灭失；企业被吊销营业执照之后，其法律主体资格依然存续，将吊销营业执照的法律效力理解为企业的主体资格丧失与立法原意明显不符。[95] 吊销营业执照更不影响企业的法人人格，对法人企业而言，只要不违反人格滥用中的禁止性规定，无论该法人企业的解散、清算事由是因任意事由引起，还是因强制事由引起，均不影响法人对外独立责任、有限责任和出资人的法定出资责任、风险界限，该

---

〔93〕 参见肖海军：《企业法原论》，湖南大学出版社 2006 年版，第 122 ~ 124 页。

〔94〕 参见杜万华、王艳彬：《被吊销营业执照后的法人主体资格——兼论公司被吊销营业执照后的民事主体和诉讼主体资格》，载《人民司法》2000 年第 7 期。

〔95〕 参见徐彦冰：《吊销营业执照的法律问题探析》，载《河北法学》2004 年第 10 期。

法人企业地位的独立性、人格的法人性、责任的有限性不受任何影响。否则,如法人企业被吊销营业执照之后,该企业之法人人格随之丧失,就意味着所有出资人均须对该法人企业之债务承担无限、连带责任,如此一来,就会导致整个法人制度与有限责任之基石的根本动摇。很显然,吊销营业执照并不影响该法人企业的组织人格。至于对非法人企业而言,本身就不具有法人资格,营业执照被吊销自然就不存在其法律人格丧失问题。可见,吊销营业执照是一种消灭公司等主体的经营资格而并不消灭公司(法人)人格的行政处罚;[96]吊销营业执照只是消灭特定商事主体的营业能力,与该特定商事主体的主体资格、法律人格的丧失或消灭,并不构成等同、对应关系。

(3)吊销营业执照虽可导致企业解散、清算进而注销,但并非企业解散、清算、注销本身。对企业类商事主体而言,在我国既有立法的制度框架与相关规定中,吊销营业执照除产生上述剥夺特定商事主体的营业资格与经营权能外,还是企业强制解散的法定事由。例如,我国《民法典》第69条第4项、《公司法》第180条第4项、《合伙企业法》第85条第6项、《个人独资企业法》第26条第3项、《农民专业合作社法》第48条第1款第4项均规定,依法被吊销营业执照,为营利法人、公司、合伙企业、个人独资企业、农民专业合作社等企业强制解散的事由,应即行进行清算,清算终结后清算组、清算义务人和企业法定代表人,应向企业登记机关办理注销登记。又如,《公司登记管理条例》第42条第4项、《企业法人登记管理条例》第20条、《合伙企业登记管理办法》第21~22条、《个人独资企业登记管理办法》第18~19条、《农民专业合作社登记管理条例》第25条第1~2款规定,依法被吊销营业执照的企业,应在清算终结后,及时办理企业注销手续,注销该企业。通常意义上的企业终止必须是在完成企业清算并进行注销登记后的法律事实状态,从吊销企业营业执照到宣示企业终止,其间尚存在须以企业名义了结的一系列权利与义务、债权与债务关系,如此时就断定企业主体资格已消灭,则以企业名义产生的各种债权债务则因企业已不复存在而无清算之必要,这无疑对交易秩序的构建与交易安全的维护、相对人合法权益的保护极为不利。因此,可以认定,吊销企业营业执照只是消灭了企业的营业资格,而非当然地注销了企业的主体资格,它只是引起企业终止的法定事由之一,而不是企业终止本身。

(4)吊销营业执照对某些商事主体而言,具有回复性或可逆转性。例如,对自然人属性的个体工商户而言,其营业执照被吊销后,从理论上讲,该自然人营业资格的注销所消灭的只是作为该自然人商事主体的营业资格,而非当然消灭其民事主体资格,更非消灭了其自然人的人格。很明显,对个体型商事主体而言,营业资格

---

〔96〕 参见王跃龙:《"撤销公司登记"与"吊销营业执照"的适用辨析》,载《法学》2009年第6期。

被注销，所丧失的只是该自然人特定的营业性经营主体资格或独立的营业性交易主体资格，其进入营业领域之前原有的民事主体资格和独立法律地位并未当然丧失，其自然人人格依然存在。不仅如此，该自然人原有营业执照被吊销后，如具备法律规定的条件，履行必要的申请程序，还可重新申请并获得营业执照，从事营业活动。

此外，由于吊销营业执照属于行政处罚行为，属具体行政行为的范畴，虽具有既定力，但具有可复议性与可诉性。例如，被罚相对的特定商事主体认为作出吊销营业执照的行政机关具有违法或不适当等情形，损害其合法权益的，可提起行政复议或行政诉讼。如经行政复议或行政诉讼程序，复议机关或司法机关撤销了该吊销营业执照行为，或者在复议或诉讼期间，作出吊销营业执照决定的原行政机关撤销或改变了吊销营业执照决定，则该特定商事主体的营业执照就可以得到恢复或维持。可见，吊销营业执照对某些特定商事主体而言，具有可再获得或可逆转的可能性。

基于以上分析，吊销营业执照以不消灭商事主体之主体资格或不影响法律人格为基本前提、可产生消灭其营业能力的私法效力。况且，对某些特定商事主体而言，还具有可再获得或可逆转的可能性，因此，吊销营业执照尽管可产生消灭商事主体营业能力的私法效力，但仅仅只是一种相对意义上的消灭。

（二）企业被责令关闭

企业被责令关闭作为一种很重的行政处罚，系指一定层级政府对在生产或经营中严重违反消防、安全、卫生、劳动、环保等强制性或禁止性规范的企业，依法作出决定，强令其关闭并停止营业的行政处罚措施。企业被责令关闭一般适用于那些在生产或经营中严重违反消防、安全、卫生、劳动、环保等强制性或禁止性规范，且经过限期治理，逾期未完成治理任务，不能再让其继续存在、经营下去进而持续危害国家安全、社会公益、公序良俗的企业；该行政处罚的作出主体须为县级以上人民政府。

我国《行政处罚法》（2021年修订）第9条第4项明确把“责令关闭”列入行政处罚的法定种类。根据其他法律、行政法规的有关规定，“责令关闭”主要有如下情形：（1）无照无证经营。例如，国务院《无证无照经营查处办法》第3条所规定情形以外，未经登记取得营业执照或未经申请取得许可证，擅自从事营业性经营或交易活动。（2）在取得营业执照或许可证的经营或交易中违反法律、行政法规的强制性或禁止性规定。就企业而言，“责令关闭”一般是指企业在取得营业执照或许可证之后，在营业中违反法律、行政法规的强制性或禁止性规定，而被有关机关决定实施的行政处罚。例如，特定生产者或经营者违反国家法律、行政法规，生产或经营违反消防、安全、卫生、劳动、环保等方面的强制性或禁止性规定,“责令关闭”被作为比较严重的行政处罚措施之一,被经常地适用。例如《劳动合同法》第44条第5项,《烟草专卖法》第30条与第31条,《水污染防治法》第87条与第94条,《海洋环境保护法》第81条,《节约能源法》第68条第2款,《职业病防治法》第72条、第75条,《环境噪声污染防治法》第48条,《药品管理法》第115条等,就明确规定有“责令关闭”的行政处罚措施。

企业被责令关闭后,该企业即行丧失营业资格和营业能力,应进行强制解散,并进入清算程序,并在清算终结后及时办理企业注销。例如我国《民法典》第69条第4项等民事基本法和《公司法》第180条第4项、《证券法》第207条与第208条、《合伙企业法》第85条第6项、《个人独资企业法》第26条第3项等商事特别法,《公司登记管理条例》第42条第4项、《企业法人登记管理条例》第20条、《合伙企业登记管理办法》第21～22条、《个人独资企业登记管理办法》第18～19条等行政法规或部门规章,均规定依法被责令关闭作为公司、合伙企业、个人独资企业等的强制解散事由,应依法组织清算组即行清算;并在清算终结后,及时办理企业注销。可见,企业被责令关闭,仅仅只是消灭了该企业的营业能力,并不影响该企业的主体资格或法律人格,属于营业能力相对消灭的事由范畴。

除此之外,诸如公司司法解散、企业破产宣告等司法判决行为,均可产生解散企业进而相对消灭该企业营业能力的私法效力。关于司法解散、破产宣告相对消灭企业类商事主体营业能力之原由,如前文所论,在此不再赘述。

三、商事主体营业能力的绝对消灭

主体是高于人格、能力、权利的法现象、法概念与法范畴,主体的存在是人格、能力、权利存在的前提性基础与支撑性条件,当主体不复存在或主体资格丧失,附属或派生于主体的营业能力也就自然消灭。商事主体营业能力的绝对消灭,系指因商事主体的绝对消灭而导致营业能力的绝对丧失之法律关系与事实状态。导致商事主体营业能力绝对消灭的原因事实与主要情形包括自然人死亡、企业被撤销、企业的注销等。

(一)商自然人的死亡或宣告死亡

商自然人的死亡当然可产生该自然人营业能力的绝对消灭。但导致商自然人死亡的原因事实却并非同一,其情形包括:(1)法律事件。如特定商自然人的因病或意外事故而死亡。(2)法律行为。如特定自然人被判处死刑并执行之自然死亡;特定自然人被法院宣告死亡等。商自然人死亡或宣告死亡,产生绝对消灭该自然人营业能力的私法效力,其生前的营业及营业所得财产或权利,应作为该自然人之遗产，适用有关财产继承规则进行处理。

（二）企业被撤销

企业被撤销是指依法登记注册的企业因存在虚假欺诈、违法或不当经营而被登记机关撤销注册登记、使先前的成立行为归于无效的行政处罚。我国《行政处罚法》（2021 年修订）第 9 条虽未明确将“撤销企业”或“撤销登记”列入行政处罚的法定种类，它应属于该条第 6 项“法律、行政法规规定的其他行政处罚”的范畴。我国现行《公司法》第 198 条、《公司登记管理条例》第 63～64 条明确规定的公司登记撤销制度，当然应包括公司设立登记的撤销。[97] 此外，《银行业监督管理法》第 40 条、《保险法》第 100 条、《商业银行法》第 72 条也规定有金融企业撤销制度和对应行政处罚。

企业被撤销属于行政撤销行为的范畴，可产生既定力并可溯及被撤销的行政行为作出之时，被撤销的企业可追溯至该企业登记、注册、成立之时，该企业应视为设立无效、未有效设立或未有效成立的企业。自然，对该企业而言，其组织体的主体资格进而其营业资格以及法人人格，均被该行政撤销行为否认。故企业被撤销即意味着不仅该企业各种营业资格或权能被取消，而且其作为组织体的主体资格、法人人格也被一并否认而丧失，作为组织体的企业因被行政撤销行为所否认而不复存在。从私法属性与私法效力上看，企业被撤销与前述吊销营业执照、企业被责令关闭、司法解散、破产宣告不同，它属于根本否认企业设立效力及企业主体资格，当然也否认法人型企业法人资格的公法行为，是一种比较严厉的行政处罚行为。该企业被撤销后，则意味着作为主体地位或独立法人的企业已不复存在，其营业能力当然也完全丧失。因此，企业被撤销，属于企业营业能力绝对消灭的事由与情形。

但在我国既有立法与制度框架里，企业被撤销并未与前述吊销营业执照、企业被责令关闭严格区分开来，例如，《民法典》第 69 条第 4 项、《公司法》第 180 条第 4 项、《合伙企业法》第 85 条第 6 项、《个人独资企业法》第 26 条第 3 项、《农民专业合作社法》第 48 条第 1 款第 4 项均把企业被撤销与企业被吊销营业执照、责令关闭作为同一性质、序列的情形，规定为公司、合伙企业、个人独资企业、农民专业合作社的强制解散事由。又如，《公司登记管理条例》第 42 条第 4 项、《企业法人登记管理条例》第 20 条、《合伙企业登记管理办法》第 22 条、《个人独资企业登记管理办法》第 18～19 条、《农民专业合作社登记管理条例》第 25 条第 1～2 款也有如此规定。这说明，囿于既有理论的误读，现行立法并没有严格区分企业被撤销与被吊销营业执照、责令关闭之间的不同法律属性和制度功效，故在营业能力消灭视角下适时对此

〔97〕 参见肖海军：《论公司设立登记撤销制度——以〈公司法〉第 199 条的适用展开》，载《中国法学》2011 年第 2 期。

加以修改和完善已十分必要。

（三）企业被注销

企业注销系指特定企业经解散、清算后由企业代表人或代理人向企业登记机关提交申请，由登记机关收缴有关登记证照并予以销毁或注明相关登记证照失效，进而终止该企业主体资格或法人人格并予以登记和公告的行政确认行为与行政公示程序。

1. 企业注销本质上为企业终止行为，最终为消灭企业主体本身。对于以企业为代表的组织型商事主体而言，企业注销登记行为的完成，则意味着在法律上宣告该企业作为独立的营业主体资格乃至一般民事主体资格已不复存在，即企业作为营业上独立的商事主体资格和日常生活中一般民事主体资格的身份、地位、角色在法律上均被消灭。因此，任何人既不得再以被登记注销的企业之名义从事营业活动，也不可以该企业名义从事一般民事活动。故企业注销本质上就是企业的终止，所终止的不仅是该企业的商事主体资格与身份，更终止其一般民事主体的资格或身份。企业注销行为的完成，作为主体的企业则归于消亡而不复存在。

2. 企业注销虽消灭企业主体资格，但并不当然消灭企业人格。应当指出的是，企业注销登记行为的完成，所必然消灭的是企业的营业主体资格与民事主体资格，而非一概地消灭了企业的人格。这是因为，企业人格是指企业具有既独立于其他主体，又独立于企业出资人或企业内部机构成员的法律地位与资格。构成企业人格的基本要素包括企业名称、企业财产、企业行为（意思）和企业责任等四个方面，只有一个企业具备主体名称的独立标识、营业财产的独立归属、治理意思的独立表达和债务责任的独立承担等四个方面的条件，该企业方可被称为具有独立人格的企业，或者说该企业具有独立的法人人格，而此种企业在学理上及立法文件上又被称为法人型企业或企业法人。而企业类商事主体资格或民事主体资格则是指企业作为独立的市场交易单位或民事活动参与人所享有的自由进退营业领域、自主选择营业事项、独立管理营业事务之从事营业活动的资格。如前所述，企业商事主体资格与企业法人人格在追求目标、制度功能、法律内涵和法律意义等方面均具有很大的差异。这是因为：(1)就企业设立的目的意义来说，企业商事主体资格制度所追求的是企业具有进入市场、参入竞争以获取利润的资格和条件；而企业人格制度所追求的则是企业在市场交易和营业活动中应当具有与自然人同等的法律地位与独立人格。(2)就制度创立的功能来看，企业商事主体资格的制度功能在于赋予企业从事营业活动的机会和合法身份，即企业取得商事主体资格就可以依法营业，其营业行为与营业成果就应当得到法律的保护；而企业人格的制度功能在于赋予企业主体以独立性，其直接产生的法律后果是企业财产与企业债务责任的独立化和企业出资人风险责任的有限化。(3)就制度的法律内涵来分析,企业商事主体资格的中心内容是企业享有从事营业活动的权利;而企业人格的核心内容则为企业在营业活动中具有独立的法律地位。(4)就制度的法律意义而言,企业商事主体资格的法律意义在于确保企业营业行为的合法性和营业成果的有效性;而企业人格的法律意义在于确保企业营业决策的独立性与企业出资人法律责任的有限性。

不难发现,企业商事主体资格与企业法人人格是两个性质不能混淆、功能不能替代的法律制度。对任何一个企业来说,只要经过合法的营业登记,就当然地取得了营业主体资格。但是,在不同法律形式的一般类企业中,只有公司等法人型企业具备完全独立人格的条件;而合伙企业只有在存续期间,才具备相对独立团体人格的条件;至于个人独资企业,则不具备独立团体人格的任何条件。当然,除此之外,我国一些特殊企业法赋予了国有企业(全民所有制企业)、集体所有制企业、中外合资企业、部分中外合作企业以法人资格。可见,企业注销登记行为的完成,所当然消灭的是企业的商事主体资格或民事主体资格,而非一概地消灭了企业的法人人格。对法人型企业而言,如实行企业商事主体资格与企业人格统一登记,则企业注销登记行为的完成,在消灭该法人型企业之商事主体资格的同时,也一并地消灭了该企业的人格。如实行企业商事主体资格与企业人格分别登记,则企业营业注销登记行为的完成,只消灭了该法人型企业之商事主体资格,而不必然消灭了该企业的法人人格;只有该企业申请法人人格注销登记,才能产生消灭该企业法人人格的法律效力。至于个人独资企业与合伙企业,原本就无独立法人人格的存在,企业注销登记行为的完成,则自然不存在消灭该类企业的法人人格问题。

3.企业注销的目的是使企业营业的完全终止。企业注销实乃企业营业不能再续、难以为继所致。营业的完全停止和绝对终止既是企业注销完成从而使企业终止的目的,也是判断企业注销、终止是否到位的标准。这是因为:(1)企业的设立与存在的目的在于营业,没有营业活动的开展和营业行为的成果,企业的存在则毫无意义。(2)企业终止的事由均原于营业的本身。如果说企业解散是企业终止的直接诱因的话,则营业状态的变化则为导致企业解散的内在根源。一般而言,导致企业解散的营业状态包括以下几类:一为营业中出现负利益,营业难以继续进行。如不能达到企业设立时的经营目标,经营出现亏损,营业中出现债务清偿不能等,均属此类。二为存在违法或不正当营业行为,企业的营业利益与社会的公共利益发生严重冲突。如企业因违法经营而被吊销营业执照,企业营业严重污染环境而被停产或关闭等,则属此类。三为营业的转移与调整。如因企业合并、分立或重组而需解散企业的,就属此种情形。(3)只有营业的终止,企业的注销、终止才有实质的意义。亦即,只有企业营业的完全停止和绝对终止,企业的营业窘境才能彻底解脱,违法或不正当营业行为对社会造成的危害才能完全消除,投资人所追求的营业转移与调整之目的才能如期实现。基于营业的实质意义与营业终止的重要性,可以这样说,企业注销、终止的实质就是企业营业的停止、终止。

4. 企业注销绝对地消灭了企业的营业能力。企业注销行为的完成,在消灭该企业主体的同时,当然消灭该企业的营业能力,其直接的法律后果是作为商事主体的企业之营业资格和营业权能已因主体消灭而不复存在,其具体表现为:(1)企业注销登记行为的完成,该企业的商事主体资格即行消灭,也意味着已不具备合法营业的可能性。(2)企业注销登记行为完成后,不得再以该注销的企业之名义从事营业性活动;如以该企业之名义所进行的营业,则属无照无证的非法营业。可见,企业的注销,其法律意义在于特定企业既丧失商事主体,也丧失主体资格,并因企业主体的消灭而绝对地消灭该企业的营业能力。

四、商事主体营业能力消灭的法律意义

综上,在现代市场经济条件下,由于以公司企业为典型形式的组织型营业形式的兴起与普及,更因营业准入制度的对某些特殊民事主体之营业行为的限制或禁止。在一般民事主体进入营业领域后,其营业性投资行为和相对独立的经营行为就具有不同的法律意义,传统商法理论意义上的商事主体也就表现为投资主体与经营主体这一既相对分离又有时重叠的二重结构。商事主体的营业能力集中表现在抽象营业资格与具体营业权能。营业能力的消灭意味着特定商事主体的抽象营业资格与具体营业权能的丧失,并根据与特定商事主体、法律人格的关系,表现为相对消灭与绝对消灭两种典型形式。就营业能力的相对消灭而言,以吊销营业执照、责令企业关闭、司法解散公司、宣告企业破产为原因事由引起的营业能力消灭,并不必然消灭该商事主体的民事主体资格或法律人格。只有在自然人死亡或宣告死亡、企业被撤销、企业注销导致营业能力绝对消灭的情形下,营业能力才因主体消灭、人格丧失而完全消灭。

但是,由于我国既有商事登记中奉行统一主义法例与制例,商事主体登记中的主体资格、营业资格、法人人格登记或确认,在实体和程序上实行高度的混同、合并和统一,特别是企业法人营业执照负载着确认、宣告、公示企业之组织主体资格、营业资格、法人人格的多重功能,吊销营业执照本为剥夺其营业能力,却因为缺乏适当的理论支撑和必要的解释依据,而被业界、学界不妥当地解释为主体、人格的丧失或企业的终止。在立法上,诸如吊销营业执照、责令企业关闭与企业被撤销等不同企业营业能力消灭类型或私法效力的原因事实,常常被笼统地、不加区分地列举为企业行政强制解散的同一位序类法定事由,进而导致企业解散与企业撤销界限的混同与模糊。足见,以营业能力为切点对我国现行诸种类剥夺营业权能的行政处罚进行解释,特别是从营业能力消灭的视角,适度区分吊销营业执照、责令企业

关闭与企业被撤销、企业注销对营业能力消灭的不同私法意义与私法效力,具有重要的理论价值与现实意义。尤其对企业类商事主体而言,吊销营业执照、责令企业关闭所导致的企业营业能力相对消灭,并不影响该企业的民事主体资格或团体法律人格。只有在企业被撤销、企业注销的情况下,企业之主体资格、团体人格才归于消灭,进而导致营业能力绝对消灭。足见,在商事登记特别是企业登记中,应把企业的主体资格确认与营业资格宣示作必要的分离,即适时建立两套相对独立的证明体系。其一,企业经核准登记后应颁发注册证,作为其民事主体资格的证明;其二,企业被核准营业,取得营业资格后,应颁发营业执照,作为其营业资格和营业权能的证明。[98] 如此,可比较清晰地厘清商事登记中主体资格、营业资格、法人人格确认、宣告、公示的不同功能和外观表征。

基于此,我国未来商事主体立法在营业准入制度的安排上,应严格区分投资资格准入和营业资格准入,建立完善的民事主体到商事主体的转换机制。特别在有关商事登记立法方面,应严格区别主体登记与营业登记、法人主体登记和营业主体登记、[99] 营业资格登记和营业事务登记,建立以营业资格登记为外在形式、以营业能力认定为核心要素的商事主体登记制度。

---

〔98〕 参见蒋大兴、章琦:《从统一主义走向分离主义:企业登记效力立法改革研究》,载《南京大学法律评论》2000 年第 2 期。

〔99〕 参见蒋大兴:《公司法的展开与评判——方法 · 判例 · 制度》,法律出版社 2001 年版,第 371 页;刘安伟:《著名法学家江平教授就商事登记立法提出五点建议》,载《工商行政管理》2002 年第 15 期;喻玲:《商事登记的公私法性质——从商事主体资格与经营资格分合的视角》,载《江西财经大学学报》2005 年第 5 期。

中编　形 态 论

□商事主体的功能形态

□商事主体的原生形态

□商事主体的人格形态

□商事主体的职业形态

第六章　商事主体的功能形态

民事主体进入营业领域之后转换为商事主体，最初是以营业性投资主体的角色、身份出现的；之后，选择特定营业领域进行经营或交易，又表现为经营主体或交易主体。由于营业中事实上递次存在投资、经营、交易等明显不同状态、阶段或环节，与之相对应的，在民事主体进入营业领域转换为商事主体的过程中，也对应地以投资主体、经营主体、交易主体等不同形态表现出来。

第一节　投 资 主 体

一、投资主体的意义厘定

（一）投资主体的定义

1. 经济学上的投资主体

投资、投资主体是经济学、管理学特别是投资学、金融学经常使用的一组概念和范畴。其中，"投资"（investment）在汉语的一般词义系指"为达到一定目的而投入资金"；〔1〕在经济学上，投资则泛指特定主体（投资者）当期投入一定数额的财产、资金或权益，以期望在未来（预期或未期）获得回报或利润的一种经济活动；显然，投资具有追求投入最大化的本质属性。投资有广狭之分，广义的投资是指一切通过当期投入以期待或获得未来回报的"当期消费延迟行为"。投资在本质上"是一种对当期消费的延迟行为"，即"跨时消费——投资决策就是在一生的预算约束下求解个人效用的最大化"行为。〔2〕 从这一意义讲，所有人对未来的投入行为（如子女的教育支出等），均可归入投资的范畴，它既包括营业性投资，也包括非营业性投资。相对而言，狭义的投资仅指营业性投资或生产经营性投资，即通常意义的商

---

〔1〕 参见中国社会科学院语言研究所词典编辑室编：《现代汉语词典》，商务印书馆 2012 年版，第 1314 页。

〔2〕 参见刘红忠主编：《投资学》（第 3 版），高等教育出版社 2015 年版，第 3 ~ 10 页。

业性投资,境外有学者认为投资就是“资本形成——获得或创造用于生产的资源”;[3]也有学者认为“投资”或“实际投资”所“体现的是生产性资产和资本品存量的增加”;[4]还有学者认为投资“是将用于未来生产更多物品或劳务的物品购买”,它是“资本设备、存货和建筑物购买的总和”。[5] 国内学者有从储蓄转化为资本的角度,认为投资就是“将储蓄转化为资本品的活动,目的是提高未来的生产率”;[6]有从追求收益或效益最大化角度,认为投资既是指“将一定数量的资财(有形的和无形的)投放于某种对象或事业上,以取得一定财务收益或社会效益的经营活动”,包括资金(资财的货币形态)的投放与使用、资金的筹措与安排两个基本环节;它既包括资金直接投入生产、经营活动的直接投资,也包括购买股票、债券等有价或金融证券以形成具增值潜质的金融资产之间接投资。[7] 尽管角度、方式不一,但投资作为一种追求未来收益或效益最大化的当期投入行为,应是所有经济学家比较一致的看法。以下如无特别说明,投资皆专指狭义上的营业性投资。

投资主体是与投资对应的概念与范畴,也是投资的核心要素之一。境外学者一般是从投资流程中的参与者角度,认为投资主体系指实物资产与金融资产的所有者或支配者参与投资过程,并以股权或债权等形式投入企业或其他金融产品的市场参与者。[8] 国内经济学、管理学特别是投资学、金融学界一般是从投资要素的角度来定义投资主体,即投资要素包括投资主体、投资客体(生产、经营、项目或证券等)、投资目的(经济效益、社会效益等)、投资方式(直接投资、间接投资等)等四个方面;其中,投资主体即投资者,是指“具有进行投资的资金或资财来源,并享有投资决策权的主体”,它可以是自然人、法人或政府;或者把投资主体描述为投资证券、项目、银行、汇率等投资对象的主体。[9] 足见,在经济学、管理学看来,投资主体是参与投资活动、对投资行为能作出独立决策的主体。

2. 法学上的投资主体

关于法律上的投资,我国现行法并无准确定义与范围,几部涉及投资的主要法律对投资的界定,也存在比较明显的差异。例如,《证券投资基金法》第2条把证券

---

[3] 参见[英]伊特韦尔:《新帕尔格雷夫经济学大辞典》(第2卷),陈岱孙主译,经济科学出版社1992年版,第1053页。

[4] 参见[美]保罗·萨缪尔森、[美]威廉·诺德豪斯:《经济学》(第17版),萧琛主译,人民邮电出版社2004年版,第5页、第377页。

[5] 参见[美]曼昆:《经济学原理》(第3版)(下册),梁小民译,机械工业出版社2005年版,第101页。

[6] 参见张维迎:《经济学原理》,西北大学出版社2015年版,第44页。

[7] 参见郎荣燊、裘国根主编:《投资学》(第5版),中国人民大学出版社2017年版,第3~5页。

[8] 参见[美]滋维·博迪等:《投资学》(第10版),汪昌云、张永骥等译,机械工业出版社2017年版,第10~12页。

[9] 参见郎荣燊、裘国根主编:《投资学》(第5版),中国人民大学出版社2017年版,第5页。

投资界定为“进行证券投资活动”。又如,《台湾同胞投资保护法》第2条第2款和第6条只规定“台湾同胞投资者可以用可自由兑换货币、机器设备或者其他实物、工业产权、非专利技术等作为投资”,“可以用投资获得的收益进行再投资”,但对投资本身并未定义。对投资范围作比较明确、具体界定的是《外商投资法》,该法第2条第2款明确规定,外商投资是指“外国的自然人、企业或者其他组织(下称外国投资者)直接或者间接在中国境内进行的投资活动”,其情形包括:(1)单独或者与其他投资者共同在中国境内设立外商投资企业;(2)取得中国境内企业的股份、股权、财产份额或者其他类似权益;(3)单独或者与其他投资者共同在中国境内投资新建项目;(4)法律、行政法规或者国务院规定的其他方式的投资。

法学上界定投资主体一般是从投资法律关系的角度,对应的法律坐标是权利或义务的客体,如《布莱克法律词典》从投资为“以获得更多财产或财富为目的、进而增加效益的扩大投入行为”入手,把“投资者”(investor)定义为“为逐利且不以损耗本金为前提而买卖证券或其他财产的交易者”,推而广之,“一切期望通过扩大资金投入以获得利润的任何人”都应被视为投资者。[10]

一般认为,投资主体又称“投资人”“投资者”,在特殊情形下还可表述为“出资者”或“出资人”等,作为投资法律关系的参与人与权利义务的承受者,系指以营利为目的,依法独立处分自己所有、支配、管领的财产(有形或无形、动产或不动、物品或资金)或权益,投入营业领域以获取最大化回报,或通过传来或者继受方式取得前述同样法律效果或法律地位的民事主体。按通常意义来解释,投资主体在实施投资前须有足够的用于投资的财产、资金或其他资财、权益,且须对之拥有独立的所有权、支配权或管领权;须对投资方向、投资对象、投资标的、投资数额有独立决策权;须事实上实施了投资行为,且已处分其财产或权益进入营业领域;须对投资所形成的资产或权益享有独立的所有权和支配权,并能自主地或委托他人进行经营。

在理解投资主体时,应严格掌握如下几层含义:(1)投资主体的原生形态是一般民事主体,在未进入营业领域、实施投资行为或取得投资主体身份之前,与一般普通民事主体一样,只是特定财产或权益的所有者、支配者或管领者。(2)投资主体对投入营业领域的财产或权益,享有独立的所有权、支配权或管领权,能对该项财产或权益成为出资财产或权益作出独立的处分决策,即在法律意义上能作出独立的投资决策权。(3)投资主体在决定处分属出资财产部分的财产或权益进入营业领域之后,既可自行经营,也可委托他人经营,但无论是自行经营还是委托他人经营,投资主体对进入营业领域的这部分出资财产或权益所产生的一系列身份、资格、地位、权利或派生的利益,不会存在差异或发生任何改变。(4)投资主体是处分

---

〔10〕 See Bryan A. Garner, *Black's Law Dictionary*, Thomson West, 2004, p. 844, 846.

财产或权益进入营业领域的民事主体在营业领域中所获得的第一种身份、资格、地位,它标志着普通民事主体已通过自己的投资行为,切换为以投资主体身份、资格、地位为表征的商事主体。(5)投资主体身份、资格、地位、权利的取得或获得,有两种最基本的方式:一为原始取得,即通过前述投资行为的实施取得,这是最主要的取得方式;二为传来或继受取得,即通过受让、继承、受赠等方式,从既有或原有投资主体间接取得投资主体的角色、身份、资格、地位、权利。(6)投资主体是一个抽象的概念,它具体是由自然人、法人、非法人组织等具体形式的民事主体表现出来,且从组织属性来看,既可以是自然人个体或家庭,也可以是组织形式的企业或非企业组织,还可以是超社会组织的国家。

(二)投资主体的基本特征

关于投资主体的基本特征,目前只有极个别学者从经济学的角度作过初步讨论,如有学者把其概括为资金积累主体、投资行为决策主体、投资风险责任主体、投资行为主体、投资市场主体、投资组合主体等几个方面,且把投资主体划分为政府投资主体与企业投资主体两大类;〔11〕也有学者对多元投资主体的行为特征、〔12〕国有资产投资主体的特征,〔13〕作过一般性探讨。总体而言,这些研究均是针对国家、集体投资主体而言,均未涉及投资主体的本质特征,不具有特别针对性。此外,虽有大量文献涉及投资者的特征分析,但均为证券市场中机构投资者、个人投资者的特征阐述,对作为法律主体意义上的投资主体之一般性特征仍无更多建树。笔者认为,作为民事主体进入营业领域所获得的第一种角色、身份、资格、地位,投资主体的基本特征表现为:

1. 原生性。投资主体的原生形态是没有进入营业领域的普通民事主体,它是用于投资部分的出资财产或权益的原始所有者、支配者或管领者,这也是投资主体之所以能够作出独立投资决策的主体基础与权利基础。作为原生形态的投资主体,一方面对其所有财产或权益享有独立的所有权、支配权或管领权;另一方面,其所有财产或权益在作出投资决策、实施投资行为后,又可分为出资财产与非出资的其他财产两大部分,其中出资财产又可分不同领域、不同企业、不同形式的出资财产,这些不同类型的出资财产与非出资的其他财产之间,依据法律的规定,有比较严格的法律区分,应适用不同的债务清偿规则。不仅如此,当营业终止或企业注销时,根据清算规则,如营业财产或企业财产经清算后还有剩余,则此部分财产仍应属于原

〔11〕 参见范必:《谈谈投资主体的特征、问题和自我约束机制的建立》,载《经济研究参考》1993 年第 Z3 期。

〔12〕 参见林涛舟:《我国多元投资主体的行为特征及对策》,载《经济纵横》1993 年第 11 期。

〔13〕 参见丁学东:《国有资产投资主体的特征及其建立的意义》,载《经济研究参考》1996 年第 Z6 期。

始或继受的投资主体所有、支配、管领。可见,投资主体首先是出资财产与非出资的其他财产的原始所有者、支配者或管领者,这是我们讨论和建构投资主体及相关法律制度的前提。

2. 源头性。投资主体是进入营业领域的民事主体因处分出资财产部分、实施投资行为,所获得的第一种商事主体角色、身份、资格、地位,它在整个营业领域与全部营业流程中具有源头性、基础性意义。在某种意义上讲,没有投资就没有营业,而没有投资主体的角色、身份、资格、地位,也就没有后续的经营主体与交易主体之产生,因此,在商事主体的各种形式转换与形态变化中,投资主体的角色、身份、资格、地位始终是源头性和基础性的。这是因为:(1)投资主体角色、身份、资格、地位的源头性。它既是民事主体进入营业领域后所获得的第一种角色、身份、资格、地位,也是民事主体转换为经营主体、交易主体角色、身份、资格、地位的前提和基础。(2)投资主体角色、身份、资格、地位的基础性。前述的投资主体与经营主体的合一与分离现象说明,在特定情形下,进入营业领域后,就出资财产及由此形成的出资财产集合而言,原始投资主体与具体经营主体并非一致,在两者合一情形下,投资主体就是经营主体,且也可能是交易主体;即使在分立或分离情形下,相对分立或分离的经营主体或交易主体,必须是基于投资主体的合意或契合,才有正当性、合法性和合理性基础。如基于股东意思契合的股东(大)会产生的董事会,基于投资主体委托而产生的信托经营主体、托管经营主体,均是在投资主体的合意基础上产生的,可以这样说,没有投资主体就没有严格意义的经营主体或交易主体,也就没有商事主体一说。(3)投资主体角色、身份、资格、地位的永续性。只要投资主体投资经营的营业持续,投资主体基础性的角色、身份、资格、地位就不可改变,也不可非法剥夺,即使因歇业或营业终止,导致清算直至营业注销,投资主体之资本所有者以及作为出资财产的原始所有者、支配者或管领者,仍然存续。足见,投资主体在整个营业、商法、商事主体的理论、立法、制度建构中,均具有源头性、基础性意义。

3. 营利性。作为商事主体存在或表现形式的投资主体,具有鲜明的营利目的性。投资主体的这一特征,使之与非营利性投资主体严格区分开来,这也是为什么投资主体应属于商事主体,而不属于一般普通民事主体的基本原由。(1)投资主体的投资领域、对象具有营业性,非营业性领域、行业或部门虽也投资主体,但不适用营业规则,不由商法调整。(2)投资主体的投资行为具有鲜明的营利性目的,该投资行为属营业性投资行为,与非营业性投资行为如教育子女、购房养老等广义性、非营业性投资,有本质的不同,这种投资是需要获得最大化的利润或收益,作为投资回报的。(3)投资主体因其特殊角色、身份、资格、地位,必须适用商法,所发生的权益争议与利益纠纷,应适用商法规则来处理。投资主体与一般民事主体的根本区别,在于投资主体的投资行为有明确的营利目的性。鉴于现实生活中,许多投资行为均由普通民事主体实施，如自然人的炒股、居民的商业储蓄、普通民事主体委托理财时所购买的理财产品等，其实就在不经意间把自己切换成以营业性投资主体身份的商事主体。然而，不但参与上述营业性投资行为的普通民事主体，不认为自己实际上已转换为商事主体；就连传统、既有商法理论、主体构架中，也不把上述事实上已实施了营业性投资行为的民事主体，纳入商事主体的范畴。究其根本，在于没有认识到营业性投资行为的独立价值与商法意义，更没有认识到实施投资行为的民事主体，其角色、身份、资格、地位已发生了实质性的转换。

4. 资本性。投资主体的角色、身份、资格、地位、权利，具有鲜明的资本属性与资本特征。(1)投资主体角色、身份、资格、地位、权利取得的依据是出资财产，具有出资财产的特定性。(2)由于出资财产的资本化，投资主体由具体财产或权益的所有者、支配者、管领者，转换为抽象资本的所有者、支配者、持有者。(3)投资主体在进入营业领域之后，其角色、身份、资格、地位、权利完全决定并受制于出资财产的多少及转换而形成的资本份额。(4)投资主体的实际权利，是以资本为基本单位来计算，属于资本权利的范畴，特别在公司的制度架构中，依资本本位原则，实行按资表决、按资分配、按资负险、按资担责。(5)投资主体之资本权利的实现与救济方式，已完全不同于传统具体财产或权益的实现或救济方式，必须依托现代企业(公司)、证券市场、商业银行、信托制度等制度框架解决。可见，投资主体实质属于资本所有者范畴。

5. 多元性。投资主体虽具有特定性，但并不具有专属性，它不专属某一个或某一类主体。凡依照法律的规定，处分自己的财产或权益进入营业领域的任何主体，包括自然人、法人或非法人组织，自然人个体或家庭、企业或非营利组织、国家均可成为营业性投资主体；所不同的只是法律或行政法规，对某一类民事主体如自然人个体、非营利组织、国家的投资领域与范围，基于国家安全、公共安全、社会安全、经济安全的需要，作必要的特别限制。因此，投资主体具有主体属性的多元性、主体形式的多样性、主体结构的复杂性等多方面的特征。

二、投资主体的独立价值

(一)投资主体的提出

国内最先认识到投资主体的独立身份与重要价值源于20世纪80年代初期，经济学、管理学针对我国经济发展与再生产中国家投资局限性所提出的一种投资主体多元化方案，即"投资活动中逐步形成了中央、地方、企业和金融机构多元决策"格局；[14]"单一的中央投资格局逐步打破，中央、地方和企业并举的多层次投资格局

〔14〕 参见卢中原：《多元投资主体格局下的宏观控制问题》，载《改革与战略》1985年第1期。

初具雏形”;[15]“调整现有的投资主体格局,逐渐形成风险与收益对称的投资主体”等方案,[16]投资主体及多元投资主体的概念与范畴得以提出,特别是把企业作为独立、自主的投资主体,使之与国家投资主体对应,在当时具有重大的理论与实践意义。例如,我国高度集中的“政企合一的二元投资主体结构”转型为“政企分工的多元投资主体结构”,投资主体的所有制结构从“过去我国只有全民和集体两大块”,增加“独资、合资和个人投资”等新型主体形式;[17]企业成为新的独立投资主体;[18]我国固定资产投资体制改革所呈现出的“投资主体多元化”、投资主体由国家化向企业化转变等新特点,[19]等等。这些早期的论述与探索,说明企业作为具有独立决策权的投资主体,在20世纪80年代经济与投资体制改革中的基础性与重要性。

在法学界,很少如经济学、管理学那样,有完整的投资主体概念与范畴,在既有商法的理论体系与制度架构中,也无投资主体的独立身份与法律地位,甚至在学界、业界看来,投资主体并不属于传统商人或经典意义上商事主体的范畴,即使偶尔有学者在商法、经济法的框架里讨论投资主体,也更多是从国有企业与国家出资人、企业转投资的角度作有限切入。如有学者认为,“国家所有权人和国有企业投资主体”在法律是两个主体,即“行政法律主体和民事法律主体”;[20]有学者认为,“投资主体多元化是国有企业进行有限责任公司化改革的关键”。[21]这些均是从国有企业改革的角度,把政府定位为国有企业的投资主体。虽然总体思路符合国有企业改革的基本方向,但未认识到合乎逻辑地解释国家、政府与国有企业之间的本质关系,对国有企业投资主体的独立性仍然认识不足。至于从公司转投资角度,虽认识到公司法人作为公司转投资主体的现实存在,[22]但并未对公司本身作为转投资企业的投资主体之地位、属性及与转投资企业之间的关系,给予清晰解释和妥当分析。在既有法学研究文献中,涉及投资主体的有关论述主要集中于公众投资

---

〔15〕　参见朱蔚:《投资主体多元化和投资调节体制改革》,载《北京社会科学》1986年第4期。

〔16〕　参见中国社会科学院经济研究所宏观经济管理课题组:《重塑投资主体格局　培育金融——产业集团——我国投资体制改革的再思考》,载《经济研究》1987年第12期。

〔17〕　参见王隆昌:《我国现阶段投资主体多元化及其协调运行》,载《财经研究》1987年第12期。

〔18〕　参见陈定:《论企业更新改造的投资主体》,载《经济理论与经济管理》1986年第5期。

〔19〕　参见于永旭、刘大昌:《论投资主体企业化》,载《投资研究》1987年第9期。

〔20〕　参见刘学灵:《论国家所有权人与投资主体间的法律关系》,载《政治与法律》1997年第3期。

〔21〕　参见沈贵明:《投资主体多元化与国有企业公司化改革》,载《郑州大学学报(哲学社会科学版)》2001年第3期。

〔22〕　参见武长海、袁杜娟:《试论我国关于公司转投资主体的法律限制》,载《河北法学》2005年第5期。

者、[23]证券投资者、[24]机构投资者等证券、基金、风险投资领域,[25]虽然名义上均冠以投资者的称谓,但实际定位上与经济学、管理学、投资学对投资者的定义并无二致。只有极少数学者从企业出资人、[26]公司出资人、[27]公司股东的角度,触及投资主体的某一实质层面,但仍没有论及作为投资主体的企业出资人、公司出资人的独立身份与特殊地位。

首次从出资人与企业的对应视角,赋予出资人以独立投资主体角色、身份、资格与地位的,是笔者所著《企业法原论》一书。在该书中,笔者从投资主体与经营主体分离的角度,阐述了自然人业主、合伙人、股东作为出资人,与个人独资企业、合伙企业、公司之间的适时合一、相对分立、完全分离关系,并从投资主体的视角,进一步分析了国家、集体、社员与国有企业、集体所有制企业、合作社企业之间的关系及各自特征。[28]之后,笔者又著文进一步阐述了民事主体进入营业领域后,其营业性投资行为和相对独立的经营行为具有不同的法律意义,并认为商事主体的特殊性又集中表现为投资主体与经营主体这一既相对分离又有时重叠的二重结构,[29]正式把投资主体作为与商事主体另一表现形式的经营主体相对应的主体形式、概念、范畴,赋予其独立的角色身份、形式意义与特殊地位。

(二)为什么要提出投资主体

1. 传统、既有商法理论、立法、制度中缺失投资主体的原由分析

在传统、既有商事主体的理论、立法与制度框架里,并无投资主体的概念与范畴,更无关于投资主体的立法细分与制度建构。究其原因在于:

(1)传统、既有商法理论缺乏明确的逻辑建构。传统、既有商法理论绝大部分源于中世纪的商人法理论,只见其表,而不见其里。更由于1804年《法国民法典》事实上已把绝大部分商法中的原理、理念、价值、原则、规则上升为民法进而私法的

---

〔23〕 参见陈洁:《评级机构侵权责任之构造——以公众投资者因评级错误导致投资受损为视角》,载《法律适用》2012年第3期。

〔24〕 参见彭立群、陈翊:《我国保护证券投资者法律制度的缺陷及其原因分析》,载《当代法学》2002年第6期。

〔25〕 参见郭雳:《作为积极股东的投资者保护机构》,载《法学》2019年第8期。

〔26〕 参见周天勇:《国有企业出资人制度的原由和框架》,载《中国工业经济》2002年第11期;蒋建湘:《出资人股权诉讼与企业国有资产保护》,载《法律科学》2009年第11期。

〔27〕 参见张骏:《国家授权投资机构或部门应指履行出资人经营职责的机构》,载《法学》2008年第6期。

〔28〕 参见肖海军:《企业法原论》,湖南大学出版社2006年版,第147~153页、第350~351页、第405~412页。

〔29〕 参见肖海军:《论商主体的营业能力——以投资主体与营业主体的二重结构为视角》,载《法学评论》2011年第5期。

一般原理、理念、价值、原则、规则，商法之地位反而由营业领域的基本法沦落为特别法的地位，失去独立调整对象与法域适用空间的商法，一直就找不到与作为一般私法的民法之间的理论依据与逻辑构造。因此，对如营业、营业性投资、营业性投资主体这样对商法具有源头、初始、基础意义的重要概念、范畴，在实践中缺乏必要的认知，在理论上缺乏必要的梳理与概括。

(2)传统、既有商法理论对立法与制度基点缺乏清晰认识。传统、既有商法理论或立法，除重复着商主体与商行为这一中世纪的概念与范畴，对何以成为商主体，商行为与普通民事行为之间的区别，其逻辑起点与立论基点究竟在哪里，并无具体、深入、对应的探讨、阐释与分析。

(3)传统、既有商法理论对投资与投资主体在商法中的独立价值及基础意义缺乏常识性认知与逻辑性判断。这是因为商法涉及的营业领域，与一般日常生活领域不同，所有的主体到这个领域是来求财、逐利，也就是经济学上所称的实现最大化目的，而要实现这一目的，就必须有带有延迟消费性质的财产或权益的先前投入。不管这种投入的财产或权益是自有(实质处分)的，还是借来(融资筹集)；无论如何，均得有特定、确定、具体的财产、财资、资金的投入；否则，营业就是无源之水，无本之木。故一切营业的源头与起始，均须以财产性投入、营业性投资为起点、基点、切点。而恰恰在这一点上，传统、既有商法理论与立法却缺乏常识性的认识，只见其表(如公司、个体经营)，而不见其里(经营主体后面出资人的支撑与约束)。

(4)传统、既有商法理论受制于所有制优越论与公有制绝对论，缺乏对国家之外投资主体的充分认识与应有尊重。受公有制经济观念绝对化的束缚，在计划体制下，经济领域由于国家或集体对营业各个领域的大包大揽，使投资主体是一个几乎被禁忌和被忽略的概念与范畴，国家之外的投资主体，不仅在政策、法律上为禁区，在理论也是禁地。在计划经济与集中体制下，就连投资主体这样中性的问题都处于禁止或限制的议题，更遑论商法及具商事主体属性的投资主体之必要性和正当性了。正因对投资、投资主体这一源头性、基础性问题的认识缺失、忽视甚至误读，致使投资主体理论与立法在我国的长期缺位。

2. 投资主体的正当性与妥当性论证

(1)营业性投资与投资主体是一历史、客观的存在。自从人类社会因为社会分工和商业出现，商人为了逐利，就必须有早期、起始意义的投入，在某种意义讲，营业性投资作为资本追逐价值、利润最大化的一种发轫与本性，既是一切营业的开始，更是人类社会物质资料生产的起点。马克思在《资本论》中论述资本的积累过程时就明确指出，“任何一个社会，如果不是不断地把它的一部分产品再转化为生产资料或新生产的要素，就不能不断地生产，即再生产”；也就是说，“只要积累在进行，资本家就是在出售所生产的商品，并把出售商品所取得的货币再转化为资本”；因此,扩大再生产和资本再积累的过程,就是一个不断地由“剩余价值转化为资本”的过程。[30] 不难看出,投资、不断地投资、不断地扩大投资,不仅是资本逐利和最大化的需要,更是人类社会生产、再生产、扩大再生产的需要。故只要有投资,就必然有投资主体,投资主体与投资一样,是一种历史的、不以人的意志为转移的客观、现实存在。

(2)营业性投资、投资主体的出现是近代以来民法与商法法域分途、功能定位的逻辑起点。如前所述,营业乃商法与民法调整对象的分水岭,更是商法与民法界分法域的切入点;无论是商法的历史,还是商法的现实,抑或商法的将来,商法均始终以调整营业为特质,这一点不以民法地位或功能的变化、提升、转型而有任何变化,所不同的只是商法调整的重心与方式有所变化而已。[31] 但在所有营业关系的建构上,以投资主体处分实体财产或权益进入营业领域的投资,始终是界定营业行为、界分民商法域的逻辑起点。在一定意义上讲,没有营业性投资就无营业;没有投资主体,就更无商事主体。

(3)只有正视并解释营业性投资与投资主体,才能建立起商法的理论与制度大厦。营业是解释与建构商法理论、制度大厦的基石,而投资与投资主体又是解释营业与建构商法理论、制度的基点,只有从投资或投资主体的角度切入,也就是说,只有以出资人权利本位为逻辑基点作递次推演,才既可透彻地解释17世纪前以民间法、商人法、城市法、自治法、共同法为基本形式的商法原理与制度设计的基本逻辑,才能根据投资的意图与投资主体的意愿,在尊重历史、守护传统、适应当代的基础上,对既有商法理论与制度进行创新。

(4)我国既有政策性文件与规范文本事实上存在投资主体及相关概念与范畴。我国政策性文件与法律、行政法规等规范文本,事实上也赋予投资、投资主体以或明或隐、或确定或模糊的地位,这从下列我国现行政策性文件与规范文本关于投资主体及相关概念与范畴的罗列、举要、分析中可以很清楚地看出。

3. 我国现行政策性文件、规范文本关于投资主体及相关概念与范畴的具体分析

由于汉语表达比较丰富、多元,我国现行政策性文件与各种规范性文件涉及投资主体的相关范畴与概念,其称谓包括投资主体、出资主体、出资人、投资者、投资人、股东、合伙人、企业业主、个体业主、自然人投资者、自然人投资人、自然人出资者、自然人出资人、合作社社员、个体投资者、家庭出资者、公众投资者、机构投资者、机构投资人、投资机构、投资公司、其他投资者等。以下分两种情形予以考察:

(1)我国政策性文件、法律、行政法规等规范性文件中涉及投资主体有关称谓

〔30〕 参见[德]卡尔·马克思:《资本论》(第1卷),人民出版社2004年版,第652~653页、第668页。
〔31〕 参见施天涛:《商事关系的重新发现与当今商法的使命》,载《清华法学》2017年第6期。

的考察。1949年以来，在我国政策性文件、法律、行政法规、部门规章、司法解释文件、地方性法规或规章等规范文本中，最早出现与“投资主体”相关概念与范畴的是“投资人”和“出资人”。如《私营企业暂行条例》(1950年)第2条等，不但首次并列出现“投资人”和“出资人”概念，而且把合伙人、股东均归类于“投资人”和“出资人”的范畴。改革开放之后，第一次引入“出资人”概念的立法文本为《公司登记管理条例》(1994年)，该条例第7条第1款第3项使用有“国务院授权投资的机构或者部门与其他出资人”的表述。除“出资人”之外，改革开放最早出现与“投资主体”相关的概念是“投资者”，例如，1981年五届全国人大四次会议发布的《关于〈当前的经济形势和今后经济建设的方针〉报告的决议》，其中第七部就有关于“外国投资者”的表述；而最早出现“投资者”概念的立法文本为1983年国务院《关于台湾同胞到经济特区投资的特别优惠办法》，该办法第2条有“投资者”概念。又如，1986年《外资企业法》多条均使用了“外国投资者”这一表述，并在第1条把“外国投资者”界定为在中国境内举办外资企业的“外国的企业和其他经济组织或者个人”。

就投资主体出现的时序来看，有关表述最早见于政策性文件。其中，第一次出现“投资主体”概念的是1988年4月国务院《关于福建省深化改革、扩大开放、加快外向型经济发展请示的批复》第八部分关于“营利性投资主体”的表述；随后，1988年7月国务院印发的《投资管理体制近期改革方案》在第二部分和第六部分，再次使用“投资主体”等概念。就规范性文本而言，最早出现“投资主体”表述的立法文本为《城镇集体所有制企业条例》(1991年)，该条例第4条第1款第3项首次从与企业对应的视角，界定“投资主体”的角色与地位。在全国人大及常委会通过的法律文件中，第一个涉及“投资主体”的法律文件为《关于1992年国民经济和社会发展情况与1993年国民经济和社会发展计划的决议》(1993年)第四部分第4项。法律文本第一次出现“投资主体”概念与范畴的为1993年《公司法》，该法在不同场合与情形下使用了“国有投资主体”“多个投资主体”“国家授权投资的机构或者国家授权的部门”等概念或范畴。[32]

在涉及投资主体有关称谓中，投资者高居首位，其后依次为股东、投资人、投资主体、出资人等；其中，投资者、投资人、投资主体等概念更多出现在政策性文件中；而股东、出资人则更多出现在立法文本中。至于股东，作为公司的出资人或投资主体，更已成为学界、业界的共识。

(2)我国政策性文件、法律、行政法规等规范性文件中冠名投资主体有关称谓的考察。在对我国政策性文件、法律、行政法规等规范性文件中冠名投资主体有关

---

〔32〕　该资料是根据北京大学法律信息网“北大法宝·法律法规”(http://www.chinalawinfo.com/)所载数据整理、统计而成，截止时间为2019年11月底，最后访问时间为2019年12月1日，下同。

称谓的考察中发现,最早使用与"投资主体"相关概念的是"投资者",如《中外合资经营企业中方投资者分得利润分配和管理的暂行办法》(国函〔1987〕86 号,已失效)、国家税务总局《关于征收私营企业投资者个人收入调节税的补充规定》等。最早冠名"投资主体"的规范文本为 1998 年 2 月原国家工商行政管理总局发布的《关于银行所属信托投资公司撤销后原有投资项目的投资主体变更登记的通知》,但绝大部分文本是关于投资主体变更方面的批复,只有 2012 年 6 月国家发改委、财政部联发的《关于安排政府性资金对民间投资主体同等对待的通知》(发改投资〔2012〕1580 号)涉及实体内容的规定。而以"出资人"冠名的规范文本,则出现比较晚,如《国务院国有资产监督管理委员会履行出资人职责企业名单》(国办发〔2003〕88 号)、《关于国资委履行出资人职责企业名称变更工作有关问题的通知》(国资厅发改革〔2004〕25 号)等。

在冠名投资主体有关称谓中,使用频率居首位的仍然为投资者,之后依次为股东、机构投资者、投资公司、出资人、投资机构、投资人、投资主体等。虽然冠名机构投资者、投资公司、投资机构的规范文本明显多于出资人、投资人、投资主体,但正说明机构投资者、投资公司、投资机构等机构投资者已引起立法界、管理层的高度关注,自然投资主体及相关概念已被决策、立法、监管等业界认识。

尽管改革开放后我国第一部商事法《中外合资经营企业法》(已失效)没有使用诸如投资、投资主体及相关概念,但该法第 1 条及之后的相关条文使用了外国合营者和中国合营者"共同举办合营企业"这一重要表述,其中"举办"就包括有共同出资、共同设立之意,这说明该法也包含了投资、投资主体及相关概念的表述。

足见,"投资主体"及相关概念在我国政策性文件、法律、行政法规等规范文本中被大量使用,已为不争之事实。

(三)引入投资主体的理论意义与实践价值

在商法、商事主体理论、立法与制度中,引入并确认投资主体的概念、范畴,并建立相关的理论框架与制度体系,具有重要的理论意义与实践价值。

1. 投资主体的投资行为是营业的逻辑起点。营业的起点源于民事主体,更准确地讲是投资主体的投资行为。其一,普通民事主体为逐利而萌生营业的意念与欲求,是推动其实施投资、进入营业领域的原动力;其二,普通民事主体通过实施投资行为,独立处分其所有、支配、管领的财产或权益进入营业领域,是促进营业意念转化为营业行为的关键节点;其三,正是普通民事主体通过投资行为投入的财产或权益,才使后续营业有了特定并确定的物质基础和财产条件;其四,民事主体的投资行为,不但使所有财产或权益划分为出资与非出资两大部分,而且角色、身份、资格、地位、行为、权利、责任均发生实质性变化,因投资而导致普通民事主体的这一系列变化，无疑应适用商法的特别规定。

2. 投资主体是民事主体进入营业领域的初始形式。本着无投资则无营业、无营业必无商事主体之实然事实与内在逻辑，民事主体进入营业的起点和切点是从其投入财产或资金开始的，也因实施投资行为获得进入营业领域的第一个身份，即投资主体身份，并因该身份的转换，而成为各种特定投资关系的当事人，享有相应的资本权利并承担对应的资本义务与资本责任。

3. 投资主体是商事主体身份识别的关键节点。投资主体是商事主体在营业投资阶段或状态中存在的具体形式和表现形态。正因民事主体通过投资行为获得了投资主体这一初始或基础身份、资格、地位，该普通民事主体也就顺势切换成为商事主体。故是否实施营业性投资行为，才是真正识别民事主体转换为商事主体的关键节点。传统、既有商法理论或立法，之所以把是否从事经营性活动作为认定或判断该主体是否为商事主体的标志性要件，在于没有认识到投资、投资行为、投资主体在营业进而在商法中的源头性、基础性意义。而无论是古代民间商法，还是近代国家商法，或者当代国际商法，抑或正在兴起的智网商法，其根本宗旨与中心命题皆是实现、扩张、维护、救济投资人即投资主体的资本利益，所有立法设计与制度安排均是为了确保投资主体的营利目的能够如期实现。在一定意义上讲，只有深入、透彻地研究投资主体，才能破解商法的制度密码，找到识别商事主体的恰当切点。

4. 投资主体是诠释企业及其他经营主体的功能钥匙。在传统、既有商法理论与制度框架中，企业是当然的商事主体，甚至被视为与生俱来的商事主体。但如从投资主体的对应视角来考察与解构企业，则会发现企业为什么产生，是为谁产生，企业的存续与经营主旨究竟是什么，企业有无自身的独立利益与诉求。这一由来已久的“拉德布鲁赫”关于团体利益独立性与否之问，〔33〕如仅从企业组织体本身来看，是无法得到妥当解释和圆满结论的。而如从企业本质上只是投资主体为营利需要而彼此结社的衍生主体，则企业的日的、本质、功能与权利结构，则会有完全颠覆性的改变；而如果再把视野放在企业之外更大范围的承包、租赁、信托、托管经营者来考察，则会更进一步发现企业最主要的功能，在于作为经营平台以实现投资主体的营利目的意义。很显然，只有引入投资主体这一基础主体概念与范畴，才可更深入解读企业的目的、本质、功能与权利架构。

5. 投资主体是解构商事权利的主体基础。商事权利本质上虽属民事权利的范畴，但与一般民事权利比较存在诸多特殊或特别之处，但在所有的分析与解释中，唯独没有认识到投资主体因出资财产或权益转换而形成的资本权利之原生性、初始性、源头性、基础性意义。在所有商事权利中，营业自由权属机会性、选择性权利，

---

〔33〕 参见［德］拉德布鲁赫：《法学导论》，米健、朱林译，中国大百科全书出版社1997年版，第72页。

它虽意义重大,也仅为民事主体转换为商事主体宣示自由、赋予权能、提供可能、创造条件。质言之,它只是提供法律或制度上的可能性。但民事主体要实际进入营业领域,实现财富追求的梦想,就只有通过财产与资金的实质投入,才具有现实可能性和切实可行性。而投资对应的权利,即由出资财产转换而形成、以出资比例或份额为权利标的之新型权利,就是资本权利,即资本权。如再沿着资本的逻辑与商法的构架就会发现,原来所有商法的制度体系与权利体系,均是以资本逻辑、资本权利、资本责任等为基点或中心建立起来的。换言之,全部商法的理论、立法、制度、规则,无不围绕投资主体的资本权利作逻辑展开。当今世界不同国家或地区,为什么要着力改善或营造良好的营商环境,无非就是为了确保投资主体能实现期待的最大化利润与收益,无非就是为了借此吸引世界各地的投资者到东道国去投资经营。足见,投资主体确是解构商法理论、立法、制度、规则及权利的主体基础。

(四)从投资主体视野更能全面透视不同营业形态商事主体的独特功能

投资主体虽只是民事主体进入营业领域转换为商事主体所获得的第一身份和表现的初级形式,但投资主体实质投入的财产或资金才是撬动整个营业的财资基础,投资主体既是商事主体最具基础的形式,更是所有其他经营主体、交易主体后续服务的原始对象;而在不同营业阶段、环节商事主体的表现形式与存在形态中,投资主体既是基础,更是中心。前文所述投资主体与经营主体的合一与分离,后文所述经营主体与交易主体的合一与分离,最终使投资主体、经营主体、交易主体之间的角色、身份、资格、地位、行为、权利、义务、责任,存在既相互关联又彼此相对独立的新型关系与权利格局,而所有这些现象为什么这样发生,制度为什么如此安排,立法为什么作那样规定,在于这一切均是为了实现投资主体的投资目的与营利最大化需求。

三、投资主体的源流考察

(一)作为独立身份与特殊地位之投资主体的历史轨迹

现代意义的投资主体,其实在古罗马时期就已有雏形,如前文所述罗马帝国时期各种权证的购买者与持有人、[34]各种商业公司或商业团体的匿名股东等,[35]就是一类只投资分红但不参与具体经营的投资人。在中世纪合伙的演变史中,无论是海上合伙,还是陆上合伙,或者是家庭合伙共同体,基于合伙份额的继承,也使部分合伙人获得独立合伙份额但不直接参与经营的一种特殊身份与地位,[36]这种身

〔34〕 参见[美]丹尼尔·A.雷恩:《管理思想的演变》,孙耀君译,中国社会科学出版社1986年版,第21页。

〔35〕 参见[美]汤普逊:《中世纪经济社会史》(上册),耿淡如译,商务印书馆1961年版,第2页。

〔36〕 参见[德]马克斯·韦伯:《中世纪商业合伙史》,陶永斯译,东方出版中心2010年版,第68~70页。

份就类似于出资人的身份与地位。在中世纪晚期(15～18世纪)从家族商行到无限公司到两合公司再到股份公司等商事组织的发展和演变过程中,从最初的无限股东到有限股东,[37]作为出资人的股东身份与地位,逐步获得了与公司不一样的法律意义与权利内涵。而近代股份公司的定型,特别是证券交易所的诞生,使股票可完全脱离公司本身而独立买卖与交易,在公开证券市场和之后的各种资本市场中买卖股票、债券、基金和其他各种资本衍生证券的证券投资者,其身份、地位与发行各种资本证券的公司、企业更具独立性。

就我国而言,从古代"东家"(投资者)与"掌柜"(经理人)、"账房"(总会计师)之不分,到后来家族店铺由"管家""掌柜"总揽经营,部分或其他不参与经营的家族股份占有者,也逐渐演变为纯粹的持股人或吃息分红者。特别是明清时期山西票号普遍性地存在引入非家族职业"掌柜"(职业经理人)的现象,有学者通过对34位非家族职业"掌柜"进行个案分析,印证了山西票号的财东(票号老板、出资人)与非家族职业"掌柜"之间存在一定的相对独立性,[38]更进一步说明,我国明清时期各种家族式的商业店铺,事实上存在只出资、持股或分红而不参与店铺经营者的财东(出资人)。到近代,随着1872年官督商办企业轮船招商局公开向社会招股,并发行中国近代第一张股票;[39]1895年商办企业江苏大生纱厂相继向社会募集资金,[40]具有独立身份与地位的公司股东在近代得以出现。

(二)投资主体主导形式的演变规律

考察原生态意义上的营业发展轨迹,就会发现,投资主体的主导形式大致是沿着自然人→企业→国家这基本演变规律与发展趋势,由古代步入近代,再从近代发展到现代。应该说,17世纪以前,在近代企业、公司还没有定型之前,自然人以及自然人所属的家庭是占主导地位的投资主体,且更多是以家庭投资的形式表现出来。尽管商业店铺、手工作坊、制造工场等家庭式企业雏形在这一过程中一直存在,但终归没有脱离自然人个体经营或家庭经营体的束缚与影响,其本质仍属自然人个体或家庭投资经营的范畴。此外,在这一时期投资主体与经营主体在多数情形下是合一和重叠的,即自然人或家庭投资者既是投资主体,同时也是经营主体,投资主体一般是选择自行经营形式,只有在特殊或个别情形下,才选择委托或信托经营。

---

〔37〕参见[法]费尔南·布罗代尔:《十五至十八世纪的物质文明、经济和资本主义》(第2卷),顾良、施康强译,商务印书馆2017年版,第524～525页。

〔38〕参见陈凌等:《非家族经理进入家族企业研究:以山西票号为例》,载《管理世界》2010年第12期。

〔39〕参见胡政主编:《招商局珍档》,中国社会科学出版社2009年版,第34～44页。

〔40〕参见张忠民:《晚清大生纱厂的早期企业制度特征》,载《清史研究》2016年第3期。

17世纪以降,随着近代企业、公司在地中海、西欧等地广泛涌现与逐步成熟,企业不仅成为自然人或家庭投资的重要投资对象,还随着18世纪工业革命的兴起,特别是19世纪中叶第二次工业革命的兴盛,企业特别是大公司的扩张与母子公司的出现,公司等企业进而成为新的投资主体,且其投资的规模效应与市场扩张力量,以传统自然人或家庭投资主体难以企及的规模、速度、力量得到迅速发展。至19世纪末,企业已成为西方发达国家的主导性投资主体。

1917年俄国十月革命,公有制、国有化、集体经济成为俄国、苏联选择工业化的主要制度模式,在此情形下,国家和集体成为营业领域与工业化的主导性、压倒性投资主体。不仅如此,随着西方市场经济在公共领域的失灵,特别是20世纪二三十年代世界大萧条,德、日、意、美等国家,均不约而同地选择了国家干预经济或国家资本主义经济模式,国家成为投资主体已为不少国家的优先选择。特别第二次世界大战后的20世纪中叶直至70年代,英国、法国、德国、意大利等国家均掀起了国有化运动,国家扮演着重要的投资主体角色。尽管如此,企业特别是跨国公司、大型企业仍然是这一时期投资主体的主角。

(三)我国投资主体的源流考察

与古代西方的小商品经济、中世纪封建领主与自由商人不同,我国古代因有官工官商、专营专卖的传统,国家、官府始终是最重要的投资主体,虽然民间自然人或家庭作为投资主体也一直存在。直至晚清,在洋务运动官办军工业、民用工业开办资金难以为继的情况下,民间、民资、民企开始成为营业性投资的主导性力量。1903年起草的《钦定大清商律》和1904年颁行的《公司注册试办章程》,是中国历史上首次允许民间资本投资举办公司的立法文本。至民国时期,民间投资创办公司、企业,政府一直持鼓励态度,1929年南京国民政府制定的《公司法》和1937年颁行的《商业登记法》,均以鼓励民间投资举办实业、公司为要旨。

1949年中华人民共和国成立以后,曾经在新民主主义过渡时期,实行过短暂的"各种社会经济成分"共同发展政策,投资主体也呈现出自然人个体、家庭、企业、国家同时并举的多元发展态势;[41]但随后的社会主义改造运动,个体、私营经济成分基本上被改造成为全民所有制和集体所有制经济,之后我国投资主体形式与结构出现如下明显的阶段性特征:

1. 国家、集体投资主体主导阶段(1956年至1979年)。在此一阶段,投资主体具有如下特征:(1)投资主体比较纯粹,严格来说只有两个:一为占主导地位的国家,其投资设立、举办的企业为国营企业,即全民所有制企业;二为集体,一般为乡村

〔41〕 参见《中国人民政治协商会议共同纲领》(1949年)第26~40条。

的公社、大队、生产队和城市的街道办事处、居民委员会等集体投资、设立的集体所有制企业。(2)企业本身不能成为独立的投资主体,无论是全民所有制企业,还是集体所有制企业,均只投资设立内部不具有独立主体资格的经营性组织,按照当时的政策,此一内部经营组织为小集体。(3)属民间、私人范畴的自然人个体、家庭或自然人结社形成的组合,绝对不允许经商、办企业,不能成为投资主体。

2. 改革开放初期的国有企业与外商投资者主导阶段(1979 年至 1988 年)。此一阶段,投资主体呈现出如下发展趋势:(1)1979 年 7 月《中外合资经营企业法》的通过与颁发,以外国公司、企业和其他经济组织或个人的外商,可以外国合营者的名义,与中国合营者(中国境内的公司、企业或其他经济组织,但没有自然人,笔者注)共同举办合营企业,自此,外商就成为中国最重要的投资主体。(2)企业作为独立投资主体的地位得以确认。1978 年 12 月《中国共产党第十一届中央委员会第三次全体会议公报》,明确指出要把“更多的经营管理自主权”,“交给企业性的专业公司或联合公司”,之后部分全民所有制企业获得一定范围的经营自主权。1984 年 10 月《中共中央关于经济体制改革的决定》,更明确提出“要使企业真正成为相对独立的经济实体,成为自主经营、自负盈亏的社会主义商品生产者和经营者,具有自我改造和自我发展的能力,成为具有一定权利和义务的法人”。1985 年 8 月国务院《关于进一步清理和整顿公司的通知》(国发〔1985〕102 号,已失效)确认“公司应是从事生产经营或服务性业务的、具有法人资格的经济实体,是实行独立核算、自负盈亏、照章纳税、能承担经济责任的企业”。此外,最高人民法院《关于企业开办的公司被撤销后由谁作为诉讼主体问题的批复》(法[经]复〔1987〕42 号)、最高人民法院经济审判庭《关于企业开办的公司被撤销后企业是否应对公司的债务承担连带责任问题的电话答复》,也再次确认企业作为独立的投资主体应承担出资责任与清算责任。(3)自然人个体或家庭投资主体的合法地位获得一定程度的有限认可。1980 年 8 月原卫生部《关于允许个体开业行医问题的请示报告》、1981 年 7 月国务院《关于城镇非农业个体经济若干政策性规定》(已失效)以及随后《城乡集市贸易管理办法》(国发〔1983〕17 号,已失效)、《关于城镇非农业个体经济若干政策性规定的补充规定》(国发〔1983〕64 号)、《关于农村个体工商业的若干规定》(国发〔1984〕26 号,已失效)等系列政策性文件和行政法规,开始允许城乡个体或家庭在从事一定范围的经营活动。《关于放手发动、组织集体经济单位和个体户经营茶馆、茶摊的通知》(〔84〕商茶联字第 11 号)、《民法通则》(已失效)和《城乡个体工商户管理暂行条例》的相关规定反映出个体工商户的经营已得到法律的确认。自此,自然人个体或家庭作为营业性投资主体的合法地位得到恢复。

3. 1988 年以后逐步形成的多元投资主体形式与结构。(1)民间、民资、民企投资主体的地位得到法律的确认。1988 年 4 月通过的《宪法修正案》,以民间、民资、民企为实质的私营经济之合法地位得到宪法的确认与保护;同日通过的《民法通则》(已失效)和随后国务院于1988年6月颁发的《私营企业暂行条例》规定,农村村民,城镇待业人员,个体工商户经营者,辞职、退职人员,国家法律、法规和政策允许的离休、退休人员和其他人员,可以申请开办私营企业,并按照投资者与企业的关系,把私营企业分为独资企业、合伙企业、有限责任公司等三种形式。[42] 在1993年10月通过的《中共中央关于完善社会主义市场经济体制若干问题的决定》和1993年12月通过的《公司法》中,民间、民资、民企的投资主体地位与投资主体形式得到进一步确认。(2)国有企业的投资主体地位得到进一步明晰。1988年4月《全民所有制工业企业法》和1992年7月《全民所有制工业企业转换经营机制条例》分别以法律、行政法规的形式,明确国有企业的独立法人地位与投资主体资格。此外,最高人民法院《关于开办单位欠付企业的注册资金应用以承担企业债务的函》(经他〔1993〕22号)、《关于企业开办的其他企业被撤销或者歇业后民事责任承担问题的批复》(法复〔1994〕4号,已失效)等司法解释文本,也对企业作为投资主体的出资责任、清算责任作了明确的规定。(3)国家作为投资主体被法律进一步规范。自1992年5月开始的国有企业公司化、股份制改革,国家与国有企业的关系正式被定位为国家出资人与公司之间的关系,随后国务院发布的《国有企业财产监督管理条例》(1994年)、《企业国有资产监督管理暂行条例》(2003年)总体上按照"政府的社会公共管理职能与国有资产出资人职能分开""政企分开""所有权与经营权分离"原则,确认国家(政府)出资人与国有企业之间关系。特别是2008年10月通过的《企业国有资产法》,按照国家出资人与国家出资企业的关系构架,对国家出资人、政府(国务院与地方政府)代表国家履行出资人职责、政府履行出资人职责的机构之法律地位、职能定位有明确、具体规定。[43] (4)多元投资主体的形式与格局得到政策与法律的进一步固化。2004年7月国务院发布《关于投资体制改革的决定》(国发〔2004〕20号),启动投资体制领域的改革,该决定对我国既有"投资主体多元化"作出肯定的同时,在确立企业的投资主体地位、规范政府投资行为、放宽社会资本的投资领域、促进民间投资的准入政策等方面作出系统性改革安排。2019年4月国务院颁发《政府投资条例》,该条例第3条明确规定"政府投资资金"应当投向"以非经营性项目为主"。2019年10月国务院发布《优化营商环境条例》,主旨即为"为各类市场主体投资兴业营造稳定、公平、透明、可预期的良好环境"。[44] 可见,国家、企业、民间、外商等多元投资主体的形式、结构和格局,已被政策、法律和行政

〔42〕 参见《私营企业暂行条例》(1988年)第6条、第11条。

〔43〕 参见《企业国有资产法》(2008年)第3~6条、第11~21条。

〔44〕 参见《优化营商环境条例》(2019年)第4条、第6条、第10~18条。

法规高度重视和一再强调。

四、投资主体的具体形式

关于投资主体的具体形式，国外学者认为投资主体不仅包括企业，“政府、非营利公共团体、居民家庭也进行投资，它不但包括有形资本，而且包括人力资本和无形资本的获得”。[45] 经济学家曼昆更认为，从一定意义上讲，“储蓄等于投资”，或者说“对整个经济而言，储蓄必定等于投资”；[46]也就是说，储蓄在一定意义上也是一种投资行为，据此，普通居民的商业储蓄行为，也应纳入营业性投资的范畴。虽然如此，但目前尚无学者对投资主体的具体形式作体系化论述。笔者认为，投资主体的具体形式，应从以下不同的角度作递次分析。

（一）投资主体的原生形式

按照投资主体的原生形式与自然属性，可分为自然人投资主体、家庭投资主体、社会组织投资主体、国家投资主体等。

1. 自然人投资主体。此处的自然人系指独立、单个的自然人个体，自然人是社会最小、最基本的单位，也是最早的投资主体，更是最原生、最原始的投资主体。

2. 家庭投资主体。家庭属于自组织和类组织范畴，由于家庭在迄今为止的人类历史进程中，长期扮演着生产、经营、消费的职能，作为一个财产、经营共同体，家庭不仅在17世纪以前作为投资主体的主导形式存在，而且直到今天，家庭依然充当重要的投资主体角色。

3. 社会组织投资主体。近代以来，社会组织已成为投资主体中的主导形式，在整个营业领域，社会组织的投资已占有绝对的优势地位。但社会组织类型多样，既包括法人组织，也包括非法人组织；既包括营利组织，也包括非营利组织。其中，最为重要的组织类投资主体包括：（1）企业投资主体。企业作为投资主体，主要发生在转投资情形下，包括法人型企业（企业法人）和非法人型企业（如个人独资企业、合伙企业）；其中，法人型企业又包括公司企业与非公司型企业法人（如未公司化的全民所有制企业、集体所有制企业、合作社企业、股份合作企业、法人全资企业等）。（2）非营利组织投资主体。非营利组织在法律允许的范围内，可成为特定领域的投资主体，如科研机构、大学成为高科技企业的出资人或股东；医院成为某制药企业的出资人等。此外，政党、政治团体、公益性社团组织等，虽在一般情形不能作为营

〔45〕 参见［英］伊特韦尔：《新帕尔格雷夫经济学大辞典》（第2卷），陈岱孙主译，经济科学出版社1992年版，第1053页。

〔46〕 参见［美］曼昆：《经济学原理》（第3版）（下册），梁小民译，机械工业出版社2005年版，第155～156页。

利性投资主体,但并不排除在特殊国情或特定情形下成为个别领域的营利性特殊投资主体。(3)其他社会组织类投资主体。如集体(乡村行政村、村民小组、各种联合体;城市街道办、居民委员会、各种联合体等)、家族、单位,作一个集合或整体,可作为一个独立的投资主体。

4. 国家投资主体。在通常情形下,国家的公共、公职、公权属性,决定国家不能作为营业性投资主体。只有符合下列情形,国家才可成为投资主体:(1)可成为非营利性领域的投资主体,如前述《政府投资条例》第3条规定的政府投资资金范围。(2)关系国计民生与国家战略的重要行业。例如,我国《企业国有资产法》第4条第2款规定:"国务院确定的关系国民经济命脉和国家安全的大型国家出资企业,重要基础设施和重要自然资源等领域的国家出资企业,由国务院代表国家履行出资人职责。其他的国家出资企业,由地方人民政府代表国家履行出资人职责。"(3)禁止投资的形式与领域。例如,我国《合伙企业法》第3条规定"国有独资公司、国有企业、上市公司以及公益性的事业单位、社会团体不得成为普通合伙人",这一条无疑也应适用于国家或国家机关。(4)国家是通过中央和地方政府代表来履行投资主体的职责。如我国《企业国有资产法》第4条第1款的规定。

(二)投资主体的人格形式

我国《民法典》在主体分类上,正式按照人格把民事主体划分为自然人、法人、非法人组织。同样,投资主体也可分为自然人投资主体、法人投资主体、非法人组织投资主体。

1. 自然人投资主体。既包括纯粹的自然人个人,也包括自然人附属的家庭。除非法律有明确的禁止性规定,自然人可以成为任何形式的投资主体。

2. 法人投资主体。法人实质为具有独立组织人格的社会组织。法人一般分为公法人与私法人,我国《民法典》总则编把法人分为营利法人、非营利法人、特别法人。[47] (1)营利法人实质就是企业法人,包括公司与其他企业法人,营利法人当然可以成为转投资主体。(2)非营利法人包括事业单位、社会团体、基金会、社会服务机构法人,非营利法人只有在法律允许的情况下,才可成为营利性投资主体。(3)特别法人包括机关法人、农村集体经济组织法人、城镇农村的合作经济组织法人、基层群众性自治组织法人等。其中,机关法人除非法律有特别规定,如我国《企业国有资产法》第11条规定政府履行出资人职责的机构,如国资监管部门、财政部门等,一般不得成为营业性投资主体;其他如农村集体经济组织法人、城镇农村的

〔47〕 参见《民法典》第67条、第87条、第96条。

合作经济组织法人、基层群众性自治组织法人，可以成为集体所有制企业的投资主体。[48] 尽管如此，我国现行法律对非营利法人、特别法人的投资领域、形式尚无具体、明确规定，导致部分不适格的非营利法人、特别法人充当营业性投资主体的角色，扰乱了市场秩序与营商环境，不利于投资环节的公平准入，这无疑是将来立法必须解决的关键环节，也是独立投资主体提出的学理与现实意义所在。

3. 非法人组织投资主体。非法人组织实质就是不具有独立组织人格的社会组织。非法人组织，严格来说，可分为营利非法人组织（非法人企业）和非营利非法人组织，但我国《民法典》总则编对非法人组织划分并不清晰，第102条第2款只笼统规定“非法人组织包括个人独资企业、合伙企业、不具有法人资格的专业服务机构等”。非法人组织中营利非法人组织（非法人企业）作为转投资主体应无法律或制度障碍。但对非营利非法人组织而言，立法语焉不详；而且，究竟哪些非营利非法人组织可以成为营业性投资主体，如前述非营利法人、特别法人一样，我国法律、行政法规并无明确、具体规定，也是需要将来立法予以重点解决的问题。[49]

（三）投资主体的业态形式

投资须有特定的对象与标的，投资主体可按投资对象、投资领域、投资业态作如下划分：

1. 物品投资主体。即以特定的物品作为投资对象的投资主体，如以不动产、古玩古董、字画、艺术收藏品、邮票、古家具、玉石等具有增值空间的物品之买卖者、交易者或收藏者。

2. 企业投资主体。即以特定企业作为投资对象，作为企业出资人向企业投入财产或资金以获得企业经营红利的投资主体，企业投资主体按照不同企业又可划分为不同形式。

3. 证券投资主体。即以各种资本证券或衍生证券作为投资对象的投资主体，它包括股票投资主体、债券投资主体、基金投资主体、期货投资主体、各种资本衍生证券投资主体等。

4. 货币投资主体。即以货币、货币汇率、货币证券作为投资对象的投资主体，它包括商业银行储蓄投资主体、商业银行理财产品投资主体、远期票据汇兑投资主体、外汇投资主体、汇率投资主体等。

（四）投资主体的企业形式

企业是投资最主要的对象，且也是投资最主要的形式，投资主体因投资不同企

---

〔48〕 参见《城镇集体所有制企业条例》第2条、第4条、第6条、第12条、第19条；《乡村集体所有制企业条例》第2条、第6条、第13条、第18条。

〔49〕 参见肖海军：《非法人组织在民法典中的主体定位及其实现》，载《法商研究》2016年第2期。

业,其法律身份、权利义务、法律责任均存在很大的差异,具体而言:

1. 企业主。企业主为自然人独资企业即个人独资企业的出资人,也是自然人独资企业的唯一投资主体。在自然人独资企业里,作为投资主体的企业主与作为自然人独资企业的经营者,实际上是合一的;企业主享有对自然人独资企业的全部权利,须对企业债务承担无限责任。

2. 合伙人。合伙人是合伙企业的出资人,作为合伙企业的投资主体,可根据其对合伙债务的责任范围,分为普通合伙人与有限合伙人,他们都有权依照法律规定或合伙协议约定分取合伙经营红利。但是,有限合伙人是纯粹的合伙企业投资主体,不参与合伙企业的经营管理,仅以出资额为限对合伙企业承担出资责任,对合伙企业债务不负任何责任;普通合伙人则既是合伙企业的投资主体,也参与合伙企业的经营管理,对合伙企业经营中所生债务承担连带责任。

3. 股东。股东是公司的出资人,作为公司的投资主体,股东投资的初衷和入股目的,就是通过公司的经营以按资分取股利。除大股东、控制股东等少数股东外,在多数情况下股东不再参与公司的直接经营,公司经营则由股东(大)会选举和其他途径推举的董事组成董事会负责,股东仅以实际出资额或认缴出资额为限,对公司承担出资义务,对公司债务不负清偿责任。

4. 社员。社员为合作社企业的出资人,作为合作社企业的投资主体,社员向合作社出资或入社的目的,一是追求投资最大化;二是通过合作社的组织平台进行帮贫扶困,实现共同富裕。因此,合作社企业与一般以逐利最大化为本位的资本类企业不同,其内部分配本着按劳分配、按资分配、照顾分配等多元分配形式,以分享合作社的经营所得。

5. 其他企业出资人。如我国尚存在未公司化改组的全民所有制企业、集体所有制企业、股份合作企业、未严格实行公司制的三资企业等,其出资人或举办人,就是这些企业的投资主体。

(五)投资主体的层级形式

以企业为考察对象就会发现,企业既是投资主体投资设立的衍生主体,企业注册成立后转而又可成为新的投资主体,据此,可按投资的层级,把投资主体分为原投资主体和转投资主体。

1. 原投资主体。即向企业出资、发起设立企业或参股企业的原始投资主体。例如,自然人共同发起设立的公司,所有共同发起设立或出资入股公司的自然人即该公司的原投资主体;又如,国家投资设立国有独资企业或其他国有企业,国家就是该企业的原投资主体。原投资主体是相对于企业转投资主体而言。由于企业的财产或资金,均原于原投资主体投入的财产或资金的集合或契合,企业本无自己原有或独立的财产或资金，故企业的投资均为转投资，自然，企业不会、且也不可能是原投资主体。

2. 转投资主体。如前所述，企业虽然最初是自然人投资主体结社、设立的衍生主体与经营平台，但企业一经注册，又是在法律上具有独立地位的组织类商事主体。作为独立的主体，企业则可以其所有、占有、支配、管领的财产或资金，再行投资，转而投资其他物品、企业、证券、货币等，因此，广义的企业转投资不仅仅限于企业再设立或转投他企业。但狭义的转投资仅限于企业以其所有、占有、支配、管领的财产或资金，转而再投资设立新企业或参股他企业的投资行为，实施转投资行为的企业即为转投资主体。转投资主体主要通过母子公司的企业结构表现出来。

（六）投资主体的职业形式

投资主体可按职业形式，作如下划分：

1. 一般投资主体。一般投资主体即不具有固定的组织形式或严格的投资决策程序的普通投资主体。

2. 机构投资主体。机构投资主体在国外有两种比较有代表性的解释，一为英国《新帕尔格雷夫货币与金融词典》把其界定为管理长期储蓄，并以之作为专业化投资的特定金融机构，它包括各种养老基金、人寿保险基金、投资基金或单位信托基金等专业管理机构或专业投资机构。〔50〕 二为美国《布莱克法律词典》把其定义为达到一定投资规模且足以影响或操纵证券市场价格的组织类投资者，它包括共同基金、养老基金、保险公司以及通过筹集他人资金进行投资的专业投资机构等。〔51〕 在我国，机构投资主体，又称机构投资者，是指以自有资金或从分散的公众手中筹集的资金专门进行有价证券投资活动的组织类投资主体。机构投资主体具有组织性、集中性、专业性、投资性、规模性等特征。〔52〕 机构投资主体有广义与狭义两种解释，广义的机构投资主体是指投资资金达到一定规模，且与个人投资者相对应、开设法人证券账户的组织类投资者，包括：(1)从事证券投资交易的证券公司和证券投资基金管理公司；(2)可以参与证券交易、但操作受到限制的国有企业、国有控股公司和上市公司；(3)其他可参与证券交易的企业法人。狭义的机构投资主体则仅指依据《证券法》及相关法规、以其自有资金或通过筹集公众投资者的资金、专门从事证券交易且有权参与证券交易的组织类投资主体，即仅指在金融市场从事证券投资的专门性法人投资机构，主要包括证券公司、证券投资基金管理公司、投资银

---

〔50〕 参见王志强、朱春珠：《机构投资者》，载《经济导刊》2002 年第 1 期。

〔51〕 See Bryan A. Garner, *Black's Law Dictionary*, West Thomson, 2004, p. 846.

〔52〕 参见杨宽：《投资学》，清华大学出版社 2016 年版，第 2 页。

行、保险公司、养老基金和投资基金等。[53] 一般而言，机构投资主体是从狭义来讲，包括《证券法》第120条规定的证券公司、《证券投资基金法》第12条和第13条规定的基金管理人或基金管理公司、《信托法》和《信托公司管理办法》规定的信托投资公司、《保险法》第107条规定的保险资产管理公司等。

3. 投资基金。投资基金，又称共同基金或互助基金，是通过公开发售或定向募集基金份额以筹集资本，然后集中投资于证券或特定资本产品的财产集合体。投资基金可按照不同标准作各种分类：(1)契约型基金与公司型基金。[54] (2)封闭式基金与开放式基金。(3)公募基金与私募基金。我国《证券投资基金法》所规定的基金为信托契约型基金，既可是封闭式基金，也可是开放式基金；既可通过公开募集，也可通过非公开的定向募集。但是，与美国的公司型基金是一个独立的基金股份公司不同，我国的证券投资基金只是通过公开或定向募集形成的基金财产共同体。对此基金共同体，虽然我国通过信托契约的方式，由基金管理人、基金托管人分别负责投资营运和保管监督，但终究没有明确基金财产共同体的法律地位，而《证券投资基金法》又设计了基金份额持有人大会这一制度，似乎又与证券投资基金契约性存在冲突和不容。有学者认为应赋予信托型基金以主体地位，列为与自然人、法人具有平等地位的第三民事主体。[55] 笔者认为，从我国证券投资基金的发行方式和营运流程来看，把信托契约型基金定位为以基金为构成要素的基金财产共同体，赋予其财团法人地位，应更为可行些。如赋予证券投资基金以相当于财团法人的地位，则投资基金就是典型的新型投资主体。

(七)投资主体的权利形式

按照投资主体在特定投资法律关系的法律地位与权利内容，可把投资主体分为如下几类：

1. 物权式投资主体。在该类投资法律关系中，投资主体对投资对象享有标的物所有权。前述物品投资主体中，期货买卖、货币或汇率投资主体就属此类。

2. 股权式投资主体。在此类投资法律关系中，投资主体对投资对象享有股权等资本权利。前述各种企业的出资人，如企业主、合伙人、股东、合作社社员、其他企业的出资人，均属此类；风险投资者或创业投资者也是典型的股权式投资主体。

3. 债权式投资主体。在此类投资法律关系中，投资主体对投资对象或相对营运

---

〔53〕 参见王心怡：《我国机构投资者信义义务体系的反思与重构——以尽责管理义务的引入为视角》，载《法商研究》2017年第6期。

〔54〕 参见徐桂华、王普：《证券投资基金的另一种形式：公司型基金与契约型基金的比较研究》，载《社会科学》2003年第2期。

〔55〕 参见陈夏：《论证券投资基金的法律地位》，载《西南政法大学学报》2003年第6期。

主体享有投资本金及投资红利的请求权。与股权式投资主体不可请求返还投资本金不同，债权式投资主体既可依法依约请求经营主体分配投资红利，还可请求经营主体依法依约返还投资本金。如各种债券投资、商业储蓄投资、商业银行理财产品投资等。

4. 项目式投资主体。在此类投资法律关系中，投资主体对投资对象的项目收益享有投资红利的请求权，项目式投资主体既不享有物品所有权，又不享有企业参与权，也不享有本金返还请求权，只能就投资的特定项目之收益，享有收益分配权。如前列投资基金持有人、某特定项目的投资者等。

（八）投资主体的过程形式

按照投资主体所处投资过程中的某一具体环节，投资主体可分为：

1. 直接投资主体，系指直接运用资金执行资产投资职能的投资主体，即把其所有、支配、管领的财产或资金直接投入生产经营过程、消耗过程和流通过程的投资主体，包括自然人、法人、非法人组织和特殊情形下的政府等，如从事直接投资的公司、企业、政府和个人。

2. 间接投资主体，系指以货币资金购买股票、债券、期货、基金、其他各种衍生证券，间接从事投资活动的投资者。

五、投资主体的当代发展

（一）投资主体的多元化

当代投资主体不但各种主体多元共存，如原生形式的自然人、家庭、企业（包括机构投资者）、国家等投资主体各放异彩，而且各种投资主体的法律形态也呈多元化发展，如自然人、法人、非法人组织均是重要的投资主体。特别是证券市场的发达，使自然人（散户、股民）投资主体已越来越普遍化，机构投资主体地位显赫，非营利组织投资主体已成常态，国家更成为重要的投资主体。

（二）投资主体的独立化

随着营业领域的不断开放，特别是物品市场、资本市场、证券市场、期货市场、货币市场、网络金融的产生、成熟与发展，投资主体的投资对象已不限于传统的直接投资，间接投资成为投资主体的重要投资渠道与选择方式，间接投资主体绝大多数无须直接参与具体的生产经营、资本营运，与具体的经营主体逐渐分离、独立，具有相对独立的角色、身份、资格、地位、行为、权利和责任。此外，以公司为代表的现代企业制度，也为投资主体置身于具体经营事务之外创造了基础性的组织机制与制度条件。特别在具有多元资本或股权结构的合伙企业、公司企业、合作社企业里，绝大多数中小出资人或股东基本脱离企业的具体经营事务，越来越具有相对的独立性。

(三)投资主体的企业化

从投资的源头意义上讲,企业本为自然人发起、投资、结社、设立的衍生经营平台,但企业一经注册成立,就成为具有独立主体资格的民事主体,并能以企业所有、占有、支配、管领的财产或权益独立对营业所生债务承担清偿责任。而在企业的所有权能中,企业可就其所有、占有、支配、管领的财产或权益再行投资,转而再设立企业或参股其他企业,通过前述的设立平行子企业或垂直控股、持股母子公司等模式,企业能以几何速度快速扩张。在此基础上,企业通过新设企业、并购他企业、交叉持股关联企业等一系列方式,形成以骨干、核心企业为中心的企业集团,然后通过集团企业实施更大规模的再投资与转投资,使企业以更惊人的规模与速度向不同市场、不同领域、不同行业、不同国度拓展。当今的大型企业、巨型财团、跨国公司已经通过转投资行为,以资本的控制为基本手段,对国家经济、国际市场与全球贸易产生重要影响,它们也成为现代市场经济中最主要的投资主体。足见,企业已经成为当代最主要的投资主体,投资主体事实上已企业化,转投资主体已成投资主体的主流形式。

第二节　经 营 主 体

一、经营主体的法律界定

(一)经营主体的定义

1. 经济学上的厂商

经营主体近似于经济学生产理论中的厂商。在经济学的语境里,人类所有的经济活动是"由从事许多活动——购买、销售、工作、雇佣、制造等——的千百万人组成",而所有经济决策与整个经济循环最终是由两类决策者——厂商(企业)与家庭(居民)——所组成,其中,厂商(企业)的基本经济职能就是"生产并出售物品与劳务""雇佣并使用生产要素"。[56] 可见,厂商就是对投入的各种财产资金、生产要素、初级产品进行组织、经营、管理,并生产出消费者需要的各种产品或提供社会需要的特定服务的生产单位或服务组织。[57] 而所有由财产资金、生产要素、初级产品变为中间产品、最终产品、特定服务的过程,就是生产与经营的过程;其中,企业就是

〔56〕 参见[美]曼昆:《经济学原理》(第3版)(上册),梁小民译,机械工业出版社2005年版,第20~21页。

〔57〕 参见张维迎:《经济学原理》,西北大学出版社2015年版,第73~76页。

这样的生产单位或服务组织中最典型的代表，这是因为“几乎所有的生产都是由专业组织去完成的”，而企业的出现就是“由专业化机构组成以管理生产过程”。[58]经济学上关于厂商（企业）的定义、理论，对恰当界定经营主体的范围与边界，有重要的参考意义。

2. 法学上的经营主体

法学上的经营主体是商事主体一种具体的表现形式，相对于前述投资主体、后述交易主体而言，系指对已投入营业领域的财产或资金进行组织、经营、管理，通过特定营运过程并生产出具体产品或提供特定商业服务的商事主体形式。

相较于投资主体、交易主体而言，经营主体这一具体的商事主体形式，具有如下特定内涵：(1)经营主体属于商事主体的范畴，它是商事主体在经营阶段或生产环节中的具体表现和实态形式；(2)经营主体所实施的营业行为具体表现为经营活动，即对已投入营业领域的财产或资金（具体表现为人、财、物等生产要素）进行组织、加工、制造、管理等一系列具体的经营管理活动；(3)经营主体是对商事主体在营业财产或资金营运阶段、过程所处状态的一种概括与抽象，它是诸如生产商、制造商、加工商、承揽商、运输商、金融服务商等特殊服务商等从事具体生产、经营、管理的商事主体之一般性概称或总称；(4)经营主体的营业成果集中表现为生产出具体的产品或提供特定服务，其中的产品又包括终端产品、中间产品或零配部件等，服务包括如物流运输、资本营运、金融服务等。

（二）经营主体的主要特征

1. 营利性。经营主体须以营利为目的，虽然经营主体既可以是个体，也可以是企业（合伙、公司）；既可以经营本人投入的财产或资金，也可受托经营其他主体的财产或者资金；经营的对象与形式也可是多样的，但有一点是共同的，即经营主体的经营目的一定是营利性的，即以实现最大化效益或利润为其活动基本宗旨，具体表现为生产商、制造商或加工承揽商须以追求产品生产最大化为目标，而服务商则以实现商业服务利润最大化为基本原则。

2. 独立性。经营主体的生产、经营、管理活动一定是独立的，它具体表现为：(1)主体名义的独立性，即经营主体必须是以自己的名义从事经营活动。(2)权利行使的独立性，即有权对生产、经营、管理享有独立的决策权、决定权、组织实施权等，即通常所说的生产什么、为谁生产、如何生产，经营主体有完全的决定权。(3)营业阶段或环节的独立性，经营主体所处的营业过程是生产、经营、管理阶段或环节，在营业中具有相对独立性，而且是营业中最为重要、核心的环节。正如马克思

〔58〕 参见［美］保罗·萨缪尔森、［美］威廉·诺德豪斯：《经济学》（第17版），萧琛主译，人民邮电出版社2004年版，第94页。

所论述的那样，仅有资本的投入，而无劳动与资本结合下的具体劳动和生产过程，资本所追求的利润与剩余价值，是不能自动产生的。[59]（4）营业成果的独立性，即经营主体所生产的产品或提供的服务等经营成果，与投资主体投入的资本、交易主体交易的标的物，是相对独立的。（5）义务责任的独立性，即经营主体独立承担营业财产或资金的组织、经营、管理、加工、制造、服务等特定义务，并须对生产的特定产品或提供的商业服务承担特定的法律责任，如产品质量责任、商业服务责任等。

3. 生产性。生产性是经营主体最鲜明的特征之一。首先，经营主体所处营业阶段或环节表现为显著的生产性，即前述的生产或服务活动；其次，经营主体所实施行为的生产性，即表现为具体的组织、制造、加工、运输、金融服务等生产活动；最后，经营主体营业成果的生产性，即表现为生产出具体的产品，或提供特定的服务。

4. 营运性。与投资主体之投资行为往往处于某一投入节点不同，经营主体所处的经营阶段和实施的经营管理活动，具有明显的营运过程性特征，它需要把已投入营业领域的财产或资金所具体表现出的资本、劳力、技术、管理等生产要素，根据各自的要素功能和实用价值，进行集合、组织、利用、加工、处分，使原始投入的实物财产、货币资产、生产要素、劳动对象等与劳动力、技术、管理等结合起来，通过一系列劳动、管理过程，最终凝结成具体的产品或特定的服务。因此，经营主体所为的营业均是具体、有形、实在的，且表现为有一定时间跨度的步骤性、程序性和过程性特质，它具有资本要素、劳力要素、技术要素、管理要素与空间要素、时间要素相互酵化的明显营运特征。

5. 职业性。经营中的产品生产与服务提供，均须有特定的职业、技术、能力、知识、手艺、方法，并借助一定的场地、设备等条件，才有转换可能性。经营活动的职业性决定着经营主体的职业性。一方面，它必须以某一具体行业、职业、事项作为自己的经营主业；另一方面，经营主体必须严格依照职业规则、行业规则、技术规则、生产规则等商业规则来行事，不得违反一般的商业规则与常识逻辑。相对而言，前述的投资主体就无此明显要求，投资主体不一定对所投资对象、标的、项目有职业的了解或考察，甚至对所投资的行业与领域完全不知情，但这并不妨碍他们可以成为一切领域、行为或形式的投资者。这是因为，投资主体完全可以把所投入的财产或资金委托给具有专业、职业、经营优势的经营主体去营运，自然，对经营主体的职业性要求，就比投资主体要严格得多。

6. 持续性。与投资的一次性和交易的灵活性不同，经营需要对投入营业领域的财产与资金进行长期营运，才能生产出产品或提供服务，没有稳定、持续、长期的执着于生产与经营，是难以产生预期的经营效益的，故经营主体必须是在一定时期

---

〔59〕 参见［德］卡尔·马克思：《资本论》（第1卷），人民出版社2004年版，第232～244页。

内、以特定职业进行稳定经营的商事主体。传统商法理论与主体框架中要求商事主体必须具有的职业性、稳定性、持续性等特征,应该主要是针对经营主体而言的;但对投资主体、交易主体则不具普遍性,因而没有充分的解释力。

7. 组织性。因为具体产品的生产与特定服务的提供,需要把各种生产要素进行有效集合、组织、管理,更需要历经不同阶段、环节、过程,自然需要有效的组织与高效的管理,这些就需要专业的组织与常设的机构。除非是简单的生产、交易或服务,否则,生产经营活动必须是有组织的活动,经营主体通常情况下也须以组织化的形式表现出来。即使是个体经营或家庭经营,在达到一定规模状态下,实质上也是以组织的形式表现出来,只不过在商事登记上没有表现为组织形式的企业而已。相对而言,投资主体、交易主体则无组织化的要求,尤其是自然人投资人,完全可以单一个体的形式进行。

二、经营主体的法律意义

(一)经营主体的边界范围及理论意义

在传统法学理论上,经营主体只不过是经济法主体、市场主体、特殊民事主体、商事主体等概念的另一种称谓或表述。在民法学者看来,经营主体只不过是特殊民事主体或商事主体的另一不规范称呼而已;在商法学理上,经营主体也经常性地与商事主体画等号,即"凡以营利之目的,以经营一定之商事事业为常业者,皆可谓之商人也"。[60] 有学者甚至认为应当引入经营者这一概念,以之取代传统的商人或商事主体概念;[61] 把经营者定义为"从事商品生产、经营或者营利性服务的自然人、法人和其他组织",并把企业、职业经营者列入特殊商事主体的范畴。[62] 还有学者把经营者界定为企业中从事具体经营管理的高级管理人员。[63]

较早提出经营主体,并对企业经营主体进行系统论述的,是王保树先生所著的《经营法学》一书,并把经营主体表述为"从事以营利为目的的经营活动的民事主体"。[64] 之后,经营主体在经济法语境中经常作为一个经济法主体、经营者的概念或范畴出现,特别是在竞争法、反垄断法中,经营者几乎是一个已成共识的概念与

---

〔60〕 刘朗泉:《中国商事法》,商务印书馆 2011 年版,第 51 页。

〔61〕 参见王建文:《我国商法引入经营者概念的理论构造》,载《法学家》2014 年第 3 期。

〔62〕 参见王建文:《中国商法的理论重构与立法构想》,中国人民大学出版社 2018 年版,第 93 ~ 102 页。

〔63〕 参见彭真明、方妙:《国有企业经营者薪酬的法律规制》,载《法律科学》2011 年第 1 期。

〔64〕 参见王保树等:《经营法学》,法律出版社 1990 年版,第 12 ~ 17 页。

范畴,诸如从事经营活动的个人、[65]经营者集中、[66]经营者合法权益、[67]作为竞争法主体的经营者、[68]网络平台经营者、[69]经营者控制[70]等,所指的经营者皆被界定为从事生产、经营活动的市场主体、竞争主体或经济法主体。此外,在行政法上,经营者也经常被作为被监管的行政相对人,[71]纳入行政法律关系主体的范畴。

在我国政策性文件和规范文本中,存在大量关于经营主体及相关概念的表述与定义,除直接表述为经营主体并有明确定义外,其他如经营者、经营商、经营户、经营机构、生产主体、生产者、生产商、销售主体、销售者、销售商、制造主体、制造者、制造商、营运主体、营运者、营运商、营运机构、供应主体、供应商、供货主体、供货商等,均具有表达经营主体的内涵;又如生产者、生产商、制造商、销售者、销售商等,实为经营主体的某具体形式。

其中,最早出现"经营主体"一词的法律文件为《关于国民经济和社会发展第十个五年计划纲要》(2001年),其中提到"国有资产经营主体";法律中较早出现"经营主体"概念的为《土壤污染防治法》(2018年)中出现的"农业生产经营主体"。如,较早出现"经营主体"概念的《电信条例》(2000年)第15条就有关于"电信业务经营者""变更经营主体"的规定;其他如国务院《营业性演出管理条例》第二章关于"营业性演出经营主体"的规定等。还有国务院《快递暂行条例》第三章关于"快递经营主体"的规定等。至于以"经营主体"冠名的政策性文件或规范文本,代表性的如原信息产业部《关于同意变更移动通信业务经营主体问题的批复》(信部电〔1999〕647号),原国家工商行政管理总局《关于开展依法清理规范食品经营主体资格工作的通知》(工商消字〔2006〕第6号),原国家工商行政管理总局《关于对食品经营主体予以特别标注的通知》(工商消字〔2007〕74号),原国家工商行政管理总局《关于加快建立网络经营主体数据库的通知》(工商市字〔2012〕87号),原国家工商行政管理总局《跨境电子商务经营主体和商品备案管理工作规范》,中共中央办公厅、国务院办公厅《关于加快构建政策体系培育新型农业经营主体的意见》等。

在与"经营主体"相关的表述中,经营者、生产者、销售者、制造商等使用范围与频率均比较高,其中,"经营者"又与"经营主体"的概念与内涵最为接近。从比较有

---

〔65〕 参见李友根:《经营者概念的解释与〈食品安全法(草案)〉的完善建议——基于上海爱邦铝箔制品公司一案的研究》,载《法学家》2008年第4期。

〔66〕 参见王晓晔:《我国反垄断法中的经营者集中控制》,载《法学评论》2017年第2期。

〔67〕 参见李友根:《经营者公平竞争权初论——基于判例的整理与研究》,载《南京大学学报(哲学人文科学社会科学版)》2009年第4期。

〔68〕 参见邹津宁、陈艳:《我国竞争法中"经营者"概念探析》,载《学术界》2011年第6期。

〔69〕 参见叶卫平:《平台经营者超高定价的反垄断法规制》,载《法律科学》2014年第3期。

〔70〕 参见曾晶:《经营者集中反垄断法规制的"控制"界定》,载《现代法学》2014年第2期。

〔71〕 参见杨建顺:《论食品安全风险交流与生产经营者合法规范运营》,载《法学家》2014年第1期。

代表性的几部法律对“经营者”的表述和定义来看,例如,《反不正当竞争法》第 2 条第 3 款,《消费者权益保护法》第 3 条、第 16 条,《电子商务法》第 9 条等,均是从“从事商品生产、经营或者提供服务”的角度来界定“经营者”。又如,《产品质量法》第 2 条、第 3 条及第三章,把生产者、销售者界定为“从事产品生产、销售活动”的主体。可见,在我国政策性文件与规范文本的语境中,“经营者”的定义与前述“经营主体”的内涵基本一致,均系指“从事商品生产、经营或者提供服务的自然人、法人和非法人组织”。

不难看出,笔者所提出的经营主体,与目前民法、商法、经济法、行政法中所提出的特殊民事主体、商事主体、经营者、经营主体等概念的定义与内涵基本一致,与我国现行绝大多数政策性文件、法律、行政法规、部门规章、地方性规范等规范文本所表述或界定的“经营主体”“经营者”等概念的定义与内涵也比较接近,系指从事生产或经营活动、并制造具体产品或提供特定服务的商事主体形式。

如从投资主体与经营主体合一、分离的视角来看待经营主体,经营主体仅指对投资主体投入营业领域的财产或资金进行职业、专业化经营,通过持续、稳定的营运过程生产具体产品或提供特定服务的商事主体,则更能准确地发现商事主体在不同营业阶段的具体表现形式,更能恰当地赋予经营主体以新的主体内涵、特殊地位和制度功能。

(二)经营主体的制度功能与实践意义

把商事主体在营业的经营阶段、环节、状态,抽象地概括或表述为经营主体,与传统、既有商法理论或立法上笼统意义的商事主体相比较,具有如下重要意义:

1. 可更全面、动态、立体地表现商事主体存在形式的多样性。经营主体仅仅只是商事主体在经营阶段、环节、状态的具体表现形式和存在状态,从中可更为清楚地发现民事主体进入营业领域之后在不同营业阶段、环节、状态的具体表现形式,进而区别它们在不同营业阶段、环节、状态的法律关系、法律地位、权利义务、行为模式、责任范围。例如,投资主体之资本权利和资本责任;经营主体之经营权利和经营责任;交易主体之债权关系与债务责任。

2. 可更清楚地认识到经营主体在商事主体中的中心地位。把经营主体从笼统、模糊意义的商人或商事主体中按阶段、环节、状态加以细分和抽象,更有利于凸显经营主体在整个商事主体中的中心地位与重要价值,使我们能比较清楚地看到,没有经营主体的具体生产、经营、管理,没有经营主体所生产的产品或提供的服务,前述投资主体的投资回报就无可能性,后述的交易主体也就没有交易对象与标的。

3. 可更透彻地发现经营主体在商事主体中的实质功能。与投资主体、交易主体相比较,经营主体所处的阶段、环节、状态是传统意义上真正的实业,也是当代所定义的实体经济、实体营业、实体经营。相对于独立的投资主体而言,投资只是为追求价值,但它并没有创造价值,只是为后续价值的创造、产品的生产与服务的凝练提供财产基础、资金启动和物资条件。相对于纯粹的交易主体而言,交易也没有创造新的价值,它仅仅只是通过交换实现了在生产经营阶段所创造的价值。而唯有在经营阶段、环节、状态下,通过经营主体对人、财、物的集合、组织、管理,对财产或资金进行利用和处分,对各种生产要素施加实质性影响,以具体、实质意义的加工、生产、制造,最终凝结成具体产品或特定服务等才可以感受到实在、实态或实体经营的成果。足见,营业中的经营阶段、环节、状态,才是传统意义上商事活动的中心。正是经营在营业中所处的中心地位,才凸显出经营主体在商事主体中的中心地位。(1)经营主体是商事主体的表象。即在多数情况下,商事主体是以经营主体的形式表现出来。(2)经营主体是商事主体的实质。即经营主体的生产、经营、管理,生产的产品与提供的服务,表征了商事主体的实质性特征。(3)经营主体是商事主体的核心。即经营主体前联投资主体,后接交易主体,它把投资主体投入的财产或资金转换为具体的产品或服务,再由交易主体把其推销到市场,无论在过程、环节、位置上,还是在功能上,均居中心、核心的地位。(4)经营主体是商事主体的主导。即经营主体是营业的主导力量,它主导了营业的业态、进程、成果与效益,经营主体的生产效益与服务质量决定投资的收益与利润大小,也制约着交易的效益。可见,经营主体在营业过程与商事主体中,充当着实质、实业、实体、实在营业的主体角色。

4. 可更客观地观察到经营主体在商事主体中的特定职能。尽管经营主体在商事主体居于中心、核心的地位,扮演着重要的角色,但在社会分工与业态细分的营业领域里,经营主体也仅仅只是商事主体前进到经营阶段、环节、状态的一种表现形式和存在状态,如没有投资阶段投资主体的财产或资金投入,经营主体就没有生产、服务的资本基础和物质条件;如果没有交易主体的专业化推销和特定营销网络,经营主体大规模生产的定制产品或同质化的商业服务就难以推向市场,实现如期的效益最大化。可见,把经营主体从抽象的商事主体中按照经营环节予以具体细分出来,更可近乎真实地观察投资主体、经营主体、交易主体在不同营业阶段、环节、状态的角色定位与特定职能。

三、经营主体的源流考察

(一)经营主体的一般演变

最早的营业是交换的出现与商业的产生,故商业被视为经营主体最原始的形式。此时的经营主体仅仅只是包括以营利为目的、以交换为职业、以贸易为形式的商业及附属服务业(如物流、运输、保管)者等;农业、手工业一般是以营生为第一要务,除极少数手工业外,整体性的农业、手工业尚不具有营业性,也就不存在经营性问题。

随着经济的发展和人们生活的需要,手工业也逐渐由营生转型为营业。在我国战国时期,随着手工业发展,用于交换的手工品开始增多;汉代开始,手工业作坊已具有明显的营利性质;[72]唐宋时期,手工业作坊因规模扩大,转型为手工工场;[73]至明清,更在江南一带和矿产地区产生了手工业工厂与矿厂等经营性组织。[74] 在古代西亚与近东,就有比较发达的手工业制造;在古罗马,有十分发达的手工业生产和小商品经济;至中世纪欧洲,特别是地中海和西欧,沿着手工作坊→手工工场→制造工厂的基本轨迹,完成了由传统手工业向近代制造业的转型;[75]至近代,随着17世纪公司的定型、18世纪工业革命的开始和商业银行的出现,制造工厂向大型机器工厂和大工业转型,[76]以生产、制造为主体的现代厂商与服务商,成为近代经营主体的主导形式。

随着营业的渗透,许多传统不具有营利目的性的行业、领域或部门,如农业、教育、文化、体育、卫生、家政等,也不断由营生向营业转型,特别如农业的集约化、规模化、工业化、企业化,彻底改变了传统生产型、赋税型、营生型农业的性质与形式,在企业制度与工业技术的渗透、推动、改造下,农业(生产食品与其他农业初级产品)也迅速成为重要的营业领域,农业经营主体也成为当代最重要的经营主体类型。[77] 因此,在当代,经营主体几乎涉及每一社会领域,而在互联网、移动通信、物联网、人工智能技术的助推下,"经营主体+互联网"及各种新型网络经营主体更是方兴未艾。[78]

(二)经营主体的发展轨迹

经营主体的发展大致可分为以下四个不同阶段:

1. 自投自营、自产自销的全能型经营主体

17世纪以前,除极个别情形外,多数营业中的投资、经营、交易是完全合一、混

---

〔72〕 参见吴慧主编:《中国商业通史》(第1卷),中国财政经济出版社2004年版,第197~200页、第371~378页。

〔73〕 参见吴慧主编:《中国商业通史》(第2卷),中国财政经济出版社2006年版,第64~107页、第441~447页。

〔74〕 参见王守中:《明清时期手工业生产中承包制和股份制的萌芽》,载《文史哲》1999年第4期;彭南生、张杰:《近代城市手工业形态及经营方式——以近代成都手工业为例》,载《江苏社会科学》2015年第5期。

〔75〕 参见徐浩:《中世纪西欧工商业研究》,生活·读书·新知三联书店、生活书店出版有限公司2018年版,第277~333页。

〔76〕 参见[德]卡尔·马克思:《资本论》(第1卷),人民出版社2004年版,第427~580页。

〔77〕 参见刘雪梅:《农业经营主体论——基于民法的视角》,法律出版社2014年版,第4页以下。

〔78〕 参见赵旭东主编:《中华人民共和国电子商务法释义与原理》,中国法制出版社2018年版,第47~53页;郭锋等:《中华人民共和国电子商务法法律适用与案例指引》,人民法院出版社2018年版,第129~146页。

同的,投资主体把财产或资金投入营业领域以后,基本是自行经营;所生产的产品或提供的服务,也是自行或直接推销到市场,营业的整个过程和所有环节基本上呈现明显的"自投自营、自产自销"模式。在此情形下,营业中的投资主体、经营主体、交易主体均集于同一主体。

2. 投营分离、自产自销的主业型经营主体

17 世纪以降,随着企业特别是公司等商事组织的出现,尤其是证券市场的诞生,以证券市场中股民为代表的投资主体,首先与公司相分离,公司逐渐扮演着与股东独立、且职能主要为生产或经营的经营主体功能。之后,随着期货市场、商业银行、货币市场、物品市场和各种投资市场的出现,投资主体只求投资回报而不参与经营或不直接参与经营的情况越来越多,独立于经营主体的投资主体也就越来越普遍。至 19 世纪中期,随着第二次工业革命的推进,新型工业已完全突破了传统商品贸易、手工业生产经营的一般性知识、技术、职业限制,新兴工业部门的技术、职业、行业准入门槛越来越高,许多投资者已缺乏直接投资经营的门槛条件,间接投资不仅是一种无奈,更是一种比较可行的选择。在此情形下,营业中的"投营分离"已成为一种常态,企业、专业经营者等经营主体,获得与投资主体独立的主体角色、身份、地位、资格、行为、权利、义务和责任。尽管如此,经营主体仍维持着"自产自销"经营模式,即在生产产品或提供服务的同时,又自行把其生产的产品或提供的服务推销到市场,经营主体同时也是交易主体。[79]

3. 投营分立、产销分离的专业型经营主体

19 世纪中叶以后,随着生产的规模化和社会分工的不断细化,生产与服务的专业化程度越来越高,对特定企业等经营主体而言,要单靠经营主体本身的力量、信誉、手段,把规模化的产品和庞大网络的服务直接推销给市场,不但会产生极高的营销成本,而且有时因信息不对称和利益纠葛,即使付出巨大的推销成本,可能也难以把自己的产品或服务成果打入市场。在此情形下,通过代理、行纪、经销、中介等专业营销商、销售商的代理营销行为,可产生事半功倍的显著效应。诸如汽车、家用电器等经销模式的出现,使营业中的经营与交易环节由传统的合一、混同走向分离、独立,纯粹的交易主体之独立性得到进一步的认可。营业中在出现"投营分离"后,又发展到"产销分离"的新阶段。[80] 经营主体与交易主体再度分离、独立。

4. 经营环节再次分工与适度分离下的分工型经营主体

20 世纪中叶开始,随着世界分工和产业格局的重组,生产要素、原料配件、产业链条、资源组合、供应业态由一国、地区走向全球化,具体的生产经营环节,再度因分

---

〔79〕 参见余兴发:《工业自营的组织体系及经营方式研究》,载《上海企业》1998 年第 7 期。

〔80〕 参见蒋铭:《效率革命与保险业产销分离》,载《中国金融》2015 年第 24 期。

工和比较优势的需要而发生分离,由某一经营体生产产品所需全部配件或要素的全能型、全业型、全链型企业已经越来越少,生产经营环节内部再次出现分工与适度分离,涌现出如下几种典型的分离模式:(1)总装模式。典型的如波音、空客等航空企业,汽车、电器、AI产业,选择从最早的投资设厂到配件外购、定点制造、供应商和合作伙伴等多种分工合作模式,这就出现了中间产品、零配件与终端产品生产之间的分离。[81] (2)代工模式。某些拥有强大技术研发控制能力、产品设计能力、品牌效应能力、驰名商标等市场优势资源的企业,通过控制市场的品牌、设计、定价、销售等核心环节,把整个产品或服务的生产、制造全部委托给其他企业代理加工。[82] (3)联合模式。由若干企业联合起来,进行一定范围的分工,共同生产某一产品或提供某一项服务的分工经营模式。[83] (4)网络平台生产经营模式。(5)其他经营分离模式。在新型经营环节分离情形下,生产相同或相关产品、提供相同或相关服务的经营主体与经营主体之间也因分工、分层而走向独立、分离。

四、经营主体的具体形式

按照不同的标准或特定视角,经营主体可表现为多种不同具体形式。

(一)经营主体的原生形式

按经营主体的原生表现形式,可把其划分为自然人个体经营主体、家庭经营主体、企业经营主体和国家经营主体。在17世纪以前,人类社会的主要经营形式是自然人个体与家庭,自然人个体经营主体与家庭经营主体也就长期在营业领域占有主导地位。17世纪以后,随着公司的出现与公司组织的主体化、人格的独立化,以公司为代表的企业成为主要经营主体。19世纪末开始,国家直接投资经营的情形开始出现,并于20世纪30年代以后,特别是20世纪50年代以后,成为一种世界性的潮流,国家也就成为重要的经营主体。

(二)经营主体的组织形式

按组织形态,经营主体可分为自然人个体与企业(组织)两大类。

1. 自然人个体经营主体。家庭基于血缘或亲缘形成的亲属共同体,与基于合意、结社而设立的社会组织有本质上的不同,故无论社会学上,还是法学上,具有自组织特质的家庭皆属于自然人主体的延伸部分,家庭经营主体也被纳入自然人个

---

[81] 参见刘戒骄:《生产分割与制造业国际分工——以苹果、波音和英特尔为案例的分析》,载《中国工业经济》2011年第4期。

[82] 参见刘志彪:《中国沿海地区制造业发展:国际代工模式与创新》,载《南开经济研究》2005年第5期。

[83] 参见冯金华:《单一生产、联合生产与价值决定》,载《学习与探索》2013年第1期。

体经营主体的范畴。

2. 社会组织类经营主体。社会组织具体表现为一般社会组织与国家（政府）之超社会组织两种形式。就一般社会组织而言，又可分为营利组织与非营利组织、法人组织与非法人组织等。但是，经营主体必须实施具体的生产经营行为、生产出具体的产品或提供特定的服务，非营利组织的组织属性、业务范围与之存在根本性冲突，在某些法律允许的领域、行业、部门，可以成为营利性投资主体，但绝对不可直接参与营利性经营，不可成为经营主体。国家作为超社会组织，是全体社会和国民利益的总代表，与追逐私益最大化的经营存在本质上的冲突，在理论上和立法上均不能直接从事具有营利性的具体经营活动。但是，国家（政府）基于特定目的或职能需要，又必须在某些特定领域、行业、部门进行必要的营业性投资，为解决国家（政府）营业性投资与不能直接参与营利性经营之间的矛盾与冲突，国家（政府）就只能通过投资创设国家出资企业的形式，把国家（政府）定位为国家出资企业的出资人（股东等），由企业以经营主体的名义进行独立经营。可见，在所有社会组织或超社会组织国家中，只有营利组织即企业才可成为经营主体。

（三）经营主体的人格形式

按照人格属性，前述经营主体中的自然人个体与企业，又可分为商个人、商合伙、商法人。

1. 商个人。作为经营主体的商个人，包括自然人个体、家庭、以自然人登记的个体工商户、自然人独资设立的个人独资企业等。

2. 商合伙。即包括除个人独资企业之外的所有非法人企业，应适用有关合伙规则来处理非法人企业经营主体的债务责任。

3. 商法人。即法人企业或企业法人，具有独立的组织人格，它又包括前述公司与非公司企业法人两大类，是经营主体的主流形式，能独立承担经营责任。

（四）经营主体的功能形式

按照经营主体与投资主体之间的分离关系及制度功能，可把经营主体划分为自营经营主体与他营经营主体。

1. 自营经营主体。又称自行经营者，即投资主体自行或直接对自己投入的财产或资金进行经营的经营主体。此类经营主体，实质就是投资主体自己，投资主体与经营主体完全合一、重叠。前述各类经营主体中，自然人个体、家庭、个体工商户、自然人独资企业、普通合伙企业、部分股东人数极少的有限责任公司（如一人公司）等经营主体，均属于自营经营主体。从时间上看，17 世纪以前，人类社会的绝大多数经营主体均属于自营经营主体。

2. 他营经营主体。又称受托经营主体，即接受投资主体的一般委托或特别委托,对投资主体投入的财产或资金进行独立、自主经营或营运的经营主体。受托经营主体包括如下具体形式:(1)企业经营主体。对企业出资人而言,企业就是相对独立于出资人、并通过概括性的委托,由企业代表全体出资人对外进行经营的经营主体。(2)承包经营主体。诸如企业承包经营者、[84]农村承包经营户、[85]各种新型农业经营主体(包括专业大户、家庭农场、农民合作社和农业企业)等[86],均属于承包经营主体的范畴。(3)租赁经营主体。诸如企业厂房及商业场地的租赁经营者;[87]各种航空公司飞机或汽车的租赁经营者;各种工程、装备的租赁经营者;等等。[88] (4)信托经营主体。即以受托人的名义独立对该信托财产进行经营,经营所得依约归属受益人的经营主体。[89] 如证券投资基金的基金保管人(商业银行)、基金管理人(证券公司或信托投资公司),专门负责理财、股权营运的证券公司或信托投资公司等,均属于信托经营主体的范畴。(5)托管经营主体。即接受委托人(一般为投资主体或经营主体)的全权委托,为委托人的利益和托管财产、企业效益的最大化,在不改变财产所有权或企业财产归属的情形下,以托管人的名义或商号独立对该托管财产或企业进行经营,经营所得依约在委托人与托管人之间分配的经营主体。[90] 目前,餐饮、酒店、旅游、商场等领域,驰名品牌型、资源优势型、业务网络型的企业,[91]作为托管经营主体比较普遍。(6)其他受托经营主体。如代工企业等。

(五)经营主体的职能形式

按照经营主体在生产经营中所扮演的角色和经营的具体成果之不同,可把经营主体划分为生产制造商和特定服务商两大类。

1. 生产制造商。即以具体的生产、制造、加工为基本经营形式,以生产、制造具体的产品为经营成果的经营主体类型。它包括农业生产商(生产农业食品与农业初级产品等)、工业制造商(制造各种工业品)、公用事业商(如水、电、气、油等生活必需品的生产)、设备制造商(制造各种生产农业、工业产品的设备与机器)等。

2. 特定服务商。即以凝练人力资源、专业知识、特殊技能、商业秘密、先进理念,

---

〔84〕 参见于远河:《也谈个人承包经营企业的主体资格》,载《政治与法律》1989 年第 2 期。

〔85〕 参见袁震:《论"户"的主体构造及相关土地承包经营权益冲突》,载《河北法学》2013 年第 9 期。

〔86〕 参见孔祥智:《新型农业经营主体的地位和顶层设计》,载《改革》2014 年第 5 期。

〔87〕 参见侯水平:《租赁经营企业的债权债务主体及其他》,载《现代法学》1990 年第 2 期。

〔88〕 参见邓自力:《论租赁经营的诉讼主体资格》,载《现代法学》1994 年第 6 期。

〔89〕 参见朱小川:《营业信托法律制度比较研究——以受托人信用为中心》,法律出版社 2007 年版,第 7 ~ 26 页。

〔90〕 参见尹春兰:《企业托管经营初探》,载《生产力研究》1998 年第 1 期。

〔91〕 参见朱承强、吕丽莉:《中国高星级酒店业主与国际酒店管理集团的委托管理关系研究》,载《旅游科学》2011 年第 3 期。

并借助一定的场地、设施、技术、装备，为社会提供特定的商业服务之经营主体类型。它包括物流运输商（如铁路、民航、公路、水运、海运、管运、邮政、快递等运输商等）、资本营运商（如证券公司、信托投资公司等）、金融服务商（如商业银行、保险公司、期货公司等）、信息服务商（如电信服务商、网络服务商、电视服务商等）、其他服务商等。

（六）经营主体的业务形式

按照经营主体所在的具体领域、行业、部门以及经营的具体事项，可把经营主体划分为一般经营主体和特殊经营主体两大类。

1. 一般经营主体。即在一般领域、行业、部门并以一般事项作为经营主业的经营主体。一般经营主体只需经登记或在豁免登记情形下无须登记，取得一般营业资格就可从事经营活动。

2. 特殊经营主体。即在特殊领域、行业、部门并以特殊事项作为经营主业的经营主体。特殊经营主体除须经登记取得一般营业资格外，还须通过行政许可或特许经营招标程序，方可从事特定事项的经营活动。如金融服务类、交通运输类、公用事业类、食品药品类、军工类和其他涉及国家安全、社会公益的营业事项，一般需要取得特别营业资格，取得此类特殊营业资格的主体（一般为企业），即为特殊经营主体。

五、经营主体的发展趋势

经营主体作为商事主体在经营阶段、环节、状态中的具体表现与主导形式，在当代商事主体结构中，存在如下明显的发展趋势。

（一）企业已成为经营主体的主导形式

如前所述，由于企业的组织性和无可比拟的制度优势，无论哪一种经营主体类型，均以企业为基本存在形式，或企业在其中占据主导性地位。

（二）生产制造商的业态形式发生重大结构性变化

在当代，生产制造商作为经营主体的主角和中坚，存在如下重大结构性变化：

1. 全领域介入导致生产制造商的宏观结构发生颠覆性变化。生产、制造已完全突破了传统的手工业生产、大工业制造等领域，向农业、牧业、林业、渔业、教育、科学、文化、体育、卫生、公用事业等所有传统非营业领域渗透、扩张，生产商、制造商已融入社会生产或生活的每一个领域、行业、部门、角落。

2. 分工分离使生产制造商内部呈现明显的微观结构性特征。如前述生产商、制造商内部因世界统一市场的形成、生产要素在全球内自由配置、产业链延伸至不同国家或地区、生产与分工的跨境化与国际性等,呈现了诸如总装生产、代工制造、联合制造等新型经营模式,[92]出现了终端产品总装公司、代工制造企业、联合生产制造共同体等新型经营主体。

(三)新型服务商不断涌现并推陈出新

以新式物流运输、资本营运、金融服务、信息服务、网络服务、物业管理、家政服务等为代表的新型服务商不断涌现,服务种类、形式不断更新,服务业态不断变化,各种新型服务商持续推陈出新,使服务业比肩生产、制造业,成为国民经济的重要领域与部门。

(四)互联网经营主体的崛起导致经营主体的虚拟化与无店铺化

互联网使生产、制造、服务实现电子化、信息化、远程化、无纸化、虚拟化,特别是虚拟化导致传统实体、实店、实地、实物经营,走向无体、无店、无地、无物经营,经营向虚拟化与无店铺化发展,一大批通过域名、账号注册的无登记、无店铺的虚拟经营主体得以出现。这不但给传统商事登记带来巨大挑战,[93]使互联网上经营主体的商事登记注册发生深刻的变化,[94]而且虚拟经营主体中的组织虚拟、功能虚拟、员工虚拟、财产虚拟、资格虚拟、意思虚拟等,使电子营业执照、身份披露、营业地信息、法律责任等新的立法问题[95]也面临前所未有的挑战。

第三节 交易主体

一、交易主体的法律界定

(一)交易主体的一般含义

交易主体是一个比较泛化且很难准确定义的概念与范畴。制度经济学的代表人物康芒斯曾于1934年在《制度经济学》中,首次提出"交易"这一经济学范畴,他把交易与生产(劳动)相对应,认为其是人类经济活动的基本单位。[96] 在汉语的通

---

[92] 参见刘清、郑胜利:《代工生产与跨国公司生产方式变化趋势》,载《经济管理》2007年第15期。

[93] 参见高富平:《在线经营主体身份认证》,载《河北法学》2007年第4期。

[94] 参见彭启蕾、张春晓:《"互联网上经营主体"的工商注册、税务登记备案制度研究》,载《理论探讨》2007年第4期。

[95] 参见孙占利、左海聪:《虚拟经营主体若干法律问题探析》,载《求索》2008年第8期。

[96] 参见[美]康芒斯:《制度经济学》,于树生译,商务印书馆1962年版,第70~74页。

识性含义中，交易一般被解释为“买卖商品”、“商品买卖”或“生意”。[97] 在学理上，交易一般是指不同主体之间有关以特定标的物为交易对象所进行的一系列交换活动和实施的一系列行为之总称，故交易既可指主体之间的一系列交换活动，也可指主体之间的一系列行为，还可指主体之间形成的交易状态或结成的交易关系。从事交易活动的主体，则为交易主体。

交易主体有广狭之分。广义的交易主体，系指所有参与市场交易的主体，它既包括营业交易，也包括非营业交易；而狭义的交易主体，仅为参与营业交易的主体。以下如无特别指出或说明，交易主体一般是指狭义即在营业视角下进入营业领域、参与营业交易的主体。它具有营利性、交换性、中间性、投机性等明显特征。

（二）营业视角下的交易主体

即使如前述的狭义交易主体，即参与营业交易的主体，也非商法意义且具有商事主体身份的交易主体，如一般消费者虽然参与了营业交易，只是商事法律关系中的主体，但并非学理、立法意义上的商事主体。因此，商主体意义上的交易主体，就须从营业的视角下予以特别限定，否则，一个泛化的交易主体既不能归类于商事主体的范畴，也无法显示其与前述投资主体、经营主体的独立地位与特定价值。营业、商法、商事主体意义上的交易主体，应具备以下几个基本要件：

1. 进入营业领域并已转换为商事主体。即使参与了营业交易，但如该一般民事主体并无处分财产或权益进而进入营业领域的意图或行为，其交易就属于消费型交易，而非营利交易，则不应属于商法、商主体意义上的交易主体。只有处分自己的财产或权益进入营业领域、作为投入资本，才是商法、商主体意义上的交易主体。

2. 交易的标的物已不限于商品。交易的标的物包括进入营业领域的各种商品（表现为有体财产的物品或产品）、资本、资本证券、货币、货币证券、知识产权、信息（各种商品化的数据、信息等）、虚拟财产、各种具有特定劳动凝结物的商业服务、其他商品化的标的物等。凡进入营业领域、参与前述所列标的物的交易者，均可纳入商法、商主体意义上的交易主体范畴。

3. 具有独立实现交易标的物价值或增值的主体功能。营业视角下的交易主体，是按照“始于投资，形于经营，成于交易”这一营业的基本流程、主要阶段和核心环节，来划分投资主体、经营主体、交易主体在每一个营业流程、阶段和环节的基础地位与核心功能。交易主体的核心功能在于把经营主体创造的新价值通过专业性的交换活动予以实现。在营业视域下，交易主体虽处在营业的最后阶段和末端环节，却又是最关键、最具实质意义的一个角色，没有交易主体通过交易把产品或服务推

---

〔97〕 参见中国社会科学院语言研究所词典编辑室编：《现代汉语词典》，商务印书馆2012年版，第647页。

销到市场,经营主体创造的新价值就无法转换为现实财富和效益,投资主体的资本回报与收益最大化最终也难以如期实现。可见,交易主体是处于营业的最后阶段和末端环节、具有独立实现交易标的物价值或增值转换功能的特定主体。

4.以从事营业交易为基本职业。在营业领域、商法理论、商主体结构视野中,在一般情形下,进入营业领域的民事主体,在投入财产与资金后,基本是自行经营、自产自销,即前述的投资主体、经营主体、交易主体合于一身,但近代以来,营业中的投资、经营、交易存在适度甚至明显的分工、分离和分立的现象。虽然在投资、经营、交易存在分工、分离、分立的情形下,投资主体、经营主体本身也要参与各种交易活动,实施各种交易行为。例如,投资物品的投资主体,就是通过物品的多重交易完成;经营主体在生产经营中原材料、要素的采购和技术的转让等,也需通过交易才能完成,自然也不排除投资主体、经营主体在投资、经营中充当或扮演着各种交易主体的角色。但是,它们均只是以交易作为手段或工具,并非以交易为基本职业,自始至终持续地、稳定地、专注地以交易为基本职业的商事主体只有交易主体。因此,营业意义上的交易主体乃专指以从事营业交易为基本职业、且一以贯之以交易为基本营业形式的商事主体。

基于以上基本要件,笔者认为,营业视角下的交易主体,是特指或专指进入营业领域参与营业交易、居于营业的最后阶段和末端环节、具有独立实现产品或服务等营业交易标的物价值或增值的财富或效益转换功能、以从事营业交易为基本职业的商事主体类型。

二、交易主体的法律地位

(一)交易主体在营业中的地位

通过前面的分析,就能比较清晰地认识到交易主体在营业中的地位,可作如下表述:(1)交易主体是已进入营业领域并已转换为商事主体的民事主体;(2)交易主体所参与的交易应为包括各种商品、商业服务、已商品化的各种标的物、各种具有营利或增值可能性等营业交易;(3)交易主体居于营业的转换流程、最后阶段、末端环节;(4)交易主体的主体功能是实现经营成果(产品或服务)价值、增值的财富或效益转换;(5)交易主体以营业交易为基本职业。足见,交易主体虽处于营业的转换流程、最后阶段、末端环节,却是营业整个流程、阶段、环节中不可空缺的角色。正是交易主体通过自己的职业推销,借助自己的专业知识、特定手段、技术设施、必要场地、营销网络、销售方法等支撑条件,把投资、经营形成的各种产品或商业服务推销给市场,以收回货币、资金回笼等形式,转换为可以货币单位计算、量化的财富和效益。因此,交易主体在营业中具有不可或缺的地位与作用。

(二)交易主体在商事主体中的地位

在传统民法、既有商法的理论与立法框架里,交易主体是被泛化的民事主体或商事主体的代名词,在民法学者看来,交易主体属于合同所生债权债务关系的主体范畴。[98] 在既有商法的语境里,交易主体几乎被认定为与商人、商主体具有等值意义,部分学者甚至还借助交易活动来定义商事主体,如有学者认为现代商人法、商法应以规范市场交易主体为主要对象和基本任务;[99] 有学者认为商主体即参与交易关系的主体;[100] 还有部分学者干脆把商事主体直接界定为从事市场交易的商人,[101] 或者认为商人、商主体或商事主体就是"在市场中交易的组织或个人"。[102] 在商法领域,关于交易主体的更多分析与论述,是在证券交易、内幕交易的语境中来讨论交易主体的身份、地位、资格、行为、权利、义务、责任问题。[103]

在我国政策性文件和立法文本中,因并无严格意义上的商事主体之一般概念与特定范畴,涉及交易主体及相关概念,绝大多数情形下或者具有内含商事主体的意义,或者属于理论或立法意义商事主体的范畴,且对交易主体及交易主体相关概念有多种不一致的表述,内涵也存在明显差异。除交易主体(交易者、交易商、交易机构等)外,还包括诸如贸易主体(贸易者、贸易商、贸易机构等)、销售主体(销售者、销售商、销售机构等)、代理主体(代理人、代理商、代理机构等)、经销主体(经销者、经销商、经销机构等)、行纪主体(包括行纪商、行纪人、行纪机构等)、经纪主体(经纪人、经纪商、经纪机构等)、中间主体(中间商、中间人、中间机构等)、中介主体(中介商、中介人、中介机构等)、进口主体(进口者、进口商、进口机构等)、外贸主体(外贸商、外贸机构等)等主体概念或范畴,足见涉及面之广泛、内容之庞杂、称谓之混乱。

我国商法学理和相关规范文本,在使用交易主体及相关概念时,按与商事主体之间的关系,大致包括如下情形:(1)交易主体被泛化,把所有参与社会交往或民事交易的主体都罗织至交易主体的概念口袋,交易主体事实上成为商事主体的上位概念。(2)把交易主体等同于市场主体或商事主体,如前述学者观点和部分规范文本。(3)交易主体或相关概念属于商事主体范畴,但并不包括全部商事主体。

---

〔98〕 参见丁南:《论公信力与交易主体的善意——从民法信赖保护角度的阐释》,载《社会科学战线》2004年第2期。

〔99〕 参见郑少华、金慧华:《试论现代商人法——规范市场交易主体的新模式》,载《北京商学院学报》1995年第2期。

〔100〕 参见薛有志:《论商主体的交易关系》,载《税务与经济》1996年第1期。

〔101〕 参见徐学鹿:《商法总论》,人民法院出版社1999年版,第187页。

〔102〕 参见徐学鹿、梁鹏:《商法总论》,中国人民大学出版社2009年版,第296页。

〔103〕 参见曾洋:《证券内幕交易主体识别的理论基础及逻辑展开》,载《中国法学》2014年第2期。

(4)交易主体下属的相关概念或范畴,如代理商、贸易商、销售商、行纪商等,总体仍然属于商主体的范畴。(5)交易主体只在特定的资本、证券、期货、货币等金融市场上使用,如证券交易主体。可见,前述对交易主体的定义、解释或使用,既偏离了交易主体的一般内涵,甚至也偏离了交易主体特定汉语词义范畴,总体上是混乱、不规范和不精准的。

笔者认为,交易主体在商事主体中的应有地位,应从前述不同营业流程、阶段、环节中商事主体的角色、身份、地位、功能等事实逻辑层面出发,才能予以恰当的定位与解释。(1)商法、商主体意义的交易主体,首先应是进入营业领域、参与营业的交易主体,不包括泛义上其他没有进入营业领域(判断标准应视有无营业投资意思、行为或事实而定)但参与一般社会交往、民事交易甚至营业交易的普通民事主体。(2)商法、商主体意义的交易主体,虽总体属于商事主体的范畴,并非商事主体全部;也就是说,交易主体属于商事主体,但并不意味着商事主体就是交易主体。如纯粹意义的投资主体或经营主体,有时并不一定参与具体的营业交易,但它仍属商事主体的范畴。(3)商法、商主体意义的交易主体,应为营业过程中居于转换流程、最后阶段、末端环节的功能型交易主体,而不是泛指在整体营业领域或营业环节中参与交易的主体,它具有特定的角色性、地位性、功能性。(4)商法、商主体意义的交易主体,应是在营业领域里以从事营业交易为职业的商事主体。它包括两种情形:一是营业中投资、经营、交易等环节或业态合一或交织在一起的综合型营业,此时投资主体、经营主体、交易主体完全是合一和重叠的;二是营业中的投资、经营、交易等环节或业态存在分工、分离、分立时的专业型营业,则投资主体、经营主体、交易主体呈明显的分工、分离、分立状态,交易主体则系指在营业中居于末端环节、以从事营业交易为职业的商事主体类型。

三、交易主体的源流考察

(一)交易主体的历史演变

人类最早的交易主体无疑应是人类跨入文明门槛时产生的商业和从事职业交易的商人,恩格斯从人类社会的第三次大分工出发,认为商业从农业、手工业中分离出来,并进而"创造了一个不再从事生产而只从事产品交换的阶级——商人",[104]这一职业形式的商人就是人类最早的交易主体。传统意义上从事交换、买卖、生意之人,均是指这种以商品交换为职业的交易主体,历史教科书和各种经济史所描述的古埃及、远古西亚和近东、古巴比伦、古希腊、古罗马以及中国商代、西周

---

〔104〕《马克思恩格斯选集》(第4卷),人民出版社2012年版,第182页。

之前的商人,均为此原生状态下的交易主体。[105] 这些专门从事交易、买卖的职业型商人,“首先专心致志于交易,他们的任务不是制造,而是买进和卖出”。[106]

但在古埃及、古巴比伦时期,约公元前30世纪起,手工业从营生开始部分走向营业,以营利为目的的手工业者同时也兼营销售,出现职业的买卖商人、贸易商人与手工业商人并存的局面。在欧洲中世纪,以城市为依托的手工业者开始职业化、营利化和营业化,“手工业自身复杂性以及从事手工业的工匠的专业性的增加”,使纯粹维持生计的家庭手工业逐渐向营利性作坊手工业、工场手工业发展。[107] 在古代中国,诸如用于交换的酿酒、青铜、纺织、制陶和各种日用品的生产制造,至迟在商代就已经开始;[108] 约在唐宋时期,随着城市坊市制和行市的定型,手工业与商业得以混同经营,由前店后坊发展到前店后厂、再由前店后厂发展到专店专厂,手工业经营者、作坊、工场、工厂同时也是自营交易者。[109] 职业型交易主体与兼营型交易主体并存在。

18世纪开始的工业革命,大工业工厂生产代替了原有小规模手工业制造,工业制造的规模化、定制化,需要产品推销、销售的专业化。[110] 在此情形下,各种综合性的集中市场、贸易商、商场(如百货商店、综合食品店、综合杂货店)、卖场(各种商品的集中性和稳定性交易市场)、商行、代理商、买办商得以兴起,延续传统以交换为基本职业、以推销近代各种工业品或服务为主要内容、融合近代以来专业技能和销售模式、通过更为固定的商场或销售网络的专业交易主体群正式形成,[111] 专业型交易主体再次与各种近现代制造业、服务业适度分工、分离、分立。

20世纪中叶以来,随着大型企业与跨国公司市场版图的不断扩张,各种为大型企业与跨国公司提供专职、配套服务的专卖店、经销商、地区代理商、大型商场、大型超市得以大量出现。交易主体进入专业专卖商时代。

20世纪80年代开始,随着计算机、互联网、移动通信、物联网、人工智能等信息、网络、智能技术的发展,交易主体迅速转型为网络交易主体。

(二)交易主体的发展轨迹

从职业型商人产生的那一天开始,交易主体大致是沿着“独立职业型→兼营混

---

[105] 参见何勤华、魏琼主编:《西方商法史》,北京大学出版社2007年版,第2页以下。

[106] 参见[法]保尔·芒图:《十八世纪产业革命——英国近代大工业初期的概况》,杨人楩等译,商务印书馆1983年版,第297页。

[107] 参见[英]诺尔曼·庞兹:《中世纪城市》,刘景华、孙继静译,商务印书馆2015年版,第108~121页。

[108] 参见祝慈寿:《关于中国古代手工业的起源、发展和演变》,载《财经研究》1985年第5期。

[109] 参见于海平:《唐宋时期江南手工业发展的原因探析》,载《东南文化》2008年第2期。

[110] 参见钱慧敏:《工业品的推销》,载《销售与市场》1996年第1期。

[111] 参见王骐:《工业品营销中的分销模式探索》,载《华东经济管理》2003年第3期。

合型→多元专业型”这一基本轨迹在不断演化、发展。

1. 完全独立的职业型交易主体阶段

此一时期的营业状况大致为商业的出现至手工业营业的开始；时间跨度大约为自人类跨入文明门槛至公元前30世纪。这一阶段的交易主体是以独立的职业商人身份、地位出现的，基本特征为：(1)此一时期的营业、商业、交易基本为同一概念或具有同质性。商业是这一时期营业的唯一或主导形态，而商业又是以交换、交易的形式出现，只有交易才具有鲜明的营利目的性。(2)商人、交易主体、商事主体具有同一性或同质性。即从事交易的主体就是商人，而商人就是商事主体。(3)交易主体是此一时期的唯一商人，因而也是唯一的商事主体类型。即此一时期，唯有商人是为营利而进行交换，而其他如农业(主要为种植业、牧业、渔业)、手工业，均以营生(以解决个体生存、养家糊口)为第一要务；即使存在偶尔的交换，也仅为营生的需要，而无明显的营利目的性。(4)交易主体是此一时期商事主体的集合体。即兼具投资主体、经营主体、交易主体三者的全部功能；为了交易，商人就须有投入，投入之后，商人又须自行经营，而经营的主要形式就是交易，即从最初的简单商品买卖到后来复杂的商品、服务交易等。

2. 职业型交易主体与兼营型交易主体并存阶段

此一时期的营业状况为部分手工业营业的转型至近代大工业的普及；时间跨度约为公元前30世纪至19世纪中叶。这一阶段的交易主体实际上既延续有原职业型的交易主体，同时也存在手工业者、生产商、制造商兼营交易的兼营型交易主体，明显出现交易主体与生产商、制造商混同的现象。具体表现为：(1)传统职业型商人随着业务的扩大、海外贸易的拓展、手工业与制造业的兴盛，无论是交易业务的规模，还是交易的组织形式，均发生颠覆性变化，从中世纪的商业组织、商业公会、商业同盟、商业公司，到近代的商业公司、商会组织等，传统职业交易商、买卖商也向近代贸易商转型和发展。(2)在古代手工业营业到近代大机器工业制造，伴随着手工业品、工业品原料环节的采购和成品环节的销售，手工业者、生产商、制造商同时必须兼营交易业务，且以兼营型交易主体的角色或身份普遍地存在。(3)贸易商以更为高级的形式与手工业者、生产商、制造商进行合作，衍生出诸如综合商场、代理商、买办商等专门为手工业者、生产商、制造商进行对口推销产品或服务的新型交易主体。(4)随着企业组织的出现，交易主体也相继由个体商人和家庭商户转型为商业公司、贸易公司，特别是17世纪以后，各种海外贸易公司和商业殖民公司成为近代营业最先企业化、公司化的急先锋。

3. 新型专业型交易主体阶段

此一时期的营业状况是营业的普及化、世俗化、工业化、国际化，时间跨度应为19世纪中叶之后。这一阶段的交易主体又逐步走向与投资、经营的深度分工、相对分离、适度分立，交易主体与投资主体、经营主体之间的相对独立与适度分离，特别是交易主体与经营主体的相对分离，已越来越普遍。其中最根本的原因，在于新兴制造业特别是19世纪大型制造业的兴起，制造业的规模化、专业化、精细化、技术化，导致生产商、制造商必须把主要财产与精力放在生产制造或技术升级环节，没有更多的时间、精力、财力、物力用于推销产品或开拓市场，而这些正是贸易商、买办商、异地代理商的职业专长和比较优势。基于各自的比较优势、互利双赢的需要，生产商、制造商负责产品的生产与制造，贸易商、买办商、代理商、经销商则利用自己的营销经验和销售网络负责把各种工业品、服务品推销到市场，一种融合各自需求和利益的新型专业交易模式得以出现，而其组织载体就是新型专卖商、经销商和总代理商。[112] 生产商、制造商原有的交易业务或部门也逐渐被剥离出去，或独立成立新的经销公司，或自立门户，或与其他具有代理性质或功能的公司合并，交易主体逐渐与经营主体再度进行更高形式的分离。[113]

四、交易主体的具体形式

同前述投资主体、经营主体一样，交易主体也可从不同标准进行类型划分，并作体系建构，诸如原生形态的自然人个体、家庭、企业、国家等，人格属性的自然人、法人、非法人组织等，组织形式的自然人、社会组织等，以下重点阐述几种有代表性的交易主体形式。

（一）交易主体的营销形式

按照交易主体推销商品或服务的形式，可把交易主体划分为批发商与零售商两大类。

1. 批发商（wholesaler）。批发商系指成批量向生产商、制造商或特定服务商购进产品或服务，然后又批量地转售或分销给零售商、特定用户或其他组织，不直接服务于终端消费者或用户的交易主体类型。批发商居于生产商、制造商、服务商与零售商之间，属商品或服务流通的中间主体。[114] 它包括普通商品批发商、大类商品批发商、专业批发商、批发交易市场等多种形式。

2. 零售商（retailer）。零售商系指虽成批量向生产商、制造商或特定服务商购进产品或服务，但将商品或服务直接销售或推销给最终消费者，收益或利润主要来自

〔112〕 参见冯娟：《马克思商业资本理论及其对我国零售经营的启示——零售商业自营与联营模式选择的理论辨析》，载《商业研究》2019年第8期。

〔113〕 参见尹铭：《生产商如何处理与代理商的关系》，载《经理人》2002年第10期。

〔114〕 参见周颖：《批发商在供应链中的地位研究》，载《广东商学院学报》2002年第2期；王晓东、张昊：《论独立批发商职能与流通渠道利益关系的调整》，载《财贸经济》2011年第8期。

零售价差所得的交易主体类型。零售商是交易主体的终端形式,[115]它包括综合商场(各种形式的店面零售、便利商店、超级市场、百货市场、量贩店等)、专卖店、购物中心和各种形式的无店面零售形式(如人员直销、直效行销、自动贩卖机等)。

(二)交易主体的功能形式

按照交易主体在营业中的具体功能及与经营主体之间的关系,可把交易主体划分为代理商、经销商、专卖商等几种代表性形式。

1. 代理商(agent)。代理商系指接受生产商、制造商或服务商的委托,以委托人的名义代理推销他人产品或服务的交易主体类型。代理商既是最常见的商品或服务推销模式,也是最典型的职业型、专业型交易主体。[116] 按代理权限,代理商可分为独家代理商、一般代理商和总代理商等;根据代理的业务类型,可分为商品代理商、房地产代理商、保险代理商、证券代理商、旅行代理商、广告代理商、专利代理商、投标代理商等。

2. 经销商(distributor)。经销商系指取得生产商、制造商或服务商的特别授权,在特定地区或领域有权销售授权产品或服务的交易主体类型。经销商有独立的组织、机构、品牌、场地,[117]与代理商相比,存在如下差异:(1)基础关系不同。代理商与委托商之间是一种代理关系;而经销商与授权商之间是一种授权许可下的交易关系。(2)交易名义不同。代理商一般只可以委托厂商或服务商的名义进行销售或签约;经销商则既可以自己名义,也可以授权厂商或服务商名义进行销售或签约。(3)利益分成不同。代理商一般是通过佣金收入来分享收益;而经销商既可通过佣金收入,也可通过价差收入来获得收益。(4)法律后果不同。代理商在推销产品或服务过程中所生债权,应归属委托人;所生债务应由委托厂商或服务商承担清偿责任。经销商在推销产品或服务过程中所生债权,应归属经销商;所生债务,如与产品或服务无关,应由经销商独立承担清偿责任;如与产品或服务有关,应由经销商、授权厂商或服务商共同连带承担清偿责任,其中经销商应承担第一位清偿责任。[118]

3. 专卖商(exclusive shop)。专卖商,又称专卖店或专营店,系指取得特定生产商、制造商或服务商的一般或特别授权,在特定地区或领域专门销售或推销某一特定品牌产品(终端产品或中间产品)或服务为主业的交易主体类型。专卖店指的是专一经营某类行业相关产品或服务的专营店,并不是有知名品牌的店面才称为专

---

[115] 参见沈荣耀:《再论零售商与供应商矛盾的法律规制》,载《中国商贸》2011 年第 23 期。

[116] 参见方龙华、周建新:《代理商法律制度中的若干问题》,载《法商研究》1998 年第 1 期。

[117] 参见王海忠、赵平:《公司品牌形象对经销商关系导向的影响——基于主导地位制造商的中国实证研究》,载《中国工业经济》2008 年第 3 期。

[118] 参见钱丽萍、赵阳:《经销商权力使用对供应商信任的影响》,载《经济管理》2010 年第 7 期。

卖店。[119] 按照专卖商销售权取得的方式,可分一般专卖商与特许专卖商;按照专卖商的投资模式,可分为生产制造专用性投资授权专卖商与独立投资专卖商。[120]

(三)交易主体的业态形式

按交易主体的交易业态存在形式,可把交易主体分为传统实体店、网络虚拟店等两大形式。

1. 传统实体店。传统实体店系指住所能确定、有一定硬件设施或特定营业场所作支撑、营业地点相对固定的交易主体类型。所谓特定营业场所,既包括固定实体场地,即通常意义的固定实店经营,也包括无固定实体场地,如前述各种形式的无店面零售形式等。

2. 网络虚拟店。网络虚拟店,又称网上商店、网上商场、电子商店、电子商场或虚拟商店,是通过电子账号或网络域名注册设立、住所不能确定、没有硬件设施或营业场所作支撑、营业地点具有不确定性的交易主体类型。网络虚拟店虽为虚拟,但并非绝对没有实体条件支撑,只是这些实体条件在网络上并不能直接体现出来,[121] 进而主体的住所、营业地具有不确定性而已。

五、交易主体的发展趋势

随着营业形式、业态、范围的变化,交易主体在晚近以来也发生一系列变化,呈现出如下明显的趋势:(1)交易主体形式的多元化。除企业外,自然人个体、家庭在当代交易中也十分活跃,特别是网络交易兴起后,自然人个体的交易潜能得到极大的提升,各种网店、微店的个体化倾向越发鲜明。(2)代理商、经销商、专卖商已成交易主体的主导形式。[122] (3)网络交易主体成长迅速,并朝着移动化、即时化、智能化方向发展。

---

[119] 参见陶济:《工业企业自主专卖网络的经营创新》,载《商业经济与管理》2002 年第 10 期。

[120] 参见汪涛、秦红:《专用性投资对机会主义的影响——以汽车行业 4S 专营店为例》,载《管理科学》2006 年第 2 期。

[121] 参见轩辕镜:《"AR 虚拟店":又一个新商业物种诞生》,载《中外管理》2018 年第 1 期。

[122] 参见杨雪莲、胡正明:《工业品营销研究现状与发展趋势》,载《现代商业》2012 年第 10 期。

第七章 商事主体的原生形态

在实态的营业中，商事主体更多情形下又是通过诸如自然人个体、家庭、社会组织（如企业）、国家等社会实然状态或原生形态的主体形式表现出来，它反映着商事主体在实然社会关系和真实营业过程中的客观存在状态。把商事主体还原到实际社会生活与具体营业状态中的实然或原生表现形式，并通过对不同原生形态或组织化形式的商事主体作深入分析，对其原始性、真实性、实然性、具体性等原生特征进行概括和归纳，可更进一步廓清商事主体的本质属性，还原商事主体的存在状态，透视商事主体的组织结构。

第一节 自然人商人

一、自然人商人的界定

（一）自然人商人的定义

自然人商人，[1] 在传统、既有商法规范或学理上，有多种不同的称谓，如"商自然人""商个人""商个体""个体商人""商事个人""个人营业""个人商号"等。如有学者认为，商自然人，为依照法定程序取得特定商事能力、独立从事营业性商行为、依法承担商法上的权利和义务的个人或自然人；[2] 也有学者认为，商自然人为具有商事能力、以自己的名义独立从事商事经营，依法享有商事权利并承担商事义务、自然人投资人承担无限责任的商人形式。[3] 笔者认为，自然人商人，应从自然人营业的角度进行定义和界定，系指单个自然人以自己名义独立处分财产或权利进入营业领域，从事营利性投资、经营、交易，并能依法独立享有权利、承担义务或责任的商事主体类型。一般认为，凡以自然人个体实施营利性投资、经营或交易行为

---

〔1〕 参见朱晓喆：《自然人的隐喻——对我国民法中"自然人"一词的语言研究》，载《北大法律评论》2001 年第 2 期。

〔2〕 参见张民安：《商法总则制度研究》，法律出版社 2007 年版，第 117 页。

〔3〕 参见于新循、刘乃睿：《解析我国商自然人的法律形态》，载《云南行政学院学报》2007 年第 1 期。

者,不论登记与否,也不论有无使用字号、商号等其他商事名称,均可认定为自然人商人。

(二)自然人商人的构成要件与基本特征

关于自然人商人的构成要件与基本特征,有学者认为,自然人商人应满足单一自然人名义及独立商事名称、单一财产归属、确定并稳定的营业住所、法定的商事能力等基本条件;[4]有学者认为,应包括以自己的名义经常性地从事经营活动和不属于与商人身份不兼容、失权者或者法律禁止从商者的范围等两个方面;[5]有学者认为,应包括与自然人关系密切、从事长期"稳定"经常的营利性活动、成员责任的无限性等三个方面;[6]有学者认为,应包括自然人投资主体的单一性、投资人承担责任的无限性、所有权与经营权的集中性、经营形式的非法人组织性(以个人或户的名义经营而不具有规范组织性)等几个方面。[7] 上述观点与论述在一定程度上反映了自然人商人的主要特征,但一个最明显的缺陷,就是没有从自然人营业的角度与视野,来考察和审视自然人商人与后述家庭户、企业、国家营业的区别。笔者认为,自然人商人具有如下基本特征:

1. 主体的唯一性。自然人商人的唯一主体是单一的自然人个体,而非自然人所在的家庭,也非自然人出资设立的企业。故从一定意义上讲,个人独资企业的单一自然人投资者,属于自然人商人的范畴;但个人独资企业本身,为单一自然人投资者投资、设立衍生的组织类商事主体,不属于自然人商人的范畴。

2. 名义的本人性。自然人必须以自己的名义从事投资、经营或交易等营业行为,属于自然人类的商本人范畴;如以他人或企业名义所为营业行为,就不属于自然人商人的范畴,而属于商业使用人或商事代理人的范畴。如担任企业法定代表人(董事长或总经理)、经理人的自然人,在社会习惯与世俗称谓上,被称为职业上的商人,但不是严格法律主体意义上的商人——商事主体,他们不属于商本人的范畴,仅仅只为企业商人营业的商业使用人或商事代理人。

3. 财产的独立性。营业的本质是处分、使用、营运财产,故自然人商人必须有自己的独立财产。尽管该自然人个人的全部财产与其投资经营财产、个人投资经营财产与个人其他财产之间,法律不要求有严格的界限或区分。但该自然人个人的财产、出资经营财产必须与家庭财产或其他家庭成员的个人财产、与个人出资经营

---

[4] 参见张民安:《商自然人的法律地位研究》,载王保树主编:《中国商法年刊》,北京大学出版社2008年版,第162~185页。

[5] 参见林艳琴:《对我国商自然人法律制度的审视》,载《政法论坛》2009年第1期。

[6] 参见马喜平:《论商自然人的范围及其破产能力》,载《河南财经政法大学学报》2012年第5期。

[7] 参见李建伟:《对我国商个人立法的分析与反思》,载《政法论坛》2009年第5期;李建伟:《民法典编纂背景下商个人制度结构的立法表达》,载《政法论坛》2018年第6期。

的其他财产有明晰的界限或法律上的独立性。自然人个人所有与投资经营财产的独立性，要求自然人商人必须是以其独立所有、占有、支配、管领的财产，从事营业活动，它与家庭共同经营、企业委托经营、国家代表经营有本质上的区别。

4. 活动的营业性。自然人商人是作为民事主体的单一自然人进入营业领域之角色、身份、功能的主体转换形式和特殊法律关系中的转换性称谓，其标志性事实行为，就是该单一自然人以营利为目的，处分其独立所有、占有、支配、管领的财产或权利进入营业领域，该行为即为营利性投资行为。正是该营利性投资行为，才促使该自然人身份由普通民事主体转换为特殊商事主体，之后才有对投入的营业财产进行经营或交易的问题。因此，自然人商人应从事营业活动，实施营业行为，而该营业行为不仅仅只是传统商法规范、既有商法理论中所描述或观察到的经营活动或交易行为，还包括营利性投资行为。典型的如某自然人购买上市公司的股票、商业银行的储蓄与理财行为，就属营利性投资行为，该自然人就属于营利性投资主体。固然，以单一自然人名义所为投资行为的特殊角色与身份，应纳入自然人商人的视野与范畴。

5. 商号的选择性。自然人商人的营业，无论是投资形式，还是经营、交易形式，均具有高度的自主性和灵活性。如作为出资方式，该自然人可选择独资、合伙、合作、合资等不同形式；如具体经营，该自然人既可选择独立自行经营，也可选择委托、代理经营，更可选择诸如承包、租赁、信托、托管经营。特别是在经营过程中，既可选择有固定经营场所的店厂模式，也可选择无固定经营场所的流动摊贩形式；既可选择注册字号、商号进行品牌经营，也可选择不注册字号、商号的信用经营。因此，判断自然人商人，不能纯粹依据外观是否登记或注册，而应看其实质的行为或活动是否具有营业性。如以投资主体、农林渔牧经营、流动摊贩经营形式出现的自然人，就无须注册字号或商号；但以店厂模式、品牌形式经营的自然人，则需要注册字号或商号。

6. 责任的法定性。单一自然人在营业中所生债务，应以其个人全部财产承担独立责任；但是，这种独立的责任并非就是无限责任，而应是依照法律规定的方式或范围来决定具体的责任承担方式或范围。当然，如单一自然人在既投资又经营即传统商法所谓的个体经营或自然人经营情形下，该自然人个体无疑应以其全部个人财产，对经营中所生债务承担无限责任，如前述的农林渔牧经营、流动摊贩经营、店厂模式经营、品牌形式经营，均属此种；而如某自然人作为企业（个人独资企业、合伙企业、合作社企业、公司企业）的出资人，其承担的债务责任方式则有可能是无限、连带、有限责任，而并非完全是无限责任。前述有不同观点的学者，之所以均认为自然人商人须承担无限债务责任，是因为他们只把自然人商人的营业活动或营业行为局限于传统的经营环节或交易阶段，而没有顾及自然人作为投资主体情形的多元性和责任的差异性。

二、自然人商人的历史演变

(一)自然人商人演变的历史轨迹

自然人商人是最初级、最古老、最基础的商事主体形式,自然人商人的产生源于社会第三次分工、作为"生产者之间的不可缺少的中间人"、以承担商品交易职业谋生或营利的商人,[8]并大致沿着如下演变轨迹发展、变化着。

1. 个体行商→店铺坐商

萌芽期的商人只是为交易或交换需要,偶尔为之,并无固定的交易或经营场所,故早期的自然人商人基本是以流动的个体行商形式存在。但随着营业规模的扩大和交易稳定需要,设立固定的店铺进行经营,也就逐渐成为常态,中国古代商人经营形式的发展和演变,最具代表性。史载,夏代就有比较发达的铜器、玉器、漆器、陶器、纺织、酿酒、车辆手工业制造,并出现贩运粮食、牲畜和各种手工品的买卖人;至商代,"殷人重贾",职业型商人得以出现。[9] 到周代,经商群体中,不仅有"肇牵车牛,远服贾用,孝养厥父母"的殷商遗民,[10]也有"通四方之珍异以资之"的商旅贾人,[11]更有比较成熟、完善的城市固定市肆与乡村集贸交易制度,形成规范的大市、朝市与夕市,即"大市,日昃而市,百族为主;朝市,朝时而市,商贾为主;夕市,夕时而市,贩夫贩妇为主"。[12] 参与交易的虽绝大部分为流动商贩,但也有固定的坐商出现,即所谓"行曰商,处曰贾","以贾居于肆,商虽行,亦有邸舍在城市,不须逐日来去也",[13]或者"以商贾阜货而行布,通物曰商,居卖物曰贾"。[14] 至汉代,以店、铺、肆、行为固定经营场所的坐商已经十分普遍,行商与坐贾之间的区分已经十分明显,并为世俗、公众所接受,如《白虎通义·卷七·商贾》所载:"商、贾何谓也?商之为言商也,商其远近、度其有亡、通四方之物,故谓之商也。贾之为言固也,固有其用物,以待民来,以求其利者也。"[15]至隋唐,自魏晋兴起的城市坊市(居住、住宅之区为坊,商业、交易之区为市,实行坊、市分设)制度得以定型,乡村集市贸易也得到更大发展,邸店(居物之处为邸,沽卖之所为店)特别发达,[16]同业店铺的街

---

[8] 参见《马克思恩格斯选集》(第4卷),人民出版社2012年版,第181～182页。
[9] 参见蒲坚主编:《中国法制通史》,法律出版社1999年版,第112～116页、第166～170页。
[10] 参见《尚书·酒诰》。
[11] 参见《周礼·冬官·考工记·总叙》。
[12] 参见《周礼·地官·司徒·司市》。
[13] 参见(清)孙诒让:《周礼正义·卷二十七·司市》(第4册),中华书局1987年版,第1061页。
[14] 参见(东汉)郑玄注、(唐)贾公彦疏:《周礼注疏·卷第十四》。
[15] 参见(汉)班固:《白虎通义·卷七·商贾》。
[16] 参见《唐律疏议·名例卷第四·平赃及平功庸》,刘文俊点校,法律出版社1999年版,第101页。

区“行”“肆”店铺开始规模化，“柜坊”（给商户提供存钱、寄物服务）、“寄附铺”（寄售委托商店）等专业中间商也大量出现，[17]店铺坐商更成为自然人商人中最稳定的群体。在宋代，自然人个体的店铺坐商发展到顶峰，城市居民坊郭户按照财产多寡被划分为主户与房廊客户，其中主户就包括经营大小商铺的坐商、手工业作坊、各种服务店铺的居民，范围及于“质库、房廊、停塌、店铺、租牛、凭船等”，[18]房廊客户除少数大商人、大高利贷者，绝大多数为中小商人或中小作坊主。[19]

2. 店铺坐商→手工工场

在自然人营业过程中，随着市场范围的拓展和交易对象的增长，必然要扩大经营规模，增加对生产、管理的投入，最显著的表现就是聘请帮工或雇员，以解决单一自然人有限的时间与能力制约。而一定数量帮工或雇员的加入，又必然要改变原有单一自然人的经营方式与交易结构，进而衍生内部组织、管理与外部交易、代理等问题，使先前单一自然人简单、直接、即时经营、交易的制度模式与法律结构均发生某种程度的变化。这一变化最为直观的形式，就是生产方式由单一的店铺坐商向手工工场、店铺工厂、商铺分号的转型与发展。典型案例如中国明代中叶以降江南地区的纺织工场和 11 世纪西欧、地中海的工场手工业作坊等。

在明代中叶，江浙一带苏、杭、嘉、湖地区的丝织业比较发达。据学者统计，明代后期江南民间织机数量达到 1 万～1.5 万台，是同时期官局织机的 3 倍，[20]足见江南丝织业已形成较大规模；特别是在苏杭等地，已出现了一些生产规模、使用帮工或雇员的手工业作坊。例如，明成化末年，杭州仁和县一张姓机户，产品“备极精工”，人竞相争购，经营资本积累之后，从最初的 1 张织机发展到 20 张，终至“家业大饶”。[21] 又如，苏州府吴江县盛泽镇，“镇上居民稠广，土俗淳朴，俱以蚕桑为业。男女勤谨，络纬机杼之声，通宵彻夜。那市上两岸绸丝牙行，约有千百余家，远近村坊织成绸匹，俱到此上市”，其中镇上有丝绸机户施氏，从养蚕开始，妻络夫织，不上十年，家业积累后，竟能“开起三四十张紬机”。[22] 再如，苏州“生齿最繁，恒产绝少，家杼轴而户纂组，机户出资，机工出力，相依为命久矣”；[23]进而出现“大户张机为生，小户趁织为活。每晨起，小户数百人，嗷嗷相聚玄庙口，听大户呼织，日取分金

〔17〕 参见吴慧主编：《中国商业通史》（第 2 卷），中国财政经济出版社 2006 年版，第 71～80 页。

〔18〕 参见《宋史》卷一七八《志第一百三十一·食货上六·役法下·振恤》。

〔19〕 参见李功国主编：《中国古代商法史稿》，中国社会科学出版社 2013 年版，第 330～332 页。

〔20〕 参见范金民：《明清江南商业的发展》，南京大学出版社 1998 年版，第 200～204 页；许涤新、吴承明：《中国资本主义发展史》（第 1 卷），人民出版社 2005 年版，第 154 页。

〔21〕 参见朱绍侯主编：《中国古代史》，福建人民出版社 1985 年版，第 150 页。

〔22〕 参见（明）冯梦龙：《醒世恒言》，人民文学出版社 1987 年版，第 373 页以下。

〔23〕 参见《明神宗实录》卷三六一。

为饔飧计。大户一日之机不织则束手,小户一日不就人织则腹枵,两者相资为生久矣"等常态的手工作坊盛景和新型的机资织工关系。[24]

在中世纪以前的古代近东、埃及、希腊、罗马,可以说"在整个希腊—罗马世界的历史中,商业活动始终完全是个体经营的",而"唯一的例外是包税人的公司及其半现代化的组织,但它们只是一种暂时现象";直到"一世纪和二世纪时的商业开放改变其原来的个体经营的性质而逐渐采取了现代资本主义商业的方式,即以规模庞大、资金雄厚的贸易公司为基础"。[25] 在中世纪西欧,自 10 世纪开始,因经营规模的扩大,无论是城市还是乡村,均相继出现了庄园工场和工匠作坊等经营形式。[26] 例如,在"在教会的大庄园上,或在大领主的有些庄园上,设立了'工场,由职工来制造东西,这些职工与其说是农奴,不如说是手艺奴隶'",因为"这些制品的剩余部分,是拿到市场上去出售的"。[27] 在城市,至少在 16 世纪以前,手工业、商业均盛行以业主、家人、学徒、帮工等成员构成的手工业、商业工场作坊制。在 14 ~ 15 世纪的西欧、地中海沿岸城市,受行会主导或包买商控制,分别出现从行会手工业分化出来的分散型手工工场、由包买商控制家庭手工业而形成的契约型手工工场、采矿与冶炼业小生产者联合或合伙形式的集中型手工工场等多种手工工场经营形式。[28] 这些手工工场的人数一般也维持在六七人甚至更少的规模,只有在诸如采矿、采石或冶炼行业,才出现较大规模的生产单位,直到依靠机械动力的近代工厂出现,这种中世纪手工业、商业的作坊制度一直在延续,并沿着"从作坊到工厂"的轨迹缓慢地转型。[29]

3. 手工工场→独资企业

自然人商人、个体经营形式,由手工工场转型、过渡到独资企业,在欧洲肇起于 12 ~ 13 世纪,定型于 15 ~ 16 世纪,盛行于 16 ~ 17 世纪。其中,12 ~ 13 世纪制造业的兴起与发展,具有至关重要的意义与作用,因为"相对于进口货物贸易的制造业,则须有较高技术水准,也须有更受社会保障的商务制度",[30] 其生产与经营涉及诸

---

〔24〕 参见(明)蒋以化:《西台漫记》卷四。

〔25〕 参见[美]M. 罗斯托夫采夫:《罗马帝国社会经济史》(上册),厉以宁、马雍译,商务印书馆 1985 年版,第 249 ~ 250 页。

〔26〕 参见徐浩:《中世纪西欧工商业研究》,生活 · 读书 · 新知三联书店、生活书店出版有限公司 2018 年版,第 277 页以下。

〔27〕 参见[美]汤普逊:《中世纪经济社会史》(上册),耿淡如译,商务印书馆 1997 年版,第 365 页。

〔28〕 参见厉以宁:《资本主义的起源》,商务印书馆 2003 年版,第 152 页以下。

〔29〕 参见[英]诺尔曼 · 庞兹:《中世纪城市》,刘景华、孙继静译,商务印书馆 2015 年版,第 119 ~ 121 页。

〔30〕 参见[美]泰格、[美]利维:《法律与资本主义的兴起》,纪琨译,刘锋校,学林出版社 1996 年版,第 4 页。

多方面的人与物的管理，必须有不同生产、经营环节的充分协调，而这种生产与经营的需要又促使“自由工匠们出于诸多技术上的原因而联合起来，以便管理他们的制造业”。[31] 在此推动下，传统小规模的手工业工场、行会作坊为适应生产、技术的需要，也不断由简单的工场、作坊转型为复杂的工厂、企业。至15世纪，随着制造业进一步发展，新航道开辟后海外贸易的迅速扩张，为满足市场需求与海外贸易扩张需要的制造工厂与个体贸易商行规模也不断扩大，并形成具有个人独资性质或形式的早期企业。

相对而言，尽管我国明代中叶之后，在江浙及东南沿海地区，就比较早地出现了手工业工场、商业牙行及萌芽的企业组织要素，但由于官府严格管理、控制和盘剥，特别是万历中晚期，统治者更强化了对匠籍、商户的控制与掠夺，在全国各地遍设“矿监税使”。因大都由派出的太监充任，又称“税监”“矿监”，这些“税监”“矿监”，遍设栏卡，巧立名目，重捐叠税，横征暴敛，在国家、宦官与监吏肆无忌惮的盘剥下，如江西景德镇的陶瓷户、苏州的织户，几乎达到无利可图、关门歇业的地步，更遑论发展。在此情形下，这些具有某些企业内部组织特征和资本经营关系的手工工场、商业牙行，并没有得到充分的发展、壮大，更没有转型为典型意义上的独资企业。而正是这一点，才导致东方世界开始步上与西方世界完全不同的发展路径。

4. 直接经营→多元投资

出于追求最大效益和分散商业风险的需要，在早期独资企业形成的同时，一种新的商业社团及经营形式也开始遍及欧洲，“它们是由大商人们组成的”，其形式由最初形式的商业委托或商人联营，到商人之间的合伙，再到无限与股份公司的产生，呈现出比较缓慢但有明显阶段性特征的演化进程，个体、独资经营也向多元企业经营形式转型。[32] 直至近代，随着企业制度的成熟与定型，个人独资（单一业主）企业、合伙企业、公司企业、合作社企业等典型企业形式得以法律化、制度化，自然人商人也由传统的个体经营、直接经营、自行经营，到更多地依靠企业形式，借助于企业的组织平台进行组织经营、间接经营、授权经营。由于多元企业形式的存在，自然人作为投资者，可以独资、合伙、合资、合作等不同形式，向不同组织与责任形式的企业进行投资，其角色、身份、功能也由传统的直接经营者转化为企业的出资人。

（二）自然人商人的立法地位

关于自然人商人的地位，不同国家或地区的商法典则有一定的差异，如《法国

---

〔31〕 参见[奥]阿方斯·多普施：《欧洲文明的经济与社会基础》（下），肖超译，大象出版社2014年版，第542页。

〔32〕 参见[美]詹姆斯·W. 汤普逊：《中世纪晚期欧洲经济社会史》，徐家玲译，商务印书馆1992年版，第600页以下。

商法典》第L121－2条、第L121－3条、第L121－4条有关于未成年商人、配偶商人、配偶合作人、配偶合伙人等带有明显自然人商人特征的一般性规定，第L123－1条关于“应当进行注册登记的人”的主体范围，就把“具有商人身份的自然人”列为首位。[33] 在德国，商人既可是自然人，也可是商事合伙或公司；[34]《德国商法典》原第4条有关“小商人”的规定，所对应的个体商人、个体企业或个体户、独资企业等业务规模很小的经营者，实际上主要指自然人商人，但1998年德国《商法改革法》取消了“小商人”概念，删除了第4条的规定，[35]有关自然人商人并无明确的所指与范围。在日本，原《日本商法典》中的第5～7条关于未成年人营业、第8条关于“小商人”的规定，均涉及自然人商人；[36]2005年以后，《日本商法典》第6条关于“未成年人与无限责任股东”的规定被删除，这说明未成年人作为无限责任股东并不被法律限制。[37] 在英美法系国家或地区，自然人商人的基本形式是个体经营者。在英国，如注册商业名称，则应遵循1985年《商业名称法》的有关规定；未经注册而以合伙、公司名义营业者，均不能产生注册合伙或公司的法律后果，应比照个体经营者，以其全部个人财产承担经营中的债务责任。[38]

我国现行立法文本尚无自然人商人、商自然人或商个人等法概念或法范畴，与自然人商人有一定关联性的概念主要为《民法典》第54条和《个体工商户条例》规定的个体工商户。

三、自然人商人的表现形态

（一）我国立法文本有关自然人商人规定的分析

我国涉及自然人商人的规范文本，主要包括原《民法通则》、《民法典》、《个体工商户条例》、《无证无照经营查处办法》、《个体工商户登记管理办法》、《市场主体登记管理条例》以及相关司法解释等。其中，《民法典》总则编第54条规定，“自然人从事工商业经营，经依法登记，为个体工商户。个体工商户可以起字号”；《个体工商户条例》第2条第1款、第2款规定，“有经营能力的公民，依照本条例规定经工商行政管理部门登记，从事工商业经营的，为个体工商户。个体工商户可以个人经营，

---

〔33〕 参见《法国商法典》，罗结珍译，北京大学出版社2015年版，第16～19页、第20～22页。

〔34〕 参见［德］罗伯特·霍恩、［德］海茵·科茨、［德］汉斯·G. 莱塞：《德国民商法导论》，楚建译，谢怀栻校，中国大百科全书出版社1996年版，第232页。

〔35〕 参见［德］C. W. 卡纳里斯：《德国商法》，杨继译，法律出版社2006年版，第40～54页。

〔36〕 参见《日本商法典》，王书江、殷建平译，中国法制出版社2000年版，第3～4页。

〔37〕 参见《日本最新商法典译注》，刘成杰译注，中国政法大学出版社2012年版，第16～19页。

〔38〕 参见［美］斯蒂芬·加奇：《商法》，屈广清、陈小云译，中国政法大学出版社2004年版，第187～189页。

也可以家庭经营”;《无证无照经营查处办法》第3条第1项中规定“个人利用自己的技能从事依法无须取得许可的便民劳务活动”;等等。

对照《民法典》总则编、《个体工商户条例》、《无证无照经营查处办法》等主要规范性文本,可以发现,我国现行关于自然人商人的规定尚存在如下问题:(1)不同效力等级的规范文本对属于自然人商人范畴的个体工商户的规定,不尽一致。例如,《民法典》总则编对个体工商户的规定是以自然人名义进行经营;而《个体工商户条例》则明确规定既可以个人经营,也可以家庭经营,上下位规范文本的规定明显不一致。(2)是否必须登记,上下位、新旧规范文本也不尽相同。《民法典》总则编、《个体工商户条例》的规定均明确须进行“依法登记”;而《无证无照经营查处办法》则规定特定情形,个体经营可不进行登记。(3)现有规范文本均混淆了个体经营与家庭经营的区别,如《民法典》总则编第54条虽然只规定了自然人的工商业经营问题,但第56条第1款有关个体经营所生债务的处理原则中,又有关于“个体工商户的债务,个人经营的,以个人财产承担;家庭经营的,以家庭财产承担”,“无法区分的,以家庭财产承担”的规定;而《个体工商户条例》第2条则干脆把个体工商户的经营规定为“可以个人经营,也可以家庭经营”。(4)现行规范文本均没有注意到自然人作为营利性投资主体,特别是作为企业投资主体的情形。

(二)代表性观点的评介

关于自然人商人的具体形态与主体范围,国内学者的看法与观点有较大分歧,代表性观点有:(1)广义说。该说认为,凡与自然人名义或有关自然人的营利性经营,均应属于自然人商人的范畴,形式包括个体工商户、个人独资企业、私营独资企业、农村承包经营户等。[39] (2)狭义说。该说认为,自然人商人应严格约束在自然人个体经营范围内,不应包括家庭承包经营户,更不应包括个人独资企业。[40]

笔者认为,广义说者虽认识到自然人商人与自然人名义性、关联性的一面,但并没有严格把握自然人商人主体的单一性、投资的唯一性、经营的个体性,及财产、权利、义务、责任等要素的独立性,家庭属于血缘、亲属、财产的共同体,与自然人个体是两个不同的概念与范畴。企业属于组织体,它只有法律上的生命,没有自然意义上的生命,与有自然人生命的自然人个体也不可等同。很显然,把家庭承包经营户、个人独资企业纳入自然人商人的范畴,不但与自然人商人的本质属性存在冲突,而且给实际营业与商事实务的财产区分、债务清偿带来麻烦。至于狭义说,虽然

---

〔39〕 参见范健主编:《商法》,高等教育出版社、北京大学出版社2007年版,第41~44页;林艳琴:《对我国商自然人法律制度的审视》,载《政法论坛》2009年第1期。

〔40〕 参见陶元魁、崔迎建:《个体工商户中个人经营的财产责任划分之浅见》,载《政治与法律》1988年第4期;施正文:《我国〈个人独资企业法〉实施中的若干问题》,载《当代法学》2001年第2期。

认识到自然人商人个体性与独立性的一面，但分析与立论的基点仍限于个体经营范畴，甚至只限于依法登记的要式条件，没有把自然人作为营利性投资者，特别是将诸如合伙企业中的合伙人、合作社企业中的社员、公司企业中的股东纳入自然人商人的范畴，不能适应企业商人时代的发展需要。

（三）自然人商人的具体表现形态

笔者认为，自然人商人的界定标准与具体范围，应严格按照前述主体的单一性、投资的唯一性、经营的个体性及要素的独立性等要件或特征，并从投资、经营、交易等全营业视角下，突破既有立法与学理只局限于从营利性经营角度来讨论的缺陷，把自然人商人还原为如下情形：

1. 自然人出资人。自然人作为投资主体，包括如下几种情形：（1）自然人为各种形式的企业出资人，如个人独资企业的业主、合伙企业的合伙人、公司企业的股东、合作社企业的社员等；（2）各种商业债券的投资者，包括国债投资者、地方债券投资者、企业债券持有人和其他商业债券投资者；（3）商业银行的储蓄投资者；（4）各种商业银行、保险公司等金融机构的理财产品、投资产品的投资者；（5）各种基金投资、衍生证券的投资者；（6）其他营利性投资者。

2. 个体经营者。按照是否办理了商事登记，可分为登记注册的个体经营者和未登记注册的个体经营者两种情形。

（1）登记注册的个体经营者，即现行法中的个体工商户。据2020年3月国家市场监督管理总局综合规划司发布的统计数据，截至2019年12月，全国市场主体中个体工商户实有8261万户，其中2019年度新登记的有1621.8万户。[41] 足见，自然人个体经营仍是自然人营业选择的重要方式。当然，由于个体工商户中的户尚存在语言与词义上的含混，容易与后述家庭户产生混同与误读。为避免引人误解，减少不必要的争议，笔者建议以后适时修改立法时，把其修改为“自然人经营者”或“个体经营者”。

（2）未登记注册的个体经营者。其形式包括：一为未经登记的长期经营者，即未经登记，从事无固定场所营利性经营的自然人，如个体流动摊贩、个体房屋租赁人等；二为未登记注册临时经营者，即未经登记，从事偶尔性、临时性、一次性经营的自然人；三为自然人开设的网店、微商、智能商号等网络、移动、智能营商形式；四为其他自然人个体的营业形式。

---

〔41〕 参见国家市场监督管理总局：《2019年全国市场主体发展基本情况》，载国家市场监督管理总局官网，http://www.samr.gov.cn/zhghs/tjsj/202003/t20200305_312509.html。

四、自然人商人的当代发展

（一）自然人商人在当代立法定位之争

在当代企业商事主体占主导地位，特别是营业具有明显的电子化、数据化、网络化、移动化、智能化特征的情势下，自然人商人究竟是否还有存在和发展的价值？如需继续存在和发展，应以什么样的法律形式出现？立法对此作何回应，学界与业界的看法与主张，尚不尽一致。其中有关个体工商户的含义、存废、立法形式，争议最大。

1. 个体工商户的前世今生

在我国，个体工商户作为对自然人营业、经商在主体身份、地位与资格上一种带有中国特色的法律描述，在 1949 年之前，一般是以成年人从商者（《钦定大清商律·商人通例》第 2 条）、成年人营业者（1914 年《商人通例》第 5 条）、小规模营业者（1937 年《商业登记法》第 5 条）、自然人经营商业者（1937 年《商业登记法》第 6 条、第 7 条）等名称出现。〔42〕 个体工商户的主体称谓最早是以个体经营、个体户形式出现，始见于 1956 年 2 月国务院《关于目前私营工商业和手工业的社会主义改造中若干事项的决定》（已失效）第 6 条关于“个体手工业户”的政策规定。1957 年 11 月国务院《关于国营、公私合营、合作社营、个体经营的企业和事业单位的学徒的学习期限和生活补贴的暂行规定》（〔57〕议字第 8 号，已失效）首次在规范文本名称上冠有“个体”二字，并有大量关于“个体经营”、“个体的体力或脑力劳动者”的表述。但在 1956 年以后，随着社会主义改造运动的推进，个体工商业、个体农户因其私人、私有、私营性质，被纳入改造的对象范围，之后个体经营形式被法律所禁止。例如，1956 年 4 月原商业部《关于城市私营商业社会主义改造的意见》（已失效）对城市个体摊贩的禁止；又如，1956 年 7 月国务院《关于对私营工商业、手工业、私营运输业社会主义改造中若干问题的指示》（已失效）就明确对“个体劳动者的企业实现了各种不同程度的合作化”；再如，1957 年 12 月国务院《关于正确对待个体农户的指示》提出，对还没有实现合作化的“3% 左右的个体农户”之“投机活动”，要加强教育、领导、管理和改造。自此，除原卫生部于 1963 年发布《关于开业医生暂行管理办法》规定“可允许极少数适合开业的医生个体开业”外，个体经营形式在中国社会消失近 30 年之久。

个体经营、个体户、个体工商户之名称、主体及行为的“复活”与合法，是晚至 20 世纪 80 年代初的事情，1980 年 8 月国务院转发原卫生部《关于允许个体开业行医

---

〔42〕 参见工商行政管理史料编写组编：《工商行政管理史料》（上卷），中国工商出版社 2008 年版，第 102 页、第 189 页、第 151 页。

问题的请示报告》，提出有条件地"允许个体开业行医"，实行酌情审批制度。自此，个体经营、个体户重新走入中国社会与经济生活。为解决知青回城与城市待业人员的就业问题，1981 年 7 月国务院《关于城镇非农业个体经济若干政策性规定》（已失效）正式明确提出要"恢复和发展城镇非农业个体经济"；但该规定把"从事个体经营的公民"仍定义为"自食其力的独立劳动者"，而非"经营者"。1982 年《宪法》第 11 条使个体经济合法化。之后，国务院《关于城镇非农业个体经济若干政策性规定的补充规定》（国发〔1983〕64 号，已失效）、《关于农村个体工商业的若干规定》（国发〔1984〕26 号，已失效）等，对各种形式的个体经济、个体经营作出了更为具体的规定。

1986 年《民法通则》（已失效）第 26 条、第 29 条正式对个体工商户作出原则性规定，"个体工商户"名称正式确定并规范化。随后，1987 年 8 月国务院发布《城乡个体工商户管理暂行条例》，对个体工商户的申请、登记、经营作出了全面规定。2011 年 4 月国务院对《城乡个体工商户管理暂行条例》进行大幅度修改，颁发新的《个体工商户条例》。2017 年《民法总则》（已失效）第 54 条、第 56 条延续在"自然人"主体章节框架下，对"个体工商户"作有原则性规定。

2. 个体工商户的性质、地位之争

关于个体工商户的性质、地位、存废，早在原《民法通则》第 26 条、第 29 条出台前后，就有争议，代表性观点如家庭经济实体说、〔43〕准法人说、〔44〕独资经营说、〔45〕经营单位说、〔46〕公民范畴说〔47〕等。进入 20 世纪 90 年代以后，特别是随着 1993 年《公司法》的颁布，商法意识的唤醒与商法理论的成熟，个体工商户作为自然人营业的主体转换形式，对其法律地位与主体属性，虽学界尚有个体商人说、〔48〕商个人说、〔49〕商自然人说、〔50〕经营行为说、〔51〕个人经营者、〔52〕个体经营市场主体说等不同观点与主张，〔53〕但总体而言，大部分学者认为个体工商户应归于自然人商人范畴，并无太多的争议。存在争议的是后文涉及的个体工商户存废或改塑问题。

---

〔43〕　参见周介立：《浅谈涉外经济合同的主体》，载《中国法学》1986 年第 2 期。

〔44〕　参见苏惠祥：《试论我国个体经营者的法律地位》，载《吉林大学社会科学学报》1985 年第 3 期。

〔45〕　参见方流芳：《个体工商户的法律地位和财产责任》，载《法律学习与研究》1986 年第 6 期。

〔46〕　参见王胜明：《试论个体工商户、农村承包经营户》，载《中国法学》1986 年第 4 期。

〔47〕　参见叶林、叶德华：《关于个体工商户的几个法律问题》，载《法律学习与研究》1987 年第 1 期。

〔48〕　参见龙卫球：《民法总论》，中国法制出版社 2002 年版，第 313 页。

〔49〕　参见李建伟：《民法典编纂背景下商个人制度结构的立法表达》，载《政法论坛》2018 年第 6 期。

〔50〕　参见梁慧星：《中国民法典草案建议稿附理由 · 总则编》，法律出版社 2004 年版，第 21 页。

〔51〕　参见史际春：《企业和公司法》，中国人民大学出版社 2008 年版，第 4 页。

〔52〕　参见李友根：《论个体工商户制度的存与废》，载《法律科学》2010 年第 4 期。

〔53〕　参见甘培忠：《企业与公司法学》，北京大学出版社 2014 年版，第 419 页。

3. 关于自然人商人的登记与否与立法形式

关于自然人商人是否一定需要登记，有学者认为，个体工商户、小商贩大多是弱者解决生计的一种生存需要，适用严格登记在可行性与合理性方面缺乏充分的理论基础，[54]故应将商个人履行商事登记的强制义务转变为商个人登记与否的自主选择权。[55]

关于自然人商人的立法路径，部分学者认为，《民法典》总则编只能提供一般性规定，统一的自然人商人概念与范畴的建构，只能借助于《商法通则》来完成。[56]

（二）营业自由视野下自然人商人的立法定位

前述个体工商户在我国的政策态度与立法演变史，说明个体工商户负载着特定的政策功能、社会功能、经济功能和法律功能。尽管"商业与工业活动越来越多地需要通过'团体'来进行，更多是要通过'公司'来进行"，这种"团体"的公司之"实力是巨大的"，以至于自然人商人"已经感到在这些公司巨人的挤压下几乎被碾碎了"；但即使如此，"他们仍然存在着，而且在数量上仍然占最大多数"，故"法律是否仍然还是为他们而制定"或存在，显然已不言自明。[57] 故轻言取消或废止，无论是理论上，还是实践上，均是难以接受的，也是不可行的。至于通过改造或重塑，或者不适当地扩大自然人商人的范围（如把农村承包经营户、个人独资企业不适当地纳入自然人商人范畴），或者把自然人商人与个体工商户的商事登记混为一谈，更没有廓清自然人商人的特定内涵和外延，这也是不可取的。笔者认为，问题的症结不是个体工商户等的存废或重塑问题，而是首先必须弄清楚自然人商人的真正内涵是什么。只有从自然人营业的视角，把自然人商人视为具有民事主体地位的自然人进入营业领域、从事营利活动的角色、身份、功能转换形式，问题则可迎刃而解。可见，在后《民法典》时代，自然人商人准确定位的立法路径，应从如下入手：

1. 正确处理作为民事主体的自然人个体与作为商事主体的自然人商人之间的关系

（1）自然人商人是作为民事主体的自然人进入营业领域的角色、身份、功能转换形式。也就是说，自然人商人实质只是自然人的商事主体转化形式而已，虽然自然人商人的角色、身份、功能已转换为商事主体，但该商事主体的原始参与者、行为实施者、义务承担者、责任归属者，仍然还是作为个体的自然人。故自然人商人仅仅

---

〔54〕 参见王妍：《小商人豁免登记及其法理基础——为小商人无照经营提供的辩护》，载《学习与探索》2010 年第 5 期。

〔55〕 参见王冬梅：《商个人登记制度的完善路径研究》，载《河北法学》2017 年第 3 期。

〔56〕 参见张阳：《走向勃兴的商个人：主体转向与制度因应》，载《西南政法大学学报》2019 年第 1 期。

〔57〕 参见［法］伊夫·居荣：《法国商法》，罗结珍、赵海峰译，法律出版社 2004 年版，第 33 页。

只是自然人营业时的特殊主体称谓，它本身并没有改变自然人的自然属性与法律属性，更没有改变自然人的主体属性与法律地位，所改变的仅仅只是该自然人参与特定营业关系，结成特定的商事权利义务关系而已。

(2)自然人商人在投资、经营、交易中有不同的角色、身份、功能和称谓。自然人进入营业领域之后，其初始形式是作为投资者身份出现的，由此，自然人商人的第一重角色、身份、功能和称谓，就是营利性投资主体。之后，如自然人继续参与营利性经营或交易，就必然会以各种形式的经营者、交易者的角色、身份、功能和称谓出现。

(3)自然人商人内涵的统一性与外延的多样性。既然自然人商人只是自然人在营业中的特殊主体表达方式与称谓，也就是说，自然人商人内涵所表达的，是自然人在营业领域的另类称谓；而外延则为自然人的具体营业形态，[58]既包括自然人实施营利性投资行为的出资人称谓，又包括自然人在实施营利性经营行为、交易行为的经营者、交易者称谓。不仅如此，作为出资人，又会因不同的企业形式和投资关系有不同的称谓，如依照企业的不同，自然人出资人就存在业主、合伙人、社员、股东等称谓之别。又如，依照投资关系的不同，自然人出资人又可以是商业银行储蓄户、各种债券持有人、金融理财产品购买者、投资性保险的投保人等。同样，作为经营者、交易者，自然人在不同的经营形式或交易关系中，也有角色、身份、功能和称谓上的差异，典型的如经登记注册为个体工商户和未登记注册的个体经营者等。

(4)自然人商人表现形式应是个体，既非家庭，更非组织。即自然人商人仅仅只是自然人进入营业领域的特殊称谓，它本身并不改变自然人的自然属性、生物属性、个体属性，它是法律上的个体，而不是作为共同体的家庭，更不是作为组织体的企业。正因自然人商人的自然属性使然，故家庭经营体、自然人投资设立的个人独资企业，不宜纳入自然人商人范畴。

2. 自然人商人统一化与体系化的立法路径

关于自然人商人统一化、体系化的立法建构，笔者曾经提出引入“自然人营业”这一概念，在原《民法总则》涉及自然人的章节，专辟一节，对涉及自然人营业的事项作出一般性、原则性规定。[59] 但该建议未被采纳，2017年《民法总则》有关自然人商人的规定，仍然延续原《民法通则》的体例。考虑到《民法典》体系的完整性和条文内容的稳定性，以后引入“自然人营业”概念，大幅度修改《民法典》总则编自然人主体部分涉及营业的内容时，立法的可能性与技术的可行性已不再具备。在此情形下，可行的路径为：(1)如《商法通则》的立法方案能为国家所采纳，则通过《商

---

〔58〕 参见李建伟：《民法典编纂背景下商个人制度结构的立法表达》，载《政法论坛》2018年第6期。

〔59〕 参见肖海军：《民法典编纂中商事主体立法定位的路径选择》，载《中国法学》2016年第4期。

法通则》中的主体部分，引入“自然人营业”概念，以界定自然人商人。（2）如《商法通则》立法方案难以为国家所接受，则应通过《商事登记法》，从“自然人营业”的角度，初步界定自然人商人的基本概念，即“自然人可自主决定通过营利性投资、经营、交易等行为，从事法律、行政法规不限制或禁止的营业活动”；然后，再对应予登记或豁免登记的事项作出原则性规定，如“除法律、行政法规规定须办理营业登记外，自然人的营利性投资、经营、交易，可豁免登记”。（3）通过商事特别法，如各种企业法、金融法等，对自然人商人的具体情形予以细化。

第二节　家　庭　户

一、家庭的经济功能与家庭户的定义

（一）家庭的法律地位与经济功能

家庭是基于婚姻行为、血缘关系而形成的亲属共同体；是由婚姻、血缘为纽带建立起来的最基本的社会自组织单位，是基于共同居住、共同生活而形成的亲属团体。[60] 自人类社会进入文明阶段以来，家庭被认为是构成人类社会的基本细胞。

家庭在人类社会形成、国家产生、经济发展中具有重要的地位与作用。首先，家庭是血缘、亲属共同体。在家庭内部，“所有的血缘亲属，不论远近亲疏”，可一律归纳到“父母、子女、祖父母、孙儿孙女、兄弟、姊妹”等“亲属关系中的某一种之内”。[61] 其次，家庭是家庭成员的生活、财产共同体。“由两性的持久共同体所确立的父亲、母亲和孩子的关系”，在经济上就是一个“供应共同体”“养育共同体”，在债权债务方面更是一个财产、法律共同体。[62] 再次，家庭还是社会自组织共同体。家庭是“社会共同体的一种最古老的形式”，作为“社会组织的基本形式”，它产生了“平等联合的同人会社”并“呈现为一种合作的伙伴关系”。[63] 最后，家庭更是一种社会经济与生产共同体。这是因为，基于一夫一妻专偶婚制与父权制个体家庭的产生，并“开始成为社会的经济单位”，人类也就此步入“文明时代的门槛”。[64] 特

---

〔60〕 参见瞿同祖：《中国法律与中国社会》，中华书局1981年版，第3页。

〔61〕 参见［美］路易斯·亨利·摩尔根：《古代社会》（下），杨东莼、马雍、马巨译，商务印书馆1997年版，第383页。

〔62〕 参见［德］马克斯·韦伯：《经济与社会》（上），林荣远译，商务印书馆1997年版，第398～401页。

〔63〕 参见［奥］迈克尔·米特罗尔、［奥］雷因哈德·西德尔：《欧洲家庭史》，赵世玲等译，华夏出版社1987年版，第2～3页。

〔64〕 参见《马克思恩格斯选集》（第4卷），人民出版社2012年版，第180～181页。

别是“在前工业化社会,其中劳动力组织的主要形式是家庭企业,生产功能对家庭结构具有决定性的重要意义”。[65]

家庭具有经济、生育、生活、感情、扶养和赡养、教育、娱乐等多种社会职能与功能,其中,家庭的经济功能具有初始、基础意义,如家庭的生产、消费双重功能。[66]在我国,家庭的经济功能,在相当长时期被政策、法律所否认。直到1978年以后,随着农村家庭联产承包责任制的推行与实施,农民家庭的生产功能得以复活并逐步转型。[67] 特别是随着市场经济的发展与电商网络经营商模式的兴起,城市家庭的生产功能得以复归,消费功能在网商环境下更出现了一些新变化和新特点。[68] 自然,重视家庭的经济功能,就成为未来经济与社会发展最为重要的课题。[69]

家庭的经济功能主要表现为两大方面:(1)生产功能。特别是在前工业社会,家庭是社会中最重要、最基础的生产单位;在工业经济、信息社会、网络时代、智能世界,家庭的生产功能虽已大大降低,但家庭在农业、手工业、服务业、电商网商中仍发挥着重要的作用。以农户为代表的家庭经营户,仍然是现代社会最具代表性的生产单位和经营形式。(2)消费功能。家庭是社会的消费者,承担着购买商品、接受服务等主要的消费功能。[70]

家庭的经济功能具体到商法领域则集中表现为:(1)家庭作为投资主体。如家庭户主或家庭成员,以家庭共同财产进行营利性投资。(2)家庭作为经营主体。如农村地区的专业种植户、养殖户、渔户、林户、牧户等;城镇中以家庭店铺、作坊、工厂等形式出现的家庭工商业等。(3)家庭作为交易主体。如家庭作为固定通信、电力、供水、供气等合同的主体。

(二)家庭户的定义与特征

家庭户,又称家庭商户或经营户,是家庭户主或家庭成员以家庭或家庭户的名义,处分家庭共同财产进入营业领域,从事营利性活动的主体形式。家庭经营是相对于自然人个体经营、企业经营、国家经营的营业形式,家庭户是相对于家庭中自然人个体成员而言的,它属于自然人个体的集合体,具有一定的社会组织与团体

---

〔65〕 参见[奥]迈克尔·米特罗尔、[奥]雷因哈德·西德尔:《欧洲家庭史》,赵世玲等译,华夏出版社1987年版,第17页。

〔66〕 参见李洪强、苑雅玲:《家庭经济功能的转化及社会保障》,载《人口研究》1991年第2期。

〔67〕 参见杨善华:《中国农村现代化进程中的家庭生产功能的变迁——对中国农村的一个跨(亚)文化比较研究》,载《北京大学学报(哲学社会科学版)》1991年第3期。

〔68〕 参见张亮:《互联网对我国城市家庭经济功能影响初探》,载《南京社会科学》2001年第5期。

〔69〕 参见陈云飞:《新常态下优化以家庭需求为中心的组织功能探索——一个经济发展中变迁的视角》,载《经济师》2017年第10期。

〔70〕 参见[美]萨缪尔森、[美]诺德豪斯:《经济学》,萧琛主译,人民邮电出版社2004年版,第26页以下。

特征。

1. 主体、名义的共同性。家庭户是以家庭共同体或家庭成员的名义所进行的营利性投资、经营或交易活动，它既包括以家庭整体的名义，也包括以家庭户主的名义，更包括以家庭成员的名义，这与自然人商人只以该自然人个体的名义对外活动具有显著的区别。

2. 财产、权利的共同性。家庭户所依托或经营的财产，是归属于家庭成员共同所有的财产，这种财产在中国古代或近代，为"家财"或"家产"。与家庭成员财产、权利的个体性、独立性、明确性相比，家庭财产、权利具有明显的整体性、共同性、模糊性。与出资人在企业资本份额的比例性也不同，无论是户主，还是家庭成员，其在家庭共同体中所占有的财产或权益份额、比例并不是清晰的。在家庭存续期间，只要没有发生分家析产、另立户头、离婚、被继承人死亡等特定事件，家庭成员对家庭共同财产或权利享有不按份额、不可分割的共同所有权或其他共同权利，并承担共同义务与责任。以家庭名义进行的营利性投资、经营、交易，其原始投入的财产、经营中的增值财产、经营中衍生的各种权利，均属于家庭共同财产或权利的一部分。

3. 意思、行为的共同性。家庭户在营业中所表达的投资、经营、交易意思，实施一系列营业行为，均具有共同性。一方面，以家长或户主名义为营业行为，应视为当然的家庭经营；另一方面，基于家庭成员之间关系的共同性、财产的共同性、行为的共同性，除非法定明确规定无行为能力或限制行为能力，每一具备行为能力或相对行为能力的家庭成员，均可代表或代理家庭营业。正因家庭营业的共同性，一方面，通过家庭成员的集体、共同、协调、合作，可以产生单一自然人营业难以产生的合作效应，显著提高营业收益；另一方面，因家庭成员经营能力与个体品行的参差不齐，家庭代理的共同性必然带来较大的交易风险，在此情形下，家长、户主或具有实际支配权的家庭成员，就要通过严厉的家规、家法约束其他家庭成员的营业任意或草率行为，这样一来，又不可避免地损伤部分有经营能力或独立主见的成员的积极性与创造性，这也是家庭经营户为什么发展到一定程度难以维持超大规模的根本原因。

4. 义务、责任的共同性。家庭户在营业中所应承担的义务或应负的责任，均应由共同体内的全体家庭成员承担。由于家庭经营户的财产、权利与家庭内个体成员的财产、权利之间并无严格的法律界限和明晰分离，这就意味着，家庭经营户在营业中所生债务，如家庭共同财产或权利不足以清偿，任何家庭成员均有义务以其个人的其他财产予以清偿。因此，家庭经营户责任的共同性，也就决定家庭债务、责任与成员个体债务、责任之间的连带性。

家庭户与自然人商人几乎是同时产生的，但相比自然个体的营业而言，以家庭共同体名义的营业更具有普遍性和常态性。这是因为：(1)单一的自然人本身难以与家庭共同体进行有效切割。除非出现诸如分家析产、另立户头、离婚、被继承人死亡等特定事件,否则,单一的自然人一来到这个世界,首先就是生活在特定的家庭共同体里。(2)家庭共同体营业与单一自然人营业相比,有明显的财产、人力、智力聚合和风险共担优势,可产生明显合作、规模效益。(3)在实际的营业中,单一自然人的营业与家庭共同体的营业,事实上很难以区分。正因如此,在多数学者的商事主体理论框架中,家庭共同体的经营被纳入自然人商人、商自然人或商个人的范畴或范围。

二、家庭户的历史演变

(一)源远流长的中国家户制度

家庭营业在中国具有固有的传统与悠久的历史。中国古代法律具有鲜明的"家国一体"伦理色彩,所谓"集人而成家,集家而成国,集国而成天下"的观念深植于历史、文化与日常生产、生活之中。[71] 立基于农耕文明、立据于"人伦宗族关系"、产生于殷周时期的"宗法礼制"及"伦常秩序",就是"中国古代社会生活的基本秩序",在民事上又集中表现为宗法家族制下"人的身份权利、亲权和财产权利"等。[72] 虽然在中国近代之前家、户名称不同、功能各异,但其内容相同、并立而存,一般而言,"家"载于户籍之上即为户;唐宋之前,"家""户"意义与功能各有侧重,宋之后,家户一体、家户并用、家户互代之制渐趋定型。[73] 家、户不仅是中国古代最基本的生产、生活单位,而且是基层的社会组织,更是国家管理与控制的对象。早在夏商时代,就已建立起初步的居民统计和户籍管理制度,如商汤"作《明居》"之法;[74]至西周,已形成比较完善的户籍管理制度,专设秋官司寇掌管全国户口,其中,"司民掌登万民之数",[75]并建立起以宗法、父权为特征的宗族法统和共财同居、嫡长继祧、诸子均分的家财家产制度。

在宗族法统、家财家产的制度架构中,家庭由父权主导,家父掌握家财家产的支配权,所谓"父母在,不敢有其身,不敢有其财";[76]在"家事统于尊"的制度背景下,"子妇无私货,无私畜,无私器,不敢私假,不敢私与"。[77] 在家财家产共有制

---

[71] 参见吕思勉:《中国制度史》,上海教育出版社 2005 年版,第 367 页。
[72] 参见孔庆明、胡留元、孙季平:《中国民法史》,吉林人民出版社 1996 年版,第 6 ~9 页。
[73] 参见王跃生:《近代之前家、户及其功能异同探讨——基于制度的分析》,载《社会科学》2016 年第 12 期。
[74] 参见(汉)司马迁:《史记·殷本纪》。
[75] 参见《周礼·秋官司寇·司民》。
[76] 参见《礼记·坊记》。
[77] 参见《礼记·内则》。

中,家父享有对家庭共有财产的管理权,家庭成员对家财家产享有不分份额、比例的共有权,所谓“父子一体也,夫妻一体也,昆弟一体也”,“异居而同财,有余则归之宗,不足则资之宗”。[78]

秦汉以后,中国的家户制度逐渐定型,并被后世不断固化。商鞅变法时,分户令就是对西周同宗大族进行强制性的分户,规定“民有二男以上不分异者,倍其赋”;[79]自此,家以分户,户以家存,在分户令的强制下,家的规模趋向变小,并形成户有户主、家有家长的户主、家长制。秦制所创设的分家为户、立户成家的家户制度,继之户主家长与西周父权制度结合,形成中国后世源远流长的家庭户制度。“户”因之也就成为中国古代社会最基层的自组织单位,并演变为立法调整的主要对象。自汉开始,以家庭户为调整对象的户律或户婚律,一直就是中国古代诸法合一式法典中的主要组成部分和民事法的核心内容,如汉代《九章律》中的《户律》,《唐律》《宋刑统》中的《户婚律》,《大元通制条格》中的《户令》,《大明律》《大清律》中的《户律》,等等。直到清末仿行西制、变法修律,1911年颁发《大清民律草案》,在第四编《亲属》中的第二章“家制”中,仍保有户、家、家长、家政、家属等中国式家制、户主的某些传统。[80] 至民国年代,家户制度仍然备受立法关注,1930年颁行的《中华民国民法》亲属编里,第六章“家”也保留了有关家为“亲属团体”、家长、家务、家产之基本规定,家、户的制度框架仍然存在。[81]

足见,在中国,以户为基本单位的家庭,户主作为家庭的代表,一方面,掌握家庭事务的决定与代理权利,自然也是家庭投资或经营的总代表;另一方面,即使是家庭某个成员从事经营,也必须经得户主的同意,且其经营中所生债务,与整个家庭的财产是连带在一起的。这种情况,直到现在仍在我国农村家庭承包经营中沿袭和适用。

(二)从古罗马家长权制到近代家庭作坊制

以家庭共同体为单位的营业,同样也广泛、普遍地存在于西方。早在古埃及和古巴比伦,依托家庭的手工业、商业经营就常态化地存在;工商业发达、繁荣的古希腊,经营也多以家庭共同体形式出现。至于古罗马,建立在家长制基础上的家庭经营,在小商品经济中更可谓大放异彩。

在古罗马,婚姻及基于婚姻而产生的家庭,作为最小的社会群体,甚至早期被

---

〔78〕 参见《仪礼注疏·卷三十·丧服第十一》。

〔79〕 参见(汉)司马迁:《史记·商君列传》。

〔80〕 参见杨立新主编:《中国百年民法典汇编》,中国法制出版社2011年版,第56~71页、第193页。

〔81〕 参见杨立新主编:《中国百年民法典汇编》,中国法制出版社2011年版,第510页。

视为一种“政治组织”，它是以父权为中心，通过婚姻、生育、收养等形成的自社会组织。[82] 由于家庭“包含有一种彼此不能分离的生活方式”，进而形成以法定家长制度为中心的家庭共同体，家长拥有“家长权”，家长和家长“妻子所生的子女”、家长的“儿子和他的妻子所生的子女”，均处于家长的“权力之下”；[83] 在罗马法上，家长权力的对象不仅及于土地等要式物，还及于从属于家父的自由人（如家子等）。只是随着家父的死亡而分裂的数个家庭中，原“家长权”之下的家子成为自权人，对共同体财产享有完全、共同的处理权。[84] 罗马家庭中家长权的主导性，使该权在成为个人所有权观念来源的同时，也从各个方面妨碍了家庭获得真正的团体人格；而随着罗马家庭的解体，以近代自然人主体独立、人格自由、个人财产所有为核心的自由主义、个人主义民事主体制度，也就逐渐取代了罗马式的家庭、家权、家长制。[85]

在中世纪，以家庭作坊、手工业工场、商业合伙为基本形式的家庭经营户得到发展，并不断朝着家族企业、近代企业演变。例如，在西欧，自10世纪开始，以家庭为基本单位的各种形式的庄园工场和工匠作坊等大量出现；[86] 从早期内陆地区的“教会庄园工场”，[87] 到之后商业城市中“专靠商业谋生”阶层的大量涌现，[88] 家庭在“手工业、商业的作坊→工场→工厂”的演变中，发挥着共同体的示范样板作用。[89] 例如，威尼斯商人之所以“既快又早地致富的秘密”，“无疑在于把他们的商业组织与拜占庭的商业组织联系起来，并且通过拜占庭与古典时代的商业组织联系起来的那种紧密的亲族关系”；[90] 而且，正是这种家族共同体中的共同财产、共同家户、成员份额、共同责任、连带责任等制度，以及演化的家内共同体与家户共同体等经营形式，才使威尼斯、佛罗伦萨、比萨等地中海沿岸或西欧城市的家族经营，逐步由家庭共同经营向家族合伙经营、由家族内合伙经营向家族外合伙经营演变，并最终形成早期的家族企业。[91] 但是，即使到了16世纪，男人、家长在家庭中的主导地位

---

〔82〕 参见[意]朱塞佩·格罗索:《罗马法史》，黄风译，中国政法大学出版社2009年版，第9~12页、第83页。

〔83〕 参见[古罗马]查士丁尼:《法学总论——法学阶梯》，张企泰译，商务印书馆1989年版，第19页。

〔84〕 参见[意]朱塞佩·格罗索:《罗马私法》，黄风译，中国政法大学出版社2009年版，第9~12页。

〔85〕 参见张力:《古罗马法中家庭的主体性质争议及其启示》，载《浙江学刊》2008年第3期。

〔86〕 参见徐浩:《中世纪西欧工商业研究》，生活·读书·新知三联书店、生活书店出版有限公司2018年版，第277页以下。

〔87〕 参见[美]汤普逊:《中世纪经济社会史》（上册），耿淡如译，商务印书馆1997年版，第365页以下。

〔88〕 参见[美]汤普逊:《中世纪经济社会史》（下册），耿淡如译，商务印书馆1997年版，第407页以下。

〔89〕 参见[英]诺尔曼·庞兹:《中世纪城市》，刘景华、孙继静译，商务印书馆2015年版，第119~121页。

〔90〕 参见[比]亨利·皮雷:《中世纪的城市》，陈国樑译，商务印书馆2006年版，第71页。

〔91〕 参见[德]马克斯·韦伯:《中世纪商业合伙史》，陶永新译，东方出版中心2010年版，第33页以下。

仍然凸现，在教会法和封建婚姻家庭法的庇护下，父权与家长被一再强调。[92]

（三）家庭户的演变历程

总体而言，家庭户的演变是沿着“早期的家庭共同体→中世纪的家庭合伙体→近代以后的家庭企业体”，即从财产或权利由基本混同到逐渐明晰、经营形式由简单式的共同参与到复杂式分工合作、组织形式由低级自组织向高级契约组织这一基本轨迹发展和转型。但家庭经营户的主流形式从低级向高级发展、转型，并不意味着家庭经营户的低级形式就完全退出历史舞台，即使在现代家族式企业经营已成为主流形式，家庭共同体的经营也依然大量存在。

1. 家庭共同体→家庭合伙体

从东西方家庭经营户的演变历史，可看出一个基本的共同点，就是最早的家庭经营均表现为建立在父权、家长、户主或实际支配权当家人等基础上的家庭共同经营体。一般经营事务是由父亲、家长、户主或当家人为对外的名义代表，其他家庭成员未经家事代表的同意，一般不得对外代表家庭为营业行为，中国古代的父权制、家长制、户主制与古代罗马的家长权是最为集中的表现。但在家庭共同体持续经营与财富累积后，随着家庭的扩大与成员的增多，中国古代的分家、立户，近代离婚制度的产生，尊长亲属的终老，均会产生对家庭共同体财产或经营的析分或继承，这种析分最早是通过对财产的分割、均分来实现。例如，中国古代就是采用诸子分家、男丁立户等形式来解决家庭共同体财产或经营的家产析分问题；以嫡长子继承宗祧、诸子均分家产的宗祧与财产分离式继承方式，来解决家庭共同体财产或经营的代际继承问题。相对而言，以古罗马为代表的西方，则比较多地选择通过分配家庭成员的财产或经营比例份额，而非对共同体家产或经营进行直接分割，来解决家庭共同体的家产或经营析分或继承问题，因之就有前述古罗马时代家庭合伙、家族合伙等较早合伙形式的出现。到中世纪，欧洲这种以家庭、家族为中心的作坊式、工场式、工厂式经营共同体，逐渐由家庭共同体演变为家庭合伙经营体，并由最初以血缘、亲属为纽带的家内合伙经营体，发展到后来突破血缘、亲属关系的家外合伙经营体。[93] 中国从家庭共同体经营过渡到家庭合伙体经营，虽在宋元时期就有了萌芽，[94] 但直到近代，这种转型也一直未能成功实现，这也是为什么中国古代没有在家庭共同体经营的基础上孕育出近代合伙与企业制度的重要原因。

---

〔92〕 参见［荷］扬·卢滕·范赞登：《通往工业革命的漫长道路》，隋福民译，浙江大学出版社2016年版，第160～164页。

〔93〕 参见［德］马克斯·韦伯：《中世纪商业合伙史》，陶永新译，东方出版中心2010年版，第38页以下。

〔94〕 参见刘秋根：《中国古代合伙制初探》，人民出版社2007年版，第157页以下。

2. 家庭合伙体→家族企业体

经典经济史学著作与各种有关企业产生源流的学说均表明,近代企业的产生与古代家庭共同体经营、家族合伙体经营有某种组织、制度上的渊源关系。如汤普逊先生就认为,最早的合伙“似乎来源于家族型的商业企业”,其中合伙“商号”术语就有家的意思;随着商号的逐步发展,“每个合伙人的独立资本的无限责任成为惯例”,并使“责任无限的家族型合伙制逐渐向并无血缘纽带联系的其他个人开放,这种组织形式在15世纪中开始与‘委托’型的合伙制并驾齐驱”,已事实上成为近代企业的雏形。[95] 韦伯先生更揭示了“劳动共同体——特别是家族共同体——的巨大发展;也就是说,家族是这类工业合伙的天然基础”这一基本演进规律。[96] 因此,由家庭合伙体转型为家族企业体是近代企业产生的重要路径之一这一观点,几乎能得到普遍接受。

3. 家族企业体→家庭投资体

随着早期家族企业的不断发展与转型,特别是近代以资本本位建立起来的公司企业的成熟与定型,职业经理人的出现,家庭共同体直接参与经营、进行交易的功能与情形,除在传统的农业、手工业、一般商业尚保持一定的主导地位外,在大工业、制造业、金融服务业等新兴产业逐渐萎缩,这一点在家族式的公司企业表现得尤为突出。一方面,带有明显创始人支配痕迹、管理人血统的家族企业,在经历几代人的发展与壮大后,由于股权转让或稀释导致企业内部治理结构的变化,具有家族成员背景的持股人或出资人渐次退出或离开董事会或经理机构,家庭或家族共同体中的成员,沦为公司的纯粹出资人;另一方面,家族企业中家族股东成员会选择通过公司股利分红把获得的红利或所得投资于其他非家族企业,成为这些企业的出资人或股东。直到如今,特别是发达市场经济国家,早期的家族企业成员,绝大多数已成为跨国公司与国际大财团的控股人或“食利者”,家庭共同体及成员已成为这些企业的主要投资主体和实际控制人。

三、家庭户的表现形态

就当今而言,家庭户的表现形态,包括如下几种情形:

(一)家庭共同体成员共同经营

以家庭共同体的财产投入营业领域,并由家庭成员共同参与营利性经营或交易的家庭营业形态,是家庭户最为常态的表现形式。基本特点是以家庭共同体的

---

〔95〕 参见[美]詹姆斯·W.汤普逊:《中世纪晚期欧洲经济社会史》,徐家玲译,商务印书馆1992年版,第603页。

〔96〕 参见[德]马克斯·韦伯:《中世纪商业合伙史》,陶永新译,东方出版中心2010年版,第99页以下。

财产作投资或担保,每一家庭成员均参与家庭经营和管理,表现为投资的共同性、经营的共同性和责任的共同性。现在,绝大多数家庭手工业作坊、商业店铺、小规模工厂等均选择此种家庭共同体成员共同经营形式。

（二）家长或户主经营

家长或户主经营即以家长或户主的名义进行的营利性投资或经营。在家长或户主代表家庭共同体的情形下,家长或户主的营业行为,可依照家事概括代理或表见代理,并产生对权利与义务、债权与债务及于家庭共同体及全体成员的法律效力。目前,在我国,农村土地承包即以家庭农户为基本承包、经营单位,所有关于农村土地承包经营的合同及附属协议,均以家庭户主的名义签订和履行,但实际上,农村土地承包经营合同所涉承包土地的数量、标准、权益、效力,则及于整个家庭农户和所有家庭成员。在我国,类似的情况还有林户、牧户、渔户等。

（三）家庭字号经营

家庭字号经营即家庭通过注册或使用字号或商号的方式,并以注册或使用的字号或商号名义进行的营利性投资与经营。家庭字号经营的基本特点是家庭共同体、实际店厂、店厂字号或商号三位一体。在形式上看,注册或使用的字号或商号,与家庭户及家庭成员保持一定的独立性;但实质上,以注册或使用的字号或商号名义所进行的营业,财产来自家庭共同体,且由家庭成员具体经营和管理。

（四）家庭合伙经营

家庭合伙经营即建立在家庭共同体财产共有基础上、家庭成员作为合伙人、家庭对外以合伙名义进行经营的形式,家庭合伙经营实质是把家庭之亲属共同体、财产共同体、合伙共同体三者功能与形式作有机统一或高度融合,家庭成员既是具有亲属关系的亲属,又是家庭合伙体内的合伙人,亲属身份与合伙人身份高度重叠。家庭合伙经营既可是协议型合伙经营,也可为组织型合伙经营;如家庭选择组织型合伙经营,就应登记注册为合伙企业,它属于企业经营范畴,该合伙企业已脱离了纯粹家庭户的主体范畴,转型为了企业商人。

（五）家族企业经营

家族企业经营即以家庭共同体或全体成员的名义出资设立企业的营业形式,其中,家庭户主要是以投资主体的角色或身份出现。家族企业经营,实质上属于企业经营或企业主体的范畴,与一般企业所不同的,只是该企业的发起人、主要出资人、控股人或实际控制人为共同体的家庭户或家庭成员,企业出资人除有投资主体身份,还具有特定的亲属关系。正因为家族企业出资人之间存在这种基于亲属伦理形成的特定身份序差与熟人关系,必然影响企业的内部治理和管理控制。因此,家族企业虽为企业，但又带有家庭共同体的某些特点，一般把其作为特殊企业对待。

四、家庭户的当代发展

（一）家庭户主体性定位的立法分歧与学理争议

如前所述，无论在古代中国，还是古罗马家庭法，家庭户特别是家庭经营户的主体性地位已为不争的存在事实。只是近代以来，随着人性的个体解放运动与家事上的法律革命，个人主义、自由主义为中心的近代主体立法思维与模式，取代了团体主义、伦理主义为中心的传统主体立法思维与模式。家庭作为此一革命的重点，从血缘、亲属的伦理禁锢中解脱出来，在独立、自由、平等契约论与价值观的主导下，被解释并定位为一种纯粹的男女之间、父母与子女之间的契约关系或特殊债权债务关系。自1804年《法国民法典》作俑以来，家庭共同体逐渐退出法律主体的历史舞台，或被视为自然人的附属形式，或视为男女婚姻契约的派生法律关系，多数民法典、商法典及商事特别法中，只见单一自然人的个体人格，而不见家庭共同体的团体影像；单一自然人的主体地位与独立、自由、平等的人格，完全淹没了具有共同体性质的家户主体地位与共生、伦理、和谐的家庭关系。因此，家户这一具有历史传统和内含人类文明基因的主体性问题，在当代反而成为一个颇具争议并产生各种分歧的议题。

学者初步研究显示，[97]关于家庭、家户的民事主体地位，目前域外立法存在明确承认家庭或家户的民事主体地位（如瑞士、意大利、越南等）、[98]间接承认家庭民事主体地位（荷兰、巴西、秘鲁、阿根廷、埃及等）、[99]原来规定有家庭主体地位但后来废止（如日本、韩国等）、[100]未明确或不承认家庭的团体性及民事主体地位（如法

---

〔97〕参见宁清同：《论域外法上的家庭民事主体地位》，载《法治研究》2017年第5期。

〔98〕参见《瑞士民法典》，于海涌、赵希璇译，法律出版社2016年版，第38页、第125～131页；《意大利民法典》，陈国柱译，中国人民大学出版社2010年版，第6～7页、第36～47页、第370～375页；《越南民法典》，伍光红、黄氏惠译，商务印书馆2018年版，第36～37页、第70页。

〔99〕参见《荷兰民法典》，王卫国主译，中国政法大学出版社2006年版，第49～59页；《巴西新民法典》，齐云译，中国法制出版社2009年版，第234～270页；《秘鲁共和国新民法典》，徐涤宇译，北京大学出版社2017年版，第54～124页；徐涤宇译注：《最新阿根廷共和国民法典》，法律出版社2007年版，第296～309页；《埃及民法典》，黄文煌译，厦门大学出版社2008年版，第136～137页。

〔100〕参见《日本民法典》，王书江译，中国人民公安大学出版社1999年版，"译者序"第4～7页；《韩国最新民法典》，崔吉子译，北京大学出版社2010年版，第231～232页。

国、德国、西班牙、葡萄牙等）等几种主要的法例或制例。[101]

1949年以来，原有民国时期的六法全书及承载法统被全面废止，1930年《中华民国民法》亲属编中涉及家庭、家长、家属、家事、家产等家制法则也未延续下来；相反，受苏联民法立法思想与休例的影响，婚姻家庭被单独立法，长期游离于民法体系之外，自1955年至2002年，历次民法或民法典草案，均没有把婚姻家庭纳入民法的体系。[102] 受此影响，有关民法的教材、论著中，家庭、家户也很少被学者提及，国内仅有的几本提及家庭、家户的论著，或者只是在阐述权利主体的演进中介绍早期的家族与古罗马的家庭主体制度，在讨论我国农村家庭承包经营户时也仅仅把其视为"自然人的特殊法律属性的表现形式"，而非"自然人以外的独立主体资格者"；[103]或者只认识到古罗马的家庭主体与中国古代伦理法治下的家庭本位，而对家庭户的存在现实与当代转型未予以足够关注；[104]或者只简单地把农村家庭承包经营户视为"非法人经营体"；[105]或者仅仅只介绍我国台湾地区的家制时才论及家庭。[106] 只有极个别的学者，从自然人的其他团体构造角度，初步探讨过家庭或户的民事主体地位问题。[107]

不仅如此，国内学界，即使是婚姻家庭法方面的学者，在研究的视域中也未把家庭、家户纳入其理论与立法框架，如由中国婚姻家庭法学研究会组编的《民法典之婚姻家庭编立法研究》一书，通篇就没有提及过家庭。[108] 受国家总体立法价值取向和既有民商法主体理论研究的制约，国内具有代表性的民法典草案在对待家庭主体地位问题上，呈现如下几种比较鲜明的路径取向：（1）附属于自然人。多数学者把家庭经营户放在自然人章的农村承包经营户中作附带规定，而有关家庭、家户

---

[101] 参见［法］雅克·盖斯旦、［法］吉勒·古博：《法国民法总论》，陈鹏等译，法律出版社2004年版，第92页、第100页；［德］迪特尔·梅迪库斯：《德国民法总论》，邵建东译，法律出版社2001年版，第777页、第820页、第852~853页；［德］卡尔·拉伦茨：《德国民法通论》（上册），王晓晔等译，法律出版社2003年版，第52页、第88页。

[102] 参见何勤华、李秀清、陈颐编：《新中国民法典草案总览》，北京大学出版社2017年版，第3页以下。

[103] 参见龙卫球：《民法总论》，中国法制出版社2002年版，第170~180页、第305~313页。

[104] 参见王春梅：《民事主体的历史嬗变与当代构建》，人民出版社2011年版，第9~15页、第226~229页。

[105] 参见梁慧星：《民法总论》，法律出版社2011年版，第147页。

[106] 参见王泽鉴：《民法概要》，中国政法大学出版社2003年版，第69页。

[107] 参见朱庆育：《民法总论》，北京大学出版社2013年版，第463~468页。

[108] 参见夏吟兰、薛宁兰主编：《民法典之婚姻家庭编立法研究》，北京大学出版社2016年版，第122~124页。

的主体性地位与相关制度，则基本阙如。[109] （2）归属于人法中的“亲属法”。[110]（3）归属于非法人组织。[111] （4）回避不作规定。[112]

近年来，尽管有学者开始注意到家庭的民事主体地位，如有学者从自然人的其他团体构造角度，认为以家庭或户为基本单位“在表面上有相当于权利主体的地位”，此类“准权利主体”主要包括农户、个体工商户与农村承包经营户等；[113] 有学者认为，我国是东亚文明发源地，民法典更应当肯定家庭之民事主体地位。[114] 但这样的声音仍然过于微弱，总体而言，对我国《民法典》编纂中有关主体制度并未产生实质、有效的影响。例如，《民法典》婚姻家庭编包括的一般规定、结婚、家庭关系、离婚、收养等五部分，[115] 只有家庭关系，仍无家庭或家户的地位。

（二）家庭户主体定位的立法路径

目前，我国现行规范文本涉及家庭户的主体地位，绝大多数情形下是以家庭经营户的名称出现，且不同立法文本之间对其定位不同、表述各异、对象混乱、性质模糊、内容矛盾；而表现在具体的主体依赖路径上，又包括如下几种不同模式：（1）自然人主体特殊形式，如原《民法通则》第 27 条、《民法典》总则编第 55 条的规定。（2）农户独立主体，如《农村土地承包法》第 5 条、第 16 条的规定。（3）农民成员，如《农民专业合作社法》第 2 条、第 4 条的规定。（4）个体农户、农户、小农户，如中共中央、国务院《关于全面深化农村改革加快推进农业现代化的若干意见》（中发〔2014〕1 号），中共中央办公厅、国务院办公厅《关于促进小农户和现代农业发展有机衔接的意见》等规范性文件。（5）家庭农场。如原农业部《关于促进家庭农场发展的指导意见》（农经发〔2014〕1 号）等。

1. 各种关于家庭户主体地位的观点及评析

关于家庭户的法律地位，学界、业界的理论分歧与立法争点更集中于农村承包经营户、家庭农场，究竟是否应赋予或承认其主体地位，代表性观点如赋予论、[116] 否

---

〔109〕 参见梁慧星主编：《中国民法典草案建议稿》，法律出版社 2013 年版，第 359 ~ 404 页；陈甦主编：《中国社会科学院中国民法典草案建议稿》，法律出版社 2019 年版，第 332 ~ 382 页。

〔110〕 参见徐国栋主编：《绿色民法典草案》，社会科学文献出版社 2004 年版，第 216 ~ 221 页。

〔111〕 参见于海涌编著：《中国民法典草案建议稿》，法律出版社 2016 年版，第 41 ~ 42 页。

〔112〕 参见王利明主编：《中国民法典学者建议稿及立法理由 · 人格权编、婚姻家庭编、继承编》，中国人民大学出版社 2005 年版，第 199 ~ 440 页。

〔113〕 参见朱庆育：《民法总论》，北京大学出版社 2013 年版，第 463 ~ 468 页。

〔114〕 参见宁清同：《论域外法上的家庭民事主体地位》，载《法治研究》2017 年第 5 期。

〔115〕 参见《民法典》第 1040 ~ 1118 条。

〔116〕 参见沈文朋：《农村承包经营户：从独立民商事主体到适当的有限责任》，载《华南师范大学学报（社会科学版）》2012 年第 3 期；肖鹏：《家庭农场的民事主体地位研究》，载《中国农业大学学报（社会科学版）》2016 年第 2 期。

认论、[117]分类论、[118]成员论等。[119] 不仅如此,在具体赋予农村承包经营户、家庭农场主体地位方面,又存在商个人说、[120]企业法人说、[121]非法人组织、[122]多元经营形式等不同观点。[123]

笔者认为,家庭商户或经营户的主体性定位应从以下几个层面作具体分析:首先,家庭商户或经营户作为家庭户进入营业领域的主体性转换形式,不应只及于农村地区或农村承包经营户、家庭农场等有限形式,而应把视野和范围拓展到所有城乡家庭,包括城镇的家庭店铺、家庭作坊、家庭工厂等。其次,我们在讨论家庭商户或经营户时,一般是以没有进行商事登记作为基本前提,如家庭经营已进行了商事登记,则应以登记的主体属性与类型来定,如家庭农场、店铺、作坊或工厂登记为个体工商户,就应以自然人商人待之;如登记为各种不同形式的企业,则应以企业视之。如从此一视角来考察,就不存在前述家庭企业法人等问题。最后,家庭商户或经营户的主体性地位,应先从大私法的框架中厘定家庭或家庭户的主体地位。

2. 家庭户的主体性定位

基于前文从历史、逻辑、法理、现实的角度对家庭或家庭户民事主体地位的论证与分析,作为亲属共同体,家庭或家庭户总体应归属于非法人类组织的范畴。但鉴于以个人主义、自由主义为核心的民事主体观念已深入人心,完全打破既有民事主体分类体系,另立家庭为单独一类民事主体,不但显得突兀,与既有自然人、法人、非法人组织等主导性主体构架也不相容,而且民法典庞大的逻辑体系也要求主体分类有高度的稳定性,故轻易修改《民法典》总则编的主体章节,显然不太可行。比较可行的立法技术路径是改造现有婚姻家庭法结构,把现有家庭关系章节改造成家庭章节,对涉及家庭地位及相关家制的,作系统、全面、原则性规定,以建立涉及家庭、家制的规则体系;而有关家庭共同体与家庭商户或经营户的债权债务,则应通

---

〔117〕参见鲁晓明:《从家户并立到家庭统摄——我国民事法上家户制度的问题与出路》,载《法商研究》2018 年第 5 期。

〔118〕参见任尔昕、郭瑶:《我国商个人形态及其立法的思考》,载《甘肃政法学院学报》2009 年第 6 期。

〔119〕参见肖立梅:《我国农村土地家庭承包经营权的权利主体探究》,载《法学杂志》2012 年第 4 期。

〔120〕参见蔡科云:《我国家庭农场的商事人格与商事信用论》,载《湖北大学学报(哲学社会科学版)》2018 年第 2 期。

〔121〕参见沈月娣:《家庭农场的商事主体地位研究》,载《浙江师范大学学报(社会科学版)》2014 年第 5 期。

〔122〕参见白俊勇、程媛:《农村承包经营户民事主体地位的检视与完善》,载《经济研究参考》2018 年第 35 期。

〔123〕参见贺茜:《家庭农场商事主体资格的建构》,载《西北农林科技大学学报(社会科学版)》2019 年第 2 期。

过比照或援用非法人组织的有关规则来处理即可。因此，正视家庭、[124]确定户主、[125]建立家制、[126]引入家产、[127]明晰家责，[128]让家庭商户或经营户回归家庭，才是解决其主体性地位比较可行的立法路径。

（三）家庭户的商法定位

在定位家庭商户或经营户的商法属性之前，必须严格把家庭商户与自然人商人作必要的区分与分离，避免两者之间的混淆。基于前文分析，自然人商人属于自然人个体的范畴，无组织性、团体性特征；而家庭户属于亲属团体的范畴，具有明显的组织性、团体性特征，自然两者不可等同。鉴于既有规范文本和学理均把自然人商人与家庭经营户两者作不应有的混同，以登记、分户、约定、声明、证据、推定等为基本原则，建立一套具体的识别规则，适度区分自然人商人与家庭户的主体属性、法律地位、制度要素、权利范围、责任归属，不但十分必要，而且意义重大。

恰当认定个人经营和家庭经营，适度区分自然人商人与家庭户，其重要意义在于建立有效的权益分配与责任分担机制，让该家庭共同体成员共同分享权益、连带承担债务责任，不致因权属、责任不明而产生争议、发生推诿；也让本应由单一自然人独享的权益、应负的责任，不因主体混同而被不妥当分配给无权受领的主体或由无义务的其他成员承担。

在此基础上，如以家庭户名义或实质上属于家庭户投资或经营的，则其商事主体形式应为家庭商户或经营户，作为亲属共同体、财产共同体、经营共同体，应比照非法人组织的有关规则处理该家庭户在营业过程中所生债权债务关系。不仅如此，同所有民事主体进入营业领域转换为商事主体一样，家庭户进入营业领域后，同样也表现为投资主体、经营主体、交易主体等不同角色或身份。至于家庭商户或经营户如以家庭农场、作坊、工厂等形式登记为企业，并且可登记为家庭某一成员的个人独资企业、家庭成员为合伙人的合伙企业、家庭成员为股东的公司企业，则该家庭或家族企业已完全脱离家庭商户的亲属共同体范畴，属于以下所论企业商人的范畴。

---

〔124〕 参见孙建江：《自然人法律制度研究》，厦门大学出版社2006年版，第238页。

〔125〕 参见王跃生：《中国当代家庭、家户和家的“分”与“合”》，载《中国社会科学》2016年第4期。

〔126〕 参见俞江：《家产制视野下的遗嘱》，载《法学》2010年第7期。

〔127〕 参见林辉煌：《家产制与中国家庭法律的社会适应》，载《法制与社会发展》2012年第4期。

〔128〕 参见石碧波：《民法上的“家”——兼论我国民法上“家”的二元结构》，载《当代法学》2003年第7期。

第三节　企　业

组织型营业是近代以来营业的主导形式，充当或扮演着商事主体身份或角色的社会组织，不仅是最重要的经营主体或交易主体，更是最主要的投资主体。从原生形态来看，作为商事主体的社会组织，不但包括企业等营利组织，而且包括不为传统、既有商法理论或立法所延纳的非营利组织，如非营利组织作为营利性投资主体（企业出资人或资本、金融证券的持有人）或从事特定领域的经营活动等。尽管如此，企业作为典型的营利组织，在社会组织类商事主体中又最具代表性。以下以企业为例，讨论社会组织类商事主体的相关法律问题。

一、企业的缘起路径

（一）企业缘起的历史脉络

从营业形式来看，企业属社会组织型经营；从主体意义上看，是由资本、劳力、技术、管理等生产要素契合结成的社会团体与商事组织。一般认为，作为组织的企业，萌芽于古代家族、合伙经营，如古巴比伦的合伙，〔129〕古罗马的家族共有合伙、商业合伙、劳作合伙、〔130〕营业团体，〔131〕至中世纪的海上贸易合伙、家族合伙共同体、家内合伙共同体、家外合伙共同体、劳动合伙共同体，并逐步演化为脱离合伙人控制、与合伙人权利与责任有所区分、有独立的名称或字号的企业等。〔132〕

15 世纪，一种新的商业社团及经营形式已遍及欧洲，"它们是由大商人们组成的"，并大致沿着"商业委托或联营→合伙→股份公司"这一轨迹逐渐地演变着。其最初形式为商业委托或联营，从 12 世纪开始，商业委托或联营就以"航海联营者"和"信托公司"的形式出现，后来"联营"逐渐演变成为一个实在的经营体，并发展为几个合伙人组成的"商团"、代理商既代理委托业务又兼营自己业务、"商团"中的投资者额外借出资金、"商团"中的代理商利用局外人的资本进行经营等四种衍生的经营形式。到商业合伙阶段，"每个合伙人的独立资本的无限责任成为惯例"，并使"责任无限的家族型合伙制逐渐向并无血缘纽带联系的其他个人开放"。到股份公司阶段，这类公司"享有法人权利，以一笔划分为若干股份的资本经商，其股份与普

〔129〕 参见滕威：《合伙法理论研究》，人民法院出版社 2013 年版，第 1 页。

〔130〕 参见［意］彼德罗·彭梵得：《罗马法教科书》，黄风译，中国政法大学出版社 2005 年版，第 290～291 页。

〔131〕 参见江平、米健：《罗马法基础》，中国政法大学出版社 2004 年版，第 125 页。

〔132〕 参见［德］马克斯·韦伯：《中世纪商业合伙史》，陶永新译，东方出版中心 2010 年版，第 14 页以下。

通合伙制或‘委托’合伙制中的股份不同，它可以用契约转让，也可以死后遗传”。〔133〕 至16～17世纪，以股份公司为代表的近代企业，在西欧已经成熟并定型，特别是“股份公司和那些旨在应付资金筹集和风险以减少市场缺陷的制度安排便创立并推广开来”，这一制度性安排就是以公司为主体形式的现代企业制度。〔134〕1673年，法国颁行《陆上商事条例》，首次系统地对普通公司（无限公司）、两合公司及公司登记作出规定，〔135〕现代企业制度由民间约定、商人法，上升为国家立法、国家法，实现了法律化和法典化。就公司而言，“无限公司→两合公司→股份公司”是其基本的演变轨迹，其中，普通公司是由“家族商行世代相传，不断在改组和重建”中产生；两合公司即某个合伙人的责任“以其出资额为限”；而“最后出现的股份公司只是资本的集合”，“公司资本与公司本身构成一个不可分割的整体”。〔136〕

（二）企业缘起的解释路径

企业究竟为什么产生，又是如何产生的，马克思、韦伯、科斯分别从个别资本、社会家庭、交易费用等不同角度给出不同的解释，受其影响，学界关于企业的产生与起源就存在社会分工协作说、家族共同体演变说、交易费用替代说等不同理论解释路径。

1. 社会分工协作说

该说最显著的特点，是从马克思关于社会生活、生产方式特别是资本主义生产方式的一般理论出发，认为企业是以内部分工协作为基础的组织形式，而劳动生产率的提高和社会生产力的发展是企业得以产生的根源所在。〔137〕 马克思在《资本论》中认为，企业的起源与产生源于社会分工协作、单个资本积累与扩大再生产。因为“一切规模较大的直接社会劳动或共同劳动，都或多或少地需要指挥，以协调个人的活动，并执行生产总体的运动——不同于这一总体的独立器官的运动——所产生的各种一般职能”；“一旦从属于资本的劳动成为协作劳动，这种管理、监督和调节的职能就成为资本的职能”，〔138〕在此情形下，集中化的管理与组织化的企业之产生、形成就显得十分必要，并大致沿着“简单协作（企业的萌芽）→工场手工工

---

〔133〕［美］詹姆斯·W. 汤普逊：《中世纪晚期欧洲经济社会史》，徐家玲译，商务印书馆1992年版，第600～607页。

〔134〕［美］道格拉斯·诺斯、［美］罗伯斯·托马斯：《西方世界的兴起》，厉以平、蔡磊译，华夏出版社2017年版，第3页、第22页。

〔135〕参见何勤华、魏琼主编：《西方商法史》，北京大学出版社2007年版，第280页。

〔136〕参见［法］费尔南·布罗代尔：《十五至十八世纪的物质文明、经济和资本主义》，顾良、施康强译，商务印书馆2017年版，第524～526页。

〔137〕参见陈孝兵：《企业的起源与企业自由》，载《学术研究》2010年第5期。

〔138〕［德］卡尔·马克思：《资本论》（第1卷），人民出版社2004年版，第384页。

业(初级企业)→机器大工业(典型企业)→股份公司(现代企业)”这样的制度、规模、效应轨迹而衍生、定型、演进并不断发展。[139]

2. 家族共同体演变说

马克斯·韦伯以佛罗伦萨的家族共同体为研究样本,分析了“家庭共同体(养育、供应共同体)→家族共同体(经济、财产共同体,又分为家内共同体与家外共同体两个阶段或形式)→企业共同体(经营、利益共同体)”的逐渐演变过程,认为在家族共同体的演变中,每一个成员“在共同体‘之内’有资本份额和财富”,“个人虽然‘出生到’家庭共同体内,但是,他作为孩子已经就是合理调节的赢利商业潜在的‘伙计’和‘股东’,赢利商业是家庭共同体经营的”;通过货币经济的中介作用,每一家庭成员在家族共同体内属“个人单独的收益与消费”变得越来越具有“可计算性”、“独立性”和“自由性”。[140] 受韦伯理论的影响,家族共同体演变说者一般认为“企业的最初形式为家族共同体”,[141]或者认为企业是由家户经济共同体转化扩张而来。[142]

3. 交易费用替代说

该说以科斯交易费用理论为基本分析工具,认为企业的产生缘于内部管理替代外部交易费用的需要。例如,科斯认为,由于“市场的运行是有成本的,通过形成一个组织,并允许某个权威(一个‘企业家’)来支配资源,就能节约某些市场运行成本”;企业组织的这种替代或降低市场交易费用的功能,使企业的存在与扩大必须达到“在企业内部组织一笔额外交易的成本等于在公开市场上完成这笔交易所需的成本,或者等于由另一个企业家来组织这笔交易的成本”,即“企业将倾向于扩张直到在企业内部组织一笔额外交易的成本,等于通过在公开市场上完成同一笔交易的成本或在另一个企业中组织同样交易的成本为止”。[143]

除上述代表性理论外,经济学家还从经济维度进一步解释企业产生的内在原

---

〔139〕 参见[德]卡尔·马克思:《资本论》(第1卷),人民出版社2004年版,第374页以下。

〔140〕 参见[德]马克斯·韦伯:《经济与社会》(上),林荣远译,商务印书馆1997年版,第423页。

〔141〕 参见李文祥:《企业起源的社会维度》,载《社会科学战线》2003年第4期。

〔142〕 参见汪和建:《企业的起源与转化:一个社会学框架》,载《南京大学学报(哲学·人文科学·社会科学版)》1999年第2期。

〔143〕 参见[美]罗纳德·H.科斯:《企业、市场与法律》,盛洪、陈郁译校,上海三联书店2014年版,第33页、第35~36页。

因,如芒图的生产方式论,[144]阿尔钦、德姆塞茨的团队生产理论,[145]钱德勒的经济规模理论等。[146] 还有学者认为,从一般意义上讲,企业是利用分工合作利益与节约交易费用达到均衡的组织生产、配置资源的经营方式。[147] 实际上如从企业、多人企业、多环节企业的角度来看,交易费用只是多环节企业产生的直接原因,而团队生产或者说协作效应则是多人企业存在的原因,企业(涵盖只有一个人组成的实体)的存在则是生产客观性和不可无限细分性的结果。[148]

笔者认为,企业作为营业组织,其产生源于营业的需要。如前文所述,营业最初级的形式是自然人个体与家庭户。但随着营业规模的扩大、参与人员的增加、经营环节的复杂、市场空间的扩展、交易对象的多元,必然要突破自然人个人或家庭管理、控制的极限,在此情形下,就存在集中代理与组织化管理的必要,企业的产生也就成为必然的事情。

二、企业的意义厘定

企业是相对于自然人个体、家庭户而言最为重要的营业形式,是现代市场经济社会最重要的组织单元和商事交易最具代表性的主体类型。关于企业的定义与具体内涵,学界从经济学与法学的不同视角作出了不同的判断和解释。

(一)企业在经济学上的含义

经济学从经济社会的特定功能结构入手,以企业(厂商)与消费者(居民)为分析对象,认为企业是以追求利润最大化为目标的生产单位;企业即厂商,是一种使用生产要素并把这些要素组织起来生产并销售产品或劳务的机构。[149] 例如,有学者认为"企业就是生产商品和劳务以供销售的单位","与福特基金会那样不追求营利的机构相反,企业是尽力创造利润的单位",[150]或者认为企业是组织生产要素并管理生产过程的专业化组织,其基本功能是实现批量生产优势、筹集资金和组织生

---

〔144〕 参见[法]保尔·芒图:《十八世纪产业革命——英国近代大工业初期的概况》,杨人楩等译,商务印书馆 1983 年版,第 172 ~ 215 页。

〔145〕 See Alchian, Armen and Demsetz, Harold, *Production, Information Costs and Economic Organization*, American Economic Review, 1972, 62, p. 777 - 795;[美]哈罗德·德姆塞茨:《企业经济学》,梁小民译,中国社会科学出版社 1999 年版,第 14 页。

〔146〕 参见[美]钱德勒:《看得见的手——美国企业的管理革命》,重武译,商务印书馆 1987 年版,第 571 ~ 591 页。

〔147〕 参见伍山林:《企业起源理论:若干企业史检验》,载《财经研究》2000 年第 5 期。

〔148〕 参见李雷鸣、陈俊芳:《关于不同企业起源学说的述评与补充》,载《江苏社会科学》2004 年第 1 期。

〔149〕 梁小民:《微观经济学》,中国社会科学出版社 1996 年版,第 204 页。

〔150〕 [美]曼斯菲尔德:《微观经济学:理论与应用》,郑琳华译,上海交通大学出版社 1988 年版,第 166 页。

产要素;[151]或者认为企业是一种与市场协调机制有相同职能并且能使交易费用最小化的组织;[152]或者把企业定义为包括劳动、土地、资本、管理等各种要素投入者的联合;[153]或者认为企业的本质就是在劳动所有者、物质投入和资本投入的提供者、产品的消费者之间建立起来的、并由不同所有者委托的代表进行协调的一组多边合约关系;[154]或者认为企业只是市场交易域的中介单元,作为一种组织惯例,本身是经济整体制度安排的一个不可分割和内在的组织形式。[155]

经济学家从功能、地位和构成要素出发对企业所作的概括,总体来说,具有以下几个方面的含义:(1)企业作为一个社会细胞,是以资本、劳动、土地、技术、管理等生产要素有机构成的组织单元。(2)从企业的存在目的意义来看,企业是以追求利润最大化、以营利为目的的经济组织。(3)从企业的功能来分析,按照制度经济学的理论,企业是降低市场交易费用的有效组织形式。(4)从企业的经济职能和地位来分析,企业(厂商)是对应于市场经济社会中的居民(消费者),能独立作出投资与生产决策,为消费者提供产品或服务的市场主体。(5)从企业的内部关系来看,企业是一种特殊的契约,是生产要素的所有者、企业债权人、经营管理人员和雇员之间的一系列契约关系或关系性契约的组合。[156]

可见,从经济学意义来定义,企业是由资本、劳动、土地、技术及管理等生产要素构成的,以追求利润最大化为目的,通过内部关系的契约性安排以有效地降低市场交易费用,能独立作出投资、生产、经营决策,向社会提供产品或服务的市场主体和经济组织。

(二)企业在法学上的含义

法学对企业的定义与定性,一般是从企业的主体资格、行为特征与法律责任入手。在大陆法系,企业被认为是一种经营共同体,是一种基于成员“有意创设的共同体”,从最早的家族共同体、合伙共同体到公司共同体,“典型的因素是商业关系代替了血缘关系,即由目的契约代替身份契约”,反映企业作为“整个团体从法律上

---

〔151〕 参见[美]保罗·萨缪尔森、[美]威廉·诺德豪斯:《经济学》(第17版),萧琛主译,人民邮电出版社2004年版,第94页。

〔152〕 参见聂德宗:《交易费用、经济绩效与文化——西方法律与经济学理论评析》,载《学术研究》1997年第1期。

〔153〕 参见[英]G. M. 霍奇逊:《现代制度主义经济学宣言》,向以斌等译,北京大学出版社1993年版,第232页。

〔154〕 参见马俊驹主编:《现代企业法律制度研究》,法律出版社2000年版,第5页。

〔155〕 参见[日]青木昌彦:《比较制度分析》,周黎安译,上海远东出版社2001年版,第24页、第98页。

〔156〕 参见[美]麦克尼尔:《新社会契约论》,雷喜宁等译,中国政法大学出版社1994年版,第59页以下。

和技术上视为分离的和个别的主体”的发展轨迹。[157] 例如,在德国,企业包括股份有限公司、股份两合公司、有限责任公司、具有独立法律人格的矿业组合或以营业和经济合作社的法律形式经营的经济组织。[158] 在英美法系,企业(enterprise)意为经营的事业,[159]用以指从事经营、商业的组织或经营体;如在美国,企业是泛指公司、独资企业、普通合伙、封闭公司、有限合伙、有限责任公司、有限责任合伙等正规、非正规或兼有两者特点的混合型或杂交型经营组织或实体。[160]

我国学者对企业的定义最初是把企业与企业法人等同。如20世纪80年代初,有学者认为,“企业法人是指实行经济核算,进行生产、经营以扩大社会积累,创造财富为目的的各类经济组织”。[161] 随着学界对企业以及企业法研究的深入,对企业的界定也就见仁见智。综合起来,有以下几种代表性学说。(1)营利性经济组织或社会组织说。例如,有学者认为,企业是以营利为目的,独立、连续从事一定经济活动的经济组织;[162]有学者认为企业是“以营利为目的的”,从事商品生产、运输、销售或提供劳务或服务的社会组织体;[163]有学者认为企业是指依法成立并具备一定的组织形式,以营利为目的独立从事商业生产经营活动和商业服务的经济组织;[164]有学者认为企业是连续稳定地从事经济活动的营利性社会组织;[165]有学者认为,企业是指“从事生产经营活动,以营利为目的的经济组织”。[166] (2)经营体说。例如,有学者认为,“企业是经营性的从事生产、流通或服务的某种主体;作为概括的资产、某种营业或者资本和人员集合的经营体,企业也可以作为交易的客体”;[167]有学者认为,企业是指“依法成立并具备一定的组织形式,以营利为目的的独立从事商品生产经营活动和商业服务活动的经济组织”。[168] (3)法律主体说。此说认为独立和法律主体是企业的最大特征。例如,有学者认为,企业是由一定数量的生产要

[157] 参见[德]马克斯·韦伯:《论经济与社会中的法律》,张乃根译,中国大百科全书出版社1998年版,第139页。

[158] 参见《德国股份法、德国有限责任公司法、德国公司改组法、德国参与决定法》,杜景林、卢谌译,中国政法大学出版社2000年版,第329页。

[159] See Bryan A. Garner, *Black's Law Dictionary*, 8th edition, Thomson West Group, 1999, p. 572;[英]梅里亚姆-韦伯斯特公司:《韦氏法律词典》,中国法制出版社2014年版,第162页。

[160] 参见宋永新:《美国非公司型企业法》,社会科学文献出版社2000年版,第20~26页。

[161] 参见唐德华、王利明主编:《民法教程》,法律出版社1987年版,第68页。

[162] 参见王保树等:《企业法论》,工人出版社1988年版,第3页。

[163] 参见郑立等主编:《企业法通论》,中国人民大学出版社1993年版,第1~3页。

[164] 参见甘培忠:《企业与公司法学》,北京大学出版社2014年版,第2页。

[165] 参见赵旭东:《企业法律形态论》,中国方正出版社1996年版,第13页。

[166] 参见张士元主编:《企业法》,法律出版社2005年版,第10页。

[167] 参见史际春:《企业和公司法》,中国人民大学出版社2008年版,第3页。

[168] 参见董学立:《商事组织法》,北京大学出版社2004年版,第6页。

素所组成的以营利为目的，从事生产经营或服务活动的具有一定法律主体资格的经济组织；[169]有学者认为"企业是指各种要素的投入者（包括人力资本和非人力资本的投入者）为了营利的目的而联合起来的一种具有独立的民事主体地位的契约组织"；[170]有学者认为，企业是"投资者依据法定的组织形式将各种生产要素有机地结合起来而设立的，以营利为目的从事生产或服务活动，并具有一定法律主体资格的经济组织"。[171]

笔者认为，企业在法学上的定义应通过揭示其法律特征，才可得出合理、妥当的结论。

（三）企业的法律特征

从法律的视角来分析，作为最主要的商事主体，企业与其他社会组织类民商事主体相比较，具有以下显著特征：

1. 企业是一种营业形式。企业的产生乃基于营业的需要，是相对于自然人个体、家庭而言的一种组织型营业模式。从营业角度来看，早期的营业形式是以自然人及依附的家庭为基本、常态形式。但无论是自然个体，还是家庭户，其融资力、生产力毕竟十分有限，进而相应地影响并制约其市场交易和抗御风险的能力。出于资本筹措、规模生产和营业拓展的需要，更由于生产、交易、营业本身的不断发展和扩大所需，一种脱胎于自然人个体和家庭且融投资者、劳动者、管理者于一体，实现人的要素、物的要素与管理要素充分契合的新型组织化营业模式得以逐渐形成并不断完善，从家庭企业（血缘身份）到合伙企业（半血缘半资本身份）再到公司企业（资本身份）的发展历史，就说明企业是因营业的需要而产生，并成为组织型营业首选的一种典型形式。

2. 企业是一种社会组织。在营业活动和市场交易中，参与主体按其自然属性可分为自然人营业主体和组织类营业主体两大类。其中，企业作为社会组织类主体，是人与人结社以及人与物集合的产物，是人们基于一定的契约、章程、协议并为一定的目的事业的营利组织。与自然人的生物、自然属性相比较，企业具有鲜明的社会组织与团体属性。

3. 企业是由生产要素有机构成的联合体。人与物是一切社会组织构成的基本要素和前提条件，企业当然也不例外，企业须以人与物两大基本要素为设立和存在基础。与其他社会组织不同，只因企业特定的营业目的与特定的生产功能，人与物在企业内部不是以一般人或物的特质出现，而是以能创造、转换新价值或新产品的

---

〔169〕　参见张士元、徐中起、龙国庆：《企业法》，法律出版社 1997 年版，第 10 页。

〔170〕　参见马俊驹主编：《现代企业法律制度研究》，法律出版社 2000 年版，第 6 页。

〔171〕　参见郭富青主编：《企业法》，中国政法大学出版社 2003 年版，第 2 页。

生产要素形式出现，因此，人与物在企业内部则表现为资本、劳动力、土地、技术、管理等生产要素形式。企业则以特定制度安排与组织规则使这些生产要素有机地组合起来，以实现其设定的营利目的和社会生产功能。

4. 企业是独立地从事生产经营活动的私法主体。首先，企业有独特的经营、交易职能。市场经济关系本质上是一种基于主体之间不同需求和利益的交易关系。其中，生产者、经营者与居民户、消费者彼此互通有无，各取所需。其次，从社会功能层面来分析，企业（厂商）是从事商品生产与经营、向社会（居民户、消费者）提供所需产品、服务的生产或经营组织。企业的这一生产职能与经营特质，使其与学校、政府组织、政党以及一般类自治社团组织严格区别开来。最后，企业有独立的市场主体地位和最大化营业利益。企业有能够根据市场行情独立地作出生产、经营和价格决策的营业能力，它既独立于市场交易相对方，又独立于其他营业竞争对手，有时还独立于其内部成员（如出资人）。

5. 企业是以营利为目的的营业组织。该特征表现为：（1）经营目的的营利性。企业是以营利为目的的经济组织。所谓营利性即为追求利润的最大化，以尽量少的投入与支出，以获取最大的效益和利润，因而企业的各生产要素投入与有机构成比例，是以能否为企业带来最大利润为取舍标准，利润和效益的最大化是企业最为基本的活动准则。（2）经营活动的持续性。企业作为营利组织，在存续期间内，其营业活动和交易行为处于持续状态，企业的行为具有持续性、重复性，它不是一种偶尔起意的即时性或临时性人员纠集或财物集合，而是基于共同的营利目的而持续存在并进行稳定营业的经济组织。（3）营业行为的稳定性。企业在存续期间内，选择以何种性质的生产与经营为主业，应具有稳定性，唯其如此，市场交易才能稳定、持续、安全、可靠。

6. 企业是由各种契约关系构成的经济组织。企业是由各种生产要素有机构成的经营体，这一有机构成的基础是一系列确定企业生产要素所有者、投入者、经营者、管理者之间关系以及权利归属的关系性契约。[172] 企业内部构成的这一关系性契约，可分为：（1）企业生产要素所有者与投入者之间的关系性契约，如投资协议、劳动契约等。（2）企业生产要素投入者与经营者、管理者之间的关系性契约，如企业章程、公司章程等。正是通过上述不同契约，各种生产要素才能有机地构成一个整体。通过一系列关系性契约的安排，确立企业机体的两层权利与义务：第一层面即为生产要素的所有者与投入者之间的权利与义务关系，其中最基本的即为出资者之间、企业所有者与劳动者之间的平等契约关系；第二层面即企业与企业经营者

〔172〕 参见［美］麦克尼尔：《新社会契约论》，雷喜宁等译，中国政法大学出版社 1994 年版，第 8 ~ 15 页。

(企业家)之间的委托代理关系,[173] 企业家通过内部制度性契约的安排,获得代表企业进行经营的权利,使企业成为独立、集中的市场主体,从而大大地减少交易费用。企业就是由一系列契约安排的结果。企业设立以后,企业通过创制一系列内部契约,确定企业内部的授权环节、利益分配关系,并使企业作为一个整体,实施营业行为,参与市场交易。

7. 企业是由出资人主导发起设立并依法注册登记的商事主体。出资人发起设立、依法注册登记成立是企业最为本质的法律特征。企业不是一种或几种生产要素纯粹或简单的集合,企业属于社团,乃出资人发起、设立、结社的衍生产物。企业也不同于地下工厂或非法组织,其私法主体、商事主体、市场主体资格的获得,营业的进入和权能的确认,须经法律、制度预设的条件或程序予以审查、登记、认定、公示,在特殊情形下甚至还须取得行政许可。(1)企业是由出资人主导发起设立,而非由劳动者、管理者发起设立,故在企业登记注册成立后,企业也就必然地由出资人主导、控制,企业经营所得也最终归属出资人或出资人机构支配。(2)企业成立的基本条件必须符合法律规定的最低要求。如企业的投资者、资本、章程、人员、营业条件和场地等必须达到法律规定的最低限制性条件等。(3)企业的成立必须符合法律规定的基本程序。企业须依法登记注册成立,具备独立、平等的私法主体(民事主体)资格,以及合法的营业主体(商事主体)资格,才可获得法律的有效认定或正式确认。

基于以上分析,笔者认为,企业是由出资人主导发起设立并依法经有效注册或登记成立的、由各种生产要素有机构成的、以营利为目的的契约性经济组织和组织类商事主体。企业的这一定义能比较准确、全面反映企业所应具有的上述法律特征。

三、企业的法律形态

企业的缘起与发展,大致是沿着“客体企业(组织型营业形式)→主体企业(营业组织)、家族企业(以家庭、家族为中心或载体的经营共同体)→现代企业(突破血缘、地缘限制以资本为本位的生产要素共同体)、人合企业(以企业主、出资人的集合与信用为基础建立起来的企业)→资合企业(以资本、生产要素的契合与信用为基础建立起来的企业)、合伙企业(以出资人的人合为本位的人合型企业)→公司企业(以出资人的资本为本位的资合型企业)”这一基本轨迹演变、发展着,并不断由具体的实然形式转换或上升为确定的法律形态。

---

[173] 参见张维迎:《企业的企业家——契约理论》,上海三联书店 1995 年版,第 49 页以下。

(一)企业法律形态的概念及认定依据

1. 企业法律形态的概念

企业形态即企业的存在状态,它包括企业的实然形态和法律形态两个层面。企业法律形态是指法律所确定的企业存在形态或组织形式,它是不同企业存在形态或组织形式经过法律认可、确定、规范而具有典型与正式意义上的企业形式或类型。故可以认为,企业的法律形态实则为企业存在形态的法律化或者说是法律化的企业实态形式。

2. 企业法律形态与企业的分类

企业法律形态与企业的分类虽为常识性问题,但学界、业界划分标准的混乱使这一本属简单、基础的常识问题,因被误读而失其真相,故对之正本清源仍有必要。笔者认为,所谓企业的分类是根据不同标准对企业的不同存在形态进行划分所形成的企业类型,其中企业的法律形态就是按照法律标准所作的企业分类,但企业的法律形态与企业的分类是两种不同性质的概念或范畴。(1)依据理论不同。企业分类所依据的理论是标准化理论;而企业法律形态则是法律对企业形式的规范化和定型化认定。(2)两者功能不同。企业分类的范围十分广泛,包罗所有企业,立意在于研究时对企业作规范化处理;而企业法律形态则是为企业投资者和法律适用机构创制具体的法律制度形式供其参考或选择。(3)法律意义不同。有些企业的分类不具有法律约束力;而企业的法律形态,如经当事人选择,则具有直接的法律约束力。

按照现行企业分类理论,现代企业可作多种分类:(1)按企业投资主体与责任形式的不同,可把企业分为个人独资企业、合伙企业、合作社企业与公司企业。(2)按照企业内部结构的不同,可把企业分为单一企业和联合企业。(3)按照投资主体、企业财产或资本所有制性质的不同,可把企业分为国有企业、集体企业、私营企业、合作企业以及混合所有制企业(如股份制企业)等。(4)按照企业人格属性的不同,可把企业分为法人企业和非法人企业。(5)按照企业经营范围和主要业务的性质不同,可把企业分为工业企业、农业企业、金融企业、交通运输企业、通信企业、旅游企业、餐饮企业等。(6)按照企业特定功能的不同,可把企业分为公用企业和非公用企业。(7)按照企业投资主体数量的不同,可把企业分为单一投资主体企业(独资企业)与多元投资主体企业(合资企业)。(8)按企业的发展规模,可把企业分为大型企业、中型企业和小型企业。(9)按企业的国籍及资本来源,可把企业分为内资企业、外资企业和外国企业。(10)其他分类。如按业务领域的性质不同,可把企业分为第一产业型企业、第二产业型企业和第三产业型企业三类;根据企业内部生产要素的构成比例,可把企业分为资本密集型企业、技术密集型企业、劳动密集型企业；根据企业的发展状况，可把企业分为传统产业型企业、高新技术产业型企业、电商智网企业等。

上述企业分类标准，有些被法律所确认，则可上升为企业法律形态，有些则是学理研究的需要而作出的归纳，它们没有或没有必要由法律进行规范，自然不能作为企业的法律形态。可见，企业的分类是企业法律形态的原始形态，而企业的法律形态是法律对企业分类的规范化和定型化，只有上升为法律的企业分类才能转化为企业的法律形态。由此，决定企业法律形态的标志是：(1)企业形式有对应的法律予以确认；(2)此企业形式有其他法律规定的企业为对应参照并形成体系；(3)企业法律形式一经确认，保持长期稳定性。[174] 企业法律形态具有法定性、标准性、普遍性和稳定性等特点。[175]

(二)各国企业法律形态的比较

西方企业法律形态的发展轨迹，就一般企业而言，是从传统的个人独资企业、合伙企业向现代公司企业不断演化，且个人独资(单一业主)企业、合伙企业、公司企业成为现代西方企业典型的法律形态。至于各国法律，因对企业法律形式规制的差异以及对不同企业重视的程度不同，企业法律形态也就存在同中有异、异中有同。

1. 大陆法系国家的企业法律形态

大陆法系国家的企业法律形态总的特点为：(1)企业法附属于民商法，企业形式以商事主体的形式出现。(2)均采用法典主义形式对不同企业形式加以规定，除民法典或商法典外，另有专门调整公司的法律对有限公司、股份公司进行规定。(3)企业法律形式比较稳定、规范。(4)均以公司企业为主要企业形式。

法国企业法附属于商法；企业实质为商事主体，商事主体包括商自然人、商合伙和商事公司三种形式。其中，商自然人就包括单一业主式的个人独资企业。商合伙包括隐名合伙和有限合伙，有限合伙在登记时可取得法人资格。商事公司包括合股公司、简单两合公司、有限责任公司和股份公司等。另外，法国有比较多的国有企业。

德国的企业形态也包含在商法典和相关公司法中，典型形式有个人独资企业、合伙企业和公司三种形式。其中，商法典中规定有隐名合伙，明确公司为无限公司、两合公司、股份两合公司等形式。德国1892年颁布《德国有限责任公司法》，1965年又颁布《德国股份法》，确定股份有限公司、股份两合公司。除此之外，19世纪中叶，在德国还兴起了一种合作社企业，1889年德国又颁布《德国合作社法》。国有企

〔174〕 参见肖海军：《企业法原论》，湖南大学出版社2006年版，第21～28页。

〔175〕 参见漆多俊主编：《市场经济企业立法观》，武汉大学出版社2004年版，第94～95页。

业也是德国企业的主要形式。

日本的企业法律形态受德国影响较大,同时在第二次世界大战后又受美国影响。其中商法典规定的企业形式为个人独资企业、商合伙(隐名合伙)和公司(无限公司、两合公司和股份公司)。1938 年《日本有限公司法》对有限责任公司作了规定。此外,在日本尚有数量不少的合作社企业和类似于美国的有限合伙企业。2005年《日本公司法典》规定的公司形式为股份有限公司、无限公司、两合公司和合同公司,废止了有限责任公司。

意大利企业则规定在民法典中,第五编劳动规定有小业主企业、合伙、公司、合作社和相互保险社等几种形式。其中,小业主包括自耕农、工匠、小商人及其他从事以自己名义和家庭成员提供劳动的、有组织的营业;合伙则包括普通合伙;公司则包括无限公司、普通两合公司、股份公司、股份两合公司、有限责任公司等基本形式;合作社则包括无限责任和有限责任两种。

2. 英美法系国家的企业法律形态

英美法系国家企业法律形态的主要特点是:(1)没有独立的民商事制度,因而企业法律形态是通过单行法和判例法予以确定的。(2)由于判例法与单行法的不稳定性,因而企业法律形态远不如大陆法系那样规范,企业法律形态的特征及不同企业法律形态之间的界限比较模糊。(3)在具体的企业法律形态里,对公司、合伙的判例与规定比较多,而对单一业主制的个人独资企业则适用自然人的有关规定,一般不作为企业的一种独立形式。(4)把合伙与公司均视为一种开放的组织,且两种组织可互通和联合,因而形成一系列既具合伙特征又有公司实质的新型企业形态。

英国企业的法律形态是由判例法与制定法共同调整的,企业法律形态主要为合伙企业、公司企业。其中合伙企业即为商事合伙,包括普通合伙和有限合伙两种形式;公司企业则按照股权是否可自由流转分为私人公司(private corporation)和公众公司(public corporation)两种类型。

美国企业法律形态与英国有直接的渊源,企业大致又可分为正规企业、非正规企业与兼有两者特点的混合型或杂交型企业三大类。正规企业是指需要办理特定的登记手续才能成立,法律对投资者的权利义务、投资者与管理者的关系以及经营管理活动有明确规定的企业,它主要包括封闭公司或闭锁公司(close corporation)、公开公司或开放公司(open corporation)两种。非正规企业的典型代表为合伙企业、独资企业等。混合型或杂交型企业是指兼有正规企业和非正规企业特点的企业,混合型企业的设立需遵守一定的程序,企业成员之间的关系及经营须遵守法律的强制性规定,混合型企业包括有限合伙、有限责任公司、有限责任合伙与有限责任有限合伙等。

(三)我国企业法律形态的具体类型

我国企业法律形态包括两种形式,一是普遍适用于一般型企业的一般形态;二是只适用某一特殊类型企业的特殊形态。

1.一般企业法律形态

所谓一般企业法律形态是指由适用于一般企业法、由一般企业法规定的企业法律形态。一般企业法律形态包括以下特点:(1)标准的一般性。一般企业法律形态的判断标准是前面分析的企业法律形态结构要素中的一般要素,即以投资主体的法律责任形式与相互关系为角度。(2)效力的普遍性。一般企业法律形态是对我国境内所有企业均适应,具有普遍的适用效力。(3)形式的典型化。一般企业法律形态是法律对所有企业按照投资主体的关系以及企业法律责任形式对企业的规范与定型,是企业最典型的存在形态。(4)状态的稳定性。一般企业法律形态反映了企业实然存在的最一般规律和特点,存在的状态以及所反映的关系经法律确定,作为一项基本制度在相当长的时期内保持稳定。目前,我国一般企业法律形态主要有个人独资企业、合伙企业与公司企业三种类型。

2.特殊企业法律形态

特殊企业法律形态是指由适用于某一特殊类型企业的专门法律所规定的企业形态。特殊企业法律形态具有如下特点:(1)标准的特殊性。特殊企业法律形态的划分标准不具有统一性,而是根据不同企业的实然形态,或以所有制,或以企业经营范围,或以企业的资本来源为立法标准来划分。(2)法律适用上的双重性。特殊企业法律形态在法律适用上除应适用一般企业法外,还须适用特殊企业法的某些规定。(3)形式上的复杂性。特殊企业法律形态由于受特殊企业法的规制和调整,它反映的不是企业的最一般规律,而仅反映特殊企业存在形式的内部规定性。(4)不同特殊企业形态之间存在并立与交叉关系。例如,集体企业有可能是乡镇企业、中小企业或高新科技企业等。(5)状态的不稳定性。特殊企业法由于受一国制度和企业政策的影响较为明显,也必然随制度、政策的变化而变化。目前,我国特殊企业法律形态有国有企业、集体企业(含乡镇企业)、私营企业、外商投资企业、联营企业、集团企业、股份合作制企业、合作社企业、金融企业、中小企业、高新技术企业、劳动就业服务企业、社会福利企业、公用企业、社会企业等。

3.不同企业法律形态之间的关系

一般企业法律形态与特殊企业法律形态之间的关系是一种一般与特殊的关系。它主要表现在以下几个方面:(1)存在状态的包容关系。一般企业法律形态的基础性地位决定了任何企业无论其特殊性如何,均以一般企业法律形态作为最基本的存在形态。从企业的存在状态上讲,一般企业法律形态实际上已包括所有特殊企业法律形态。(2)法律适用的并立关系。当一种企业既以一般企业法律形态存在,又具有特殊企业形态的基本条件时,在具体适用法律时,则应本着特殊法优于一般法的规则,分别适用不同的法律。一般来讲,凡所有企业必须具有的企业设立程序、企业内部组织结构,应适用一般法,其他附加条件或特殊政策性规定则应适用特别法。例如,商业银行在设立程序、组织机构一般应适用《公司法》,但应具备的特殊审批程序、资本要求则适用《商业银行法》。(3)制度安排的交叉关系。因立法原则和制度背景的不同,一般企业法律形态和特殊企业法律形态彼此交叉、重复,如国有企业、集体企业、私营企业反映了传统计划经济时代的所有制本位,而个人独资企业、合伙企业、公司企业则反映市场经济时代的法律责任本位,两者制度基础的不同与过渡时期的共存,使一般企业法律形态与特殊企业法律形态出现交叉。这一点在外商投资企业中表现尤为突出。[176]

四、企业的商法定位

(一)作为衍生主体的企业

企业原本为营业的平台和营利的工具,但企业的组织性决定其存续的永续性、经营的持续性和交易的稳定性,在营业交往中逐渐被拟人化,并最终被法律赋予独立主体或完全人格的地位,最初、早期、雏形的客体性企业也就转型为近代、成熟、定型的主体性企业。作为主体性的企业,是相对于企业出资人而言的经营主体,从前述投资主体与经营主体的二重(层)结构与适度分离关系来看,它与出资人存在如下一系列特殊的关系。

1. 出资人投资的衍生主体。无论是最早的企业平台组织,还是现代的各种企业主体形式,企业并不是自发产生的,它只是出资人投资营业的衍生组织形式。在某种意义上讲,最早的企业只是出资人营业的平台、赚钱的工具、不同出资人的合作形式,它并非主体,而仅是具客体地位的财产共同体。只是随着企业财产体的持续稳定、"联合体"的永续存在和交易规模的不断壮大,企业的组织性与主体性特征才愈来愈明显,更是越来越多地以企业的名号、字号、商号代替出资人,扮演着独立的经营者或交易者角色,[177]作为组织、主体的事实被人们所认可,并最终为法律所确认。故没有出资人的投资和对更大规模营业的追求,就没有组织、团体和主体意义的企业。

2. 出资人结社的派生主体。从企业的产生时序来看,企业作为社团组织的一种

---

〔176〕 参见肖海军:《企业法原论》,湖南大学出版社2006年版,第21~28页。

〔177〕 参见[德]马克斯·韦伯:《中世纪商业合伙史》,陶永新译,东方出版中心2010年版,第116~128页;[美]哈罗德·J.伯尔曼:《法律与革命——西方法律传统的形成》,中国大百科全书出版社1993年版,第429~431页。

特殊形式，是出资人结社的产物，是出资人发起、设立、契合的结果。从民法社团组织学说的视角来看，出资人与企业的关系为成员与组织、社员与社团之间的关系。相对于出资人而言，企业组织具有派生性、被动性，它不但是出资人设立行为的法律结果；而且是出资人追求最大化营利、锁定风险与责任的工具性组织。

3. 出资人治理的共生主体。企业虽一经设立，即为主体性组织，具有独立的主体地位，能以自己的名义参与营业，与其他民事主体订立各种协议，进行各种营业交易；但从企业的存在、意思、运行来看，企业的社会组织属性与主体的法律拟制性，决定企业的意思或行为不能通过企业自己来表达或实施，而只能通过企业内设的机关、机构并通过具体的自然人来表达、实施或完成。其中，企业内部机关的意思决议和企业代理人的对外代理，是企业最常见的意思或行为机制。而无论是企业内部机关或对外代理，出资人特别是出资最多的出资人，往往成为掌控企业内部机关或对外代理的重要一员。特别是在企业内部治理中，出资人又是企业内部机关的当然或重要成员，如个人独资企业的出资人，就是掌控个人独资企业经营权、交易权的业主；合伙人为合伙企业中合伙人会议的当然成员，也是合伙企业事务执行人的当然人选；股东为公司股东（大）会的法定成员，更是公司董事会、经理机构的重要人选；社员是合作社企业社员大会的法定成员，也是合作社理事会或经理机构的重要人选。足见，企业的意思、行为、治理离不开出资人，企业需要通过出资人的参与、合作、制约，才能作出适当的决策、经营和交易行为。企业与出资人在企业治理与经营中是一种彼此不可分离、互为依存的共生关系。

4. 出资人权益的请求主体。企业的设立本为实现出资人的最大营利目的，企业为出资人利益而生，也因不能为出资人带来预期利益而亡，企业的这一设立与利益上的鲜明出资人目的性，决定企业与出资人之间存在一种类似于债权债务的请求权关系。一方面，出资人依照出资人之间的约定、企业章程或法律规定，应当按期、足额、适当出资，如出资人的出资不到位，企业可依照约定、章程规定或法律规定，以出资人为请求对象，要求出资人履行出资义务，并承担出资责任；另一方面，在出资人履行对企业的出资义务之后，出资人则可取得投资分红、利润分配的对应权利，如企业不依照约定、章程规定或法律规定给出资人分红或分利，则出资人可以企业为请求对象，提起红利或股利分配之诉。可见，在企业成立之后，出资人与企业的关系是基于企业资本与利润分配的利益请求关系。

（二）作为经营主体的企业

出资人之所以设立企业，目的在于以企业作为经营的实体，集中发挥企业的管理效益和规模效应，并通过企业这一具中介性特质的组织，隔离相对交易人与出资人之间的债务直索；而作为商事主体的企业，更多的是扮演经营主体的角色，体现

产品与服务的供给功能。作为经营主体的企业,与自然人经营主体、家庭经营主体和后述的国家经营主体相比,有如下明显特征:

1. 企业主体的组织性。企业主体总体属于社会组织的范畴,与单一自然人、家庭、国家相比,企业不同于自然人个体的单一性,也不同于家庭自组织的自发性、血缘性或亲属性,更不同于国家超社会组织的公共性与公权性,企业是以人为基本成员组成的契合性经济组织,它是以出资人为基本成员、并在出资人契合的情形下构成的社团组织,它最原始的形式为超越了单一自然人的复合主体,到后来随着一切社会组织均可成为企业的出资人之后,企业组织的复合性则更为显著。企业也不同于家庭,它已破除家庭的血缘、亲缘、地缘局限,以出资为唯一识别标准来接纳成员,它更不如家庭的自发形成,需经自由契合、法定设立程序才可正式成立产生对世效力。企业作为纯粹的私益主体与私权组织,也不同于国家的公共职能和公权背景。

2. 企业主体的拟制性。企业的组织性决定其主体的拟制性。与自然人不同,作为主体的社会组织,不具有原生性,它的法律主体资格或独立人格不是自然形成的,在早期它具有主体资格仅仅只是基于出资人之间的约定或交易相对人在长期营业交往中形成的信用,而近代以来,则是法律确认的结果。例如,《德国民法典》引入法人概念、创设法人制度;〔178〕又如,《美国标准公司法》第3.02条赋予公司"一般权力",〔179〕均为此类。无论企业是作为一个实体在现实生活中存在,还是企业仅为出资人的契合财产形式,当事人或法律赋予企业以主体资格,仅仅只是说明企业主体性的拟制性,它与生物意义上有真实生命的自然人主体仍具显著的差异性。

3. 企业主体的集合性。企业作为商事主体的出现,不只是企业的董事、经理或法定代表人,也非企业的某一财产或商号,而系指企业这一整体性、集合性的组织,这种企业的外在组织,是通过多重关系性契约的形式,〔180〕把各种生产要素与权利主体集合、组合并进而契合在一起。它不但集合、契合了全体出资人,而且更集合、契合了诸如劳力、技术、管理等其他生产要素,使企业成为集中代表资本、劳力、技术、管理等不同生产要素利益的共同体。在这一共同体中,虽因企业治理机构的设置与内部权利的配置最主要以出资人利益作考量原则或标准;但企业既然成为集合、契合资本、劳力、技术、管理等多元生产要素的共同体,也不得不考虑或权衡资本之外的劳力、技术、管理等其他生产要素的利益。不难看出,作为商事主体的企业,它不仅是资本、劳力、技术、管理等各种生产要素集合、契合的共同体,还是资本、劳力、技术、管理背后之不同所有者或支配者集合、契合的共同体,更是不同生产要素所

---

〔178〕 参见台湾大学法律学院、台大法学基金会编译:《德国民法典》,北京大学出版社2017年版,第12~14页。

〔179〕 参见沈四宝编译:《最新美国标准公司法》,法律出版社2006年版,第30~32页。

〔180〕 参见[美]麦克尼尔:《新社会契约论》,雷喜宁等译,中国政法大学出版社1994年版,第59~64页。

有者或支配者之利益集合、契合的共同体。企业这一明显的共同体特征,决定了只有企业才能代表所有出资人、劳动者、技术发明人、职业经理人的共同利益,而企业的集体利益、整体利益、长远利益才属于共同利益的范畴,出资人、劳动者、技术发明人、职业经理人的个体利益、个别利益、部分利益、局部利益总体上虽与企业利益有一致性,但也不排除在特定情形下存在矛盾甚至冲突的可能性。

4. 企业主体的代理性。企业作为组织类商事主体,决定其行为或意思不能如自然人那样通过自身作出,而须通过企业内设意思机关或企业代理人来间接作出,这就是企业行为的决议性与代理性。也就是说,企业只有通过企业内设意思机关作出决议,或通过企业法定、章定或意定的代理人,才可形成企业的意思,为营业行为。企业行为的这种间接性、决议性、代理性,是企业的组织性所决定的。它表明,如果没有企业代理人的行为,企业就无法参与营业、进行交易,企业主体的这种行为特征又集中通过企业主体的代理性表现出来,无论是企业决议行为,还是企业代理行为,最后均须通过具体自然人以企业代理人的名义付诸实施,以表征企业行为的形式作出,才能产生实质的营业效果。可见,对企业而言,代理具有必要性和不可或缺性。

(三)作为交易主体的企业

企业在经营中,要使经营成果转化为具体的营业收益,就必须进行交易。同时,在企业的经营过程中,也必然要发生交易,企业须以各种市场交易者的角色、身份出现。作为交易主体的企业,又因交易相对人角色、身份的不同,而赋予企业以不同的角色、身份和相应的权利与义务。

1. 企业与资本之外的各生产要素所有者。企业经出资人契合设立并成立后,要进行生产、经营和交易,就需劳力、技术、管理等不可或缺的其他生产要素加入,企业就须与这些生产要素的所有者或支配者进行交易。例如,基于劳动合同或劳动用工,企业与劳动者之间形成法律上或事实上的劳动合同关系;又如,基于技术开发或许可合同,企业与技术发明人、创新者之间形成技术合同关系;再如,基于委托、聘用合同,企业与职业经理人之间形成各种委托经营管理关系等。

2. 企业与企业。企业与企业之间的关系,学界、业界一般理解为商事主体与商事主体的关系,其实问题远不是如此简单。因为企业与企业之间发生交易,存在直接交易与间接交易两种基本情形。在直接交易情形下,企业与企业之间的交易,主要是通过上游供应商与下游销售商两种主要形式、通道进行的;而在间接交易情形下,企业的经营、交易如存在不正当竞争、垄断经营、侵权经营等情形,会损害其他企业主体的合法权益,进而产生损害赔偿关系。

3. 企业与消费者。企业与消费者之间的交易具有必然性,这是因为企业经营中生产的产品或提供的服务,如不被消费者购买或接受,不能转化为现实的营业收入和实际利润。企业与消费者之间的交易关系，主要是基于商品买卖与服务消费合同形成的合同关系。

4. 企业与政府。在营业领域，通常情形下企业与政府只发生营业监管关系，而不发生交易关系。只有在特定情形下，企业才与政府之间形成特殊的交易关系。例如，在政府采购情形下，参与投标或中标的企业，才基于政府采购招投标合同而成为政府采购的供应商或采购代理机构；又如，在公用事业领域，企业可通过竞标成为特许经营者，与政府形成特许经营关系；再如，在政府融资的情形下，企业可成为国债或公债的购买人，可成为BOT、PPP等民间融资的出资者等。

（四）作为投资主体的企业

如前所述，企业作为出资人投资的衍生主体，不仅承载经营、交易职能，成为重要的经营或交易主体；而且企业一经成立，又是一独立的私法主体，有权以企业名义向其他企业进行投资，通过处分企业支配的财产或权益，设立新企业或参股其他企业，成为新设或其他企业的出资人。企业作为投资主体，具有如下特征：

1. 转投资性。企业用以投资的财产或权益，来自出资人的原始出资和企业经营中的增值财产。相对于出资人这一原投资主体而言，企业作为投资主体具有转投资、再投资的特征。

2. 集中性。企业投资不是以企业的出资人、大股东或实际出资人名义的出资，而是以概括、拟制的企业之名义对其他企业的出资，企业应是该转投资的集中代表，所属投资权益应集中、整体、专属于该企业。即使企业为某一出资人独资或控股，该企业转投资所取得的资本权益或营业所得，亦不可直接归企业出资人或实际控制人所有，而应由企业集中代表、归其所有。

3. 间接性。同企业的营业意思形成与营业行为实施一样，作为投资主体的企业，其投资意思的形成与出资行为的实施、因投资取得的资本权益、基于出资人地位而参与转投资企业的内部治理或经营、依法从转投资其他企业处获得红利或股息，均不可通过企业自己的意思或行为来实现，而只可通过企业委任、派出诸如董事、监事等，间接地行使应由企业享有的资本权益，承担应负的资本责任等。很明显，作为投资主体的企业具有间接性和代理性。

4. 多元性。作为投资主体的企业，所投资的对象具有多样性或多元性，如企业既可向其他企业投资，通过新设或参股成为其他企业的出资人，而其他企业又既可是独资企业，也可是合伙企业，当然更多情形下是公司企业；企业也可成为国债、公债的投资主体；企业还可通过购买投资基金、期货、各种衍生证券成为公开资本市场的投资主体；企业更可通过购买银行、信托投资公司的理财产品成为信托投资产品的投资主体。

第四节 国 家

一、国家作为商事主体的原由分析

(一)国家的多重角色

国家是由领土、人口(民族,居民)、文化和政府等要素组成的社会共同体、公权实在体与主权集合体,是具有领土唯一性、主权独立性、公权代表性并掌控或垄断合法武力使用权的最高社会组织形式。[181] 国家具有政治、经济、法律、文化、军事、地缘等多重角色。

1. 国家是政治实体。其一,在国际上,国家是特定地域领土与国民的主权代表。基于主权的唯一性与独立性,国家是国际法上的独立主体与主权实体,国家的主权不容分割。其二,就国内而言,国家是社会公共权力的总代表,代表全体人民行使社会公共权力,管理社会公共事务,维护社会公共秩序。作为"公共权力机关","国家是整个社会的正式代表,是社会在一个有形的组织中的集中表现",[182] 即"国家的本质特征,是和人民大众分离的公共权力",国家最大的特点是"按地区来划分它的国民"和"公共权力的设立"。[183] 故"政府的监督劳动和全面干涉包括两方面:既包括由一切社会的性质产生的各种公共事务的执行,又包括由政府同人民大众相对立而产生的各种特有的职能"。[184]

2. 国家是经济实体。国家虽为"公共权力机关"和"社会的正式代表",具有总体利益,但国家独立利益又主要通过经济功能表现出来。其一,国家在国际上作为独立的经济体、关税区,具有主权利益,享有、追求并实现国家利益,如利用关税、公共秩序保留等非关税壁垒、政府补贴等手段,维护国家经济利益。其二,国家作为国内公共权力的行使者、社会利益的总代表,必须使用经济手段,才能确保公共权力的正常、有效运行,即"为了维持这种公共权力,就需要公民缴纳费用——捐税","甚至捐税也不够了","国家就发行票据,借债,即发行公债"。[185] 其三,国家为推动经济、社会发展,具有组织、协调、管理国民经济的宏观调控功能和微观监督功能。

---

〔181〕 参见包刚升:《政治学通识》,北京大学出版社 2015 年版,第 105 页以下;易建平:《关于国家定义的重新认识》,载《历史研究》2014 年第 2 期。

〔182〕 参见《马克思恩格斯选集》(第 3 卷),人民出版社 2012 年版,第 668 页。

〔183〕 参见《马克思恩格斯选集》(第 4 卷),人民出版社 2012 年版,第 132 页、第 187 页。

〔184〕 参见[德]卡尔·马克思:《资本论》(第 3 卷),人民出版社 2004 年版,第 431 ~432 页。

〔185〕 参见《马克思恩格斯选集》(第 4 卷),人民出版社 2012 年版,第 188 页。

其四,国家作为利益共同体,可参与各种经济活动,获取各种经济利益。

3. 国家是法律实体。国家作为"公共权力机关"和"社会的正式代表",首先必须以公共管理者的角色出现,这种角色在法律上就是主体,也就是说,国家是特殊的法律主体。这种特殊性集中表现在:其一,国家主体具有集合性、代表性、概括性,这一主体在国际法上表现为独立的主权主体,在国内表现为最高的公法主体或公权主体。其二,国家主体属性具有拟制性,国家是最高形式的社会组织,也是组织化程度最高级、最完善、最健全的社会组织,一般认为国家是最高意义上的公法人。[186]其三,国家主体的具体意思与行为是通过国家机关、政府的具体职权、职责和行为得以实现的,具有明显的间接性和代理性等特质。其四,国家作为法律主体具有多样性,如在公法、公共事务领域,国家是以公权主体的身份与地位出现,而在私权、民商事领域,国家又能以私权主体(民事主体或商事主体)的身份与地位出现。

(二)作为民事主体的国家

1. 国家作为民事主体的原由

关于国家作为民事主体的法律属性,在大陆法系,一般是在公法人或特殊民事主体之间寻求解释。例如在法国,《法国民法典》虽未对国家的民事主体地位作明确规定,但在国家作为财产主体时,往往被拟制为法人,享有公共权力与国库双重人格;[187]在德国,《德国民法典》第89条明确规定"国库以及公法上的团体、财团和机构"准用有关法人责任的规定,[188]学理上也把国家及国家机关视为公法人对待;[189]在日本,虽无国家及国家机关民事主体地位的直接规定,但从《日本民法典》第37条关于外国法人包括"国家、国家行政区划及外国公司"的限制性规定来看,国家或国家机关应属于公法人的范畴。[190] 而在英美法系,国家及国家机关在学理上虽也有支持公法人说的,但在法律实务上,国家如以民事主体身份出现时,与普通民事主体具同等的法律地位,权利义务并无特别之处。

就我国而言,学者、立法文本对国家民事主体的定性并不一致。学理上,代表性观点有:(1)公法人说。此为主流学说,认为国家及国家机关、政府主体应属于公法

---

[186] 参见王利明:《民法总则研究》,中国人民大学出版社2003年版,第492~494页。

[187] 参见[法]莱翁·狄骥:《宪法论——法律规则和国家问题》(第1卷),钱克新译,商务印书馆1959年版,第369页。

[188] 参见陈卫佐译注:《德国民法典》,法律出版社2015年版,第29页。

[189] 参见[德]迪特尔·梅迪库斯:《德国民法总论》,邵建东译,法律出版社2001年版,第816~817页;[德]卡尔·拉伦茨:《德国民法通论》(上册),王晓晔等译,法律出版社2003年版,第178~179页。

[190] 参见《日本民法典》,刘士国等译,中国法制出版社2018年版,第11页。

人的范畴,[191]或者认为国家就是公法人。[192] (2)特殊民事主体说。该论认为国家作为民事主体,虽与法人有相似之处,但国家的主权属性与地位决定国家不过是团体人格在民法上的确认而已。[193] (3)特殊法人组织形式说。该论认为国家的特殊职能决定国家作为民事主体的特殊性,如具有全体人民利益的代表性、以国库财产为基础、按照法定程序决定、在涉外民事关系中享有财产豁免权等;从组织属性而言,应视为一种特殊的法人组织形式。[194] (4)国家法人否认说。该论认为法人概念本为私法概念,在坚持法人概念私法性的前提下,只能赋予国家或国家机关在特殊情形下的民事主体地位,[195]而即使赋予某些国家机关以法人地位,也以同时具备独立预算经费、履行职能所必要为基本条件,无对外民事活动职能的国家机关内设机构不能成为法人。[196]

从立法文本上看,我国相继出现国家民事主体模糊论(原《民法通则》出台前)、机关法人(原《民法通则》第50条第1款)、赔偿义务人(《国家赔偿法》)、政府采购人(《政府采购法》)、特别法人(《民法典》总则编第96条)等不同规定。足见,在我国立法文本的语境中,仍然只有机关法人的概念,并无国家之公法人的明确定性。

笔者认为,国家及国家机关作为民事主体是其特殊的职能和地位所决定的。既然国家是具拟制性、代表性的最高组织形式,且国家能以国库资金和所有、支配的财产享有民事权利或承担民事义务,国家(政府)就应如一般社会组织一样,具有独立的民事主体地位,法律上把其拟制为法人并无不妥。但是,国家(政府)参与民事活动,所扮演的角色是民事主体,所具有的法律地位是民事法律地位,与一般民事主体一样,享有权利和承担义务。如以具有公共权力背景的公法人角色、地位、身份出现,就会使参与的民事法律关系变形或异化,其结果要么对普通民事主体不公平,要么会损害国家(政府)所代表的整体利益、社会利益或公共利益。因此,国家既然作为民事主体,就应以准法人组织的角色、地位、身份出现,而不应以所谓的公法人角色、地位、身份出现,国家作为公法人的角色、地位、身份出现,只可发生在公

---

[191] 参见梅仲协:《民法要义》,中国政法大学出版社1998年版,第64页;王泽鉴:《民法总则》,中国政法大学出版社2001年版,第151页;龙卫球:《民法总论》,中国法制出版社2002年版,第335页;梁慧星:《民法总论》,法律出版社2011年版,第121页;朱育庆:《民法总论》,北京大学出版社2013年版,第416~418页。

[192] 参见余志勤:《略论我国国家的法人资格及其特征》,载《法律科学(西北政法学院学报)》1995年第1期;周友军:《德国民法上的公法人制度研究》,载《法学家》2007年第4期;王天华:《国家法人说的兴衰及其法学遗产》,载《法学研究》2012年第5期。

[193] 参见王利明:《论国家作为民事主体》,载《法学研究》1991年第1期。

[194] 参见马俊驹、吕小武:《论国家在市场经济下的民事主体地位》,载《法学评论》1993年第5期。

[195] 参见屈茂辉、张彪:《法人概念的私法性申辩》,载《法律科学(西北政法学院学报)》2015年第5期。

[196] 参见屈茂辉:《机关法人制度解释论》,载《清华法学》2017年第5期。

法领域与公权关系中。对国家(政府)机关而言,因其只是国家(政府)的内设机构或一部分,即使有独立的经费,也不可独立承担民事责任,故国家机关不应视为独立的机关法人,只可视为国家(政府)法人的内设或分支机关。至于地方政府,联邦制国家与单一制国家中的地方政府地位有很大差异。在联邦制国家中,联邦、州有独立的地位,可视为一个独立的法人(私法领域)或公法人(公法领域),但在单一制国家里,地方政府没有独立性,不能视为一个独立的实体,只能视为国家(政府即中央政府)的派出机构,不能视为一个独立的法人(私法领域)或公法人(公法领域)。

虽然如此,在私法、私权领域,国家作为民事主体身份与地位出现,与一般民事主体还不尽相同。一方面,国家作为最高形式的社会组织,是一个拟制的"公共权力机关"和"社会的正式代表",本身具有作为组织属性的国家利益,而要实现国家利益,除通过前述强制性力量或手段征收赋税外,还需通过一系列民事活动,或为满足国家机关正常活动的开展,或为国家机关履行职责提供保障性条件,或为实现国家的某项职能;另一方面,国家作为民事主体身份与地位出现,又与一般自然人、法人、非法人组织有明显的不同,既不等同于自然人,又不是法人组织或非法人组织的扩大,其属于特殊的民事主体,民法上关于自然人行为能力的限制及法人、非法人组织的成立、合并、分立和解散等一系列制度,对国家均不适用。[197]

2. 国家作为民事主体的特征

作为民事主体的国家,其特殊性主要表现为:(1)情形的特殊性。如后文所述,只有在宪法、法律规定的特殊情形下,才可成为民事主体。(2)身份的代表性。在法律关系上,国家只是社会、国民的总代表,国家作为民事主体,也仅仅只代表全体国民、整个社会为民事行为,并实现国家自身的利益或达到特定目的,如我国《宪法》第9条、《民法典》第246条第1款之规定。(3)地位的特殊性。因国家具有公权主体的固有属性,这种兼具公权背景与私权关系的特殊之处,也制约着国家参与民事法律关系的自主性、平等性与公平性,因而往往需要严格按照法定程序来进行平衡控制。(4)行为的特殊性。国家既不同于自然人可通过自身的行为去实施民事行为,参与民事活动,也不如一般社会组织通过代表或代理行为,实现组织的特定目的事业。国家只能通过国家机关特别是政府的具体行为来表示国家的民事意思,实现国家的意志和达到国家的民事目的,如《民法典》第246条第2款之规定。(5)程序的特殊性。受前述因素制约,国家为民事行为时,须有严格的程序限制。如基于国家机关民事意思表示的特殊性,为防止国家机关工作人员在为民事行为时混淆公职上的国家职务代表身份与私法中的国家民事代表(理)人身份,就需要设立诸如政府采购、招投标等特殊竞争性缔约程序,以抑制国家机关工作人员在国

[197]　参见邬文辉:《试论国家作为特殊民事主体》,载《法学评论》1987年第5期。

家民事代表(理)行为中的职权滥用,借以平衡国家(通过国家机关或政府)与其他普通民事主体之间的权利义务。

3. 国家作为民事主体的情形

就我国而言,根据现行《宪法》和《民法典》等规定,国家作为民事主体的特殊情形,主要包括如下几个方面:(1)为实现国家所有权而成为国家所有权主体。例如,我国《宪法》第9条、《民法典》第246条第1款之规定。(2)为实现国家基本职能而成为特殊民事活动的主体。[198] 例如,实施公共管理、维护公共利益、确保公共秩序、履行公共职能,就需国家为公共利益而实施国家或政府征收行为,为建设公共基础设施而须实施公共性采购行为、公共性金融行为(货币发行、国家贷款、国家担保、存款保证金、公开性的汇率)等特殊民事行为。(3)为解决国家财政、经费而成为特殊民事活动的主体。典型的如发行国债或地方公债等。[199] (4)为满足或支撑国家机关日常工作运转而成为一般民事法律关系中的主体。典型的如《政府采购法》第2条、第14条、第15条对"政府采购"服务、对象、类型的规定。(5)为实现国有资产保值、增值而成为特殊商事关系的主体。如下文所述的作为国有资产出资人、专营行业的垄断经营者等角色、身份、地位。(6)因国家行为引起的国家赔偿纠纷而成为特定民事侵权关系的当事人。如《国家赔偿法》第2条、第32条之规定。

(三)作为商事主体的国家

1. 国家作为商事主体的基本原由

公共职能是国家最基本的职能,国家性质的公权性、职能的公共性、利益的社会性、全民的代表性,决定国家的任何行为均应以追求公法、公共、社会、全民利益为最高准则和取舍标准。从国家的本质属性和基本职能来看,国家行为本不应以追求营利为目的,或者与营业无关,或者应远离营业领域。然而,国家既然是"公共权力机关"和"社会的正式代表",终极目标又是为实现公法、公共、社会、全民利益的预期最大化,为了达此目标,有时通过国家资本、国家行为、国家意志介入营业,可更好地实现公共职能的最大化或最优化。在此情形下,国家进入营业领域,就成为一种可供选择的方案,甚至在某种观念、理论或制度的推动下,变成一种必然。(1)国家所有权实现的需要。[200] 通过国家财产、国有资产、国有资源的有偿使用,或投入营业领域,以获取国家财产、国有资产、国有资源的更大或最大化效益就成为国家所有权实现的重要方式之一。(2)国家财产增值的需要。要实现国家财产的增值,就必须把国家财产投入营业领域,进行商业化营运,或者直接经营,或者向企业出

---

〔198〕 参见马俊驹、宋刚:《民事主体功能论》,载《法学家》2003年第6期。

〔199〕 参见武振荣:《征税权力:基于契约与法治视角的思考》,载《税务研究》2013年第6期。

〔200〕 参见王利明:《论国家作为民事主体》,载《法学研究》1991年第1期。

资,但无论选择何种形式,国家这一特殊的民事主体,其身份也因进入营业领域而转换为商事主体。[201]（3）公共事业经营与公共营业的需要。例如,在公共领域、基础设施和部分公用事业部门,在私人市场化、竞争性经营中存在明显的"难以进入（不愿进入）"等失灵现象或情形下,"以国家拥有和可支配的资产参与投资经营"就成为必要,[202]如在德国,就存在"公法人作为商人"的情形。[203]（4）公有制实现的需要。公有制是社会主义经济制度的标志与基础,我国《宪法》第7条也规定,"国有经济,即社会主义全民所有制经济,是国民经济中的主导力量。国家保障国有经济的巩固和发展"。而把国家财产投入营业领域作商业化经营,无疑又是做大国有经济、实现国家所有权最有效的形式之一。

2. 国家作为商事主体的主要情形

（1）直接经营者。国家直接出资并从事直接经营、管理,国家通过政府集出资人、经营者、管理者、交易者等多种身份、角色、地位于一身,这是国家作为商事主体最古老、最典型的形式。国家直接经营是国家作为商事主体最原始、最初级的形式,如中国古代传统的官作局、将作局、工部等主持、主管、经营的官办作坊。典型的如宋、明时期的官窑、官织、官厂;近代洋务运动中的官办企业、民国时代的政府企业;1949年至1979年的国营企业等。国外比较典型的如古罗马的帝国经营,近代以来苏联、德国的国办企业等,均为此类。

（2）专营贸易商。国家以特种商品、公用事业、公共部门的专营、专卖、垄断经营者、交易者的身份、角色、地位出现。专卖、专营、垄断经营虽晚于国家直接经营,却是国家作为商事主体最惯常的形式,直到当代还依然存在,包括盐、铁、茶、烟、酒、丝、棉、油、粮等特种商品的专卖者;公用事业领域的专营者;公共基础设施或部门的垄断经营者等类型。

（3）企业出资人。国家以出资人的身份、角色、地位出现,成为国家出资企业的出资人。国家作为企业的出资人,不再参与直接经营,是近代以来国家作为商事主体最主要的形式,它可把国家这一特殊出资人与现代企业有效地结合起来,克服了传统国家直接经营的体制僵化与效益低下、专营垄断下的营业机会分配不公等明显弊端,是目前不同法系国家或地区主导性的制度模式。我国《民法典》物权编第257条、第268条对国家出资、国家出资企业有明确规定。

二、国家作为商事主体的历史演变

国家作为商事主体的发展历史,基本是沿着"国家直接经营→国家专卖专营→

---

[201] 参见康添雄:《国家民事主体地位的民法哲学》,载《青海社会科学》2010年第2期。

[202] 参见漆多俊:《经济法基础理论》,武汉大学出版社2002年版,第16~23页。

[203] 参见[德] C. W. 卡纳里斯:《德国商法》,杨继译,法律出版社2006年版,第58~59页。

国家投资经营"这一基本轨迹在发展、演变、转型。

(一)国家直接经营

国家直接经营即由国家直接出资并组织经营、管理、交易的一种营业行为或商事活动,国家在此类营业或准营业活动中,既是出资人,又是具体组织者、管理者、经营者,还充当交易者角色。表现在组织上,就是由典型的"政企合一"组织来负责投资、经营与管理,进而形成具有标签特色的"政企合一"体制。国家直接经营是国家作为商事主体最为彻底的形式,也是古代国家公共管理职能与掌控国家权力的执政者追逐私益职能尚不能显著区别、有效分离的表现。无论在古代中国,还是古埃及、巴比仑、古罗马,都出现过,不同的只是程度与方式而已。

中国古代有历史悠久、特征鲜明、自成体系的工商食官、官作、官办传统,并具有如下鲜明特点:(1)由官府直接管理、经营。历代均设立有专门的官营机构进行专职管理和经营。(2)有专门的法律予以调整。如秦汉就有《工律》等专门律、令作严格规定。(3)商品化程度总体比较低。一般是满足国家军备、执政者奢侈性消费、财政开支、公共性工程等需要,只有极少数制品流入市场,供社会需要。(4)有身份固化的匠籍制度。为支撑庞大的官办、官营、官造系统,中国自先秦起就建立有身份固化、编籍管理、职业世袭的匠籍制度,此制在汉代定型之后,在中国沿袭近2000年,直至清代废除。(5)经营效益普遍低下。中国古代的官营官造手工业,由于内部实行僵化的衙门化管理和身份固化的匠籍制度,又无竞争,各种生产要素的积极性难以充分调动起来,故官办、官营、官造手工业的营业效益普遍不高,如宋、明、清时代,随着朝廷的衰败,就存在大量官窑(如汝窑)、官织(明四大织染局)、官厂(如遵化铁厂)倒闭的现象。

官办、官营、官造之国家营业形态,在域外也有悠久的历史。例如,在古罗马,帝国除要负责庞大的公用事业与公共工程的建造、经营与维护外,帝国的皇帝、官员及城市政府"为了本身利益而垄断了大量的谷物,用以供应罗马城和军队;只有得到皇帝的特许状者才可以从埃及运出粮食",不仅如此,"皇帝们的大庄田遍于帝国各地,所产谷物为量甚巨",甚至"运输工具到处都在国家直接控制之下"。[204] 至中世纪,在欧洲封建庄园也存在大量由王国、封建领主设立、经营的庄园作坊或工场。[205]

---

〔204〕 参见[美]M.罗斯托夫采夫:《罗马帝国社会经济史》(上册),厉以宁、马雍译,商务印书馆1985年版,第212~213页。

〔205〕 参见徐浩:《中世纪西欧工商业研究》,生活·读书·新知三联书店、生活书店出版有限公司2018年版,第277页以下。

(二)国家专卖专营

国家专卖专营是针对某些具有较大营利潜质或涉及国计民生与基本安全的特种商品、公用事业行业或公共部门制定特定的法律,由国家进行垄断性经营或交易的营业方式。国家专卖专营具有如下显著特征:(1)目的财政性。专卖专营具有显著的财政功能,它通过对高利润商品的生产、销售实施垄断经营,在进销价差、价格追加等商品贸易或特定服务环节中,变巨额商业利润为财政资金,是执政者通过"寓税于价"获取财政收入的主要手段和快速聚财捷径。[206] 如汉代实行盐铁专卖的直接目的就是"笼天下盐铁诸利",[207] 故专营是以增加收益和国家专权为目的。[208] (2)对象的特定性。例如,古代包括盐、铁、茶、酒、丝等社会日常必需品;近代以来主要包括烟草、酒类、盐业、邮政、电信、金融、爆炸物品等特定物品或领域的生产、经营。(3)权力的集中性。国家专卖专营的权力来自国家法律的授权,权力高度集中,一般由国家设置的专门机关或特定机构进行经营或管理,机关或机构的运作具有职能的专门性、权力的集中性、管理的垂直性和行动的一致性。(4)经营的垄断性。对某些社会必需、投入少、收益大的稀缺资源或公用事业领域、特殊公共部门,或实现国家垄断经营,或指定只由国家设立的专营公司专属经营。(5)供给的排他性。在国家专卖专营制度下,是排除民间经营或自由经营的,即使对民间、社会、私人资本进行有限的开放,也需要严格的行政审批并取得特别营业许可,方可享有"特许经营权"。(6)管理的行政性。国家专卖专营因有官府或政府经营或管理,实质上是行政机关直接从事经营性活动,机关或机构本身就具有"政企合一"的双重特质,经营、管理具有鲜明的行政色彩。

1. 中国古代的国家专卖专营

自秦代禁止私人酤酒之制作俑以后,专卖制度在中国可谓源远流长、盛久不衰。汉之盐、铁专卖;唐代扩及盐、铁、茶、酒甚至于粮食;宋之"禁榷""盐引"等专卖的法律化、制度化;至元、明、清时期,专卖制度更及于国民经济的大多数领域和营业领域的不同环节。[209]

2. 西方古代、中世纪、近代的国家专卖专营

西方古代、中世纪也有悠久的国家专卖专营历史。在托勒密埃及(公元前305年至公元前30年)时期,专卖专营涉及诸如谷物、纺织品、盐、纸草、啤酒、蜂蜜、鱼、

---

[206] 参见吴才麟:《对改革专卖制度增加财源的研究》,载《财政研究》1996年第5期。

[207] 《盐铁论·轻重》。

[208] 参见陈恒、李月:《托勒密埃及专营制度的多因素透视》,载《世界历史》2013年第3期。

[209] 参见肖海军:《营业权论》,法律出版社2007年版,第95~101页。

油、木材、香料等一系列产品,[210]内容包括帝国官员对专卖产品的生产、收购、调拨、销售等环节的严格管控。[211] 古希腊城邦也曾在财政紧张时对某些产品施行过专营。[212] 至近代,如法国财政总监泰雷神父1771年初创办的"国家谷物专卖局",实行谷物专卖,对后世欧洲仍然具有深远影响。[213]

3. 中国近代以来的国家专卖专营

近代以来,民国时期也尝试过公卖、专卖制度。例如,民国初年北京政府出台《全国烟酒公卖暂行简章》等法规,设立全国烟酒公卖总局,任命总办,实行"官督商销"式的烟酒公卖;1941年国民政府初列盐、糖、烟、酒、火柴、茶叶等6种专卖物品,典型如中国茶叶公司专卖等。[214] 1949年以后,国家出于政权建设、分配公平、社会安定、财政稳定等多方面考虑,除对烟、酒等高价高税商品实行专卖外,绝大多数统购统销的"专卖商品"是人民生活必需品或紧缺的生产资料消费品,如粮、棉、油、特种钢材、化肥、农药及其他的重要战略物资。[215] 我国现行国家专卖专营制度是从20世纪70年代后期建立起来的,主要涉及烟草、农资、盐业、邮政等领域或行业。

(三)国家投资经营

国家投资经营是指国家只通过政府或特定政府出资人机构代表国家进行营利性投资,但国家并不参与具体的经营、管理或交易,具体的经营、管理与交易由国家出资所在企业依照企业内部治理或对外代理机制进行。表现在组织特征上,就是按照投资主体与经营主体的二重(层)结构与适度分离原则,形成具有鲜明的"政企分离"组织结构,即政府代表国家投资,通过委任或派出国家股东或政府董事,到企业内部董事会或经理机构任职,企业通过内部的治理机关进行经营与管理,进而形成一种国家股东与公司、政府董事与企业的"政企分离"投资、经营体制。

随着早期企业的产生,尤其是15世纪新航路开辟进而引发的海外贸易和海外冒险,封建国王、领主、官府采用传统的直接经营或专卖专营形式,不仅无力为继,同时也不能满足其对巨额利益的追求。在此情形下,在公司最初形成的地中海沿岸与西欧诸国,代表国家或政府的封建国王就以出资人的形式投资入股企业,国家作为商事主体也就逐渐以出资人这一主要形式开始向近代转型。近代早期的公司,封建国王均是大股东或控制股东就是这一转型的标志。不仅如此,早期的公司均

---

[210] 参见陈恒、李月:《托勒密埃及专营制度的多因素透视》,载《世界历史》2013年第3期。

[211] 参见陈恒、李月:《托勒密埃及油类专营制度考》,载《历史研究》2014年第6期。

[212] 参见苗力田主编:《亚里士多德全集》(第9卷),中国人民大学出版社1994年版,第287页。

[213] 参见周立红:《泰雷的"国家谷物专卖局"与生计问题国家化》,载《世界历史》2010年第5期。

[214] 参见郑会欣:《从官商合办到国家垄断:中国茶叶公司的成立及经营活动》,载《历史研究》2007年第6期。

[215] 参见万卫红:《我国商业专卖制度浅析》,载《当代财经》1991年第9期。

带有明显的特许与垄断性质，与其说是国王、国家作为商事主体形式的转型，还不如说是把古代、中世纪的直接经营、专卖专营制度与新式近代企业结合的转换形式。早期在荷兰、英国、西班牙、葡萄牙、法国等国成立的特许公司，就集中反映了这一点。[216] 这些公司有一个共同点，就是皇家或国王普遍性成为这些特许公司的最大股东或有限股东，它们或者都是"政府与商人联手努力想夺取新世界的财富"的组织中介，"都幸运地拥有皇家发给的特许状，享有跟这个世界的某个角落贸易往来的独占权"，进而"兼跨了政府部门与民间部门"、或者通过"官商勾结"，直接"从政府手中取得独占事业"、或者公司"仍属于政府的独占事业"。[217]

西方发达市场经济国家或地区，除少数国有企业由国家直接经营外，绝大部分国有资产、国有企业都是由国家、政府直接投资和间接经营的，即政府通过股份制、租赁制、系统承包制、计划合同制等不同方式或一定程序，委派国家股东、政府董事、企业经营者对国有资产进行经营管理，并授予一定的资产处置和收益权。例如，美国的美国租赁公司、[218] 联邦公司由政府（一般为总统）任命或委派政府董事；[219] 英国由政府委派大臣作为国家股东代表人对国有企业进行控制；[220] 法国自20世纪60年代始，开启国有企业管理体制从以"行政管理"为主、到"合同化管理"为主、再到以"国家股东管理"为主的改革进程；[221] 德国无论是对联邦直接参与公法法人形式的企业，还是对一般参与私法法人形式的企业，均是通过联邦、州级政府任命或委派董事或监事，代表国家或政府股东，间接参与公共企业或一般公司的内部治理；[222] 等等。

我国近代以来，国家作为出资人的角色、身份、地位的演变具有明显的渐进性。19世纪60年代，自洋务运动以降所兴办的安庆内军械所（1861年）、江南制造总局（1865年）、金陵制造局（1865年）、福州船政局（1866年）、天津机器局（1866年）、湖北枪炮厂（1891年）等近代军工企业，均为官办官营企业。[223] 但在随后创办的民用企业中，由于资金困难，清政府被迫采取官商合办、官督商办等形式，除湖北织布局、

---

[216] 参见［英］罗纳德·拉尔夫·费尔摩里：《现代公司法之历史渊源》，虞政平译，法律出版社2007年版，第19～25页。

[217] 参见［英］约翰·米克勒斯维特、［英］阿德里安·伍尔德里奇：《公司的历史》，夏荷立译，安徽人民出版社2012年版，第16～28页。

[218] 参见陈子凡、满相中：《西方国家国有资产的经营方式》，载《管理现代化》1997年第1期。

[219] 参见赵旭东：《美国的国有企业——联邦公司》，载《中外法学》1996年第2期。

[220] 参［英］R·K.米什勒、［英］S.雷维森卡：《英国的国有企业》，吴柏均译，载《国有经济评论》2013年第2期。

[221] 参见姜影：《法国国有企业管理体制改革的历程及成效》，载《法学》2014年第6期。

[222] 参见王东光：《德国联邦公共企业的监管制度》，载《法学》2014年第6期。

[223] 参见《中国近代史》编写组编：《中国近代史》，中华书局1983年版，第148～160页。

陕西机器织布局等个别企业一度采用过官商合办外，如轮船招商局（1872年）、开平矿务局（1878年）、天津电报总局（1880年）、上海机器织布局（1880年）等民用企业，均采取官督商办形式。[224] 在官商合办、官督商办的民用企业中，清廷或地方督抚则居于国家出资人的角色、身份、地位，具体的经营事务则由企业和企业的董事会负责。民国时期，特别是南京国民政府时期，形成以"四行两局一库"为主导、以其他公用企业为支撑的国有企业，基本是以政府直接控制或兼理政府公务的官员及家属直接控制，政府与企业之间的权力与权利界限并未有严格区分。[225]

三、国家作为商事主体的中国路径

1949年以来，由于公有制经济和国有经济占有主导地位，国家作为商事主体的角色、身份、地位也就成为不可回避的问题，路径沿着"国有国营→授权经营→国家出资"逐渐转型并清晰。[226]

（一）国有国营时期（1949年至1988年）

国营企业的提法与统一始于1952年9月时政务院发布的《对"国营企业"等名称用法的规定》，该文件不仅对"国营企业"的名称使用有明确限制，而且对含义有明确的规定，即"国营企业"必须具备如下三个基本条件：（1）由国家或国家机关、部门投资设立、举办或创设；（2）国家或国家机关、部门直接参与该企业的经营或管理；（3）因企业设立、举办或创设的主体与级别不同，分"中央国营企业"和"地方国营企业"。

可以看出，从1949年起，国家投资参与营业活动，是以出资人、经营者、管理者、交易者等诸种角色、身份、地位出现的，国家不但是"国营企业"的特殊投资主体，而且直接参与"国营企业"的经营、管理，国家之投资主体与"国营企业"之经营主体身份、资格、地位、权利、责任并未有严格区分和合理分离，政府与企业之间的投资关系、公私关系、主体关系模糊不清。此一情形、格局与体制，一直维持到20世纪80年代中期。代表性规范文本如《国营工业企业工作条例（草案）》（1961年）、《国营工业企业暂行条例》（国发〔1983〕54号，已失效）等。

（二）授权经营时期（1988年至1993年）

1988年4月全国人大通过了《全民所有制工业企业法》，传统的"国营企业"概

---

〔224〕 参见徐泰来主编：《中国近代史记》（中），湖南人民出版社1989年版，第51～64页、第675～727页。

〔225〕 参见赵兴胜：《传统经验与现代理想：南京国民时期的国营工业研究》，齐鲁书社2004年版，第142～176页；张忠民、朱婷：《南京国民政府时期的国有企业：1927～1949》，上海财经大学出版社2007年版，第89页以下。

〔226〕 参见肖海军：《国有股权代表人制度研究》，中国检察出版社2015年版，第19～36页。

念被新的"全民所有制企业"概念所替代,国家在营业中的私法主体角色、身份、地位进入"全民所有制企业"名义下的授权经营时期。国家与企业的关系是授权经营关系:(1)全民所有制工业企业的财产"属于全民所有"。(2)国家依照所有权和经营权分离的原则授予企业经营管理。(3)企业对国家授予其经营管理的财产享有占有、使用和依法处分的权利。(4)企业依法取得法人资格,以国家授予其经营管理的财产承担民事责任。(5)政府保持对企业下达指令性计划,保证企业完成指令性计划所需的计划供应物资,审查批准企业提出的基本建设、重大技术改造等计划;任免、奖惩厂长,根据厂长的提议,任免、奖惩副厂级行政领导干部,考核、培训厂级行政领导干部等重要管理能力。[227] 在授权经营理念、体制与关系中,本着所有权与经营权相分离理论,国家与企业的关系被界定为财产上的所有者与经营者、所有权委托人与经营权受托人之间的关系,即民法上所谓的债权式关系。国务院通过的《全民所有制工业企业转换经营机制条例》实际上仍然沿着此一改革路径进行,尽管该条例把企业的经营权罗列为比较明确的14项,但在授权经营的债权式路径依赖下,国家与企业、政府机关与企业、国家与企业内部机构之间的关系仍未完全理清。

(三)国家出资、企业经营时期(1993年以后)

1993年《宪法》修正案将原第7条中的"国营经济"修改为"国有经济",虽只有一字之差,但所表达的理念、体制、关系、定位却有重大区别。国家在营业中的私法主体角色、身份、地位进入国有企业时期。1993年11月中共十四届三中全会通过的《关于建立社会主义市场经济体制若干问题的决定》明确提出按出资者与企业的关系,界定国家与国有企业的关系,即"出资者按投入企业的资本额享有所有者的权益,即资产受益、重大决策和选择管理者等权利"。

2008年10月全国人大常委会通过《企业国有资产法》,该法首次从国家出资、国家出资人、国家出资企业的角度,引入"国家出资企业"这一新概念,在国家出资人与国家出资企业这一更为清晰的主体概念与法律范畴语境中,突出了国家在国家出资企业中的出资人角色、身份、地位。国家出资人是国家作为投资主体,把其所有的财产、资产、权益投入营业领域,成为企业经营的原始资本,作为出资人的国家,其资本权益的实现方式即"国务院和地方人民政府依照法律、行政法规的规定,分别代表国家对国家出资企业履行出资人职责,享有出资人权益"。而国家出资企业则为国家出资人设立或参股的企业,具体形式又包括"国有独资企业、国有独资公司,以及国有资本控股公司、国有资本参股公司"。通过引入国家出

---

[227] 参见《全民所有制工业企业法》第2条、第44条、第56~58条。

资人与国家出资企业,“国务院和地方人民政府应当按照政企分开、社会公共管理职能与国有资产出资人职能分开、不干预企业依法自主经营的原则,依法履行出资人职责”,如此,国家与企业的关系,则可在出资人与企业(公司)之间的关系找到恰当的定位。

四、国家作为商事主体的具体形式

如前所述,国家作为商事主体的具体形式,依其进入的营业流程与具体阶段,可细分为投资主体、经营主体和交易主体三种具体形式。

(一)作为投资主体的国家

同所有一般商事主体一样,国家进入营业领域,首先是以投资主体的角色、身份、地位出现的。国家作为投资主体的表现形式具有如下多种可能性:

1. 国家作为国家出资企业的出资人。在我国国有资产与国有企业改革中,国家投资主体缺位与换位一直是制约各项改革的难点问题,故以建立、完善国有资产出资人制度为切入点,才能寻求国企改革的重大突破,而将政府所有权人代表的职能与国有企业投资人的职能分开,设立国有企业的投资主体,如国家投资公司、国家控股公司、部分国有企业集团、国有资产经营公司、国家授权部门,就可形成国有资产授权管理体系下的投资主体独立从事国有企业资本经营的新格局,[228]并进而形成国有资产经营主体与国家授权投资机构适度分离的格局。[229]

由于国家出资人对应的企业形式具有多样性,如我国《企业国有资产法》就规定有国有独资企业、国有独资公司、国有资本控股公司、国有资本参股公司等几种形式,其中国有独资公司、国有资本控股公司、国有资本参股公司属于公司型企业法人,国家的法律角色、身份、地位即为国家股东,而在非公司型的国有独资企业即未进行公司化改制的全民所有制企业中,国家则为该企业的唯一出资人。此外,根据我国《个人独资企业》《合伙企业法》《农民专业合作社法》的规定,国家、国家机关既不能成为个人独资企业、农民专业合作社的出资人,也不可成为合伙企业中承担连带责任的普通合伙人,只可成为合伙企业中的有限责任合伙人。

2. 公开资本市场的出资人。即以公开投资者的角色、身份、地位,购买证券、资本、期货、外汇等市场已公开发行的债券、基金、期货指数、外汇,如以国家名义持有外国政府国债等。

---

〔228〕 参见刘学灵:《论国家所有权人与投资主体间的法律关系》,载《政治与法律》1997 年第 3 期。

〔229〕 参见张骏:《国家授权投资机构或部门应指履行出资人经营职责的机构》,载《法学》2008 年第 6 期。

(二)作为经营主体的国家

即国家作为营利性经营主体直接从事营业中的生产、经营、管理等活动。国家作为营利性经营主体虽在古代、中世纪比较常见,但随着国家营业形式的改革特别是国有企业的改革,国家作为直接经营主体出现的情形已比较少见。就我国而言,传统计划体制中的国营企业,国家事实就扮演着直接经营者的角色、身份、地位。在经过一系列的改革之后,至2009年前后,国家直接经营只在铁路运输、烟草专卖、邮政服务三个领域还有所保留。自2009年以来,我国相继对邮政、铁路、烟草经营体制进行大幅度改革,中国邮政集团公司和中国邮政储蓄银行与国家邮政局、中国国家铁路集团公司和中国铁建股份有限公司与国家铁路局、中国烟草总公司与国家烟草专卖局之间的关系,由原来的政企合一实现政企分离,这些改组后的国字号企业基本已成为具有独立市场主体地位的企业法人,国家及国家机关也基本上退出了直接经营场合,转而履行公法上的行政监管职能和私法上的出资人职能。

(三)作为交易主体的国家

与前述经营环节或阶段一样,国家作为纯粹营利性交易主体的角色、身份、地位,在当代社会已比较少见,仅在如下几种特定情形下才出现:(1)国债发行人;(2)国家担保人;(3)其他国家金融行为实施者。

五、国家作为商事主体的法律定位

笔者认为,国家作为特殊类商事主体的定位,应从两个方面入手。

(一)国家作为特殊类商事主体的情形限制

国家的特殊公共职能与公权背景,使其与具有私利性质的营业,具有内在的矛盾和利益的冲突。故国家参与营业的领域、范围、情形、方式、形式等,应当受到严格的法律限制与制度约束,特别是涉足竞争性营业领域,须作严格界定和刚性规定。首先,必须从宪法层面确定基本原则;其次,应从民法或商法上确定一般性规则;最后,通过政府投资法、《企业国有资产法》或国有独资(控股)公司法等特别商法或公共商法,对国家投资或营业的范围与方式作严格限定。例如,我国《企业国有资产法》第7条规定,虽为国家重点投资和国有重点企业指明了方向,但国家投资、参与营业的界限并不十分明确。又如,《政府投资条例》第3条第1款、第6条第1款对政府投资范围、投资方式的规定均比较笼统、原则,约束性和可操作性不强。

(二)国家作为特殊类商事主体的具体形式

如前所述,由于国家直接从事经营或参与交易,与国家的公职、公权属性存在冲突,故国家进入营业领域后,存在身份重叠、角色混淆、公权滥用、治理失范、责任不明等弊端，在严格限定或控制国家进入营业领域的特定范围与适当方式的前提下，应把国家之商事主体的角色、身份、地位严格限定或控制在如下几种形式内：(1)国家出资企业的出资人或公开资本市场的投资者；(2)国债发行等特殊金融主体；(3)极个别特殊情形下的专卖专营垄断经营者。[230]

---

[230] 参见肖海军：《国有股权代表人制度研究》，中国检察出版社2015年版，第147页以下。

第八章 商事主体的人格形态

尽管有个别学者认为，商事主体按照人格的独立性和完整性，可区分为完全人格、限制人格、无人格等三种不同形态，[1]但从前述商事主体不同实然功能、原生组织形态来看，除纯粹的商自然人个体外，家庭、企业、国家等均具有明显的组织性特征，其中家庭属于自组织，而企业等属于他组织，国家属于超组织。如从私法主体、人格属性与人格独立的角度对商事主体的实然形态、组织形式进行考察和分析就会发现，商自然人只具有独立的自然人人格，而无独立的组织（团体）人格；家庭虽为血缘、生活共同体和自组织体，但并无独立的组织（团体）人格，其人格依附于特定的家庭成员；企业等社会组织虽为投资主体发起结社或设立的他组织，但并非所有企业等社会组织均具有独立的组织（团体）人格，如前所述，仅以企业为例，依独立人格之有无，可分企业为有独立组织（团体）人格的法人型企业与无独立组织（团体）人格的非法人型企业；至于超组织的国家，在实际营业活动中，一般是以独立组织（团体）人格的私法人身份、资格、地位出现。由此，不同商事主体在实然营业中又总是以自然人个体、组织性团体两种典型状态存在，[2]且不论组织形式如何，在私法主体人格形态上，也相应地表现为自然人人格与组织（团体）人格两大类型或法律形态，并因部分组织类商事主体组织（团体）人格的缺乏，而细分为法人组织与非法人组织。[3] 据此，我国《民法典》总则编以人格的本然属性和独立与否，把民事主体划分为自然人、法人、非法人组织，同样，商事主体的人格形态，也对应着商自然人、商法人、非法人商事组织。其中，商自然人因以自然人个体人格的形式出现，又称商个人；非法人商事组织，因其人格、治理、执业、责任适用合伙规则，更多情形下是以商合伙形式出现。故商事主体的人格形态，又可表述为商个人、商合伙、商法人。以下分述之。

---

〔1〕 参见崔旺来：《商主体人格范畴论》，载《甘肃政法学院学报》2002 年第 4 期。

〔2〕 参见汪青松：《主体制度民商合一的中国路径》，载《法学研究》2016 年第 2 期。

〔3〕 参见肖海军：《民法典编纂中商事主体立法定位的路径选择》，载《中国法学》2016 年第 4 期。

第一节　商　个　人

一、商个人相关概念的逻辑关系与一般蕴含

（一）商个人的概念及界定

商个人，又称商个体、商自然人或自然人商人，是指以营利为目的、从事营业活动、拥有独立或依附于自然人人格的商事主体类型。在传统商法上，商个人与商自然人、个体商人同义，系指能够以自己的名义独立从事营利行为、依法享有商事权利并承担商事义务的自然人。而在现代商法上，商个人则是一个融传统特征的自然人状态与富有现代特征的单个出资组织体状态相结合的商主体概念或范畴。[4]自然人是当然的民事主体，但除纯粹的自然人个体外，作为具自然人人格的商个人，还应包括依附于自然人人格的自组织、类组织或准组织等自然人类投资经营体，其认定时可考量如下要件：

1. 实质要件。自然人必须具有从事营业活动的营业能力并实质从事商事活动。它包括两个层面的含义：（1）由于营业行为涉及对财产的处分、权利的行使、交易的参与、责任的承担，因此，自然人应有民事行为能力，即能以自己独立的行为参与商事活动，具有享有权利和承担义务的能力。无行为能力人或限制行为能力人虽有从事商事活动的权利能力，并不妨碍其通过继承、受赠等传来方式获得营业性投资主体资格、身份或地位，但因其无独立的行为能力，不能独立地参与商事活动，如介入商事方面的事项，须由其监护人作为法定代理人代理。（2）自然人无论是名义上的投资主体，还是亲力亲为的经营或交易主体，均应实质性地介入、从事商事活动，开展营业。

2. 形式要件。自然人、家庭及各种自然人集合或组合的投资、经营、交易体依法经工商登记注册或通过特定商事契约而表征自己为商人。（1）就一般情形而言，自然人及自然人类投资、经营、交易体从事营业须依法进行工商登记，并获取营业执照，如我国的个体工商户执照、个人独资企业营业执照等。（2）在特定情况下，自然人及自然人类投资、经营、交易体依法律规定或依特定商事合同，从事投资、经营、交易等营业行为。例如，承包经营合同的农村承包经营户、从事证券交易的自然人投资者、从事保险代理的个体保险代理人、临时商业摊主等，虽未经登记，但因实施了

---

〔4〕参见陈晓星、王建海：《我国商个人立法的完善》，载王保树主编：《中国商法年刊》2015 年卷，法律出版社 2015 年版，第 364～369 页。

外观足以认定为营业的商行为，均应视为商个人的范畴。

3. 人格要件。商个人是从法律人格属性对商事主体所作的类型化分析，具有典型的自然人人格属性或特征，其情形有二：一为具有典型、独立的自然人人格，如传统、纯粹的自然人个体商人、个体工商户等，即为此类；二为虽具有自然人自组织、类组织或准组织特征，但并无独立或完整的组织或团体人格，其人格仍依附于某一自然人或全体自然人人格之上，家庭经营户、个人独资企业即为此类。[5]

4. 责任要件。商个人因只有自然人人格或依附于自然人人格，故无论是以自然人个体名义的营业，还是以家庭经营户、个人独资企业名义所进行的营业，其在营业中所生债务，均应由特定的自然人个体或参与营业的相关自然人承担无限清偿责任，他与后述商合伙的连带责任、商法人的有限责任，具有显著的区别。关于商个人的债务责任形式，一个颇具争议的问题就是商个人应否具有破产能力，适用破产清偿制度，代表性观点如：(1)反对论。该论从自然人行为能力的角度出发，认为自然人债务清偿应适用具有混同、完全责任性质的无限清偿制度，而不应适用独立、有限责任性质的破产制度。[6] (2)支持论。该论认为破产作为专门法律术语和特定债务清偿制度，其内涵已不仅仅限于"倾家荡产"，而是债务人不能清偿到期债务时所适用的偿债程序及该程序终结后债务人身份、地位受限制的法律程序制度与债务关系状态。[7] 既然商自然人是市场经济重要的主体之一，而世界主要国家或地区又都建立了商自然人破产制度，[8]故应赋予自然人具有破产能力，[9]或者在健全个人信用体系的基础上，建立包括自由财产制度、许可免责制度、失权制度、人格破产、复权制度、破产再建功能等主要内容的自然人破产制度。[10] (3)中立论。该论认为破产制度只是一种债务清偿程序，自然人破产与公司破产并无本质上的

[5] 参见张阳：《走向勃兴的商个人：主体转向及制度因应》，载《西南政法大学学报》2019年第1期。

[6] 参见孙建江：《自然人法律制度研究》，厦门大学出版社2006年版，第70～81页；朱涛：《自然人行为能力制度研究》，法律出版社2011年版，第230～243页。

[7] 参见江平、江帆：《论商自然人的破产能力》，载《现代法学》1997年第4期；汪世虎、李刚：《自然人破产能力研究》，载《现代法学》1999年第6期；刘勇：《试论我国立法应允许自然人破产的必要性及其制度设计》，载《法学》1999年第8期；丁凤鹏：《商自然人破产制度设计之我见》，载《当代法学》2001年第12期。

[8] 参见徐斌：《论商自然人破产制度》，载《福州大学学报（哲学社会科学版）》2016年第3期。

[9] 参见邓社民：《自然人破产能力的法理基础和现实选择》，载《武汉大学学报（哲学社会科学版）》2007年第3期。

[10] 参见张军：《论个人信用与自然人破产立法制度的构建》，载《武汉大学学报（哲学社会科学版）》2009年第4期；刘静：《个人破产制度研究：以中国的制度构建为中心》，中国检察出版社2010年版，第223～252页。

不同。[11] 自然人具有破产能力虽然属于一个自然法则，但我国目前还不宜规定自然人破产特别是消费者破产制度，[12] 尤其是在有效社会信用体系尚未建立起来之前，必须设立相应配套制度，以防范自然人利用破产制度逃避债务。[13] 笔者认为，破产制度所要解决的中心问题，是通过法定、强制程序以公平分配、清偿债务人财产达到平等、一体、有效地保护债权人的目的。而人格制度所要解决的核心问题，是特定主体人格的法律属性（自然人人格或团体人格）、独立与否，进而达到区分或甄别主体行为（意思）、权利、义务、责任的独立。就商个人的人格特征而言，纯粹自然人之外的家庭经营户、个人独资企业并无独立的组织或团体人格，如在营业中产生债务，无疑应适用无限清偿原则，且基于自然人主体与人格同一的特质，在主体没有消灭的情况下，人格仍然存在，其债务责任也就不能消除，它与具有团体（组织）人格的公司因破产清算完毕须注销，从而既消灭该公司主体资格，又消灭公司团体人格之法律意义，完全不能等同。又由于家庭经营户、个人独资企业虽有主体资格，但并无独立组织或团体人格，其人格依附于特定自然人，在该自然人人格没有消灭的情形下，依附于该自然人人格的家庭经营户、个人独资企业之债务责任当然也不应消除。况且，无论是大陆法系，还是英美法系，自然人的个体、家庭、独资经营，均适用无限清偿责任原则。所以，即使引入自然人、商个人破产制度，也并不能彻底解决商个人的人格属性与债务责任问题。正因如此，我国《民法典》总则编第 56 条、《个人独资企业法》第 31 条、《企业破产法》第 2 条和第 135 条、《个体工商户条例》第 2 条均规定，无论是自然人选择个体经营，还是依托家庭或设立个人独资企业经营，所生债务均奉行无限清偿原则，不适用破产制度，比较符合商个人的人格特征和国情现实。

综上所述，凡自然人及自然人类投资、经营、交易体实质性地从事投资、经营、交易等营业活动，且外观上能为国家（法律）、社会或相对人所识别，具有自然人人格或依附于自然人人格，对营业中所生债务承担无限清偿责任的商事主体，均属商个人的范畴。

（二）商个人的法律形态

关于商个人的具体形式与法律形态，学界尚有较大分歧。

1. 商个人应否以登记作为识别或认定标准

是否应以登记作为识别或认定商个人的法定条件或外观形式，学界存在两种

---

〔11〕 参见赵磊：《私法主体"有限责任"辨——兼谈我国自然人破产制度建立之必要》，载《财经科学》2007 年第 8 期。

〔12〕 参见曹兴权：《雾里看花：自然人破产之争》，载《河北法学》2006 年第 4 期。

〔13〕 参见叶甲生：《理想与现实：重思自然人之破产能力》，载《江淮论坛》2008 年第 5 期。

截然不同的看法:(1)登记选择论。该论认为登记与否不应成为识别或认定商个人的法定条件或外观形式,可考虑将商个人履行商事登记的强制义务转变为商个人登记与否的自主选择权。[14] 有学者则认为,商个人仅指纯粹自然人的营业形态,是否登记应由营业当事人自主选择。[15] (2)登记必要论。该论认为,商个人要为相对人认知和识别,只有通过法定程序完成登记才具确定性和可靠性。[16]

笔者认为,商个人本质上属于自然人进入营业领域、从事营业活动的角色、身份与功能转换形式,是自然人主体实质性地行使营业权后、在具体营业关系中的特殊称谓。然而,无论营业关系中的主体地位如何确定,特殊权利与义务如何设置,各种法律身份如何变化,债权债务关系如何复杂,该自然人及其衍生的营业形式之自然人人格属性并无任何改变。(1)基于营业的实质层面,自然人营业既可选择个体、独资、家庭等形式,还可因个人禀赋与能力限制而停留于投资、经营、交易等不同营业阶段或环节。例如,自然人选择个体摊贩、个体手工、家庭农副等经营形式,就无登记之必要;又如,自然人营业仅选择投资形式,以股东、证券散户、金融产品购买者等投资者身份出现,不直接参与经营,则登记既无必要也无意义。(2)从商个人登记的可行层面来看,与企业、法人等稳定型组织营业不同,自然人营业又具有多样性、活泼性、复杂性等特征,如法律规定所有商个人均须登记,不经登记不可营业,这不仅会严重抑制甚至扼杀自然人营业的主动性、积极性和创造性,而且事无巨细、轻重缓急,一律奉行强制登记主义,事实上也是商事登记机关难以胜任的。(3)从域外商个人的立法态度与认定原则来看,大陆法系国家虽均选择强制登记主义,但仍然保留有豁免登记制度或不必要登记的当然商人等制度。[17] 至于英美法系,所奉行的任意登记主义原则,本身就把是否登记的选择权交给了自然人个体,国家对商个人也无立法作明确限制或规制,一般是依习惯或判例,按无限归责原则处理有关商个人的营业债权债务。[18] 可见,无论哪一种商事登记模式,均难以穷尽商个人的所有营业形式和存在状态。[19] (4)在商个人存在的事实层面来看,在市

---

〔14〕 参见王冬梅:《商个人登记制度的完善路径研究》,载《河北法学》2017 年第 3 期。

〔15〕 参见李建伟:《民法典编纂背景下商个人制度结构的立法表达》,载《政法论坛》2018 年第 6 期。

〔16〕 参见林艳琴:《对我国商自然人法律制度的审视》,载《政法论坛》2009 年第 1 期。

〔17〕 参见[法]伊夫·居荣:《法国商法》(第 1 卷),罗结珍、赵海峰译,法律出版社 2004 年版,第 52 ~ 59 页;《德国商法典》,杜景林、卢谌译,法律出版社 2010 年版,第 1 ~ 4 页;《西班牙商法典》,潘灯、高远译,中国政法大学出版社 2009 年版,第 8 页;《意大利民法典(2004 年)》,费安玲等译,中国政法大学出版社 2004 年版,第 514 页;刘成杰译注:《日本最新商法典译注》,中国政法大学出版社 2012 年版,第 17 ~ 19 页。

〔18〕 参见[美]斯蒂芬·加奇:《商法》,屈广清、陈小云译,中国政法大学出版社 2004 年版,第 187 ~ 205 页。

〔19〕 参见肖海军:《我国商事登记豁免制度的构建》,载《法学》2018 年第 4 期。

场经济条件下，传统的农、林、牧、渔等行业大量已由自给自足的生产消费型经济过渡到生产交换型商品经济，自产自消的性质和比重在下降，而营利的目的与比重在明显上升，况且，传统手工业、各种农林牧渔副业，本身就包含着营生与营利的双重属性，至于纯粹自然人投资者的大量、普遍存在，更使未经登记而事实处在营业状态的商个人形式成为一种不可忽视、更不可否认的社会现象。可见，是否完成商事登记，无疑不应成为识别或认定商个人的法定要件或主要标准，是否从事实质或事实上的营业，才是判断商个人的核心要件。

2. 商个人的范畴外延与具体形式

自然人个体或个体工商户属于商个人的范畴，应无太大的争议，但家庭户、个人独资企业应否属于商个人范畴，则有不同看法。如有学者认为，我国商个人应采个体工商户和个人独资企业二元立法模式；农村承包经营户的法律地位应分类处理，加入农民专业合作社的农村承包经营户应由《农民专业合作社法》进行调整，其他农村承包经营户应确定为任意商人，由其选择是否以商人的名义从事经营活动；应将小商贩纳入商个人的范畴。[20] 有学者认为，商个人作为自然人营业的外延形态，应包括个体工商户以及部分农村承包经营户、个体摊贩、个体电商。[21] 有学者从形式商人与非形式商人的角度，认为公司商人、合伙商人属于形式商人，而具自然人个体人格性质的自然人商人，属于非形式商人的范畴，其范围应包括手工业者、个体工商户、农村承包经营户、个人独资企业等。[22] 有学者认为，商自然人应包括自由商贩、个体工商户、农村承包经营户、个人独资企业等。[23] 有学者认为，商个人应包括流动摊贩、个体工商户等。[24]

笔者认为，商个人是从法律人格的属性与独立性的角度，对商事主体存在形态所作的分类，其形式包括具有独立自然人人格的自然人个体（如个体工商户、自然人个体投资者、其他以自然人名义从事营业者等）和不具组织或团体人格，但依附于自然人人格的投资、经营、交易体（如家庭经营户、个人独资企业等）两种典型形式。依据我国现行法规定，商个人的具体类型和形态应包括：(1) 个体工商户；(2) 农村承包经营户；(3) 个人独资企业；(4) 自然人个体投资者；(5) 其他以自然人名义从事营业者，如个人保险代理人等。

---

〔20〕 参见任尔昕、郭瑶：《我国商个人形态及其立法的思考》，载《甘肃政法学院学报》2009 年第 6 期。

〔21〕 参见李建伟：《民法典编纂背景下商个人制度结构的立法表达》，载《政法论坛》2018 年第 6 期。

〔22〕 参见张民安：《商自然人的法律地位研究》，载王保树主编：《中国商法年刊》2007 年卷，北京大学出版社 2007 年版，第 162 ~ 185 页。

〔23〕 参见林艳琴：《对我国商自然人法律制度的审视》，载《政法论坛》2009 年第 1 期。

〔24〕 参见崔丽：《流动摊贩规制的"正本"与"清源"——以商个人法律体系的完善为视角》，载《长沙大学学报》2019 年第 3 期。

二、个体工商户

（一）个体工商户的界定及特征

1. 个体工商户的界定

此处所论个体工商户，又叫个体工商经营户，与前章侧重从原生存在形式、纯粹组织属性角度分析不同，主要是从自然人人格属性的角度进行讨论，是指依据法律或行政法规，在允许范围内，经依法核准登记以个人名义从事工商业经营活动，具有自然人人格的个体工商业经营者。在我国法律语境中，自然人个体营业与个体工商户并非同一概念，且往往与个体投资者、个体摊贩、流动摊贩、家庭经营户等概念相混淆。[25] 自然人个体营业系指一切以自然人个体名义投资、经营、交易的营业主体与营业形式，如自然人投资合伙企业、公司，成为该合伙企业、公司的合伙人、股东，该自然人即为投资主体，自然人投资登记为个体工商户或设摊经营，也是自然人个体营业的重要方式。可见，自然人个体营业是一个比个体工商户更为宽泛的概念与范畴。而个体工商户仅指自然人营业中那种经登记注册，比较稳定，且具自然人人格的个体经营形式。

2. 个体工商户的人格特征

从法律人格意义上来看，个体工商户具有以下基本特征：(1)以自然人个人名义从事营业活动；(2)依法经登记核准注册；(3)该个体工商户并无独立于自然人的商事人格，只有特定登记出名的自然人之自然人人格；(4)特定登记出名的自然人个人或家庭成员对经营所生债务须承担无限责任。无论从法律规定，还是从政府统计口径上来看，个体工商户仅指经注册登记、领取个体工商户营业执照的自然人个体经营者，并不包括未经注册登记的个体投资者、个体摊贩、流动摊贩、家庭经营户。2017年《无证无照经营查处办法》第3条所列"无证无照"的例外情形，实际上也承认部分未经登记注册的自然人个体营业或经营形式存在的正当性、合理性和合法性。

（二）个体工商户的存与废

关于个体工商户的法律地位与主体属性，国内学界尚存在个体商人说、[26] 商个人说、[27] 商自然人说、[28] 经营行为说、[29] 个人经营者、[30] 个体经营市场主体说等

---

〔25〕 参见王胜明：《试论个体工商户、农村承包经营户》，载《中国法学》1986年第4期。

〔26〕 参见龙卫球：《民法总论》，中国法制出版社2002年版，第351页。

〔27〕 参见李建伟：《民法典编纂背景下商个人制度结构的立法表达》，载《政法论坛》2018年第6期。

〔28〕 参见梁慧星：《中国民法典草案建议稿附理由·总则编》，法律出版社2004年版，第21页。

〔29〕 参见史际春：《企业和公司法》，中国人民大学出版社2008年版，第4页。

〔30〕 参见沈福俊：《不合理的行政收费应当彻底革除——从个体工商户管理费等行政收费被停征论起》，载《法学》2008年第9期。

不同观点与主张,[31]但总体而言,个体工商户应为自然人商人,尚无太多的争议,存在争议的主要是属自然人人格的个体工商户与依附于自然人人格的个人独资企业之间的关系及差异。从实然层面上讲,两者在自然人投资人的唯一性、依附于自然人的个体人格、自然人投资人的完全权利与绝对控制、自然人投资人的无限责任等方面,并无实质性差异。既然如此,在已有《个人独资企业法》的情形下,个体工商户是否还有存在的意义、价值或理由。为此,就有了个体工商户的存废之争。

关于个体工商户存废,存在取消、废止论与改造、重塑论两种比较对立的观点。(1)取消、废止论。该论认为个体工商户的性质与法律地位,无论是实体法或程序法,还是理论研究或司法实践,均存在混乱甚至矛盾之处,再延续个体工商户,不仅显得多余,还是在开历史倒车,[32]或者认为个体工商户与国际通行的商事主体分类大相径庭,它已不符合历史发展需要,[33]进而主张取消、废止个体工商户的概念与范畴,代之以独资企业。(2)改造、重塑论。该论认为个体工商户不是一个严格意义上的法律概念,应以商个人、小商人等统一立法或国际接轨的概念、范畴,对之加以改造、重塑。如持商个人论者认为,应建立起包括个体工商户、农村承包经营户、个人独资企业、小商贩在内的全新商个人主体体系,[34]具体路径即为小商贩的正名、个人独资企业的降格、个体工商户的转身。[35]小商人论者认为应把个体工商户纳入小商人的范畴,甚至可免予其登记的义务,[36]或者认为应把包括个体工商户在内的小商人作为广泛存在的特殊商主体。[37]统一论者认为,我国商事立法应实现个体工商户和个人独资企业二元模式的统一,由统一的个人独资企业法进行规制,将小商贩纳入商个人的范畴。[38]

笔者认为,个体工商户作为特定时期的历史现象与主体类型,主要源于理论上长期对劳动者自行经营不为剥削、投资者雇用营业则存有剥削这一教条主义的误读,是计划经济时期所有制决定论指导下的经济政策在法律上的直接反映。[39]其

---

〔31〕　参见甘培忠:《企业与公司法学》,北京大学出版社2014年版,第419页。

〔32〕　参见李友根:《论个体工商户制度的存与废》,载《法律科学》2010年第4期。

〔33〕　参见黄波、魏伟:《个体工商户制度的存与废:国际经验启示与政策选择》,载《改革》2014年第4期。

〔34〕　参见李建伟:《对我国商个人立法的分析与反思》,载《政法论坛》2009年第5期。

〔35〕　参见李建伟:《从小商贩的合法化途径看我国商个人体系的建构》,载《中国政法大学学报》2009年第6期。

〔36〕　参见郝斌:《论和谐社会中的小商人法律地位》,载《内蒙古农业大学学报(社会科学版)》2007年第1期。

〔37〕　参见黄赉然:《论"小商人"的法律地位》,载《人民论坛》2010年第23期。

〔38〕　参见任尔昕、郭瑶:《我国商个人形态及其立法的思考》,载《甘肃政法学院学报》2009年第6期。

〔39〕　参见丁一瑞:《论私营企业的法律调整》,载《中国法学》1988年第2期;李培传:《谈我国私营企业立法问题》,载《中国法学》1988年第4期。

中,又最集中表现在1988年《私营企业暂行条例》(已失效)出台前后对私营企业的界定上,争议的焦点是社会主义经济成分中能否允许有雇工以及雇工人数的限制,而这一论争妥协的结果,是该条例规定"本条例所称私营企业是指企业资产属于私人所有、雇工八人以上的营利性的经济组织"。也就是说,根据当时的政策、人们可接受的观念和法条的规定,属于私人投资、雇工8人以上的经营体,为私营企业;如属私人投资、雇工8人以下的经营体,则只能登记为个体工商户。[40] 但时过境迁,随着社会主义市场经济、不同所有制经济成分平等准入观念的深入人心,特别是个体工商户的营业规模早已远远超出1988年《私营企业暂行条例》颁布之时的法律界限,部分个体工商户甚至做到了跨国公司的规模。因此,从投资主体、所有性质、治理结构、营业执行、债务责任等核心构成要素来分析,个体工商户与1999年《个人独资企业法》中的个人独资企业已无实质性差异。在此情形下,不少学者曾呼吁废止《个体工商户条例》或《私营企业暂行条例》。[41] 2018年3月,国务院《关于修改和废止部分行政法规的决定》正式废止《私营企业暂行条例》。《私营企业暂行条例》的废止,标志着个体工商户与私营企业分途、分别立法的理论、政策、法律、制度基础已不复存在。鉴于个体工商户与个人独资企业的同质性,个体工商户的立法基础也不复存在。基于此,笔者曾建议,在自然人营业这一基本立法框架和制度架构下,处理自然人营业这一上位概念与制度,然后按照自然人投资与经营形式的不同,把其划分为个体、家庭、独资、合伙、合资、合作等形式,[42] 并本着强制登记与豁免登记相结合的原则,对自然人独资、合伙、合资、合作投资并设立企业经营时实行强制登记,对非企业形式的个体、家庭投资与经营则可豁免登记,[43] 废止现行《个体工商户条例》,完善《个人独资企业法》,把有关自然人独资、个体经营的规定,移植、充实到修改后的《个人独资企业法》之中。如此一来,则可解决自然人营业与商个人、个体工商户、个人独资企业之间的逻辑矛盾与边界含混等问题。

虽然如此,但鉴于我国《民法典》总则编、《个体工商户条例》仍然保留个体工商户这一称谓和相关制度设计,关于个体工商户的营业执行与债务责任,因其人格的自然人属性,适用有关自然人的规定,在此不再赘述。

---

〔40〕 参见桂敏杰、刘炤:《谈谈私营企业暂行条例的几个问题》,载《人民司法》1988年第10期。

〔41〕 参见郑显华、肖德芳:《〈私营企业暂行条例〉之存废》,载《法学杂志》2006年第1期。

〔42〕 参见肖海军:《民法典编纂中商事主体立法定位的路径选择》,载《中国法学》2016年第4期。

〔43〕 参见肖海军:《我国商事登记豁免制度的构建》,载《法学》2018年第4期。

三、农村承包经营户

（一）农村承包经营户的界定及特征

1. 农村承包经营户的界定

农村承包经营户作为法律术语与主体类型，最早见于1986年的《民法通则》第27条，2017年《民法总则》第55条基本沿袭原《民法通则》的这一称谓和规定。在我国法律文本的语境里，与农村承包经营户直接对应的法律是《农村土地承包法》，但该法所使用的称谓并非农村承包经营户，而是并列使用"家庭"（第3条）、"农村集体经济组织成员"（第5条）、"妇女与男子"（第6条）、"集体经济组织的农户"和"农户内家庭成员"（第16条）等不同情形。这说明，在《农村土地承包法》里，作为"农村承包经营合同"一方当事人的承包方，究竟是具有共同体性质的家庭或农户，还是作为个体的"农村集体经济组织成员""妇女与男子""农户内家庭成员"，该法并不十分明了、清晰。

除此之外，与农村承包经营户内涵与外延相同或相近的主体类概念，还在我国其他法律中出现，代表性称谓有：(1)兼具个体与农户性质的农民。例如，《乡镇企业法》第2条，《农民专业合作社法》第2条、第4条、第6条、第19条、第20条，《乡村集体所有制企业条例》第2条、第6条、第18条等所称"农民"，从主体属性而言，既是一个居住在农村地区居民的概括性称谓，也是一个从事农业生产经营的职业性称谓；从主体范围来看，既可是居住农村并从事生产经营的某自然人个体，也可是以户主为代表、以家庭为单位的农户。(2)具有经营体性质的农业经营主体。在我国不少政策、法律文本中，农村承包经营户是与农民专业合作社、集体所有制企业并列的农业经营主体，是以土地承包经营为基本形式、以均分土地承包经营权份额为法权依据、以家庭为基本单元的主要农业经营主体形式，[44] 如中共中央办公厅、国务院办公厅《关于加快构建政策体系培育新型农业经营主体的意见》，农业农村部办公厅、财政部办公厅《关于支持做好新型农业经营主体培育的通知》（农办计财〔2019〕44号）中的"农户"或"小农户"等农业经营主体。(3)具有家庭经营体性质的小农户。例如，中共中央办公厅、国务院办公厅《关于促进小农户和现代农业发展有机衔接的意见》中的"小农户家庭经营"，中华全国供销合作总社《供销合作社促进小农户和现代农业发展有机衔接工作实施方案》中的"农户＋合作社"概念与方案等。(4)具有亲属共同体性质的家庭户。例如，《民法典》婚姻家庭编所称的家庭。此外，与之类似的概念或范畴还包括如家庭经营户、家庭农场、家庭企业、家族企业等。

---

〔44〕 参见刘雪梅：《农业经营主体论：基于民法的视角》，法律出版社2014年版，第32～66页。

足见,农村家庭承包经营户虽早已纳入政策、法律、行政法规,并成为我国私法中被接受的主体类型与法律概念,但其真正的内涵与外延并不清晰,不同法律文本、规范语境、制度背景下的主体称谓和具体范围,并不一致。笔者认为,虽然,我国农村家庭承包经营户从私法个体的表象来看,似乎与农村集体经济组织成员、农民自然人个体处于同一层面的范畴,但如考察农村家庭承包经营户的制度基础与主体构成则会发现,在农村土地承包经营合同签署与农村土地承包经营践行过程中,是以人口为基数、以家户为单元均分或细分土地承包份额为基本形式来具体实施并落实的。在实际均分或细分土地承包份额时,作为一方当事人的承包人和事实承包经营者,并不是以单一自然人名义或身份出现的个体成员或农民,而是以特定户主为代表、集合了所有家庭成员(夫妻、子女、男女、老少等)的家庭户之名义或身份出现的。不仅如此,无论在日常生活、生产经营中,还是在财产归属、社会交往关系里,也经常性地不是以单一自然人个体成员或农民的名义或身份,而更多是以农村家庭户的名义或身份,发生、建立各种法律关系。不难看出,无论是从概念本身的应然含义,还是社会关系的实然层面,农村家庭承包经营户应是一个包含作为自然人个体、农村集体经济组织成员或个体农民的家庭集合体或亲属共同体(前章所述的"家庭户"),而不只是某单一的自然人个体、农村集体经济组织成员或个体农民。至于与家庭经营户、家庭农场、家庭企业、家族企业等概念之间的关系,家庭经营户是一个比农村承包经营户更为广泛的上级概念;家庭农场是农村承包经营户的一种具体生产、经营或存在形式;而家庭企业或家族企业,并不是一个法律概念,它仅属于一种因出资人主要为某一家庭或家族成员、且企业由家庭或家族主要成员控制的企业类型,农村承包经营户很明显不属于家庭企业或家族企业的范畴。

基于前述分析,笔者认为,人格视角下的农村承包经营户的恰当定义,应是指依照法律、行政法规规定,以有效户籍登记和农村土地承包经营合同为基础,以特定户主为代表、集合了具有农村集体经济组织成员特定身份的所有家庭成员,并以户主或其他家庭成员名义从事农、林、牧、渔业经营、人格依附于家庭成员自然人人格的家庭集合体或亲属共同体。

2. 农村承包经营户的人格特征

农村承包经营户虽为家庭集合体或亲属共同体,具有自组织或准组织属性,与纯粹、单一自然人属性的家庭成员不能等同,但因其共同性又难以与纯粹、单一自然人属性的家庭成员在人格、意思、行为、财产、责任方面进行明确区分和清晰切割。另外,农村承包经营户虽具有自组织或准组织的某种团体性,但与他组织的合伙企业、法人企业相比,成员与共同体之间的权利义务关系、风险责任独立性也有明显的区别。其主要特征表现为:(1)形成的自发性。农村承包经营户是基于婚姻、血缘、共居等生活、社会事实自发地形成的，除自然人身份、婚姻、户籍等需要办理有关申请或登记外，家庭的组建、形成、成员及构成既无须政府审批，也不必办理登记（不以户籍登记为前提条件）。故在社会学上，家庭一直被称为自组织或准组织。（2）主体的法定性。农村承包经营户的私法主体地位和商事主体身份系法律、行政法规的明确规定。（3）实质的集合性。农村承包经营户不系指某单一的具体自然人家庭成员，而是特指所有具有婚姻、血缘关系并具有稳定共居事实的多个单一自然人家庭成员的集合，是具有成员集合性质的户，而非单一生物个体的人。（4）身份的特殊性。农村承包经营户作为家庭成员的集合体，是为农村集体经济组织的构成单元和农村土地承包经营合同的承包人；而单一个体的家庭成员，又是居住于乡村、从事农业生产经营的农村集体经济组织内部成员。（5）主业的特定性。依照农村土地承包经营合同取得特殊营业资格，并以农、林、牧、渔业为主营业事项。（6）类型的非要式性。农村承包经营户在外在形式上，无特定设立要件限制，也无须办理注册登记、领取营业执照，其私法主体、商事资格、营业能力是基于户籍原住、土地承包等身份关系自由获得，且不可任意剥夺。（7）人格的不独立性。农村承包经营户虽为户，在对外关系上户在一定程度上具有独立性，可作为法律关系主体而存在，但就作为整体的家庭户与作为构成个体的单一自然人家庭成员之间，其人格、地位、身份、名义、意思、行为、财产、责任并不能完全独立，且在承包经营过程中，家庭户之经营活动往往或以户主之名义，或以其他家庭成员之名义，即是以具体家庭成员之自然人个人名义进行经营。在营业事务的执行上，家庭户、户主、其他家庭成员之间的意思、行为、财产并无严格、清晰、明确的区分。故家庭经营户虽为具有集合体或共同体属性的户，但并无户的独立团体或组织人格，其人格依附于特定户主或其他家庭成员的自然人人格。（8）责任的无限性。农村承包经营户内部关系的共同性、人格的非独立性，决定农村承包经营户与特定户主或其他家庭成员在人格、身份、地位、名义、意思、行为、财产、责任上并无实质的区分和清晰的界限，因此，对农村承包经营户经营所生债务，特定户主或其他家庭成员应当承担无限责任。

（二）农村承包经营户的存、废、改与立法体例归属

虽然我国《民法典》赋予农村承包经营户以主体地位，但在学理上，农村承包经营户的主体属性及立法体例归属，仍存有较大分歧。代表性观点如：（1）维持论。该论认为农村承包经营户系我国经济、法律、制度特别是民事主体制度的创新，多数民商法学者持此看法。[45]（2）废止论。该论认为农村承包经营户不符合个体本位、责任本位的现代民法理念，与既有民法中的主体制度、责任制度不能兼容，进而

---

〔45〕　参见刘秀娟：《农村承包经营户的民事法律主体地位构造》，载《安徽农业科学》2017 年第 14 期。

主张废止该制，抛弃农村承包经营户这一概念，以准所有权性质的农地使用权、具有用益物权属性的农地经营权等制度取代既有的农村承包经营户制度。[46]（3）改造论。该论认为农村承包经营户的组织或团体属性决定其不应规定在《民法典》总则编有关自然人主体章节中，而应对之进行改造，使之成为准合伙组织或非法人组织，或者以合伙法原理来设计或处理农村承包经营户对外对内法律关系，[47]或者应赋予农村承包经营户以选择权，保留成为商事主体的可能性，并引入有限责任或个人破产制度，[48]或者主张在民法典整合之时，在总则编中删除有关"农村承包经营户"的规定，或将"农村承包经营户"挪入非法人组织章节，[49]或者认为作为民事主体的"户"之内涵不定和外延不清，进而导致责任主体难以界定和责任归属模糊，不如赋予农村承包经营户以非法人组织的资格。[50]

笔者认为，前述家庭经营户和农村承包经营户的基本属性和主要特征不难看出家庭经营只是自然人个体营业的衍生形式，家庭经营户虽有自组织特质，且具备某些团体的功能或特征，但人格的非独立性及依附于特定户主或其他家庭成员的自然人人格属性，更说明属家庭经营户范畴的农村承包经营户只是自然人从事民事或营业活动的一种形式而已。此外，通观大陆法系的民法典或商法典、英美法系的习惯法，家庭营业在通常情形下也适用自然人营业的一般规定和归责原则。可见，我国《民法典》总则编把其规定在自然人主体部分，并无不妥，不同的只是因我国特殊国情和土地所有制，法律有必要明确农村承包经营户的私法主体和权利内容而已。

关于农村承包经营户的营业执行与债务责任，因无独立的团体（组织）人格和依附于家庭成员的自然人人格，适用有关自然人的规定，在此不再赘述。

四、个人独资企业

（一）个人独资企业的主体界定与人格特征

1.个人独资企业的定义内涵与人格属性

个人独资企业，又称单一业主制企业，为一个自然人投资设立的、不具有独立法人资格、特定自然人投资者对企业债务负无限清偿责任的企业。根据我国《个人

---

〔46〕参见申惠文：《论农村承包经营户的死亡》，载《河南财经政法大学学报》2016年第2期。

〔47〕参见沈文朋：《农村承包经营户》，载《华南师范大学学报（社会科学版）》2012年第3期。

〔48〕参见游文丽、张萱：《农村承包经营户的法律地位问题探究》，载《北京化工大学学报（社会科学版）》2013年第3期。

〔49〕参见魏振华：《农村承包经营户的诉讼主体地位质疑》，载《法治研究》2017年第3期。

〔50〕参见白俊勇、程媛：《农村承包经营户民事主体地位的检视与完善》，载《经济研究参考》2018年第35期。

独资企业法》第2条，个人独资企业是指依法在中国境内设立，由一个自然人投资，财产为投资人个人所有，投资人以其个人财产对企业债务承担无限责任的经营实体。

在《个人独资企业法》出台前后，学界所关注的重心是其私营所有制的性质，[51]虽有学者认识到其独立的市场主体地位，[52]个别学者还认识到其私法上的民事主体或商事主体地位，[53]但尚没有顾及其法律人格问题。与前述个体工商户、家庭经营户相比，个人独资企业已经不是单一的自然人个体或家庭成员的共同体，而是经法定程序注册登记确认并公示的企业形式，属于具有鲜明组织性或团体性的企业范畴。从形式意义上讲，个人独资企业与一般意义上的商个人或商自然人有明显的区别。但是，与后述适用连带责任规则的其他非法人型企业（商合伙）、适用有限责任规则的法人型企业（商法人）不同，个人独资企业因其只有一个自然人投资者，无法建立起有效、规范、稳定、持续的企业内部治理组织架构，不具备企业组织独立性的核心要素，难以区分企业主的自然人人格与企业的组织人格、并进而支撑企业的独立团体人格。故从实质意义上看，个人独资企业虽可作为组织类主体为营业行为，但并无独立的团体（组织）人格，其人格依附于独资的个体或家庭成员的自然人人格，故才被笔者纳入具有自然人人格属性的商个人范畴。

2. 个人独资企业的人格特征

个人独资企业是企业法律形态中最古老、最原始的一种，具有个人投资、个人经营、个人管理、个人收益、个人承担风险等多重自然人人格特质，[54]其中最显著的特征表现为：

（1）投资主体为一个自然人。个人独资企业属于独资企业的一种，独资企业按投资主体的不同属性，可分为自然人独资企业、法人独资企业和国有独资企业。其中，国有独资企业的投资主体为国家授权的一个国有法人机构（政府）；法人独资企业的投资主体为一个法人单位或机构；个人独资企业的投资主体为单一的自然人。故已成立并具有法人资格的公司企业或其他法人机构单独投资设立的全资子企业，无论是具有独立法人资格的分公司或分支机构，还是具有独立法人资格的全资子公司，因投资主体不是自然人，所设立的企业在法律上只能认定为分公司（机构）或子企业（公司），而不能认定为个人独资企业。

---

〔51〕参见万其刚、游杰：《我国〈个人独资企业法〉出台》，载《经济管理》1999年第10期；刘青：《〈个人独资企业法〉的现实意义及相关法律问题》，载《商业经济与管理》2000年第9期。

〔52〕参见龙著华：《个人独资企业法若干问题刍议》，载《河北法学》2001年第1期。

〔53〕参见梁上上：《个人独资企业的几个法律问题》，载《浙江大学学报（人文社会科学版）》2002年第3期。

〔54〕参见侯怀霞：《论个人独资企业的商事主体性质》，载《理论探索》2007年第1期。

(2)自然人投资者即业主对企业全部营业财产、经营所得拥有所有权和支配权。特定自然人企业主对投资于企业的财物资产以及由经营获得的利润,享有全部排他性的所有权。

(3)自然人投资者对企业之事务有绝对的控制与支配权,可按其经营意图,自主地、独立地经营企业、执行营业事务,不受国家及他人非法干涉。

(4)企业人格与自然人投资者人格混同,没有独立的组织或团体人格。个人独资企业的人格依附于投资人的自然人人格,企业对外虽可以企业名义进行营业,但该经营活动受企业主支配或委托开展,并基于企业主的信誉和委托而进行,须由自然人业主承担全部责任。

(5)自然人投资者对企业债务承担无限清偿责任。第一,从企业本身的财产构成来分析,由于前述自然人投资者与企业本身的人格混同,以及该类企业人格的非独立性、非团体性、依附性,使自然人投资者投资于企业形成的企业财产与该自然人投资者其他财产无严格的法律界限,自然人投资者的财产与企业的财产是混同的。第二,从企业本身的债务责任来看,由于个人独资企业财产、人格与自然人投资者混同,决定企业不能以其占有、使用、支配、经营的财产为限,对经营中所生债务承担独立的清偿责任。第三,当个人独资企业之财产不足以清偿对外债务时,自然人投资者须动用其他个人财产以清偿企业的对外债务,直至清偿终了为止。

(二)个人独资企业与相关主体概念之比较

1. 个人独资企业与人体工商户之比较

个人独资企业与个体工商户均属商个人的范畴,是一对有联系但有区别的概念,其中,从自然人人格属性混同、自然人对营业财产的绝对支配权限、自然人对经营债务责任的承担原则与方式等方面来看,它们之间并无本质上的不同。但从立法主旨与形式意义上讲,它们之间仍存在如下差异:(1)立法角度不同。个体工商户是从私法主体的角度,对自然人主体之特殊权利能力的一种规定,其主体资格是自然人的一种特殊形态。而个人独资企业则是从市场主体即企业的投资主体、组织形式、法律责任对企业类型的一种划分,它是从市场经济组织这一角度来考虑的。(2)构成条件不同。个体工商户的概念与制度定型于20世纪80年代,是与私营企业对应的一个概念和制度设计,从1986年《民法通则》、1987年《城乡个体工商户管理暂行条例》、1988年《私营企业暂行条例》及其相关立法解释来分析,个体工商户为雇工8人以下的工商经营单位,且只需经工商部门登记则可。而个人独资企业则属于当时的私营企业范畴,为“资产属于私人所有,雇工8人以上的营利性的经济组织”,成立时必须具备企业的设立及构成条件,且须依法审批并设立。这一所有制本位的立法观念虽已随市场经济体制的确立而时过境迁,但1999年《个人独资企业法》和 2011 年修改颁发的《个体工商户条例》并未打破这一所有制本位的立法局限，这种形式上的差异也就一直延续下来。(3)适用税则不同。2000 年以前，个体工商户适用《个人所得税法》，采用五级超额累进税率制。而个人独资企业则视为私营企业，按照当时的《企业所得税暂行条例》第 2 条规定，适用当时企业所得税制和 33% 的比例税率。

晚近以降，特别是 1993 年我国确立建设社会主义市场经济体制以来，个体工商户与个人独资企业之间的差异已不复存在，主要表现为：(1)经济政策的宽松与放开。个体、私营、外资等非公有制经济，在 1988 年、1993 年、1999 年、2004 年多次对《宪法》第 11 条修正后，其正当性、合法性地位得到宪法的确认与保障，不同所有制均等准入机会和平等发展权利的观念已载入党的政策和国家的法律，并深入人心。严格区分个体工商户与个人独资企业的传统观念与政制条件已不复存在。(2)商事登记要件已无实质性差异。例如，根据《个体工商户条例》第 8 条、《个体工商户登记管理办法》第 6 条的规定，个体工商户的登记事项包括经营者姓名和住所、组成形式、经营范围、经营场所、字号或使用名称等。根据《个人独资企业法》第 8 条、《个人独资企业登记管理办法》第 8 条的规定，个人独资企业的登记事项包括企业名称、企业住所、投资人姓名和居所、出资额和出资方式、经营范围等。两者除“出资额和出资方式”外，并无其他不同，如考虑到个人独资企业的申报注册资本制，注册资本的登记与否其实已无实质意义。2021 年 7 月国务院发布的《市场主体登记管理条例》更是把两者登记事项实现了统一和合并。事实上，商事登记部门在实际注册登记中，对个体工商户与个人独资企业的申请、审查、登记、注册、公示已不再加以严格区分，实质条件、审查程序、公示方式已经完全统一，唯一不同的只是所发营业执照的称谓而已。(3)事实营业的同质化。个体工商户虽为个体经营，但也可由家庭成员共同经营。个人独资企业虽名为企业经营，同样既可由自然人个体经营，也可由家庭成员共同经营。不仅如此，由于政策和法律早已取消对个体工商户雇工人数的限制，许多个体工商户的经营规模已实质企业化，且部分还做到大型公司、跨国公司同样规模的地步。故在事实营业层面，个体工商户与个人独资企业已很难识别和区分。(4)商号与名称已基本一致。传统观念或理论认为，个人独资企业与个体工商户最显著的区别在于企业名称或商业名称的有无，但根据《民法典》第 54 条、《个体工商户条例》第 2 条和第 8 条的规定，个体工商户也可取字号、使用商业名称，很明显，仅以企业或商业名称有否来判定两者的形式差异，也不具有操作性。(5)适用税则与税率的统一。1999 年 12 月，国务院发布《关于个人独资企业和合伙企业征收所得税问题的通知》，决定自 2001 年 1 月 1 日起，对个人独资企业及合伙企业停止征收企业所得税，由企业投资者(企业主或合伙人)按生产、经营所得，比照个体工商户的生产、经营所得，征收投资者个人所得税，此制一直沿袭至今。

鉴于个体工商户与个人独资企业已无实质性差异，承前所述，笔者仍然坚持我国应合并个体工商户与个人独资企业有关制度，取消既有的个体工商户称谓和有关登记制度，在如下两个层面处理既有个体工商户与个人独资企业的相关法律问题：(1)在《民法典》自然人营业这一大前提下，把自然人营业是否登记的选择权交由自然人自主决定，规定“自然人可以个体、家庭、独资、合伙、合作、合资等形式，从事以营利为目的的营业活动；其中，自然人使用字号或商号，应当申请企业或商号登记”。[55] (2)废止现行的《个体工商户条例》及附属、相关规范性文件，把既有个体工商户登记的有关制度合并到个人独资企业登记制度中，修改、完善、充实《个人独资企业法》的相关规定。

2. 个人独资企业与自然人一人公司之比较

1999年《个人独资企业法》出台之时，一人公司在我国的合法性地位尚未得到法律的确认，2005年《公司法》修改案，正式引入一人有限责任公司，它包括自然人一人公司、法人一人公司和事实上属于一人公司范畴的国有独资公司。同样作为企业形式，仅就单一自然人投资主体而言，个人独资企业与自然人一人公司并无明显的差异。但如从企业类型、独立人格、财产界限、意思机制、治理结构、财务会计、信息公示、债务责任等构成要素加以深层次比较则会发现，两者的实质差异还是比较明显的。

(1)企业类型。个人独资企业为非法人型企业，属我国《民法典》总则编中非法人组织范畴。而自然人一人公司则为典型的法人型企业，是公司的一种形式，属特殊的有限责任公司。[56]

(2)形成原因。一人公司之形成主要基于以下几种情况：第一，公司内部股权结构因流转、收购而集中于一人；第二，公司外部投资使公司内部股东的人格重叠，如甲、乙、丙为A公司之股东，如甲收购了乙、丙两家公司或与之合并，则A公司则为一人公司；第三，投资设立等。个人独资企业则只能通过设立而形成。

(3)独立人格。个人独资企业无独立的组织或团体人格，其人格依附于自然人投资者，即业主。而自然人一人公司则有完整的组织或团体人格，该一人公司的人格与独资的自然人股东人格是完全独立的。

(4)财产界限。在个人独资企业财产来源、构成、归属等财产关系中，企业财产与自然人的投资财产、个人其他财产并无严格的法律区分和清晰界限，企业基于注册和经营取得的财产、收益，均为该自然人投资者财产之一部分，属于自然人所有或受其支配。而自然人一人公司的财产与独资的自然人股东之出资财产、个人的

---

〔55〕 参见肖海军：《民法典编纂中商事主体立法定位的路径选择》，载《中国法学》2016年第4期。

〔56〕 参见张刚：《试论一人公司的界定与个人独资企业的区别》，载《人口与经济》2010年第S1期。

其他财产则有严格的法律区分和清晰界限。

(5)意思机制。在个人独资企业意思形成和营业事务执行过程中,企业并无独立的意思机制,自然人投资者及代理人的意思、行为就是个人独资企业的意思、行为,两者高度重叠、合一,只有极个别情形如信托、托管、承包、租赁经营中,个人独资企业的意思、行为,才与该自然人投资者的意思、行为有适度的区分或分离。而在自然人一人公司中,虽也存在一人公司意思、行为受控于独资的自然人股东等情形,但因自然人一人公司须按公司治理决策机制执行营业事务,自然人一人公司的意思、行为与独资自然人股东的意思、行为,还是有所区分或分离的。

(6)治理结构。在个人独资企业的意思形成、经营决策、事务执行中,并无明确的权力、决策、监督机构设置和职能分工,没有完整的内部治理结构或治理机制,自然人投资者与个人独资企业的权力、决策、执行、监督机制高度集合、重叠。而在自然一人公司,虽依《公司法》规定,可不设股东会,但应设董事会或执行董事、监事会或监事等决策、监督机构,尽管在实际运行中,独资的自然人股东也事实上掌控着一人公司,但无论是对内部决策的作出,还是对外交易的签署,毕竟须以公司的名义才可对该自然人一人公司产生法律效力。

(7)财务会计。尽管法律均要求个人独资企业和其他企业一样,"应当依法设置会计账簿,进行会计核算",但实践中,法律并无严格规范或硬性要求,如没有必要建立财务会计审计制度。而自然人一人公司不但要依《公司法》规定,建立完整的财务会计制度和明晰的会计账薄,而且第62条明确规定"应当在每一会计年度终了时编制财务会计报告,并经会计师事务所审计",财务会计的严格、规范程度要远远高于个人独资企业。

(8)信息公示。个人独资企业的营业信息虽也有公示要求,但并不严格,如注册资本,只需申报即可。而自然人一人公司的营业信息公示则有严格要求,其中经公司登记公示的营业信息,如注册资本等信息,须遵循确定、真实、合法、及时原则,否则,自然人股东和一人公司相关责任人应承担信息瑕疵、失真的违信责任。

(9)税收负担。根据我国《个人所得税法》第2条、《个人所得税法实施条例》第6条第5项等相关规定,个人独资企业适用个人所得税制,按个人所得税税率表二(经营所得)适用5级超额累进税率。而一人公司则适用企业所得税与股东个人所得税分别税制,即一人公司应按照《企业所得税法》《企业所得税法实施条例》交纳固定比例的企业所得,其中一般企业所得税的税率为25%,未在中国境内设立机构、场所的非居民企业的税率为20%。此外,独资的自然人股东,还须按照《个人所得税法》《个人所得税法实施条例》就其"股息、红利所得"交纳个人所得税。[57]

---

〔57〕 参见张秀英:《创业者选择哪种企业组织形式》,载《经济管理》2006年第11期。

(10)债务责任。个人独资企业因无独立组织或团体人格,故自然人投资者应对企业经营中所生债务承担无限清偿责任,如《个人独资企业法》第 31 条之规定。而自然人一人公司则有独立的组织或团体人格,除《公司法》第 63 条规定情形外,该一人公司能以其独立的财产承担经营中所生债务,无须股东负无限连带责任。

基于以上分析,不难看出,个人独资企业与自然人一人公司均具有游离于“个人”或“组织”之间的某些特质,只是如从组织体的“独立性”标准加入考察、衡量或界说,[58] 个人独资企业因欠缺支撑组织体独立人格的核心要件与外在表征,仍应归于具有自然人人格属性的商个人范畴。而自然人一人公司则因有支撑组织体独立人格的核心要件与外观特质,而应属于具有独立组织或团体人格的商法人类型。一般而言,如自然人选择设立个人独资企业,既可凭自己的意志与能力完全掌控该企业一切财产、经营、事务和所得,还可通过个人所得税制,合理规避部分企业所得税,但该自然人投资者须对个人独资企业经营债务负无限清偿责任。相对而言,如自然人股东选择设立一人公司,则不仅应严格依托公司机构、按照法定程序来处理或管控公司的财产、经营、事务和所得,还须分别承担公司所得税、股东所得税的税负,其权利或收益无疑受到法律规范或公司章程严格的限制与约束,但因一人公司与自然人股东人格独立在名义、意思、行为、财产、债务、责任上进行了有效的界限区分和明确的风险隔离,自然人股东无须对一人公司经营中所产生债务承担连带清偿责任。不仅如此,一人公司与独资企业相比,可利用有效的权利配置、规范的治理结构、灵活的经营形式进行稳定而持续的经营,进而在风险可控、收益无限的制度安排下,实现独资企业做大做强的营业目标。[59] 故自然人投资者究竟是选择独资企业,还是一人公司,则应根据自己的追求目标与个人禀性作理性决策。

3. 个人独资企业与家庭(族)企业

家庭(族)企业是以家庭(族)成员投资或注册资本主要来自特定家庭(族)成员,并以家庭(族)共同体共同经营的一种企业形式。从法律形态上讲,家庭(族)企业可以是个人独资企业,也可以是合伙企业和公司企业(有限责任公司或股份有限公司)。个人独资企业仅为家庭(族)企业的一种形式。

关于个人独资企业的营业执行与债务责任,因无独立的团体(组织)人格和依附于唯一出资人的自然人人格,适用有关自然人的规定,只是在出现双重债务情形下,为维持企业经营的稳定与营业的持续,才把个人独资企业与自然人出资人作适度区分,适用双重优先清偿原则。相关论述可参见拙著《企业法原论》第八章的有

---

〔58〕 参见冯果、张梁:《商个人内涵之厘清:基于“个人”和“组织”的界说》,载《湖北大学学报(哲学社会科学版)》2021 年第 1 期。

〔59〕 参见吴雅冰:《一人公司与个人独资企业的利弊剖析》,载《生产力研究》2008 年第 4 期。

关内容,[60]在此不再赘述。

第二节　商　合　伙

一、商合伙相关概念的逻辑关系与边界厘定

商合伙在本质上属于非法人商事组织,由于既有理论和法条在有关非法人组织、非法人经济组织、非法人商事组织、非法人企业、商合伙等不同概念或范畴之间,并未建立起逻辑清晰的上下位关系,特别在商主体、商事组织、企业、企业法人等概念之间,出现不应有的等同或混淆,[61]因此,在分析和研究商合伙之前,就有必要把这些不同的概念及之间的关系作必要梳理。

(一)非法人组织、非法人经济组织、非法人营利经济组织

如前所述,以私法主体的自然属性作区分,民事主体可划分为生物个体的自然人和社会共同体的社会组织两大类。社会组织之所以产生并作为私法活动的主体存在,一是社会成员"理性选择的结果",因为设立、加入团体组织的成员并不因此丧失其原有的主体性地位;[62]二是因为社会组织通过内部的治理、管理、运行,往往能产生单一个体或自组织难以企及的效益。而社会组织按是否有独立的组织或团体人格,又可分为法人组织与非法人组织。无论从理论上,还是从实践上,非法人组织按其社会组织功能与目的事业范围,又可分为非法人经济组织和非法人非经济组织,其中非法人经济组织为具有社会经济职能、从事生产经营的非法人组织,[63]这类组织按其是否具有营利目的,又可分为非法人非营利经济组织(如各种非法人基金组织)和非法人营利经济组织。[64]

在我国民商事理论与立法实践中,受《德国民法典》第54条"无权利能力社团"观念和立法的影响,非法人组织的私法主体地位长期在学理上备受质疑、在立法上不被认可。个人独资企业、合伙企业等新型经济组织,究竟是否属于新型或第三民事主体,学界存在有很大争议。[65] 1999年我国《合同法》的制定,属其他组织范畴

---

〔60〕参见肖海军:《企业法原论》,湖南大学出版社2006年版,第225~238页。

〔61〕参见董学立:《商事组织法》,北京大学出版社2004年版,第1~90页。

〔62〕参见蔡立东、田尧、李海平:《团体法制的中国逻辑》,法律出版社2018年版,第33页。

〔63〕参见马志荣:《浅议非法人经济组织的民事主体资格》,载《经济问题探索》1996年第9期。

〔64〕参见肖海军:《非法人组织在民法典中的主体定位及其实现》,载《法商研究》2016年第2期。

〔65〕参见郑跟党:《试论非法人组织》,载《中外法学》1996年第5期;赵群:《非法人团体作为第三民事主体问题的研究》,载《中国法学》1999年第1期;尹田:《论非法人团体的法律地位》,载《现代法学》2003年第5期。

的非法人组织虽被立法认可，但其主体地位、人格属性仍未有立法语言的清晰表达，各种称谓和解释更是混乱不堪。[66] 直至2017年我国《民法总则》的出台，第102条第1款把所有不属于自然人主体范畴、又不具有独立团体人格的一切社会组织，全部装进"非法人组织"这一口袋，各种涉及"非法人组织"的分歧与争议才算尘埃落定。但是，出于对自然人结社自由的不必要戒虑、对民间设立社团的不信任、把社团片面理解为政治组织等各种因素的过度考量，非法人非营利组织的存在，一直不被政策所允许和立法所认可。[67] 因此，我国政策性文件、立法文本长期以来坚持以法人化管制来定位和处理非营利组织之民事主体资格问题，非法人非营利组织一般在禁止之列，未经登记的非营利组织更属明令取缔的对象。[68] 可见，尽管我国《民法典》总则编第102条第1款解决了"非法人组织"的民事主体资格问题，但该条第2款在界定"非法人组织"的具体范围时，仍只列举"个人独资企业、合伙企业、不具有法人资格的专业服务机构等"，此款中的"个人独资企业、合伙企业"明显属于非法人营利组织，而"不具有法人资格的专业服务机构"是否为非法人非营利组织，此款中的"等"究竟属等内还是等外，是否包括未列举的非法人非营利组织，则语焉不详。

无论对非法人组织的范围作何界定，但可以确定无疑的是，我国《民法典》第102条所定义和列举的非法人组织无疑包括了非法人营利组织，而我国民法上的非法人营利组织，其实就是学理上所称的非法人营利经济组织，只是称谓存在差异而已。

（二）非法人营利组织、非法人商事组织、非法人企业

非法人营利组织、非法人商事组织、非法人企业这三组概念和范畴，均表达社会组织性、非法人性、营利性这类组织型民事主体或商事主体的内在特质，实际上是一组实质内涵同质与外延几乎无异的平行概念与主体范畴。它们之所以称谓不同，完全是由于使用时的具体语境和参照主体不同而已。例如非法人营利组织，主要是从民法语境、民事主体、非法人非营利性组织的对应视角所作的分类；非法人商事组织则主要是从商法语境、商事主体、非法人民事组织、自然人商事主体的对应参照所使用的称谓；而非法人企业中的企业，本身就具有组织性或团体性的含义，最先出现于经济学、管理学、社会学、历史学的语境中，后被经济法移植，并被其他部门法广泛使用，其对应的概念为具有独立法人资格的法人企业。可见，非法人

---

〔66〕 参见肖海军：《民法典编纂中非法人组织主体定位的技术进路》，载《法学》2016年第5期。

〔67〕 参见齐红：《结社自由与非法人社团制度》，载《环球法律评论》2004年第4期。

〔68〕 参见肖海军、傅利：《非营利组织法人化管制的检讨与厘正——基于公法强制转型私法自治的进路》，载《社会科学战线》2017年第9期。

营利组织、非法人商事组织、非法人企业这三组概念和范畴，在大私法语境上是完全可以通用的。尽管如此，就商法语境和惯例术语而言，非法人商事组织可能更容易被商法学共同体所认可和接受。

商事组织是相对于商自然人而言的，而非法人商事组织则相对于法人类商事组织而言的，系指不具有独立法人资格的组织类商事主体之概称。非法人企业的范围有广义与狭义两种界定，狭义的非法人企业仅指经注册登记确认为不具有法人资格的企业形式，[69] 非法人商事组织与广义的非法人企业虽具有同质性，但鉴于我国既有观念、立法文本和司法实践，凡称企业者须具备法定条件、且经依法登记、领取营业执照，方可以企业名义从事营业活动。[70] 在我国，由于商事组织概念并非立法文本中的正式用语，仅广泛见之于商法学理语境。自然，学理上的非法人商事组织无疑要比立法文本中的非法人企业之范围要更为宽泛些。

一般而言，非法人商事组织的主体范围包括如下几个方面：(1)经登记确认的非法人企业。如个人独资企业、合伙企业、《外商投资企业法》颁布之前的中外合作企业等。[71] (2)虽经登记确认，但登记文书并未明确企业类型，经核准登记从事营业的非法人经济组织。典型的为各种社会服务机构。(3)未办理登记但以企业或其他组织名义开展营业的各种经营联合体。如设立中的企业或公司；未经登记注册以企业或公司名义营业的各种营利组织；被行政撤销、司法解散、登记注销的企业或公司，仍以企业或公司名义营业者等。(4)法人企业或其他法人经济组织设立的分支机构等。(5)其他形式的非法人经济组织。如各种不具有法人资格的集体经济组织、农村村民小组、城市居民委员会、居民小区的业主委员会和其他业主共同体等。[72]

(三)商合伙、合伙企业

在上述非法人商事组织中，按其主体的人格属性和营业中的债务清偿原则，大致又可分为如下三种典型类型：(1)依附于自然人人格并适用债务无限清偿原则类。如个人独资企业因欠缺明显的独立组织或团体人格构成要件，虽形式上为具有外在组织特征的企业，实质仍为依附于自然人人格的商自然人范畴，这也是学理上把其归类于商个人的主要原由。(2)为后述商法人之组成部分并适用法人有限清偿责任类。如法人企业或其他法人经济组织设立的分支机构，为设立人法人组

---

〔69〕 参见张晨颖：《非法人企业破产能力否认的困境及其出路》，载《人文杂志》2006 年第 4 期。

〔70〕 参见金恒多：《企业法人与非法人企业》，载《当代法学》1990 年第 2 期。

〔71〕 参见王永杰：《“非法人式”中外合作经营企业的法律性质与风险承担》，载《行政与法》2002 年第 6 期。

〔72〕 参见鲁夫：《“非法人组织”与“其他组织”、“其他经济组织”》，载《工商行政管理》1997 年第 10 期、第 11 期。

织之一部分，所产生债务应由法人以其全部财产为限承担清偿责任。(3)具有相对稳定性和持续性并独立存续的组织或团体人格，适用债务连带清偿原则类。最典型的无疑是经登记确认的合伙企业，除此之外，经登记的其他非法人经济组织、未经登记的各种经营联合体、其他形式的非法人经济组织等，它们虽非典型意义上的合伙组织或合伙企业，但在营业中所产生债务，无论是大陆法系的成文法，还是英美法系的判例法，均适用无限连带清偿原则即合伙规则来处理。[73] 从这一意义上讲，此类非法人组织均可称之为类合伙组织。

可见，从商事主体的人格属性与独立性与否来划分，可把除个人独资企业、法人企业分支机构外的、适用合伙规则处理营业中债务责任的所有非法人商事组织，纳入商合伙类的主体范畴、立法规则和制度框架进行一体分析和论述。基于此，以下所讨论的商合伙，系指所有营业中所产生债务适用合伙无限连带清偿原则的非法人商事组织，它具体包括如下两大类型：(1)合伙企业；(2)虽非典型的合伙企业，但适用合伙债务责任规则的其他非法人商事组织，如经登记的其他非法人经济组织、未经登记从事营业的各种经营联合体、其他形式的非法人经济组织等。

就严格的合伙学理和立法分类而言，首先，合伙按存在形式可分为契约型合伙和组织型合伙；其次，按有无营利目的性，可分为民事合伙和商事合伙；最后，还可按照不同的标准进行各种形式的合伙分类。虽然从合伙的存在形式来看，无论是民事合伙，还是商事合伙，均既可表现为契约型合伙，也可表现为组织型合伙。组织型合伙又如合伙企业和其他各种形式的类合伙组织。但在营业领域，特别是现代市场经济环境下，商事合伙在多数情形下是以合伙组织的形式出现的。

足见，商合伙无疑包括合伙企业，合伙企业一定是商合伙。但商合伙不一定只有合伙企业，在形式上它既包括契约型商事合伙，也包括组织型商事合伙；就组织型商事合伙而言，既包括合伙企业，又包括适用合伙债务规则的其他非法人商事组织，即类合伙组织。

基于以上分析，从大私法背景、抽象的民事主体、人格属性，到商法学理、语境的商事主体、人格特质，本着抽象到具体、一般到特殊、上位到下位、营生到营业这一内在逻辑和概念序列，上述不同概念与范畴的关系应作如下的位序排列：非法人组织→非法人经济组织→非法人营利组织(非法人营利经济组织的简称)→非法人商事组织(广义的非法人企业)→商合伙中的组织型商事合伙→合伙企业。[74] 以下分析均以此逻辑序列而展开，所论主体意义上的商合伙系指具有商事主体身份、资

〔73〕 参见张晨颖：《对无限连带责任制度的再思考：谈非法人企业破产制度的确定》，载《法学杂志》2006年第5期。

〔74〕 参见肖海军：《非法人组织在民法典中的主体定位及其实现》，载《法商研究》2016年第2期。

格、地位，除个人独资企业、法人企业分支机构外所有不具独立团体（组织）人格的非法人商事组织，它不包括仅以合伙合同形式存在的契约式合伙共同经营。

二、商合伙的一般界定与类型化分析

（一）商合伙的一般界定

商合伙（business partnership），又称商事合伙，是指2个以上投资人（合伙人）基于合伙协议的安排而共同投资、共同经营、共享收益、共担风险，投资人（合伙人）对合伙债务承担连带责任的经营形式或商事组织。商合伙包括以契约经营形式存在的契约型商合伙和以合伙经营实体形式（企业）出现的组织型商合伙。[75]

（二）商合伙的主要分类

1. 契约型合伙与组织型合伙

从合伙的产生、存在和发展形势来看，合伙明显是沿着古代契约型合伙向近代组织型合伙的轨迹在变化和演进。至当代，合伙仍以或契约、或组织的形式存在并发展着。与一般合伙一样，商合伙也存在契约与组织两种典型形式。

契约型合伙，即合伙人之间通过签订合伙协议约定共同出资、共同经营、共享收益、共担风险，但不以成立或缔结合伙经营组织体为目的，或虽成立或缔结事实合伙经营组织体但未经法定程序登记、注册、确认、公示的合伙经营行为和形成的合伙法律关系。契约型商合伙的主要存在形式是合伙协议，集中表现为合伙合同当事人之间合伙经营关系的行为性。

组织型合伙，即合伙人之间基于合伙协议发起设立，并经法定程序登记、注册、确认、公示而成立的合伙企业或其他类合伙商事组织。组织型商合伙的主要形式为合伙企业，更多表现为作为合伙体成员的合伙人基于合伙合同而公开成立合伙组织的主体性。

从营利的角度看，合伙经营只是营业的一种形式，而非营业的终极目的，故在实际的合伙经营中，商合伙既可以合伙人之间签订的合伙契约形式出现，也可通过合伙人之间设立并注册合伙经营体的形式存在，究竟选择哪一种具体、有效形式，则应视合伙当事人的选择而定。一般而言，契约型合伙受合同相对性原则制约，合伙人之间在合伙合同对权利义务、债权债务有特别约定（如部分合伙人承担有限责任的约定），不具有对抗相对交易第三人的外部约束力。相对而言，组织型合伙经法定程序登记、注册、确认、公示，合伙人之间的合伙关系、责任形式对外能为相对交

---

〔75〕 参见王利明：《论合伙协议与合伙组织体的相互关系》，载《当代法学》2013年第4期。

易第三人所知晓，因而具有对抗第三人的效力。[76] 不仅如此，契约型合伙的经营带有一定的临时性、偶然性、一次性，而组织型合伙的经营则具相对的稳定性、经常性、长期性，两者相比，组织型合伙经营更具有明显的制度优势，更利于实现提高合伙经营效益和确保合伙交易安全的双重目标。因此，在当今，组织型合伙特别是合伙企业已成为商合伙的主流存在形式，契约型商合伙虽仍存在，但显然已退居次要地位。[77]

2. 普通合伙与有限合伙

按照合伙人责任方式的不同，商合伙可以划分为普通合伙与有限合伙两种类型。

普通合伙（general partnership）是指在商事合伙关系中，全体合伙人对合伙债务承担无限连带责任的合伙类型。如我国《合伙企业法》第 2 条第 2 款规定，普通合伙企业由普通合伙人组成，合伙人对合伙企业债务承担无限连带责任。另据《合伙企业法》第 55 条第 1 款，以专业知识和专门技能为客户提供有偿服务的专业服务机构，可以设立为特殊的普通合伙企业，在该特殊普通合伙企业里，依第 57 条规定由部分有过错的合伙人承担无限责任或无限连带责任。

有限合伙（limited partnership）是指在商事合伙关系中，一部分合伙人承担无限责任，而另一部分合伙人承担有限责任的合伙类型。[78] 如我国《合伙企业法》第 2 条第 3 款规定，有限合伙企业由普通合伙人和有限合伙人组成，普通合伙人对合伙企业债务承担无限连带责任，有限合伙人以其认缴的出资额为限对合伙企业债务承担责任。该法第 75 条规定，有限合伙企业仅剩有限合伙人的，应当解散；有限合伙企业仅剩普通合伙人的，转为普通合伙企业。

3. 显名合伙与隐名合伙

按照合伙人是否以出名为标准，商合伙可分为显名合伙与隐名合伙。

显名合伙（registered partnership）即全体合伙人均出名并记载于合伙协议中，对外公示全体合伙人身份的合伙形式。一般而言，商事普通合伙在多数情形下为显名合伙。

隐名合伙（silent partnership）是指在商事合伙关系中，一部分合伙人仅作为匿名合伙人存在，匿名合伙人对外不出名公示其合伙人身份，其名字或身份不记载或公示在合伙登记文书之上，一般不参与合伙经营；而另一部分合伙人则作为显名合伙人存在，显名合伙人对外出名公示其合伙人的身份且负责合伙经营。一般而言，

---

〔76〕 参见高在敏、杨森：《浅议合伙立法与合伙的分类》，载《人文杂志》1996 年第 4 期。

〔77〕 参见肖海军、傅利：《合伙契约性与主体性的解构——基于民法典分则“合同法编”的视角》，载《当代法学》2018 年第 5 期。

〔78〕 参见江平、曹冬岩：《论有限合伙》，载《中国法学》2000 年第 4 期。

匿名合伙人是通过合伙登记文书之外的出资协议、合伙补充协议或其他入伙协议，与显名合伙人或合伙经营体形成合伙关系，且在多数情形下是以有限合伙人的身份出现，只对合伙债务承担有限责任。〔79〕

我国是否存在隐名合伙，学界存有争议。如最高人民法院《关于贯彻执行〈中华人民共和国民法通则〉若干问题的意见（试行）》[法（办）发〔1988〕6号，被最高人民法院《关于废止部分司法解释及相关规范性文件的决定》（法释〔2020〕16号）废止]第46条之规定，有学者认为该类合伙即为隐名合伙；〔80〕有学者则认为不属隐名合伙，而属事实合伙范畴。〔81〕笔者认为，法（办）发〔1988〕6号释文第46条出台时，我国《合伙企业法》尚未出台，合伙经营在多数情况下是以合伙协议的形式存在，虽然之后的《私营企业暂行条例》允许自然人设立合伙企业，但因审批程序控制较严，以合伙企业作为经营形式并不普遍。故该条释文所针对的情况，应作如下具体分析：（1）如合伙经营仅以契约型的合伙协议形式进行，因当事人之间存在有视为合伙属性的协议，在视为合伙人的情形下，该投资者或出资人即应为出名合伙人。（2）如合伙经营是以登记的组织型合伙企业形式出现，该规定则为针对未在合伙企业登记的出资人所作的回应性规定，符合隐名合伙未在合伙登记文件中出名的主要特征，可认定为隐名合伙。但遗憾的是，我国现行《合伙企业法》《民法典》合同编第二十七章，并未对隐名合伙作出必要的回应和相应规定，而前条释文虽被法释〔2020〕16号释文所废止，也未见有新的释文出台。

4. 形式合伙与事实合伙

形式合伙，又称典型合伙、规范合伙、有协议的合伙，是指基于法定程序登记、确认、公示，或出资人之间既有的合伙协议或其他投资合同等有效合伙文件，仅从外观形式上就能确认当事人之间形成合伙关系的合伙类型。形式合伙因有合伙文件作依据，当事人之间的合伙关系能很容易得到认可或确定。在多数情形下，商合伙为形式合伙。

事实合伙，又称不规范、无协议的合伙，系指当事人之间既无合伙协议、也未经合伙登记，但基于既有事实关系，依据合伙特质进而认定当事人之间存在合伙关系的合伙类型。〔82〕事实合伙属于推定合伙的范畴，一般是司法机关在裁定有关出资、分配纠纷时，对当事人之间的诉争法律关系难以确认时才可被动适用。我国司法实践中就有事实合伙的推定适用规则，如1988年最高人民法院《关于贯彻执行〈中

〔79〕参见陈华彬：《隐名合伙的性质、特征及立法建议》，载《法律科学（西北政法学院学报）》1993年第3期；马强：《试论隐名合伙中的若干问题》，载《法学家》1995年第2期。

〔80〕参见史际春、温烨、邓峰：《企业和公司法》，中国人民大学出版社2001年版，第425页。

〔81〕参见刘黎明：《隐名合伙及相关的法律问题》，载《法商研究（中南政法学院学报）》1998年第6期。

〔82〕参见陈默：《事实合伙及其法律保护》，载《法学天地》1995年第1期。

华人民共和国民法通则〉若干问题的意见（试行）》第 49 条、第 50 条之规定，均为事实合伙的推定。

在英美法系国家，不可否认的合伙与事实合伙比较接近。所谓不可否认的合伙，又叫禁止反言合伙、表见合伙或推定合伙，是指非合伙人以言辞或行为使第三人误认其为某合伙体的合伙人，而第三人对发生误认没有过错且基于该误认与非合伙人进行了交易，那么，非合伙人对该第三人应承担与合伙人同样的责任的一种合伙制度。[83] 不可否认的合伙严格来说，属于合伙表见代理的范畴，它对于保护善意第三人的利益与维护交易安全有积极意义。

5. 自然人合伙与法人合伙

自然人合伙，又叫个人合伙，即全体合伙人均为自然人的合伙形式。法人合伙是指法人之间的合伙联营或有法人充当合伙人的合伙经营形式或合伙组织。法人成为合伙人时，如为普通合伙人，不得仅以其对合伙之出资或投入合伙的财产为限承担有限责任，而必须以其全部法人财产承担连带责任，直至破产。鉴于公司等法人作为普通合伙人，会给公司股东或法人设立人带来重大的债务风险，[84] 我国 1997 年《合伙企业法》只对自然人合伙形式作出规定，2006 年《合伙企业法》修订案虽引入法人合伙，但对法人合伙人又作了某些特殊的限制。根据该法第 3 条规定，国有独资公司、国有企业、上市公司以及公益性的事业单位、社会团体不得成为普通合伙人。

需要注意的是，根据我国《合伙企业法》第 2 条第 1 款规定，合伙人不仅可以是自然人，也可以是法人，还可以是其他组织，该其他组织就是《民法典》总则编第 102 条所规定的非法人组织，其中当然也包括合伙企业。亦即，已登记成立的合伙企业也可以其所有或管领的财产进行转投资或再投资，成为其他合伙合同或合伙企业的合伙人，此种合伙即为转合伙或再合伙。合伙企业的转合伙或再合伙除会给合伙企业带来巨大的债务风险外，更因合伙债务的连带性，会给合伙企业的普通合伙人带来比原合伙更大的债务风险。故从控制合伙企业普通合伙人的债务风险角度来看，合伙企业的转合伙或再合伙行为，应受到法律或合伙协议的严格限制。

三、组织型商合伙与合伙人

（一）组织型商合伙团体人格的非独立性

从主体角度考察，属商事主体范畴的商合伙，仅指组织型商合伙，其中，合伙企

---

〔83〕 参见何勤华、李秀清主编：《外国民商法导论》，复旦大学出版社 2000 年版，第 109 页。

〔84〕 参见朱慈蕴：《公司作为普通合伙人投资合伙企业引发的法律思考》，载《现代法学》2008 年第 5 期。

业又是商合伙中组织型合伙的典型形式。我国《合伙企业法》第 2 条第 1 款规定，合伙企业是指自然人、法人和其他组织依法在中国境内设立的普通合伙企业和有限合伙企业。组织型商合伙与商个人、商法人相比较，以合伙企业为例，具有以下显著特征：

1. 形式的组织性。合伙企业是投资主体为两个以上、基于合伙协议发起并成立、并形成稳定经营体的商事组织，这一特征使其与具有自然人属性的商个人严格区分开来。

2. 地位的主体性。合伙企业作为一种相对独立的商事主体，表现为鲜明的主体性，具有如下特质：(1)合伙企业的投资主体既可为自然人，也可为法人或非法人组织。(2)合伙企业有独立的名称或字号，在合伙存续期间，是独立的私法主体，能以合伙企业的名义独立开展营业、申请贷款、接受财产、起诉和应诉等。(3)合伙企业有相对独立的财产。在合伙企业的存续期间，该企业对其占有、经营、支配、管领的财产，享有排他性的占用、使用、收益和处分的权利，且这种财产与合伙人的财产相对独立，由全体合伙人共同管理，某一合伙人非经法定程序不得直接支配、处分合伙财产。(4)合伙企业有自己的权力与事务执行机关。合伙企业的权力机关为合伙人会议，是与合伙人个人相对独立的合伙意思机关，经合伙人会议产生的合伙事务执行机关，有权代表全体合伙人对合伙事务进行经营、管理，对外代表合伙企业行使权利和承担义务。(5)合伙企业在存续期间具有相对独立的责任能力，能以其财产独立履行合同义务、清偿合伙债务。

3. 人格的非独立性。组织型商合伙是一种非法人的商事组织，特别是合伙企业作为组织型商合伙的典型形式，其法律人格介于商个人自然人人格和商法人团体人格之间，虽主体地位具相对独立性，但毕竟不具有完全独立的团体人格，非法人性进而使其与以法人企业为代表的商法人区别开来。(1)合伙企业没有法人资格，不能以其财产为限承担有限责任。(2)合伙人之人格、意思、财产与合伙企业的人格、意思、财产混同，合伙人对合伙经营所产生债务须承担连带责任。

4. 责任的连带性。合伙企业是一种基于共同经营和责任连带的商事组织，与商个人的自行经营、公司的委托经营相比较，组织型商合伙则是由全体合伙人共同参与下的共同经营。(1)组织型商合伙的财产属全体合伙人共同所有。(2)全体合伙人有权且有义务共同参与合伙事务的经营管理。(3)普通合伙中任何一个合伙人均基于合伙关系而取得平等的对外代理权，代表合伙为营业行为。(4)合伙人对合伙债务须承担连带责任。

(二)组织型商合伙中的合伙人

合伙人(partner)是指签订合伙协议并依合伙协议向合伙组织出资、参与合伙经营,对合伙债务承担无限责任或有限责任的自然人、法人和非法人组织。根据合伙原理与法律规定,合伙人应符合以下条件:(1)必须为自然人、法人或非法人组织,且不具有法律规定的禁止情形。(2)自然人合伙人应具有完全民事行为能力;非自然人合伙人应具有符合法律、行政法规规定的合伙投资资格或权能。(3)无法律、行政法规禁止从事营利性活动的资格或权利限制。

鉴于组织型商合伙是现代商合伙的主要存在形式,其中,又以合伙企业最为典型,故在多数情形下,主体意义上的商合伙即系指合伙企业。关于合伙企业的财产关系、内部治理、营业执行、债务关系等,可参见拙著《企业法原论》第九章的有关内容,[85] 在此不再赘述。

第三节　商　法　人

一、商法人相关概念的逻辑关系与正本清源

商法人是一个对应商个人、商合伙的商法主体概念,是从主体属性、法律人格的视角对商事主体所作的一种类型划分,其本意应为从事营业活动,并具有独立法人人格的社会组织。商法人是商法学科、视角、语境上经常使用的主体性概念和范畴,是商事主体体系中最基础,同时也是使用频率比较高的一个概念和范畴。虽然如此,长期以来,受民、商二元主体论的影响,无论是学理上,还是立法上,有关商法人概念内涵与外延的各种理论、规定和解释,仍然存在常识性的误区。典型的就是商法人与法人经济组织、企业法人、法人企业、营利法人、公司法人等概念或范畴的等同、混淆。因此,在准确界定商法人之前,就有必要梳理与商法人相关的诸概念、范畴之间的逻辑关系和合理边界,使商法人概念、范畴的内涵和外延得以正本清源。

(一)商法人与法人经济组织

1. 法人经济组织

众所周知,从大私法视角来分析,以从事私法活动的主体之自然或社会属性为判断标准,私法主体即民事主体可划分为具有自然、生物、原生、个体属性的自然人和具有社会、契合、派生、团体属性的社会组织两大类型。其中,社会组织按其是否具有独立团体或组织人格,又可划分为法人组织与非法人组织。法人组织按其社会功能和目的事业范围,还可分为法人政治组织(如政党、国家、国家机关、各种社

〔85〕 参见肖海军:《企业法原论》,湖南大学出版社2006年版,第239~271页。

团法人组织等)、法人经济组织、法人文化组织(如具法人资格的学校、剧团等)、法人军事组织等。传统理论观点和规范文本认为,商法人属于法人经济组织的范畴,在学理上,如作为承担生产、经营、交易功能的市场主体,有所谓"经济法人"、[86]企业"经济实体"或"经济法人"、[87]村委会"社会经济法人"、[88]各种所有制(国营、多种经营、集体)"经济法人"的提法和称谓。[89] 在各种规范文本中,如最高人民法院《关于正确处理科技纠纷案件的若干问题的意见》(法发〔1995〕6号)第2条、司法部《关于贯彻执行〈公司法〉为企业向公司制改造提供公证服务的若干意见》(司发〔1994〕008号)第8条、中国人民银行《境内外汇账户管理规定》(银发〔1997〕416号)第46条、原国家工商行政管理总局等印发的《关于外商投资的公司审批登记管理法律适用若干问题的执行意见》(工商外企字〔2006〕81号)第6条,均有关于法人经济组织的定义。

2. 商法人与法人经济组织的关系

应该说,法人经济组织有部分属于商法人的范畴,如法人经济组织中的法人企业,但并非所有的法人经济组织均属于商法人的范畴,如依功能,经济组织可分为经济管理组织、市场经济组织(非政府经济组织)和国际经济组织。但法人经济管理组织(一般为政府经济管理机关)和国际经济组织,除非特殊情形,如政府作为营业性直接投资者,一般不会从事营业活动,也就不可能成为商事主体,足见,商法人与法人经济组织并非等位概念。不仅如此,在传统的理论与规范框架里,似乎法人类政治组织、文化组织、军事组织和其他社会组织与商法人无缘,但实际情况却远非如此。虽然法人类政治组织、文化组织、军事组织和其他社会组织按其社会功能和目的事业,不能直接从事营利性经营活动,但并不妨碍在特定情形下,这些组织以营利性投资主体的身份、资格、地位出现,如政府、政党、学校、社团等持有公司股份或投资有价证券,其营业性投资主体身份就属于商事主体身份,且又因其法人组织的团体人格属性而归于商法人的范畴。很显然,商法人不仅不可等同于法人经济组织,而且不限于法人经济组织。

(二)商法人与企业法人

1. 企业法人与法人企业

企业法人是受苏俄、日本民法影响,在我国规范文本中长期使用的一个法律术

〔86〕 参见顾培东、王莹文:《我国经济法人的财产责任范围》,载《现代法学》1984年第2期。
〔87〕 参见王河:《论建立我国企业的经济法人制度》,载《社会科学家》1986年第1期。
〔88〕 参见李国强:《村委会社会经济法人形态的探究》,载《福建论坛(经济社会版)》1990年第10期。
〔89〕 参见罗雯:《国有企业清理多种经营、集体经济法人实体:目标及对策》,载《国有资产管理》2007年第9期。

语和法人类型,属传统民法中"职能主义法人分类模式"。[90] 1986年《民法通则》正式按照企业法人与非企业法人的构架,建立起我国改革开放时期的私法人类型化体系。1988年通过的《全民所有制工业企业法》和之后国务院颁发的《企业法人登记管理条例》《私营企业暂行条例》《城镇集体所有制企业条例》《乡村集体所有制企业条例》,正式确立了我国不同所有制企业法人的概念、范畴、类型架构。在学理上,绝大部分民法学者[91]和商法学者,[92]把企业法人与商法人等同起来。

与企业法人具同质性的另一概念,还有法人企业,[93]它们之间的差异,仅仅只是分类标准的参照对象不同而已。法人企业是从企业角度对不同企业的分类,即按是否具有独立组织或团体人格或法人资格,把企业分为法人企业和非法人企业,其中个人独资企业、合伙企业和其他类企业经济组织,因无独立组织或团体人格,被划入非法人企业的范畴,而具有独立组织或团体人格的企业,如全民企业、集体企业、股份制企业等,则为法人企业的范畴,且在多数情况下也为经济学、管理学的惯常用语。但在界定法人企业的范围或类型时,有学者认为法人企业就是股份制企业(股份有限公司和有限责任公司),[94]只要拥有独立的利益占有权、经营自主权和经济责任,成为积极主动、自由的理性的经济活动主体就是法人企业,其中股份制是重要形式;[95]有学者认为独立性是法人企业的本质特征,只要具备独立财产、自主经营、自负盈亏等条件的企业,即为法人企业;[96]也有学者认为法人企业为能独立承担有限责任的公司企业;[97]还有学者认为,法人企业就是产权界定清晰、有法人产权的企业。[98]

相对而言,企业法人是从法人角度对私法人的一种分类。如《民法通则》出台

---

[90] 参见蔡立东:《法人分类模式的立法选择》,载《法律科学(西北政法大学学报)》2012年第1期。

[91] 参见梁慧星:《民法总论》,法律出版社2011年版,第124页;王利明:《民法总则研究》,中国人民大学出版社2012年版,第276~282页;龙卫球:《民法总论》,中国法制出版社2002年版,第339~342页;郭明瑞主编:《民法》,高等教育出版社2003年版,第63~64页;朱育庆:《民法总论》,北京大学出版社2008年版,第421页。

[92] 参见范健主编:《商法》,高等教育出版社2007年版,第39~40页;王保树:《商法总论》,清华大学出版社2007年版,第117页;施天涛:《商法学》,法律出版社2006年版,第53~54页;《商法学》编写组:《商法学》,高等教育出版社2019年版,第48~50页。

[93] 参见范健、王建文:《商法总论》,法律出版社2011年版,第187~198页。

[94] 参见孙效良:《论法人企业制度》,载《经济研究》1994年第3期。

[95] 参见姜树蔚:《社会主义自由法人企业制度》,载《求是学刊》1994年第2期。

[96] 参见李红艳等:《法人企业独立性分析》,载《华东经济管理》1995年第5期。

[97] 参见黄速建:《论法人企业的基本特征》,载《经济改革与发展》1996年第9期。

[98] 参见张义柱:《法人企业产权界定与充分就业探析》,载《经济论坛》2011年第3期。

前后，有关企业法人就存在如社团法人论、[99]主体实体论、[100]特定主体论、[101]自然人相对论、[102]独立财产论、[103]经营主体论、[104]独立责任论等代表性观点。[105]只有极个别学者从人格的角度，认为独立清晰的产权是企业法人生存的物质基础，而独立的法人人格是企业法人生命力的精神支柱，[106]但对企业法人人格的解释和界定却仍停留于自由、人格尊严等传统人格权的范畴。

2. 商法人与企业法人的关系

企业法人作为以营利为目的、具有独立法人人格的社会组织，无疑属于商法人的范畴。而且，在传统私法的二元主体构架里，企业法人是一个与不具营利目的性的非企业法人为参照的对应主体概念，在民商二元主体的视角和语境下，企业法人几乎就是商法人的代名词，属于非企业法人范畴的机关法人、事业单位法人、社会团体法人等，自然被统统排斥在商法人的范畴之外。然而，如从更广泛的各种营业实态和具有明显阶段特征的不同营业环节来考察就会发现，把企业法人或法人企业等同于商法人，是错误的、片面的。这是因为既有民商二元主体理论和立法，把商事主体视为独立于民事主体的另类存在，而非遵循事实逻辑，把其还原为民事主体进入营业领域从事营利活动的角色、身份、功能转换形式。因之，在定义商主体乃至商法人时，所关注的重点和中心仅及于营利性经营形式、阶段或环节，而完全忽视甚至漠视最基础、最初始层面的营业性投资和最末端、最见成效的营业性交易形式、阶段或环节，或者只认识到营业性经营或交易形式、阶段或环节，而忽视或漠视营业性投资形式、阶段或环节，把营业等同于经营、交易，而未把最初始、最基础、最关键的营业性投资行为纳入营业或商行为的调整范围。而在营业性投资形式、阶段或环节，无论是政府和政府授权的特定机关或机构，还是诸如学校、医院、社会团体、基金会、服务机构等非企业法人，均可作为营业性投资主体出现，如国家、政府或政府机构等机关法人直接投资设立国有企业，即为国有企业的出资人或公司制国

---

〔99〕 参见梁慧星：《论企业法人与企业法人所有权》，载《法学研究》1981 年第 1 期。

〔100〕 参见郭锋、楚建：《在城市经济体制改革中建立企业法人制度》，载《中国法学》1985 年第 1 期。

〔101〕 参见禄正平：《全民所有制企业法人特征初探》，载《现代法学》1985 年第 3 期；赵旭东：《集体企业法人研究》，载《中国法学》1991 年第 1 期。

〔102〕 参见眭鸿明：《论企业法人制度的重塑》，载《法学》1995 年第 5 期。

〔103〕 参见徐武生：《国有企业法人财产权利探讨》，载《法学研究》1986 年第 2 期；王利明：《试论企业法人的财产》，载《中国法学》1986 年第 6 期。

〔104〕 参见覃天云：《经营权与企业法人产权辩析》，载《中国法学》1991 年第 2 期；路平：《论企业法人制度》，载《学术界》1993 年第 3 期。

〔105〕 参见叶晖：《论企业法人的财产责任》，载《华东政法学院学报》1999 年第 3 期；曹志才：《企业法人被不当注销后的民事责任承担》，载《法学》2006 年第 3 期。

〔106〕 参见徐强胜：《论企业法人人格》，载《经济经纬》1997 年第 3 期。

有企业的股东；学校、医院、基金会、社会服务机构、社会团体等事业单位法人、社会团体法人，投资、设立、持股下属企业或购买保值资本证券等，就属于法人出资人或法人股东，而出资人与股东显然已不是一般的民事主体，而是典型的以追求营利为目的的商事主体。

足见，传统学理和立法中，不被纳入商法人范畴的非企业法人，恰恰在实际营业中可作为前述商事主体形式之一营业性投资主体角色、身份、地位出现。很显然，企业法人无疑属于商法人范畴，但商法人不仅仅只及于企业法人，其范围比企业法人要广泛得多，在特定情形下特别是营业性投资形式、阶段或环节，它甚至包括所有形式的非企业法人。

（三）商法人与营利法人

1. 营利法人

营利法人是德国、日本等所建立起来的有关私法人类型概念和范畴，属传统民法典中的“结构主义法人分类模式”，〔107〕原为私法人中财团与社团二分法下社团法人的下属分类，又称营利性社团法人。我国学界在相当长时期内所论的营利法人，即为营利性社团法人。〔108〕如在我国台湾地区的学界中，所称的营利法人仍仅指营利性社团法人。〔109〕2017年《民法总则》的出台，打破了传统私法人“结构主义法人分类模式”中先社团和财团、再从社团营利性与非营利性的法人分类模式，在原《民法通则》原有企业法人与非企业法人之“职能主义法人分类模式”的基础上，引入了营利法人、非营利法人、特别法人的三分法“职能混合法人分类模式”。其中，营利法人为“以取得利润并分配给股东等出资人为目的的成立的法人”，包括有限责任公司、股份有限公司和其他企业法人等；非营利法人“为公益目的或者其他非营利目的成立，不向出资人、设立人或者会员分配所取得利润的法人”，包括事业单位法人、社会团体法人、基金会法人（捐助法人）、社会服务机构法人等；特别法人为不可归类营利法人或非营利法人的其他法人类型，包括机关法人、农村集体经济组织法人、城镇农村的合作经济组织法人、基层群众性自治组织法人等。〔110〕

2. 商法人与营利法人的关系

我国《民法典》总则编有关法人新的分类和营利法人概念的出台，此乃沿着既

---

〔107〕参见蔡立东：《法人分类模式的立法选择》，载《法律科学（西北政法大学学报）》2012年第1期。

〔108〕参见王雪琴：《论社团法人和财团法人划分的局限性及改良》，载《法学杂志》2010年第4期；崔拴林：《论我国私法人分类理念的缺陷与修正——以公法人理论为主要视角》，载《法律科学（西北政法大学学报）》2011年第4期；罗昆：《我国民法典法人基本类型模式选择》，载《法学研究》2016年第4期。

〔109〕参见王泽鉴：《民法总论》，中国政法大学出版社2001年版，第153页。

〔110〕参见《民法典》第76条、第87条、第96条。

有民商二元主体理论与立法的思维惯性，在多数学者看来，营利法人即是商法人。[111] 那么，《民法典》总则编的"营利→非营利→特别"法人分类模式和立法体例，究竟是否就圆满解决了传统商法人理论与现实所存在的矛盾和困境呢？或者说《民法典》总则编所界定的"营利法人"，是否就全部涵盖了理论、立法、实态上的商法人。笔者认为，要回答这些问题，需要递次处理以下几层关系。

(1)营利法人无疑属于商法人。《民法典》总则编第76条对营利法人的定义和对"有限责任公司、股份有限公司和其他企业法人等"具体形式的列举，实际上是承袭原《民法通则》的"企业法人"概念和范畴，并对接了传统民法典中的营利性社团法人概念和范畴，打通了我国原有企业法人与传统民法典中营利性社团法人之间的隔膜，实现了企业法人与营利性社团法人及企业法人与营利法人之间概念、范畴的互换。无疑，原《民法总则》中的营利法人，就是原《民法通则》中的企业法人，属于商法人的典型形式。正如学者所述，《民法典》总则编通过"复印公司法"的规范构造技术，首次以基本法的形式明确"营利/非营利"的法人区分标准，考量我国法人制度的现状，凸显了中国社会市场化转型之需求，是较"社团/财团"二分法传统模式更为科学和先进的法人分类方法，确立了商事/商法的核心范畴，这是原《民法总则》对商法的最大贡献。[112]

(2)营利法人仅及于营业性经营形式、阶段、环节、层面的商法人，不能解释并定义处于投资形式、阶段、环节、层面的商法人。尽管《民法典》总则编表面秉持"民商合一"理念，但基于的理论背景和所参照的立法技术，仍然局限在既有的民商二元主体惯性思维中，该营利法人虽与传统商法人能实现有效的嵌入和对接，但也仅仅解决了营业性经营或交易形式、阶段、环节、层面的商法人问题，而基于营业理念世俗化、营业行为普遍化和营业事实全民化的现实中，营利法人之既有内涵与特定外延，则明显不能涵盖处于投资形式、阶段、环节、层面的所有类型法人。可见，营利法人虽属商法人的范畴，但同企业法人一样，也仅仅包括营业性经营或交易形式、阶段、环节、层面的商法人，并不能囊括或穷尽处于投资形式、阶段、环节、层面的商法人。

(3)现行《民法典》中的营利法人内涵和外延均不足全部概括商法人。按照传统理论的体系逻辑和立法的体例架构，《民法典》总则编对法人的营利法人、非营利法人、特别法人三分法中，真正属于传统商法人框架的只有营利法人，非营利法人、特别法人似乎不属于商法人的范畴。然而，此一立法安排所显示出来的理论逻辑、

〔111〕 参见王利明：《民法总则研究》，中国人民大学出版社2018年版，第270～272页、第308～309页。

〔112〕 参见蒋大兴：《〈民法总则〉的商法意义——以法人类型区分及规范构造为中心》，载《比较法研究》2017年第4期。

体系结构，与民生现状、营业实态是完全隔膜甚至是矛盾的。一个需要回答并亟待解决的实际问题，就是如何对待非营利法人、特别法人的营业问题。而有关此类问题的分歧和争议，在原《民法总则》出台前后，就一直没有停止过，特别是有关营利法人与非营利法人的划分和规定，因未能涵盖事实状态的所有商法人而备受学者质疑。

首先，《民法典》中的营利法人不足解释与定位非营利法人的营业问题，本身就是一个无法涵盖商法人的不周延概念。由于传统私法关于营利法人与非营利法人的界定与区分重在财产权的不同构造，从而导致股权缺失、进而引发法人非营利性目的与法人控制者牟利冲动之间的紧张关系，它使非营利法人隐含着"经济人"和"道德人"之间的价值冲突和制度张力，导致许多"非营利法人"名不副实。〔113〕 2006年日本国会通过一般法人法、公益法人认定法等法案，对非营利法人作重大制度重构，已为非营利法人私法定位提供了一条值得借鉴的立法路径。〔114〕 而在现实生活中，非营利法人的营业活动又是一个无法回避或轻易否认的既存事实，至于非营利法人基于公司持股、证券买卖的营业性投资活动，就更为普遍。据此，部分学者曾建言，仅依目的事业之"非营利性"已难以最终区分营利法人和非营利法人，与其禁止非营利法人的经商行为，还不如坚守"禁止分配"的原则底线，对非营利法人的从商活动作更具针对性规制。〔115〕 基于此，在原《民法总则》正式出台之前，有学者就认为总则既不宜引入传统的营利法人概念，也不建议用营利或非营利词语，而应基于国情继续用企业法人的表述。〔116〕 有学者结合证券法等商事特别法，基于证券投资的特殊性，认为总则在主体或法人制度安排上应为医院、学校等非营利法人投资证券、分享收益创造必要条件或预留法律空间，〔117〕特别对于非营利性医院、学校等符合条件的非营利性法人，应允许举办人享有收益、适当分红的从商权。〔118〕 足见，在非营利法人目的事业实施中，无论是公益类，还是互益类，均存在直接或间接营利的目的性，〔119〕而部分社会服务机构在提供准公共服务的同时，又兼具营利性，更是

---

〔113〕 参见税兵：《非营利法人解释》，载《法学研究》2007年第5期。

〔114〕 参见周江洪：《日本非营利法人制度改革及其对我国的启示》，载《浙江学刊》2008年第6期。

〔115〕 参见金锦萍：《论非营利法人从事商事活动的现实及其特殊规则》，载《法律科学（西北政法学院学报）》2007年第5期。

〔116〕 参见徐强胜：《论我国民法总则中营利法人的制度安排》，载《华东政法大学学报》2016年第5期。

〔117〕 参见蒋大兴：《〈民法总则〉（草案）中的证券法空间——关于法人类型、法律行为/代理及期限制度的检讨》，载《财经法学》2017年第2期。

〔118〕 参见胡曾铮：《试论民法典关于非营利性法人的规定与社会现状冲突的原因及解决建议以非营利性医院的设立及经营现状为例的分析》，载《财经法学》2017年第2期。

〔119〕 参见谢鸿飞：《非营利法人的类型定位与盈余分配——兼评游道国诉蚌埠现代妇科医院、陈建森、吴建文公司盈余分配纠纷案》，载《人民司法（案例）》2017年第20期。

对原《民法总则》中营利和非营利法人分类提出巨大挑战。[120]

其次,《民法典》中的营利法人也不能解决既有特别法人的营业问题。例如,《民法典》第 98 条规定的"机关法人",依照商法人即为营利法人的理论逻辑与立法体例,自然不属于商法人范畴,但在现实中特别是在我国,国家通过政府或政府授权的部门、机构,直接投资设立国家出资企业的情况已十分普遍。根据我国《企业国有资产法》规定,国务院和地方人民政府依照法律、行政法规的规定,分别代表国家对国家出资企业履行出资人职责,享有出资人权益;国务院和地方人民政府属下的国有资产监督管理机构或其他授权部门、机构,根据本级政府的授权,代表本级政府对国家出资企业履行出资人职责;履行出资人职责的机构代表本级人民政府对国家出资企业依法享有资产收益、参与重大决策和选择管理者等出资人权利。[121]也就是说,在国家直接投资设立或参股国家出资企业中,国务院和地方人民政府及政府履行出资人职责的机构,是以营业性投资主体——国家股东的角色、身份、地位、功能出现的,很明显,国务院和地方人民政府及政府履行出资人职责的机构,在这里的私法身份应是作为国家股东的商法人,而不是一般意义上的特别法人。又如,《民法典》第 99 条、第 100 条、第 101 条所规定的农村集体经济组织法人、合作经济组织法人、基层群众性自治组织法人,事实上也经常性地、大量地从事营业活动。只是既有文献大多仅注意到农村集体经济组织、[122]合作经济组织的法人地位,[123]并未认识到其商法人的角色和身份而已。至于《民法典》总则编将它们确立为特别法人,更是没有考虑到农村集体经济组织经常性开展营业活动的现实性,但依既有营利法人的规范判断和分类标准,它们显然也不属于营利法人的范畴。[124]

最后,如细察《民法典》总则编的法人三分法,更不能就此得出商法人与营利法人对应、等同的结论。因为在营利与非营利法人的划分上,立法选择的表达方式乃以是否存在"向出资人、设立人或者会员分配所取得利润"为判断标准,但法律并未禁止甚至限制非营利法人在特殊情形下的营业行为,法律所限制的只是营业所得利润不得分配给其"出资人、设立人或者会员"而已。故从实证分析和立法主旨的双重角度来看,《民法典》总则编仅只强调非营利法人"不得分配所得利润""不得分

---

〔120〕参见金锦萍:《论基本公共服务提供的组织形式选择——兼论营利法人与非营利法人分类的规范意义》,载《当代法学》2018 年第 4 期。

〔121〕参见《企业国有资产法》第 4 条、第 6 条、第 11 条、第 12 条。

〔122〕参见于海涌、苏燕玲:《农村集体经济组织的合作社法人制度改革探析》,载王保树主编:《中国商法年刊》2006 年卷,北京大学出版社 2006 年版,第 241 ~ 247 页;方志权:《农村集体经济组织特别法人》,载《农村经营管理》2018 年第 6 期、第 7 期。

〔123〕参见龚诚:《论农民专业合作经济组织的法人地位》,载《农村经营管理》2005 年第 12 期;王育红:《试论农民合作经济组织的法人地位》,载《经济与管理》2006 年第 8 期。

〔124〕参见郭洁:《论农村集体经济组织的营利法人地位及立法路径》,载《当代法学》2019 年第 5 期。

配剩余财产”，而不再局限或纠结于目的事业的“非营利性”，这并非对其营业活动的明确限制或绝对禁止。[125] 至于特别法人，《民法典》总则编正是基于此类法人的特殊性，或者说此类法人可能难以绝对、纯粹地归属于营利法人或非营利法人，才在两者之外作此特别、例外规定，这正表明特别法人并非就不能从事营业活动、进而转换为商法人。

基于以上分析，跳出传统民商二元主体理论、立法的局限与架构，不难得出如下结论：我国《民法典》中的营利法人，无疑属于商法人的范畴，但商法人的内涵与外延则不仅只有营利法人，《民法典》中的非营利法人、特别法人如在营业性投资等特定情形、形式、阶段、环节、层面从事营业活动，其营业时的特定角色、身份、地位、功能，当然也属商法人的范畴。

（四）商法人与公司法人

1. 公司法人

公司法人，简称公司，其定义一般有法人类型和企业类型等不同视角。在传统大陆法系民法或商法的理论体系和立法框架中，公司属于私法人中社团法人下属的营利性社团法人范畴，但该营利性社团法人是否就是公司法人，或者说公司法人与其他非公司型营利性社团法人有何区别，则既有学理和立法均语焉不详，[126] 至于英美法系，只把公司解释为一种营业性的组合，并未给出清晰而明确的定义。[127]

公司的本质属性是企业，故学界更多数是从企业的角度去定义，我国学者大多把公司定义为股东依照章程发起设立的企业法人，且更多是从公司企业与非公司企业、[128] 公司企业法人与非公司企业法人之间的对应比较角度，[129] 认为公司作为一种契合性组织体，仅仅与以合同为基础的联合实体之非公司制组织存在重大的区别而已。[130]

在立法上，我国《公司法》并未给公司以准确的定义，《公司法》第 2 条、第 3 条仅仅只是列举了公司的类型和公司的法人属性、独立责任，即“公司是指依照本法在中国境内设立的有限责任公司和股份有限公司”，“公司是企业法人，有独立的法

---

〔125〕 参见杨涛：《〈民法总则〉视角下对非营利法人从事营利活动的再思考》，载《内蒙古师范大学学报（哲学社会科学版）》2018 年第 2 期。

〔126〕 参见刘俊海：《现代公司法》，法律出版社 2015 年版，第 25～27 页。

〔127〕 See Bryan A. Garner, *Black's Law Dictionary*, 8th ed., Thomson West Group, 2004, p. 298；［英］戴维·M. 沃克：《牛津法律大词典》，李双元等译，法律出版社 2003 年版，第 236～237 页。

〔128〕 参见郭富青：《中国非公司企业法研究》，法律出版社 2009 年版，第 100～128 页。

〔129〕 参见宋永新：《美国非公司型企业法》，社会科学文献出版社 2000 年版，第 20～26 页。

〔130〕 参见［美］拉里·E. 利伯斯坦：《非公司制组织的兴起》，罗培新译，法律出版社 2018 年版，第 50～52 页。

人财产，享有法人财产权”，“公司以其全部财产对公司的债务承担责任”。除公司的具体类型外，《公司法》对公司的定性和特征描述，似乎与其他非公司类企业法人的属性、特征，没有什么本质的区别。此外，《民法典》总则编第76条把公司纳入营利法人的主要形式，但对公司法人也未给出明确定义。在学理上，既有涉及公司定义的论著，除重复着公司属于“营利性社团法人”或“企业法人”等习惯用语外，几乎看不到有关揭示公司内在本质、显著特征的准确定义或清晰界定。

笔者认为，要准确定义公司，就必须既把公司作为一种法人型商事主体，又把公司作为一种法人企业形式，从公司企业与非公司企业、公司企业法人与非公司企业法人的对应视角，通过比较它们之间的同异，进而揭示公司所特有、其他企业或其他企业法人所不具备的特质，在此基础上提炼、概括、抽象出公司的一般性本质特征，即为公司的准确定义。笔者通过比较公司和其他所有非公司类企业、非公司类企业法人的异同，认为公司是所有企业中，唯一以资本为本位、以股权为中心建立起来的企业形式和社团法人，[131]公司是相对于个体(个人独资)、合伙经营，且以资本为本位来进行内部组织建构、权利配置和营利分配的企业形式，是依据章程设立的、以股东为基本成员、以股权为核心的社团法人(企业法人)。

2. 商法人与公司法人的关系

在既有的商法理论与立法框架里，商法人常常被代指为公司，公司几乎成为商法人的代称，甚至个别论著干脆把商法人与公司等同，认为商法人就是公司。其实，商法人是一个比公司更广泛、更抽象、更具包容性的概念，属于公司法人的上位概念。按照商法人的设立、本位、特质、治理的总体性差异，可把商法人分为企业法人(营利法人)与非企业法人(非营利法人、特别法人)，而企业法人按是否遵循资本本位设立、构建、治理或分配，又可分为公司型企业法人与非公司型企业法人(如非公司制的国有独资企业、集体所有制企业、合作社企业、股份合作企业等企业法人)。可见，公司型企业法人即公司，尽管其成立之后无论是否实际营业，“即使公司不从事商营业，甚至根本不从事任何营业时”，也被当然称为商法人，[132]但也仅仅只是商法人的典型形式而已，绝非商法人的全部或唯一。

基于以上分析，不难得出如下结论：商法人与前述法人经济组织、企业法人、营利法人、公司法人既不同质，也不同位，更不同等。作为进入营业领域、从事营业活动的法人组织，商法人只是法人从抽象、一般意义的民事主体在营业中转换为具体、特定意义上的商事主体而已，所变化的只是角色、身份、地位和权利义务关系，但该法人的社会属性、组织特征、团体人格、要素构成、有限责任，并无任何改变，其范

〔131〕 参见江平：《现代企业的核心是资本企业》，载《中国法学》1997年第6期。

〔132〕 参见[德]C. W. 卡纳里斯：《德国商法》，杨继译，法律出版社2006年版，第59页。

围可涵盖所有法人类型。

二、商法人的法律形态

(一)商法人的能力形态

按照商法人的营业权能是否受限而导致的营业能力差异,商法人可划分为营业全能型商法人与营业受限型商法人。

1. 营业全能型商法人。又称企业类商法人,即依照法律规定和该组织的目的事业范围,可从事投资、经营、交易等所有营业阶段、环节中不同形式或业态营业活动的商法人类型,典型如我国原《民法通则》中的企业法人和《民法典》中的营利法人。营业全能型商法人,就是传统民商二元主体理论与立法中的商法人,该类商法人设立目的就是营业;其存在和永续的价值也在于营业,除非法律对特定投资、经营、交易领域或事项设定禁止性或限制性条件外,它可选择特定主业,从事该主业范围内投资、经营、交易每一阶段或环节的所有形式、业态的营业活动,实施营业行为。营业全能型商法人是商法人的主要类型。

2. 营业受限型商法人。又称非企业类商法人,即依照法律规定和该组织的目的事业范围,只可从事或涉足投资、经营、交易等某一营业阶段、环节中一定形式或业态营业活动的商法人类型,典型如我国原《民法通则》中的非企业法人和《民法典》中的非营利法人、特别法人。营业受限型商法人在传统民商二元主体理论与立法框架中,不属于商法人的范畴,其主要的理论依据在于非企业法人或非营利法人、特别法人,其设立目的不具有营利性,且因营业活动与其目的事业相冲突,故往往被排斥在商法人的范畴之外。虽然如此,非营利法人、特别法人固然因其目的事业所限,不便直接从事营业活动,但并不影响其在特定情形下对营利最大化目的的追求,它们仍然可根据法律的限制性或禁止性规定,选择投资、经营、交易等某一阶段、环节或某一形式、业态的营业活动。如非营利法人中的学校、医院、文化等事业单位法人,为了增加财力以改善和促进目的事业的发展,以其支配的资金、技术、知识产权投资设立公司、参股其他企业或买卖可实现最大化回报的各种有价证券,就无须直接从事经营或交易阶段、环节的营业;且在获得投资回报或最大化利润后,严格遵守不分配给设立人、发起人、管理者或内部成员的原则,用于支持非营利性的目的事业,与该法人的组织属性与制度功能并不存在矛盾和冲突。同样,宗教团体、基金会等捐助法人,特别法人中的机关法人、基层群众自治组织法人,根据法律、行政法规的规定,均可投资设立企业或购买资本证券,成为营业性投资主体。至于非营利法人中的社会服务机构法人和特别法人中的集体经济组织法人、合作经济组织法人,在多数情况下是可从事营业活动的,只是其经营所得的分配要受到严格的法律限制而已。足见,我国《民法典》中的非营利法人、特别法人,并非不能涉足或从事营业活动，只是因组织属性和目的事业的限制，其营业权能或营业能力被法律约束在投资、经营、交易的某一营业阶段、环节或某一形式、业态而已，其中，在绝大多数情形下，被限制在营业性投资阶段或环节。

(二)商法人的组织形态

按照组织形式与内部治理结构的不同，商法人可划分为公司型商法人与非公司型商法人。

1. 公司型商法人。依公司法和公司章程设立、以资本和股权本位进行制度建构的商法人。公司型商法人根据所设法律的依据不同，又可分为普通公司和特别公司两大类。(1)普通公司。或称一般公司，即依照普通公司法和公司章程设立、遵循资本与股权本位为基本原则、经公司登记机关注册的公司法人。(2)特别公司。除依普通公司法和公司章程设立，还须具备某些特殊条件、依商事特别法设立并履行特定程序而设立的公司，如商业银行、证券公司、保险公司、信托公司、民用航空公司、海运公司、中外合资经营企业、外商投资公司等。

2. 非公司型商法人。非依公司法和公司章程、不以资本和股权本位进行制度建构、而依其他企业法或特别法设立或成立的商法人。非公司型商法人又包括如下几大类型:(1)非公司型企业法人，如依国有企业法、集体企业法、合作社法设立的国有企业、集体企业、合作社企业、股份合作企业等商法人。(2)作为营业性投资主体或营利分配受限的非营利法人。(3)作为营业性投资主体或营利分配受限的特别法人。(4)其他具有法人资格、从事营业活动的法人经济组织。

(三)商法人的所有制形态

前述分类中，以企业法人或营利法人为例，还可按照营业财产和资本来源对其作进一步分类，如按照商法人出资和资本构成来源的所有制性质，商法人可以划分为国有商法人、集体所有制商法人、私营(有)商法人、合营或合资等混合所有制商法人等。

1. 国有商法人。又叫国有企业商法人，即由国家作为独资或控股出资人投资设立的企业法人或营利法人。国有商法人按组织形式和内部治理结构，又可分为一般全民所有制企业(又称国有独资企业)与国有独资(控股)公司。(1)全民所有制企业。依照《全民所有制工业企业法》《企业国有资产法》设立的企业法人，国有企业采用厂长经理负责制和职工代表大会(权力机构)为其内部治理结构。(2)国有独资(控股)公司。国家授权投资的机构或国家授权的部门独资或控股、依《公司法》《企业国有资产法》设立的有限责任公司或股份有限公司，它包括国有独资公司、国有控股公司等。

2. 集体所有制商法人。由集体代表集体组织内部全体成员投资设立的企业法人;它又可划分为城镇集体所有制企业、乡镇(村)集体所有制企业等类型。集体所有制企业采用以职工代表大会为其权力机关,以职工代表大会选举产生的厂长、经理负责制为其内部治理结构。

3. 私营(有)商法人。全部资本由私人投资设立的商法人,它包括内资私营(有)商法人和外资私营(有)商法人。在我国私人投资设立的商法人只能为公司。

4. 混合所有制商法人。或称合资或合营商法人,即由国有、集体或私人等不同所有制背景的出资人共同出资设立,并按股份、出资比例或依照协议约定享有权利和承担义务的企业法人,如股份制企业(公司)、股份合作企业、合作社企业、中外合资企业等。

(四)商法人的资本形态

按照营业财产与经营资本的来源不同,商法人可划分为内资商法人与外资商法人。

1. 内资商法人。营业财产与经营资本来自本国境内出资人、设立人或发起人的商法人,如国有商法人、集体商人、全部资本由国内自然人出资构成的公司商法人等均为内资商法人。

2. 外资商法人。全部或部分资本来自境外出资人、设立人或发起人的商法人。外资商法人包括两大类:(1)外商投资企业法人。在我国又称“三资企业”法人,为具有境外资本背景,2020 年之前依据我国《中外合资经营企业法》《外资企业法》《中外合作经营企业法》登记设立、之后依据我国《外商投资法》注册设立的企业法人。此外,因我国台湾、香港、澳门等地区法域的不同,资本来自这三个地区的商法人,虽不是外商,但适用有关外商投资企业的规定。(2)外国企业法人。在中国境外注册登记设立、在中国境内从事营业的企业法人。

(五)商法人的国籍形态

按照商法人国籍的不同,可划分商法人为本国商法人和外国商法人。

1. 本国商法人。依照本国商事法设立并在本国登记注册的商法人,例如,在我国依照《公司法》、企业法和其他商事特别法登记设立的企业法人,则为中华人民共和国商法人;又如,前述的外商投资企业法人,亦为中华人民共和国商法人。

2. 外国商法人。依照外国商事法设立并在外国登记注册、在营业地国从事营业活动的商法人。外国商法人一般只能在内国即东道国设立分支机构,其商事责任应由设立分支机构的外国商法人承担。[133]

---

〔133〕 参见肖海军主编:《商法学》,法律出版社 2009 年版,第 86 ~ 87 页。

三、商法人的时代特征

现代市场经济在营业国际化、分工全球化和信息网络化的多重影响下，传统具有身份、职业、阶层、特权属性且游离于私法世界的世俗社会之外的商法人，无论是外部组织形式，还是内部治理结构，或者是本身的主体地位、制度功能，均发生如下巨大变化：

（一）商法人组织形式的公司化

由于公司企业的筹资方式、治理结构、责任形式融合了众多企业优点，比较适合市场竞争的需要，且公司的不同形式又可满足投资者对不同经营项目的要求，因而公司企业成为人们普遍选择的一种商事组织形式。

1. 传统家族企业的现代化。为融资、经营的需要，传统家庭企业、家族企业、合伙企业等不断通过资本化改造，逐渐成为公司制的现代企业。

2. 个体营业形式的公司化。典型的就是独资公司、一人公司的出现并合法化，在满足个体经营、资本控制、利润独享等个性营利需要的同时，又借助于公司的人格、商号、治理、声誉等制度外壳，达到适应扩大营业和开拓市场的目标。

3. 非公司企业的股份化。如传统国有企业、集体所有制企业、合作社企业等非公司制企业，通过资本化、股份化的重组，逐步转型为混合所有制和多元出资主体的公司企业。

（二）非企业类商法人的普遍化

在传统民商二元主体的理论框架与立法体例内，商法人是一个与营利法人或企业法人等同的概念，国家机关作为公法人、私法人中的非营利法人被排斥在商法人的范畴之外。但随着民事行为的商事化、营业行为的普遍化、商事行为的世俗化，特别是公开资本市场的发展和各种投资产品的出台，国家机关法人、非营利法人、处混合状态的中间法人以营业性投资主体进入营业领域的法律壁垒被无形解禁，机会逐步增多，实施更为便捷，形式越来多样，非企业类法人的营业化、商事化、商人化已成为不争事实，国家机关法人、非营利法人、中间法人不可或不能成为商法人的戒律和神话被打破。

1. 国家通过机关法人、国有法人作为投资主体参与营业已变得十分普遍。由于公共财政政策和弥补市场失灵的需要，国家通过发行国债直接投资商业领域，已成为国家调控、干预经济的一种重要手段；国家（政府）或直接或授权国有投资主体，以国家出资人或国家股东的角色、身份出现，传统公法人不能为商法人的理论被突破。

2. 传统非营利法人已成为重要的投资主体。如学校、医院、文化、宗教、体育、基金会、群团自治组织、社团等非营利法人，或者直接设立公司，或者投资证券市场，或者购买国债或银行理财产品，成为营业性投资主体，在当今乃司空见惯。

3. 中间状态的法人日益商人化。如我国《民法典》所列非营利法人中的社会服务机构法人、特别法人中的集体经济组织法人和合作经济组织法人，实际上所从事的主业就是营利性事业，除分配机制与营利法人尚存在差异外，本质上实已商人化。

（三）商法人主体人格的制度化

商法人本为社会组织，是法律上拟制的社会人，而非生物意义上真正的自然人。但商法人一旦经登记注册成立，就成为独立的商事主体，并因具有独立的团体人格，在营业领域显示出自然人难以企及的强大生命力和市场竞争力。

1. 商法人的独立主体地位被法律进一步强化。典型的是法人（公司）财产的独立性维护、法人（公司）债务的有限清偿责任、法人（公司）人格否认制度的引入，更确认了法人（公司）身份的商人性、地位的主体性和人格的独立性。

2. 商法人内部治理机构的独立化倾向愈来愈明显。由于市场经营的专业化、职业化，导致商法人权力中心的转移，商法人内部治理机构特别是董事会及经理机构的独立化倾向和权力强势，使商法人的内部权力机构具有异化的趋势，内部人控制成为困惑商法人治理的又一个重要课题。

3. 商法人作为转投资主体已制度化。由于商法人人格上的独立性，商法人作为出资者，通过转投资行为，以法人经营、管理的财产向其他企业投资，选择独资、合伙、合资、合作等多种形式扩大经营范围。

4. 商法人的内部结构发生实质变化。基于资本控制、转投资关系、管理关系和其他法律关系，商法人的组织结构和内部关系也发生实质性重大变化，即传统的单一式、一级商法人结构走向复合式、多级商法人结构，商法人之间因关联企业、集团企业等复合式、多级商法人引发一系列新问题，特别是集团企业和关联企业所呈现的二级法人或多级法人的结构性特征，这些又反过来构成对商法人理论的巨大挑战。

（四）商法人主导结构的集群化

自从17世纪公司等商法人的主体地位被立法确定以来，人类社会开始步入企业（公司）的组织化营业时代，但出于对营利最大化的无止境追求，随着市场扩张的需要，商法人的经营规模和业务触角也在不断扩大，不断突破地域、国别、洲际、业界的极限，中小规模企业向超大型企业、单体企业向集团企业、国内公司向跨国公司、功能单一企业向多元网络企业发展，规模庞大的商法人实体就如同一个商业帝国，控制着社会、国家甚至全球的市场份额或经济命脉。

1. 商法人的大型化。以股份公司为代表的大型企业,已成为现代市场经济的主导性商法人类型。特别是在第二次工业革命的助推下,大型股份公司虽然数量有限,但无论是资本存量、生产效能、产品或服务竞争,还是市场份额、社会影响力,都远远超过了其他类型的商法人。

2. 商法人的集团化。自19世纪末至20世纪初,自由竞争开始走向垄断、集中,资本扩张和企业兼并迅速推进单一企业走向集团企业。20世纪中叶以后,以龙头企业、核心技术、终端产品、名牌商标等为纽带的大型企业集团或集团公司,更成为当今营业领域的主角。

3. 商法人的跨国化。如果说15～16世纪新航道的开辟使传统封闭的各洲连接为世界市场的话,〔134〕则随着20世纪中叶经济全球化、要素跨国化、生产世界化、市场一体化的快速推进,地球已变为一个各国资本可自由进退、流转的营业村落,投资、经营、交易跨越国界在全球纵横捭阖的跨国公司成为全球营业竞争领域的新贵。

4. 商法人的网络化。受交通、人力、通信、信息的制约,传统营业的生产、经营、销售、服务网络带有明显的地域、业域局限性,但随着电力、电信、电脑等新技术催生的新业态,在快速交通、商业代理、即时通信、海量信息、智能技术的支撑下,传统企业的生产、经营、销售、服务等商业网络也快速构建起来,以商业银行、保险公司、交通运输、电信网络、现代制造、电力供水、能源燃料、旅游餐饮、百货超市、商业批发、智能平台等领域的企业巨头,把业务触角和营销网络,覆盖或普及到社区基层和民生底层,拥有完整产业链和密集营销网络的商业巨擘,成为信息社会和网络时代的最强音。

商法人的主体地位与独立人格集中体现在其通过独立的意思机关和有效的治理架构,使法人的意思与出资人、设立人、发起人、内部成员的意思合理区分开来。其中,法人权力源是商法人内部治理机构权力的初始出处与逻辑起点,商法人权力的原点是支撑商法人各构成要素所有者或支配者的权利,而不同构成要素所有者或支配者的权利本位又是不同商法人内部治理结构模式的权源基础。由此,商法人的治理结构可划分为目的功能型、原权利本位型、权力契合型、组织结构型、权力中心型等不同治理结构类型。借助于治理结构类型和组织运行机制的决策,商法人再通过一定的组织规则和程序流程选择具体的经营管理者,由其全面负责、代理商法人(如公司等)实施营业活动,并衍生出自行经营、委托经营、承包经营、租赁经营、信托经营、托管经营、代工经营、特许经营等具体营业运行范式和经营模式。关于商法人特别是企业(公司)法人的治理结构与经营模式,请参见拙著《企业法原论》第六章的相关论述,〔135〕在此不再细论。

---

〔134〕　参见《马克思恩格斯选集》(第1卷),人民出版社2012年版,第401～402页。

〔135〕　参见肖海军:《企业法原论》,湖南大学出版社2006年版,第171～198页。

第九章　商事主体的职业形态

营业的开展只有在具体专业领域并以特定职业形式外在表现出来，才为人们所识别；因此，商事主体的具体形式与营业的职业形式、业务形态，存在某种合乎逻辑的内在必然关系。深入考察商事主体的业务类型或职业形态，可动态反映商事主体的总体发展规律，全面揭示商法形成变迁的内在逻辑，更清楚地展示商法的时代特质，有效诠释商法具体部门的演变轨迹，透视并解构商法规范的实质内容。全面研讨商事主体的职业形态，就会发现：商事主体的业务类型与职业结构，与商事主体营业所处时代的经济发展水平、社会历史条件具有关联性与对应性。人类自迈入文明社会的门槛后，先后经历了农业经济、工业经济、信息经济、智网经济等不同发展阶段，而每一阶段的主导产业与经济结构，又呈现出比较鲜明的时代与业态特征，营业在每一时期所扮演的角色和所起的作用也就不尽相同，其主导的业务类型也就存在显著差异，大致沿着“贸易商→生产商、制造商→资本营运商、金融服务商→电子商平台、网络服务商→智网商”这一基本演变轨迹，并呈现出从买卖商到贸易商、从古代手工业经营者到近代工厂制造商、从一般服务商（中间服务商）到特殊服务商（运输服务商）、从资本营运商到金融服务商、从传统实体商到网络虚拟商、从不具营利性的农业生产者到农业经营者这一多元、多头的演进源流。

第一节　贸　易　商

一、贸易商的产生与界定

贸易商，又称买卖商，是指不直接生产产品，而仅以货物、商品为买卖或交易标的或职业的商事主体类型。贸易商的产生源于农业、手工业之后，因互通有无、各取所需的交换需要，是农业经济、自然经济、小商品经济时期占统治地位的商事主体业务或职业类型。

贸易商具有如下显著特点：（1）交换性。以买卖、交换商品或货币为基本职业。（2）中间性。贸易商本身并不生产产品或物品，仅通过自己的中介或以货币为媒介，把一方生产或提供的产品、物品，卖予、销予需要或消费产品、物品的另一方，具有明显的中间、中介地位。(3)销售性。贸易商的主要营业内容就是销售、推销商品或物品，并无生产性、专业性、技术性等复杂组织或管理活动。(4)交易性。贸易商的主要行为就是交易，或者通过低价位购进、高价位销出，以赚取价差；或者通过代理销售、经销手工业者、厂商、农商委托代销的产品或物品，以获得提成或佣金，营业行为的表象即所谓的“买进卖出”。(5)投机性。贸易商的主要经营策略是价格，营业效益主要取决于商品或物品的价格涨落和销售总量，对商品或物品的质量、性能并无实质贡献、作为或影响，提高营业效益的基本手段就是通过扩大价差或刺激销量来获取高额利润，具有明显的投机性。

贸易商可按不同标准，作如下分类：(1)按有无固定营业地点可分为行商与坐商。行商即一般贩运商，无固定营业地点；而坐商即店铺商，有固定营业地点。(2)按交易的方式可分为批发商与零售商。批发商，又称一级买卖商或贸易商，即不面向终端消费者，而以批量商品或物品的买卖、销售为职业的商人；零售商，又称次级、终端买卖商或贸易商，以终端消费者为销售对象、以零售为主要交易方式的商人。(3)按与生产者之间的关系和对外销售的名义可分代理商、行纪商、经销商。代理商以生产者的名义推销商品或物品，其与生产者之间构成产品或物品的代理推销关系；行纪商为自身名义推销生产者提供、寄卖、委托销售的商品或物品，其与生产者之间构成产品或物品的委托销售关系；经销商则兼具两者特点，或兼营代理或行纪销售业务，或者有时把代理商、行纪商统称为经销商。(4)按销售的权限、级别、范围可分为总销商与分销商。总销商一般负责生产商总括性或特定地域范围所有产品或物品的经销；而分销商一般只负责生产商某一层级、特定地域下某一地区范围或某类产品或物品的经销。(5)按是否具有排他性销售权可分为专卖商与普卖商。专卖商一般取得生产商总括性或特定地域范围所有产品或物品的专有经销权，进而排除其他销售商享有同样、同类、同质销售的权利；而普卖商则只有一般性销售生产商产品或物品的权利，并不能排除其他销售商享有同样、同类、同质销售的权利。

二、贸易商的历史形态

在恩格斯看来，商业的产生与商人的出现，是人类迈入人类文明门槛的标志，而那个“不再从事生产而只从事产品交换的阶级”或商人，[1]实际上就是贸易商。古代西亚、近东地区、两河流域孕育了世界上最早的文明，同时也催生了古老的商业经济、买卖商人。[2] 在古罗马，“批发商和零售商，船主和运输商”在某种意义

〔1〕 参见《马克思恩格斯选集》(第4卷)，人民出版社2012年版，第181～182页。

〔2〕 参见魏琼：《巴比伦商事行为规范论考》，载《华东政法学院学报》2007年第1期。

上,均是以贸易商的形式出现。[3] 中世纪,在工商业较为发达的地中海沿岸与西欧城市,形成一个以商业公会为纽带的贸易商集团,其中最负盛名的"汉萨同盟",在14世纪至16世纪中叶,垄断了西起伦敦、东至诺夫哥罗德等北海、波罗的海地区的贸易。[4] 16世纪开始,随着新航道的开辟,海外贸易因航海业的兴起得到迅速发展,西、葡、荷、英、法等早期殖民帝国,在海外贸易中赢得先机;至17世纪,最早的特许公司、海外公司如英属莫斯科公司、东印度公司、荷属东印度公司、法属东印度公司均为贸易公司,巨大、高额的贸易利润,刺激它们充当殖民海外的急先锋。[5] 至近代早期,贸易商不仅拓展了英国海外贸易,亦推动了英国社会经济的快速发展,使英国在殖民竞争中,逐渐取得优势。[6] 19世纪中叶,随着工业革命与海外投资的发展,贸易商占主导地位的时代,逐渐被制造商所取代。

我国古代商人主要为贸易商。西周时期就有城市商人与乡村贩运商人之分,春秋、战国时代始有行商与坐商之别。秦汉以后,商贾阶层在汉初休养生息政策影响下得到壮大;[7] 富商大贾作为一支重要的经济力量、社会力量、政治力量,一直对两汉经济、政策产生重要影响。[8] 在唐代,商人分为行商、坐贾和居间商(牙人)三大类;[9] 农民弃农经商,经营粮食、布帛、衣服、鱼、盐、茶、醋、油、柴薪、家畜、蔬菜、水果等低值商品的中小商人比前代明显增多。[10] 宋代工商业比较发达和繁荣,城市中的贸易货栈商与贩运商人均已形成比较规模。[11] 在明代,江南地区的工商业比较发达,贸易商存在铺户、行户、铺行、铺商之分;[12] 中后期之后,东南沿海的海外贸易比较发达,走私贸易也异常活跃;[13] 特别是16世纪以后,沿海一带屡屡有私自造船通番贩易的事件,虽愈禁而莫止,1567年明朝开放海禁后,对外贸易得到长足

---

[3] 参见[美]M.罗斯托夫采夫:《罗马帝国社会经济史》(上册),厉以宁、马雍译,商务印书馆1985年版,第249~250页。

[4] 参见金志霖:《试论汉萨同盟的历史影响和衰亡原因》,载《华东师范大学学报(哲学社会科学版)》2001年第5期;何勤华、魏琼主编:《西方商法史》,北京大学出版社2007年版,第239~241页。

[5] 参见赵伯乐:《从商业公司到殖民政权》,载《华中师范大学学报(哲学社会科学版)》1986年第6期;包奕诚:《从贸易到征服》,载《南亚研究》1989年第3期。

[6] 参见谢素科、黄虎:《近代早期英国海外贸易商发展因质与贡献》,载《求索》2011年第6期。

[7] 参见柳春藩:《关于汉代官僚地主商人"三结合"问题》,载《史学集刊》1992年第1期;朱德贵、邹春生:《论汉代商人社会地位的提高》,载《商业研究》2006年第9期。

[8] 参见吴慧:《中国古代商业史》(第2卷),中国商业出版社1983年版,第166页。

[9] 参见阳旭:《从〈太平广记〉看唐代商人》,载《广西师范大学学报(哲学社会科学版)》1990年第S1期。

[10] 参见薛平拴:《唐代的中小商人与商品经济》,载《晋阳学刊》1992年第2期。

[11] 参见朱瑞熙:《宋代商人的社会地位及其历史作用》,载《历史研究》1986年第2期。

[12] 参见赵毅:《铺户、商役与明代城市经济》,载《东北师大学报》1985年第4期。

[13] 参见聂德宁:《明代隆、万年间的海寇商人》,载《厦门大学学报(哲学社会科学版)》1992年第2期。

发展，海外贸易商的地位得以上升。[14] 清代前期，国内商业活动虽有恢复，但海外贸易因海禁政策被抑制；海禁开放以后，沿海地区的官僚、富户、农民、手工业者、知识分子和国内贸易商等相继投资从事海外贸易，并形成郑氏海商集团、官商（包括在职官商、洋铜商、行商、球商）、民间海外贸易商、华侨商等不同贸易商群体。[15] 1840 年以后，传统国内贸易商被官商、洋商所挤压，对外贸易逐步形成以洋商为主导、以国内买办商为中介的新格局，如福建茶叶出口商在近代对外贸易就具有代表性。[16]

三、贸易商对商法的影响

贸易商对商法的影响包括如下几个方面：

1. 主导商法的性质。在贸易商占统治地位的农业经济、自然经济、小商品经济时代，商法性质具有鲜明的贸易商法特质，买卖规则、交易规则、贸易规则是此时商法的核心内容。

2. 决定商法的形式。在贸易商法时代，商法的主要形式为习惯法、买卖法、交易法，主要子法部门为合同法、运输法、海商法。

3. 制约商法的内容。如在贸易商法时期，商法主要反映、确认、保护贸易商、运输商、仓储商的权利要求；相应地，关于风险负担，如买卖标的物、运输中货物、仓储中货物的风险转移规则，海上运输中的货物毁损、海上事故、运输责任等，均最大限度地体现了贸易商、仓储商、运输商的利益保护与风险控制意愿。

四、贸易商在当代的发展

贸易商虽在当代已不占主导地位，但贸易商的中介职能仍具有不可或缺的重要意义，并以新的形式与内容体现着明显的时代特征：

1. 以经销商为主要形式。当代贸易商的主要形式是经销商，由经销商所组建的经销网络，对物品、产品、商品的销售起关键作用。

2. 以跨国贸易商为常态。当今的贸易早已突破国家、地域，在经济全球化、市场一体化、世界村落化的背景下，买卖商、贸易商早已没有国别、区域的标签，所经营的物品、产品、商品、知识品，既是全球生产要素与产业链共同合作的产物，也成为全球化的销售对象。

---

〔14〕 参见韩振华：《郑成功时代的对外贸易和对外贸易商》，载《厦门大学学报（社会科学版）》1962 年第 1 期。

〔15〕 参见邱旺土：《清代前期海外贸易商的构成》，载《中国社会经济史研究》2007 年第 4 期。

〔16〕 参见程镇芳：《五口通商前后福建茶叶贸易商路论略》，载《福建师范大学学报（哲学社会科学版）》1991 年第 2 期。

3. 以电商、网商为支撑转型形式。当代的任何贸易商,除极少数特定商品外,对经营可量产的物品、产品、商品、知识品,如果不使用计算机、网络、移动通信、大数据、云计算、物联网、人工智能,就难以把市场触角深入世界每一个角落,就不能获得客户的知晓和用户的信任,就难以取得竞争的优势。作为具有传统意义的贸易商,以新技术、新手段、新业态来适用并提高自己的竞争力,使自己朝电商、网商、智商转型,此乃必然的选择。

第二节 运 输 商

一、运输商的出现与界定

运输商,又称承运商或承运人,是利用自己或租赁的交通工具把托运人、其他承运人委托交付的货物(包括物品、产品、商品等)运送至指定或约定地点的经营者。

运输商是基于买卖商、贸易商运送货物的需要而产生,贸易商为把货物由此地销售至彼地,最先在自备交通工具(这种情况现仍存在),但如遇到长途、跨境、海外贸易时,贸易商如仍选择自运自销,不专业、不经济不说,还要承受不必要的货损风险、运输风险和其他意外风险。而如把运送货物的事务交给专业的运输商来打理,不仅可显著提高物流效益、减少货损风险,还可集中资本与精力,把买卖、贸易做大、做强。在此情形下,运输商的服务、配套功能就显示出来。不仅如此,随着业务的拓展,运输商不仅为贸易商提供物流运送服务,还为生产商、制造商提供原料、配料、部件与终端产品的物流运送服务,运输商在整个营业中承担物流运送服务的职能,最终也被法律所确定。

运输商具有如下业态特点:(1)中间性。运输商所从事的业务属于中间性业务,是通过自己的运送行为,使货物在委托人、托运人与受货人、收货人之间建立实际联系与法律关系。(2)服务性。运输商本身不生产、制造、提供货物,也不买卖、交易货物,只是把货物从委托人、托运人交付的地点,运送、交付至受货人、收货人处所或约定的地点,该运送行为是一种物流运送服务行为。(3)流动性。运输商运送货物,既不改变货物的品性,也不改变货物的价格,只是对货物作空间、地域上的移动。(4)风险性。运输商经营的物流运送业务具有很大的风险性,它不仅要面临各种自然灾害(如海难、山崩)、社会事件(如战争)等不能人为控制的事故风险,还包括各种交通工具技术障碍、市场因素、履约行为、意外事故(如船舶碰撞、车祸)等法律行为、市场经营风险,而且包括实际承运人及雇员的道德风险(如船长、船员、司机、机长、飞行员的故意与过失），具有各种风险叠加、甚至不可控制的特点。

运输商可作如下分类：(1)依使用交通、运载工具，可把运输商划分为铁路运输商、公路运输商、航空运输商、太空运输商、管道运输商、电力运输商、海上运输商、内河运输商等。(2)依运送的标的物与业务范围，可把运输商分为旅客运输商、货物运输商、信息运输商（如网络、通信）等。(3)依使用交通、运载工具的复杂程度，可把运输商分为专业运输商、综合运输商、多式联合运输商等。(4)依业务的经营方式，可把运输商分为自营运输商、租赁运输商、名义运输商、实际运输商等。

二、运输商的历史形态

运输商的历史演变与发展阶段是由使用交通工具决定的，而交通工具又受制于经济发展与生产工具的水平。[17] 人类最早的交通工具是陆上人力车和水上舟楫，因而最早的运输商是人力押运商、内河航运商。后来，随着畜力（如马、牛、骆驼）及畜力车的发明，就有了陆地畜力（车）运输商的出现。随着船舶制造技术的提高和航海用指针的发明，可用于海上航行的帆船开始出现，进而产生海上运输商，这一局面维持近三千年。至15世纪中叶至16世纪初，以帆船为基本工具的新航道开辟与地理大发现，进而使海上贸易与海上运输商得以迅速壮大，直至18世纪以蒸汽机为基本动力的近代革命，海上运输商在所有运输商中可谓一骑绝尘。

1810年，英国技师乔治·斯蒂芬森成功试制世界第一台蒸汽机车，火车作为新的交通工具进入营业领域。1817年，世界上第一条铁路从利物浦到曼彻斯特开建，铁路运输商横空出世。1879年，德国西门子电气公司研制第一台电力机车；1894年，德国又成功研制第一台汽油内燃机车，铁路运输商开始成为陆上运输老大。与此同时，蒸汽机、内燃机发明之后，也大量地运用于船舶动力，大型铁甲远洋海轮得以出现，推动了传统海上运输商向远洋运输商的转型。

1879年，德国工程师卡尔·本茨首次成功试制一台二冲程试验性发动机，随后用于作为陆上机动车的动力，并于1885年与戴姆勒联合试制汽车成功，汽车开始步入人们的生活。至19世纪末，汽车作为陆上新型交通工具的地位得到确认，新的公路运输商出现。

1903年，美国人莱特兄弟试制飞机成功，并作了人类首次空中飞行，作为20世纪初最重大的发明之一，飞机开辟人类的空中运输通道，一个前所未有的航空运输商诞生。

至20世纪50年代，随着火箭的发明，人类又开辟了太空运输的新技术，太空运

---

〔17〕 参见张敬秀：《交通工具和五大文明的对应》，载《内蒙古大学学报（哲学社会科学版）》1996年第6期。

输商得以涌现。此外,随着各种管、网、线的建设与网络化,管道、管线、信息等新型运输形式得以出现,管、网、线运输商和其他新型运输商不断推陈出新。

三、运输商对商法的影响

运输商虽总体上属于服务商的范畴,但在所有服务类商事主体中,发展历史最长,对商法的影响更深远,对商法产生如下明显影响。

1. 衍生庞大的商法子部门家族。受交通运输工具与经营特点影响,为适应不同专业运输商的需要,就应运产生诸如海商法、铁路运输法、公路运输法、水路(内河)运输法、航空运输法、管道运输法、多式联运法、[18]太空运输法、[19]邮政法、快递法、电力运送法、信息传输法、通讯法、仓储保管法、物流配送法、物流包装法等庞大物流运输法家族,并成为现代商法的重要单元。

2. 形成具有悠久历史的商法规则。如因海上运输的需要,在长期海运营业中形成的各种运输规则就成为现代海商规则的渊源,从古代罗得海商规则到中世纪汉萨同盟的共同海商规则再到近代国际海商规则,无一不是在海上运输商主导下形成。例如,著名的《统一提单若干法律规则的国际公约》(《海牙规则》,1968 年修订为《海牙维斯比规则》)、《联合国海上货物运输公约》(《汉堡规则》)、《统一有关海上救助的若干法律规则的国际公约》、《国际海上避碰规则公约》、《约克 - 安特卫普规则》[20]、《防止海上油污国际公约》,它们分别对托运人(合同托运人、交货托运人、单证托运人)、承运人(包括订约托运人、合同托运人)、收货人、单证持有人的权利义务以及责任豁免、海上船舶碰撞、海上救助、共同海损作有详细、具体规定,作为海商共同规则,进而成为现代商法的主要规则。又如,铁路、公路运输中的责任规则,航空运输中承运人赔偿责任限额规则等,均是在运输商主导或参与下形成的。

3. 直接推动公司保险制度的产生。现代公司制度、商业保险在一定程度上就源于海上运输与海上贸易。例如,公元前 916 年,在地中海的罗得岛上,国王为了保证海上贸易的正常进行,制定了罗得海商法,规定某位货主遭受损失,由包括船主、所有该船货物的货主在内的受益人共同分担,这是海上保险的滥觞。又如,15 世纪流

---

〔18〕 参见张长青、孙林:《物流法教程》,法律出版社 2009 年版,第 84 ~ 164 页;孙林:《运输法教程》,法律出版社 2010 年版,第 2 页以下;郑国华主编:《交通运输法概论》,中南大学出版社 2011 年版,第 5 页以下;陈家宏等:《交通运输法》,西南交通大学出版社 2014 年版,第 2 页以下;郑翔、张长青:《交通运输法》,北京交通大学出版社 2018 年版,第 10 页以下。

〔19〕 参见光波:《抢占太空运输市场——谈欧洲、日本和印度的可复用运载器计划》,载《国际航空》2002 年第 6 期。

〔20〕 参见姚新超、冷柏军:《〈鹿特丹规则〉下贸易商权利与义务的变化》,载《国际贸易问题》2009 年第 11 期。

行于海上运输与海上贸易的康孟达制度，就是近代两合公司、有限责任公司、股份公司的雏形。

4. 主导确立货损风险规则。如运输中的货损分担规则、海上货物运输中的风险转移与分担规则（如仓至仓、钩到钩、舷到舷等）、海难救助规则、空难风险规则等，均是运输商参与制定而形成的风险责任规则。

四、运输商在当代的发展

在当代，运输商呈现出多元性、新颖性、高技术性、快速便捷性、互联互通性等新特征。

1. 多元性。由于当代交通工具的多样化、多元化、多层化，各种形式的运输众彩纷呈，各种专业运输商均得到长足的发展。

2. 新颖性。因高铁、火箭、管道、线网、互联网等新型交通、运载工具涌现，催生诸如高铁运输、太空运输、管道运输、线网运输、互联网信息运输等运输新业态，新型运输商层出不穷。

3. 高技术性。各种专业交通工具和运输形式均融入最新科技成果，运输商的高技术、自动化、智能化程度越来越高，始终成为引领信息革命、网络革命、智能革命的前沿或主导力量。

4. 快速便捷性。当代运输在速度、便捷上不断升级换代，其快速性、便捷性、即时性达到了历史高度，在火箭速度已超越宇宙速度、网络达到近乎光速传播的情形下，运输商仍然没有放弃对更高速度、更为便捷目标的追求，正是当代运输商对速度、便捷的无止境追求，人类社会正朝着人与人、人与物、物与物之间即时互通的目标迈进。

5. 互联互通性。当代运输商已脱离完全依赖某一种或几种交通、运载工具或手段的专业运输商阶段，转型为综合运输服务商。绝大多数运输商会综合运用各种快速、便捷的交通、运载工具或手段，使各种交通、运载工具或手段互联互通、优势互补。综合运输服务商与专业运输服务商之间，形成新的合作、联通关系，各种快递公司的崛起与壮大即例证。

第三节 制 造 商

一、制造商的兴起与界定

制造商，又称生产者、生产商、生产厂商、工厂商或厂商，系指通过采购原料或零组件（自制或外购），借助于特定的内部机构、组织管理、机器设备、技术手段、专业流程、生产工序，向社会生产、加工或制造产品（包括终端产品和中间产品）的商事主体业务类型或职业形态。制造商的兴起是传统手工业向中世纪工场手工业、再向近代工厂制造业不断升级、转型的产物。

制造商具有如下鲜明特征：(1)独立性。与贸易商的依附性相比，制造商基于自己的自然禀赋、专业技能、比较优势，可独立进行生产、加工、制造。(2)自主性。制造真正可以做到生产什么、为谁生产、如何生产，完全由自己决定，不取决于其他主体的意志，不受其他主体的干预与控制。(3)创造性。制造商创造产品、创造价值、创造品牌、创造需求，并在创造中创新技术、创新方法、创新制度，是所有商事主体业务类型中最具创造性与创新性的群体。(4)技术性。制造商是把科学、技术与生产、制造结合得最为密切的商事主体业务类型，他们依托、运用科学技术，并且在生产、制造过程中，利用科学原理与方法进行持续的技术与方法创新，使科研、实验样品在不断的试制中逐渐成为可规模化生产和商业使用的产品，最终变为社会广泛应用、消费者可接受的商品，进而成为推动人类社会科学技术发展最前沿、最核心、最实干的主体力量。(5)持续性。制造商从立意、规划、筹资、设厂、进料、配件、雇人、聘员、组织、管理、工序到最后生产、加工、制造出产品，需要稳定的环境、特定的工期、连续的工作、长期的坚持，需要有确定的目标、认真的态度、执着的精神和持续的努力，才可生产、加工、制造出性能合格、质量达标、工艺精湛、适销对路的产品，才可赢得消费者的青睐。可见，制造商是一个职业、专业最具有持续性的主体，世界上多数百年老店与知名品牌，绝大部分是制造商。(6)进取性。制造商给社会提供的是货真价实、实实在在的产品，要实现效益、利润最大化，就必须使自己生产、加工、制造的产品，能满足消费者或购买者的需要，或者说能使消费者或购买者花更少的钱，获得质量更好、性能更优的产品。如此，他们就必须努力提高工艺、创新方法、开发技术、改善性能、升级产品、加强管理，正是这种不断进取的态度与精神，才使制造商成为营业领域中最勤奋、最富有进取的一支主体力量，他们也理所当然地成为最先进生产力的代表。

制造商可作如下分类：(1)按制造产品类型，可分为终端产品（如电视、手机、食品等）制造商与中间产品（如棉纱、布料等半成品；如发电机、齿轮等配件、零部件）制造商。(2)按在产品制造中的地位，可分为设备制造商与产品制造商。(3)按制造商之间的关系，可分为产品设计制造商、品牌制造商、产品加工制造商（代工生产商）。(4)制造商的行业、部门分类。

二、制造商的历史形态

制造商的历史变迁，大致是沿着“古代手工业营生者→中世纪早期手工业作坊主→中世纪手工业工场主→近代工厂企业主→现代制造业企业”这一轨迹和发展脉络逐渐演变。

古代手工业者是制造商最原始的形态，只不过古代手工业者凭借手艺与技术进行生产、加工、制造，并不为了营利，而仅仅是为了营生，即满足自己生存和家庭生活的需要。只是后来随着生活的改善、规模的扩大、技艺的提高，才转型为以营利为目的的专业制造。在古代的西亚、近东、埃及、希腊、罗马地区，均有极发达的手工业，存在一个门类众多的手工业谋生者与经营者群体。[21] 我国古代手工业经营也有悠久的历史，特别是汉代以后，手工业经营者十分活跃，涉及冶铁、铁器、制铜、陶器、漆器、木器、竹器、纺织、车船、制玉、制革、编织、制胶、制酱、制衣、烧炭等诸多行业中，经营形式有专营与兼营等两种类型。[22]

中世纪，手工业者明显表现为由手工作坊向制造工场的转型，就西欧而言，从早期的家庭手工业作坊、手工业行业师傅作坊，发展到后来的家内制工场、庄园工场、工匠工场等，手工业的专业分工、经营规模、技术含量、产品质量均得到提升。[23] 在我国，汉代实际上就出现了专业的手工作坊或手工工场，至唐代，私人手工作坊之多，已远超前代，扬州铜器、襄阳漆器、越州丝织、江西瓷器、刻县造纸、杭州造纸、益州织锦等负有盛名；长安、洛阳、范阳均有分工细化的手工业行业和私人作坊，其中长安有二百二十行，洛阳有一百二十行、三千余肆，涉及染行、布行、绢目行、大绢行、小绢竺行、新绢行、小彩行、丝绵行、靴行、冶炼行等多个门类。[24]

15 世纪以后，欧洲手工业制造开始缓慢地由手工工场向制造工厂转变，特别是在早期合伙、公司等企业制度的支撑下，初步完成了向近代制造业的转型。17 ~ 18 世纪，随着大机器的发明、使用与装备，工场手工业向机器工厂逐渐升级。正如马克思所描述的那样，“初期的工场手工业，除了同一资本同时雇用的工人人数较多而外，和行会手工业几乎没有什么区别”，“行会师傅的作坊只是扩大了而已”；“混成的工场手工业和有机的工场手工业”作为工场手工业的“两种基本形式”，在内部分工和社会分工的综合催化下，简单的手工业工场制向有复杂分工、精细管理的工厂制转化；逐步地，手工业工厂能“生产劳动工具本身特别是生产当时已经采用的复杂的机械装置”，并进而“又生产出机器”；而随着机器的生产与大规模应用，就出现

---

〔21〕 参见何勤华、魏琼主编：《西方商法史》，北京大学出版社 2007 年版，第 2 页以下。

〔22〕 参见李恒全：《试述汉代私营手工业的商品生产》，载《江西社会科学》2002 年第 5 期。

〔23〕 参见徐浩：《中世纪西欧工商业研究》，生活 · 读书 · 新知三联书店、生活书店出版有限公司 2018 年版，第 277 ~ 308 页。

〔24〕 参见郑学檬：《关于唐代商人和商业资本的若干问题》，载《厦门大学学报（哲学社会科学版）》1980 年第 4 期。

了“用机器来生产机器”的专业化“大工业”工厂。[25] 总体而言,在18~19世纪初,以“企业制度+大机器+大资本+雇佣劳动”为基本构成要素,以大工业为基本表象的近代制造商集群得以正式形成。

三、制造商对商法的影响

1. 铸就真正的商法精神。从某种意义上讲,制造业的兴起以及制造商群体的形成,作为中世纪晚期一个新崛起的平权阶层和一支新兴的革命力量,在推动人类社会从中世纪跨入近代过程中扮演着先锋、中坚的角色。这是因为“相对于进口货物贸易的制造业,则须有较高技术水准,也须有更受社会保障的商务制度”。[26] 制造商的形成、崛起与兴盛,不但完全改变了传统贸易商占统治地位的业态和主体结构,而且完全颠覆了传统贸易商的中间性、流动性、投机性,其独立性、持续性、创造性品格,决定所塑造的独立、自由、契约、工匠、创新、进取精神,成为引领近代产业革命、民主革命、工业革命的时代精神,也使独立、自由、平等、执着、创新、进取成为近代以来商法的基本品格和精神内核。也就是说,近代以来真正的商法精神,已不是传统贸易商时代的投机、冒险精神,而是制造商铸造的工匠、创新、进取精神。

2. 决定商法的基本品格。因应制造商的崛起与兴盛,与制造商对应的工厂组织、企业类型、公司形式、内部治理、授权经营、经理人管理、公司高管的受信义务与违信责任,成为商法不能回避而必须调整的对象,商法具有鲜明的工厂法、企业法新特征,正式进入企业商法时代。

3. 影响商法的法律形式。在制造商居主导地位的时代,商法的主要形式表现为工厂法、企业法、公司法、标准法、产品质量法、劳动合同法、安全生产法、工厂事故法、消费者权益保护法、破产法等新形式,形成商法新的子法部门。

4. 革新商法的具体内容。在制造商的主导下,商法内容在传统基础上,出现如下革新与附添:(1)新型权利形式。如出资人、劳动者、经理人成为工厂、企业、公司内部新的权利主体,对作为整体的企业之经营权、出资人之资本权、劳动者之劳动债权、职业经理人之经理权的确认、保护,成为企业商法时代的重要内容。(2)新型治理模式。如公司内部治理等。(3)新型经营模式。如委托、授权、承包、租赁、信托、托管等不同于传统自行经营的新型经营模式。(4)新型责任形式。如工厂事故责任、产品质量责任、劳动者安全生产责任、经理人的违信责任等。

---

〔25〕 参见[德]卡尔·马克思:《资本论》(第1卷),人民出版社2004年版,第374页、第396页、第426页、第441页。

〔26〕 参见[美]泰格、[美]利维:《法律与资本主义的兴起》,纪琨译,学林出版社1996年版,第4页。

四、制造商在当代的发展

在当代，受生产方式、组织形式、技术条件、社会环境的影响，制造商呈现出如下发展趋势：

1. 以公司为基本的组织形式。当代制造商的主要营业形式是公司，个体、家庭手工业制造虽仍存在，但已不占主导地位，特别是大型公司、跨国公司制造商，已是当代制造商的主角。

2. 终端产品制造商与中间产品制造商之间高度融合。由于产品性能不断升级、构造愈发复杂、技术不断创新、制式快速换代，从原材料到中间产品再到终端产品之间的产业链条越来越长，配套厂家越来越多，现在的任何制造商已经几乎不可能完全靠自己的独立力量和内部供应生产出自己的产品；终端产品制造商与中间产品制造商之间你中有我、我中有你，彼此已是一种互为依存、深度融合的供应链与产业链关系。

3. 品牌制造商、设计制造商与受托制造商之间分工明显。典型的就是掌握产品品牌、技术开发控制权的制造商，把产品品牌、设计的上端与产品销售的尾端控制在自己手里，而把具体的生产、加工、组装、制造委托给具体的实际制造商，从而催生只负责制造产品，但却无独立品牌、设计、销售权限的代工企业的产生与兴盛。由此，代工制造商也就成为新兴的制造商类型。

4. 同质量生产商正向个性定制商转型。近代、现代大工业生产与制造的最大特点，是依托机械化、电气化、自动化使产品成批量、大规模生产，因之，在绝大多数情况下制造商即量产制造商；非量产的个性化制造，只限于手工业者。但随着大数据、云计算、数字材料快速成型技术（如3D打印）、即时通信、人工智能等高技术的商业应用，制造商与终端用户之间通过贸易商、经销商、代理商间接联系的产品营销模式将被颠覆，制造商与终端用户可实现即时、直接联系，厂商可根据用户的个性化需求进行定制生产，个性定制商未来的市场空间必将越来越大。

第四节　资　本　商

一、股份公司的兴起与资本商的产生

资本商是以抽象的资本为交易或营运标的、追求资本权益或投资收入最大化的商事主体业务类型或职业形态。股份公司的兴起，导致出资人拥有的股份与股份对应的实际财产相分离，以股份为标的的股权、资本权益，从传统有形财产权（如物权、债权等)分离独立出来,演变为一种新型财产权利,拥有股权或持有股票的主体就成为资本权益人。后来随着股份市场、证券市场、期货市场、产权市场和各种衍生资本市场的兴起,催生了一大批以资本权益、资本证券、资本财产为交易或营运标的投资商和资本营运商。资本商涉足的业务包括资本及资本证券的流动、收购、企业并购、资本置换、战略联盟、股份回购、企业分立、股权置换、资产剥离、资产重组、破产重组、债转股、租赁经营、托管经营、参股、控股、交易、转让等。

资本商与传统贸易商、一般服务商、工厂制造商相比,具有如下一些特点:(1)资本性。资本商以资本的投入、交易、营运、收购为基本职业。(2)抽象性。资本商投入、交易、营运、收购的资本,是一种由原始出资财产转化而来、体现一定资本回报的价值物,但并不是一种对应于具体实物财产(具体实物财产属于公司所有、占有、支配或管领),而只是体现一定资本收益权或出资人参与权的抽象价值,权利属性具有抽象性。(3)虚拟性。资本商对资本的投入、交易、营运、收购,最原始的直接投资或股权投资虽为具体的实物、现物或确定数额的货币资金,但该出资财产投入公司或特定企业后,就转换为抽象的股份与资本,在后期的交易、营运、收购中,资本就已完全脱离原有的出资财产,异化为一种虚拟的资本权益、资本证券或资本指数,所有交易、营运、收购的标的均为虚拟的资本符号、数据或指数。(4)高流动性。股份公司发行股份后,伴随股票、债券、基金或各种衍生资本证券的产生,资本权益、资本证券或资本指数的高抽象性、虚拟性,使其完全脱离一般实物财产的具体性、个别性特征,进而具备类似于货币的中介性、可分性和流通性,从而为其可自由流通、流转、流动创造了基本条件;故资本商之间的权益转移与流动频率,已远远超出传统贸易商、一般服务商、工厂制造商。(5)快捷性。资本的抽象性与虚拟性为资本交易的快速、便捷创造了权利基础,资本商之间的交易也具有迅捷性和即时性,特别是证券、期货的交易,可实现众多不同主体之间在同一时点的集中、即瞬交易,交易的频率与速度已近乎克服时差的方式,实现了即时化。(6)投机性。资本的高抽象性、纯虚拟性、高流动性、高频率性,决定资本交易既存在巨大的利润空间,也具有极大的投资风险,特别是在引入券商融资的高杠杆情形下,投资的收益与风险会成倍的扩张或放大。因此,资本商带有最鲜明的投机性;或者说,投机性是资本商最本质的特性,且要远甚于传统贸易商。

资本商可按不同标准作适当分类:(1)按行为特征,可分为资本投资商与资本营运商。资本投资商即纯粹的买卖、收购股票、债券、基金、期货或其他衍生资本证券为基本职业的资本商,它属于投资主体的范畴;而资本营运商则是以资本的营运、经营为基本职业的资本商,如股份公司、证券交易所、券商、基金管理商、信托投资商、投资银行、证券保荐人等。(2)按经营事项,可分专营资本商与兼营资本商。其中,专营资本商以资本投入、交易、营运、收购为基本职业;而兼营资本商除营运资本业务外，还兼营其他非资本业务。(3)按所营资本业务的范围，可分为综合资本商与专业资本商。其中，综合资本商可经营所有资本业务的商事主体，如综合性全业型的证券公司等；而专业资本商则只经营某一类资本业务的商事主体。例如，《证券法》规定的证券交易所、证券登记结算机构、证券服务机构等；又如，我国《证券法》第125条规定从事证券经纪、证券投资咨询、证券财务顾问、证券承销与保荐、证券自营、证券资产管理和其他证券业务某一部分业务的证券公司；再如，《证券投资基金法》规定的基金管理人、基金托管人、基金服务机构等。

二、资本商的历史演变

资本商最初是与贸易商、制造商等合一的，古代近东、希腊、罗马因家族经营的遗产继承份额，催生不参与经营的份额食利者，应是资本商的最早滥觞；而罗马帝国时代出现的社会各阶层向商社出资，特别是元老院成员的隐名出资分利者，无疑已具有现代出资人的雏形。[27] 中世纪海上贸易合伙、家族合伙共同体、家外合伙共同体，[28] 以及后来出现的两合公司中某些只分享红利、不参与管理且只负有限责任的出资人，已具备了近代资本商的某些特质。[29]

股份公司的产生、股票的发行与证券交易所的设立，是资本商走向独立、壮大、崛起、兴盛的制度支撑和基础条件。1602年，在荷兰议长奥登巴恩维尔特的主导下，荷兰联合东印度公司获许成立。1609年，世界历史上第一家股票交易所在阿姆斯特丹设立，荷属东印度公司的股票在交易所可直接交易变现，近代意义的资本商正式诞生。1604年，英属东印度公司成立，1773年伦敦证券交易所成立，并于1802年获得英国政府正式批准，最初交易的政府债券、公司债券、矿山权证、运河股票陆续上市，交易标的突破了股票，涉及债券及其他资本权证，并很快在19世纪成为全球最大的资本市场，资本商扩大到债券购买者与持有人。1792年5月17日，纽约华尔街梧桐树协议的证券经纪“联盟与合作”规则出台，专业性的证券公司与证券经纪商正式成为资本商中的主导性力量；1817年3月8日更名为“纽约证券交易委员会”，1863年改名为纽约证券交易所，1934年10月1日交易所向美国证券交易委员会注册为一家全国性证券交易所，20世纪50年代起纽约证券交易所取代伦敦证券交易所，成为全球最大资本市场。

1848年，第一家现代意义的期货交易所成立于美国芝加哥，并于1865年确立

---

〔27〕 参见［美］汤普逊：《中世纪经济社会史》（上册），耿淡如译，商务印书馆1961年版，第2页。

〔28〕 参见［德］马克斯·韦伯：《中世纪商业合伙史》，陶永新译，东方出版中心2010年版，第14～18页、第75～94页、第116～128页。

〔29〕 参见［法］费尔南·布罗代尔：《十五至十八世纪的物质文明、经济和资本主义》（第2卷），顾良、施康强译，商务印书馆2017年版，第524～525页。

了标准合约的交易模式，以远期大宗产品、期货指数为交易标的的期货市场正式形成。[30] 以资本投资商为基础，以证券公司为主导力量，以期货商、基金管理商、信托投资商和其他资本交易服务商为多元形式的现代资本商群体正式形成。

三、资本商对商法的影响

资本商的出现，对商法产生重大影响。其中，资本商和几乎同时代产生的金融商的共同推动，使商法进入资本商法和金融商法时代。

1. 扩大商法的领域。资本交易与资本商的出现，扩大了传统营业的范围和领域，资本、证券、基金、期货和各种资本衍生权益、证券、指数等抽象、虚拟、纯粹“无体”交易标的物的出现，使营业从货物买卖、现货交易、产品制造、物流运输，步入一个跟财产、物品、现货、产品完全脱离或独立运行的资本交易、证券买卖、期货交易新时代，它具有鲜明的“无体物”交易特征。[31] 受此影响，商法也进入一个全新的“无体物”交易时代，不得不融入与资本主体、资本交易、资本关系、资本商人、资本权益、资本责任等有关新内容，进而拓展了商法的调整范围，形成一个资本商法新领域。

2. 增加商法的渊源。为适应资本商崛起与兴盛的需要，商法新产生了诸如股份公司法、证券业法、证券交易法、债券法、投资基金法、期货法、证券投资公司法、投资顾问法、证券经纪法、信托投资公司法、证券监管法等新的国家法渊源。不仅如此，在资本市场中，诸如证券交易所、证券同业协会、上市公司、信托投资公司等市场中介机构、自治结构、商事主体所制定的各种条例、规则、协议、章程，作为新的商人法、民间法、自治法形式，发挥着重要作用。

3. 创新商法的规则。由于资本交易具有与传统商品交易、产品制造、物流运输不同的特质，在资本交易、营运过程中形成的资本权益规则、证券发行规则、内幕交易规则、短线交易规则、持续信息披露规则、上市公司并购规则、证券交割规则、期货交割规则等特殊规则，使传统商法规则得到重大创新。

4. 重组商法的内容。其中诸如资本权益、特别是公众投资者的权益，作为资本商法时代的保护重心，得到各国商法的重视；而与此相对应，商法则加重了证券发行人、上市公司、内幕人员、关联人员、证券公司、证券交易所、证券保荐人、基金管理人、信托投资公司等主体的违信责任，更是资本本位时代对商法重要内容的添加。

四、资本商的当代发展

与资本市场形成、转型时期的身份化、自由化、民间化形成鲜明对照，当代资本

---

〔30〕 参见李明良：《期货法》，人民法院出版社1999年版，第9～17页。

〔31〕 参见周亮：《新型商事交易标的物的商法调整》，法律出版社2016年版，第30～59页。

商的发展呈现出如下特点与趋势：

1. 资本投资商已社会化、平民化、普遍化。进入资本买卖、购入各种资本证券的投资主体已不限于初期的原始股票持有人或证券经纪人，所有具备民事行为能力、有一定流动资金作基础、符合证券开户条件的自然人、法人、非法人组织，包括非营利组织或国家，均可通过开设公开的证券账户，进入资本市场进行交易，成为资本市场的投资主体。资本市场的抽象性、虚拟性、独立性、自由性、平等性为所有民事主体成为公开资本市场的投资主体创造了可能性。

2. 资本营运商已形成多元格局。由于资本营运商在资本市场中占有主导地位，传统的资本营运商主要为上市的股份公司与证券经纪商；而随着资本市场的多元，资本营运商也呈现以上市公司（公众公司）、证券公司为主导力量，以期货商、基金管理商、信托投资商和其他资本交易服务商为多元形式的现代新格局。

3. 法律对专业资本营运商的规制越来越严格。特别是强化对证券交易所、证券公司、期货公司、证券商、基金管理人、信托投资公司的义务内容、违信责任和严格监管，为当代商法的重心。

第五节　金　融　商

一、金融服务商的界定、产生与类型

金融有广义与狭义之分，广义的金融即所谓的资产、资本与资金融通，包括资产的融通、资本的融通、资金的融通，前述资本的发行、交易、营运、并购，也属于大金融的范畴；而狭义的金融则仅指货币（资金）的融通，包括货币的发行、流通和回笼，贷款的发放和收回，存款的存入和提取，汇兑的往来等货币资金活动。相应地，广义的金融商为以资产、资本、资金的融通为主业的商事主体，包括资产商、资本商、货币商；而狭义的金融商是以货币资金的融通为主业的商事主体类型。此处所论金融商，系指狭义的金融商。金融商的产生与出现，是以近代商业银行、银行信贷、银行结算的出现为标志，并形成以银行信贷、票据支付、资金结算、证券融资、保险融资、信托理财、外汇兑换、汇率买卖为核心、主业的金融商群体。

金融商与资本商有一定的关联性与相似性，具有如下特点：（1）货币性。它以特定货币为单位的资金为交易标的，专营货币资金的商事主体。（2）融通性。它不以占有、使用或追求对货币资金的所有为最终目的，而是通过货币资金的融通，把货币转输、传导给需要货币资金的主体，即把货币资金从所有者处转输、传导至需要者、使用者处，使货币资金在不同主体、产业、行业、部门、地区之间实现融通，金融

商扮演着运送、输血的角色与地位。(3)媒介性。金融商经营的货币业务,本身具有一般等价物、一般交换媒介的功能,它比资本更具纯粹性、抽象性和虚拟性,能充当其他一切业务类商事主体的媒介或中介。(4)周转性。金融商经营的货币业务,最显著的特征是货币在所有者、需要者、使用者之间融通之后,即在一定周期或资金功能得以发挥之后,货币资金又会以一定的方式或流程回笼到某一金融商所处,货币资金在金融商的营运下,时刻处在高流动、快周转、再回笼的状态。(5)放大性。金融商特别是商业银行,具有信用再造、货币再造、资金再造的功能,通过货币资金的吸存、发贷、再存、再贷、回笼、又贷等循环的存、贷、回过程,可成倍、成百倍甚至成千倍地放大货币资金的发行,特别是在高杠杆的作用下,货币资金的放大效应更是难以估量。正因为如此,金融商具有比资本商更大的投机性和更高的风险性。(6)世界性。货币的一般等价物和一般交换媒介等特性,决定金融商的业务具有跨越地区、国别的特征,而在汇率自由和跨国结算的支撑下,金融商也就具有跨国性、全球性和世界性特征。

金融商可从不同的角度进行分类。(1)按经营业务的种类,可分为银行商、票据商、证券商、保险商、期货商、信托商等。(2)按经营业务的范围,可分为混业、综合金融商与专业金融商。(3)按机构的性质,可分为商业银行与非银行金融机构。(4)按业态的存在方式,可分为传统实体金融商与网络虚拟金融商。

二、金融商的历史演变

金融商的出现是以货币的出现为契机和基础,并大致沿着"货币兑换商(经营纯粹的货币兑换业务)→货币经营商(经营货币兑换、保管、收付等业务)→货币兼营商(经营货币保管、收付、结算、放贷、兑换等业务)"这一基本轨迹不断演变,其标志是近代商业银行的设立与运行。

早在古埃及第三中间期,就出现有关民间借贷的契约文书,年借贷利息高达100%。[32] 在古巴比伦,大商人塔木卡有权经营借贷业务,《汉穆拉比法典》第49条至第51条就有关于自由民向塔木卡借贷、并支付利息的规定;[33] 有学者甚至认为,在公元前2000年左右,"巴比伦的商人和银行家之间就在使用票据和支票"。[34] 古希腊时期,存在有众多经营货币兑换业务的商人和经营船舶借贷业的商人。[35] 在

〔32〕 参见何勤华、魏琼主编:《西方商法史》,北京大学出版社2007年版,第20~21页。

〔33〕 参见《世界著名法典汉译丛书》编委会编:《汉穆拉比法典》,法律出版社2000年版,第32~33页。

〔34〕 参见[法]费尔南·布罗代尔:《十五至十八世纪的物质文明、经济和资本主义》(第1卷),顾良、施康强译,商务印书馆2017年版,第582页。

〔35〕 参见何勤华、魏琼主编:《西方商法史》,北京大学出版社2007年版,第109~110页。

古罗马，共和国至王政时期，就有比较发达的商业贷款活动与经营者；[36]而在“帝国各城市中，信贷和信贷业务十分发达”，“银行家和私人贷款者这一行”已成为“实业活动中另一个重要部门”，“在帝国全境之内，到处都发展起名副其实的银行，有些是私人开办的，有些是市政当局开办的”。[37] 在中世纪，汇票、支票、本票在商人中已得到广泛的使用，成为一种基本的“信用手段”；[38]与此同时，银行业也在12世纪以后得到较快的发展，至14世纪，“银行就已具有双重职能，既是票据贴现机构，又是储蓄机构”。[39] 近代意义的商业银行产生于中世纪晚期的意大利，1580年成立的威尼斯银行是世界上最早的商业银行。此后，1593年在米兰、1609年在阿姆斯特丹、1621年在纽伦堡、1629年在汉堡以及其他城市也相继设立各类商业银行。1694年最早的股份银行英格兰银行成立；至18世纪末19世纪初，各种股份银行竞相在西欧各国成立，并成为银行的主要组织形式。1844年英格兰银行经改组后成为英国中央银行；至19世纪后半期，西方主要国家都相继设立了中央银行。

我国在夏商周时代就已出现民间借贷业。秦汉时代，在货币统一的基础上，因铜、银为基本流通货币，在民间就出现铸铜银币的冶炼作坊，如文景时期，吴国所属之地就有规模巨大的铸钱、铸币厂。[40] 宋代出现纸币交子，并相应产生兑换交子、金银、铜钱、借贷的柜坊、钱铺、账房。[41] 明清时期，更出现专门经营民间借贷的钱庄、账局；[42]明末以后，又出现经营货币存储、兑换、汇兑业务的票号，其中，山西票号最具典型性。[43] 我国第一家近代银行为1897年5月27日成立的“中国通商银行”；第一家国家银行是1905年清廷创办的“户部银行”，后改称“大清银行”；1911年辛亥革命后，“大清银行”又改组为“中国银行”，一直沿用至今。

20世纪以来，随着国际贸易和国际金融的迅速发展，一批国际性或地区性的银行组织在世界各地陆续建立，如1930年的国际清算银行、1945年的国际复兴开发银行（世界银行）、1956年的国际金融公司、1964年的非洲开发银行、1966年的亚洲

---

〔36〕 参见［德］特奥多尔·蒙森：《罗马史》（第1卷），李稼年译，商务印书馆2004年版，第182～184页。

〔37〕 参见［美］M.罗斯托夫采夫：《罗马帝国社会经济史》（上册），马雍、厉以宁译，商务印书馆1985年版，第260～264页。

〔38〕 参见［美］哈罗德·J.伯尔曼：《法律与革命——西方法律传统的形成》，中国大百科全书出版社1993年版，第424～428页。

〔39〕 参见［美］詹姆斯·W.汤普逊：《中世纪晚期欧洲经济社会史》，徐家玲译，商务印书馆1992版，第574页。

〔40〕 参见陈直：《汉代盐铁铸钱三大手工业》，载《人文杂志》1957年第1期。

〔41〕 参见吴慧主编：《中国商业通史》（第2卷），中国财政经济出版社2006年版，第705～716页。

〔42〕 参见叶世昌：《从钱铺到钱庄的产生》，载《学术月刊》1990年第5期。

〔43〕 参见燕红忠：《金融创新与山西票号的兴起》，载《山西大学学报（哲学社会科学版）》2012年第4期。

开发银行等，这些银行在跨国、全球、国际信贷、结算中发挥着重要作用。

至当代，已形成以商业银行、证券期货商、保险商、信托投资商为四大支柱，以其他金融商为辅助形式的庞大金融商群体。

三、金融服务商对商法影响

金融商对近现代商法的影响十分深远，因金融商群体的出现、崛起、兴盛直至在当代居于整个商事主体业态的顶端，使商法顺理成章地进入金融商法时代。

1. 开辟商法新境界。金融商及经营的银行、证券、期货、基金、票据、保险、信托等全新业务，通过商业银行形成的全新支付工具、结算系统、资金网络，彻底改变了贸易商、制造商、运输商占主导地位的传统商法实体境界，使资本借助于货币工具，更加纯粹化、抽象化、虚拟化，货币资金交易的地位不断攀升，进而占据商法的顶端，并渗透传统商法的每一角落与环节。

2. 创新商法新形式。在金融商主导下，商法的渊源与形式更为丰富、多样，如银行法、存款贷款法、证券法、期货法、投资基金法、票据法、保险法、信托投资法、结算支付法、外汇法、汇率法、金融监管法等子法部门，不仅成为商法的新形式，更成为当代商法的核心或骨架。

3. 引入商法新理念。金融的高流动性与高风险性，决定金融自由、金融安全作为当代最重要的金融理念，已成为金融商信守的核心理念，也已成为商法中最基本的理念。

4. 奠定商法新规则。例如，银行法中的审慎经营规则、安全保障规则、资本充足规则、存款保证金规则、存款人保护规则、同业拆借规则、存款保险规则等，票据法中的票据效力形式外观规则、票据权利无因性规则、票据抗辩规则、票据承兑规则、票据追索行使规则等，保险法中的最大诚信规则、保险利益规则、近因规则、理赔规则、免责规则等，均已成为商法中最基本的规则。

5. 革新商法新内容。鉴于金融为国民经济的血液地位及极端重要性，为确保金融安全，防止引发系统性、全局性、社会性金融风险，强化对金融商与金融行为的监管，就成为不同国家或地区新时代商法的必然选择，它也彻底改变了商法领域以往国家尊重商人自治的传统，使金融监管法成为商法中最为重要的内容。

四、金融商在当代的发展趋势

1. 混业综合金融商已成主流。混业经营与分业经营是近代金融业两种截然不同的制度范式。在当代，由于不同业态之间的金融已深度融合，绝对分业经营模式已不再适应新形势需要，金融混业、综合经营已成主流选择和基本趋势，专业金融商也相继转型或升级为混业、综合金融商。

2. 影子金融商发展十分迅速。影子金融即规避监管、而使货币资金在特定金融商体外循环、周转的一种金融业态和隐形金融商形式，其中，最为典型的是影子银行。自然，加强对影子银行监管，就成为当代金融商法最为重要的任务。[44]

3. 普惠金融（inclusive finance）商方兴未艾。传统金融商的服务对象主要为商事主体，具有明显的倾向性；而普惠金融是由联合国开发计划署在宣传2005小额信贷年时所提出的口号，系指以可负担的成本为有金融服务需求的社会各阶层和群体提供适当、有效的金融服务，其中小微企业、农民、城镇低收入人群等弱势群体是金融商应予重点服务的对象。[45] 普惠金融理念的兴起使金融服务的对象实现平民化、普遍化，在此情形下，普惠金融商可谓方兴未艾、大有作为。

4. 网络金融商异军突起。随着网络支付、移动支付、网络贷款、基金销售、P2P网络借贷、网络小额贷款、众筹融资和金融机构的创新性互联网平台等新型网络金融形式的产生，网络金融商快速崛起，成为金融商群体中一股新的力量。

第六节　智　网　商

随着计算机技术、互联网、移动通信、物联网、大数据、云计算、人工智能、生物技术等高新技术的发展与应用，以传统实体厂店为基本形式的商事主体，开始转型升级为虚拟的电子、网络、移动、智能商事主体；以电子形式、网络平台、移动通信、智能机器为载体或形式的电子商、网络商、移动商、智能商，在信息经济、网络社会、智能时代得以横空出世，为叙述方便，以下简称智网商事主体或智网商。关于电商、网商、智商的类型界定、历史演变、表现形态和对商法的影响，前文已有分析，以下集中讨论智网商的主要存在形式和职业形态。

一、传统实体型商事主体的电子化、数字化、网络化和移动化

通过传统方式注册登记取得营业主体资格或无须注册登记而自由取得经营主体资格的自然人、法人或非法人组织，通过诸如网络域名注册、设立网站、建立平台链接、加入网络社区并取得账号、申请电子执照等多种方式，取得网络经营者或交易者的资格或身份，转型为网商。尤其是在商品零售、厂家直销、经销代理等行业，绝大部分厂商已经完成了由传统注册商人、自由商人向电子商户、网络商人的过渡

〔44〕　参见袁达松：《对影子银行加强监管的国际金融法制改革》，载《法学研究》2012年第2期；沈伟：《中国的影子银行风险及规制工具选择》，载《中国法学》2014年第4期。

〔45〕　参见杜晓山：《小额信贷的发展与普惠性金融体系框架》，载《中国农村经济》2006年第8期。

与转型。特别是传统不具有商品生产或有偿服务的经营农户,借助于互联网、移动通讯、电子商务系统和各种网络营销平台,有效地由非商事主体的农户转型为新兴的网络经营者,农村电商主体得以异军突起。[46] 这更充分说明,传统实体商事主体转型为电商、网商、智商等虚拟商事主体,已是当下和今后网络时代、智能时代的基本趋势。

二、新型虚拟网络商事主体

(一)虚拟网络商事主体的界定

虚拟网络商事主体,学理上又称网络服务商或网络经营主体(internet service provider),指以营利或宣传为目的,借助计算机和互联网技术实施经营或广告行为,并因此而享有权利和承担义务的网络载体。[47] 目前,我国调整电商、网商、智商的法律有《电子商务法》;行政法规有《互联网信息服务管理办法》《互联网上网服务营业场所管理条例》《信息网络传播权保护条例》等;部门规章有商务部《网络交易服务规范》,原国家工商行政管理总局《网络交易管理办法》《网络交易平台经营者履行社会责任指引》《网络交易平台合同格式条款规范指引》,国家发展改革委《网络交易价格举报管辖规定》等。其中,关于网上营业,又称网络交易,其名称或表述,如《电子商务法》称为“电子商务活动”,《互联网信息服务管理办法》是在“互联网信息服务”语境中来定义,《网络交易管理办法》则称为“网络商品交易及有关服务”,《网络交易服务规范》把其界定为“网络交易服务”。

(二)虚拟网络商事主体的类型化分析

学理上一般把网络商事主体分为个体网商(个人网店[48]或网络个体经营者,[49]系指自然人利用第三方交易平台销售货物或提供服务所开设的网上商店)、企业网商两大类。从技术上,如按业务范围,可分网络服务商为基础网络运营商(如电信企业)、网络接入服务商(各种网络租赁公司)、网络平台服务商(各种综合性网络平台)、网络技术支持服务商、认证服务商和中介服务商等;按网络服务内容,可分网络服务商为单纯提供联线服务的网络服务商、单纯提供内容服务的网络

---

〔46〕 参见刘玉来:《论我国农村电商主体的培育》,载《烟台大学学报(哲学社会科学版)》2018 年第 4 期。

〔47〕 参见刘肃、陶利军:《网络经济与工商行政管理(三)——网络经营主体准入登记的理论与实践》,载《中国工商管理研究》2007 年第 1 期。

〔48〕 参见刘志娟:《个人网店商事主体地位辨析》,载《重庆邮电大学学报(社会科学版)》2013 年第 4 期。

〔49〕 参见王冬梅:《网络个体经营者的法律问题及其立法建议》,载《西南大学学报(社会科学版)》2017 年第 2 期。

服务商和综合服务商；按网络服务商地位，可分为网络中介服务商和网络内容提供商等。

在法律上，《电子商务法》将其称为“电子商务经营者”，即“通过互联网等信息网络从事销售商品或者提供服务的经营活动的自然人、法人和非法人组织”，包括电子商务平台经营者、平台内经营者以及通过自建网站、其他网络服务销售商品或者提供服务的电子商务经营者等几类，其中，电子商务平台经营者系“在电子商务中为交易双方或者多方提供网络经营场所、交易撮合、信息发布等服务，供交易双方或者多方独立开展交易活动的法人或者非法人组织”；而平台内经营者则指“通过电子商务平台销售商品或者提供服务的电子商务经营者”。[50] 另外，《网络交易管理办法》将其称为“网络商品经营者和有关服务经营者”，并将其划分为“网络商品经营者”“第三方交易平台经营者”和“其他有关服务经营者”三类。[51]

三、备受争议的各种人工智能终端——智能机器人

（一）智能机器人对传统商事主体的挑战

在人工智能时代，人工智能不但对传统营商模式构成巨大挑战，而且对传统商事主体的类型、形态、属性也构成巨大挑战，特别是在机器智能领域，以智能增强、人工智能为代表的两大技术阵营，究竟是增强人类技能、还是替代人类地位，存有明显的理念对立和观念冲突；相对于加速增强型计算机、信息储存联通型网络等智能增强技术以人之主体为中心、以增强人类技能为目标，不断发展、创新、突破人们想象极限的深度学习型、独立思考型甚至具有超级智能创新型的人工智能技术，则明显具有以机器为中心、以替代人类为目标的发展趋势，其在技术上具有去人类化、在法律地位上具有新型主体的独特属性，这无疑对既有法律伦理、主体制度构成严重挑战，[52] 而更深层次的挑战则是人的主体性危机。[53]

关于人工智能的巨大挑战，早在 1988 年，美国未来学家就预测机器人在下一个 25 年至 50 年很可能会有权利，主体与权利中“人类中心论”将会被打破。[54] 自然，

---

〔50〕 参见《电子商务法》第 9 条。

〔51〕 参见《网络交易管理办法》第 7 ~ 38 条。

〔52〕 参见于海防：《人工智能法律规制的价值取向与逻辑前提——在替代人类与增强人类之间》，载《法学》2019 年第 6 期。

〔53〕 参见陈姿含：《人工智能算法中的法律主体性危机》，载《法律科学（西北政法大学学报）》2019 年第 4 期。

〔54〕 参见［美］Phil McNally、［美］Sohai Inayatullay：《机器人的权利》（上），邵水浩译，载《世界科学》1989 年第 6 期。

智能机器人成为法权持有人的幻想，并非如现在人们所理解的那样，总是不可能的。[55] 现在看来，这种预言已经越来越接近现实，由人工智能所带来的智能革命，对当下的法律规则和法律秩序带来前所未有的挑战，已涉及民商事主体法、著作权法、侵权责任法、人格权法、交通法、劳动法等诸多方面，与现有法律制度形成冲突，凸显法律制度产品供给的缺陷。[56] 从人工智能的性质到人工智能有将人类工具化的可能等问题，人们虽关注但无法形成正确而统一的共识。[57] 即使在人工智能法律发轫的美国，关于机器人是否为主体，是否享有权利或承担责任的争论，[58] 也一直没有停止过。

（二）智能机器人的法律属性与法律地位

具有深度学习功能、独立思考能力、自主创新意识的人工智能终端——智能机器人，究竟是否为一类新型主体，还是附属于人类智能创造的客体，或者纯粹是人类智能型营业活动的智能行为，域外法有所谓客体说、主体说两种观点，其中客体说中存在产品责任说、类推适用动物说等不同解释路径；而主体说中亦有代理说和电子人格说等不同论证方法。[59] 国内学界、业界对此也存有比较大的分歧，归纳起来，有如下代表性观点：

1. 独立主体或人格论。此论认为智能机器人能够在独立于人类干预的情况下自主作出决定，由此对现行以人类行为和决定为中心构建的责任制度提出了挑战，而赋予人工智能以法律人格，让其为自己的侵权行为承担责任是最好的选择；[60] 或者认为，“自主性”并非决定法律人格赋予的本质属性，赋予人工智能以法律人格，其制度价值主要在于责任承担。[61] 而对于如何认定智能机器人的主体资格或独立人格，有学者认为是否赋予人工智能体法律人格，法律应基于主体资格的一般要件原理，即是否满足实质要件与形式要件来判断。[62] 有学者认为，法律对人工智能的特殊主体设计制度应从拟制思路转向生产性思路，即理解人工智能在多大程度上

---

〔55〕 参见［美］Phil McNally、［美］Sohai Inayatullay：《机器人的权利》（下），邵水浩译，载《世界科学》1989 年第 7 期。

〔56〕 参见吴汉东：《人工智能时代的制度安排与法律规制》，载《法律科学》2017 年第 5 期。

〔57〕 参见陈景辉：《人工智能的法律挑战：应该从哪里开始？》，载《比较法研究》2018 年第 5 期。

〔58〕 See Ryan Calo, *Robotics and the Lessons of Cyberlaw*, Calif. L. Rev. 2015,（103）:513 – 563；章琪：《机器人和法律》，载《世界科学》2015 年第 1 期。

〔59〕 参见陈吉栋：《论机器人的法律人格》，载《上海大学学报（社会科学版）》2018 年第 3 期。

〔60〕 参见［美］约翰·弗兰克·韦弗：《机器人是人吗？》，刘海安等译，上海人民出版社 2018 年版，第 6 页；［美］约翰·弗兰克·韦弗：《人工智能机器人的法律责任》，郑志峰译，载《财经法学》2019 年第 1 期。

〔61〕 参见郭明龙、王菁：《人工智能法律人格赋予之必要性辨析》，载《交大法学》2019 年第 3 期。

〔62〕 参见彭诚信、陈吉栋：《论人工智能体法律人格的考量要素》，载《当代法学》2019 年第 2 期。

帮助平台企业变得更智能(或者平台本身就是一个人工智能体)。[63] 也有学者认为,人工智能革命应破除世俗化的人类中心主义的法律主体位格,把"智能机器人"模仿和拟制为类似自然人的"智人",通过"位格加等"把机器人提升到自然人的法律位格。[64] 此外,还有主张"机器人作为法人""机器人作为严格主体"等不同观点。[65]

2. 有限人格论。该论认为智能机器人是否具有独立主体或人格地位,关键取决于其是否具有独立自主的行为能力,如有之,则可赋予其主体资格或独立人格;如无,则应以客体视之。如有学者认为,人工智能具有独立自主的行为能力,人工智能应当具有法律人格;但由于人工智能承担行为能力的后果有限,其具有的法律人格是有限的法律人格。[66] 也有学者认为,应将智能机器人分为"弱人工智能"(思考能力在某些方面已经可以与人相媲美)和"强人工智能"(具有人的意识与思维能力),将"强人工智能"解释为拥有人的理性、并应当被视为自然人,而"弱人工智能"依然是物。[67] 还有学者认为,在强人工智能时期,可能出现具有拟制法律人格或类法律人格的智能机器人。[68] 亦有学者认为,在坚持人工智能为客体的原则下,运用拟制的法律技术,将特定情形下的人工智能认定为法律主体,从而为应对、引领未来人工智能的发展奠定法律主体基础。[69]

3. 限制能力论。该论认为,智能机器人只在某种特定情形下才具有主体资格,法律可赋予其主体资格或人格地位。如有学者认为,可类比自然人民事主体法律地位的划分标准,以理性程度作为基本尺度,根据智能机器人的智能化程度与理性指数,把智能机器人划分为无民事行为能力机器人、限制民事行为能力机器人或完全民事行为能力机器人三种基本类型,并明确不同法律地位智能机器人民事权利、义务与责任的范围。[70]

4. 人格否认论。该论认为智能机器人无论智能到什么程度,均属于人类的创造物,其只有物的客体属性,而不具有人的主体属性。如有学者认为,智能机器人、人

---

〔63〕 参见胡凌:《平台视角中的人工智能法律责任》,载《交大法学》2019 年第 3 期。

〔64〕 参见张绍欣:《法律位格、法律主体与人工智能的法律地位》,载《现代法学》2019 年第 4 期。

〔65〕 参见[意]乌戈·帕加罗:《谁为机器人的行为负责?》,张卉林、王黎黎译,上海人民出版社 2018 年版,第 158 ~ 177 页。

〔66〕 参见袁曾:《人工智能有限法律人格审视》,载《东方法学》2017 年第 5 期。

〔67〕 参见王重尧:《人工智能法律主体资格的法理学分析》,载《河南财经政法大学学报》2019 年第 3 期。

〔68〕 参见孙占利:《智能机器人法律人格问题论析》,载《东方法学》2018 年第 3 期。

〔69〕 参见陈吉栋:《论机器人的法律人格》,载《上海大学学报(社会科学版)》2018 年第 3 期。

〔70〕 参见叶明、朱静洁:《理性本位视野下智能机器人民事法律地位的认定》,载《河北法学》2019 年第 6 期。

形机器人均属人类的制造物,不能以高度人格化的方式将其与人类进行类比。[71]也有学者认为,现代法律制度预设的主体是理性主体,虽然人工智能是人类技术理性的延伸,似乎与理性法律主体的预设相契合,但这并不意味着人工智能可以成为适格的法律主体。[72] 还有学者认为,不可混淆自动化科学中的工具自动化决策与人类主体性、人之主体能力本质与为人所创造工具的工作能力表象之间的区别;人工智能只能被定格在无法反应与确证自我的客观类存在物以及法权模型中的法律关系客体上。[73]

5. 法律行为或法律客体论。该论认为由于受宪法等法律的制约,"机器不具有法律权利和责任,设计、制造、销售和使用它们的人才具有法律权利和责任";[74]智能机器人只是人类法律行为的产物,属于产生新型法律关系的法律行为范畴。如有学者认为,机器人更接近于动物而不是法人,它无法、也不应当承担独立责任,在法律上为机器人行为负责的总是人类及人类行为自身。[75] 也有学者认为,人工智能虽拥有类似人类的智能,但并未具有人类理性;只能是法律关系客体而非主体,鉴于其智能性和自主性,可以将高度智能化的人工智能视为客体中的特殊物。[76]有学者认为,从法律价值层面来看,人工智能应以保证人类的生存秩序和发展为终极目标,应定性为研发者、制造者和使用者的法律行为。[77]

(三)界于客体与主体之间的智能机器人

笔者认为,在讨论智能机器人时,把智能机器人划分为弱人工智能与强人工智能是必要的前提。弱人工智能型机器人只具备可比拟人类某些思考能力,甚至在某些方面的思考能力已超越人类,但无人类的独立意识与理性判断能力;而强人工智能型机器人则具有类似人的独立意识与理性判断。一般认为,弱人工智能型机器人只是人类的创造物,属于人类创新型营业中的交易标的或权利客体,学界、业界对此并无太多的分歧。因此,争论更多的是围绕强人工智能型机器人究竟是主体,还是应为客体。智能机器人主体性、人格论者虽然认识到人工智能自主性的一

---

〔71〕 参见[美]尼尔·M. 理查兹、[美]威廉·D. 斯马特:《法律如何看待机器人》,陈吉栋、向梦涵译,载《法治社会》2019 年第 1 期。

〔72〕 参见龙文懋:《人工智能法律主体地位的法哲学思考》,载《法律科学(西北政法大学学报)》2018 年第 5 期。

〔73〕 参见张力、陈鹏:《机器人"人格"理论批判与人工智能物的法律规制》,载《学术界》2018 年第 12 期。

〔74〕 参见[美]约翰·弗兰克·韦弗:《机器人是人吗?》,刘海安等译,上海人民出版社 2018 年版,第 6 页。

〔75〕 参见冯洁:《人工智能体法律主体地位的法理反思》,载《东方法学》2019 年第 4 期。

〔76〕 参见刘洪华:《论人工智能的法律地位》,载《政治与法律》2019 年第 1 期。

〔77〕 参见李爱君:《人工智能法律行为论》,载《政法论坛》2019 年第 3 期。

面,但忽视了智能机器人工具性的另一面;而智能机器人否认论、客体论、行为论者比较强调人工智能工具性、客体性的一面,但却无视强人工智能机器人具有深度学习、意识能力、独立意识的自主性、主体性另一面。

鉴于强人工智能型机器人具有明显的意识性、自主性、独立性等特征,在一定意义上具有类自然人的能力和地位,如将其再锁定或限制在交易标的或权利客体的范畴内,显然不利于责任的明晰与风险的分担。但是,如赋予强人工智能型机器人以相当于自然人一样完全的主体地位与法律人格,则一旦强人工智能型机器人脱离了制造者、购买者、使用人的约束或控制,给社会或他人造成损害,则在强人工智能型机器人难以独立承担责任的情形下,于他人、社会则可能带来极大的技术风险和伦理危机。因此,比较适当、稳妥的做法,是把强人工智能型机器人置于制造者、购买者、使用人的拟制代理人身份或地位,在强人工智能、智能机器人与特定制造者、购买者、使用人之间建立一种拟制的代理关系,强人工智能型机器人被视为传统商业使用人、代理人在网络时代的新生形式,可比较圆满地解决前述主体论和客体论均存在困惑或缺陷的问题。

之所以把强人工智能型机器人拟制为特定制造者、购买者、使用人的代理人,原由如下:首先,从强人工智能型机器人的产生目的而言,它是为了给特定制造者、购买者、使用人带来服务或创造价值的,符合传统“代理他人”“为他人利益”“为他人办事”处理业务的基础法律关系属性。其次,从制度构建的目的而言,主体制度的基本功能,除赋予特定主体权利外,更在明晰主体之间的责任范围、分担风险,把强人工智能型机器人拟制为特定制造者、购买者、使用人的代理人,在赋予强人工智能型机器人一定权利的同时,把强人工智能型机器人在制造、购买、使用过程中的责任、风险和由此产生的债权债务,锁定在强人工智能型机器人和特定制造者、购买者、使用人范围内,无疑有利于明确强人工智能型机器人制造、购买、使用过程中的法律责任和债务风险。最后,从立法与创制的适用效果来看,把强人工智能型机器人拟制为代理人,有利于约束和控制强人工智能型机器人制造、购买、使用过程中的伦理、市场、技术风险。因为强人工智能型机器人代理行为,即所谓的机器法律行为,实际上是由非自然人表示行为作出意思表示的法律行为,而按照现代人工智能和机器人技术的发展水平,可把机器法律行为分为单纯反应型机器法律行为、智能交流型机器法律行为和网络互动型机器法律行为,而无论哪一种机器法律行为,强人工智能型机器人所实施的任何行为,均应推定为替居于被代理人地位的制造者、购买者、使用人利益所为的代理行为,该替代或代理行为则应视为被代理人或被替代者——制造者、购买者、使用人本人的法律行为;一旦该机器人的法律行为出现错误或者致人损害时,则居于被代理人或被替代者地位的制造者、购买者、使用人本人，均应承担全部法律后果或风险责任。[78] 如此一来，则强人工智能型机器人的特定制造者、购买者、使用人要承受极大的伦理、市场、技术风险，就必然要谨慎、小心、规范地对待强人工智能型机器人制造、购买、使用过程中的每一环节和每一行为。自然，让人们担心和社会诟病的强人工智能型机器人的伦理、市场、技术风险，也可迎刃而解。

---

〔78〕 参见杨遂全、王竹：《别把机器人不当人》，载杨遂全主编：《民商法争鸣》第1辑，法律出版社2009年版，第27~32页。

下编　立法论

□商事主体的立法模式

□商事合伙的立法体例

□企业商人的立法路径

第十章　商事主体的立法模式

在营业行为普遍化和民事活动泛商化、民事主体转型为商事主体十分便捷的当下，如何应对商事主体从实质内容到外在形式的新变化，不仅是商法学人十分关注的问题，还是民法学界和我国《民法典》编纂、适用中不能回避的问题。其中，在我国既有商事主体单行法已形成初步、完善体系的基础上，商事主体在《民法典》中的地位和安放，也就成为商事主体立法的重中之重。而在《民法典》颁行后，又如何根据《民法典》的理念、原则、体例、内容和规定，对既有单行的商事主体立法文本作必要的修改和调整，也是亟待思考和解决的课题。

第一节　商事主体立法模式的实质

一、争议症结：商事主体与民事主体究竟是一种什么关系

商事主体立法首先不能回避的问题，就是商事主体与民事主体的关系问题。学界和业界既有涉及各种商事主体立法的分歧和争议，均源自对商事主体的不同理解和定义，以及与民事主体的关系。很显然，正确定位商事主体与民事主体的关系，乃商事主体立法必须解决的首要问题。

（一）传统民商二元主体论的时过境迁

在商事主体立法例上，特别是采用民商分立体例的国家或地区，商人的特殊地位和独立身份特征被立法一再强调和放大，并使其成为商法和支撑整个商法典的概念基石，并由此形成根深蒂固的商事主体与民事主体相互独立的二元主体构造体系。

在学理上，无论是传统民法还是传统商法，其基本的理论前提为，商事主体是一个独立于民事主体存在的概念范畴与主体体系。就民法学界而言，商事主体往往被定义为民事主体的特殊形式；而商法学界，商事主体则被定义为独立于民事主

体之外的职业群体,虽有商事关系主体说、[1]商行为主体说、[2]法定主体(企业)说等不同主张,[3]但总体而言,既有理论与立法方案均把民事主体与商事主体视为两类不同的主体,各自根据不同部门法或自身的理解作学理分类。

由于既有商法概念、理论、规则绝大部分源于中世纪晚期的商人法,带有浓厚的身份本位、阶层地位、职业特权、利益垄断、司法例外等固有特征;在这种传统的商法体系内,所有的理论和规则,均建立在角色、身份、地位、关系、功能与世俗社会、普通民间独立的商人基础上。但是,正如前文所述,从历史变迁和社会演进的视角来看,商事主体并不是一个一成不变的社会存在和概念范畴,它本身经历了"中世纪阶层商人→近代商事主体→现代企业"的历史演变过程。商事主体本身的历史变迁表明,作为社会独立阶层的商人已是中世纪社会图像的老照片,在现代市场经济社会,商事主体最主要的形式是企业,[4]并又大量地以非企业类主体的形式存在。[5]特别是以营业自由为核心的经济人权革命、以工业化为核心的产业革命、以新兴制造业为主力军的资产阶级民主革命,彻底打破了中世纪商会、行会、贵族、国家对营业的垄断和特权,传统商人与普通世俗人之间的身份、地位、职业、利益、法律"篱笆",被新的观念、价值、行为、法律、制度所摧毁。民事主体自由进入营业领域从事商事活动,不仅是一种应然的、法定的权利,更成为越来越普遍、经常的事实。商事主体区别于普通民事主体的身份标签、特权已不复存在。因此,近代以来,至少18世纪末至19世初以来,独立于民事主体之外、居社会特权阶层地位的职业商人,已完全退出了历史舞台,代之而起的是普通民事主体自由进入营业领域而催生的营业行为普遍化和民事活动泛商化等社会新气象。

实际上,1804年《法国民法典》颁布时,体现为独立、自由、平等、公平、有偿、诚信等商事理念、价值、规范、规则,大量被移植或载入民法典,或者成为普通民事主体可均享的权利和自由,或者成为共同遵守的基本准则。与此同时,1807年颁行的《法国商法典》,更以是否实施商行为、而非以商人身份作为适用商法的基本条件,也就是说,无论是一般民事主体,还是特殊商事主体,只要实施商行为,即应适用商法。法国人权宣言、民法典、商法典等一系列革命性、颠覆性的新法颁行、宣示和实施,意味着中世纪具有阶层身份、法律特权和制度"篱笆"的商人立法待遇例外主义

[1] 参见赵万一:《商法基本问题研究》,法律出版社2002年版,第283~289页。

[2] 参见王保树:《商法总论》,清华大学出版社2007年版,第91页;徐学鹿、梁鹏:《商法总论》,中国人民大学出版社2009年版,第296页;谢怀栻:《外国民商法精要》(第3版),程啸增订,法律出版社2014年版,第249页。

[3] 参见董安生等:《中国商法总论》,吉林大学出版社1994年版,第85页。

[4] 参见范健、王建文:《商法基础理论专题研究》,高等教育出版社2005年版,第151~157页。

[5] 参见肖海军主编:《商法学》,法律出版社2009年版,第49~50页。

宣告终结。

尽管如此，由于传统商人身份主义、职业主义、特权主义、例外主义的观念或规则根深蒂固，再加上法国开创的民商分离立法体例，却在另一角度固化了有关商人身份主义、职业主义、特权主义、例外主义的观念和规则。相反，法国人权宣言、民法典、商法典所宣示的人格独立、身份平等及财产自由、契约自由、营业自由等法律革命成果，却被民商分立的体例所冲淡，并被理论与立法所忽略。例如，《法国商法典》第一编所认定的"商人"；[6] 又如，1998 年《德国商法改革法》颁行之后，《德国商法典》第一编新创设了一个"经营营业的人"的统一"商人身份"概念；[7] 再如，《日本商法典》第一编"总则"也构建了以"以自己名义实施商行为"这一"商人"范畴。[8] 这些原本并不具有身份、阶层特征的商人角色或身份定位，却常常被理论或立法所忽略，反而因成文法对商人概念的承继，而使商事主体独立于民事主体的思维、观念得到强化。

无怪乎德国学者在评论《德国商法典》时所言："《德国商法典》的制定者以'商人'的概念作为出发点，是因为他们持有一种十分陈旧的观点，即一个社会中的不同职业构成了相互独立的身份集团，而每一个集团都有其专门的法律。"[9] 施米托夫更指出，"商法应编撰为单独法典的思想，归根到底建立在商人构成单独一个社会阶层的概念的基础上"；"这种看法无疑已经过时"，因为"向统一体系的转变，反映了商业界作为单独的一个社会阶层的地位的丧失，他们已与从事商业交易的一般公众融为一体"。[10]

（二）营业自由下商事主体只不过是民事主体进入营业领域的角色、身份、功能转换

基于前文的分析，法主体是法律对人与社会组织进行抽象的概称，民事主体仅仅只是民法学理与民法规范对从事民事活动的人或人的集合的概称，商事主体与民事主体一样，也是人们借助于商法概念对具体同质主体的概括和抽象。从营业自由视角下观察，就会发现，商事主体只不过是民事主体进入营业领域的角色、身份、地位、关系和功能的特殊转换形式而已。我们不得不面对的事实应是，商事主体

---

[6] 参见《法国商法典》，金邦贵译，中国法制出版社 2000 年版，第 1 页；《法国商法典》（上），罗结珍译，北京大学出版社 2015 年版，第 15 ~ 50 页。

[7] 参见《德国商法典》，杜景林、卢谌译，法律出版社 2010 年版，第 3 页。

[8] 参见刘成杰译注：《最新日本商法译注》，中国政法大学出版社 2012 年版，第 13 页。

[9] [德]罗伯特·霍恩、[德]海茵·科茨、[德]汉森林·G. 莱塞：《德国民商法导论》，楚建译，中国大百科全书出版社 1996 年版，第 232 页。

[10] 参见[英]施米托夫：《国际贸易法文选》，赵秀文译，中国大百科全书出版社 1993 年版，第 110 页、第 113 页、第 114 页。

与民事主体是一种下位与上位、特殊与一般、具体与抽象的关系。

足见，无论从商事主体的变迁历史，还是从营业自由的私域视角，商事主体原本就不是与民事主体相对应的独立类型，其立法所涉及的本质问题仍然是自然人、法人和非法人组织在营业领域、市场交易场景中的角色与功能转换问题。

二、问题实质：商事主体立法到底要解决什么问题

商事主体立法到底需要解决什么问题，而这些需要解决的问题，到底哪些问题与《民法典》编撰有关？而哪些又是《民法典》难以全部概览或一体兼容的？笔者认为，只有解决了这些源头性、基础性、常识性问题，商事主体立法例和民法典编纂应选择的适当技术方案才可迎刃而解。

（一）从民事主体的概念与分类来分析

有关民事主体的分类，能在学界、业界和立法上形成共识的，即民事主体可分为自然人和社会组织。[11] 其中，社会组织按构成要素，可分为财团和社团；按是否具有独立的组织（团体）人格，可分为法人和非法人组织。[12] 此外，国家及国家机关作为特殊民事主体，也是不能回避的既然事实。可见，在民法典编撰过程中，民事主体立法所要解决的核心或中心问题即自然人、法人组织与非法人组织、特殊情形下国家的一般性私法主体地位与法律规则问题。

（二）从商事主体的概念与分类来分析

尽管民法与商法学界有关商事主体的分类存有较大分歧，如前文从营业功能形态将其分为投资主体、经营主体、交易主体；从实态组织形式将其分为自然人、家庭、社会组织（企业与非企业）、国家；从人格属性形态将其分为商个人、商合伙、商法人；从业域职业形态将其分为贸易商、运输商、制造商、资本商、金融商、网智商等。但无论分类多么复杂、种类如何繁多，在商事主体概念与分类中，均存在一些属于基础性、同质性、一般性的共同问题。

1. 在学理上，以组织形式与人格属性为标准，把商事主体划分为商个人、商合伙和商法人三种类型基本上已有共识。[13] 单从商事主体的学理划分标准和表现形式来看，需要立法上解决的最一般性问题，仍然是以自然人、法人、非法人组织形态表现出来的商事主体立法定位问题。

2. 在现实社会和实态营业中，商事主体的具体形式又不外乎为自然人、家庭户、

---

〔11〕 参见汪青松：《主体制度民商合一的中国路径》，载《法学研究》2016 年第 2 期。

〔12〕 参见冯珏：《作为组织的法人》，载《环球法律评论》2020 年第 2 期。

〔13〕 参见肖海军主编：《商法学》，法律出版社 2009 年版，第 46 ~ 87 页。

社会组织、国家等营业时所表现出的特殊主体形式。其中,纯粹的自然人营业具体表现为以个体形态存在的商事主体,包括自然人投资者(如自然人股东、自然人合伙人、个人独资企业的业主)、个体工商户、其他从事营业活动的自然人个体等;家庭形式的营业包括农村承包经营户、其他以家庭共同投资或经营为表现形式的家庭商户等,由于家庭属自组织,从人格属性与法律关系上来看,又是依附于自然人个体;而以社会组织形态存在的商事主体,则依其是否登记为独立的营利(企业)法人或非营利(企业)法人,可划分为法人组织和非法人组织;至于以国家名义的营业形态或主体形式,虽属超社会组织范畴,但在立法上仍归于、比照、援用法人组织原理或规则予以处理。可见,从实然存在形态上,商事主体也具体表现为自然人个体或家庭、法人型组织、非法人型组织这三种形态,即自然人、法人组织、非法人组织在营业中的主体资格与法律地位问题。

(三)商事主体立法与民法典编纂的关联性

通过以上分析,不难看出,无论从民事主体的概念与分类来考察,还是从商事主体的学理分类来分析,或者从商事主体的实然存在形态来判断,其所共同涉及的问题均为自然人、法人组织或非法人组织的法律性质、法律地位、表现形态、权利义务、责任分配等问题,也就是拉德布鲁赫所概括的作为权利主体的个别"自然人"与团体"法人"问题,[14]而这些共性问题就可由一部具有私法性、一般性、普遍性、共同性、通用性、稳定性的法律来规定,而这样性质的法律,除具有私法性、一般性、普遍性、共同性、通用性、稳定性特征的民法典可胜任之外,其他任何法律均不可企及。由此,涉及商事主体的最具一般性、基础性的立法问题,如自然人类商主体、法人组织类商主体(如法人型企业等)、非法人组织类商主体(如非法人型企业等)的法律属性、人格地位、表现形态、权利义务、责任分配中的一般规则,就理所应当由民法典来承担。

至于商事主体在营业中的具体功能或职业形态,因涉及不同营业领域、形态、阶段、环节或特定业域、业界、专业、职业的具体权利或义务,具有一般性特质的民法典显然难以做到全部概览或一体兼容。如自然人商主体中的个体工商户,法人型商事组织(法人型企业)中的公司型企业法人与非公司型企业法人,非法人型商事组织(非法人型企业)中的个人独资企业、合伙企业和其他企业形式等,因其涉及十分复杂的法律关系、组织形式、权利配置、内部治理、利润分配、债务责任等,如还由民法典来规定,则存在如下明显的弊端:(1)内容的庞杂必然影响民法典作为一般法、上位法和母法的应有功能;(2)更加细致的分类和更为专业的立法技术要求,必

---

〔14〕 参见[德]拉德布鲁赫:《法学导论》,米健译,法律出版社2012年版,第73~74页。

然会增加民法典的立法和编撰难度;(3)与民事主体高度稳定性相比,商事主体及其表现形态则具有与时俱进、活泼易变的特点,况且,还有不少主体形式可不由法定,而由当事人通过合意设定。商事主体具体表现形态的多样性、复杂性和易变性,使立法的后续修改变得必要和频繁,而这又反过来严重影响民法典的稳定性;(4)把商事主体的具体形式和特殊内容罗织、拼凑在民法典内,必然破坏民法典立法应有的逻辑性和体系性,进而徒增民法典的适用难度。可见,有关商事主体的具体形式和特殊内容,因涉及其私法性、具体性、特殊性、个体性、专门性、灵活性等特别专业的立法技术问题,比较妥当的路径和可行的办法,应是在民法典之外,由具有特别法调整功能的商事单行法或特别法予以更为具体的调整规定或作更为精细的安排设计。

第二节　商事主体立法模式的比较

一、不同法系、国家或地区商事主体立法模式的考察

目前,就全球范围内来看,商事主体的立法模式、体例选择及技术进路,按其与民法典、或有无民法典的关联性,可概括为如下六种模式:(1)民商分立体例下的二元构造模式;(2)民商合一体例下的完全融入模式;(3)民商合一体例下的独立编章模式;(4)大民法典构架下的特别法模式;(5)大民法典构架下的混合模式;(6)英美法系国家或地区民商主体混同体例下的制定法模式。其中,前五类主要为大陆法系国家或地区,后一种主要为英美法系国家或地区。

(一)民商分立:民事主体与商事主体的二元构造模式

大陆法系奉行民商分立体例的国家或地区,如法国、德国、西班牙、葡萄牙、1942年前的意大利、1947年之前的荷兰、日本、韩国、部分受原大陆法系国家影响的亚洲(如印尼、土耳其、越南、菲律宾、中国澳门特别行政区)、非洲(如埃塞俄比亚、埃及、阿尔及利亚)、拉美(墨西哥、智利、2014年前的阿根廷)等国家或地区,由于民法典与商法典的分立与并存,从表象上来看,民法典一般主要规定民事主体,而商法典则主要规定商事主体,从而出现民事主体与商事主体的概念、立法、分类、法律适用并行的二元私法主体体系,民法典与商法典实质上也就分别扮演着构造民事主体与商事主体的角色和功能。但是实际情况并非如此,这些国家或地区的民法典在对民事主体作一般性规定时,其中有不少条款、篇幅甚至章节涉及商事主体,或者

其内容本身就是针对形式或实质意义的商事主体。这一点无论如法国、[15]德国、[16]西班牙、[17]葡萄牙[18]等早期并行存在民法典、商法典的欧陆国家,还是受早期欧陆国家法典化模式影响的亚洲、非洲、拉美等国家或地区,[19]均是如此。

以欧陆国家或地区为例,其民法典之所以会出现有关商事主体的大量条款,是因为:(1)商法典的内容或形式在民法典制定、出现之前就已经存在。[20] (2)营业已不再是国家、官府和商人阶层的特权,而是作为普通民事主体的所有国民人人可享有的自由权利。[21] (3)民法典制定所处的时代,作为中世纪社会图景且具有独立、特权身份特征的商人阶层已不复存在。(4)产业革命、商品经济、营业交易、资本市场从18世纪开始已深刻影响近代社会的秩序构建和人们的日常生活。[22] 正是由于上述原因,早期以法国、德国为代表奉行法典化的国家,以及受其立法模式影响的西班牙、葡萄牙等其他欧陆国家或地区,在制定民法典时,不得不顾及与先前存在的商法或商法典的关系,不得不适应民事主体自由进入营业领域的需要,不得不对诸如股份公司等新型营业组织和企业形式出现作出必要的应对和安排,故民法典也就相应地要对诸如自然人商人、公司、合伙等商事主体作出规定,从而在这些国家或地区出现了民法典与商法典分别从不同的法律或视角对商事主体进行规定的二元私法主体构造立法体系。

不仅如此,在原本有商法典的国家或地区,因营业需要所使然,商事主体本身从形式到内容的不断变化和快速发展,使具有稳定和固化功能的商法典难以适应。商法典内容、形式的稳定性、滞后性、封闭性与商事主体本身的易变性、活泼性、开放性形成矛盾,而解决这一矛盾最为有效的方式,则是选择把如公司、合伙等具体的商事主体抽出或析分出商法典,进行单独立法。自19世纪中叶有限责任公司这一新的公司形式出现之后,商事主体单行法、特别法这一立法范式,几乎成为有商法

---

〔15〕 参见《法国民法典》,罗结珍译,北京大学出版社2010年版,第434~440页。

〔16〕 参见《德国民法典》,杜景林、卢谌译,中国政法大学出版社2014年版,第4~5页、第10页。

〔17〕 参见《西班牙民法典》,潘灯、马琴译,中国政法大学出版社2013年版,第25~27页。

〔18〕 参见《葡萄牙民法典》,唐晓晴等译,北京大学出版社2009年版,第17~38页。

〔19〕 参见渠涛编译:《最新日本民法》,法律出版社2006年版,第4~22页、第309页;《韩国最新民法典》,崔吉子译,北京大学出版社2010年版,第139~140页;徐涤宇译注:《智利共和国民法典》,北京大学出版社2014年版,第7页、第89~91页、第327~336页;徐涤宇译注:《最新阿根廷共和国民法典》,法律出版社2007年版,第13~19页;《阿尔及利亚民法典》,尹田译,厦门大学出版社2013年版,第4~6页;《埃塞俄比亚民法典》,薛军译,厦门大学出版社2013年版,第4页、第30页、第60页。

〔20〕 参见谢怀栻:《外国民商法精要》(第3版),程啸增订,法律出版社2014年版,第50~54页。

〔21〕 参见何勤华、魏琼主编:《西方商法史》,北京大学出版社2007年版,第282页。

〔22〕 参见[日]我妻荣:《债权在近代法中的优越地位》,王书江、张雷译,中国大百科全书出版社1999年版,第182~185页。

典的国家或地区的共同选择。

(二)民商合一:民法典统辖下的完全融入、独立编章、特别法或混同立法模式

在大陆法系或受大陆法系影响的部分国家或地区,学理上把民法典之外无商法典并行或独立的立法例,概括为民商合一立法体例或模式。虽然如此,但在大体可归类为奉行民商合一立法模式的国家或地区,其民法典在处理有关商事主体的立法思路和技术路径上,并非只是一个模式,而是呈现出明显的多样性和国别性特征。概括起来包括完全融入、独立编章、特别法、混合立法等不同立法范式。

1. 商事主体完全融入民法典。此一立法模式即商事主体完全融入民法典,并分别或分散规定在不同的编章,典型的如1947年以后的《荷兰民法典》。〔23〕 完全融入模式最具典型的范例还有《欧洲示范民法典草案》,该法典草案第一卷"一般规定"突破了传统民事主体与商事主体的分类,如第1-1-105条"消费者"和"经营者",以全新的视角从主体的消费、生产等经济功能出发,把主体划分为"消费者"与"经营者"两大对应类别。〔24〕《欧洲示范民法典草案》虽为学者建议案,但预示着传统欧陆国家民法典编纂理论与实践的新趋势,其对欧盟成员国和其他地区的学理研究、立法实践有一定的参考意义。商事主体完全融入民法典的立法模式,由于混淆了民法典与商事主体特别法之间的不同调整功能,把具有特别法意义的商事主体编入民法典,虽然从形式上追求了私法规则的外观统一和法典意义的完整,但把具有易变、活泼、开放特质的商事主体硬行塞进民法典,不仅严重破坏了民法典本身概念、内容、逻辑的自洽性和体系、体例、结构的系统性,而且把具有高度易变、活泼、开放特质的商事主体分别编入民法典的不同编章,也打乱了商事主体应有的独立性、体系性和完整性,最终也使民法典很难适应商事主体本身的不断变化和快速发展需要,其最为直接的结果是带来法律修改技术上的巨大困难和高度的不适应症。正因为如此,世界上只有如荷兰这样极少数国家才选择这一立法模式,且再无其他国家或地区效法、借鉴,说明这一立法例不具有普遍的示范意义。

2. 商事主体在民法典中独立编章。除民法典总则对商事主体有一般性规定外,这些国家或地区的民法典往往还设置独立的编或章,对不同类型的商事主体作具

---

〔23〕 参见《荷兰民法典》(第3、5、6编),王卫国主译,中国政法大学出版社2006年版,第1~14页。

〔24〕 参见欧洲民法典研究组、欧洲现行私法研究组编著:《欧洲示范民法典草案:欧洲私法的原则、定义和示范规则》,高圣平译,中国人民大学出版社2012年版,第149页。

体规定,选择此一立法例的国家或地区主要为瑞士、[25]意大利、[26]泰国[27]和巴西[28]等国家或地区。商事主体在民法典中独立分编或成章,与前述商事主体完全融入民法典的立法模式一样,虽然从形式上追求了私法规则的外观统一和法典意义的完整,但实际上,编入民法典的商法规则或商事主体部分,在民法典中仍然保持其高度的独立性,如《瑞士债法典》则长期在《瑞士民法典》之外独立颁行,俨然为独立法典;《意大利民法典》的"劳动编"、《巴西民法典》的"企业法编"实则为独立的小商法典,为民法典内的独立商法典王国;至于《泰国民商法典》则为事实上的民商法规则大杂烩,无甚逻辑性和体系性可言。因此,上述有限的几个国家或地区的立法模式,其民法典对商事主体的处理模式,对其他国家或地区的示范意义十分有限。况且,有些国家或地区在晚近以来,也在逐步改变民法典的一统模式,开始制定特别商事主体的单行法,如泰国1972年以来先后制定的《外商经营企业法》《工业区法》《中小型企业促进法》《商业登记法》等。[29] 可见,商事主体在民法典中独立分编或成章,不足以成为我国民法典接纳商事主体的效法和借鉴对象。

3. 商事主体由民法典之外的商事特别法规定。民法典或总则只对商事主体的定义或分类作一般性规定,其具体内容则通过准用性或授权性规范,由商事特别法承担,选择此一立法模式的国家或地区有1949年前的中国、马耳他、[30]美国的路易斯安那州、[31]加拿大的魁北克省、[32]2014年后的阿根廷等。[33] 商事主体由民法典之外的商事特别法另行规定,是20世纪30年代以来由我国当时的国民政府所创制的立法模式,此一模式既维持了民法典的逻辑性和体系性,又照顾到商法和商事主体的特殊性,具有很强的实践适用性和现实生命力,代表了20世纪以来商事主体立法和民法典定位商事主体立法态度一种新的发展趋势。但是,此一立法例下在追求民法典纯粹性的同时,没有充分顾及民事行为与商事行为、民事主体与商事主体事实上的关联性和混同性,无法适应后来日益明显的营业行为普遍化和民事行为商事化这一基本发展态势,虽然在法典制定时此一趋势尚未显现,但随后的社会演

---

〔25〕 参见《瑞士债法典》,吴兆祥等译,法律出版社2002年版,第162~271页。

〔26〕 参见《意大利民法典》,费安玲等译,中国政法大学出版社2004年版,第485~700页。

〔27〕 参见《泰王国民商法典》,周喜梅译,中国法制出版社2013年版,第12页、第19~20页、第178~217页。

〔28〕 参见《巴西新民法典》,齐云译,中国法制出版社2009年版,第9~15页、第135~178页。

〔29〕 参见米良、周麒主编:《东盟国家公司法律制度研究》,中国社会科学出版社2008年版,第325页。

〔30〕 参见《马耳他民法典》,李飞译,厦门大学出版社2012年版,第2页、第336~343页、第462~504页。

〔31〕 参见徐婧译注:《最新路易斯安那民法典》,法律出版社2007年版,第9页、第59页。

〔32〕 《魁北克民法典》,孙建江等译,中国人民大学出版社2005年版,第38~39页、第268~279页。

〔33〕 参见徐涤宇:《解法典后的再法典化:阿根廷民商法典启示录》,载《比较法研究》2018年第1期。

进和经济发展史证明，民法典完全漠视商事主体的存在，是很不现实的，也是根本做不到的。故民法典通过适当的立法技术，或以总则作原则性、一般性规定，或在分则对商事主体作适当处理，既是民法典适应现代市场经济需要所作的必要应对，更是民法典在有关主体制度安排中无法迈过去的坎。

4. 大民法典构架下的混合立法。该立法范式不仅使民法典对商事主体有明确规定，还通过其他商事特别法、单行法对商事主体作具体调整，比较典型的如《俄罗斯联邦民法典》、〔34〕《独联体成员国示范民法典》。〔35〕 大民法典构架下的混合立法模式，其本质是大民法典下商事主体的单行法模式，其立法的优势与商事主体由民法典之外的商事特别法模式一样，在维持民法典逻辑自洽和体系完整的同时，又能照顾和延续商法或商事主体的特殊性、灵活性和开放性。但其显著不足的是，由于立法技术特别是民法典立法技术缺乏必要的提炼和通盘的考量，在没有顶层设计的整体立法观作统领的情形下，立法技术的粗疏必然导致有关商事主体的立法规则在民法典与商事主体特别法之间的大量重复甚至冲突。

（三）英美法系：民商事主体混同体例下的单行制定法模式

在英美法系国家或地区，虽也有私法的概念或分类，但严格意义的民法与商法并不存在，立法既不严格划分公法与私法，也无民法或商法这样的法部门，自然也就没有对应的民事主体与商事主体，甚至在法律概念或法律文本中，就不存在所谓的民事主体或商事主体。总体而言，英美法系国家或地区在对待民事主体与商事主体关系上，采取的是民商事主体混同立法、一事一法、当事人法等形式，不同国家或地区存在一定的差异。例如，在英国，就有《股份公司法》（1844 年）、《有限责任法》（1855 年）、《股份银行公司法》（1857 年）、《经纪人法》（1889 年）、《合伙法》（1890 年）、《破产法》（1894 年，1986 年）、《有限合伙法》（1907 年）、〔36〕《公司法》（1908 年、1929 年、1948 年、1967 年、1976 年、1980 年、1981 年、1985 年、2006 年）等；〔37〕又如，在美国，有《统一合伙法》（1914 年、1994 年、1996 年、1997 年）、《统一有限合伙法》（1916 年、1976 年、1985 年）、《统一有限责任公司法》（1994 年）、《示范有限责任合伙法》（1995 年）、〔38〕《示范（标准）公司法》等示范意义的法典和各州的

---

〔34〕 参见《俄罗斯联邦民法典》，黄道秀译，北京大学出版社 2007 年版，第 42 ~ 43 页、第 52 ~ 80 页；《俄罗斯联邦公司法》，王志华译，北京大学出版社 2008 年版，第 1 页以下。

〔35〕 参见《独联体成员国示范民法典》，张建文译，法律出版社 2014 年版，第 11 ~ 42 页。

〔36〕 参见何勤华、魏琼主编：《西方商法史》，北京大学出版社 2007 年版，第 386 页。

〔37〕 参见《英国 2006 年公司法》，葛伟军译，法律出版社 2008 年版，第 1 ~ 15 页。

〔38〕 参见宋永新：《美国非公司型企业法》，社会科学文献出版社 2000 年版，第 40 ~ 41 页、第 112 ~ 113 页、第 167 页、第 246 页。

公司法等;[39]再如,在加拿大,有联邦议会制定的《加拿大公司法》《加拿大公司法细则》《银行法》《公司债权人安置法》《破产法》等;[40]在澳大利亚,商事主体立法则经历了"英国法→统一示范法→联邦法"等不同阶段,如公司法就经历了沿用英国公司法(1862年英国公司法案)、统一公司法(1961年联邦颁布《统一公司法》)、联邦公司法(1989年通过,1991年通过各州协议定名为《各州领公司法》,2001年修订)等不同时期。[41]

一事一法不仅是英美法民商事立法的主要特点,更是商事主体立法的主要形式。其最大特点是可适应商事主体本身的易变性、活泼性和开放性,可最大限度地通过及时的立法修改,以回应、促进商事主体制度的变革和发展,这一点是英美法系商事主体制度的最大优势,也应是我国在选择商事主体立法模式和民法典编纂中接纳商事主体立法时应作重点借鉴的立法范式。

二、不同法系、国家或地区商事主体立法模式的共同点与趋同点

通过对以上不同法系、国家或地区商事主体立法模式的比较,特别是对不同情形下民、商法典在处理商事主体的宏观立法思路与具体技术路径的分析,不难发现,尽管不同法系、国家或地区的民、商法典在选择商事主体宏观立法路径上有比较大的差异,在商事主体具体立法体例和法律形式上也有不同选择;但也存在不少共同点,并因时代的演变和经济的发展,而具有某些一致性的发展趋势和相互借鉴的法律形式。这些共同点和趋同点就是民、商法典和商事主体立法中的"势",它可概括为如下几个方面:

1. 商事主体的立法形式并非一成不变,而是随着历史演变和社会发展在不断调整。从商事主体立法的历史演变来看,其大致经历了"古代的交易法、习惯法时期→中世纪的商人法、自治法时期→近代的商事法、法典化时期(如大陆法系的民法典与商法典等)→现代企业法、特别法、单行法时期"等四个阶段。特别是晚近以来,单行的公司法、企业法几乎是两大法系、不同国家或地区所共同选择的商事主体立法范式。足见,世界上从来就无固定不变的商事主体立法模式。

2. 无论选择哪一种立法体例和技术路径,均不可通过某一部法典而毕其功于一役。如在奉行民商分立的部分大陆法系国家或地区,其商法典不仅难以做到对既有各种商事主体形态的网罗或尽收,也不能适应营业变化和时代发展需要,及时把新的企业形式纳入法典;而实行民商合一的部分大陆法系国家或地区,把商法和商

---

〔39〕 参见沈四宝编译:《最新美国标准公司法》,法律出版社2006年版,第277~280页。

〔40〕 参见焦杰等:《魁北克商法》,中国政法大学出版社2014年版,第45~46页。

〔41〕 参见何勤华主编:《澳大利亚法律发达史》,法律出版社2004年版,第206~213页。此部分为多国法律罗列,此处举例均有国家前置,故不在每个文件单独加国家。——编者注

事主体的有关规则硬行塞进民法典，不仅严重破坏了民法典本身的完整性和体系性，使民法典最终成为各种杂乱无章的私法规则的汇编，而且受民法典的体例、结构和篇幅的限制，同样也使商事主体挂一漏万、残缺不全。

3. 传统的大法典模式存在致命的缺陷，不能适应商事主体发展的需要。19 世纪中叶以降，随着营业的发展和贸易范围的扩大，已没有一个国家能用一部统一的民法典或商法典对全部商事活动、商事主体进行有效调整，大量的独立于民法典或商法典之外的商事主体单行法、特别法不断出现，这一点不仅使奉行民商合一体例国家或地区的民法典不能适应，就连奉行民商分立体例国家或地区的商法典也难以胜任。例如，法国在商法典之外另立《商事公司法》（1867 年）、《有限公司法》（1925 年）、《公司法》（1966 年）；德国则把《有限责任公司法》（1892 年）、《股份公司法》（1965 年）、《参与决定股份法》（1976 年）、《公司改组法》（1994 年）等分离出商法典；日本则在商法典之外另立《破产法》（1922 年）、《和解法》（1922 年）、《有限公司法》（1938 年）、《公司更生法》（1952 年）、《公司法典》（2005 年）等。由于商事单行法和特别法的不断增加，商法典的地位和作用严格说来已总则化或通则化。至于在民法典之外，大量商事主体单行法、特别法的存在则几乎成为一种普遍、共同现象。

4. 19 世纪中叶以来，随着营业的复杂和交易的频繁，商事主体单行法模式几乎成为两大法系、不同国家或地区的共同选择。典型的如英美法系的合伙法、公司法、合作社法、公用事业法和其他特殊企业法，纷纷由判例法上升为制定法；而在大陆法系国家或地区，无论是奉行民商分立还是选择民商合一，其商法典与民法典既有的体例、结构、篇幅和高度稳定性，均难以承载诸如合伙、公司、合作社、新兴企业、特殊企业立法的庞大结构、巨大容量和快速变化，合伙企业法、公司法、合作社法、公用企业法、国有企业法、特殊企业法（如商业银行、证券公司、保险公司、信托公司等），逐渐被剥离出商法典或民法典，或一开始就独立于商法典或民法典。日本是对传统法典模式坚守最为执着的国家，但 2005 年 6 月则把公司法编从《日本商法典》中的第二编“公司”中抽离出来，单独制定《日本公司法典》，[42] 此一简单事件的标志意义，实质乃宣告商事主体承载于商法典时代的终结，商事特别法尤其是商事主体单行法、特别法模式，已成为当今世界的主流。

5. 营业的全民化和民事活动的泛商化，使民事主体与商事主体之间的界限十分模糊，进而使民商分立与民商合一的立法体例逐渐趋同。近代资产阶级产业革命以来，随着选择自由、迁徙自由、从业自由、契约自由、营业自由等被载入宪法、民法、商法，平等、自由原则与观念也深入人心，选择、从事营业活动已不再是国家、官府或

---

〔42〕 参见［日］相泽哲：《新·会社法旧新对照条文》，东京株式会社商事法务 2005 年版，第 1 页以下。

少数商人的专利与特权，而是所有民事主体可享有的权利和自由。自18世纪以来，营业在理论、立法上已逐步走向世俗化。特别是19世纪末20世纪初，随着反不正当竞争法、反垄断法的兴起，新的国内、国际统一大市场的建立和形成，民事主体以投资者、经营者、交易者的身份进入营业的不同领域、阶段或环节，已无经济、制度、法律障碍，营业实已全民化。不仅如此，现代市场经济深入传统社会生活的每一角落，企业行为渗透民间秩序的每一环节，使民事行为与商事行为、民事主体与商事主体混为一谈，民事活动的泛商化特征愈来愈明显，民事主体与商事主体之间的界限事实上已变得十分模糊，商事主体实乃民事主体在营业领域的特殊身份、角色与功能转换形式而已，民商分立与民商合一之间立法体例的不同，完全不是学理上所描述的那样明显，其差异也在逐渐淡化。

三、不同商事主体立法例对我国商事主体立法模式选择的启示

前述不同法系、国家或地区既有商事主体立法模式的共同点与趋同点，即商事主体与民、商法典立法范式中的“势”，其所代表的恰恰是商事主体立法中最有生命力、最显时代性、最具开放性的立法方案和技术路径，也正是我国商事主体立法时所要选择的适时、合理、稳妥、开放、可行的立法方案，[43]其基本要点主要体现在两个方面。

（一）打破传统民商分立或民商合一的立法思维与理论禁锢

在民法典编纂中，其与商事主体立法定位的处理方式上，到底是选择民商合一还是实行民商分立，理论上和立法上的争议已久，学界分歧较大。笔者认为，如从立法实践上考察，所谓民商合一和民商分立的立法例并非学者所述，系人为创造或选择的结果，而是历史演进的产物；而如从现实需要而论，这种争论在当今已完全不合时宜。

1. 民商合一和民商分立并非人为选择的立法例。正如谢怀栻先生所言，历史上之所以出现商法典独立或另立、进而形成民商分立这一法例，是因为在民法典出现之前就存在，是历史的产物，而非人为选择的立法模式使然，更不是一个理论问题。[44] 近代早期的法国、德国、受法德影响的大部分欧陆国家以及受欧陆国家影响的其他国家或地区，均是如此；只有日本等少数法典后起国家才有意识地选择民商分立或民商合一。

2. 民商分立的立法模式是特定时期的产物。从历史上来看，商法典的全盛时期为17世纪中叶以降法国的《陆上商事条例》《海上商事条例》至1899年的《日本商

---

〔43〕 参见肖海军：《商事主体人典的法例考察与模式选择》，载《北方法学》2016年第4期。

〔44〕 参见谢怀栻：《外国民商法精要》（第3版），程啸增订，法律出版社2014年版，第50～54页。

法典》,〔45〕这一时期之所以在民法典之外还保留或制定有商法典,是因为17世纪中叶至19世纪末,投资、经营、交易还比较简单,一部商法典可以把当时主要的商事主体或商事行为囊括进去,在立法上具有可行性。可以这样说,商法典只是适用20世纪以前简单、专业的商业(贸易)、制造业时期的法律对应物。但进入20世纪,特别是企业这一新的民事主体或商事主体的大量存在和迅速发展,投资、经营、交易的种类、形式以及专业化、复杂化程度均发生空前变化,原有的商法典模式也就不再具有适应性,反而成为限制营业发展、不利于法律及时修改、增加法律适用困境的桎梏。实际上,这种情况在19世纪中叶就已经开始,首先是新型公司法等商事主体法独立出商法典,其次是其他商事主体单行法也相继从商法典中剥离出去,到现今,绝大多数原有商法典的国家或地区,其商法典实质已普遍地总则化或通则化。

3. 在当今的社会环境再讨论民商合一或民商分立已毫无意义。近代营业自由原则的确立已使民事主体与商事主体的二元结构丧失权利、法律与现实依据,而在现代市场经济社会,营业行为的全民化和民事行为的泛商化,使民事主体与商事主体的区别已无实质意义。至于在互联网络和电子商务时代,任何人(甚至包括未成年人)随便注册一个域名或网站就可以在网上公开叫卖、营业或交易,该域名或网站,或者依托该域名或网站背后的自然人、法人或非法人组织,其主体属性如仍然按照民商事二元主体思维逻辑,去界定它们到底是民事主体还是商事主体,这样争论已确无实际意义。正如施米托夫早在20世纪70年代所批评的那样,试图把"商人构成单独一个社会阶层的概念"的看法"无疑已经过时",充其量只不过是一种"学究式的方法",〔46〕而毫无现实可行性。

(二)选择民法典总则一般性规定与商事特别法结合的商事主体立法模式

在商人不再拥有经营特权和国家不断开放民利的今天,在民事主体营业普遍性和民事活动泛商化、民事主体转型为商事主体已十分普遍的情形下,传统学理和立法上所建构的民事主体与商事主体的严格二元私法主体分立现象已不复存在,如何应对商事主体就成为民法典编纂中不能回避的问题。商事主体的立法史表明,完全融入式的民法典和分立的商法典或商法通则都不足以适应商事主体的多样性、复杂性和易变性,商事主体单行法模式几乎成为两大法系不同国家或地区的共同选择。就实质层面而言,商事主体作为民事主体在营业领域的特殊身份、角色、功能转换形式,与民事主体一样,其立法涉及的共同问题仍然是自然人、法人组织或非法人组织的法律性质、法律地位、表现形态、权利义务、责任分配等问题,而民法

---

〔45〕 参见何勤华、魏琼主编:《西方商法史》,北京大学出版社2007年版,第278~355页。

〔46〕 参见[英]施米托夫:《国际贸易法文选》,赵秀文译,中国大百科全书出版社1993年版,第113~114页。

典所应具有的现代性、包容性、开放性、普遍性、统摄性、体系性和谦抑性等基本品格,决定其在定位商事主体时,宏观上应以寻求与民事主体的最大公约数为基本出发点。基于此,我国《民法典》编纂中定位商事主体的立法方案,最为可行的技术选择路径,应是采用《民法典》的一般性规定与商事单行法、特别法的具体规定相结合的模式,即由《民法典》总则编对涉及民事主体和商事主体等私法主体中共性的自然人、法人、非法人组织的存在形态、法律性质、法律地位、法律人格、主要类型、权利义务、责任分配,作出一般性、原则性、通用性规定;而在涉及商事主体具体形式和特殊内容时,则通过授权性、准用性、援引性规范,由商事主体单行法、特别法予以具体化、精细化。

第三节　商事主体立法模式的选择

一、学界关于商事主体立法模式的分歧与争论

虽然商事主体的立法模式,法学界早就存有分歧和争议,但出于我国商事主体单行立法的路径依赖和实践探讨,这种分歧和争议并未公开化并达到热点的程度。而助推商事主体立法模式及争议焦点出现的,则为 2015 年前后民法典编纂与制定工程的启动。以"启动民法典编纂工作"列入《全国人大常委会 2015 年立法工作计划》、[47]中国法学会于 2015 年 4 月 20 日公布《中华人民共和国民法典 · 民法总则专家建议稿(征求意见稿)》[以下简称《民法典》总则(专家意见稿)]为标志,民法典的制定开始进入国家立法主导和学界集体互动的新阶段。其中,《民法典》总则编对商事主体的立法定位与技术路径作何选择,学界尤其是民商法学界存在比较大的分歧。自此以后直至 2017 年 3 月,针对商事主体立法范式和《民法典》总则编编纂中如何对待、处理商事主体,我国学者的观点、主张和方案可谓大相径庭,莫衷一是。这种分歧与争论一直持续着,且并未因 2017 年 3 月《民法总则》的通过而尘埃落定。笔者整理后发现,此一时期及之前,仅就商事主体立法与民法典的关系来看,就存在比较有代表性的如下多种观点和主张。

1. 商事主体完全融入《民法典》。此论主张把商事主体完全吸纳或融入《民法典》之中,在《民法典》之中,既无对应于民事主体之商事主体的概念,更无对应于商事主体实质内容的章节,有关商事主体完全融入法人或非法人组织有关的"营利性社团法人"或者"非法人经济组织"等条款中。2016 年前后出版的几种代表性民法

---

〔47〕　参见《全国人大常委会 2015 年立法工作计划》,载《全国人民代表大会常务委员会公报》2015 年第 3 期。

典学者或专家建议稿,大多是选择此一模式。[48]

2. 商事主体在《民法典》中独立成章。该论主张把商事主体完全融入《民法典》之中,在《民法典》之中,也无对应于民事主体之商事主体的概念,但设置相对独立的章节以对应商事主体的实质内容。[49]

3. 商事主体在《民法典》独立成编。该论也主张把商事主体完全吸纳或融入《民法典》编撰之中,虽无对应民事主体之商事主体的概念,但设置相对独立的编或分编以对应商事主体的实质内容。[50] 在商法学界,有学者主张制定一部以"民商法典"为基本形式的民商混合法典,其中商法或商事主体独立成编;[51] 民法学界也有类似观点,提出应制定"民商法律大纲";商主体则归于其中的商事特则篇中。[52]

4. 商事主体在《民法典》之外的商事通则分立。这是多数商法学者的观点或意见,此一主张源于 2002 年我国第四次《民法典》编撰工作的启动,最早提出这一设想的是江平教授,随后有部分学者跟进。[53] 持该主张的学者认为在"商法典"制定暂无可能的情况下,超越民商合一与民商分立,在《民法典》大框架下,制定"商事通则"不失为一种理想的选择;[54] 部分商法学者开始着手有关"商事通则"的调研和起草工作,先后出现多个版本的"商事通则"或"商法通则"学者或专家建议稿,且均把商事主体安排在第二章"商人"或"商主体"。[55] 此一主张直至《民法总则》通过前后,仍然坚持并持续着。[56]

---

〔48〕 参见梁慧星主编:《中国民法典草案建议稿》,法律出版社 2013 年版,第 5 ~ 21 页;杨立新等:《〈中华人民共和国民法 · 总则编〉建议稿》,载《河南财经政法大学学报》2015 年第 2 期;李永军等:《中华人民共和国民法总则(专家建议稿)》,载《比较法研究》2016 年第 3 期;于海涌编著:《中国民法典草案立法建议(提交稿)》,法律出版社 2016 年版,第 36 ~ 45 页。

〔49〕 参见王利明主编:《中国民法典学者建议稿及立法理由 · 总则编》,法律出版社 2005 年版,第 26 ~ 240 页。

〔50〕 参见徐国栋主编:《绿色民法典草案》,社会科学文献出版社 2004 年版,第 5 页、第 113 ~ 176 页。

〔51〕 参见赵万一:《论民法的商法化与商法的民法化——兼谈我国民法典编纂的基本理念和思路》,载《法学论坛》2005 年第 4 期。

〔52〕 参见佘能斌、程淑娟:《我国"民商合一"立法借鉴的新选择》,载《当代法学》2006 年第 1 期。

〔53〕 参见江平:《中国民法典制定的宏观思考》,载《法学》2002 年第 2 期;石少侠:《我国应实行实质商法主义的民商分立——兼论我国的商事立法模式》,载《法制与社会发展》2003 年第 5 期;任尔昕:《我国商事立法模式之选择——兼论〈商事通则〉的制定》,载《现代法学》2004 年第 1 期。

〔54〕 参见王保树:《商事通则:超越民商合一与民商分立》,载《法学研究》2005 年第 1 期。

〔55〕 参见樊涛:《商法通则:中国商事立法的应然选择(附:〈中华人民共和国商法通则〉建议稿》),载《河南大学学报(社会科学版)》2008 年第 3 期;苗延波:《商法通则立法研究》,知识产权出版社 2008 年版,第 249 ~ 260 页;《商事通则》调研组:《〈中华人民共和国商事通则〉建议稿》,载王保树主编:《商事法论集》第 20 卷,法律出版社 2012 年版,第 1 ~ 11 页。

〔56〕 参见李建伟:《制定商法通则的缘起及其立法价值的再认识》,载《社会科学战线》2015 年第 12 期;范健:《民法典编纂背景下商事立法体系与商法通则立法研究》,载《中国法律评论》2017 年第 1 期。

5. 商事主体在《民法典》之外的"商法典"中独立。此主张的基本前提是应独立编撰具有中国特色的商法典，并在"商法典"中设置独立的商主体或商人编章。持此主张的代表性学者徐学鹿教授认为，我国"商法典"编纂的条件已经成熟并已迫在眉睫，其中商事主体应包含在市场主体法等章节中。[57]

6. 纯粹的单行法模式。如有学者认为，"最好的模式不应该是学者设计出来的，而是法律实践所创立的模式"，我国在改革开放以来，坚持实事求是、稳健持重、成熟一法则立一法的商事主体立法路线，本身就是一种适合中国特色的商事主体立法模式。这一立法模式与英美商事主体立法模式比较类似，即一事一法的单行法模式。[58]

二、《民法典》编纂视角下商事主体立法的路径依赖与模式选择

（一）《民法典》回应商事主体立法需求的应然立场

基于前述分析，笔者认为，在民事主体营业普遍化和民事活动泛商化的现代市场社会，商事主体作为民事主体进入营业领域的特殊身份、角色、功能转换形式，其立法的路径依赖与模式选择应放眼于大私法领域和大营业视野，在《民法典》编纂中作整体考量。

1. 纳商入典应为21世纪我国《民法典》编纂的当然使命

尽管早期奉行民商分立的国家或地区，商事主体主要通过商法典来规定，但民法典对此并非无所作为，它们或在民事公司或合伙章节（如《法国民法典》），或在法人的分类中（如《德国民法典》《日本民法典》），涉及商事主体的一般原则、基础形式和初级分类；至于选择民商合一立法例的国家或地区，其民法典编纂体例尽管存在很大差异，但也无一例外地涉及商事主体的基本类型或表现形式。而在商人不再拥有经营特权和国家不断开放民利的今天，一般民事主体进入营业领域，从事投资、经营、交易，已是相当普遍的事情，一个明显的例证就是自然人经常性炒股行为和投资性商业住宅买卖行为等，即属典型的营业性投资行为；至于偶发性、短期性、附带性、随意性投资、经营或交易，则更具经常性和普遍性，民事活动、民事行为的泛商化特征愈来愈明显。无疑，处在21世纪初，在传统民商分立与民商合一立法模式已趋模糊、民事主体与商事主体相互之间切换的频率和形式不断加快、商事主体仍然保持一定特殊性的新形势下，我国民法典理应对商事主体采取包容而非排斥的态度。因之，通过适当的体例安排与立法行文，满足商事主体立法的最一般需求，既

---

〔57〕 参见徐学鹿：《商法的统一与商法的自立——对我国编纂商法典的思考》，载《中国改革报》2003年7月21日，第8版；徐学鹿、梁鹏：《商法总论》，中国人民大学出版社2009年版，第291～295页。

〔58〕 参见施天涛：《商法学》，法律出版社2020年版，第36页。

为当今时代对民法典的基本要求,也是民法典的当然使命。

2.《民法典》延纳商事主体应坚守的原则与品格

我国编纂民法典,正值21世纪初,所处的时代、涌现的问题、面临的挑战、发展的趋势,可谓前所未有、亘古未见,这既是我国民法典成就为21世纪示范性民法典的巨大机遇,更是对我国民法典体例选择与编纂技术的空前挑战。而要解决这些问题,商事主体的立法定位、体例选择和技术路径又是一个不能回避的问题,更是一个无法绕行的坎。民法典要完成新时代所赋予的伟大使命,成就世纪之典这一宏伟目标,在适应商事主体实质、形式、结构现代化需要,满足、包容商事主体立法最一般需求的前提下,仍要坚守其应有的原则和品格。其一,民法典应坚守既有主体理论、规则与制度的体系性,不因延纳或迁就商事主体而损害民法典特别是民法总则内在逻辑的自洽性。其二,民法典应遵循主体的普遍性原则,只需对民事主体与商事主体的共性作一般性规定。其三,民法典对新型商事主体应保持开放性,体现社会发展和商事主体与时俱进的需要。其四,民法典对特殊商事主体立法应保持谦抑性,尊重商事主体的多样性与特别法的优先适用效力。

3. 民法典理应对既有商事主体立法文本作规则统摄和体系整合

在现代大私法背景下,民法典最重要的制度功能就是对私法规则的一般性统摄与体系性整合,就主体规则而言,我国民法典编纂不仅要对民事主体规则作体系化的统摄与整合,还肩负着对独立于民事基本法之外的其他民商事主体特别法的体系化统摄与整合。在民法典编纂中,我国涉及商事主体的既有立法包括如下两大体系:第一,之前《民法通则》规定的准商事主体体系。第二,单行法、特别法所确定的商事主体体系。在涉及商事主体的既有立法文本中,除之前《民法通则》和《个体工商户条例》规定的“个体工商户、农村承包经营户”属于自然人商人范畴外,其他均属于企业商人范畴,无论是之前《民法通则》,还是商事主体单行法,均无统一、适当、科学的立法分类标准,从而导致既有商事主体立法规范分散、体系零乱、内容重叠甚至彼此冲突。《民法典》特别是《民法典》总则编编纂中最重要的任务,就是要建立一套有效的、普遍适用于私法主体的分类标准,使其成为民事主体与商事主体的共同规则,并以统摄和整合所有民商事主体特别立法,即“以统一的民法典总则统辖各种商事特别法”。[59]

(二)不同版本商事主体立法主张或方案的可行性分析

1. 商事主体植入《民法典》之内方案的评价

在上述诸种关于商事主体的立法主张或方案中,完全融入《民法典》、在《民法

〔59〕 参见王利明:《民法典体系研究》,中国人民大学出版社2012年版,第201页。

典》中独立成章或独立成编等方案,可归类为商事主体植入《民法典》内的立法路径或技术方案。

总体而言,商事主体完全融入《民法典》、在《民法典》中独立成章或独立成编等方案,虽然考虑到民法典适应当今营业行为普遍化和民事活动泛商化的特质,但显然对营业领域和商事主体的特殊性、复杂性和专业性估计不足,故所提方案不具有可行性。在已公开出版或发表的多种代表性民法典学者或专家建议稿、前述中国法学会版《民法典》总则(专家建议稿)等,之所以没有把诸如公司等具体的商事主体纳入民法典或民法总则,均是充分考虑到立法上的不可行性。这是因为,自然人商主体中的个体工商户、家庭经营户甚至纯粹的自然人投资者,法人型商事组织中的营利(企业)法人或非营利(企业)法人、营利(企业)法人中的公司型企业法人与非公司型企业法人,非法人型商事组织(企业)中的合伙企业、个人独资企业和其他企业形式等,因涉及十分复杂的法律关系、组织形式、权利配置、内部治理、利润分配、债务责任等,如全由《民法典》来包揽,则存在前述明显的弊端。

其中,商事主体完全融入《民法典》的主张,属明显贪大求全,其结果只能把有关商事主体的具体形式和特殊内容生硬地拼凑到《民法典》之中,不仅会破坏《民法典》体例的完整性、逻辑的系统性和内容的稳定性,还有损商事主体立法的具体性、特殊性和专业性。由于明显不具有操作性,我国绝大多数学者均不赞同,故实践中明确根据此一主张起草的立法方案几乎没有。

而商事主体在《民法典》中独立成章或独立成编的观点,虽对民事主体作一般性规定的同时,试图照顾到商事主体的特殊性。殊不知,正是这样,不仅照顾不了《民法典》体例的完整性、内容的一致性、逻辑的系统性、标准的统一性和形式的稳定性,更重要的是把诸如企业(公司)、国有或集体企业等具体类型的商事主体,强行塞进《民法典》,严重约束了商事主体本应具有的开放、张力和灵性,到头来必然把具有特殊形式、丰富内容和活泼特质的商事主体,弄得规规整整、死气沉沉,最终使《民法典》涉及人或主体的编章变成不伦不类的大拼盘。

可见,有关商事主体的具体形式和特殊内容,不放置在《民法典》内,而由具有特别法功能的商事单行法予以更为精细的设计和安排,应是最为稳妥、可行的办法。

2. 商事主体独立于《民法典》之外方案的评价

前述各种主张或方案中,商事主体在"商事通则"中分立或在"商法典"中独立、单行法方案,皆为商事主体独立于《民法典》之外的立法路径或技术方案。其中,商事主体在"商事通则"或"商法典"中分立或独立方案,虽从表面来看强调商事主体的个性,突出商事主体的重要性和独立性,但综观历史上奉行民商分立的国家或地区,还是深入分析前述不同版本的"商事通则"或"商法典"体例、内容,有关"商人"

或“商主体”章节所涉问题，无非就是前述《民法典》所需要解决自然人、法人、非法人组织的一般性私法规则或登记问题。世界上现保留有“商法典”的主要国家或地区，“商法典”“总则化”或“通则化”的历史演变和现实图景，已很清楚地印证着这样的事实，即商事主体如选择在《民法典》之外的“商事通则”中分立或在“商法典”中独立，其记载内容除重复着《民法典》有关商事主体的自然人、法人、非法人组织的一般性、原则性、通用性规定外，对商事主体的具体形式和特殊内容似无更多的贡献和作为。故主张此例只能是一种想象的理性，更有学者不客气地批评其为“理性的愚昧”。[60] 显然，此两种立法方案，忽视了商事主体与民事主体应有的同质与共性，过分强调营业领域和商事主体的特殊性、复杂性、专业性，特别是其概念、理论、价值、范畴还在重复着 19 世纪以前的传统逻辑，在具有现代私法基本法特质的大民法典构架下，自然丧失必要性。

此外，单行法模式虽能适应商事主体多元、灵活、容变等实际情况，如在前民法典时代，应该是一条比较可行的、符合中国实际情况的立法路径。但在《民法典》编纂中和《民法典》出台后，这种无视《民法典》的存在已极不现实，也不是一种实事求是的态度。更何况，持此观点的学者也认为“相对式民商合一”是商事立法一种较为可取的方式。[61]

（三）选择“《民法典》总则编一般性规定与商事主体特别法相结合”的体例模式

基于以上分析，不难看出，在纳商入典已成必要而不可回避的背景下，《民法典》编纂和定位商事主体，既要坚守民法典的基本原则和应有品格，又应充分考虑到营业领域和商事主体的特殊性、复杂性、专业性。立法方案的最优选择应是采用《民法典》总则编的一般规定与商事主体单行法、特别法的具体规定相结合的体例模式。由《民法典》总则编对涉及民事主体和商事主体共性的自然人、法人、非法人组织作出一般性、原则性、通用性规定，而在涉及商事主体具体形式和特殊内容时，则通过授权性、准用性、援引性规范，由商事主体单行法、特别法予以具体化、精细化。这样不但保证了民法典一般法、母法、上位法的地位和统摄私法全局的功能，维持民法典体例的完整性、内容的一致性、逻辑的系统性、标准的统一性和形式的稳定性；而且通过授权性、准用性、援引性规范的指引，以商事主体特别法对商事主体的具体形式和特殊内容予以具体化、精细化，可以充分尊重和顾及商事主体应有的开放、张力、灵性等特质。如此，从母法到子法、上位到下位、一般到特殊、原则到具体、通用到专业，形成既具共性，又有个性；既有私法逻辑的自洽性和概念体系的完

---

〔60〕 参见施天涛：《商法学》，法律出版社 2006 年版，第 43 页。

〔61〕 参见施天涛：《民法典能够实现民商合一吗？》，载《中国法律评论》2015 年第 4 期。

整性，又有立法技术的与时俱进和商事主体的丰富多彩；既能发挥《民法典》总则编在整个私法领域的引领、统摄作用，又能保持既有大量的商事主体单行法、特别法与《民法典》实现效力上的衔接、功能上的互补，避免商事主体立法的大起大落，维持法律形式、社会生活和营业交易的稳定性，进而形成既有法理内在逻辑、又有类型活泼多样的庞大商事主体立法体系。

三、《民法典》定位商事主体的切入思路与技术方案

关于《民法典》定位商事主体的切入思路与技术方案，笔者曾著文，提出应由《民法典》总则编通过引入营业概念，确认营业自由原则，以一般性营业条款作领引、统摄，由商事主体特别法负责具体化、精细化的立法建议。[62]

（一）《民法典》定位商事主体的切入思路

1.《民法典》定位商事主体的切入要点

《民法典》定位商事主体的立法考量重点应是：商事主体究竟以什么方式切入《民法典》中，被既有的民法理论、制度和规则所吸纳，并通过某一特定连接点，搭建起《民法典》与商事主体单行法、特别法之间的适用桥梁，而这恰恰是既有理论、立法思考最为欠缺的地方。例如，前述多种代表性的《民法典》草案或立法建议稿，均属典型的民商合一立法方案，商事主体虽有所体现，但缺乏能连接并贯通民事主体与商事主体之间的法概念或法范畴作统领，既难以实现民事主体与商事主体在民法典中的共容，也不能完成民法典有关商事主体与商事主体特别法之间的有效对接。又如，在各种版本的民法典草案或立法建议稿中，均把商法人局限于营利（企业）法人，且由于缺乏必要的法概念或法范畴作切入点和支撑点，致使营利（企业）法人既不能与传统民事主体体系兼容，也无法与我国业已存在的企业法人、公司法人等典型商事主体形式进行有效对接。可见，在我国《民法典》编纂中，寻找并引入新的能统领、连接并贯通民事主体与商事主体之间的法概念或法范畴，是实现商事主体在民法典中恰当定位的逻辑起点。

2. 引入“营业”以搭建“民事主体→营业行为（商事行为）→商事主体”的中介和桥梁

综前所论，民事主体转换为商事主体的标志性要件是其进入了营业领域，从事了以投资、经营、交易为表征的营业行为，这说明，营业成为“商事行为与民事行为的分水岭”；[63] 营业作为“一种独立、有偿的，包括不特定的多种行为的、向外公示

〔62〕 参见肖海军：《民法典编纂中商事主体立法定位的路径选择》，载《中国法学》2016 年第 4 期。

〔63〕 参见徐喜荣：《营业：商法建构之脊梁》，载《政治与法律》2012 年第 11 期。

的行为",[64]有显著的外观特征和标志意义,便于人们识别,也便于立法的抽象和归类,从而可克服传统主观主义商人论和客观主义商行为论在有关商事主体识别、判断上的不必要争论,能事实上把民事主体与商事主体之角色、身份、功能关系或地位作有效贯通,并扮演"连接着商人制度和商行为制度"的中介和桥梁。[65] 基于此,在《民法典》总则编中引入"营业"这一核心且具有标志性的法概念或法范畴,搭建起"民事主体→营业行为(商事行为)→商事主体"的过渡、转换桥梁,为民事主体随时进入营业领域,扮演商事主体角色,创造法律、制度中介,可克服《民法通则》概念、体例、规范上的混乱不一和商事主体单行法的分散无序状态,其积极意义是十分明显的。(1)营业有利于最大限度地体现商事主体、商事行为的内在本质,从而为识别、分析商事主体创造了前提性条件。(2)营业作为"民事主体→营业行为→商事主体"的必要连接点,为民事主体切入商事主体搭建起有效桥梁,从而可打破既有民事主体与商事主体的二元私法主体构架,适应了当今民事主体营业普遍化、民事活动泛商化的现实需要和发展趋势。(3)以营业作为识别和分类商事主体的核心要件,有利于克服传统商人中心主义和商行为中心主义在定义、分类民事主体和商事主体的固有缺陷,无论是民事主体转换为商事主体,还是商事主体的存在形态、表现形式、具体名称、分类标准等,均可在营业这一概念的统辖下保持更大的张性,从而可把从事营业活动的民事主体纳入商事主体的范畴加以考察,既克服了传统私法理论把民事主体与商事主体对立或分离起来的弊端,又使商事主体的概念、范围、形式和分类具有足够的开放性。(4)营业的引入可避免法律适用上的尴尬和困境。《法国商法典》虽然打破了中世纪以来商人在法律适用上的特权,但由于并行民法典和商法典,法律适用冲突问题一直没有解决,特别是单方商行为,如出现民法典与商法典规定不一致时,则会带来法律适用上的混乱。而如引入营业这一概念,选择民法典一般规定与商事主体特别法具体规定相结合的立法模式,在无特别法或特别法规定不明确时,适用一般规定,则私法适用上的尴尬和困境,可得到比较圆满的解决。足见,在《民法典》总则编中引入"营业"这一概念和范畴,可根本改变《民法典》中处理民事主体与商事主体、民事行为与商事行为关系时裹足不前的局面,有效化解学界的分歧和争议,在学理上、立法上具有极大的包容性和可行性。

3. 确认营业自由原则为民事主体转换商事主体创造法权依据

营业为民事主体通过追求营利和财富最大化而实现更幸福生活的正当之举,

〔64〕 参见[德]C. W. 卡纳里斯:《德国商法》,杨继译,法律出版社2006年版,第36页。

〔65〕 参见朱慈蕴:《营业规制在商法中的地位》,载《清华法学》2008年第4期。

自由营业本为民事主体的应然权利。[66] 但受传统文化、政策法律、主流观念、社会价值各种因素的影响和酵化，自由营业在我国一直不被认为是国民（民事主体）的一项基本权利，甚至被加上“剥削”等莫须有罪名，民间营业一再遭禁或受限。对营业的误读和政策、法律上的限禁，是导致我国民间长期积贫积弱和经济发展出现结构性畸形的主要原因之一。改革开放以来，我国政策和法律层面虽然在开放民利方面有长足的进展，但民事主体的自由营业之权尚未获得宪法和部门法的确认，自由营业合法性权源的缺失和具体政策、立法上还依然大量存在对民间营业的种种限制，就如一张无形之网，无时无刻不在阻碍民间投资、自由创业的发展。营业的不自由，自然就涉及民事主体借助营业活动转换为商事主体的概率，民事主体与商事主体之间的自由切换和角色转变，就有不确定的政策、立法和制度障碍，自由、平等这一私法的核心价值就无法发挥应有的引领功能。因之，在暂时还未完成营业权入宪之前，[67] 借助《民法典》编纂，把营业自由作为基本原则，写入总则的一般性规定，无疑具有基础意义。

营业自由作为基本原则载入《民法典》总则编，具有如下重大意义：(1) 确定营业自由，就等于彻底打破传统民商分立、民商分域的观念、价值、法理、立法、制度界限，民事行为与商事行为、民事主体与商事主体、民法与商法才能在大私法背景下实现“主体→行为→制度→责任”的相互贯通。(2) 确认营业自由原则，大私法概念才能有坚实的价值基础，《民法典》才可顺理成章地把在营业中的商事主体揽入麾下，民法总则指导商事主体特别法的正当统摄功能才能被认可。(3) 确认营业自由原则，民事主体自由选择从事营业活动、民事主体借助营业行为自由地切换为商事主体，才有稳定的法律依据和合法的权源保障。(4) 确认营业自由原则，营业的正当性和合法性有了切实的法律依据，有关商事主体的存在形态、具体类型、法律人格、权利义务、责任形式等交由商事主体特别法规定，才具有可行性。

（二）《民法典》中商事主体规则的顶层设计、基本构架与一般条款

1. 在《民法典》总则编一般规定中增加“营业自由”基本原则条款作统领

在《民法典》总则编第一章的一般性规定“基本原则”一节中，增加一个条文，确认“营业自由原则”以总览全局。具体行文可表述为：“民事主体有自由从事国家法律不禁止的营业活动的权利。民事主体从事营业活动的权利受法律保护，非经法律、行政法规规定不得限制。”“民事主体因营业需要获得的特定主体资格和营业所得财产、利益，受法律保护，禁止任何机关、社会组织和个人进行非法限制或剥夺。”

---

〔66〕 参见肖海军：《营业权论》，法律出版社 2007 年版，第 91～127 页。

〔67〕 参见肖海军：《论营业权入宪》，载《法律科学》2005 年第 2 期。

2. 自然人营业条款的引入与整体设计

引入“自然人营业”概念,在自然人营业这一大的法范畴背景下对商自然人的营业形式、商事登记、营业住所、经营权利、债务责任等一般性问题作出规定,既可克服之前《民法通则》和几部代表性《民法典》总则专家建议稿有关“个体工商户、农村承包经营户”规定的不周延,又可解决《民法典》总则编与既有自然人营业特别立法的交叉、重复和法律效力冲突问题。

3. 以营业为视角界定或整合商法人、完善“营利性社团法人”分类条款

以营业为切入点,为所有法人转换为商事主体角色或身份的商法人创造一般规则和制度基点,并引出营利性社团法人及其分类条款,以解决商法人在民法总则中的定位问题。(1)以营业为切入点,建立起“法人→营业行为→商法人”的主体概念与立法架构,进而为所有法人转换为商事主体角色或身份的商法人创造一般规则和制度基点。任何类型法人,无论是公法人,还是私法人;无论是社团法人,还是财团法人;也不分营利性社团法人,或者非营利性社团法人,只要选择从事营业性投资、经营、交易行为或活动,则应一体适用商法人或特别商事法的有关规定,享有特殊商事权利并承担特殊商事义务。(2)在总体把法人分类为社团法人或财团法人的基础上,引入营利性社团法人时,要充分注意与企业法人概念进行有效的立法对接。[68]

4. 重视非法人类商事组织的立法,使其具有全面性、完整性与开放性

(1)以营业为切点,把所有从事营业活动或实施营业行为的非法人类组织,均纳入非法人类商事组织的概念范畴或规则体系。(2)除规定合伙组织(企业)外,应对其他非法人型商事组织进行必要规定,如个人独资企业、未经登记的企业、从事营业活动的其他非法人类组织等。(3)为有效衔接《民法典》总则编中有关合伙的规定与《合伙企业法》的关系,民法总则只需对组织型合伙的一般规则作出规定即可。(4)必须把未经登记的商事组织纳入立法视野,按非法人组织、并以合伙规则处理。

《民法典》总则编除对上述商自然人、商法人、商合伙等其他非法人商事组织作一般性、原则性规定外,凡属具体、专业层面的内容,则应设计具有开放、谦抑、包容功能的准用性、援引性条款或授权性规范,交由商事主体特别法予以处理,使其构成民法总则与商事主体特别法逻辑关系的连接点。如此,《民法典》总则编有关商事主体的一般规定和商事主体单行法、特别法的具体规定,就可充分、有机地结合在一起,构成一个既在总则统摄下具有内在逻辑,又在单行法、特别法具体化下发挥其活泼、张力、灵性的商事主体立法体系。

---

〔68〕 参见梁慧星:《民法总论》,法律出版社2011年版,第59页、第124页。

值得欣慰的是，上述建议，虽因营业自由原则、自然人营业概念、商法人界定等未载入《民法典》总则编而留有遗憾；但其他相关建议，如建立营利法人与企业法人的贯通、切换机制，引入非法人组织的概念，并把非法人企业纳入非法人组织的范畴之内，均得到立法机关的肯定和接纳。

四、后《民法典》时代的商事主体立法

（一）《民法典》对商事主体立法的意义与局限

2017 年 3 月通过的《民法总则》，在基本延续 1986 年《民法通则》关于民事主体立法体例的同时，引入非法人组织概念，以一般条款形式，建立起自然人、法人、非法人组织的新型民事主体框架体系，其中第一章第 54 条至第 56 条关于个体工商户和农村承包经营户、第二章法人第二节关于营利法人的规定、第三章非法人组织第 102 条关于非法人组织的定义和对非法人类企业的列举，基本上把学者所讨论、争议的商事主体立法的一般性问题和统领性条款，有效地嵌入《民法典》总则编之中，并把原《民法通则》的企业法人转换为营利法人，第 76 条有效地实现营利法人、企业法人、公司之间的概念贯通和名称切换，从而正式在国家私法基本法层面解决了商个人、商法人、非法人商事组织（商合伙、非法人企业）的一般性规定与体系性建构，宣告我国经长期立法实践所探索的《民法典》与单行特别法相结合的商事主体立法模式正式定型。

需要特别指出的，尽管《民法典》总则编以个体工商户或农村承包经营户、法人中的营利法人、非法人组织中的非法人企业等概念，把商个人、商法人、商合伙等三大法律人格形态不同的商事主体均纳入民法主体的概念与范畴、立法与规则体系之中，使商事主体可通过《民法典》总则编中的一般性、统领性条款，找到其民事主体的原生形态。然而，从前文所述关于商事主体的身份定位、结构特征和存在形态来看，《民法典》总则编中的个体工商户或农村承包经营户、法人中的营利法人、非法人组织中的非法人企业并非商事主体的全部，并非与商个人、商法人、商合伙构成一一的对应关系。这是因为，既有民法典的立法思维和体例结构，虽最大程度地遵循了民商合一的立法理念和技术思路，但受传统民商二元主体论固化思维的惯性影响，我国《民法典》总则编在继受传统大陆法系民法典的某些思维方式、概念范畴、体例结构、立法技术的同时，也相应地把诸如营利法人与非营利法人、企业法人与非企业法人等暗含民商二元主体论的观念体系、价值体系、概念体系、范畴体系、话语体系、规则体系等一并沿袭、承继下来。例如，前述自然人投资者就属于商个人典型存在形态；又如，非营利法人成为投资主体、社会服务机构法人从事营业时，就属于商法人的范畴；再如，特别法人中的机关法人、集体经济组织法人、合作经济组织法人、基层群众自治法人均可因营业性投资或经营活动而成为商法人形式的商

事主体；至于非法人组织与商合伙，也不完全是一个等同的概念。足见，《民法典》总则编中的个体工商户或农村承包经营户、法人中的营利法人、非法人组织中的非法人企业等概念与分类，不但没有解决商事主体的全部立法供给问题，而且连标准同一性的商个人、商法人、商合伙等商事主体的类型化问题也没能有效解决；甚至从某种意义上讲，《民法典》总则编对民事主体的分类，对界定民事主体与商事主体之间的关系，以及商事主体的身份定位和科学分类，还有误导的负面效果，如《民法典》总则编中营利法人的条款，绝大部分就是对《公司法》部分条款的移植与改造，在学理和实务上就有可能造成营利法人等于商法人的误导性效应。

足见，《民法典》总则编对商事主体立法的重要意义集中表现在奠定"《民法典》+单行特别法"的商事主体立法模式、以一般性或统领性条款为商事主体提供了民事主体的对应原生形态；但限于传统民商二元主体论思维和惯性，相关民事主体的概念范畴、分类标准、体例结构、立法技术均没有解决商事主体立法类型化和体系化的一般性调整问题。

（二）后《民法典》时代商事主体立法需要重点解决的几个问题

由于《民法典》并未把商事主体立法问题毕其功于一典，故有关商事主体的立法问题，还需通过《民法典》之外、之下的商事主体单行法或特别法予以解决，这几乎已成为学界和业界的共识。至于在商法学界，主流观点上虽承认商事主体首先是民事主体，但因其进入营业领域而转变为商事主体，出于对商事主体特定目的性考虑，仍然强调商事主体应当独立于民事主体，〔69〕进而主张通过"商法通则"或"商法典"以解决商事主体的身份定位和立法问题。〔70〕关于"商法通则"或"商法典"的立法方案，在《民法典》出台后，能否被立法机关接受或采纳，尚具有很大的不确定性。此外，即使"商法通则"或"商法典"的立法建议能被立法机关所接受或采纳，限于"商法通则"或"商法典"的有限篇幅、多元内容和特定体例，能否一体解决商事主体的所有立法问题，也是一个立法思路和体例技术上难以轻易完成的挑战性问题。基于此，笔者认为，在"商法通则"或"商法典"等宏大立法建议尚不具有确定性的情况下，《民法典》出台之后商事主体立法需要重点解决如下问题。

---

〔69〕　参见葛伟军：《民法典编纂视野下民事主体与商事主体的衔接》，载《上海财经大学学报》2017年第4期。

〔70〕　参见赵旭东：《商法通则立法必要性和可行性研究》，载《地方立法研究》2018年第2期；赵旭东、石少侠等：《〈商法通则〉立法大家谈》，载《国家检察官学院学报》2018年第3期；蒋大兴：《〈商法通则〉/〈商法典〉的可能空间?》，载《比较法研究》2018年第5期；范健：《商法的时代性与时代商法——创制一部反映时代需求的〈中国商法通则〉》，载《学术论坛》2019年第1期；雷兴虎、薛波：《论商法通则立法的缘起及时代价值》，载《学术论坛》2019年第1期；张力：《民法典与商法通则对完善市场法制的分工：中心化与去中心化》，载《当代法学》2020年第4期。

1.《民法典》与商事主体单行法、特别法的实施适用和立法衔接问题

如前所述，在《民法典》编纂和出台之前，我国已形成自然人类（如个体工商户）、社会组织类（如企业、公司、合作社、商事特别法和其他经济组织）等一系列涉及商事主体有关的法律、行政法规、部门规章和其他规范性文件，《民法典》与这些既有的商事主体单行法、特别法之间的关系，是一种上位与下位、抽象与具体、一般与特殊、民事主体法与商事主体法的关系，如何做到《民法典》与之衔接、协调，既发挥《民法典》的一般性调整和效力统领效应，又能尽显商事主体单行法、特别法的具体、细化调整功能，实乃后《民法典》时代商事主体立法首先必须解决的问题。笔者认为：(1)要及时制定法律适用实施法，厘清《民法典》与商事主体单行法、特别法之间的法律适用规则。依照《民法典》第 11 条所确立的“特别法优先适用于普通法”和第 12 条确认的私法“效力范围”，确定一整套私法领域和营业领域的不同法律适用规则，严格区分《民法典》与商事主体单行法、特别法的不同适用领域和效力范围。(2)根据《民法典》的基本理念、精神、原则、规则，及时对既有的商事主体单行法、特别法进行必要的修订、修正、补充、调整。其中，最重要的如前述的《个体工商户条例》与《个人独资企业法》的合并。例如，根据《民法典》总则编第四章“非法人组织”和合同编第二十七章“合伙合同”的规定，修改和调整既有《合伙企业法》的有关规定。又如，根据《民法典》的有关规定，对《公司法》进行必要的修改、补充和调整等。(3)根据《民法典》的一般性、统领性条款，新订或补充一些单行的商事主体法，如“有限合伙法”“合作社法”“股份合作企业法”“国有独资（控股）公司法”等。

2. 民事主体转换为商事主体的立法形式与程序机制

由于商事主体实乃民事主体进入营业领域的特殊转换形式，二者原本不是彼此独立的二元关系，而是同一私法主体的角色、身份、地位、关系和功能转换关系。鉴于《民法典》受传统民商二元主体论的影响，特别是《民法典》总则编中的组织类民事主体分类的不科学和不周延，导致《民法典》中民事主体的分类，并不能满足商事主体的立法需求。为此，就必须尽快建立一种民事主体进入营业领域向商事主体转换的立法形式和程序机制，解决民事主体向商事主体的转化和商事主体资格的确认、公示问题。征之世界不同国家或地区的民商事立法，解决这一问题的立法形式和必要程序，在多数情况下是由商事登记完成的。但在我国，囿于长期的民间营业限制和国家管制思维，商事登记尚存在属性行政许可化、立法分散凌乱、制度功能模糊、程序不规范和不统一等一系列明显问题。特别是《行政许可法》第 12 条第 1 款第 5 项，仍然把“企业或者其他组织的设立等，需要确定主体资格的事项”列入行政许可的范围，与商事登记本身的商事主体身份表征、营业宣示、信息公开等行政确认功能发生严重冲突，更不能适用我国 2014 年以来全面践行准则主义的商事登记改革需要。此外，我国既有的分散、分别、分类商事立法和登记程序的不规

范、不统一，也不利于商事登记制度功能的发挥。为此，除应《民法典》实施的需要，及时修改《行政许可法》第 12 条及相关条款，把商事登记移出行政许可的类型和事项范围，在厘定商事登记之商事主体身份表征、营业宣示、信息公开等行政确认功能的基础上，尽快制定一部统一的“商事登记法”，彻底解决民事主体转换为商事主体的立法形式与程序机制问题。[71]

3. 非企业类民事主体之商事主体的身份确认与法律限制

如前文所述，非企业类民事主体以各种形式，特别是以纯粹投资形式进入营业领域、大量参与营业活动，已成当代营业的常态，立法对此既不可进行不当的限制或禁止，更不可无视其不规范的存在。而解决的正道在于在前述新型商事登记制度创建的基础上，通过立法对非企业类民事主体的营业性投资、经营、交易行为作出明确的规定，特别是非企业类民事主体的营业行为之形式、方式、范围的限制或禁止情形，法律应有明确、具体、可行的规定。其中，对非企业类民事主体的经营行为，应建立严格的营业登记或开业登记制度，通过商事登记中的非企业类民事主体的营业登记或开业登记，既为非企业类民事主体进入营业领域创造必要的程序条件，也通过登记程序的形式审查和营业信息的确认公开，对其从商活动进行必要的规范和监督。此举还可规范营业秩序，优化营商环境，可为创设真正公平、有序的营业竞争关系提供立法依据和程序保障。2021 年 7 月国务院发布的《市场主体登记管理条例》虽从行政法规层面解决了商事登记的统一问题，但仍基于民商二元主体思维与惯性，而非从民事主体进入营业领域的身份、角色的特殊转换形式或角度来定位“市场主体”，故该条例第 2 条所罗列的登记对象，仍只包括“企业法人”“个人独资企业、合伙企业”“农民专业合作社”“个体工商户”等传统商事主体，其他进入营业领域或从事经营活动的非营利组织、特别法人仍未纳入登记范围，有其明显的局限性。

4. 企业类商事主体的立法问题

鉴于企业已事实上成为当今占主导地位的商事主体，自然，企业立法在商事主体立法中占有中心地位。《民法典》出台后，为适应新形势需要，必然要迎来又一波企业法的废、改、立工作。关于企业立法问题，后章将作专门讨论。

---

〔71〕 参见肖海军：《论我国〈商事登记法〉的制定与体例——附：〈中华人民共和国商事登记法〉（学者建议稿）》，载《时代法学》2020 年第 5 期。

第十一章　商事合伙的立法体例

合伙立法是商事主体立法中的重要内容。我国典型意义的合伙立法始于晚清,1903 年的《钦定大清商律》以及民国时期的《商人通例》《商业登记法》对合伙登记有原则性规定。1949 年以后,我国合伙立法经过《私营企业暂行条例》过渡时期(1949 年至 1956 年)、被原则禁止时期(1956 年至 1986 年)、《民法通则》附属立法时期(1986 年至 1988 年)、《私营企业暂行条例》所有制本位立法时期(1988 年至 1997 年)、《合伙企业法》单行商事主体立法时期(1997 年至 2017 年)、《民法典》总则编下非法人企业立法定位时期(2017 年以后)等几个阶段。而在合伙立法中,商事合伙的立法定位、技术路径与体例选择又是最具基础性的问题。

第一节　商事合伙属性的学理分歧

一、合伙立法体例之争缘起于合伙法律属性之争

在合伙立法中,一个在理论与实务上带有源头性、基础性的争点,即合伙究竟是主体性的组织,还是行为性的契约。对此,无论在立法上,还是在学理上,其规定或看法可谓大相径庭。而这一争点又注定与 1986 年《民法通则》有着直接的历史渊源。

在《民法通则》起草与征求意见之时,这种争议就见端倪,问题集中在公民(自然人)与法人之外的合伙经营体,应否作为其他民事主体。[1] 当时就存在不作规定、在自然人与法人相关章节分别规定、以独立章节作专门规定等三种不同意见,[2] 多数学者和业界人士主张合伙经营体不能作为第三民事主体,应分别纳入自

---

〔1〕 参见苏阳:《民法通则(草案)座谈中涉及的理论问题》,载《法学研究》1986 年第 1 期。

〔2〕 参见江平:《共同经营体法律地位初探》,载《中国法学》1986 年第 1 期;方流芳:《合伙的法律地位及其比较法分析》,载《中国法学》1986 年第 1 期。

然人或法人章节予以调整。[3] 事实上,《民法通则》也正是按照公民(自然人)与法人的二元主体结构之分离立法思路,把实质上属于合伙经营体的"自然人合伙"和企业之间"合伙型联营"分别规定在第二章"公民(自然人)"第五节"个人合伙"和第三章"法人"第四节"联营"第52条,使同样具合伙性质的非法人经营共同体被人为地分割在不同章节。[4] 但《民法通则》之合伙分离式立法体例在随后的一系列单行民事基本法、民商事主体法和其他自治性组织法中被一再突破。《民法通则》之外的各种立法文本或规范性文件早已在自然人、法人之外,以"其他组织"、"单位"或"团体"等称呼,赋予合伙企业以民事主体地位,但合伙立法的零、散、乱等问题并未解决;至于合伙究竟是契约还是应为组织,既有规范文本往往语焉不详,如合伙契约在1999年的《合同法》中就只字未提。

在学理上,学者对合伙的各种看法和代表性观点也莫衷一是。《民法通则》通过后,由于分离式规定本身具有极大的模糊性,学者对其理解各不相同。有部分学者认为,既然合伙被安排在民事主体部分,则合伙应有民事主体地位;有部分学者认为,合伙分别规定在自然人和法人不同章节,恰恰说明合伙本质属性和法律地位的不确定性;也有部分学者认为,《民法通则》作如此规定,既可理解为合伙是民事主体,也可理解为公民或法人参加民事活动的特殊形式。[5] 进入20世纪90年代中期以后,论争的范围则集中于合伙企业的法律地位,各种观点纷纷出台,所谓独立民事主体说、[6]第三民事主体说、[7]法人说、[8]广义法人说、[9]次法人说、[10]中间团体说、[11]限制性民事主体说、[12]非法人组织说等观点,[13]不一而足。受各种代表性观点影响,反映在民法典立法方案和合伙体例安排上,分歧则更大,诸如延

---

〔3〕 参见王汉斌:《关于〈中华人民共和国民法通则(草案)〉的说明》,载《中华人民共和国国务院公报》1986年第12期。

〔4〕 参见江平:《〈中华人民共和国民法通则〉剖析》,载《政法论坛》1986年第3期;张友渔:《为什么制定这部〈民法通则〉》,载《中国法学》1986年第4期。

〔5〕 参见魏振瀛:《关于合伙理论与实践的几个问题》,载《法学研究》1989年第6期。

〔6〕 参见王利明:《民法总则研究》,中国人民大学出版社2012年版,第330页以下。

〔7〕 参见马俊驹:《民法通则与合伙民事主体地位》,载《法学评论》1986年第3期。

〔8〕 参见宋永新:《关于我国合伙法律制度的若干问题》,载《中国法学》2001年第4期。

〔9〕 参见张力:《私法中的"人"——法人体系的序列化思考》,载《法律科学(西北政法大学学报)》2008年第3期。

〔10〕 参见龙卫球:《民法总论》,中国法制出版社2002年版,第411页。

〔11〕 参见史尚宽:《民法总论》,中国政法大学出版社2000年版,第148页。

〔12〕 参见王宝治、潘中喜:《非法人组织在民事实体法和程序法上法律地位之冲突及协调》,载《河北法学》2003年第5期。

〔13〕 参见赵群:《非法人团体作为第三民事主体问题的研究》,载《中国法学》1999年第1期。

续《民法通则》的分离模式、[14]债法与合同法编模式、[15]主体与债法混同体例、[16]广义法人模式或次法人模式、[17]第三主体模式等各种主张,[18]堪称盛况。其中最具代表性的几部"民法"草案和《民法典》专家建议稿,对合伙立法例的选择,在展现鲜明个性的同时,也显示之间的巨大分歧;非但没有起到示范、统一、止争的效应,反而因为编写者所秉持的学说背景和倾向性的理论支撑,引发更大的争议与分歧。

足见,合伙的立法定位,这一存在巨大分歧、争议已久且纠缠了多年的议题,由于在合伙法律属性上的一再纠结与长期论争,一些本属合伙的常识性问题竟然也无法达成基本的共识。受此影响,各种关于民法典编纂中合伙立法定位、体例安排和技术路径的具体方案,也就缺乏基于适当理论支撑的宏观布局和顶层设计,自然不能圆满解决合伙这一重要的民事立法问题。这说明,回归合伙的常识,对合伙之法律属性作正本清源的分析,仍具基础意义。

二、不同学理、学说对合伙法律属性的解读与分歧

在学理上,对合伙性质的界定和解读,存在如下几种代表性的观点与学说。

(一)契约说

该说认为合伙本质上应为契约,而非主体。例如,梅仲协先生认为"合伙系契约之一种,契约当事人即合伙人,以经营共同事业,即互约为出资也";"合伙虽亦为二人以上之人所组织,但其本身并非权利主体,故与有权利能力社团有别;就外部观察,合伙并非单一之个体,且合伙人之变更,影响事业甚巨,故严格言之,与无权利能力之社团亦有差异"。[19]

(二)组织说

该说认为合伙作为合伙人的联合体,已不是纯粹的契约,而应是具有权利主体属性的社会组织。该说又因理论依据与法律定位的不同,而表现为:

1. 无权利能力社团说。该说是从合伙关系的稳定性、存在形式的团体性、行为

---

〔14〕 参见全国人大常委会法工委:《中华人民共和国民法(草案)》(2002 年 12 月 23 日)。

〔15〕 参见梁慧星主编:《中国民法典草案建议稿》(第 3 版),法律出版社 2013 年版,第 307 ~ 313 页。

〔16〕 参见王利明主编:《中国民法典学者建议稿及立法理由 · 总则编》,法律出版社 2005 年版,第 201 ~ 240 页;王利明主编:《中国民法典学者建议稿及立法理由 · 债法总则编、合同编》,法律出版社 2005 年版,第 662 – 690 页;李永军等:《中国民法典总则编草案建议稿及理由》,中国政法大学出版社 2016 年版,第 168 ~ 169 页。

〔17〕 参见徐国栋主编:《绿色民法典草案》,社会科学文献出版社 2004 年版,第 119 ~ 127 页。

〔18〕 参见杨立新等:《〈中华人民共和国民法 · 总则编〉建议稿》,载《河南财经政法大学学报》2015 年第 2 期;于海涌编著:《中国民法典草案立法建议(提交稿)》,法律出版社 2016 年版,第 42 ~ 45 页。

〔19〕 梅仲协:《民法要义》,中国政法大学出版社 1998 年版,第 463 页。

与责任的相对独立性等角度,依据《德国民法典》第 54 条之规定,认为合伙属于无权利能力社团的范畴。[20]

2. 非法人团体说。如王泽鉴先生认为,合伙总体上属于“非法人团体”的范畴,但与设立中社团、无权利能力社团有别,不可简单归入无权利能力社团一类。[21] 也有学者依据我国原《民法通则》与 2006 年之前《合伙企业法》之规定,认为“合伙”属于“自然人的其他团体构造”范畴,其性质乃“非法人团体”,享有“范围不同的部分权利能力”。[22] 还有学者认为,“合伙是联合经营的一种形式,是指两个以上的民事主体共同出资,共同经营,共负盈亏的自愿联合”,属于非法人组织的典型范畴和主要种类。[23]

3. 第三民事主体说。该说认为,“合伙是指两个或两个以上的人(自然人、法人)为了共同的经济目的,自愿签订合同,共同出资、经营,共负盈亏和风险,对外负连带责任的联合体”,特别是现代合伙,“已具备民事主体的基本条件,应属于一种独立的民事主体”。[24]

4. 法人说。该说认为,在我国,由于原《民法通则》所规定的法人责任制度存在内在矛盾,从而导致合伙企业地位的不确定性,因此,重构法人责任理论,使法人“能够独立承担民事责任”和法人特征相分离,以法人化来完善合伙企业法律制度。[25]

5. 无责任能力团体说。该说从第三民事主体无独立财产、不能独立承担民事责任的角度看,认为称合伙为“无责任能力团体”更为恰适。[26]

(三)契约与组织兼有说

该说认为,合伙有两种含义:“一是指合伙组织(企业),一是指合伙合同”。[27] 例如,谢怀栻先生就指出:“合伙一词有两个意思:一是合伙合同,为各国民法中的一种典型合同。二是合伙企业,是指根据合伙合同而建立的一种组织(团体)。”[28] 王保树先生认为:“合伙有两种,一是合伙人基于合伙合同建立的一般合伙关系;二

---

〔20〕 参见方流芳:《合伙的法律地位及其比较法分析》,载《中国法学》1986 年第 2 期。

〔21〕 参见王泽鉴:《民法总则》,中国政法大学出版社 2001 年版,第 196 页。

〔22〕 参见朱庆育:《民法总论》,北京大学出版社 2013 年版,第 463 ~ 480 页。

〔23〕 许中缘、屈茂辉:《民法总则原理》,中国人民大学出版社 2012 年版,第 270 页;郭明瑞:《民法总则中非法人组织的制度设计》,载《法学家》2016 年第 5 期。

〔24〕 参见马俊驹:《民法通则与合伙民事主体地位》,载《法学评论》1986 年第 3 期。

〔25〕 参见任尔昕:《论我国合伙企业法律人格的选择——一种必要性和障碍因素的分析思路》,载《法学评论》2007 年第 2 期。

〔26〕 参见王洪平:《论第三民事主体:无责任能力团体》,载《法学杂志》2016 年第 12 期。

〔27〕 马强:《合伙法律制度研究》,人民法院出版社 2000 年版,第 68 页。

〔28〕 谢怀栻:《外国民商法精要》,法律出版社 2002 年版,第 230 页。

是依照民法和其特别法——商事法的规定，由两个以上的合伙人按照合同，共同出资，共同经营，并承担连带责任的组织。”[29] 王利明教授也认为，合伙虽然是一种组织，但“乃是由合伙协议与合伙组织两部分所组成的，前者是对合伙人有拘束力的内部关系，后者是由全体合伙人作为整体与第三人产生法律关系的外部形式，合伙大多是这两种关系的结合”，所以，其表现形式有企业型合伙与合同型合伙。[30]

(四)共同共有法律关系说

此说对合伙无定义，认为合伙既非纯粹的契约，也非独立的组织，仅仅只是自然人或法人从事民事活动的一种特殊形式和因这一特殊形式所形成的财产共有关系。如江伟先生认为，“合伙是一种个人权利的联合，并非个人权利的合并，每一个合伙人在合伙中保持独立主体地位，合伙不能显现出团体人格”，因而它不仅不能成为民事主体，还不能成为诉讼主体。[31] 龙卫球教授更认为，虽然“合伙是现实中一种不可缺少的经济组织形式”，但“从法律性质上说，合伙是不具有权利主体地位的经营性的人合组织，是一种介于个人与法人之间的法律形式，但它并不是一类主体，而是主体之间的一种特殊法律关系，即合伙人以合伙契约建立一种追求共同目的的共同法律关系，其核心内容是就合伙出资和经营财产产生共同共有关系”。[32] 部分学者甚至在《民法总则》《合伙企业法》已明确把合伙企业列为非法人组织的情况下，仍然坚持“民事合伙不具组织性，不能成为民法上的主体，民事合伙各合伙人的连带责任源自其相互之间的共同共有关系”。[33]

那么，在这众多的观点和学说中，究竟哪一种比较接近合伙的本质属性呢？

三、合伙法律属性的正本清源

(一)合伙契约性与主体性的解构

笔者认为，合伙究竟是行为性质的契约，还是主体性质的组织，不可一概而论。在前述众多学说和观点中，契约与组织兼有说比较接近合伙的本质属性，这是因为：

1. 合伙的人合性使其本身存在契约与组织的双重属性。诚如史尚宽先生所言：

---

[29] 王保树主编：《中国商事法》，人民法院出版社 2001 年版，第 46 页。

[30] 参见王利明：《民法总则研究》，中国人民大学出版社 2012 年版，第 330～337 页。

[31] 参见江伟、王国征：《合伙不具有民事诉讼主体资格》，载《法商研究(中南政法学院学报)》1999 年第 1 期。

[32] 参见龙卫球：《民法总论》，中国法制出版社 2002 年版，第 415 页。

[33] 参见李永军：《民事合伙的组织性质疑——兼评〈民法总则〉及〈民法典各分编(草案)〉相关规定》，载《法商研究》2019 年第 2 期。

“合伙有二意义，其一谓合伙契约，其他谓因合伙契约而成立之团体。”〔34〕合伙的成立基础虽基于契约，但与一般性契约相比，其结成的法律关系具有稳定性、持续性，自成立之时起就具有明显的组织特征。也就是说，“合伙的本质是合同性质，同时具有组织体的属性，而合伙协议仅是合伙组织体存续的法律基础”，但“合伙的双重属性并不改变合伙协议的法律基础性质”。〔35〕

2. 从合伙特别是商事合伙的发展和演变来看，呈现明显的由契约向主体转型的演变规律。最早对合伙进行规定的文献虽为公元前 18 世纪《汉穆拉比法典》第 99 条，即“倘自由民以银与自由民合伙，则彼等应在神前均分其利益”；〔36〕但人类合伙的实践则远在这之前，而在立法和理论上对合伙作明确定义则始于古罗马。尽管在事实上，广义合伙包括“所有为着共同目的而组织起来的团体”，以合伙契约为基础的合伙组织已大量出现；但从狭义讲，“合伙则是指二人以互约出资，经营合法事业，共同分配损益的契约”；自然“合伙不是法律上的权利义务主体，所以合伙的财产不属于合伙所有，而是合伙人的共同财产”。〔37〕在罗马时代，以团体、组织体的名义进行民事活动虽比较常见，但限于当时的历史条件，法学家并未提出系统、完整的法人理论，“也不可能对法人制度作全面的论述”，仅仅只是提出所谓的“抽象人格”理论，〔38〕更遑论合伙的团体性与主体性；反映在立法上，合伙则总体被归入债法和契约，仍属合意之债、诺成契约的范畴。可见，在古罗马，尽管组织型合伙已经出现，但限于普遍性程度与非常态事实，立法与学理自然难以对其组织性给予足够的重视与应有的关注。

中世纪，合伙从契约演变为组织的步伐在逐步加快。在马克斯·韦伯看来，中世纪海上贸易、船舶共有中的合伙以及因合伙演变而形成新的康孟达经营形式，使风险“由资本所有者负担”“利润则按比例分享”等组织性法则，逐步由惯例、约定、章程直至法令等形式“固定下来”；而以海上合伙及其衍生的风险共同基金等新的、固定的合伙形式，更使海上合伙与合伙共同基金具有事实上发展为“权利与义务的联合体——代表合伙经营商务的结果”之趋势；更由于陆上合伙的涌现和有限合伙的产生，传统家族共同体、劳动共同体的出现和不断演化，作为共同体的合伙企业逐步从作为组成个体的合伙人中分离、独立出来，“以共同的名字（合伙的字号，作者注）为共同的企业利益而签署的契约”开始出现并逐步增多，“当‘合伙企业’赢得独立存在的地位之时，‘以合伙的名义’签署契约也就发展成为‘使用公司的名字’

〔34〕　史尚宽：《债法各论》，中国政法大学出版社 2000 年版，第 683 页。

〔35〕　参见王利明：《论合伙协议与合伙组织体的相互关系》，载《当代法学》2013 年第 4 期。

〔36〕　转引自林志纯主编：《世界通史资料选辑》（上古部分），商务印书馆 1974 年版，第 71 页。

〔37〕　参见周枏：《罗马法原论》（下册），商务印书馆 1994 年版，第 742 页、第 786 页。

〔38〕　参见周枏：《罗马法原论》（上册），商务印书馆 1994 年版，第 291 页。

签署契约——也就是,不再包含所有合伙人名字的合伙企业”开始大量涌现并成形。[39] 可见,部分契约型合伙向组织型合伙的转型和演变,实乃合伙发展的重要主线和历史轨迹,也是近代企业和现代合伙企业、公司企业形成的真正起源。无独有偶,美国学者伯尔曼在论述中世纪商业合伙向近代企业转型时也明确指出:“虽然合伙只是根据协议建立的,但它构成了一种可以拥有财产、订立契约、起诉和应诉的法人。合伙人被授权以合伙的名义联合行事,因而他们对合伙的债务负连带责任。”在某种意义上讲,“合伙人也一同构成一种社团,即构成一种自治体、一种社会共同体,这种自治体或共同体的人格是超验的和内在的,也就是说,它既不同于其成员的人格,又与之相联系”。因此,“12 世纪商业合伙的形式,即康孟达,与近代商业公司的形式十分相像”。[40] 足见,因生活或营业的需要,由纯粹的契约关系逐步走向稳定的组织关系,是近代合伙发展的最基本趋势。

从中国古代“手工业商业中的合伙制铺店、矿冶工场或一次性的合伙贩卖”而结成的事实合伙关系和合伙契约关系的传统合伙,通过近代的“分股合伙”,呈现向股份制企业、合伙企业等近代企业形式的转变,[41] 大量合伙也越来越具有组织体和团体性特征,这些与西方古代传统合伙关系、中世纪合伙契约向近代合伙组织体演变的历史,也是基本吻合的。足见,从合伙的发展与演变的历史来看,明显遵循从原始的契约到后来的组织这一演变和转型过程。

3. 合伙的契约与组织呈现一定的阶段性特征。合伙最原始、最初级、最古老的形式是契约,在中世纪及以前,合伙的常态存在方式无疑是契约;但近代以来,合伙尤其是商事合伙,更多则以企业的形式存在。不仅合伙是这样,就是诸如公司等现代企业,也是基于人们的需要,由最初的交易或营业关系(契约、行为)到中世纪的交易或营业形式(手段、平台)再到近代的交易或营业组织(主体、法人)而逐步演变。特别是在营业领域,传统商法上存在的“主体(企业主或经营者)—行为(营业或商行为)—客体(企业)的逻辑对应关系”发生了根本变化,在企业作为稳定的组织和相对独立的主体出现并成形之后,作为人们交易或营业手段、工具、平台的企业,也由权利客体脱胎为权利主体,即“客体性企业”逐渐地、不断地向“主体性企业”转变。[42] 纵观近代以来,合伙的发展和演化呈现如下三种比较明显的趋势:(1)部分传统合伙在日常生活中仍然以行为、契约的形式存在,此即典型的契约性

[39] 参见[德]马克斯·韦伯:《中世纪商业合伙史》,陶永新译,东方出版中心 2010 年版,第 17 页、第 27 页、第 70 页。

[40] [美]哈罗德·J. 伯尔曼:《法律与革命——西方法律传统的形成》,中国大百科全书出版社 1993 年版,第 431 页。

[41] 参见刘秋根:《中国古代合伙制初探》,人民出版社 2007 年版,第 23 ~ 38 页。

[42] 参见叶林:《企业的商法意义及“企业进入商法”的新趋势》,载《中国法学》2012 年第 4 期。

合伙;(2)在商事活动和营业行为中,因稳定经营、持续交易需要,逐渐形成既具相对独立性、但又具鲜明人合特征的合伙企业,此即组织型合伙;(3)从传统合伙财产的共同共有向合伙份额的按份共有,逐步演化为资本本位的近代股份制企业和公司,此即组织型合伙的再度演进与升华,它已不是严格意义上的合伙,而是已转型为独立的法人型企业。

4. 就合伙的实态形式而言,合伙并非绝对或纯粹只以组织或契约的形式存在。即使在合伙组织、合伙企业高度发达的今天,无论是民事合伙,还是商事合伙,契约形式的合伙仍然大量地存在。一般而言,在营业领域,商事合伙大多以组织型合伙的形式存在,典型的如合伙企业;但人们出于临时、即时、短暂的营业或交易需要,结成一次性、偶发性合伙合作关系,当事人之间既无结成稳定关系的意思和愿望,也无持续的共同利益为基础或动力,更无进行登记的必要和可能,在此情形下,此种商事合伙无疑则比较适合、也只能以结成契约的方式而存在。推而论之,在一般日常生活领域,民事合伙则更多地以契约方式出现,典型的如合伙建房、合伙著书、合伙买车等。但民事合伙也非绝对地只能以契约方式存在,在涉及长期合作、金额较大、关系复杂的民间事务,民事合伙也可以或必须选择组织型合伙形式,典型的如律师事务所、合伙性社区矫正机构、合伙型民间自治组织(如业主委员会)、合伙型民间研究机构等。不仅如此,契约或组织也不是区别普通合伙与有限合伙、显名合伙与隐名合伙的关键性条件,也就是说,普通合伙既可以是契约型合伙,也可以是组织型合伙;而有限合伙虽在绝大多数情况下以合伙企业、甚至以两合公司的形式存在,但并不排除其以契约方式存在的可能性。至于显名合伙与隐名合伙的区别,仅仅只是合伙协议或章程是否记载合伙人的姓名或名称,与是否以契约还是以组织方式存在,并不具有对应关系。正因如此,有学者虽认为传统合伙具有契约性,但也注意到了近代以来的合伙"除仍旧作为一种契约关系存在"外,"已经出现在合伙契约的基础上具备较为稳定的团体性的合伙组织体",尤其是有限合伙。〔43〕甚至有学者认为,严格说来,合伙存在仅具合伙协议性质但欠缺组织体形态的协议型合伙(一时性合伙)、既具备合伙协议性质又形成了常态化经营性合伙组织的合伙形式(如商事合伙或称合伙企业)、当事人虽未签订合伙协议或并非既存合伙协议当事人的推定合伙(如隐名合伙、表见合伙及禁反言合伙)等三种实态形式。〔44〕质言之,实态生活中,合伙的存在形式是活泼、丰富、复杂、多样的,绝非或契约或组织可简单而概括之。

---

〔43〕参见梁慧星:《民法总论》,法律出版社 2011 年版,第 144 页。

〔44〕参见房绍坤、张旭昕:《民法典制定背景下的合伙立法》,载《吉林大学社会科学学报》2016 年第 1 期。

综上所述,不难看出,合伙的人合性使其本身具有契约与组织的双重属性。在合伙的发展历史中,明显沿着从契约向组织这一轨迹在逐渐地、不断地演化与转型;自然,相对于古代、中世纪之前以契约为常态的传统合伙,近代、现代合伙更多则以组织型的合伙企业为典型形式。即使到了当代,合伙有时是契约,有时则为组织;合伙关系之原因事实为合伙契约,如合伙人之间的关系止于临时性、偶然性、短暂性,则合伙无疑只能是契约性的;但合伙人之间如能维持长期、稳定、持续的关系,则合伙的组织性也是很显然的;况且,即使在合伙人之间存在长期、稳定、持续合伙关系的情形下,当事人也可选择契约的方式,而非一定要登记为合伙组织或合伙企业。

(二)导致合伙法律属性分歧与论争持续发酵的主要症结

笔者认为,之所以立法上存在对合伙的不同规定,学者之间存在因不同观点而产生的分歧和论争,主要症结在于没有正视和注意到合伙所具有的契约性与组织性这一双重属性,模糊了合伙与合伙企业之间的关系和相互之间应有的差异。无论在事实上,还是在学理上,合伙与合伙企业之间均存在实质性差异。早在20世纪80年代,谢怀栻先生就明确指出,合伙既具契约性,又现组织性。〔45〕可见,合伙的外延显然要比合伙企业更广泛些,它包括契约型合伙和组织型合伙;而合伙企业则仅指组织型合伙,且也非组织型合伙的全部。很明显,有些讨论和分歧本身就不是建立在同一语境、同一概念和同一实然事实之上,其讨论的结果无疑就会大相径庭。如持合伙契约论、共同财产关系论、民事主体特殊活动形式论的学者,就比较强调合伙基础法律关系的契约性、财产关系的共有性和民事责任的连带性;而持组织论、主体论的学者,则更强调合伙企业中法律关系的稳定性、共同体的相对独立性、营业交易的持续性。足见,他们所讨论的合伙并非同一状态或类型下的合伙。

正如有学者所认为的那样,“片面的强调合伙的主体性,不但在理论上面临着困境,还将不得不负担主体法定带来的僵化成本、服从成本和政治代理成本,且不利于合伙组织的创新”;合伙人之间是应维持合伙合同的契约关系,还是进而登记为合伙组织或合伙企业,应充分尊重私法自治原则,交由合伙人自主选择,也就是说,“在合伙法律地位的认定方面,变主体性的判断为主体化的选择”。〔46〕据此,对合伙是契约,还是组织,立法不应简单化、绝对化,而应审时度势,分别不同情形,对其进行分类应对和具体规定。基于此,在我国民法典编纂中,就应当理性对待和处理合伙的契约性、行为性和合伙的主体性、组织性问题,既应对以组织形式存在为常态的合伙赋予其主体性法律地位,又应对临时性、短暂性且不以组成合伙体为目

〔45〕　参见谢怀栻:《外国民商法精要》,法律出版社2002年版,第230页。

〔46〕　参见李凤章:《从合伙的主体性到主体化》,载《国家检察官学院学报》2006年第6期。

的的合伙契约之正当性、合法性给予以充分尊重和必要回应。[47]

第二节 商事合伙立法的体例考察

一、大陆法系国家或地区对合伙的法律定性与立法体例

(一)奉行民商分立的国家或地区之民法典与商法典对合伙定性的基本态度

大陆法系奉行民商分立法例的国家或地区,其民法典对合伙的定义存在如下代表性体例:

1. 体例上归于债法或合同,但法条定义则由从契约型合伙转为组织型合伙。典型的如法国,在1804年《法国民法典》第三编第九章“合伙”中,[48]合伙被明确规定为“契约”;直至1978年《法国民法典》第78-9号法令修订案,该法案第1842条第1款规定,“除第三章所指的隐名合伙以外的公司(合伙),自其登记注册之日起享有法人资格”,[49]从而完成由传统契约性质的合伙向现代主体性质的合伙之转变。西班牙的做法与法国基本相同。[50]

2. 体例与法条均明确规定合伙为合同或契约。典型的如《德国民法典》,其有关合伙的规定在第二编“债务关系法”第十四节(现第十六节)“合伙”之中,[51]合伙为典型的合同或契约。葡萄牙、[52]日本等国家或地区,[53]选择此一法例。

3. 在体例上把合伙归类于合同,但同时又规定合伙可为主体或法人。例如,《智利民法典》第四编“债的通则和各类合同”第二十八章“合伙”第一节“通则”第2053条,既把合伙界定为合同,同时在合伙作为共同体存在时,赋予其法人或主体资格。[54] 又如,《阿根廷民法典》第三编“产生于合同的债”第七章“合伙”,[55]《埃及民法典》第一编“债或对人权”第二分编“有名合同”第一部分第四章“合伙”,[56]

---

[47] 参见肖海军、傅利:《合伙契约性与主体性的解构——基于民法典分则“合同法编”的视角》,载《当代法学》2018年第5期。

[48] 参见《拿破仑法典(法国民法典)》,李浩培、吴传颐、孙鸣岗译,商务印书馆1979年版,第255页。

[49] 参见《法国民法典》,罗结珍译,北京大学出版社2010年版,第423页、第426页。

[50] 《西班牙民法典》,潘灯、马琴译,中国政法大学出版社2013年版,第416~417页。

[51] 参见陈卫佐译注:《德国民法典》,法律出版社2015年版,第292页。

[52] 参见《葡萄牙民法典》,唐晓晴等译,北京大学出版社2009年版,第167页。

[53] 参见渠涛编译:《最新日本民法》,法律出版社2006年版,第144页。

[54] 参见徐涤宇译注:《智利共和国民法典》(2000年修订本),北京大学出版社2014年版,第327页。

[55] 参见徐涤宇译注:《最新阿根廷共和国民法典》,法律出版社2007年版,第384页。

[56] 参见《埃及民法典》,黄文煌译,厦门大学出版社2008年版,第74~75页。

《阿尔及利亚民法典》第二编“债与合同”第七分编第三章“合伙合同”,[57]也有类似的规定与处理。

4. 体例和法条均明确规定合伙为主体或组织。例如,《埃塞俄比亚民法典》第一编“人”第三部分“社团和财团”第二章“社团”第405条即为合伙的有关规定,明确“适用商法典关于合伙的规定”;[58]而依据《埃塞俄比亚商法典》,合伙(公司)均为商主体。又如,在2005年新《越南民法典》中,合伙被安排在第一编第五章“家庭户、合作组”第二节“合作组”,其中第111条第1款规定,合伙“是民事关系的主体”。[59]

5. 体例和法条上既规定为主体,又规定为契约。例如,《菲律宾民法典》第一编“人”第一部分“民事人格”第三章“法人”(第44条),第四编“债与合同”第九部分“合伙”(第1767~1867条),分别对合伙主体和合伙合同作了规定。[60]

值得注意的是,与民法典对合伙性质定义表现出较大差异相对应的是,大陆法系奉行民商分立法例的国家或地区之商法典,则比较一致地规定商事合伙为主体性营业组织。例如,在《法国商法典》里,合伙为第三编“(商事)公司”的一种形式。[61]又如,在《德国商法典》第二编“公司与隐名合伙”中,除第三章“隐名合伙”外,合伙为“非独资的商事企业”,具有与公司相当的法律地位。[62]比较例外的是日本,《日本商法典》第三编“商行为”第四章则明确规定“隐名合伙”为“当事人双方间约定当事人一方为对方营业出资并分配其营业利益的有效协议”,为商行为性质的契约;但是,1998年日本制定的《投资事业有限责任合伙法》、2005年所制定的《有限责任事业合伙法》,则又赋予有限合伙以企业法人地位。[63]

(二)选择民商合一的国家或地区之民法典对合伙属性的界定与体例

在奉行民商合一法例的国家或地区,有关合伙的定义也存在较大差异,典型立法例如:

1. 编入债法部分且定义为契约。例如,《意大利民法典》虽把一般合伙安排在属商主体部分的第五编“劳动”第五章“公司”之下,但无论是对公司的定义,还是对

---

[57] 参见《阿尔及利亚民法典》,尹田译,厦门大学出版社2013年版,第53页。

[58] 参见《埃塞俄比亚民法典》,薛军译,厦门大学出版社2013年版,第60页。

[59] 参见《越南社会主义共和国民法典》(2005年版),吴远富译,厦门大学出版社2007年版,第28页。

[60] 参见《菲律宾民法典》,蒋军洲译,厦门大学出版社2011年版,第9页、第234页。

[61] 参见《法国商法典》,金邦贵译,中国法制出版社2000年版,第1~44页。

[62] 参见《德国商法典》,杜景林、卢谌译,法律出版社2010年版,第51~76页。

[63] 参见刘成杰译注:《最新日本商法译注》,中国政法大学出版社2012年版,第142~143页、第145页。

合伙的界定,均以契约称之。[64] 又如,《荷兰民法典》第七编"有各合同"第十三章"合伙",对合伙合同的规定。[65]

2. 规定于债法编但定义为组织。例如,《瑞士债法典》,合伙虽被安排在第二编"各种合同"的第二十三章"一般合伙",但第530条第1款把合伙定位为典型的组织。[66]

3. 体例不定但法条以合伙是否登记界定为契约或组织。例如,2002年以后的《巴西民法典》第981条、第985条规定,合伙(公司)合同缔结后,"在适当的登记机构,按法定的形式对创设文件进行登记后,合伙(公司)取得人格"。[67] 又如,《泰王国民商法典》第1012条、第1015条规定,只有按照法律规定进行登记后,合伙或公司才能"成为不同于组成合伙或公司的合伙人或股东的法人"。[68]

二、英美法系国家或地区普通法或制定法对合伙的定性与体例

(一)司法判例:从合伙契约的连带责任到合伙债务的双重优先

在英美法系国家或地区,合伙一直被视为合伙人之间通过契约而形成的集合,[69]但该集合是契约还是组织,在相当长的时间内,普通法上并无定论。自1715年英国衡平法院法官考伯勋爵在克劳德一案判决中,确立"双重优先"的合伙债务清偿原则之后,[70]合伙经营体的相对独立性与主体地位相继为英美法系司法判例和学者所接受。

(二)是否登记:区分合伙契约与合伙组织的识别依据

关于合伙究竟是契约,还是组织,英国与美国在定义时,虽存在明显差异,但比较一致的是,均以是否完成登记作为识别或认定合伙契约或合伙组织的关键。例如在英国,1890年《合伙法》把合伙界定为"从事共同经营的人之间为了营利而存在的一种关系",但被登记为公司或团体除外;[71]这表明英国对合伙性质的界定取决于合伙是否进行登记,未登记则以契约关系视之。

又如,1914年《美国统一合伙法》原来对合伙性质的规定比较模糊,只笼统规定

---

〔64〕 参见《意大利民法典》,陈国柱译,中国人民大学出版社2010年版,第389~390页。

〔65〕 参见《荷兰民法典》(第3、5、6编),王卫国主译,中国政法大学出版社2006年版,第13页。

〔66〕 参见《瑞士债务法》,戴永盛译,中国政法大学出版社2016年版,第247~267页。

〔67〕 参见《巴西新民法典》,齐云译,中国法制出版社2009年版,第10页、第138~150页。

〔68〕 参见《泰王国民商法典》,米良译,社会科学文献出版社2018年版,第138~139页。

〔69〕 参见滕威:《合伙法理论研究》,人民法院出版社2013年版,第190页。

〔70〕 *Ex Parte Crowder* 2 Vern 706 (1715), Crane, *Partnership*, 2nd Ed., St Paul, West Publishing Co., 1952, p. 512. 转引自余红军:《论合伙人债务的清偿顺序和比例》,载《中外法学》1995年第5期。

〔71〕 See Geoffrey Morse, *Partnership Law*, 6th edition, Oxford University Press, 2006, p. 1.

合伙为“两人或数人作为共同所有者为谋利而进行营业的一种联合”，其法律关系仅仅被当作合伙人的延伸而已；[72]但1994年《美国统一合伙法》修订后，经登记的合伙之主体地位获得立法的明确认可。根据第101节第(6)项之规定，合伙“是指两个或更多的人根据第202节或其前身或者另一个法域的相应的法律规定，以共有者的身份经营商务以谋取利润的社团”；第201条第(a)款也规定，合伙“是一个与其合伙人不同的实体”(该文中第202节是指有关合伙设立的规定，作者注)足见，合伙组织的主体地位在美国已获得法律正式的承认。

综上所述，合伙究竟是行为性质的契约，还是主体性质的组织，不同法系、法域、国家或地区立法并无一致性规定。对合伙立法例的比较考察，足以说明，仅仅依据某一法系、法域、国家或地区的立法文本或相应规定，自然不足以说明或证成合伙的法律性质，或确定某一法例。

第三节　商事合伙立法的范式选择

一、基本立场：各种不同合伙立法方案的妥当性与可行性分析

(一)合伙立法是否可仿行多数国家或地区民法典的债法或合同编章体例

受前述合伙定性的影响，在民法典处理合伙的立法体例中，视合伙为契约并主张在债法或合同编中对其作出规定，尚有一定的市场。这是因为，尽管在有关合伙的定义上，不同法系、法域、国家或地区有很大的差异，但在立法例上，无论是大陆法系奉行民商分立，还是选择民商合一，除极少数个案外，绝大多数国家或地区的民法典把合伙视为合同之债的一种，放在债法或合同编。通过前述比较法例的考察，不难发现，举凡世界上比较有影响的民法典均采此一法例，如欧洲的《法国民法典》《德国民法典》《西班牙民法典》《奥地利普通民法典》《瑞士债法典》《荷兰民法典》等；亚洲的《日本民法典》《韩国民法典》《泰王国民商法典》等；拉美的《智利民法典》《阿根廷民法典》等；非洲的《埃及民法典》《阿尔及利亚民法典》等。那么，世界上绝大多数国家或地区的民法典为什么比较一致地把合伙规定在债法编中的合同章节，而没有规定在民事主体的相应章节呢？要回答这一问题，首先有必要对合伙立法的制度背景、发展历史和演变过程作深度分析。

1. 合伙成立基础的契约性使然。现代组织缘起于人们的契约与结社，乃社会契约论的理论基石，更是新社会契约论的核心观点。在新社会契约论者看来，原始、古

---

〔72〕 参见潘华仿：《美国统一合伙法》，载《比较法研究》1989年第2期；沈四宝、张丹：《美国统一合伙法及典型案例分析》，对外经济贸易大学出版社2007年版，第5页。

代社会与近代、现代社会的本质区别在于契约订立主体、方式、内容、责任与约束力范围的差异，原始、古代社会是以单一、分散的个别性契约为基础建立起来的，而近代、现代社会则是以众多、集中的关系性契约结成的，即“现代契约关系倾向于把与个别交易相联系的各种责任和与原始契约关系相联系的各种责任结合在一起”，从而使契约参与人结成一个稳定、共同的统一体（组织）。[73] 按照新社会契约论的观点，合伙、公司等企业实际上就是由投资者、劳动者、发明者、管理者等生产要素所有者之间所结成的契约关系体，其中投资者之间的出资协议或发起协议具有原生性、基础性，属第一性契约；而投资者与劳动者、发明者、管理者之间所形成的各种合同则具有派生性、次位性，属第二性契约。因此，直到现代，以契约方法或路径解释公司等现代企业，仍然成为部分学者选择的重要方式，如持公司合同理论的学者就认为，“公司并不作为一种实体而存在，它只是一组合约的联结”。[74] 被公认为具有社团性、资合性、法人性的公司之组织性、主体性尚且存疑，更遑论具明显人合性的合伙组织了！

2. 契约型合伙在19世纪以前的主导性影响。合伙最原始、最初级、最古老的形式无疑是契约，从而决定在相当长的历史中，人们只顾及合伙的契约性、行为性，而没有正视到合伙的组织性、主体性，这一事实和状况直至近代众多代表性民法典诞生之时，仍然没有根本性的改观。众所周知，现代法人制度肇起于《德国民法典》，而法人的本质乃社会组织。社会组织成为主体尽管事实上古已有之，如在古罗马法中就有所谓的团体（corporatio，societas）存在，[75] 涉及以家庭关系为纽带的家庭共同体、以契约为纽带的合伙体、以章程为纽带的社团（公司）等不同形式，[76] 其中又以共有合伙体（societa）最具代表性，“它产生于‘家子’的早期宗亲共同体”，后来又出现了“农艺合伙”“劳作合伙”“物合伙”“商业合伙”“混合合伙”等多种基于合意或契约而结成的合伙形式。[77] 但囿于时代的局限，明确、独立、完整的社会组织、主体思想和类似于近代的法人制度尚未形成，如合伙等人合组织在当时的法学家看来，仅作为财产形式，只是权利客体，而非权利主体；受此影响，立法上也就只能在契约的视角下来规范合伙。如优士丁尼尽管认识到了“人们所组织的合伙”具有“共同体”性质；[78] 但在《法学阶梯》里，他仍然在第三编“合同之债”的语境和法条

---

〔73〕 参见［美］麦克尼尔：《新社会契约论》，雷喜宁、潘勤译，中国政法大学出版社2004年版，第26～27页。

〔74〕 参见罗培新：《公司法的合同解释》，北京大学出版社2004年版，第48页。

〔75〕 参见［意］彼德罗·彭梵得：《罗马法教科书》，黄风译，中国政法大学出版社2005年版，第39页。

〔76〕 参见江平主编：《法人制度论》，中国政法大学出版社1994年版，第8页。

〔77〕 参见［意］彼德罗·彭梵得：《罗马法教科书》，黄风译，中国政法大学出版社2005年版，第290页。

〔78〕 ［古罗马］查士丁尼：《法学总论——法学阶梯》，张企泰译，商务印书馆1989年版，第179页。

框架下，而非在第一编"人法"来讨论合伙，并认为合伙属"合意之债""合意契约"的范畴。[79] 近代第一部民法典《法国民法典》则沿袭了法学阶梯的这一立法思想和体例，很自然地把其放置在第三编"取得财产的各种方法"之第九章"合伙"，后世受《法国民法典》影响的国家或地区，其中包括对《法国民法典》改弦更张、遵学说汇纂体例的《德国民法典》，也不得不受此思想与体例的影响，把其归入债法或合同编。这说明，19世纪以前合伙中契约型合伙的主导性结构，是直接影响这一时期主要民法典合伙体例安排的实在依据。

3. 契约型合伙作为合伙重要存在方式的直接反映。从合伙的发展历史来看，虽然商事合伙在近代呈现明显的由契约向主体的演变规律与发展趋势，但这仅仅只是主旋律，在这一主线之外，部分合伙特别是民事合伙依然以契约的方式广泛地存在。

4. 契约型合伙大量、客观、真实存在所决定。从合伙的存在形式与实在结构来看，即使在合伙组织、合伙企业高度发达的今天，无论是民事合伙，还是商事合伙，契约形式的合伙依然大量地存在。

正因如此，众多且在世界上最具代表性、影响力的民法典，在合伙立法上均习惯性地采用债法或合同编章体例；然而，多数国家或地区民法典选择把合伙安排在债法或合同法编章，是不是就意味着这一立法体例就是一种臻于完美的方案呢？笔者认为，不尽然，这是因为：

1. 既有代表性的、且具影响力的民法典绝大多数制定于19世纪末及以前，限于当时人们对合伙法律属性和存在形态的理解，合伙立法延续了古罗马以合意之债或具体契约的处理方式，但这并不能全面反映合伙特别是商事合伙、合伙企业组织体的真实存在和主体地位。

2. 与民法典以债法或合同体例处理民事合伙相比，同时期奉行民商分立的国家或地区，其商法典则比较一致地承认或赋予商事合伙、合伙企业、有限合伙、无限公司、两合公司的组织性和主体性，甚至赋予其以独立商人或法人资格。如在大陆法系采用民商分立的多数国家或地区，其商事合伙一般在商法典里以合伙或公司独立成编，[80] 这说明，以合伙企业为代表的组织型商事合伙的主体地位，已成为不容否认的基本事实，同时期的商法典也不得不予以确认。

3. 早期有代表性的民法典虽在体例编排乃至在性质认定上普遍性地把合伙界定为契约，但随后又基于合伙组织性与主体性的客观现实，不得不作适度调整，对

[79] 参见徐国栋：《优士丁尼〈法学阶梯〉评注》，北京大学出版社2011年版，第440～444页。

[80] 参见《法国商法典》，金邦贵译，中国法制出版社2000年版，第93～260页；《德国商法典》，杜景林、卢谌译，法律出版社2010年版，第51～76页。

合伙定义、性质、形式作相应的修改,承认合伙的组织性,赋予合伙以主体地位,典型的如法国、西班牙等。只是受制于民法典体例结构的稳定性和修改的高难度,不得不在维持既有债法或合同编章结构的前提下,在有关合伙契约的结构性规定中,添加、补充、重述一些合伙的组织性或主体性因素、特征。

4. 部分民法典转型、后起国家或地区,利用其重订或新订民法典之机,放弃了传统罗马法和早期民法典国家的纯粹、单一债法立法思路,或者把合伙纳入民事主体编章,如《埃塞俄比亚民法典》、2005 年《越南民法典》等;或者在民法总则或民事主体部分对合伙作一般性、原则性、概括性的规定或宣示,再由债法或合同法作具体规定,如《葡萄牙民法典》、《意大利民法典》、《菲律宾民法典》、2002 年《巴西民法典》等;或者通过制定单行法的方式,以正视组织型合伙的存在,如日本等。

5. 即使某些比较传统、守成的国家,其民法典仍然沿袭契约型合伙的立法体例和理念,但因与合伙实务、司法实践产生强烈冲突,在学者批评和司法推动下,其固守的契约型合伙规定也一再被突破。以德国为例,尽管《德国民法典》把合伙规定在第三编"债法"第 705 条以下,但在梅迪库斯看来,"第 705 条及其以下条款首先对于商法上的两种人合公司而言,具有'基础结构性'的意义",由于合伙合同的"共同目的"有"临时性"与"持续性"之别,事实上只有临时性合伙才真正具有契约性质,而持续性合伙显然具有人合的组织性或团体性。[81] 另一德国民法学家迪特尔·施瓦布则认为,按照《德国民法典》第 705 条的设计,合伙虽为基于合伙合同而成立的"法律关系",属于"并不具有权利能力"的结构体,但"很久以来,法学界对把民事合伙归类为无权利能力的结构体持批评态度。通过司法判例,《德国民法典》规定的合伙具有成为权利承担者的能力这一点也逐步得到认可。"[82] 卡尔·拉伦茨也认为,"典型的民事合伙是特定的合伙人松散的或者紧密的联合"。[83] 罗伯特·霍恩、海因·科茨等人更认为,虽然"根据民法典第 705 条的规定,合伙是一种契约",但民事合伙的两种变体,即普通商事合伙和有限合伙,"在中小商业组织中得到了普遍的采用"。[84] 不难看出,如德国这样坚守合伙契约立法体例的国家,其规定因已严重不适应合伙的实际情况,合伙立法与合伙实践之间的矛盾与僵局已很显然。正因如此,1994 年德国不得不制定《德国自由职业人员合伙公司法》,以缓和《德国民法典》对合伙不合时宜规定所导致的组织型合伙立法窘境。

---

〔81〕 参见[德]迪特尔·梅迪库斯:《德国债法分论》,杜景林、卢谌译,法律出版社 2007 年版,第 384 ~ 387 页。

〔82〕 [德]迪特尔·施瓦布:《民法导论》,郑冲译,法律出版社 2006 年版,第 105 ~ 106 页。

〔83〕 参见[德]卡尔·拉伦茨:《德国民法通论》(上册),王晓晔等译,法律出版社 2003 年版,第 236 页。

〔84〕 参见[德]罗伯特·霍恩等:《德国民商法导论》,楚建译,中国大百科全书出版社 1996 年版,第 263 页、第 267 页。

足见,把合伙规定在民法典债法或合同编章,虽是既有绝大多数国家或地区民法典所采用的通用体例,但该体例只是顾及19世纪以前契约型合伙的部分立法需求,而没有反映组织型合伙的真实存在与现实需要,特别是不能适应合伙企业的最新发展趋势,因而这一体例的历史缺陷和时代局限十分了然。我国民法典编纂中,无疑不能盲目仿行。

(二)合伙是否应延续我国《民法通则》的主体分离式立法思路

在各种代表性的合伙立法方案中,主张沿袭《民法通则》的主体分离式立法体例,把合伙分别规定在自然人或法人的相应章节,作为自然人或法人的特殊形式,在相当长时期里有比较大的影响力。最早提出此一主张的是张友渔先生;[85]有学者甚至认为,这一体例是我国民事立法上的"一个创举",[86]"在立法体系上具有新颖性、先进性"。[87] 实际上,2002年12月全国人大常委会法工委公布的《民法(草案)》,[88]基本上沿袭了主体分离式合伙立法思路和体例。笔者认为,《民法通则》主体分离式合伙立法体例是特殊时代立法的一种无奈之举,有诸多无法克服的固有缺陷和重大局限。

1. 把合伙分别纳入自然人或法人章节的主体分离立法模式,受20世纪80年代社会环境所限,显然不符合合伙组织的客观实际。在思想上,由于我国长期受"左"的思想影响和束缚,"否定或歧视个体经济、合作经济的积极作用",部分人甚至认为"合伙是一种落后的经营方式,它的发展必然有损于社会主义公有制",所以在20世纪80年代初期"合伙经营几乎绝迹"。[89] 在政策、法律上,《民法通则》起草与制定时,虽然经济政策的总体趋势是对民间逐步放松,但当时的法律与制度对民间营业尚带有强烈的戒心,对个人、民间投资兴办企业,仍片面地认为存在剥削,整体上仍持一种严格限制或禁止态度,民间组织型合伙仍处在地下、挂靠或褪褓状态,尚未成为经营的主要方式和存在常态。在理论、认识上,就连全民所有制企业是否是一个独立的法律主体,当时学界尚无共识。于合伙而言,尽管也有少数学者认识到合伙可表现为合伙合同与合伙组织,[90]但绝大部分学者对其十分陌生,理论界、学术界的争议焦点和纠结重心,是私营企业或剥削标准为企业资产是否属"私人所

---

〔85〕 参见张友渔:《关于民法通则〈征求意见稿〉的一些意见》,载《张友渔学术精华录》,北京师范学院出版社1988年版,第176页。

〔86〕 参见马俊驹:《民法通则与合伙民事主体地位》,载《法学评论》1986年第3期。

〔87〕 参见魏振瀛:《关于合伙理论与实践的几个问题》,载《法学研究》1989年第6期。

〔88〕 参见何勤华等编:《新中国民法典草案总览》(下卷),北京大学出版社2017年版,第1484~1488页。

〔89〕 参见戴錞隆、丁岩:《论合伙》,载《法学研究》1986年第5期。

〔90〕 参见方流芳:《合伙的法律地位及其比较法分析》,载《中国法学》1986年第1期。

有”、雇工是否在“八人以上”;[91] 至于合伙是组织还是契约,合伙企业是否可作为主体而存在,并非人们关注的重点。直至1988年全国人大修改《宪法》第11条,认定“私营经济是社会主义公有制经济的补充”,明确“国家允许私营经济在法律规定的范围内存在和发展”之后,1988年《私营企业暂行条例》第6条明确规定私营企业可选择合伙企业形式,合伙企业的组织性与主体资格才被法律承认。在此情形下,《民法通则》尽管富有前瞻性地规定了法人特别是企业法人制度,但受苏联影响,第37条对法人的设立条件作了近乎苛刻的规定;合伙则只能作为自然人或法人的特殊形式予以处理。可以说,《民法通则》对合伙选择主体分离式立法体例,并非一种经过理性选择的立法方案,而恰恰是那个特殊时代的立法无奈。

2. 合伙的主体分离式立法体例,因其不确定性,产生许多模糊性规范,继而引发一系列不必要的纷争。正是由于合伙分别规定在自然人的个人合伙和法人联营等不同章节,那么,合伙到底属于自然人或法人的特殊存在形式？还是一种法律关系？或者仅为合伙合同或法律行为？抑或合伙组织？根据《民法通则》的规定,均不能得出明确、肯定的结论。《民法通则》通过后,由于主体分离式规定本身具有极大的模糊性,学界对其理解各不相同。[92] 在某种程度上讲,1986年以来我国学者围绕合伙所发生的诸多分歧与持续论争,无不与这一无奈、模糊规定有关。

3. 合伙的主体分离式立法体例,使同样具有合伙性质的非法人共同经营体被人为地分割在不同的章节,严重地损害了合伙组织认定标准的统一性和合伙规则的内在体系性。受此影响,长期以来,我国立法与司法实践只允许自然人合伙,而不承认法人合伙。典型的如1997年《合伙企业法》第9条,就排除了自然人之外的法人、非法人组织成为合伙人的可能性。这种人为地把合伙类型、制度、规则进行分割的立法体例,无益于建立既统一规范又活泼多样的合伙制度,只能损害合伙制度的完整性、规则的统一性和立法的体系性,是一种极不科学的立法体例。

4. 合伙的主体分离式立法体例,无视合伙本身既具契约性又具组织性、既能是契约又能是组织的双重属性。不仅使组织型合伙无所归依,也使契约型合伙难还其原,如此,反而使合伙处于比较尴尬的地位。

5. 合伙的主体分离式立法体例,事实上已被我国之后的立法实践所突破和否认。如前所述,这种突破既包括一系列单行民事基本法、民商事主体法,也包括其他自治性组织法。

足见,《民法通则》对合伙的主体分离式立法体例,带有明显的苏俄民法典痕迹,受20世纪80年代社会环境所限,显然不符合合伙本身存在的客观实际。无疑,

---

〔91〕 参见《私营企业暂行条例》第2条。

〔92〕 参见魏振瀛:《关于合伙理论与实践的几个问题》,载《法学研究》1989年第6期。

此一立法例建议在我国《民法典》编纂中予以摒弃！

（三）通过重构法人制度是否可以做到延纳合伙

2002年以来，随着新一轮民法典编纂热应声而起的，是部分学者提出把合伙纳入法人体系，赋予合伙以法人、准法人或次法人的地位，代表性观点包括：(1)直接纳入法人编章模式。该主张认为合伙企业已具备法人的基本条件，应把其直接纳入法人立法体例一并进行规定。[93] 如在徐国栋先生主持编写的《绿色民法典草案》中，有关合伙则被安排在第一编第二分编"法人法"的第二部分"合伙"。[94] (2)广义、类型化大法人模式。此一主张认为我国合伙等"非法人团体"之所以在立法上定位困难，在于"法人"概念未能涵盖所有团体主体所致，建议民法典应建构一个具有广义的"大法人"概念，并对其进行类型化，创立无限责任与有限责任这一双重责任法人类型结构，使之囊括所有自然人以外、包括合伙等非法人团体的民事主体。[95] (3)次法人模式。该说主张在法人制度与规范框架下，通过设置相对独立的分节，以保持合伙立法的相对独立性。如有学者认为合伙等无权利能力社团"是法人登记制度的负产物，却又是法律制度抽象化的必然结果，对它的解决，不应通过废除法人登记制度、牺牲法律效率而达成"，而是应尊重登记制度的前提下，"对具备法人条件的无权利能力社团准用社团法人规定"。[96] (4)附属法人说。此说把团体人格（法人）分为"形式人格"和"实质人格"两个侧面，认为非法人团体的"主体资格"仅具形式上的意义，合伙组织虽"不具有团体人格"，但具有"形式上的民事主体资格"，为此，民法典可承认合伙的"主体资格"以适用经济生活的需要，但不应赋予其独立人格。[97]

把合伙纳入法人的制度或立法框架，一个最重要的理由是合伙与具有法人资格的团体，均属于社会组织的范畴，其名称、成员、章程（合伙契约）、财产、机构、住所等社会组织的核心构成要素与一般社团法人没有实质性区别，所区别的只是其财产责任的独立性和对外债务责任的有限性，而恰恰这些不同与限制又是人们所固守的理论或创设的制度所致。因此，只要在理论、制度或立法上突破这些限制，合伙组织与法人组织就没有实质性区别了。基于这一思路，有学者认为，"独立承担责任"是"所有权利主体的属性，不是法人特有的属性"，因而"有必要重构法人制度"，不以"能够独立承担民事责任"为法人条件，将合伙企业、个人独资企业等"其

[93] 参见宋永新：《关于我国合伙法律制度的若干问题》，载《中国法学》2001年第4期。

[94] 参见徐国栋主编：《绿色民法典草案》，社会科学文献出版社2004年版，第119～127页。

[95] 参见眭鸿明、陈爱武：《非法人组织的困境及其法律地位》，载《学术研究》2004年第2期。

[96] 参见龙卫球：《民法总论》，中国法制出版社2002年版，第411页。

[97] 参见尹田：《论非法人团体的法律地位》，载《现代法学》2003年第5期。

他组织"统一在法人范畴内予以规定。[98] 有学者甚至从否认法人财产及责任独立性这一必要选项出发,以突破法人与非法人组织的体系区隔,进而把合伙纳入法人的体系;[99] 或者为使合伙企业"法人化",应改造或破除我国法人理论与制度障碍,使"独立承担民事责任和法人特征相分离"。[100] 更为重要的,在对域外法例进行考察后,也会发现,确实有许多国家或地区的民法典或商法典,其体系结构中,不管是规定在债法编章,还是原则性地体现在民商事主体法人编章中,合伙与公司法人常常不是比邻而居,就是荫庇在法人门下。典型的如法国,这些法例无疑又为上述理论或方案提供了法例上的支撑证据。那么,通过重构法人的理论、制度或规则,是否就可解决合伙的立法定位和规范供给"瓶颈"呢? 答案显然是否定的,这是因为:

1. 我国法人概念与制度的内在逻辑使其不容任意解读与再行重构。自《德国民法典》诞生以来,"德国学说汇纂学派及其深邃、精确而抽象的学识"和以"用语、技术、结构和概念"构成的优雅、完美立法体系,[101] 就持续地影响着后世民法典的编纂。同样,自 20 世纪 20 年代末时国民政府起草、颁发民法典以来,德国民法典的一系列概念、制度和规则也一直深深地、直接地影响着我国。在某种程度上讲,我国民法理论、制度、规则体系中的法人制度,与法国、日本等采广义法人例的国家或地区不同,有着强烈的德国传统,印上了深刻的德国法烙印。在大陆法系,受德国民法典影响的国家或地区,其法人边界均采狭义说,法人仅为"模仿自然人"的法律拟制物,而非自然人的纯粹"对应物",其制度的基石为独立承担责任的能力,因而"独立承担责任"就成为法人的根本性特征,只有能够独立承担责任的社会组织才可被视为如自然人一样,作为一个独立的人——法人来对待。很显然,普通合伙企业明显不能独立承担债务责任,属于非法人组织的范畴。有学者认为,"中国的法人概念是由历史形塑而成的,与德国、美国的概念基本相同,甚至比德国的法人概念更完善,可以适应中国社会经济建设的需要";如果突破独立承担民事责任这一根本性特征,或采广义"法人"去重构"法人的概念"或"法人制度","不但会偏离人们原有的共识,而且会支付很大的经济成本,实在得不偿失"。[102]

2. 法人独立承担民事责任的观念在我国已深入人心。我国《民法通则》虽制定

---

〔98〕 参见柳经纬:《民法典编纂中的法人制度重构——以法人责任为核心》,载《法学》2015 年第 5 期。

〔99〕 参见张力:《法人与非法人组织的体系区隔及其突破——以"类型序列论"改造〈民法通则〉第 37 条》,载《甘肃政法学院学报》2007 年第 5 期。

〔100〕 参见任尔昕:《论我国合伙企业法律人格的选择——一种必要性和障碍因素的分析思路》,载《法学评论》2007 年第 2 期。

〔101〕 参见[德]K. 茨威格特、[德]H. 克茨:《比较法总论》,潘汉典等译,法律出版社 2003 年版,第 219 页。

〔102〕 参见梁上上:《中国的法人概念无需重构》,载《现代法学》2016 年第 1 期。

于20世纪80年代,但其借鉴德国、苏联有关法人制度的合理内涵,以独立承担民事责任作为法人成立的核心、基础条件,并对法人的设立规定了比较严格、甚至近乎苛刻的条件;这些规定尽管不利于法人组织的发展,但自2005年以来,我国在公司登记制度方面进行了一系列改革,在放松公司设立条件与登记门槛的同时,为保护公司债权人利益,又进一步强化了公司人格的独立和债务责任的有限性,其中独立的财产、独立的治理又是决定公司独立有限责任的前提与基础,自2005年《公司法》修订案第20条第3款与第64条(现第63条)引入公司人格否认制度以来,独立承担有限责任已成为公司人格独立的标志性要件。以独立民事责任为基石建立起来的严格企业法人制度,对确保我国市场信用和交易安全起着良好的规范作用。与此相伴的,是法人独立承担民事责任这一理念也在制度构建、法律实施和公司人格否认制度适用中深入人心。时至今日,独立承担民事责任,已成为法人区别于合伙等非法人组织的最显著特征,更是股东只对公司承担有限出资义务和普通合伙人却须对合伙经营全部债务承担无限连带清偿责任的法律界限。如对法人制度进行重构或引入诸如次法人模式,任意或草率地突破法人独立承担责任这一观念、制度或法律规则,那必然在人们观念和社会实践中引发极大的混乱,势必造成难以弥补的市场信任危机。

3. 有违合伙企业为非法人企业的基本共识。因受我国特定的文化传统、经济背景、立法取向和本土环境所影响,组织型合伙特别是合伙企业为不具有独立法律人格的非法人组织或企业,经立法确认后已获得社会的认可,并在一定程度成为人们的共识。如把合伙归入法人,或者简单地、不负责地赋予合伙以法人资格,必将颠覆人们的这一共识。

4. 难以与现有《合伙企业法》进行有效对接。1993年我国确立建设社会主义市场经济体制方略以来,先后制定了《公司法》《合伙企业法》《个人独资企业法》,这些法与先前以所有制本位制定的企业法相比,是以企业债务责任的承担方式为本位,即以公司企业的有限责任、合伙企业的连带责任、个人独资企业的无限责任,构成了一个全方位的责任本位企业体系。在我国理论、制度、规则的三重立法架构中,以合伙企业为代表性的组织型合伙,作为企业虽具有相对独立的民事主体地位,但不具有法人资格,法律更没有赋予其独立人格,已为公认的事实和原则。如通过法人制度的重构,把合伙纳入法人的范畴,则势必置《合伙企业法》于十分尴尬的地位,无论是修改或废止,抑或并入广义的公司法(在公司中引入无限公司、两合公司等),或者选择其他方案?只要既有法人独立承担民事责任的基石动摇,则《合伙企业法》存在的必要性、正当性以及合法性均会存疑,其结果又是一场看不到边际和结果的更大争议与分歧。

5. 没有充分照顾到契约型合伙的大量存在。通过重构法人的各种学说或立法方案，建构或论证的对象均是合伙企业。也就是说，所讨论和关注的重心是组织型合伙或商事合伙中的合伙企业，他们都屏蔽或回避合伙既是契约又是组织、既可是契约又可是组织这样一个重大的理论前提或真实状况，忽视了无论是民事合伙还是商事合伙、也无论是普通合伙还是有限合伙、显名合伙抑或隐名合伙，均可以契约方式或组织体方式而存在的客观现实性。这种只讨论或顾及组织型合伙或合伙企业的法人资格或主体性问题，而置契约形式的合伙于不顾，明显属于只见树木、不见森林的片面主张。

综上所述，囿于我国既有法人的特定概念和制度内涵，合伙特别是普通合伙企业难以纳入法人制度予以有效调整，虽然“大法人”“次法人”“附属法人”模式以法人规则中的准用、附属、补充条款，一定程度解决了非法人组织规则的立法供给缺位问题。但合伙组织的主体属性、法律地位、权利能力、行为效力、债务责任等问题，如比照适用法人规则，势必混淆合伙组织与法人组织的本质区别；如只对其债务责任作出原则性规定，其他方面作模糊处理，又必然使合伙组织无所归依。因此，与绝对否认合伙的组织性而强调其契约性的观点与方案相比较，通过重构法人制度，在“大法人”“次法人”“附属法人”等法人框架下处理合伙的立法例，虽有助于以法人制度处理部分合伙组织的主体性问题，但重构法人概念、制度和规则不仅破坏了法人既有的理论基础和应有的逻辑体系，而且混淆了合伙组织与法人组织的显著区别。况且，此方案也只考虑了商事合伙中的组织型合伙，而有关契约型合伙，则在持此论者的文献中难见踪影，学者与建言者也普遍性地保持集体沉默。很显然，重构法人以吸纳合伙的立法方案有根本性缺陷，并不能完全解决合伙的规则供给、特别是其契约与主体双重定位问题，故此方案也不足取。

（四）把合伙编入《民法典》总则编的非法人组织章节是否就一劳永逸

与前述方案相对应，在《民法典》编纂中，多数学者或论者主张把合伙归入非法人组织类别，作为与自然人、法人相对的第三类民事主体，规定在民法总则有关民事主体的相应部分。把合伙归于非法人组织的体例，是提出较早、论证最充分、呼声最高的一种立法方案。这是因为：(1)在实践上，20 世纪 80 年代以来，我国经济体制改革和市场、资本、营业不断向民间开放，以合伙企业为代表的组织型合伙获得了长足发展，无论绝对数量还是相对经济质量、社会贡献，与《民法通则》制定时不可同语。合伙企业组织上的高度稳定性、交易关系的持续性，以组织体名义进行民事活动、缔结民事关系的场景、领域得到大大拓展，频率、机会显著增多，人们在与其进行稳定、持续的交易中，也确实感受或体会到合伙组织体的真实存在。(2)在理论上，学者们基于合伙企业的广泛存在、市场交易的现实需要、事实上作为主体的经常出现，从实在法的角度论证了合伙企业的实然主体状况与法律赋予其主体资格的必要性，其中以合伙企业为代表的组织型合伙的民事主体地位，在绝大多数学者中已形成了一定的共识。（3）在立法上，既有的国家制定法、相关司法解释，已经在自然人、法人之外创设了"其他组织"这一虽不规范、且存争议的泛民事主体类别称号，其中合伙企业就包括在"其他组织"之内，其作为实体法和程序法上的主体资格地位在法律上已得到正式确认。（4）在方案上，2017 年前后的国家立法机关、学术共同体和学者个人也准备了多套可供选择的民法典或民法总则立法建议案。其中最具有代表性的，如 2015 年 4 月法学会版《民法典》总则（专家意见稿），其中就设置总则第四章"其他组织"第二节"合伙"；又如 2015 年底全国人大常委会民法室所起草的《民法总则（草案）（征求意见稿）》，合伙也被放置在总则部分的第四章"其他组织"里；再如，杨立新教授主持完成的《民法·总则编》建议稿，合伙被安置在第四章"非法人团体"里，等等。[103]

合伙归于非法人组织的立法体例，此一方案的最大优点是在维持既有自然人与法人主体、人格理论、制度和规则体系完整稳定的前提下，又能充分考虑组织型合伙的主体性特征，通过法律明确赋予合伙组织以主体资格，回应了市场交易中对合伙经营体的实际关切，满足了民间对合伙企业的组织规则需求。由于其能在维持传统民法自然人、法人概念、制度、规则既有体系和适应日益变化、快速发展的民商事主体变化之间寻找到最佳平衡点，因此，此立法方案最终被国家立法机关所采纳；2017 年 3 月全国人大通过的《民法总则》第四章"非法人组织"第 102 条第 2 款，就明确把"合伙企业"列举为非法人组织的典型类型。

但是，该方案的缺陷与不足也是很明显的。因为把合伙归于非法人组织的法例，仅仅考虑到以合伙企业为代表的组织型合伙的体例安排和规则定位，却没有顾及契约型合伙尚大量存在的客观事实。自然，对不以形成稳定合伙关系、不以成立合伙组织为目的的契约型合伙，该方案明显失之偏颇。可见，把合伙纳入非法人组织范畴，虽然总体上解决了组织型合伙的法律定性和主体定位问题，但因其难以顾及契约型合伙的自由性、特殊性、多样性、复杂性，无异于把所有民间结成的合伙均视为合伙组织，实则有违部分合伙当事人的意愿，是对民间合伙行为和存在形式的变相强制，无疑与民法所追求的主体自主、契约自由、私法自治精神相背离。此外，如有限合伙企业，世界上绝大多数国家或地区，已经承认或赋予其以独立法人资格，虽然我国现行法律尚未承认有限合伙企业的法人地位，公司法里也没有本质上属于有限合伙公司的两合公司，但随着我国创业板、机构投资者、公司型私募基金的迅速发展，承认或赋予有限责任合伙公司的独立法人地位，应是大势所趋。如仅

〔103〕 参见杨立新等：《〈中华人民共和国民法·总则编〉建议稿》，载《河南财经政法大学学报》2015 年第 2 期。

停留或满足于把合伙放在非法人组织这一口袋里,无助于有限合伙企业今后的发展张力。因此,把合伙视为纯粹的非法人组织,规定在《民法典》总则编有关民事主体的相应章节,并不能一劳永逸、完美无缺地解决所有不同形态合伙的规则供给问题。

二、应然选择:基于双重属性的中国式合伙立法架构

基于不同法例的考察与前述分析,不难发现,现行绝大多数有影响的民法典,均制定于20世纪中叶以前,除受《法国民法典》影响的民法典对社会组织的法律人格未予关注外,大部分受《德国民法典》影响的民法典均规定了法人制度,通过法人赋予某些社会组织以独立法律人格,解决了部分社会组织体的民事主体资格问题。由于《德国民法典》第54条有关"无权利能力社团"适用合伙规则和第705条对合伙所作的契约定性等规定,致使组织型合伙长期游离于民法典特别是法人制度之外,而既有法人制度又无法解决这一问题,如通过重构法人,则势必颠覆传统民法和既有民事主体理论、制度与规则的逻辑体系,更可能给社会、经济、民生带来混乱。但是通过前面的分析,至少可以在以下几个方面取得基本共识或形成一定结论:(1)组织型合伙已成为现代合伙的主要存在形式,契约型合伙只是次要形式。(2)合伙企业的相对独立地位已在各国法律中得到公认,即使合伙被安排在债法或合同编中,对其界定也日益主体化、组织化。(3)我国《民法通则》虽采模糊的主体分离式立法例,但所确立的合伙归入主体的立法技术着实属于立法实践的大胆创新,由此而致合伙主体观念早已深入人心,并形成真正的中国民法特色。(4)在我国,《合伙企业法》作为单行法,也是主体法,属重要的立法成果和法律遗产,必须谨慎面对,其立法理念、所创制度和相关规则,不可轻言废弃。(5)现实生活和营业中,合伙企业特别是有限合伙的快速发展和大量存在,合伙的主体性已不容忽视。

以合伙企业为代表的组织型合伙所呈现的上述诸特征,表明现代民法面对合伙这一最为古老的人类最基本生活、生产方式所发生的新变化、新形式,应有勇气予以回应,并作出必要的变革。其中最现实的路径,就是正视组织型合伙在当今社会的主导地位,并应在民法典主体部分、而非在合同法部分,对组织型合伙进行必要的定位和规定。故2017年《民法总则》第102条和之前的《合伙企业法》,赋予组织型合伙以民事主体资格,应属正视合伙的组织性,对组织型合伙本身主体性地位的真实反映和恰当回应。但是,绝大部分合伙以组织体存在的现实,并不能改变合伙组织基于合伙合同而产生这一基础性原则;也就是说,虽然组织型已作现代合伙的主导存在形式,契约型合伙已退居次要地位,但次要存在形式并非不存在。况且,在现实生活中,基于当事人之间的约定、只以完成某一特定民事任务而不以成立稳定组织为目的契约性合伙关系仍然大量存在,合伙以组织存在为常态并不能改变合伙也可以契约方式存在的正当性,更不能因为赋予大部分组织型合伙的主体地

位，而否认契约性合伙的正当性、合法性，进而否认民间合伙自治行为的有效性。足见，合伙本身品格的活泼性、存在形式的多样性、内部关系的复杂性，远不是纯粹把其划分为契约或主体那样简单，而是既可是稳定性的组织或主体，也可以是一般性的行为或契约；或者说部分合伙的存在形式是组织或主体，部分合伙的存在形式是行为或契约，两者并非零和关系。合伙这一既可为组织又可为契约的法律属性，决定在我国《民法总则》和《合伙企业法》已解决组织型合伙的主体性问题之后，民法典合同编部分，也须对契约性合伙作出必要的回应，而不可偏一而废。故在民法典分则编纂过程中，应着力处理好如下几大问题：

（一）主体法还是契约法

合伙的组织性和契约性之双重法律属性，决定其存在形式既可是契约，又可以为组织；有时表现为契约，有时体现为组织。在民事合伙中，一般为契约形式，但也不排除合伙组织；在商事合伙中，则以组织型的合伙企业为典型形式，但临时性、偶然性、一次性的商事合伙契约仍然大量存在。据此，合伙立法既涉及主体法，又涉及契约法。鉴于以稳定组织体存在为现代合伙的常态或主要形式，我国《民法总则》第 102 条把合伙纳入“非法人组织”的主体编章，《合伙企业法》把组织型的商事合伙作为企业类商事主体对待，乃当然之理。然而，这仅仅只是解决了组织型合伙的主体性问题，并非问题的彻底或圆满解决，对部分不以组织体存在、而仅停留于契约形式的合伙，就需要《民法典》合同编作出必要的回应或规定，选择的技术路径应是在《民法典》合同编中另列合伙合同，对其作出具体规定。

（二）总则编还是合同编

尽管合伙具有组织性和契约性之双重法律属性，但自近代以来，合伙的存在形式还是呈现从契约向组织的轨迹在逐步演变、商事合伙中以组织型的合伙企业为主要形式、契约型合伙仍在现代社会或营业中大量存在等三大规律。合伙演变发展、类型属性、存在形式的这些具有内在规律性的东西，决定了在当今合伙立法的重心应放在组织型合伙的主体立法上，其目的是为组织型合伙提供一般性组织和治理规则，以期保障组织型合伙的规范、有序发展。但作为契约的合伙和作为组织的合伙之制度功能是存在很大差异的，一般而言，合伙合同所约束的主体范围主要为合伙合同的当事人，其调整的对象是合伙人之间的内部民事权利义务关系；[104]而合伙组织法如合伙企业法，所约束的主体范围则包括合伙人、合伙组织体、合伙组织体事务执行人以及与合伙组织体存在交易的第三人，除调整合伙人之间的内部关系外，更主要调整合伙组织体与交易第三人之间的外部民事权利义务关系，即全

〔104〕　参见高在敏、杨森：《浅议合伙立法与合伙的分类》，载《人文杂志》1996 年第 4 期。

体合伙人、合伙企业与交易第三人的连带债权债务关系。足见,合伙合同与合伙企业、合伙合同法与合伙组织法之制度功能是不能完全替代的。在2017年《民法总则》第四章"非法人组织"和《合伙企业法》已总体解决组织型合伙主体性问题的情况下,即把合伙企业作为非法人组织的特殊形式和相对独立部分的前提下,有关契约型合伙,如在逻辑、条款不发生冲突的情况下,就应通过《民法典》合同编相关章节作出特殊处理或规定。

(三)统一法典还是单行特别法

合伙关系具有复杂性和活泼性,仅就组织型合伙而言,合伙既具组织性又具契约性的双重属性和特征,决定合伙组织在实际生活、营业中的高度灵活性和复杂多样性,使具稳定性的民法典难以全面概览和完全包容;而且,合伙组织的自治性和内部关系的复杂性也难以在具一般性、抽象性的民法典中得到尽现。为解决法典中一般规范的稳定性与合伙组织实践中特殊存在形式的活泼性之间的矛盾,在英美法系国家或地区,除选择合伙单独立法外,如英国的《合伙法》(1890年)、《有限合伙法》(1907年)、《有限责任合伙法》(2000年),美国的《统一合伙法》(1914年)、《统一有限合伙法》(1916年)、《统一非营利非法人社团法》(1992年)等。许多原来民法、商法法典化程度很高的大陆法系国家或地区,20世纪90年代以来,特别是在有限合伙立法上,也借鉴英美法例,在法典之外选择对合伙企业另行单独立法,如德国1994年的《自由职业人员合伙公司法》,日本1998年《投资事业有限责任合伙法》和2005年《有限责任事业合伙法》,我国1997年制定的《合伙企业法》(2006年修订)等。足见,合伙立法应选择统一法典一般规定与单行法特别规定相结合的技术体例,方可完全解决合伙的立法供给问题。

三、顶层设计:识别标准、立法分工与一般条款

(一)合伙组织与合伙合同的立法区分和识别标准

既然合伙组织和合伙合同是合伙最具体的两种存在形式,而这两种具体的合伙形式又决定民法典各部分及其他合伙单行法有关合伙立法的具体分工。那么,在实际生活、立法安排和法律适用上,又应如何来区分或识别合伙组织或合伙合同呢?在《民法总则》出台前后,笔者曾著文明确提出通过民法典总则编以解决组织型合伙的主体定位、民法典合同编以处理契约型合伙的行为效力之二元立法方案,[105]并进而认为,合伙组织与合伙合同的显著区分,在于是否让第三人通过外观

---

〔105〕参见肖海军、文宁:《民法典编纂视域下合伙立法的中国架构——基于合伙契约性与组织性的分析》,载《私法研究》2017年第1期。

文义判断，就能在支出很低信息成本的情况下，获知合伙人之间存在合伙关系。而支撑这一外观文义判断的标志就是、也只能是合伙登记。故判断或区分合伙组织或合伙合同的主要标准，是基于合伙合意的合伙共同体是否完成了合伙登记。

以是否完成合伙登记作为判断或识别合伙组织和合伙合同的标志性要件，主要原由在于：(1)合伙登记具有对世效力，其效力既约束合伙人，也约束与合伙体缔结民事关系的第三人；(2)合伙登记本身的确认和公示功能，具有确认、公示合伙组织的法律效力；(3)合伙登记证照和相关文书作为最重要、最正式的外观文义，是合伙组织能为第三人识别的最便捷形式；(4)合伙登记中有关合伙人、合伙财产、合伙事务执行人等信息公示具有推定真实的对抗效力，对确保合伙交易效率、维护社会交往和交易安全、保护善意第三人信赖利益，有其他手段难以替代的功能。

正因合伙登记所具有的这些显著特征和重要功能，所以现今世界上绝大多数国家或地区对以合伙企业为代表的组织型合伙，均规定以合伙登记为基本要件。我国对以合伙企业为代表的商事合伙组织也经历了"普遍许可主义→一般许可、例外登记→一般登记、例外许可→普遍登记主义"立法原则的转变。特别是2014年新的商事登记制度改革以来，所有法人型企业（公司）和非法人企业的设立均奉行登记主义原则，由过去的审查式登记过渡到现行的备案式登记，合伙登记的设立条件已十分宽松，登记程序也非常简便，对合伙当事人而言，完成合伙登记已不是什么难事，此与20世纪80年代已不可等同。至于诸如合伙式民间非营利性社团组织，我国虽仍然奉行设立许可主义，但以登记主义作为我国民间社团改革原则也是一种基本趋势。[106]

足见，从合伙组织的可识别性和信息的公示性而言，应以是否完成登记作为合伙组织成立的重要程序性或形式性要件，则选择登记主义实属必要；而我国商事登记的改革和登记程序的简化，又为合伙登记特别是商事合伙组织登记的便捷与高效完成提供了可能。如此，依据合伙登记要件，就足以认定和识别合伙组织与合伙合同，如完成合伙登记，则合伙人之间结成的合伙共同体即为合伙组织；如没有履行登记程序，即使以合伙共同体名义进行民事活动，也不应视为合伙组织，而应作为合伙合同处理。

（二）《民法典》关于合伙规则的体例安排与具体分工

在《民法总则》出台之前，笔者曾撰文明确提出合伙立法之主体与合同应并重的二元方案，即通过《民法典》总则编"非法人组织"专章解决组织型合伙的主体定位，再以准用性或援用性条款指引、在《民法典》合同编设"合伙合同"专节解决契约

---

〔106〕 参见肖海军、傅利：《非营利组织法人化管制的检讨与匡正——基于公法强制转型私法自治的进路》，载《社会科学战线》2017年第9期。

型合伙的立法体例。其中,《民法典》总则编中有关合伙组织的规定,应着重解决如下几大问题:(1)对合伙组织规则作出一般性规定。(2)通过或借助总则编中合伙组织条款中的准用性规范为契约型合伙提供规范适用的路径指引,如有必要且在逻辑、条款上与总则相关规定不发生冲突的情况下,可在民法典合同编中对合伙合同作特殊规定;如无必要,则适用合同编的一般性规定。(3)其他特殊合伙组织的具体规定,应通过准用性、援引性或授权性等条款,由《合伙企业法》和将来制定的有限合伙公司法等特别法进行规定。[107]

2017年通过的《民法总则》第四章"非法人组织"虽未完全采纳上述立法建议,但对合伙企业的主体定位和之前《合伙企业法》单行法的立法体例,已充分考虑组织型合伙的基本特征和发展趋势,与既有域外传统代表性民法典在处理组织型合伙的立法体例上,有许多新的突破:(1)延续了传统自然人与法人立法的理论和逻辑,不因合伙组织的立法而破坏已成常识和定论的制度或规则。(2)《民法总则》已正视合伙组织的相对独立性和社会生活大量出现、普遍存在的现实性,并没有拘泥于域外既有代表性民法典所采用的债法编惯例或主流模式,而是着力于解决合伙组织最需要解决的主体定位和一般规则问题。(3)照顾到了不同要素、不同功能、不同领域、不同类型、不同形式的合伙组织之间的重大差异,其中很好地解决了一般性合伙组织与合伙企业、特殊合伙企业之间的关系。(4)比较好地处理了《民法总则》一般性合伙组织规定与既有《合伙企业法》、将来可能制定的特殊合伙企业法之间的关系,使之能有效衔接和顺利对接,为我国将来适时制定有限合伙公司法,预留了法律空间。

在《民法典》各分则编的编纂中,先前《民法总则》和《合伙企业法》已经对组织型合伙作了明确的主体定位后,分则编中的合同编是否有必要再对合伙合同作出规定,学者看法仍有比较大的分歧。如有学者认为,合伙企业与合伙合同同时存在一部法律中,本身就存在无法克服的逻辑矛盾,故应淡化合伙的主体性和契约性;[108]有学者虽主张应在合同编中留有合伙合同的一席之地,但应严格区分合伙的内外部关系、界定民商事合伙的边界;[109]有学者质疑合伙的组织性,认为只应在合同编中对合伙合同作规定,删除总则编中有关合伙为非法人组织的规定;[110]有学者则明确支持合伙的主体、合同二元立法思路。[111] 鉴于《民法总则》已在第四章"非

---

〔107〕 参见肖海军:《民法典编纂中商事主体立法定位的路径选择》,载《中国法学》2016年第4期。

〔108〕 参见滕威:《民法典编纂背景下合伙立法的评价及建言》,载《海峡法学》2018年第3期。

〔109〕 参见严城:《民法典合同编(草案)合伙合同的成功与不足》,载《法治研究》2019年第1期。

〔110〕 参见李永军:《民事合伙的组织性质疑——兼评〈民法总则〉及〈民法典各分编(草案)〉相关规定》,载《法商研究》2019年第2期。

〔111〕 参见王利明:《论民法典对合伙协议与合伙组织体的规范》,载《甘肃社会科学》2019年第3期。

法人组织”特别是在第 102 条第 2 款把“合伙企业”归于“非法人组织”这一主体类型，且尚有单行的《合伙企业法》先前存在，组织型合伙已初步建立起《民法总则》和合伙企业单行法的有效立法架构；但毕竟《民法总则》并未给出契约型合伙法律适用的指引路径，契约型合伙的合伙合同之立法定位和体例归属仍存在不确定性。为此，笔者也曾撰文明确建议，在《民法总则》第 102 条和《合伙企业法》已总体上对组织型合伙进行主体性定位的前提下，《民法典》合同编仍须正视合伙的契约性问题，应以适当方式、条款对契约型合伙作出相应规定；即在《民法典》合同编中，单辟一节对合伙合同作专门规定，并在“合伙合同”定义条款中，规定“经合伙人发起、设立并登记为合伙企业或其他合伙型组织机构，本节未规定的，适用总则、《合伙企业法》等有关规定”。[112]

四、结论

在对合伙之本质特征、缔结基础、演变轨迹、存在形式进行正本清源之后，不难发现合伙既具契约性又具组织性之双重属性，此双重属性决定不能简单地、绝对地或以契约或以组织而称之，合伙在现实生活与营业中的真实存在应既可是契约、也可是组织。由于组织型合伙为现代合伙的主导形式，契约型合伙虽仍大量存在但已退居次要地位，此一合伙存在形式的结构性变化，决定在合伙立法体例的选择上，既不能盲目仿行既有代表性的大多数民法典之债法或合同编章法例，也不应延续《民法通则》的主体分离式立法，更不可通过重构法人制度来延纳合伙，而是应选择主体法与合同法并重。2017 年《民法总则》把合伙纳入第四章“非法人组织”和之前的《合伙企业法》，仅仅解决了组织型合伙的主体定位问题，而并非合伙立法的一劳永逸方案。比较理性、圆满的解决方案应是：(1)一般性组织型合伙归入《民法典》总则编主体章节中的“非法人组织”部分；(2)契约型合伙规定在《民法典》合同编或适用合同规则；(3)特殊类商事合伙组织则由《合伙企业法》或“有限合伙公司法”等单行法作特别规定。在 2020 年 5 月通过的《民法典》中，笔者和部分学者所提组织型合伙与契约型合伙并重的二元合伙立法建议被采纳，得到法律的正式确认，第三编“合同”第二十七章引入“合伙合同”并对其作出一般性规定。在《民法典》背景下，通过总则中非法人组织的主体制度，形成以合伙企业为代表的组织型合伙的主体和财产等制度构造；[113] 而与总则、《合伙企业法》不同，《民法典》合同编中对合伙合同的规范，则以未形成组织的契约型合伙为预设对象，两者结合能够发

〔112〕 参见肖海军、傅利：《合伙契约性与主体性的解构——基于民法典分则“合同法编”的视角》，载《当代法学》2018 年第 5 期。

〔113〕 参见赵玉：《民法典背景下合伙企业财产制度构造》，载《中国法学》2020 年第 6 期。

挥最大的体系效益，并通过代理制度解决未形成组织的合伙之对外行为效果归属问题。[114]《民法典》总则编第四章、合同编第二十七章、《合伙企业法》以及其他合伙单行特别法，不仅形成我国《民法典》一般规定与单行法特别规定相结合这一复合式合伙立法的独特技术路径与体例结构，而且也正式奠定中国式的组织型合伙和契约型合伙并存的二元立法模式与解决方案。此举意义重大，在合伙立法史上无疑具有标志性意义。

〔114〕 参见朱虎：《〈民法典〉合伙合同规范的体系基点》，载《法学》2020年第8期。

第十二章　企业商人的立法路径

企业属组织类商事主体的范畴，是当今最主要且也是最具影响力、主导性的商事主体。我国目前各种法律文本充实并流行着关于企业的词汇和对企业的规定，企业通常被定义为带有中性并具有模糊意义的市场主体，企业作为商事主体的应然属性却并未被学界、立法所正视。尽管有论著比较早地提出企业商人、[1]企业商主体、[2]主体性企业这一概念，[3]但真正赋予企业以商事主体的地位、并对其进行深入、具体研究者尚比较鲜见。而企业法作为商事主体法的重要组成部分或表现形式，无疑应以调整属商事主体范畴的企业为主要功能和基本使命。

第一节　企业立法的沿革与范式

一、企业立法的沿革

（一）西方企业立法发展的历史轨迹

现代企业制度源于西方，而"一个有效率的经济组织在西欧的发展正是西方兴起的原因所在"。[4] 在西方，企业立法是因国家对商事主体的立法而产生，并随企业不同形式的出现而发展，最终应现代企业形式与制度的确立而定型。其发展的历史轨迹可划分为以下三个阶段。

---

〔1〕 参见范健、王建文：《商法基础理论专题研究》，高等教育出版社 2005 年版，第 151 ~ 157 页；王建文：《从商人到企业：商人制度变革的依据与取向》，载《法律科学（西北政法大学学报）》2009 年第 5 期。

〔2〕 参见蒋大兴：《商人，抑或企业？——制定〈商法通则〉的前提性疑问》，载《清华法学》2008 年第 3 期。

〔3〕 参见叶林：《企业的商法意义及"企业进入商法"的新趋势》，载《中国法学》2012 年第 4 期。

〔4〕 参见［美］道格拉斯·诺斯、［美］罗伯特·托马斯：《西方世界的兴起》，厉以平、蔡磊译，华夏出版社 2014 年版，第 3 页。

1. 处于习惯法、自治法状态的企业法雏形时期

企业法最早源于古代罗马大法官在司法实践中创立的企业诉和海商诉（又叫船主之诉），在诉讼中，业主及船舶共有人须对受托的商人或航海者在航海经商中所负的债务承担连带责任。[5] 罗马法中的万民法有合伙这一概念，但合伙此时不视为一个组织，而视为一种“合意契约”，即“根据它，两人以上相互承担义务将物品或劳作集中在一起，以实现某一合法的且具有共同功利的目的”。[6] 中世纪城市贸易和海上贸易的发展，出现了一种由船主负无限责任、集资经营的出资人负有限责任的康孟达契约，[7] 当时习惯法和商人法对此有所反映和记载。至14世纪至15世纪，有关合伙或无限公司、两合公司的内部、外部关系及基本原则得以确立。1407年意大利城市热拉亚的商人合股设立的圣乔治银行，作为由商人合股设立的股份制企业已具雏形。

2. 企业法内置于《商法典》时期

1563年法国国王查理九世颁布敕令，正式创建商事法庭，商事纠纷由自治性裁决过渡到国家裁判阶段，从而推动国家对商事主体的立法进程。17世纪初叶，西北欧的殖民国家、航海业发达国家纷纷设立殖民公司以开拓海外贸易与殖民业务，它们均由商人合股而成，通过政府或国王特许设立，取得海外特定地区的贸易独占权，并代行殖民国政府的权力。例如，1553年，英国设立的莫斯科公司，1600年英国特许设立的东印度公司。17世纪中叶，股份公司的法人地位得到确认。1673年，法国国王路易十四颁布由商人萨瓦里起草的《陆上商事条例》（又称《萨瓦里法典》），首次以成文法形式规定了“普通公司”（无限公司）和“康孟达公司”（两合公司），从而开创以法典形式对公司等商主体进行规范的立法惯例。1807年，法国颁布《法国商法典》，第一编规定商人的法律地位、交易所、商业中介人和票据；第三编规定了破产，这两编实际上相当于企业法的内容，而且该法典首次对股份有限公司作出规定。

法国创立的民商分立的立法模式被多数大陆法系国家所效仿。1897年《德国商法典》通过，企业法的相关内容包容在商事主体的相关规定之中，如第一编有关商人、商业注册、企业名称、店员、经纪人的规定；第二编有关商业公司与隐名合伙、股份公司的规定等。在日本，1899年新《日本商法典》公布，有关企业法的内容散见于第一编总则、第二编公司、第三编商行为（合伙）等相关规定之中。除此之外，至19世纪中叶，其他大陆法系的国家，如比利时（1807年）、卢森堡（1807年）、西班牙

---

[5] 参见周枏：《罗马法原论》，商务印书馆1994年版，第290～291页、第802页。

[6] 参见［意］彼德罗·彭梵得：《罗马法教科书》，黄风译，中国政法大学出版社2005年版，第290页。

[7] 参见任先行、周林彬：《比较商法导论》，北京大学出版社2000年版，第301页。

(1827年)、葡萄牙(1833年)、荷兰(1838年)、巴西(1850年)、奥地利(1862年)、意大利(1882年)、阿根廷(1889年)、墨西哥(1889年)、委内瑞拉(1919年)和土耳其(1926年)等先后均制定了自己的商法典。此外,英美法系国家如英国、美国也通过大量的民商事判例不断完善企业法制。

3. 单行的企业立法时期

19世纪中叶,由于生产组织和投资形式的发展导致企业形式发生巨大变化,股份有限公司作为企业的典型形式已十分稳定,并且出现适用于中小企业的新型公司形式——有限责任公司。此外,合伙的类型也在不断发展中趋于稳定。为适应这一新的变化,各国在既有商法典和民商事判例之外,另行制订单行的企业法规范,已成为19世纪中叶以后企业立法最重要的举措。例如:(1)法国。1867年颁布单行的《商事公司法》,改公司设立的许可主义为准则主义;1955年单独制定《破产法》。(2)德国。1892年颁布《有限责任公司法》,1937年制定《股份及股份两合公司法》(1965年修订时以《股份法》名义重新公布),1951年制定《矿冶参入决定法》,1952年制定《企业委员会法》,1953年另行规定《手工经营组织法》,1976年制订《企业参与决定法》等。(3)日本。1938年颁布《有限公司法》,1922年制订《破产法》和《和解法》,1952年制订《公司更生法》,1971年颁布《商法典特例法》,对大股份公司,小股份公司的特例作出了规定。此外,还制定有诸如《国有铁道公社法》《电信电话株式会社法》《地方公营事业法》《中小企业促进法》等专门性企业法;直至2005年《公司法》从《日本商法典》中独立出来。(4)英国。19世纪中叶以后,英国议会通过大量有关企业方面的制定法,如1883年、1890年的《合伙法》,1907年的《有限合伙法》,1956年、1985年、2006年重订的《公司法》等。(5)美国。为消除各州之间的法律冲突,美国统一州法委员会于1892年开始起草统一的商事法典供各州采用。有关企业方面的示范性法典有1950年美国律师协会起草的《示范公司法》、1952年起草的《统一商法典》、1976年起草的《统一有限合伙法》(1985年修订)、1994年的《统一合伙法》、1996年的《统一有限责任公司法》等。

随着各国企业形式的变化以及各国企业制度的趋同,自20世纪90年代以后,各国加速对商法典以及单行企业法的修改进程,特别是单行法作为对商法修改的有效形式以及对企业新制度进行确定的法律形式,几乎已成为各国选择的主要立法方式。

(二)我国企业立法的沿革

1. 近代以前民刑合一的立法体制

中国古代没有独立的民商事制度,古代所谓企业方面的规范或附属于刑律,或零散于法令,且以对工商业管理的律令为主。如秦律中的《工律》《工人程》《均工》

《效律》《田律》《仓律》《顾苑律》《司空》《关市律》《金布律》《牛羊课》等，就与当时的工商业管理有关。汉律基本沿袭秦律，调整工商业方面的律令有《缗线令》《告缗令》《盐铁官营法》《均输平准法》《榷酤法》等。唐代调整工商业的法条主要以《唐律·杂律》概括之。宋代管理工商业的规范有《均输法》《市易法》《禁榷法》《市舶条法》等。明代工商业方面的立法有《大明律·户律》《工律》《店历令》《路引令》《市编铺户令》《和买令》《时估条例》《盐引条例》《主户收籍令》等。清代前期的《大清律例·户律》《大清律例·工律》《户部则例》等。

2. 近代企业立法的基本概况

(1)清末修律。中国严格意义上的企业立法始于清末新政与变法修律。在修律中，民、商律从传统民刑合一的立法体例独立出来，1902年至1911年先后由商部和法律馆修订了一大批规范商事主体的新律，如《钦定大清商律》(1904年颁行)、《公司注册试办章程》(1904年颁行)、《破产律》(1905年颁行)、《大清商律草案》(1908年起草，未颁行)、《交易行律草案》(1908年起草，未颁行)、《破产律草案》(1909年起草，未颁行)、《改订大清商律草案》(1911年起草，未颁行)、《银行则例》(1908年颁行)、《银行注册章程》(1908年颁行)、《大小轮船公司注册给照章程》(1910年颁行)、《运送章程》(1910年颁行)等。其中，《钦定大清商律》由《商人通例》和《公司律》两部分组成，《公司律》共131条，规定合资公司、合资有限公司、股份公司、股份有限公司等四种公司形式。清末修律中以商法或商事特别法形式出现的企业法，开始成为我国近代法律体系中一个重要组成部分。

(2)民国初期的工商业立法。1912年1月1日，孙中山先生在南京建立中华民国临时政府，此后的3个多月内，制订和颁布了一系列促进民族资本主义工商业发展的法律、法令。1912年3月8日，参议院通过《中国民国临时约法》，以最高法律形式规定"人民有保有财产及营业之自由"(第6条)。除此之外，先后颁布《商业注册章程》等兴办和保护实业的法规。

1912年3月至1927年4月，中华民国北京政府继续沿用大清修律的做法，1926年完成《民律第二次草案》的制定。此外，还颁布《矿业条例》(1914年)、《小矿业暂行条例》(1914年)、《商人条例》(1914年)、《公司条例》(1914年)、《公司保息条例》、《商会法》、《证券交易所法》以及《物品交易所法》等多部涉及企业的法规文本，拟订有《破产法草案》等商法单行法案。

(3)国民政府时期的商事立法。1927年4月至1949年10月为南京国民政府以民商法典制定为中心的企业立法时期，其中1929至1936年的重大立法活动有：第一，编撰《民法典》。1929年至1931年《中华民国民法》分别编撰，陆续颁布实施。第二，商事主体特别法的相继颁行。如1929年颁布《公司法》，1946年该法重订颁布实施。又如，1934年制定《商人债务清理暂行条例》，1935年该法案改订为《破产法》,并公布《破产法施行法》。第三,制定《商业登记法》。例如,1937 年《商业登记法》对公司以外的商主体登记作出一般性规定,并由此形成公司登记与非公司登记分别立法的体例与体制。上述这些法律虽因各种原因在全国从来就没有真正有效地实施过。

3. 中华人民共和国企业立法的曲折历程

1949 年 10 月 1 日中华人民共和国成立以后,企业立法所走过的历程可概括为以下三个阶段:

(1)工业企业本位立法时期(1949 年至 1979 年)。这时期的企业法带有鲜明的计划经济特点,企业实际上是作为政府的一个生产部门,企业立法也主要以工业企业、国营企业立法为主,其中有关调整企业与政府的关系、国营企业管理、工业企业管理方面的法律、法令、条例、决议等有 170 余件。代表性的规范性文件有 1950 年《私营企业暂行条例》,1957 年《关于改进工业管理体制的规定》,1961 年《国营工业企业工作条例(草案)》("工业七十条")、《关于改进商业工作的若干规定(试行草案)》("商业四十条")等。

(2)所有制企业本位立法时期(1979 年至 1992 年)。这一时期企业立法的显著特点是为适应改革开放、发展多种所有制形式的经济,以鼓励、促进、保护不同所有制企业,规范国有企业内部管理,调整国有企业内部经营机制为主要内容的企业立法,成为此时期企业立法的重点。因此,以企业之所有制形式为本位的立法,成为这一时期企业立法的最大特色。代表立法文本有:第一,涉及全民所有制企业的规范性文件,如《国营工业企业暂行条例》(1983 年)、《企业破产法(试行)》(1986 年)、《全民所有制工业企业法》(1988 年)、[8]《全民所有制工业企业承包经营责任制暂行条例》(1988 年)、《全民所有制小型工业企业租赁经营暂行条例》(1988 年)、《全民所有制工业企业转换经营机制条例》(1992 年)等。第二,关于集体所有制企业的规范性文件,如《乡村集体所有制企业条例》(1990 年)、《城镇集体企业所有制企业条例》(1991 年)等。第三,关于私营企业方面的立法,如《私营企业暂行条例》(1988 年)、[9]《私营企业登记程序》(1991 年)等。第四,涉及混合所有制企业的立法,如《农民股份合作企业暂行规定》(1990 年)等。第五,涉及外商投资企业的立法,如《中外合资经营企业法》(1979 年制定,1990 年修订)及《中外合资经营企业法实施条例》(1987 年),《中外合作经营企业法》(1988 年)及《中外合作经营企业法实施细则》(1995 年),《外资企业法》(1986 年)及《外资企业法实施细则》(1990 年)、《外商投资企业清算办法》(1996 年)等。此外,涉及企业登记管理的规范文件

[8] 参见王保树:《论〈全民所有制工业企业法〉在企业立法上的突破》,载《中国法学》1988 年第 4 期。

[9] 参见李培传:《谈我国私营企业立法问题》,载《中国法学》1988 年第 4 期。

有《中外合资经营企业登记管理办法》(1979 年)、《工商企业登记管理条例》(1982 年)、《企业法人登记管理条例》(1988 年)、《企业名称登记管理规定》(1991 年)等。

(3)责任本位的现代企业立法时期(1992 年以后)。这一阶段的企业立法具有以下特点:其一,企业立法以企业的一般组织形式和责任制度为标准,表现出鲜明的责任本位特征;其二,企业立法的目标是建立现代企业制度、创设多元的企业组织制度;其三,企业立法更接近国际惯例,广泛地吸纳企业法制发达国家的成功制度例和立法例;其四,依照市场经济和现代企业制度的基本要求,对传统企业法进行大范围内的修订,使企业法制更趋于统一、规范。就组织形式和法律责任而言,代表性的法律有《公司法》(1993 年,1999 年、2004 年、2005 年、2013 年、2018 年修订或修正)、《合伙企业法》(1997 年,2006 年修订)、《个人独资企业法》(1999 年)等。此外,还根据需要对原所有制本位的企业法进行了一定程度的废、改、立;对应制定了一系列有关企业登记管理的行政法规或部门规章;新订一大批内含特殊公司内容的商事特别法;先后出台《乡镇企业法》(1996 年)、《中小企业促进法》(2002 年,2017 年修订)等企业政策性法,制定《企业破产法》(2006 年)等企业救济法。

二、企业立法的体例与范式

(一)企业立法的基本模式

企业法从所涉内容和适用范围来分析,可以分为一般企业法和特殊企业法。一般企业法是对企业之一般存在形态进行规范的法律;特殊企业法是对某一特殊存在形态的企业进行规范的法律。关于企业立法模式,就特殊企业而言,各国均采用单行法为主要范式。而就一般企业法而言,总体受前述商事主体立法模式或体例的影响,并因各国对企业分类与定位不同而有较大差异。

1. 内置于商法典的模式

在部分实行民商分立的大陆法系国家,企业法作为商事主体法被纳入商法典的范畴。在法、德、日等国早期的商法典里,企业法作商法典中的商事主体部分,主要是对商人、合伙、公司等问题进行规定。例如,1807 年的《法国商法典》中第一编第三章对公司的规定,第四章对商业(企业)注册的规定。又如,《德国商法典》第二编对无限公司、两合公司及隐名合伙的规定就属于企业法的内容。再如,《日本商法典》第二编公司对无限公司、两合公司、股份公司、外国公司的规定等。把企业法内置于商法典的立法模式是一种历史现象,这主要源于 19 世纪末至 19 世纪中叶,近代企业形式虽基本定型,但仍处在变动之中,特别如有限责任公司、有限合伙等新型企业形式的产生,这种以商法典涵盖企业法的立法体例就明显不能适应时代的需要。目前世界采用此一体例的,只有法国、韩国等极少数国家或地区。[10] 我国澳门特别行政区也是采用此一法例,企业法由《澳门商法典》第一部分"经营商业企业之一般规则"、第二部分"合营企业之经营及企业经营之合作"调整。[11]

2. 由商法典和单行共同调整模式

这种模式被绝大多数民商分立的大陆法系国家所采用。例如,法国曾于1966年删除原《法国商法典》第一编总则第三部分,另行制定独立的《商事公司法》;1985年对第三编破产内容进行了删除,另立《司法重整与司法清算法》;[12] 但2009年法国实行商法的再法典化后,重新颁布新的《法国商法典》后,企业立法又恢复到前商法典模式。[13] 除1897年《德国商法典》第二编"公司和隐名合伙"对无限公司、两合公司以及隐名合伙作出规定之外,德国另有1892年《有限责任公司法》、1937年《股份公司法》(1965年修订,2013年最新修改)、1976年《企业参与决定法》等。[14] 又如,日本除1899年《日本商法典》第二编"公司"规定无限公司、两合公司、股份公司和股份两合公司之外,另有1922年《破产法》和《和解法》、1938年《有限公司法》,还制定大量的商事特别法,这些法律所规定的企业形式有个人企业、隐名合伙、合伙、合名公司、合资公司、有限公司、股份公司等七种形式;[15] 2005年,《公司法》从《日本商法典》中析分出来,单独成为典,该法又经2014年修改。[16] 由商法典与企业单行法共同调整的立法模式,大多为商法不能适应企业制度的发展需要,而又不便对商法典进行频繁修改的情形下,以单行法弥补商法典的滞后和不足。原采用商法典调整企业关系的国家大多采用此种立法模式。

3. 纳入民法典模式

这是部分采用民商合一的大陆法系国家所采用的企业立法范式。如《瑞士民法典》第五编债务法中,第三章为"公司与合作社"。[17] 意大利和荷兰也持此例,如1942年《意大利民法典》第五编"劳动"。[18] 此外,如前文所述,目前巴西、泰国等国

---

〔10〕 参见《法国商法典》(上册),罗结珍译,北京大学出版社2015年版,第203页以下;[韩]金洸禄:《韩国公司法的发展过程和其特征》,载王延川、刘卫锋编译:《韩国公司法及施行令》,法律出版社2014年版,第1~8页。

〔11〕 参见赵秉志主编:《澳门商法典》,中国人民大学出版社1999年版,第15~188页;冷铁勋:《澳门公司法论》,社会科学文献出版社2012年版,第6~13页。

〔12〕 参见《法国商法典》,金邦贵译,中国法制出版社2000年版,第93~366页。

〔13〕 参见聂卫锋:《法典化与〈法国商法典〉的最新发展》,载《国家检察官学院学报》2013年第2期。

〔14〕 参见《德国商事公司法》,胡晓静、杨代雄译,法律出版社2014年版,"译者前言"第1~17页。

〔15〕 参见《日本商法典》,王书江、殷建平译,中国法制出版社2001年版,"译者序"第1~16页。

〔16〕 参见吴建斌编译:《日本公司法:附经典判例》,法律出版社2017年版,"编译者前言"第1~14页。

〔17〕 参见《瑞士债务法》,戴永盛译,中国政法大学出版社2016年版,第249~438页。

〔18〕 参见《意大利民法典》,费安玲等译,中国政法大学出版社2004年版,第488~698页。

也采此法例。

4. 民法典和民商事单行法、特别法共同调整模式

在采用相对民商合一法例的部分大陆法系国家或地区，企业法实际上是通过民法典或商事特别法、单行法予以共同规定，其中民法典对作为民事主体的企业进行一般性规定，商事特别法或单行法则实现对企业的具体调整。

5. 制定法与判例法相结合的模式

判例法为英美法的传统，如英、美关于公司人格、公司债券、一人公司、合伙事务就有许多由典型案例创制和抽象出来的法律规则，它是英美法系国家或地区企业法的重要法源形式和组成部分。除此之外，为适应 19 世纪中叶以后企业制度变革的需要，英美法系国家也制定了大量的商事企业法规，以实现对不同企业的规制。

6. 国家共同体立法模式

随着企业法制的国际趋同化，企业法的国别属性在国际投资以及跨国公司的业务中必然产生法律适用上的障碍与冲突。为此，像欧洲联盟（原欧洲经济共同体）或类似组织的国家间等开始协同起来，通过制订实体性、程序性的企业法指令或公约，以实现各国企业立法的协同和统一，其基本途径或模式有以下三种：[19]（1）制定共同体企业实体法，如《欧共体理事会关于欧洲公司（SE）法的（EC）2157/2001 号条例》（QJ2001，L294）法案，经欧洲共同体理事会通过，对欧洲共同体国家具有普遍适用力，且效力高于各国内法。[20]（2）制定共同体内部公约，如 1968 年《相互承认公司及法人公约》。（3）共同体发布的有关企业法方面的指令，如《关于股份有限公司合并的指令》（1978 年）、《关于股份有限公司分立的指令》（1982 年）、《关于股份有限公司跨国合并的指令》（1985 年）、《关于一人公司的指令》（1989 年）、《关于控制公司集中行为的规则》（1989 年）、《有关股份有限公司组织结构及其机关的权力与义务的指令》（1991 年）、《关于欧洲公司章程的理事会规则修改建议稿》（1991 年）、《关于修改有关股份有限公司设立及其资本的维持和变更的结合》（1992 年）、《关于公司公开收购的指令》（1996 年）等。[21]

（二）我国企业立法的范式特征

我国企业立法范式具有以下基本特征：

1. 以成文法为基本形式。我国作为一个具有成文法传统的国家，加之在法律近代化过程中又是以具有法典化特征的大陆法系国家法制为楷模，故成文法渐成企业法的基本形式。

---

〔19〕　参见张士元主编：《企业法》，法律出版社 2005 年版，第 20 ~ 21 页。

〔20〕　参见［荷］阿德里安·德瑞斯丹等：《欧洲公司法》，费煊译，法律出版社 2013 年版，第 2 页。

〔21〕　参见［德］斯蒂芬·格伦德曼：《欧盟公司法》（上册），法律出版社 2018 年版，第 54 ~ 66 页。

2. 由《民法典》与商事单行特别法共同调整。在我国，企业法在1986年至2017年是由《民法通则》和作为民事特别法的《公司法》、《合伙企业法》、《个人独资企业法》、《破产法》、《商业银行法》以及其他单行特别企业法构成。2017年以后，企业法则由《民法典》总则编与企业单行法、特别法共同调整。

3. 以单行法为主要构成要素。我国企业立法的最大特点是适时立法，即根据时代需要、政策调整、改革要求、制度变化来创制、修改、废止企业法，因而就出现不同历史时期以不同价值标准和不同改制目标的企业法形式，如前述我国从20世纪50年代以来先后以工业企业、所有制企业、现代企业为本位的不同企业本位立法阶段，就出现不同形式、名称和不同适用对象的企业法形式，而这些规范性文件又难以用一部成文法概括或包容。因此，企业立法只能选择以单行法为主要的表达方式，单行企业法也就成为企业法体系的基本构成单元。

4. 不同法源形式彼此共存。由于我国多级多元立法体制的存在和制约，我国企业法的具体法源形式十分复杂，各种不同效力、不同名称、不同适用范围的法律形式，如法律、行政法规、地方性法规、部门规章，都是企业法内在有机构成的一个组成部分。

5. 内部契约性文件也是企业法的组成部分。企业法源于传统民商事主体的自治规范，在企业立法过程中，合伙契约、公司章程、个人独资企业业主委托契约的有效性，始终得到法律的尊重和认可，法律对这些内部性契约的维护使其具有法律一样的调整力和约束力。而且，内部契约性文件作为企业法的特殊形式，在企业法制的不断完善过程中又发挥着越来越直接的作用。

第二节 后《民法典》时代的企业立法

一、我国企业立法的现状与检讨

（一）我国企业立法的现状分析

我国自1949年以来，特别是1979年制定《中外合资经营企业法》以来，经过多年不断探索，逐步形成具有中国特色的企业法体系。

1. “《民法典》+单行特别法”的企业立法模式业已定型。自1986年《民法通则》通过实施以来，我国企业立法就步入“民事基本法+企业单行特别法”的立法轨迹。2017年以前，《民法通则》第三章“法人”第一节“一般规定”、第二节“企业法人”和第四节“联营”，初步建立起民法对法人企业（第41条、第51条）和非法人企业（第52条）的一般企业主体框架，特别是第41条把当时已出现、成型并具备法人条件的全民所有制企业、集体所有制企业和在中国境内设立的中外合资经营企业、中外合作经营企业、外资企业,全部纳入企业法人的范畴,为当时各种不同所有制背景和资本来源的企业立法,提供了私法基本法的上位法依据和路径指引。随后,企业法也就进入"《民法通则》+企业单行特别法"的企业立法快车道,至1992年之前,基本形成"《民法通则》+不同所有制背景或资本来源的企业单行特别法"的企业立法体系。2017年《民法总则》通过后,"民事基本法+企业单行特别法"的企业立法体例得以延续,并成型为"《民法典》+单行特别法"的企业立法模式。

2.多元本位的企业法形式并存。如前所述,1949年以来,我国企业立法先后经历过工业企业本位立法、所有制本位立法、责任形式本位立法等三个不同时期,除工业企业本位立法时期的企业立法文本,明显带有计划经济、行政管制、部门利益而不能适应社会主义市场经济,因而绝大多数被废止或失效外,所有制本位立法、责任形式本位立法时期的绝大部分企业规范文本,除《私营企业暂行条例》于2018年被废止,外商投资企业法于2019年被《外商投资法》所取代外,其他均经修订或修正,仍然延续有效至今。而从1993年开始的责任形式本位立法时期所制定的《公司法》《合伙企业法》《个人独资企业法》《农民专业合作社法》等现代企业法律体系,更成为我国现行企业规范体系的主要内容。故在既有的企业法体系中,明显存在所有制本位和责任形式本位两套立法理念、标准、形式、内容、规则不同的企业立法文本体系。

3.形成具不同调整功能的企业法规体系。在既有企业法规体系的构架中,如按照调整功能的不同,可划分为企业主体法、企业准入法、企业政策法、企业监管法、企业救济法等五大功能体系。其中:(1)企业主体法。既包括《公司法》《合伙企业法》《个人独资企业法》等一般企业法,又包括《全民所有制工业企业法》《城镇集体所有制企业条例》《乡村集体所有制企业条例》《农民专业合作社法》等特殊企业法。(2)企业准入法。包括各种有关的企业登记法(如各种企业类的登记管理条例)、企业许可法(各种企业类设立的行政审批或许可)等。(3)企业政策法。包括如《乡镇企业法》、《中小企业促进法》、《外商投资法》和各种高新技术企业促进法等。(4)企业监管法。包括如企业信息公开法(如《企业信息公示暂行条例》)、企业惩罚法(如《无证无照经营查处办法》)等。(5)企业救济法。包括如企业接管法、企业重整法、企业清算法、《企业破产法》和各种其他特定企业救济法等。

4.企业类型和相关制度总体上能适应营业需要并与国际保持同步。例如,自1993年以来按企业组织和责任形式制定的《公司法》《合伙企业法》《个人独资企业法》等一般企业法,总体与国际上主流的现代企业形式能保持对应或一致;又如,在2005年之后,对《公司法》《合伙企业法》进行大幅度的修改,引入一人公司、公司人格否认、公司诉讼、董事责任、有限合伙等一系列制度,能紧跟国际企业立法的新近潮流和发展趋势，并能适用我国营业实践和市场需求。

（二）我国企业立法的问题检讨

尽管我国既有企业立法成就可圈可点，立法效应总体积极，法律效应、经济效应和社会效应也比较相融，但受传统计划思维、行政管制、本位利益、体例结构、立法技术等多方面因素的影响，企业立法中尚存在如下值得检讨的不少问题。

1. 企业立法价值定位有误

2014年以来，虽经以注册资本、经营范围、商事登记等为主要内容的系列制度改革，营业自由的价值在企业立法中有所反映和体现，但既有企业立法文本，绝大部分制定于计划经济或计划经济转型市场经济的过渡时期，主导价值中的管制思维有余，制度供给不足。也就是说，企业立法之主旨，并不是为营业进入者提供合理、经济、稳定、有效的营业组织形式，而更多是出于政府或部门管理、管制、监督企业的需要，相应地较少考虑营业进入者、特别是投资者的制度性需求和自主性选择。而无论从企业组织的产生，还是从企业制度的演进，抑或从企业形式的创新，从来就不是源于立法的预先规定或政府的严格管制。事实上，投资者、经营者、交易者选择什么的企业形式或企业制度，并不取决于法律作何规定，而决定于实际营业或市场竞争的需要。故在后《民法典》时代，基于民法确定的私法自治、营业自由、商人自律、企业自主等立法价值观，对既有各种企业规范文本作出及时的废、改、立，尤为必要。

2. 企业立法类型模糊不清

企业的产生、发展、完善、消亡本身有正常的演变规律，不同企业法律形态或企业具体类型之所以不断出现并发生变化，只是因为营业进入者、特别是投资者存在不同需求。故与其说企业形态或具体类型是法律规定的结果，还不如说是营业进入者、特别是投资者实际营利最大化需求的产物。对特定营业进入者、特别是直接投资者来说，哪一种企业形式或类型，能给其带来最大投资回报，且又可把商业风险或经营责任控制在最小范围内，他们就会选择哪一种企业形式或类型；如果现行法律中没有这类企业，他们就会通过投资者协议，自主创造一种前所未有的新型企业来。早期的股份公司、19世纪中叶的有限责任公司、20世纪70年代美国硅谷兴起的有限责任合伙公司等，均不是法律预先规定的企业形式，而仅仅是投资者契合的组织副产品。足见，企业立法类型虽然重要，但并非一成不变。一方面，立法上对企业的分类应反映企业的真实状况，符合营业的需要；另一方面，企业分类的标准应有一定的弹性或张力，适应营业实际和发展需要。就既有立法对企业分类而言，因所有制本位立法与组织责任本位立法并存，致使统一、有效的企业立法分类体系难以形成，诸如一般企业法与特殊企业法、所有制本位企业法与组织责任本位企业法、法人企业法与非法人企业法、公司企业法与非公司企业法等符合企业实际情况、反映企业内在逻辑的分类，在既有企业规范体系中尚未建立起来。[22] 由于既有企业立法分类标准的模糊，导致我国一般企业与特殊企业、所有制本位企业与组织责任本位企业、法人企业与非法人企业、公司企业与非公司企业的界限、区别、范围很不清晰，甚至连学界也对此纠缠不清。如企业、企业法人与公司究竟是一种什么关系？很显然，公司虽是企业法人，但企业法人并非都是公司；公司企业与非公司企业、公司类企业法人与非公司类企业法人的根本区别究竟在哪里？既有企业立法文本并未有明晰的区分，大都作模糊处理，由此导致立法文本对企业分类的混乱。

3. 企业立法规范功能混淆

由于企业法总体属于以民法、商法为主体，又同时融合了经济法、行政法甚至诉讼法的混合性子部门法。在企业法律规范结构中，既有公理性规范，也有政策性规范；既有任意性规范，也有强行性规范，更有授权性规范或宣示性规范；还有诸如权利性规范和义务性规范等，这是因为企业法跨越私法、公法两大领域，具有公私法的双重属性，这本属企业法最正常不过的事情。但问题是，囿于前述行政管制思维和立法技术的局限，在对不同企业具体规范设计和制度安排中，常常因为立法主旨的错位和规范标准的模糊，导致不同类型、性质、功能的规范被不当地混用或错用。典型的如：(1)公理性规范与政策性规范的混淆。例如，我国《公司法》存在大量涉及诸如职工权益、工会等内容的政策性规范，就大大降低了《公司法》公理性规范的一般法属性。(2)强行性规范与任意性规范的错位。特别是强行性规范的滥用，如现行各种企业法中，法律责任中规定最多的乃行政处罚的条款。相应地，企业民事责任方面的条款则比较少见。有些企业行为本属一般债务性问题，但立法非要动用行政公权力予以干预，如现行《公司法》第 204 条对公司违反第 173 条、第 175 条、第 177 条规定所作的行政处罚内容，为典型的以行政处罚取代营业自治或民事责任的不妥当法律规范。(3)授权性规范的界限不明。企业法总体属私法范畴，立法应予投资者、经营者、交易者及企业内部机构以足够的自治权和自主权，但究竟哪些事项属于企业自治或自主的范围，哪些属于法定的事项，既有企业法中授权性规范的设置和规定并不十分清晰，最具典型的如《公司法》中，章程规定的除外条款并不多，且即使有规定，也模糊不清或语焉不详。(4)规范结构或法条要素的不完整。法律调整的有效性，在于法律规范具有明确、稳定的预期性，它取决于具体法律规范结构的完整性和法条要素的齐全性；而一个完整的法律规范或齐全的法条要素又是由适用条件、行为模式、法律后果等要素构成，特别是法律后果又是支

[22] 参见赵旭东：《对所有制、所有权与企业立法的新思考》，载《中国法学》1992 年第 4 期；赵旭东：《我国企业立法的现状与未来》，载《法学研究》1992 年第 1 期。

撑规范结构完整、成就法条要素齐全最不可缺乏的必要或核心要素。刑法之所以具有震慑力和警示力，在于每一类违禁行为均对应着明确、具体的否认性刑罚后果，民商事法律规范特别是涉及私法责任的规范也应如此；其中，义务性规范特别是禁止性规范，须设置明确的民事责任后果，才具有强制性法律效果和警示性社会效应。但在既有企业法律文本中，许多企业法律规范就不完整，特别是有相当部分法条欠缺法律后果要件。例如《全民所有制工业企业法》第 44 条、《公司法》第 5 条、第 16 条等，[23] 均为缺乏违法之不利后果与效力认定的不完整条款。

4. 企业特殊类型供给不足

出于企业管制的需要，立法为追求管理效应，有规范文本中总体企业类型明显不能满足实际营业中投资、经营、交易的需要。例如，(1)公司企业。我国《公司法》仅列有限责任公司和股份有限公司两类。其他如无限公司、两合公司、股份两合公司，在我国《公司法》中均缺如；又如，当今多数国家或地区把公司分为公开公司与封闭公司，但我国《公司法》却只在股份有限公司中才有上市公司的分类，这种分类也饱受学界和业界批评。(2)合伙企业。如《合伙企业法》2006 年修订案虽引入有限合伙形式，但至今仍无有限合伙公司的合法地位。(3)合作社企业。合作社本为最具社会主义性质的企业形式，但该类企业的范围在我国也大受限制，现只有《农民专业合作社法》，其他如供销合作社、消费合作社、保险合作社等，尚无统一的《合作社法》统摄之、指导之、领引之。(4)企业变型形式。例如，具有中国特色的股份合作企业，目前尚只有时国家体改委《关于发展城市股份合作制的指导意见》和原农业部《农民股份合作企业暂行规定》等部门规章和地方性法规、政府规章，国家层面的法律、行政法规仍为空白。

5. 企业法功能体系残缺不全

按照前述理论逻辑，企业法律规范虽可归纳如主体、准入、政策、监管、救济等五大类型或体系，但实态中企业法的功能体系并不健全，甚至可以说残缺不全。它表现为：(1)企业法的功能体系不清。企业组织法与企业政策法功能往往含混不清，如 2019 年废止的三资企业法，限于当时的政制环境，就具有法律保护、制度供给、准入指引等多重功能，而随着我国企业法制的不断完善，外资的法律保护不再是问题，制度供给已有一般企业法作为企业主体法或组织法予以解决，准入指引则也已被最新的外商投资准入负面清单制度所代替。再从 WTO 国民待遇原则看，原有三资企业法早就应予废止。在此情形下，2019 年 3 月全国人大通过的《外商投资法》虽试图解决上述问题，但仍混淆了主体法与政策法的不同功能，存在功能定位不准

---

[23] 参见肖海军：《论〈公司法〉第 5 条第 1 款的实施——以〈公司法〉修改为视角》，载《北方法学》2021 年第 3 期。

的问题。(2)企业法的功能体系不全。在前述主体、准入、政策、监管、救济五大子法体系里,真正成型的只有企业主体法、企业准入法、企业政策法三个体系,其他如企业监管法、企业救济法尚残缺不少内容和形式。(3)企业法的功能体系不适用。例如,企业准入法,目前尚缺乏统一的商事登记法或企业登记法进行统领;又如,企业政策法中的许多规范仍为宣示性的,不具实施力、适用性和可行性。(4)企业法的功能体系效力有限。如在企业监管法中,就只重行政处罚,特别是经常性地滥用吊销营业执照,监管效应十分消极;相对而言,对企业的信用监管,目前尚缺乏有效的对应举措。又如在企业救济法中,诸如公用企业接管、困境企业重整等,均未得到足够的重视和有效的对待。

6. 重企业设立、准入轻企业促进、救济

长期的行政管制和准入管理导致在企业立法上,只重视或关注企业的设立、准入,而不重视企业的治理、经营,不注意企业的维持和促进,不慎重地对待企业的保护和救济。无论是立法资源,还是执法资源,均集中于营业的入口、企业的设立、市场的门槛,企业设立之后,对企业的监管、救济基本处于缺失状态。例如在企业立法中,企业清算就没有得到足够的重视,虽然《企业破产法》对破产清算有比较具体的规定,但对非破产清算,法律往往规定十分简略。如《公司法》中关于非破产清算,就只有区区 7 个条文。又如,对困境企业的重整,本为独立的企业再生、更生、救济程序,由于把其整合到《企业破产法》中,在多数法院、法官并不明辨企业重整与破产清算不同功能情形下,不是把企业重整作为救济困境企业使之再生、新生的独立制度或程序,而是往往把企业重整视为破产清算中的一个程序,结果使企业重整的独立功能几乎丧失。

上述几大问题所反映的是企业立法理论、价值、观念、认识、技术、责任等深层次问题,必须加以尽快改进、补白或完善。

二、后《民法典》时代新型企业立法的体系建构

(一)我国企业法理论研究的现状述评

在部门法学的研究中,企业法一直是学者关注的重点。由于我国经济体制和市场化改革的核心环节,是企业制度的改革、创新和完善,故从 1979 年以来,我国学者就十分重视对企业法律制度的研究,对目前为止,有关企业法方面的著作有 1000 余部,论文更是浩如烟海。特别是 1992 年企业实行公司制改革以来,无论是企业法研究的广度,还是企业法研究的深度,均达到了相当水准。但由于研究视角和其他原因的影响,目前企业法研究尚存在以下问题:

1. 企业法理论以现行立法框架为基础构建,具有典型的解释法学印象与痕迹。目前我国学者研究企业法的著作,绝大多数是以现行立法结构为著述框架,行文用

笔也主要以解释、评价、引用现行立法或外国立法条文为中心展开。这种著述体例和研究范式无疑对于普及企业法知识、让读者了解我国企业立法概况是必要的，但却无益于企业法理论的建构和企业法律制度的整体性安排。

2. 缺乏系统、严谨的企业法理论支撑。除部分用于教材的企业法著作对企业法有较为全面的介绍和论述外，绝大多数论著尚只局限于对企业法律制度的某一类型（如国有企业）、某一方面（如设立制度）、某一环节（如企业内部治理结构）等专题问题进行研究，这些研究对于推动企业法个别问题的深入探讨固然必不可少，其对企业立法的指导意义也十分明显。但由于对企业法进行综合性、整体性、系统性研究的欠缺，加之对企业法基础理论研究思路的局限，完整、系统的企业法理论体系尚未构建起来，这些既影响企业法本身的深入，同时也严重制约着企业立法质量的提高。

3. 对新型企业法律形式与制度研究有待深入。随着经济体制与市场化改革的深入和展开，企业制度本身也在不断地调整和创新。改革开放以来，我国涌现出不少非法定形态的企业制度形式，诸如股份合作企业、集团企业、乡镇企业、家庭企业等，对于这些特殊企业形式学界尚缺少深入、系统的研究。此外，像有限合伙、无限公司、两合公司等企业变型形式，由于立法上的空缺，相关研究几乎还是一片空白，这些不仅不利于企业法理论的完善，更由于这些问题在理论得不到解决，严重制约着企业立法的创新。

4. 对企业法缺乏交叉学科或不同部门法的综合、协同研究。目前学者对企业法的研究，主要是从民商法或经济法的单一视角去探讨企业法的某一理论，缺乏从民商法、经济法、刑法、行政法、诉讼法、国际经济法和国际私法以及经济学等多视角、诸理论的协同研究和多维方法；或者仅从法学本学科范围内寻找学术资源，而对经济学、管理学等法科以外的大量研究成果视而不见，企业法研究视角或方法的单一，使企业法理论本身缺乏包容性和广泛的适用性。

（二）我国企业法理论框架的重构

关于企业理论框架如何构建，学者的看法尚存在相当大的差距，目前国内多本有一定影响的企业法著作，对此说法不一。学者或从总论与分论，并按照不同企业形式或所涉问题，构建企业法理论；[24]或按企业法律制度来阐述企业法体系；[25]更

〔24〕参见张士元主编：《企业法》，法律出版社 2015 年版；刘瑞复：《企业法学通论》，北京大学出版社 2005 年版。

〔25〕参见马俊驹主编：《现代企业法律制度研究》，法律出版社 2000 年版；甘培忠：《企业与公司法学》，北京大学出版社 2018 年版。

多论著是按照企业所有制、组织、责任形式或制度专题来构建企业法的框架。[26] 只有极少数论著或从企业法律形态的角度，建立以企业法律形态为分类标准的研究框架；[27] 或从企业法分类改革的角度，把企业法划分为所有制企业法、企业组织法、特别企业法、政策促进类企业法等四大类型。[28] 至于各种以公司法、合伙企业法、个人独资企业法、三资企业法、国有企业法、集体所有制企业法、股份合作企业法、有限合伙法、合作社法等专题企业法研究，各种理论与体例则更为庞杂，在此不一一列举。

上述论著的不同著述体例与理论结构无疑对丰富企业法理论体系具有十分重要的价值。不过，笔者认为，企业法体系和理论框架的构建必须以企业法学理与企业法规范两个层面为切入点，把其划分为企业法本体论和企业法规范论两大部分。其中，企业法本体论，着重于企业法基础理论的构建；企业法规范论则侧重于企业规范体系的建立，只有从学理和规范两个层面递次展开，才可建立既涵盖企业法基础理论、又可具体指导企业立法实践的企业法理论体系。[29]

其中，企业法本体论，即企业法理论体系，又称企业法的基本理论，是从法学学科的基本理论出发，对企业法理论的内部构成及各要素之间的关系进行合乎逻辑的提炼而形成的法学学科体系。从学科理论意义来分析，企业法理论体系可划分为企业本质论、企业要素论、企业形态论、企业人格论、企业关系论、企业资本论、企业财产论、企业权利论、企业治理论、企业经营论、企业代理论、企业分配论、企业债务论、企业责任论等几个相对独立的理论单元或子属系统。其中，最重要的为企业主体资格、企业治理和企业责任制度。

1. 企业主体资格论。讨论企业主体资格取得、条件、程序、效力等基本法理，是一个以企业设立、登记为中心构成的企业主体资格法理体系，包括企业发起、设立、主体、资格、人格、能力等一系列理论问题。

2. 企业内部治理论。研究不同类型、形态企业内部组织机构及相互关系的法学理论体系，它是以一般企业法和特殊企业法共同构成的，以调整企业内部组织关系以及组织行为效力的学理体系，其基本形式包括一般企业法（如个人独资企业法、

---

〔26〕 参见史际春：《企业和公司法》，中国人民大学出版社 2008 年版；漆多俊等：《市场经济企业立法观》，武汉大学出版社 2000 年版；郭富青主编：《企业法》，中国政法大学出版社 2003 年版；漆多俊主编：《中国经济组织法》，中国政法大学出版社 2003 年版；徐新意：《公司企业法学》，华东理工大学出版社 2012 年版；张颖：《企业与公司法》，东南大学出版社 2018 年版。

〔27〕 参见赵旭东：《企业法律形态论》，中国方正出版社 1996 年版，第 1 页以下；王妍：《企业形态及企业法律制度创新方向研究》，法律出版社 2015 年版，第 1 页以下。

〔28〕 参见李建伟：《中国企业立法体系改革：历史、反思与重构》，法律出版社 2012 年版，第 91 页以下。

〔29〕 参见肖海军：《企业法原论》，湖南大学大学出版社 2006 年版，第 53 ~ 62 页。

合伙企业法、公司法）和特殊企业法（如国有企业法、集体企业法、合作社法、股份合作企业法、外商投资企业法等）的治理模式与理论体系，其主要内容或研究对象包括企业权利源、治理结构、机构设置、权利（力）配置、权力运行、意思形成、意思机制、代理（表）机制、行为模式、行为效力等。

3. 企业法律责任论。探讨企业外部法律责任形式以及违反企业法的法律责任形式的法理体系，它包括：（1）作为私法主体的企业对外承担的法律责任以及基本形式，如民事责任等；（2）企业法律责任中民事、刑事、行政等法律责任形式之间的关系。

（三）我国企业法规范体系的建构

企业法的规范体系即企业法要实现对企业关系的调整或规范，所应具备的要素完备、体系完整、适用可行的规范体系。企业法的立法体系决定于企业法的调整对象，也制约企业法的规范体系。笔者认为，我国未来企业法的规范体系，应按照企业法的立法调整范围、对象、类型、功能，划分为如下五个具相对独立的单位或子系统：

1. 企业主体法。企业主体法以主体性的企业作为调整对象和功能的企业法和法律规范类型，它应包括一般企业法和特殊企业法两大部分。（1）一般企业法。即关于一般企业法律形态、组织规则、内部治理、责任形式的企业形式、法律制度、法律规则和规范类型，它是为所有营业进入者特别是投资者提供最基本的企业组织类型范式、内部治理制度模型、债务责任风险警示等一般性规则或制度供给。本着人类社会历史上的营业形式，大致是沿着“独资→合伙→合资→合作”这一历史轨迹发展和演变，故一般企业法应包括独资企业法、合伙企业法、公司法（包括商事特别公司法）、合作社法等最基本的企业法律形态和规范类型。（2）特殊企业法。即以具有企业出资人性质、企业组织形式、企业治理规则等特殊要素特征的特殊企业为调整对象的企业形式、法律制度、法律规则和规范类型，它包括如下几大子系统：第一，企业出资人的主体或所有制性质类企业，如全民所有制企业或国有企业法、集体所有制企业法、私营或民营企业法、外商投资企业法等。第二，特殊要素结合下一般类企业的变型与创新法，如股份合作企业法（股份公司与合作社的结合）、有限合伙公司法（公司与合伙的结合）、国有独资公司法（全民所有制企业与公司的结合）等。第三，一般企业法律形态的联合、集成与演化，即本着从单一企业走向复合企业、从企业个体演化为企业集团的晚近发展趋势，企业形式或类型如集团企业法、企业集团法、联合企业法、关联企业法等。

2. 企业准入法。系以企业的设立、审批、许可、登记等准入条件或必经程序作为调整对象和功能的企业法类型，包括企业登记法（如企业登记管理条例）、企业许可法(如企业设立行政审批或许可)等。

3. 企业政策法。即为以特定企业为政策倾斜性鼓励、促进、扶助、刺激、推进、监管为调整对象或功能的企业法类型,它以特定、不同企业类型、发展规模、产业领域与地域结构为调整对象,以倾斜性的国家政策为基本调整手段或主要内容的法律制度和规范类型,它包括《乡镇企业法》、《中小企业促进法》、《外商投资法》、各种高新技术企业促进法、产业政策法和其他特别企业政策法等。

4. 企业监管法。企业监管法是以监督企业行为、惩罚企业违法为调整对象或功能的企业法类型,如前述的企业信息公开法(如《企业信息公示暂行条例》)、企业惩罚法(如《无证无照经营查处办法》)等。

5. 企业救济法。企业救济法乃以特定困境、行业、解散企业的脱困、再生、救济及相关权利人救济为调整对象或功能的企业法类型,它包括企业再生法(如企业接管法、企业重整法)、企业清算法、《企业破产法》和各种其他特定企业救济法等。

如此,通过从企业法本体论和企业法规范论两个层面,建立起具有中国特色的企业法理论体系和企业法规范体系,则可达到以体系化的企业法理论,指导具有妥当、合理、可行的企业立法,进而在后《民法典》时代形成具有中国特色的企业法规范体系。

三、后《民法典》时代企业立法的路径依赖与着力点

基于以上学理分析以及关于企业法本体论、企业法规范论的分层论述,笔者认为,我国在后《民法典》时代的企业立法,应从路径依赖与着力点两个层面作递次展开。

(一)后《民法典》时代企业立法的路径依赖

由于《民法典》作为私法基本法已基本定型,并成为所有民事、商事、知识产权和其他特别私法一般性指引和统领性约束的私法宪章,这已是客观存在且无法改变的事实。故未来企业立法的形式选择、体例安排、内容取舍、规则厘定,均须在《民法典》之一般性规定的大前提下,以特别法形式存在。但因指引路径依赖与模式选择的差异,学界尚存在如下不同的方案。

1. 商法通则与单行法的路径

后《民法典》时代,企业立法究竟是延续目前的单行法路径,通过对既有单行企业法进行必要的废、改、立,以完成企业法与《民法典》的衔接、升级;还是如部分学者主张的那样,通过新订商法通则,把企业法纳入具准商法典意义的商法通则。笔者认为,姑且不论商法通则是否具有可行性或能否被决策层、立法机关所接受,即使商法通则被纳入未来立法计划,从目前奉行民商分立国家或地区的商法典的承

载功能、实际命运和新近趋势来看，限于一般性规范功能属性和极为有限的法条承载体量，企望把具有功能不一、类型众多、内容庞杂且理念、价值存在严重冲突的企业法律规范全部载入商法通则，确实很不现实，不具有可行性。故未来我国企业立法的宏观路径依赖，只能是沿袭目前既有的单行法、特别法立法思路，对现行单行、特别的企业法，在《民法典》的一般性指引和统领性约束下，进行必要的废、改、立。

2. 法人企业与非法人企业路径

《民法典》总则编除延续了《民法通则》的企业（营利）法人与非企业（营利）法人之法人分类外，还引入非法人组织概念和对个人独资企业、合伙企业等非法人企业的列举。但在相当长时期，我国企业立法并未按照法人与非法人的分类标准和制度框架作严格划分，个人独资企业、合伙企业的主体资格、法律地位、组织人格一直处于立法回避和不确定状态，《民法典》总则编把个人独资企业、合伙企业等界定为非法人企业，无疑具有重要的立法指导和引领意义。自然，遵循法人企业与非法人企业的路径指引，将是后《民法典》时代企业立法的重要原则。

3. 公司型企业法人与非公司型企业法人路径

在既有企业、公司的理论体系和《民法典》营利法人（企业法人）的立法框架里，公司型营利（企业）法人与非公司型营利（企业）法人的划分标准并不是很清晰。[30]笔者认为，基于公司在我国企业体系中的主导性地位和核心竞争力，未来企业立法应在准确定义公司的前提下，严格按照公司型营利（企业）法人与非公司型营利（企业）法人的路径进行分类立法。其中，公司或公司型营利（企业）法人为相对于个体（个人独资）、合伙经营，且以资本本位为基本原则并以股权为中心来进行组织建构、权利配置、利润分配的企业形式，是出资人依据章程设立、以股东为基本成员、以资本为财产或权利计算单元、以股权为核心的营利性社团法人或营利（企业）法人。公司与非公司型营利（企业）法人的显著特征和根本区别，在于其纯粹以资本本位、股权中心建立起的企业形式；而非公司型企业法人则并不是纯粹以资本本位或股权中心、而是以其他企业要素为本位或多种要素结合建立起的企业形式。按照公司型营利（企业）法人与非公司型营利（企业）法人的路径指引，无疑有利于廓清既有企业立法体系中企业与公司、企业法人与公司法人、营利法人与公司之间的模糊界限和混乱规定。

（二）后《民法典》时代企业立法的关注点与着力点

在总体遵循以上立法路径指引的前提下，后《民法典》时代企业立法应着力于如下关注点。

---

〔30〕　参见蒋大兴：《需要重建公司王国吗？——不宜用公司法统领全部企业类型》，载《环球法律评论》2019 年第 6 期。

1. 企业主体法的适度修改

(1)一般企业法的修改与调整。第一,关于《公司法》的修改。学者对此有比较多的分析和论证,主要集中于公司类型、公司法体例、董事责任、公司分配、关联企业等方面。其中,关于《公司法》修改的理念,有学者认为应坚持"融通主义"的公司法改革观,为不同类型公司或组织的转换提供自由空间,以确保投资人营业自由权的实现;[31]或者主张在"整体主义"视角下,针对不同性质和需求的公司,确立差异化的功能定位和制度设计,实现立法再造和体系重塑。[32] 关于公司类型,如增加无限公司、两合公司类型;[33]国有独资公司是否要移出一般公司法等;[34]有学者建议应取消股份有限公司与有限责任公司的二分法,采取统一的"公司"概念,仅在涉及特殊类型公司时标注特殊公司。[35] 关于公司法的体例,如应参照多数国家或地区的做法,按照封闭公司与公开公司,而不按照现行公司的类型进行重新调整。[36] 有学者认为,坚持现行法上将有限责任公司和股份有限公司统合于一部公司法典的基本模式的同时,应建立从公司设立、存续到消灭等的同一事项中以具有封闭性质的中小公司为定位建立基础规范,对具有公开性质的大公司作例外或单独规范,以利于公司法的解释和适用。[37] 关于董事责任,应强化董事的越权代理或代表责任,特别是应落实董事违反受信义务的赔偿责任。关于公司分配,应引入公司强制分配制度,以保护中小股东利益。关于关联企业,应着重对关联企业内部交易利益冲突的界定和公司表决权排除的细化等。关于公司责任,有学者认为,应在我国《民法典》连带之债规定的基础上,对商事连带责任进行体系化贯通,谨慎设定法定连带责任,厘清连带责任与无限责任的关系,对有限连带责任与无限连带责任、连带清偿责任与补充清偿责任进行细化区分,[38]等等。第二,关于《合伙企业法》的修改。在《民法典》总则编非法人组织的定位下,针对《民法典》合同法有关合伙合同的规定,调整有关条款,使《民法典》与《合伙企业法》之间能实现有效的衔接和对接,并对合伙企业的内部治理、营业执行、业务代理、债务责任、双重优先清偿、合伙监督、合伙清算作更为具体、更为细致的规定。第三,关于《个人独资企业法》的修改。如

---

〔31〕 参见蒋大兴:《论公司/组织法上的类型转换》,载《法学评论》2021 年第 3 期。

〔32〕 参见冯果:《整体主义视角下公司法的理念调适与体系重塑》,载《中国法学》2021 年第 2 期。

〔33〕 参见张辉:《中国公司法制结构性改革之公司类型化思考》,载《社会科学》2012 年第 9 期。

〔34〕 参见胡改蓉:《〈公司法〉修订中国有公司制度的剥离与重塑》,载《法学评论》2021 年第 4 期。

〔35〕 参见刘俊海:《新〈公司法〉的设计理念与框架建议》,载《法学杂志》2021 年第 2 期。

〔36〕 参见王延川:《公司类型:规范区分与司法适用》,载《当代法学》2015 年第 3 期。

〔37〕 参见钱玉林:《我国〈公司法〉体系的重构——一种解释论的观点》,载《政治与法律》2021 年第 2 期。

〔38〕 参见王莹莹:《我国〈公司法〉修订中商事连带责任的重构——基于"连带"的历史发展脉络》,载《政治与法律》2021 年第 3 期。

前文所述,废止既有的《个体工商户条例》,建立个体工商户营业的豁免登记制度,将名为个体工商户、实则为准企业或规模化经营的,合并到《个人独资企业法》予以规范,并对《个人独资企业法》的相应条款进行必要的调整和修改。第四,制定适用所有合作制企业的一般"合作社法",为所有合作类企业提供一般的组织、法律和制度示范。

(2)特殊企业法的废改立。第一,所有制本位企业立法的基本改革方向。其中最重要的是国有企业和集体企业,如关于国有企业立法的调整。2008 年新通过的《企业国有资产法》正式引入国家出资企业的概念,形式包括国有独资企业、国有独资公司、国有资本控股公司、国有资本参股公司,其中国有独资企业即传统的全民所有制企业。鉴于《全民所有制工业企业法》自通过以来,就没有得到真正、有效的实施;更因自 1992 年以来持续的国企公司制改革,除极少数领域或个别国有企业,仍维持着全民所有制企业即国有独资企业的体制外,绝大部分国有企业已改组为公司制企业。由于公司制国有企业虽形式为公司,但其出资人、权源、治理、机构、运行、责任与一般类公司有巨大的差别,特别是出任国企的董事、高管与一般公司具有质的不同。很显然,依照一般公司法,难以胜任对公司制国有企业的调整。故笔者建议,把国有独资公司从现行《公司法》中析分出来,制定新的《国有独资(控股)公司法》,并废止现行的《全民所有制工业企业法》,按照国有企业的特点,对公司制国有企业作出特别规定。又如,关于集体企业立法的调整。首先,现行集体所有制企业是由国务院的《城镇集体所有制企业条例》和《乡村集体所有制企业条例》两个行政法规调整,效力等级比较低,建议适时把两个条例合并,由全国人大常委会制定一部统一的《集体投资企业法》;其次,关于集体的形式,应作严格的界定,应与《民法典》特别法人的规定保持一致,同时应考虑由原村社中生产队演化而来的现行村民小组作为集体单元存在的现实性,赋予村民小组全体以集体的投资主体资格;最后,应改变既有职工代表会议制度的治理制度,建立以集体成员权为中心的新型集体企业投资、权利、治理、分配体制。第二,加快复合型企业的立法步伐。目前我国各种变型企业、复合企业、联合企业发展迅猛,而这方面的立法尚严重滞后。故应抓紧时间,尽快制定新的"股份合作企业法""有限合伙公司法""集团企业法"等,以适用各种企业变型、复合、联合的需要。

2. 企业准入法的统一化与体系化

为适用国内统一市场建设和企业登记制度统一化的需要,企业准入法的立法重心应集中于如下两个方面:(1)制定统一的"商事登记法"。针对既有商事登记、营业登记、开业登记、企业登记中所出现的分散、分类、分立、分离等立法混乱现象,尽快出台统一的"商事登记法",统一各种形式、类型、企业的登记规则和程序。(2)适应现行"先照后证"的准则主义登记、简化行政审批或许可程序、负面清单制度等改革需要，围绕重塑更为自由、宽松、透明、稳定的营商环境这一立法主旨，应加快制定《营业或企业准入负面清单法》，统一企业准入的行政许可或审批事项，并及时公布或适时调整《营业或企业准入负面清单目录》。

3. 企业政策法的提炼与升级

在既有的《乡镇企业法》、《中小企业促进法》、《外商投资法》、各种高新技术企业促进法、产业政策法等企业政策法中，《乡镇企业法》的政策定位比较模糊，[39]《中小企业促进法》因政策举措的空泛而不具有操作性，《外商投资法》的实施效应尚未显现，这些均说明，现行的企业政策法面临着按国际惯例和通常做法进行提炼与升级的必要。兹举两例。(1)废止《乡镇企业法》，改立《农业企业促进法》。1996年制定的《乡镇企业法》本意在于促进支援或服务农业的企业，但由于该法第2条把乡镇企业界定为"农村集体经济组织或者农民投资为主，在乡镇(包括所辖村)举办的承担支援农业义务的各类企业"，且硬性规定"农村集体经济组织或者农民投资超过百分之五十，或者虽不足百分之五十，但能起到控股或者实际支配作用"，以乡村地域或农民投资来作限定，而不是以支援或服务农业的主业进行限定，明显有悖该法的立法主旨。笔者建议，应适时废止《乡镇企业法》，制定新的《农业企业促进法》，把以"支援或服务农业的主业"类企业作为政策促进的对象。(2)尽快制定《民营企业促进与保护法》。特殊历史、政制、国情和经济结构等原因，决定我国今后相当时期内，民营企业仍将处于艰难发展、转型升级的巨大压力，尽管自2005年以来，中共中央、国务院发布了多个鼓励、支持、促进、保护民营企业、非公经济、私有资本的政策性文件，但由于政策性文件仅具指导性和纲领性，远不如法律的确定性和操作性，故从国家经济安全、市场竞争格局、民生福利增长、自由公平秩序的角度，均有必要制定一部分新的《民营企业促进与保护法》，把现行带有长期性、确定性、稳定性的政策转化为法律条文，并把促进、保护的法律举措更为具体化，使之具有可操纵性、实施性、可请求性和可诉性，以期切实发挥对民营企业的促进、保护功能和实效。

4. 企业监管法观念与制度的转型

2014年以来的公司注册资本、商事登记制度改革，特别是实行"先照后证"的准则主义企业登记改革以来，我国长期以来对企业"严进松管"的把门式行政管制模式得以彻底改变，传统对企业具体经营行为的监管方式逐渐转型为对企业市场信用的新型监管方式。而信用监管的对象和核心，是对企业经营中所产生的各种营业信息的真实性、合法性、全面性、及时性，进行持续、公开、有效的监管。相应地，对

---

〔39〕 参见李建伟：《中国企业立法体系改革：历史、反思与重构》，法律出版社2012年版，第418～420页。

企业进行信用监管，呼唤着新型企业法律形式。特别是在既有《企业信息公示暂行条例》的基础上，总结经验，完善相关制度，适时制定效力等级更高、立法更为严谨、制度更为完善的《企业信息公示法》。

5. 企业救济法的体系建构

严格地说，我国尚无实质意义上的企业救济法，而除既有的商业银行或特殊金融企业接管具有一定的救济功能外，其他如单行企业中内含的清算条款和《企业破产法》中的破产清算，只是救济企业债权人的制度；至于企业重整，把其安放在《企业破产法》中，虽赋予一定的救济功能，但在具体适用中被破产清算程序所冲淡或淹没。故从营业促进、交易安全、企业维持的企业立法基本原则出发，应尽快构建起我国的企业救济法律体系。[40]（1）制定《企业接管法》，使之适用金融企业、公用企业和其他对国计民生有重大影响等危机或困境企业的救济，通过特殊整治和经营措施，使之恢复正常经营。（2）制定统一的《企业清算法》，使之适用于所有类型的企业清算，对企业和企业债权人实行双重保护和救济的立法原则，解决目前企业清算中的一系列法律争点和难点问题。（3）把企业重整程序从现行《企业破产法》中析分出来，制定单独的《企业重整法》，专门针对困境企业进行有效的重整救济，并通过引入专业信托机构，而不是现行的没有经营能力的破产管理人制度，通过专业重整，使困境企业能有效脱困，并获得再生或新生。

总之，在后《民法典》时代，作为民商事特别法的企业立法，只要在《民法典》总则编一般性或统领性条款的约束下，遵循适当的路径指引，在体系化的企业法理论指导下，按照企业主体法、企业准入法、企业政策法、企业监管法、企业救济法的不同功能定位，真正以投资人和企业需求的问题意识为导向，企业立法就能名至实归，达于尽善。

---

〔40〕　参见肖海军：《企业法原论》，湖南大学大学出版社 2006 年版，第 63 页。

后　记

商事主体是商法理论中的主要概念和基础范畴,笔者对商事主体的认识与理解,也有一个从模糊到清晰、由从众跟风到独立思考的过程。在传统民商二元主体理论与立法构架中,商事主体被定义或描述为独立于民事主体的另类存在。2006年笔者在撰写《企业法原论》一书时,在对企业进行主体定位时,特别是对企业出资人进行主体定位时,发现商事主体中广泛存在投资主体与经营主体既重叠、合一又分离、分立这一现象。不仅如此,在进一步研究后还发现,非营利组织、国家(政府)等传统意义上的非商主体,均可在特殊情形下成为企业的出资人,而出资人即投资主体,不就是典型的商事主体吗?!这在传统民商二元主体理论与立法构架中,是难以得到合理和妥当解释的。于是乎,源于对传统民商二元主体理论与立法构架的考问和质疑,本着营业自由乃国民(民事主体)应然、正当权利之基本理念与价值,从大私法领域与大营业视野,笔者认为所谓的商事主体根本不是独立于民事主体的另类存在,而恰恰只是民事主体进入营业领域的身份、角色、地位、功能等特殊转换形式而已,商事主体与民事主体无论就其内在逻辑关系,还是实然存在状态,均是一种特殊与一般、具体与抽象、下位与上位的关系。正因有了这样一种全新的认识和独特的理解,笔者才毅然决然改变原有《商法总论》或《商法原论》一书的写作思路和著述计划,从营业、营业自由的角度,重新定位、解释、分类商事主体,把涉及商事主体的相关分析和深入论述,在总体结构和具体内容进行体系化整合与逻辑化建构后,集成为独立的《商事主体论》一书。

在《商事主体论》写作过程中,恰逢我国《民法典》的编纂,笔者曾就《民法典》、特别是《民法总则》编纂中如何处理民商事主体的关系,提出过一些观点和不少建言,相关论著先后在《中国法学》《法学》《政法论坛》《法学评论》《法商研究》《当代法学》《私法研究》等法学期刊和相关集刊上发表,并获得湖南省2016年度社会科学基金成果立项"《民法典》编撰视域下民商事主体立法问题研究"(文号:湘社科办[2016]17号16CGA003)的肯定与资助。故此,本书的参考资料与引用文献并不局限于商事主体领域,而是在大私法领域与大营业视野来全面、立体、实态地反映商事主体的本然地位,还原商事主体的事实逻辑,书中参考、引用了大量涉及主体、法律主体、私法主体、民商事主体的既有文献和相关论著,借鉴、评析甚至批判了不少学者的理论观点,在此谨向各位前辈、先进表示由衷的敬意与感谢,并恳请学界同仁、学友批评与指正。

感谢湖南大学法学院历届领导和所有同事对笔者学术事业一贯的支持与资助！感谢夫人朱建云女士在笔者撰写本书过程中长期、默默的付出！感谢法律出版社丁小宣先生、郑怡萍女士等诸位领导和编辑老师为本系列、本书的辛勤工作！感谢一切提携、支持、鼓励、鞭策、宽容甚至批评过我的所有人！

肖海军

2016 年 10 月 27 日初稿

2019 年 12 月 12 日修改

2021 年 04 月 15 日定稿